Karl Rottenschlager

Hassen oder vergeben?

Bausteine für eine geeinte Welt

IMPRESSUM

Herausgegeben von Karl Rottenschlager
A 3100 St. Pölten, Herzogenburger Straße 50 A
ISBN: 978-3-200-07117-9

Das Werk wurde erarbeitet von Karl Rottenschlager (Projektleitung),
Karl Vogd (Lektorat) und Christian Baumgartner (Layout).

Die Beiträge des Buches entstanden in Kooperation mit Christian Veith, Eg-
bert Amann-Ölz, Maria Biedrawa, Mirsada Zupani, Belinda Harms, Ernst Punz,
Roland Hammerschmid, Peter Hirsch, Siegfried Tischhart, Walter Steindl, Hans
Kogler, Karl Bernhart, Rudi Lahnsteiner, Franziska Pernthaner, Benedikt Zecha,
Rudolf Walter, Karl Langer, Karl Vogd, Paul M. Zulehner, Walter Feninger,
Elisabeth Schabler, Gertrude Auer-Rottenschlager, Alois Rottenschlager, P. Leo
Thenner, Hildegard Goss-Mayr, Barbara Käfer, Ursula Oswald, Matthias Bös-
wart, Johanna Fuka, Kurt Neumeyr, Sara N., Michaela Lugmaier, Josef Pam-
palk, Andreas und Sabine Kallauch, Sr. Anna Mayerhofer, Lukas Steinwendtner,
Georg Schaberger, Josef Pichler, Johanna Pfaffenbichler, Reinhard Lassner,
Thomas Weggemann, Gerti Wallenböck, Heidi Hammer, Jakob Rottenschlager,
Sebastian Triml, Sr. Heidrun Bauer, Ulla Frühwald und Rudi Gritsch.

Redaktion: Karl Rottenschlager, Karl Vogd

Konzeption: Martin Bauer, Bernhard Dockner

Umschlaggestaltung, Layout und Satz: Christian Baumgartner

Umschlagfoto: shutting/Shutterstock.com

Herstellung: Fa. Dockner Gesellschaft m.b.H.
Untere Ortsstraße 17
A 3125 Kuffern

Bestelladresse: Emmausgemeinschaft St. Pölten
A 3100 St. Pölten, Austinstraße 10
Emmaus Shop: verkauf@emmaus.at

Leserhinweis: Im Text wurde die maskuline Sprachform bevorzugt. Dies ist
ausschließlich der besseren Lesbarkeit geschuldet. Ich ersuche die Leserinnen
um ihr Verständnis. Sämtliche Namen von Klienten oder Hilfe suchenden
Personen, die in diesem Buch angeführt werden, sind geändert.
Alle personenbezogenen Daten wurden so verändert, dass eine Identifizierung
nicht möglich ist.

Gedruckt nach der Richtlinie
„Druckerzeugnisse" des
Österreichischen
Umweltzeichens, UW 1349

PRINTED IN AUSTRIA

ISBN Nummer 978-3-200-07117-9

INHALT

1.
DIE QUELLE, DIE STRÖMT, AUCH WENN ES NACHT IST

2.
ENTLASSEN AUS DER HAFT – WAS DANN? SOZIALE EMPFANGSRÄUME SCHAFFEN

5.
ÜBERWINDUNG VON HASS, TERROR UND GEWALT
Seite 152 – 223

6.
GOTTES TRAUM: VERSÖHNTE VIELFALT VON NATIONEN, KULTUREN UND RELIGIONEN
Seite 224 – 382

DAS CHRISTENTUM HAT NICHT VERSAGT, ES IST NUR NIE VERSUCHT WORDEN

„Das Christentum hat nicht versagt, es ist nur nie versucht worden." Der österreichische Benediktiner David Steindl-Rast ergänzt diesen Satz in einem Interview um die Begründung: „Wir haben die entscheidende Botschaft Jesu nicht verstanden: nämlich dass wir gerade durch die Beziehung zum Anderen, zum Nächsten die Beziehung zu Gott haben." (einfach leben, Themenheft Dankbarkeit, Mai 2020)

Das ist das Spannende an Weg und Werk von Karl Rottenschlager: Dass er zeigt, was es bedeutet, genau diese Einsicht nicht theoretisch, nur als bloß ideale Möglichkeit zu verstehen, sondern für sich praktische Konsequenzen daraus zu ziehen. Was er als Botschaft Jesu, als Kern des Evangeliums verstanden hat, hat er zeitlebens „versucht", d.h. ausprobiert und im eigenen Leben, Handeln und Planen verifiziert, d.h. beglaubigt. Bei ihm gehen soziale und spirituelle Motivation, der Impuls etwas zu bewirken und der politische analytische Aspekt dieses Wirkens zusammen. Das vorliegende Buch ist also vieles in einem. Vier Aspekte sind auszumachen:

Es ist einmal persönlich erzähltes Glaubensmemoir, aber auch Lehrbuch christlichen Lebens, das zeigt, wie Christentum heute sein sollte und sein könnte. Es ist darüber hinaus anschauliche Dokumentation eines konkreten sozialen Projekts. Aber auch prophetische Streitschrift für ein soziales Engagement, das über emotional motiviertes Postulat hinausgeht und auf einer scharfen Analyse der gegenwärtigen Situation gründet.

Als persönliches Glaubenszeugnis wird wie beiläufig die Geschichte eines individuellen religiösen Weges erzählt – aus dörflich geprägtem volkskirchlichem Milieu Österreichs bis zum theologischen Studium, das aber nicht in der Studierstube steckenbleibt. Befeuert vom 2. Vatikanum und zu einem entschieden gegangenen Weg „erweckt". Zu einer bewussten Entscheidung führt dieser Weg: beflügelt vom Wind religiöser Erneuerungsbewegung, berufen zum und getragen vom radikalen Glauben an die heilende Möglichkeit der Liebe.

Am Anfang stand die Frage, die ein Lebensexperiment anstieß und ermöglichte: „Was wäre, wenn es wahr wäre? Was würde das mit meinem Leben anfangen (und was müsste ich in meinem Leben anfangen) – wenn ich den Auferstehungslauben ernst nehme?" Die Antwort: Andere an dieser Hoffnung teilhaben zu lassen. „Mit 22 begriff ich, dass meine Berufung darin besteht, in einer verbindlichen Gemeinschaft das Leben der Armen zu teilen."

Gott ist die Liebe, das ist die Achsenwahrheit. Wie er in dem Interview mit der Zeitschrift „einfach leben" (April 2020) sagt: „Das ist die Botschaft. Und sie hat Konsequenzen für mein Leben, für mein Verhältnis zu den Mitmenschen." Christentum ist also nicht in erster Linie dogmatisch theologisches Gedankengebäude. Es ist Konsequenz: Tun, Praxis. In erster Linie nicht durch Wortverkündigung, sondern durch das Leben „predigen", darum geht es. „Wie Gott mir, so ich Dir". Und der Schluss-Satz in dem erwähnten Interview: „Tatsache ist doch: Er hat uns zuerst geliebt. Was wir tun, ist nur eine Antwort." Nicht um moralische Forderung geht es, sondern um Ermöglichung in Freiheit.

Indem es so auf den Punkt bringt, was Christsein heißt, ist das auch mehr als subjektive Erfahrung eines individuellen religiösen Weges: Was in diesem Buch zusammengetragen ist, wird so etwas wie ein Lehrbuch christlichen Lebens, weil es nicht nur anschauliche Beispiele für die Authentizität solchen Christseins aus der eigenen Erfahrung bringt, sondern auch Stimmen von „Autoritäten" sammelt, die zeigen, wie es geht und wohin es führt. Viele sind versammelt – nicht nur Christen: Keine klassischen „Kirchenlehrer", aber „Gotteslehrer" und Menschenfreunde: eine überraschende Ansammlung, von Befreiungstheologen und von der Fokolarbewegung inspirierte Fromme, von Charles de Foucauld, Abbé Pierre und dem Amazonasbischof Erwin Kräutler bis zur Mutter der Müllmenschen von Kairo, Sr. Emmanuelle. Eine finde ich, aus persönlicher Begegnung, besonders überzeugend: die Lepraärztin und katholische Ordensfrau Ruth Pfau, die in Pakistan ihr Leben den Leprosen widmete – so wie Rottenschlager sich den sozial Stigmatisierten unserer Gesellschaft zuwandte, den Obdachlosen, schwer Integrierbaren. An Ruth Pfau erinnert mich das auch, weil er wie sie ungeniert eine fromme Sprache gebraucht – aber sie an die Realität bindet. Warum soll man nicht von „heilig" sprechen – wenn damit Offenheit für den unbeschränkt obersten Wert der Liebe gemeint ist? Oder warum

nicht von „Wundern" reden, wenn unglaublicher Neubeginn möglich wird? Immerhin wurden Totgesagte lebendig. Menschen, die verzweifelt und lebensmüde waren, schöpften neue Hoffnung. „Haftentlassene machen eine Berufsausbildung, gründen Familie und übernehmen Verantwortung; suchtkranke PatientInnen entscheiden sich für eine stationäre Therapie und beginnen ein neues Leben": Diese „Wunder" handeln nicht von einer außerirdischen Realität, sondern von einer verwandelten menschlichen, sozialen, seelischen Wirklichkeit. In religiöser Sprache sind spirituelle und menschliche Wirklichkeit zur Deckung gebracht. Christliche Lebenslehre heißt: Es geht nicht um ekklesiozentrisches Kreisen der Kirche um sich selbst, um ein „Drinnen" und „Draußen". Entscheidend ist die Erfahrung, dass Gott alle umfassende Liebe ist.

Das Buch ist schließlich auch dokumentarischer Bericht: Dokument eines auch durch Statistiken imponierenden ganz konkreten sozialen Leuchtturmprojekts: „Emmaus". Interessanterweise wollte Rottenschlager zunächst Betriebswirtschaft studieren. Man erfährt nicht nur etwas über einen Impuls christlicher Caritas, sondern hört von nüchtern-pragmatischer Arbeit. Es geht um kreative Nächstenliebe – aber mit Plan. Aber auch um institutionelle Festigung, um Organisation, um die Installierung von Regeln, um sozialpädagogische Konzepte. Auch um Sozialpolitik. Am Anfang stand eine Untersuchung über „Strafvollzugsreform, Sozialtherapie und Resozialisierungsprojekte als Herausforderung der Gefangenenpastoral" (Kath.-Theol. Diplomarbeit, Universität Wien, 1980). Und daraus wurde, 1982, ein kontinuierlich weiterreflektiertes praktisches Modell einer Wohngemeinschaft, aus der Einsicht, dass sich die Umstände auch konkret ändern müssen, wenn Menschen in schwierigen Ausgangssituationen eine Chance haben sollen. Lobbying für die Schwächsten, das war der Impuls. Ein Leuchtturmprojekt weit über die Landesgrenzen hinaus ist daraus entstanden: eine Organisation, nicht nur für die Integration von haftentlassenen Menschen, sondern in der Folge eine Gemeinschaft für sozial benachteiligte Menschen, heute vermehrt auch für psychisch Kranke und Flüchtlinge. Wohnheime, Notschlafstellen, Tageszentren und Betriebe, die den Einstieg in den Berufsalltag erleichtern sollen, gehören heute zu Emmaus. Im Unterschied zu den Projekten von Abbé Pierre kooperiert Emmaus St. Pölten auch mit kirchlichen Stellen und sucht die Zusammenarbeit mit staatlichen Stellen und gesellschaftlichen Unterstützern – versucht also auch die Gesellschaft in die Pflicht zu nehmen.

Dieses Buch ist mehr als bloße Dokumentation: Es ist ein prophetisches, sozial engagiertes humanes Dokument, das gesellschaftliche Bruchstellen, – bei uns, aber auch in weltweitem Ausblick – nicht nur zeigt und analysiert, sondern auch Perspektiven formuliert: Es verweist auf eine Gesellschaft, eine Welt, die am Scheideweg ist. „Ein Weg führt in die solidarische Kultur. Der andere zeigt in Richtung Sozialdarwinismus. Der braucht nur Leistungsfähige und zielt auf die Entsorgung der Unproduktiven." (vgl. einfach leben-Interview) Dieser Ansatz macht anschaulich, wie humanistisches Engagement aus christlichem Impuls mit dieser Entscheidungssituation konstruktiv umgehen kann: Es geht um den Wert jedes menschlichen Lebens, in der Folge um die Notwendigkeit der Integration von der sozialen Quarantäne ausgesetzten Gruppen am Rand der Gesellschaft, die den Standards einer Turboleistungsgesellschaft nicht gewachsen sind, Obdachlose, psychisch Kranke. Bis hin zu den durch die Globalisierung beschleunigten Verwerfungen, die Menschen aus Krisen und Kriegsgebieten durch Flucht und Migration in unsere Nachbarschaft bringen. Menschenwürde ist nicht teilbar, nichts Sentimentales, sondern Notwendigkeit für eine Gesellschaft, die überleben und kohärent bleiben will. Haltungen wie Einfühlung, Respekt, da sein für einen anderen werden in ihren therapeutischen Qualitäten sichtbar. Verwandlung unserer zerrissenen Welt ist das Leitbild. Dass es in einer durch globalen Klimawandel und eine Pandemie schicksalhaft zugleich herausgeforderten und verbundenen Welt noch dringlicher auf diese Haltung der Solidarität ankommt, wird jedem einleuchten.

„Das Christentum hat nicht versagt, es ist nur nie versucht worden." Der einleitend zitierte Satz bedeutet: Auf eine – hier und jetzt – vom Evangelium inspirierte Praxis kommt es an. Wenn die immer neu versucht wird, hat das Christentum seine Zukunft nicht hinter sich, sondern vor sich. Dann wird es zu einer Wirklichkeit, die immer neue Möglichkeiten hervorbringt, dann bleibt es wirkmächtige Geschichte, die neue Geschichten möglich macht. Dieses Buch erzählt solche Geschichten. Ihre Pointe: Christsein heißt anfangen: Anfangen, das Gebot der Liebe ernst zu nehmen. Nicht in Worten, sondern im Tun. Hier und heute. Wenn das versucht wird, wird die Welt zu einem besseren Ort – für alle.

Rudolf Walter

Rudolf Walter, Dr. phil., Dipl. theol., langjähriger Cheflektor des Herderverlags. Hrg. zahlreicher Bücher zu Spiritualität und Lebensfragen sowie des „einfach-leben"-Briefs von Anselm Grün[1]. Lebt in Freiburg i. Br.

FOTO: BISKUP

OHNE VERSÖHNUNG
KEINE HEILUNG

Liebe Leserin, lieber Leser!
Liebe Freundinnen und Freunde
der Emmausgemeinschaft St. Pölten!

Die Randgruppen unserer Gesellschaft werden in Politik, Wirtschaft und Medien kaum wahrgenommen. Das vorliegende Buch möchte ausgegrenzte Menschen wieder sichtbar machen und der Armut ein Gesicht geben. Meine persönlichen Erfahrungsberichte ermöglichen zunächst einen Blick in die Subkultur der Gefängnisse und in das Milieu der Suchtkranken, der Straffälligen und Obdachlosen. Auch FreundInnen, Weggefährten und Persönlichkeiten, die auf meinem Lebensweg richtungweisend waren, kommen zu Wort; ebenso Gäste und MitarbeiterInnen der Emmausgemeinschaft. Emmaus als Stimme der Stimmlosen.

„Hassen oder vergeben?" ist die zentrale Frage vieler Menschen, die seelisch verwundet und/oder ausgegrenzt wurden. Diese Dokumentation will vor allem Mut machen. Die Erfahrungsberichte und Heilungsgeschichten von Gästen und MitarbeiterInnen der Emmausgemeinschaft St. Pölten stehen unter dem Motto „Unversöhntes versöhnen." Die Texte zeigen, dass Aussöhnung mit der eigenen Lebensgeschichte durchaus möglich ist. Doch für die Aufarbeitung der eigenen Biografie braucht es liebevolle und professionelle Begleitung. Liebe und Kompetenz – unverzichtbare Prinzipien für das Engagement von ehrenamtlichen und hauptberuflichen MitarbeiterInnen. Emmaus als heilende und solidarische Gemeinschaft. Problemlösende Prozesse und Eingliederung in die Gesellschaft können jedoch nur gelingen, wenn der Hilfe suchende Gast (Klient/Patient) paktfähig, kooperativ und therapiewillig ist, wenn er/sie die ausgestreckte Hand ergreift und die Emmaus-Angebote nutzt. Etwa zwei Drittel der 12.000 Gäste, die sowohl das Sozial- und Arbeitstraining in den Emmaus-Wohnheimen und Betrieben als auch die therapeutischen Angebote genutzt haben, schafften einen echten Neubeginn.

Emmaus – Ort der Hoffnung für die Aussätzigen unserer Tage.

Im zweiten Teil des Buches wird der Blick geweitet. Auf dem Hintergrund der 1.800 Flüchtlinge, die bisher in der Emmausgemeinschaft St. Pölten Aufnahme gefunden haben, wird die globale Thematik beleuchtet: Wie können Hass, Terror und Gewalt überwunden werden? Wie kann versöhnte Vielfalt von Nationen, Kulturen und Religionen gelingen? Emmaus – Baustein für eine geeinte Welt.

Ein wichtiger Punkt der Emmaus-Spielregeln ist die Versöhnungsbereitschaft. Manche der Emmaus-Gäste haben – neben der fachärztlichen und sozialpädagogischen Begleitung – auch spirituelle Angebote genutzt. Ziel der geistlichen Begleitung ist die Aussöhnung mit Gott, die Aussöhnung mit sich selbst und die Aussöhnung mit jenen

Menschen, durch die ich verletzt wurde oder die ich verletzt habe. Nur durch diese dreifache Aussöhnung wird umfassende Heilung möglich.

Die Erfahrungsberichte dieses Buches zeigen, dass Liebe letztlich stärker ist als Hass und Rachegefühle. Wer die Macht der Liebe entdeckt und angenommen hat, dessen seelische Wunden können heilen.

>> *Liebe Deine Geschichte.*
Sie ist der Weg,
den Gott mit Dir gegangen ist."

Leo Tolstoi

In der Emmausgemeinschaft St. Pölten – und in den Tochterfirmen „Antlas" und „NÖ soogut" – soll jeder Hilfe suchende Mensch die alles entscheidende Erfahrung machen: „Ich werde geliebt. Ich werde radikal angenommen. Wie auch immer meine Vorgeschichte aussieht – Straße, Gefängnis, Drogen, Psychiatrie oder Flucht – ich bin willkommen! Ich bin kein Störfaktor und werde als Mensch wahrgenommen." Emmaus als sozialer Empfangsraum.

Ob Notschlafstelle, Beratung, Küche, Büro, Wohnheim oder Werkstätte – die freundliche und liebevolle Aufnahme des Notleidenden wirkt Wunder. Ausgegrenzte und oftmals verachtete Menschen entdecken plötzlich: „Ich bin wirklich willkommen, ich werde angehört und ernst genommen; mehr noch – ich bin wertvoll, einzigartig, ja sogar liebenswürdig." Die freundliche Aufnahme des Hilfesuchenden ist wichtiger als das Dach über dem Kopf.

Meine/unsere faszinierende Erfahrung: Gelebte Gast-Freundschaft ist ein großer Segen. Sie berührt zutiefst, insbesondere seelisch verwundete Menschen. Der ankommende Gast darf erfahren: Hier komme ich gut an. Hier werde ich gesehen und genieße Ansehen. Hier werde ich angenommen – so wie ich bin. Nicht daheim – und doch zu Hause.

„Hier blühe ich so richtig auf" ist einer jener Sätze, die ich in Emmaus oft zu hören bekomme. Emmaus ist ein geheimnisvolles, manchmal etwas chaotisches, aber heilsames Biotop: Neu Ankommende werden zu Mitbewohnern, Fremde zu Tischgenossen; vom Schicksal Gezeichnete werden zu Weggefährten und MitarbeiterInnen, manche sogar zu Freunden. Gemeinschaft als Ort der Zugehörigkeit, gegenseitiger Liebe, ein Ort der Vergebung, der Heilung und des Wachstums. Ein Ort, wo jeder mit seinen Gaben wichtig ist.

Im Winter 1953/54 erfroren in Paris 90 Obdachlose. Abbé Pierre errichtete zahlreiche Notquartiere mit der Aufschrift: „Notunterkunft für unsere Brüder und Schwestern! Notleidender, wer immer du bist, tritt ein, schlaf dich aus, iss dich satt, fass wieder Mut! Hier wirst du geliebt!" Emmaus – Ort gegen die Verzweiflung.

Durch die Weggemeinschaft mit Ausgegrenzten wurde Emmaus für viele Menschen in Lebenskrisen zu einem „Ort gegen die Verzweiflung" (Abbé Pierre). Die „Aussätzigen unserer Tage" entdecken nach und nach wie heilsam und bergend, ja lebensrettend Gemeinschaft sein kann. Die Emmaus-Gäste (bei Emmaus Frankreich heißen sie Compagnons) spüren, dass „Arbeit – Wohnung – Hoffnung" kein billiger Werbeslogan ist. Arbeit und Leben in Gemeinschaft kann aus Sackgassen herausführen, kann „mein verpfuschtes Leben" radikal verändern und einen Neubeginn ermöglichen. Emmaus – Ort der Hoffnung.

Ziel der Emmausgemeinschaft – und zugleich Frucht dieser Weggemeinschaft – ist der liebes- und arbeitsfähige Mensch. Totgesagte werden lebendig. Verzweifelte schöpfen neue Hoffnung. Haftentlassene machen eine Berufsausbildung, gründen Familie und übernehmen Verantwortung; suchtkranke PatientInnen entscheiden sich für eine stationäre Therapie und beginnen ein neues Leben.

FOTO: KOGLER

Emmaus: Gemeinschaft als Ort der Zugehörigkeit, der Heilung und des Wachstums

Eine wichtige Botschaft, die wir in Emmaus jedem Hilfe suchenden Gast mitgeben wollen, lautet: Wir lassen Dich nie fallen. Was auch immer passiert, auch wenn du rückfällig geworden bist – du kannst jederzeit wieder zu uns kommen, um neu zu beginnen. Nutze deine Chance, wirf dein Leben nicht weg!

Gott verwandelt die Welt – durch uns

Der Traum Gottes ist die versöhnte Menschheitsfamilie. Allen Ängsten, Widerständen und Rückschlägen zum Trotz – „Überall weht Gottes Geist. Neu wird das Gesicht der Erde. Voneinander lernen Menschen zögernd Frieden, setzen Pläne gegen Furcht und Bombenschrecken" (Pfingstlied). Schon Mose, Elija und Jeremia haben die Nähe Gottes als versengendes Feuer erfahren. Doch seit dem Pfingstereignis in Jerusalem ist Feuer am Dach: Die Ausgießung des Heiligen Geistes wurde zu einem globalen Flächenbrand: Es weht ein neuer Geist in der Welt. Der Geist der Liebe und Solidarität. Niemand kann ihn aufhalten. Er dringt durch Türen und Fenster, er überwindet Gefängnismauern, verändert Menschen und Strukturen.

Friedensnobelpreisträger Desmond Tutu hält an seiner „Vision der Hoffnung" fest, weil sie auf der Realität basiert, die er selbst erlebt hat. Es gibt viel Böses in der Welt, aber es hat nicht das letzte Wort. Als Christ glaubt Tutu daran, dass Leid verwandelt und erlöst werden kann, weil es für Gott „keine vollkommen aussichtslosen Fälle gibt." Desmond Tutu, Friedensstifter in den Konfliktfeldern dieser Erde, ist zuversichtlich, dass „die Transformation der Welt, die unaufhaltsam, bald vorwärts, bald rückwärts verläuft, die uns manchmal zur Verzweiflung treibt", am Ende – trotz zahlreicher Krisenherde – doch zur Erlösung führen wird. Tutu: „Es ist meine tiefe Überzeugung: Der Mensch, von dem man es nie erwartet, die Situation, von der man es nie zu hoffen gewagt hätte – sie sind 'verklärbar' – verwandelbar in ihr glanzvolles Gegenteil. Ja, Gott verwandelt die Welt gerade jetzt – durch uns –, weil er uns liebt."[2] Desmond Tutu und viele andere, die an der gewaltfreien Überwindung der rassistischen

Apartheid-Politik mitgewirkt haben, durften erfahren: Dieser Wandel ist für jeden erfahrbar, gleich welchen Glaubens und welcher Religion, ja selbst für den, der keiner Religion angehört. Gottes Geist ist in allen Menschen, in allen Kulturen und Religionen am Werk. Friede ist möglich, universelle Geschwisterlichkeit keine Utopie.[3]

Wir haben an die Liebe geglaubt

Mahatma Gandhi, Martin Luther King, Shirin Ebadi und viele andere ProphetInnen unserer Zeit haben nicht an das Recht des Stärkeren, sondern an die Macht der Liebe geglaubt. Durch den Einsatz ihres Lebens haben sie bezeugt, dass die Kraft der Wahrheit, der Gerechtigkeit und Feindesliebe letztlich stärker ist als alle Diktaturen und weltumspannenden Gewaltsysteme dieser Erde.

Spätestens seit dem Fall der Berliner Mauer, den weithin friedlichen Umwälzungen in Osteuropa, dem Ende der Apartheid in Südafrika, der „Rosenkranz-Revolution" auf den Philippinen, dem Friedensabkommen in Kolumbien – immer dann, wenn menschenverachtende Regime abdanken müssen, – erahnen wir, dass letztlich jene die größeren Realisten sind, die an die Macht der Liebe glauben. „Selig, die keine Gewalt anwenden, sie werden das Land erben." (Mt 5,5) Aktive Gewaltlosigkeit ist die „Antwort auf die Sehnsucht des Menschen, die Kette der Gewalt, die unsere Geschichte durchzieht, zu durchbrechen und Unrecht durch eine Kraft zu überwinden, die nicht zerstört, sondern Frieden schafft und heilt." (Hildegard Goss-Mayr)[4]

Das Beispiel des afghanischen Flüchtlings Ahmed*, der bei Emmaus ein Stück Heimat gefunden hat, zeigt, dass sich unser Einsatz für Versöhnung, Frieden und Gerechtigkeit nicht nur auf Österreich beschränken darf.

„Alle, die kommen, werden so angenommen, wie sie sind." Emmaus als Weggemeinschaft mit Ausgegrenzten

Die Welt ist zu einem globalen Dorf geworden. Emmaus St. Pölten unterstützt daher verschiedene Initiativen, die die Abschaffung von Folter und Todesstrafe, den Kampf gegen Menschenhandel und Zwangsprostitution zum Ziel haben. Emmaus will mitbauen an einer „Zivilisation der Liebe." Die Selbstbesteuerungsgruppe unterstützt Sozialprojekte in benachteiligten Ländern, um auf diese Weise zum Aufbau einer versöhnten und solidarischen Gesellschaft beizutragen. Emmaus – Baustein für eine geeinte Welt.

Ob sympathisch oder unsympathisch, ob gesund oder krank, ob vorbestraft oder nicht, ob Inländer oder Asylwerber – das Gebot der Stunde heißt: Alle lieben, jenseits von Erfolg oder Misserfolg. Die Botschaft Jesu gilt auch uns heute: „Liebt einander, so wie ich euch geliebt habe!" (Joh 13,34)

Wir alle sind eingeladen, das Mögliche zu tun, und Gott das Unmögliche zuzutrauen.[5]

Das Feuer der ersten Stunde

Am Anfang jedes Menschen steht nicht der Zufall oder ein Schicksal, sondern ein Plan der göttlichen Liebe. Dieser Masterplan Gottes wird in Jesus offenbar: Jeder Mensch ist von Ewigkeit her geliebt, und der Mensch soll auf diese Liebe antworten, um selbst ein Liebender zu werden. Liebe als Konzept der Schöpfung. Wer die Maßlosigkeit der Liebe Gottes einmal entdecken und persönlich erfahren durfte, den wird dieses „Feuer der ersten Stunde" nie mehr loslassen. Ein Perspektivenwechsel tritt ein. Saulus wird zum Paulus und zum Völkerapostel, weil die „Liebe Christi ihn drängt". Franz von Assisi, Mutter Teresa, Sr. Emmanuelle und viele andere steigen aus und beginnen eine „Karriere nach unten". Abbé Pierre gründet Emmaus Paris und entdeckt: „Gott ist nicht im Himmel, er ist in jedem armen Teufel, der eben zu dir spricht. Christus ist in jedem Gauner, in jedem Dieb, jedem Lügner. Der Ruhm Gottes ist in dir, der du liest, in mir, der ich spreche." Der Partylöwe und Abenteurer Charles de Foucauld widmet den Rest seines Lebens den Tuareg: „Ich will alle Einwohner, Christen, Mohammedaner, Juden und Heiden daran gewöhnen, in mir ihren Bruder zu sehen, den Bruder aller."[6]

Wer diesen unbedingten Ruf einmal vernommen und bejaht hat, der wird für den Rest seines Lebens alles unternehmen, damit „dieses Licht aus der Höhe allen leuchtet, die in der Finsternis sitzen und im Schatten des Todes." (Lk 1,79) Ähnlich wie die Emmausjünger wird er/sie rückblickend – staunend und voll Dankbarkeit – erkennen, dass Gott alle verschlungenen Pfade des Lebens mitgegangen ist: „Brannte uns nicht das Herz in der Brust, als er unterwegs mit uns redete?" (Lk 24,32)

Für jeden von uns gilt die Zusage Jesu: „Fürchte dich nicht! Du bist geliebt. Du bist gerettet. Ich bin immer bei dir!" Der auferstandene Christus begleitet jede/n von uns auf dem Emmausgang seines Lebens.[7] Entzünden wir – täglich neu – das Feuer der ersten Stunde.

„Touch the wounds of the Risen Lord in the suffering people."

Gottes Liebe grenzt niemanden aus.

St. Pölten, im Jänner 2021
Karl Rottenschlager

(*) sämtliche Namen und Ortsangaben wurden geändert

> **»** *Dies sei aufgeschrieben für das kommende Geschlecht, damit das Volk, das noch erschaffen wird, den Herrn lobpreise."*
>
> *Psalm 102,19*

„Der Stern von Bethlehem ist ein Stern in dunkler Nacht - auch heute noch." (Edith Stein)
Bild: Weihnachtsfeier 2020 in der Emmausgemeinschaft St. Pölten

FOTO: ROTTENSCHLAGER

#1

DIE QUELLE, DIE STRÖMT, AUCH WENN ES NACHT IST

LEBEN HEISST LIEBEN LERNEN

>> *Es gibt nur zwei wesentliche Dinge im Leben: das Lieben und das Sterben. Leben heißt lieben lernen. Der Tod ist ein lang hinausgeschobenes Rendezvous mit einem Freund. Jesus ist dieser Freund, der mich immer wieder von neuem anfangen ließ. Reden wir nicht, sondern lieben wir! Dann wird, wenn wir aus dem Schatten dieser Zeit hinaustreten, unser Herz in Flammen stehen, weil es sich DEM nähert, der die Quelle allen Liebens ist."*

Abbé Pierre, Emmaus Paris[9]

>> **HÖRST DU MICH, GOTT?"**
„Hörst du mich, Gott? Noch nie im Leben sprach ich mit dir... doch heute, heut will ich dich begrüßen. Du weißt, von Kindertagen an sagte man mir, dich gäbe es nicht. Und ich, ich glaubte es, Narr, der ich war. Die Schönheit deiner Schöpfung ging mir niemals auf. Doch heute Nacht nahm ich ihn wahr, vom Grund des aufgerissenen Kraters, den Sternenhimmel über mir. Und ich verstand staunend sein Gefunkel... Ich weiß nicht, Herr, ob du mir die Hand reichst, doch ich will es dir sagen, und du wirst mich verstehen. Dies Wunder, dass mitten in der schauerlichen Hölle das Herz mir leicht wurde und ich dich erkannte. Sonst weiß ich dir nichts zu sagen, nur, dass ich so froh wurde, als ich dich erkannte. Mir war so wohl bei dir."[8]

Gebet eines russischen Soldaten, das ein deutscher Sanitäter in der Tasche des Gefallenen fand.

Liebe schafft ein Zuhause

Oft werde ich gefragt: „Woher hast du eigentlich die Emmaus-Idee?" Mein Emmaus-Modell ist jener Mostviertler Bauernhof in Behamberg[10] bei Steyr, auf dem ich die ersten Lebensjahre verbringen durfte: Eltern, Großeltern, Onkel und Tante, drei Knechte und zwei Mägde sowie ein halbes Dutzend Kinder bildeten die Kerngemeinschaft. Auch die Taglöhner, der Briefträger, der Rauchfangkehrer – sie alle waren zur Jause oder zum gemeinsamen Essen eingeladen. Der Satz unserer Großmutter „Ruckt's zuwa!", bleibt mir unvergesslich. Damit signalisierte sie allen BesucherInnen: „Du bist willkommen! Du gehörst zu uns!" Selbst Bettler aus der nahe gelegenen Stadt Steyr bekamen ihr Brot und ihr Notquartier im Heustadl, wenn sie bereit waren, Zigaretten und Feuerzeug abzugeben.

Auch in der Emmausgemeinschaft dürfen wir jeden Hilfe suchenden Menschen als Gast aufnehmen und ihm ein Stück Heimat anbieten. Gastfreundschaft, die niemanden ausgrenzt, ist in allen Religionen etwas Heiliges, weil wir in jedem Gast Gott selbst empfangen dürfen.

Mein Weg nach Emmaus

Mit Staunen und Dankbarkeit denke ich an meine Kindheit zurück. Trotz aller Entbehrungen der Nachkriegszeit, trotz russischer Besatzungszone – hatten wir das Notwendige. Das Leben in der Großfamilie war bergend und faszinierend. Ich verdanke meinen Großeltern, Eltern und Geschwistern viel: die Geborgenheit und Liebe einer Familie, aber auch das Geschenk eines frohen und geerdeten Glaubens. Die Mostviertler Gastfreundschaft und Feierkultur fand ihren Höhepunkt in diversen Festen, insbesondere bei Verwandtentreffen, Dorf-

Gastfreundschaft am Mostviertler Bauernhof - inspirierend bei der Gründung der Emmausgemeinschaft. Bild: Großmutter vom Mayrhofergut (2. Reihe, 1. v. re)

FOTO: PRIVAT

und Pfarrfesten. Von der Geburt eines Kindes bis zum Tod eines Angehörigen oder Nachbarn – alles war auch in die Feiern der Pfarrgemeinde eingebunden, die nicht nur Beheimatung, sondern auch ein Stück Solidarität schufen. Solidarität mit jenen, die durch Schicksalsschläge hart geprüft wurden, z.B. Übernahme des Patenamtes bei Taufe und Firmung für Kinder, deren Familie in Not geraten oder wo ein Elternteil verstorben war. Die Dorfstruktur schuf ein Gefühl der Zusammengehörigkeit, eine Wir-Identität, die allerdings nicht selten bei der Dorfgrenze endete. Ausnahmen bildeten jene Caritas-, Missions- und Entwicklungshilfe-Initiativen, die nicht nur den Horizont erweiterten, sondern auch zur Hilfe für jene aufriefen, die weit entfernt in Krisengebieten dahinvegetierten. Rückblickend waren meine Dienste als Ministrant, als Sternsinger und „Ratschenbua" oder als Begleiter bei Versehgängen bei Kranken oder Sterbenden wichtige Erfahrungen im kleinen Kosmos meiner Kindheit. Diese bergenden Erfahrungen von Familie, Dorf- und Schulgemeinschaft waren für mich prägend. Die Verwurzelung in meiner Familie und die Beheimatung in der Dorfgemeinschaft haben in mir ein unausrottbares Urvertrauen

grundgelegt. Die Erfahrung „Ich werde bedingungslos geliebt" war das kostbarste Geschenk meiner glücklichen Kindheit. Daraus erwuchs ein gesundes Selbstvertrauen, aber auch mein tiefes Vertrauen in die Menschen, auch in jene, deren Verhalten von der Norm abwich. Die überaus positiven Kindheitserfahrungen haben die spätere Suche nach meiner Berufung entscheidend beeinflusst, insbesondere meine Risikobereitschaft in Richtung Weggemeinschaft mit Ausgegrenzten.

Mach's wie Gott – werde Mensch

Meine Zeit am Stiftsgymnasium Seitenstetten sowie im angeschlossenen Internat der Diözese sprengte diesen Erfahrungshorizont meines Heimatdorfes plötzlich auf. Die zahlreichen Missionare und Entwicklungshelfer, die uns während ihres Heimaturlaubs besuchten, schürten meine Begeisterung für Mission, Entwicklungshilfe und Weltkirche. Speziell jenen, die in Südafrika, Kamerun, Malawi, Mocambique und Burundi unter Einsatz ihres Lebens zwischen den Fronten vermittelten und sich – trotz Terror und Gewalt – für Versöhnung und Frieden einsetzten, galt meine Bewunderung. Die Lehrer und Erzieher des Stiftsgymnasiums haben uns nicht nur Wissen vermittelt, sondern durch eine Fülle von Angeboten (Theater, Sport, Sozialprojekte) auch Fairness und Teamgeist, solidarisches Bewusstsein und die spirituellen Grundlagen der Benediktiner-Kommunität vermittelt („Ora et labora"). Bis zum 15. Lebensjahr verstand ich Christsein allerdings primär als brav sein, nicht stehlen, nicht töten etc. – bis mir während eines Besinnungstages die revolutionäre Botschaft der Menschwerdung Gottes aufging: Der große Gott, der Schöpfer des Himmels und der Erde, wird uns zuliebe Mensch. Die Maßlosigkeit der Liebe Gottes

FOTO: PRIVAT

Stift Seitenstetten: Leben aus starken Wurzeln

Professoren des Stiftsgymnasiums Seitenstetten:

FOTO: PRIVAT

Franz Urban

FOTO: PRIVAT

Karl Heinz Huber

FOTO: PRIVAT

Franz Überlacker

wird in der Person Jesu sichtbar und erfahrbar. Ich begriff, dass ich ab jetzt selber gefordert bin: Mach's wie Gott – werde Mensch.

Afrika war mein Traum

Nach der Matura wollte ich Betriebswirtschaft studieren – doch fasziniert vom Einsatz einiger Missionare entschied ich mich für das Theologiestudium. Als Missionar und Entwicklungshelfer in Afrika zu arbeiten, war mein Traum. Besonders prägend für mich war 1967 ein Einkehrtag mit dem Afrika-Missionar Sepp Pampalk, der in Mocambique ein Ausbildungszentrum für Katechisten („Nazare") gegründet hatte. Bei der Reflexion von Kapitel 9 der Apostelgeschichte – der auferstandene Christus begegnet Paulus vor Damaskus – ging mir eine neue Welt auf. Jesus von Nazareth war für mich bis zu diesem Zeitpunkt eine wichtige historische Orientierungsfigur – ähnlich wie Sokrates, Erasmus oder Gandhi. Doch in jener Stunde erkannte ich, dass der Gekreuzigte lebt, dass uns Jesus auch heute in jedem Menschen begegnet. Ausnahmslos. Ich begriff plötzlich: Der Auferstandene wirkt in jedem der Erlösten. Bis zur Stunde. Hier und jetzt. Diese umwerfende, geradezu revolutionäre Entdeckung hatte für mich persönlich weitreichende Konsequenzen. Ich verstand, dass es seit der Auferstehung Jesu keine ausweglose Situation mehr gibt. Wem immer ich begegne – Christus ist immer schon vor mir da. Ob in Europa oder in Afrika, ob im Gefängnis oder im Spital – in jedem Menschen, der mir heute begegnet, stellt mir der auferstandene Christus die entscheidende Frage: „Liebst du mich?"

Gegen Ende meines Studiums hatte ich bereits die Zusage für einen dreijährigen Einsatz als Entwicklungshelfer in Malawi (Südostafrika). Doch während einer längeren Krankheit erkannte ich, dass mein Platz in Europa ist. Hier soll ich Christus in den Armen dienen. Ähnlich dem reichen Jüngling stellte auch mir Christus die Frage: Bist du wirklich bereit, alles loszulassen, nicht nur den Traum von Ehe und Familie, sondern auch deine beruflichen Pläne, um mir in den Geringsten meiner Geschwister zu dienen? Durch die Auseinandersetzung mit Charles de Foucauld und durch die Freundschaft mit den Kleinen Schwestern und Kleinen Brüdern Jesu – es sind dies Ordenschristen, die unter den Ärmsten der Gesellschaft wohnen und arbeiten – wurde mein Weg immer klarer: Ich soll nicht durch Wortverkündigung, sondern durch das Leben „predigen". Mit 22 Jahren begriff ich, dass meine Berufung darin besteht, in einer verbindlichen Gemeinschaft das Leben der Armen zu teilen, und dies nicht als etwas Heroisches, sondern in der familienähnlichen Dimension einer Kommunität – als logische Konsequenz der Menschwerdung Gottes. So wie Christus selbst es tat: Dem Menschen zuliebe die Karriere nach unten wählen.

Schlüsselerlebnis

Schon in meiner Studentenzeit war ich von der Person Jesu fasziniert. Doch ich war noch zu sehr Einzelkämpfer, vertraute primär auf mich selbst und meine Eigenleistung. In meiner Überheblichkeit und Ungeduld wollte ich ständig Kirche und Welt verändern, bis ich eines Tages eine wichtige Erfahrung machen durfte: Im Sommer 1968 erschien die Enzyklika „Humanae Vitae". Papst Paul VI. wurde massiv kritisiert und von manchen zum Rücktritt aufgefordert. In diesen turbulenten Tagen hörte ich bei einem Treffen der Fokolar-Bewegung in Feldkirch folgenden Satz: „Bevor du jemanden kritisierst – frag dich stets: Bist du bereit, für deinen Bruder das Leben zu geben? Im konkreten Fall für Bruder Giovanni, Paul VI.?" Diese Frage traf mich wie ein Blitz. Ich machte damals eine entscheidende Entdeckung: Ich bin nicht allein unterwegs. Christsein bedeutet Weggemeinschaft: Der auferstandene Christus ist bei uns bis ans Ende der Zeit. Jesu Zusage gilt auch heute: „Wo zwei oder drei in meinem Namen versammelt sind, dort bin ich mitten unter ihnen." (Mt 18,20) In dieser Weggemeinschaft – mit Christus in der Mitte – wird Unmögliches möglich. Die Abschiedsworte Jesu trafen mich damals zutiefst: „Niemand hat eine größere Liebe, als wenn einer sein Leben für seine Freunde hingibt." (Joh 15,13)

Es war für mich eine geradezu revolutionäre Entdeckung, die mein weiteres Leben verändern sollte: „Durch die Liebe, die bis zum Äußersten liebt und das eigene Leben hingibt, hat Jesus jede Leere ausgefüllt, jede Finsternis erleuchtet, jede Einsamkeit begleitet, jeden Schmerz gestillt und alle Schuld ausgelöscht." (Chiara Lubich) Ich verstand plötzlich, was mit dem „Pakt der Liebe" (Bund Gottes mit den Menschen) gemeint ist: Gott hat uns zuerst geliebt. So wie Jesus aus Liebe für uns sein Leben gab, so sollen wir unser Leben für Gott und füreinander geben, also Echo seiner Liebe sein.

Das Gebet „Pakt der Einheit" von Ch. Lubich wurde für mich – gerade in unerträglichen Situationen – zum Archimedischen Punkt, wo das Böse gebannt und die Macht der Liebe Christi erfahrbar wurde.[12] Die Folgen dieses Gebetes um eine Einheit, in der die entwaffnende Liebe Christi uns eint, waren und sind erstaunlich: „Christus, die Achse des Universums" (Teilhard de Chardin), wurde auch zur Achse meines Lebens. Ich durfte erfahren, dass die Liebe Christi nach und nach alles verwandelt; sie überwindet Ängste und Schwierigkeiten, sie verändert mich und meine Umgebung. Jähzorn und Hass weichen der Vergebung. Nach oft langem Ringen wurde und wird es mir möglich, auch für jene zu beten, die mich verletzt oder verleumdet haben. Statt sie zu verfluchen, segne ich – kraft der Liebe Christi – diese Menschen.

Dialog mit anderen Religionen und mit Menschen nichtreligiöser Weltanschauung

Die von Chiara Lubich initiierte Fokolar-Bewegung setzt sich in 182 Ländern für die universelle Geschwisterlichkeit und für die Einheit der Menschheitsfamilie ein. Das Ziel ist die Verwirklichung der Bitte Jesu an seinen Vater: „Alle sollen eins sein" (Joh 17,21). Diese Einheit schließt niemanden aus und lässt die Verschiedenheit zur gegenseitigen Bereicherung werden. In der Spiritualität sind die Worte Jesu: „Liebt einander, so wie ich euch geliebt habe!" (Joh 15,12) von zentraler Bedeutung. Die Fokolar-Bewegung engagiert sich besonders für den Dialog mit Menschen anderer Religionen oder nichtreligiöser Weltanschauung. Dieser Dialog hat stets mein besonderes Interesse geweckt, da ich in meiner Studentenzeit, aber auch später als Sozialarbeiter, häufig mit Menschen in Kontakt kam, die keine engere Bindung an eine Religionsgemeinschaft hatten oder sich als Agnostiker bezeichneten.[14]

Durch meine Mitarbeit im Bereich „Neue Gesellschaft" der Fokolar-Bewegung habe ich erkannt, dass der Dialog mit Menschen unterschiedlicher Weltanschauungen durchaus möglich ist und fruchtbar werden kann,

wenn die „Goldene Regel" als gemeinsame Basis gesichert ist: die Achtung und der Respekt für jeden Menschen. Das gemeinsame Ziel dieses Dialogs: durch Frieden, Gerechtigkeit, Solidarität, Freiheit und Achtung der Menschenwürde einen Beitrag zur Aussöhnung und zur Einheit der Menschheitsfamilie geben.

Der Dialog von Christen mit Menschen anderer Religionen[16] oder mit Menschen nichtreligiöser Weltanschauung fasziniert mich bis heute. So konnte ich in den letzten 40 Jahren bei internationalen Treffen an verschiedenen humanitären Initiativen der Fokolar-Bewegung teilnehmen: z.B. Plattform „Miteinander für Europa". Weltweit entstanden neue Dialog-Initiativen: Begegnungen mit Persönlichkeiten der buddhistischen Bewegung Rissho Koseikai, des

FOTO: PRIVAT

Dialog-Forum Christentum – Marxismus: Begegnung mit Franz Muhri (1. v. li), ehemaliger Vorsitzender der KPÖ, und Walter Baier (3. v. li), Vorsitzender der KPÖ, Mitbegründer der Partei der Europäischen Linken. 2011 nahm er als einer von fünf atheistischen Intellektuellen an einem interreligiösen Friedenstreffen in Assisi teil.

Prof. Milan Machovec, Vordenker des „Prager Frühlings" und prominenter Vertreter des Dialogs zwischen Marxismus und Christentum

FOTO: DE-DE.FACEBOOK.COM

thailändischen Buddhismus ebenso wie der afroamerikanischen Black Muslims oder der hinduistischen Bewegung Shanti Ashram, die im Geist Mahatma Gandhis arbeitet.

Jesus für Atheisten

Zutiefst beeindruckt hat mich eine Begegnung mit Milan Machovec, der als reformorientierter Professor für Marxismus zum Vordenker des Prager Frühlings wurde. Machovec war ein prominenter Vertreter des Dialogs zwischen Marxismus und Christentum. Er wandelte z.B. das „Seminar für marxistische Religionskritik und Religionsgeschichte" der Karls-Universität Prag in ein „dialogisches Seminar" um, in dem Philosophen wie Erich Fromm, aber auch Theologen wie Karl Rahner als Gäste teilnahmen. In seinem Buch „Jesus für Atheisten" kommt Machovec zur Aussage: „Die Lehre Jesu setzte die Welt in Brand nicht wegen irgendeiner Überlegenheit des theoretischen Programms, sondern weil er selbst identisch war mit diesem Programm." Diese hohe Glaubwürdigkeit des Lebens Jesu wurde für den atheistischen Marxisten offensichtlich zum Vorbild. Da Machovec gerade christliche Tugenden wie Wahrhaftigkeit, Einfachheit und Nächstenliebe persönlich beispielhaft vorlebte, wurde er zur Herausforderung für Christen. Im Rahmen eines Erfahrungsaustauschs mit Theologiestudenten sagte uns Milan Machovec 1967 in St. Pölten im kleinen Kreis: „Wer in der Wahrheit lebt, wird gekreuzigt." Möglicherweise ahnte der Reformer Machovec bereits zu diesem Zeitpunkt, dass die sowjetischen Machthaber den Reformprozess in seiner Heimat stoppen werden, sodass er bereit sein muss, für seine Überzeugung einen hohen Preis zu zahlen.[15]

Seit den 90er-Jahren gab es auch einen regen Austausch mit Juden. Verschiedene Symposien dienten der Überwindung von Vorurteilen und dem fruchtbaren Austausch. Für mich unvergesslich bleibt die Begegnung mit der Jüdischen Gemeinde in Prag, bei der neben Marko Feingold (Jüdische Gemeinde Salzburg) auch andere Holocaust-Überlebende berichteten. Der Leiter der Jüdischen Gemeinde Prag, der die Hölle von Auschwitz überlebt hatte, schloss seinen Vortrag mit dem Satz „Sie werden es nicht glauben – ich habe keinen Hass auf die Deutschen!"

Karriere nach unten

Nach Abschluss des Theologiestudiums besuchte ich die Abendschule der Sozialakademie der Caritas Wien. Tagsüber arbeitete ich als Krankenpfleger bei den Barmherzigen Brüdern und im Psychiatrischen Krankenhaus Mauer, als Erzieher im Landesjugendheim Korneuburg sowie als Praktikant im Anton Proksch Institut Wien-Kalksburg. Wichtig in meiner gesamten Ausbildungszeit waren die FreundInnen im Glauben: der Bibelkreis mit Studienkollegen, Arbeitskreise der Katholischen und Evangelischen Hochschulgemeinde, Glaubensseminare bei Erneuerungs-Bewegungen, Taizé-Treffen, Mitarbeit bei Initiativen des Albert Schweitzer Hauses, Lateinamerika-Arbeitskreis; Anti-Rassimus-Ausstellung „Tschuschen, Neger, Österreicher", Europäischer Kongress der Wehrdienstverweigerer (1971); Demonstration für die Schaffung eines Zivildienstes als Alternative zum Bundesheer. Etwa 3.000 Studenten demonstrierten am Wiener Franz-Josefs-Kai. Damals verstand ich, was der Begriff der „ausreichend kleinen Minderheit" in der Soziologie meint. Manchmal genügen 5 % der Bevölkerung, um einen Stimmungsumschwung, ein Umdenken und in der Folge auch einen gesellschaftlichen Wandel herbeizuführen. Bereits vier Jahre später – 1975 – wurde das Zivildienstgesetz im Parlament beschlossen. Das Netz der Freunde und Freundinnen trug. Der Traum von einer „Neuen Gesellschaft" einte und beflügelte uns. Die revolutionäre Ungeduld der 68-er Generation hatte auch mich erfasst. Das Konzil in Rom, die Studentenunruhen in den europäischen Hauptstädten – ich verbrachte den Sommer 1968 in Paris in Kommunitäten von Arbeiterpriestern, aber auch zahlreiche Besuche bei befreundeten Dissidenten in Osteuropa zeigten mir deutlich, dass die wahre Gesellschaftsveränderung („Die Revolutionierung der Revolution") letztlich bei mir selber beginnen muss. Das Beispiel und die Lebenshingabe von Mahatma Gandhi („Sei du die Veränderung, die du dir für die Welt wünschst!") und von Martin Luther King („Ihr könnt uns antun, was ihr wollt, wir werden euch trotzdem lieben!") trafen mich tief. Zahlreiche Seminare mit Jean und Hildegard Goss-Mayr vom Internationalen Versöhnungsbund bestärkten in mir die Überzeugung, dass nicht Rache und Vergeltung, sondern die gewaltfreie Konfliktlösung, „Entfeindungsliebe" und universale Geschwisterlichkeit die regionalen und globalen Konflikte lösen. Durch dieses Schalom-Konzept Jesu entste-

„Gefängnisse sind der soziale Kältepol eines Landes." Bild: Justizanstalt Stein

hen auf dem Boden von Gerechtigkeit und Versöhnung neue Hoffnung und eine neue Lebensordnung. Roger Schutz appellierte 1974 beim Konzil der Jugend an die Christ-Innen, diese Herausforderung in einer von Unrecht und Gewalt zerrissenen Menschheitsfamilie anzunehmen: „Gemeinsam mit dem Volk Gottes, kollektiv, kann ein Feuer auf der Erde entzündet werden. Eine Frage von Christus trifft uns bis ins Innerste: Hast du mich in dem Armen, der Hunger hatte, erkannt? Wo bist du gewesen, als ich selbst einer der Elendsten war? Du kannst keinen wirklichen Kampf im luftleeren Raum führen mit Ideen, die nicht konkret werden. Zerbrich die Unterdrückung der Armen und Ausgebeuteten: Du wirst ein erstaunter Zeuge sein, wie Zeichen der Auferstehung schon jetzt auf der Erde entstehen."[17]

Der Häfen ist eine Schule des Hasses

Während meiner Tätigkeit als Sozialarbeiter am Jugendamt Wien erzählte mir im Jahr 1973 ein Freund, dass für die Strafanstalt Stein Sozialarbeiter gesucht würden, aber es melde sich niemand. Dieser Satz „Es meldet sich niemand" traf mich wie ein Blitz! 900 Gefangene – die Mehrzahl von ihnen in Heimen und/oder auf Pflegestellen aufgewachsen – ohne jegliche Betreuung... Es war, als ob Christus selbst sagen würde: „Geh! Fürchte dich nicht. Ich bin bei dir." Und ich ging. Insgesamt neun Jahre arbeitete ich bei 900 Gefangenen und 300 Justizwachebeamten. Auf meine Frage, was wir mit neun Jahren Freiheitsentzug bei ihm bewirkt haben, meinte Robert C.: „Der Häfen ist eine Schule des Hasses!" Auf meine Frage, was die Gefangenen brauchen, antwortete Robert, wie aus der Pistole geschossen: „Eine Schule der Liebe!" Heinz, der als 17-jähriger Gymnasiast wegen Erpressung zu vier Jahren Haft verurteilt wurde, sagte mir am Tag seiner Entlassung: „Ich bin vollgepumpt mit Hass. Jetzt mach' ich es perfekt!" Ein Jahr später wurde Heinz rückfällig... Der Direktor der Justizanstalt Stein bezeichnete das Gefängnis häufig als „sozialen Kältepol des Landes." Ein Befund, der angesichts der hohen Rückfallquote leider stimmt. Mehr und mehr begriff ich, was Johannes vom Kreuz vor dem Hintergrund seiner schmerzlichen Lebenserfahrung so formulierte: „Wo keine Liebe ist, bringe Liebe hin, und du wirst Liebe finden."

Selbst in dieser Hölle bist du da

Ausgerechnet im Gefängnis, in diesem Ozean von Leid, durfte ich die befreiende Entdeckung machen: Selbst in dieser Hölle bist du da. Alles in meinem Leben ist Teil der Passion Jesu. Doch alles in meinem Leben ist auch Teil der Auferstehung Jesu. Zu meiner Überlebensformel gehör(t)en: tägliche Betrachtung der Heiligen Schrift und Eucharistiefeier, regelmäßiger Erfahrungsaustausch mit FreundInnen im Glauben, Sakrament der Versöhnung, fachliche Weiterbildung und Reflexion der beruflichen Tätigkeit (Einzel- und Gruppensupervision). Im Pendeln zwischen Milieu und Gegenmilieu, im Rhythmus von Aktion und Kontemplation fand ich immer wieder meine innere Balance. Roger Schutz beschreibt dieses Ringen um Versöhnung und inneren Frieden in seinen Tagebuchaufzeichnungen als „Kampf und Kontemplation". Nur durch diese Balance zwischen sozialem Engagement und Gebet war es mir möglich, in diesem Getto von 900 Gefangenen und 300 Justizwachebeamten mit einem „versöhnten Herzen zu kämpfen", nicht zu resignieren und die Freude am Menschen nicht zu verlieren. Ähnlich wie Sr. Emmanuelle – bei ihrem Einsatz in den Slums von Kairo – durfte auch ich in der Begleitung von Strafgefangenen entdecken: „Die Liebe ist ein Zuhören, das tief in uns nachklingt. Wir öffnen uns, um das Geschenk, das der andere ist, anzunehmen und seine andere Art zu lieben. Wir werden verschieden bleiben, aber wenn du dem anderen auf andere Weise als dir selbst zuhören kannst, ermöglichst du einer Sichtweise, die nicht die deine ist, Zugang zu dir. Den anderen kannst du nicht ändern, aber deine Sichtweise, die kannst du ändern."

Heim, Euthanasieklinik und Gefängnis

In Stein begegnete ich zwei Menschen, deren Schicksal mich tief berührte.

Friedrich Zawrel (*1929, † 2015) verbrachte als Sohn armer Eltern mehrere Jahre in Wiener Erziehungsheimen und bei Pflegeeltern. 1941 wurde er in die Wiener Krankenanstalt „Am Spiegelgrund" (Steinhof) eingewiesen. Dort wurden etwa 7.500 PatientInnen – darunter etwa 800 Kinder – ermordet. Der Arzt Dr. Heinrich Gross stufte Zawrel in einem Gutachten als „erbbiologisch und sozial minderwertig" ein. Unter dem „niederspritzenden Euthanasiearzt Gross und dem losdreschenden Primarius Illing" (Dr. Werner Vogt) war Friedrich Zawrel

> ❱❱ *Gott geht alle Wege mit."*

Alfred Delp[18]

FOTO: PRIVAT

Friedrich Zawrel, Überlebender des Kinder-Eutha-nasie-Programms der Wiener Krankenanstalt „Am Spiegelgrund", bei einer Begegnung im Cinema Paradiso in St. Pölten.

Medikamentenversuchen, sadistischen Me-thoden und Isolationshaft ausgesetzt. Zaw-rel gelang 1944 unter Mithilfe der mutigen „Schwester Rosi", die keine Mitläuferin war, die Flucht aus der Mörderklinik.

Nach dem Krieg wurde Friedrich Zawrel – er hatte weder Schulabschluss noch Be-rufsausbildung – mehrmals durch Eigen-tumsdelikte straffällig. 1975 wurde Zawrel von Dr. Gross, der inzwischen ein bekann-ter Gerichtsgutachter war, in der Justiz-anstalt Stein begutachtet. Zawrel äußerte ihm gegenüber Vorwürfe über dessen NS-Vergangenheit. Gross verfasste für Zawrel ein negatives Gutachten, in dem er sich auf Passagen aus Illings 1943 im Nationalsozia-lismus angefertigten Gutachten berief, und empfahl die dauerhafte Unterbringung in einer Anstalt für gefährliche Rückfallstäter.

Doch Zawrel konnte mit Unterstützung des Journalisten Wolfgang Höllrigl, des Arz-tes Werner Vogt und der „Arbeitsgemein-schaft Kritische Medizin" die NS-Vergan-genheit von Dr. Gross bekanntmachen. Auch die „Arbeitsgemeinschaft der Sozialarbeiter an Justizanstalten Österreichs" unterstütz-te die Rehabilitierung Zawrels. Nach einem neuerlichen und diesmal unvoreingenom-

menen Gutachten, wurde Zawrel 1981 aus der Haft entlassen.

1997 kam es zu einer Mordanklage gegen Gross. In neun Fällen wurde Gross direkte Beteiligung an den Kindermorden nachge-wiesen, jedoch konnte er sich wegen an-geblicher Demenz dem Prozess und somit seiner Verurteilung bis zu seinem Tod ent-ziehen.

Im Jänner 1998 nahm Zawrel zum ersten Mal an einem Symposium über Euthanasie teil und besuchte von da an unzählige Schu-len und Veranstaltungen, um als Zeitzeuge zu berichten. Zawrel trug wesentlich zur Aufarbeitung der Verbrechen der NS-Me-dizin am Spiegelgrund bei. Die Stadt Wien verlieh Zawrel den höchsten Wiener Orden, den er jedoch erst annahm, als endlich eine Gedenkstätte „Am Spiegelgrund" eröffnet wurde. Zawrel wurde auch mit dem Golde-nen Ehrenzeichen für die Verdienste um die Republik Österreich geehrt.

Gefangenenseelsorger Anton Brunner

Anton Brunner (*1923 in Emmersdorf/Do-nau. +1999 in Furth bei Göttweig) besuchte das Stiftsgymnasium Melk, das jedoch 1938 geschlossen wurde. Nach dem „Anschluss" Österreichs an das Deutsche Reich verfasste er als 15-Jähriger Flugblätter, in denen er die Menschen aufforderte, „ihren Glauben nicht zu vergessen." Brunner wurde deshalb in Krems verhaftet, seinen 16. Geburtstag ver-brachte er im Gefängnis. In der Folge wurde er von sämtlichen Schulen des Reichsgaus Niederdonau ausgeschlossen, konnte je-doch sein Mittelschulstudium in Wien fort-setzen. Brunner schloss sich neuerlich einer Widerstandsgruppe an. Es wurden Flug-blätter verteilt mit der Aufschrift „Wie lan-ge noch wollt ihr, dass man fremde Länder überfällt?" Im Jänner 1942 wurden Brunner und zwei seiner Mitschüler verhaftet. Anton

Brunner wurde am 28. August 1942 wegen
„Feindbegünstigung" und „Vorbereitung
zum Hochverrat" zum Tode verurteilt. Daraufhin kam er in die Todeszelle Nr. 56, die er
zehn Monate mit dem 20-jährigen Marxisten Herbert Steindl teilte.

Im Zeitraum von 1938 bis 1945 wurden im sogenannten „Hinrichtungsraum"
des Landesgerichtes Wien insgesamt 1.210
Menschen hingerichtet, darunter 600 WiderstandskämpferInnen.[19] Am 15. März 1943
wurde Anton Brunner begnadigt und seine

Strafe auf fünf Jahre heruntergesetzt. Brunner kam in das Jugendgefängnis Kaiserebers-
dorf. 1944 wurde er in eine Strafkompanie
der Wehrmacht überstellt. Nach der Kriegsgefangenschaft in Frankreich kehrte Brunner 1946 in die Heimat zurück, besuchte das
St. Pöltner Priesterseminar und wurde 1950
zum Priester geweiht. Nach verschiedenen
Kaplansposten meldete sich Anton Brunner
1956 für die „seelsorgliche Betreuung der
Gefangenen in Stein, um auch diesen Menschen in der Zeit der über sie verhängten
Unfreiheit das Flämmchen der Hoffnung ein
wenig zu entfachen."[20] Rektor Anton Brunner war mehr als 30 Jahre (1956 – 1987) als
Anstaltsseelsorger in der Strafvollzugsan-
stalt Stein tätig. Er setzte sich unermüdlich
für die Gefangenen ein und ging in der Pastoral neue Wege, indem er z.B. auswärtige
Gruppen einlud, die Gottesdienste in der
Anstaltskirche mitzugestalten. Studenten
der Katholischen Hochschulgemeinde Wien,
Mitarbeiter der Cursillo- und Fokolar-Bewegung sowie Musikgruppen aus Pfarren
wurden in die Gefangenenseelsorge eingebunden. Ein großes Anliegen war Rektor
Brunner die Entlassungsvorbereitung, insbesondere die Integration von Straffälligen
mit hohen Freiheitsstrafen.

FOTO: ROTTENSCHLAGER

Anton Brunner (1. v. li), 30 Jahre Gefangenenseelsorger der Justizanstalt Stein, mit Freiwilligen, die
den Gottesdienst in Oberfucha, einer Außenstelle
von Stein, mitgestaltet haben.

FOTO: PRIVAT

Anton Brunner wurde
als Gymnasiast zum Tod
verurteilt, weil er die
„Überfälle der Deutschen
Wehrmacht auf fremde
Länder" verurteilte. 1943
wurde Brunner begnadigt
und zu fünf Jahren Haft
verurteilt. Bild: Der 19-jäh-
rige, zum Tod verurteilte
Anton Brunner.

Die rechte Optik

Als Sozialarbeiter der Justizanstalt Stein besuchte ich in Wien regelmäßig den in der Fokolar-Bewegung engagierten Psychiater Pierre M., um mit ihm meine berufliche Tätigkeit zu reflektieren. Ich erzählte ihm, dass das Gefängnis für viele Inhaftierte die Hölle sei. Der Gruppenterror auf den Zellen ist für viele unerträglich. Die Zahl der Selbstbeschädigungen ist in den Justizanstalten überdurchschnittlich hoch. „Der Richter gibt dir die Strafe, der Gefangene macht sie dir," ist ein häufiger Ausspruch unter den Gefangenen. Pierre, der eine besondere Liebe zu ausgegrenzten Menschen hatte, erfasste rasch meinen Frust und die Ohnmachtssituation, in der ich arbeitete. Er empfahl mir, den Augenblick zu leben. Den Augenblick gut zu leben, weil wir in jedem Menschen Gott selbst begegnen. Jeder fragende und suchende Mensch, dem ich begegne, ist von Gott gesandt. Pierre meinte, „dass ich in den Gefangenen in besonderer Weise Jesus in seinem Leid und in seiner Verlassenheit am Kreuz begegnen darf". Dann versicherte er mir: „Karl, vergiss eines nie: Von seiner Seite – von Gott her – ist immer schon alles da. Wir brauchen nur die rechte Optik. Entscheidend ist, dass wir in jeder Lebenssituation – auch im Gefängnis – an die Macht

Entscheidend ist, dass wir in jeder Lebenssituation – auch in Drangsal und Not – an die Macht der Liebe Gottes glauben.

der Liebe Gottes glauben." Ein Satz, der für den Rest meines Lebens bedeutsam wurde. Ich kehrte an jenem Abend erleichtert und mit einem tiefen Frieden, ja mit einer stillen Freude nach Krems-Stein zurück. An der Gefängnis-Realität hatte sich nichts geändert. Doch seit der Begegnung mit Pierre sah ich die Gefangenen und die Justizwachebeamten in einem neuen Licht.

Hasse das Böse, aber liebe den, der Böses tut

Für mich persönlich wurde zunehmend wichtig, dass ich den Pakt (Bund) der Liebe, den Gott mit uns geschlossen hat, täglich erneuere. Dies hatte und hat beachtliche Konsequenzen im Alltag. Eine kleine Erfahrung aus der Justizanstalt Stein: Vor jedem Besuch auf den Zellen, auch in den Hafträumen prominenter Geiselnehmer, habe ich diesen Pakt der Liebe erneuert: Bereit sein für Jesus und seinen verwundeten Leib, die Kirche und für jeden Menschen, den er mir anvertraut, das Leben zu geben. Frucht dieses Gebets ist der wirkmächtige Friede Gottes. Die Macht seiner Liebe, die alles Böse bannt, wird erfahrbar. So wurde ich z.B. in der Justizanstalt Stein auf einer Zelle, in der vorwiegend Tiroler untergebracht waren, vom Kapo mit den Worten begrüßt: „Der Hund hat keine Angst!" Der Strafgefangene meinte damit nicht meine Unerschrockenheit. Er spürte, dass ich durch die Art, wie ich die Gefangenen begrüße, jedem Straffälligen ohne Vorurteil und moralinfrei begegne. Seelisch Verwundete testen sehr genau, ob unsere Liebe echt ist. Im Tonfall meiner Stimme, durch den Blickkontakt und den Handschlag sah der Zellen-Boss, dass ich die Gefangenen mag. Durch diese Begegnung verstand ich den Satz aus dem 1. Johannesbrief ganz neu: „Die vollkommene Liebe vertreibt die Furcht!" Die für mich alles entscheidende Erkenntnis, die das Liebesgebot Jesu ins Heute übersetzt, lautet: „Hasse das Böse, aber liebe den, der Böses tut."

Alles für das Ganze riskieren

Die Begegnungen mit den Gefangenen trafen mich zutiefst, insbesondere die seelische Not und Verzweiflung vieler Inhaftierter. In den Zellen der Gefangenen spürte ich immer deutlicher, dass ich noch einen Schritt weiter gehen soll. Es war oft so, als ob Christus mir die Frage stellen würde: „Bist du bereit, auch dein Privatleben mit den Haftentlassenen zu teilen?" Ich spürte, dass Christus selber – in den Aussätzigen unserer Tage – mich einlädt: Riskiere alles für mich. Teile dein Leben mit den Ungeliebten der Gesellschaft. Der Traum von einer Gemeinschaft entstand. Eine Wohngemeinschaft als Ersatzfamilie für die Ungeliebten der Gesellschaft.

Im Jahr 1975 verbrachte ich die Ostertage in der ökumenischen Gemeinschaft von Taizé (Frankreich). Das Lied „Suchet zuerst das Reich Gottes. Alles andere wird euch dazu gegeben werden", wurde zum Leitmotiv der Karwoche. Bei der Gründonnerstag-Meditation erläuterte Bruder Roger Schutz einen Satz aus der Hl. Schrift: „Sei getreu bis in den Tod, und ich werde dir die Krone des Lebens geben." (Off 2,10) Dieses Wort traf mich tief. Am Karsamstag stellte mir Bruder Rudolf, ein Pastor aus Hamburg, die Frage: „Ist es bei Ihnen so, dass die 1.000 Antlitze der

》 *Gott ist nur Liebe. Wagt, für die Liebe alles zu geben. Gott ist nur Liebe. Gebt euch ohne Furcht."*

Lied aus Taizé

Gefangenen (der Justizanstalt Stein) in ein Antlitz – in das Antlitz Jesu – zusammenfließen?" Ich bejahte dies, weil es immer der eine Christus ist, der uns in allen fragenden und suchenden Menschen begegnet. In der Osternacht las ich die Betrachtung von Bruder Roger „Alles für das Ganze riskieren." In dieser Nacht traf ich die Entscheidung, alles für Christus zu riskieren und ihm in den Aussätzigen unserer Tage zu dienen. Wer sich auf Jesus, den gekreuzigten, verlassenen und auferstandenen Christus, wirklich einlässt, für den ändert sich alles in seinem Leben. Ein Perspektivenwechsel tritt ein.

Dies bedeutete für mich – ich war damals 29 – bereit zu sein, private und berufliche Pläne loszulassen, und bereit werden, neu aufzubrechen. Im Vertrauen darauf, dass es für Gott keine hoffnungslosen Fälle gibt, stellte ich erstmals Überlegungen an, mit einem Freundeskreis eine kleine Gemeinschaft zu gründen, in der ich mit ausgegrenzten Menschen lebe.[21]

Die Gnade des Nullpunkts

In den Jahren 1975 – 1982 habe ich oft von einem Haftentlassenen-Projekt geträumt, doch fünf Mal bin ich am Widerstand der Bevölkerung gescheitert. Das klassische „Argument" der Bevölkerung lautete stets: „Eine gute Sache, aber bitte nicht bei uns, Frauen und Kinder sind gefährdet." Meine ersten Zweifel an der Realisierbarkeit des Projektes tauchten auf. Doch mein Freundeskreis hat mich ermutigt, nicht vorschnell aufzugeben. Wir trafen uns damals monatlich zum Lesen der Heiligen Schrift, zu Erfahrungsaustausch und Gebet und zu einer gemeinsamen Jause. Immer wieder versicherten mir die Freunde: „Wenn es im Plan Gottes liegt, wird das Obdachlosenprojekt entstehen – allen Widerständen zum Trotz." Erst Jahre später – nachdem der Emmaus-

Traum Realität geworden war – verstand ich: Es gibt sie tatsächlich, die „Gnade des Nullpunkts." Auch der Völkerapostel Paulus spricht in seinen Briefen immer wieder davon, wie sehr er unter persönlichen Grenzerfahrungen („Stachel im Fleisch") leidet. Drei Mal bittet er den Herrn, dass Christus ihn von einer Beeinträchtigung, die ihn offensichtlich sehr belastet, befreien möge. Doch die Antwort des Herrn ist unmissverständlich: „Meine Gnade genügt dir; denn sie erweist ihre Kraft in der Schwachheit." (2 Kor 12,8-10)

> *In mir ist es finster – aber bei dir ist das Licht.*
> *Ich bin einsam – aber du verlässt mich nicht.*
> *Ich bin kleinmütig – aber bei dir ist Hilfe.*
> *Ich bin unruhig – aber bei dir ist Friede.*
> *In mir ist Bitterkeit – aber bei dir ist Geduld.*
> *Ich verstehe deine Führung nicht –*
> *aber du weißt den Weg für mich.*
>
> _____
>
> *Dietrich Bonhoeffer*[22]

Ein gerütteltes Maß an Prüfungen

Von den Plänen, in St. Pölten eine Emmausgemeinschaft zu gründen, bis zur Verwirklichung vergingen Jahre. Ein erstes Projekt scheiterte – trotz Zustimmung des Gemeinde- und Pfarrgemeinderates – aufgrund von Turbulenzen bei einer Podiumsdiskussion am 8.10.1979 in Oberwölbling. Die Schlagzeile der Niederösterreichischen Nachrichten von 16.10.1979 lautete: „Wölblinger gegen Sträflingsheim. Informationsabend endet mit Tumult und Pfeifkonzert." Auch andere Versuche in St. Pölten-Spratzern, in Radlberg, an der Peripherie und im Zentrum von St. Pölten ein Wohnprojekt für Obdachlose zu starten, sind ebenfalls fehlgeschlagen. Jedes Mal lehnte die Bevölke-

NÖN-Schlagzeile 1979
Das Emmaus-Projekt scheiterte zunächst am Widerstand der Bevölkerung.

rung mit der Begründung ab: „Eine gute Sache, aber bitte nicht hier. Das Risiko für uns ist zu groß, Frauen und Kinder sind gefährdet." Doch man hörte auch den Satz „Diese Sozialschmarotzer gehören ins Arbeitslager, und die Verbrecher aufgehängt."

Eine spezielle Prüfung bedeutete für mich, dass das geplante Haftentlassenen-Projekt nicht mit sachlichen Begründungen, sondern häufig mit irrationalen Argumenten, aufgrund von massiven Ängsten und Vorurteilen, abgelehnt wurde. „Ein kleiner Hitler gehört her!" „Diese Verbrecher sind ein Geschwür am Körper der Gesellschaft, das Geschwür gehört eliminiert." „Das arbeitsscheue Gesindel sollte man vergasen", waren Parolen, die zu hören waren. Diese und ähnliche Aussprüche von Projekt-Gegnern schmerzten, weil sie Ausdruck einer Menschen verachtenden Ideologie und einer tief sitzenden Sündenbock-Mentalität sind. Doch Widerstände, Anfechtungen, Verleumdungen und ein gerütteltes Maß an Prüfungen können auch ein Zeichen dafür sein, dass die Sache Gott gefällt. Meine Kraftquellen sind das persönliche Gebet, die tägliche Eucharistiefeier, die Anbetung und das Sakrament der Versöhnung. Doch ohne die Treue der Gebetsgruppe, die sich wöchentlich zur so genannten Dienstag-Runde trifft (Erfahrungsaustausch und Gottesdienst) gäbe es Emmaus nicht – oder ich hätte bereits in den ersten Jahren resigniert. Doch durch die Erfahrung dieser Weggemeinschaft – mit Christus in der Mitte –

erhalte ich immer neu die Gewissheit, dass uns nichts von der Liebe Christi scheiden kann. Eine Frucht davon ist die Freude am Menschen, der Glaube an den Menschen, auch dann noch, wenn dieser sich selbst bereits aufgegeben hat oder von seiner Umgebung fallen gelassen wurde.

Nachdem die ersten Projekt-Initiativen gescheitert waren, erschütterte im Jänner 1980 ein Dreifachmord die österreichische Bevölkerung. Werner K., ein psychisch kranker Rechtsbrecher, der in der Justizanstalt Garsten inhaftiert war, tötete während eines Haftausganges in St. Pölten Frau B. und ihre beiden erwachsenen Kinder. Der Schock in der Bevölkerung saß tief. Der Traum von einem Wohn- und Arbeitsprojekt für Obdachlose und Haftentlassene in Niederösterreich schien in weite Ferne gerückt.[23]

Trotz Enttäuschung Anfang gesetzt

Trotz des Scheiterns des Projekts Oberwölbling und anderer Initiativen – bald nach dem Dreifachmord in St. Pölten – konstituierte sich im März 1980 im Einverständnis mit dem Bürgermeister von St. Pölten der Verein „Sprungbrett". Sozialarbeiter der Justizanstalten Stein und St. Pölten, BewährungshelferInnen, StudentInnen der Sozialakademie und 15 ehrenamtliche BetreuerInnen boten auf freiwilliger Basis Strafgefangenen und Haftentlassenen ihre Hilfe an. Vor allem sollten die Haftentlassenen bei der Arbeits- und Quartiersuche sowie in persönlichen Krisensituationen Unterstützung und Beratung finden. Dank der

》 *Geborgenheit im Letzten gibt Gelassenheit im Vorletzten."*

Romano Guardini

Unterstützung des Vereins durch private Spender sowie durch die Unterstützung seitens der Kath. Frauenbewegung wurde es in den Jahren 1980 – 1982 in 30 Fällen möglich, vor allem beim Anmieten von Unterkünften entsprechende Starthilfen zu vermitteln.[24]

FOTO: SHUTTERSTOCK

„Wenn das Weizenkorn nicht in die Erde fällt und stirbt, bleibt es allein; wenn es aber stirbt, bringt es reiche Frucht." (Joh 12,24)

Weizenkorngeschichte

Pfingstmontag 1982: Nach einer Wanderung auf den Muckenkogel wurde ich – gemeinsam mit Sepp Pichler, Otto Allinger, Franz Steinkellner und Charly Höllerer – in den Pfarrhof Maria Lourdes auf eine Jause eingeladen. Pfarrer Alfred Weixelberger fragte mich, ob ich noch immer ein Haus für Obdachlose suche. Ich bejahte dies. Daraufhin meinte Alfred: „Ich weiß ein Haus in der Herzogenburger Straße, ich bin überzeugt, dass ihr dort – im ehemaligen Glasscherbenviertel – mit der Nachbarschaft kein Problem haben werdet." Ich war damals noch Gefängnissozialarbeiter in Stein. Das geplante Obdachlosenprojekt war mir und dem Freundeskreis zwar ein starkes Anliegen, doch was real existierte, war die monatliche Gebetsgruppe des Freundeskreises, unsere Vision einer „Weggemeinschaft mit ausgegrenzten Menschen" und das Vertrauen, dass der auferstandene Christus alle Wege mit uns geht. Als Projekt-Bezeichnung schien uns der Name Emmaus – vor dem Hintergrund der biblischen Erzählung – sinnvoll.[25] Alfred Weixelbergers Worte vom Pfingstmontag waren ein Wink des Himmels. Das Haus Herzogenburger Straße 48-50 sollte ab 1. 8. 1982 zum „Mutterhaus" für insgesamt sieben Emmaus-Wohnprojekte und fünf Kleinbetriebe werden.

Ein Traum wird Wirklichkeit

Im Frühjahr 1982 erzählte ich Ing. Werner Scholz, dem Direktor der Caritas St. Pölten, meinen Traum vom Projekt Emmaus. Er meinte, dass es ein Glücksfall wäre, wenn ich zur Caritas käme, weil es in Niederösterreich noch kein Wohnheim für obdachlose Menschen gab. Im Sommer 1982 zog ich mich mit zwei Freunden nach Assisi zurück. Dort schrieb ich meinen Traum von der „Emmausgemeinschaft St. Pölten" nieder. Es sollte eine Gebets-, Arbeits- und Lebensgemeinschaft sein, wobei jede/r ehrenamtliche oder hauptberufliche MitarbeiterIn Distanz und Nähe zur Gemeinschaft selbst regelt. Liebe und Kompetenz, professionelle Begleitung und eine solide spirituelle Basis sowie Ökumene und interreligiöser Dialog als Grundlage der Werte-Gemeinschaft „Emmaus". Supervision und Weiterbildung als Pflicht; Gebet ist jedoch immer nur Angebot. Die Einheit mit der Ortskirche und die Solidarität mit der Weltkirche (Unterstützung von ausländischen Sozialprojekten durch die Selbstbesteuerungsgruppe) waren mir von Beginn an wichtig. Vernetzung mit Kirchen, Religionsgemeinschaften und NGOs, Dialog und Kooperation mit Förderstellen auf Stadt-, Landes- und Bundesebene; kein Alleingang. Darum präsentierte ich das Konzept auch Bischof Franz Zak, der das Emmaus-Projekt sehr befürwortete und mir seinen Segen gab. Bischof Zak wünschte mir persönlich für „diesen wichtigen Dienst in Emmaus den Idealismus und den Realismus des Hl. Franz von Assisi."

Stärker als die Macht des Bösen

Am 1. August 1982 wurde ich von der Caritas St. Pölten für das Obdachlosenprojekt freigestellt. Im Vertrauen auf Gottes Vorsehung mietete ich mit einem Freundeskreis in St. Pölten das Haus Herzogenburger Straße 48-50 an. Viele Menschen in den Sozialeinrichtungen und in den Pfarren freuten sich mit uns, dass endlich auch in St. Pölten ein Haus für die Ungeliebten der Gesellschaft entsteht. Doch noch bevor der erste Haftentlassene einzog, bekam ich es mit der Angst zu tun. Ich wohnte noch allein in dem desolaten Haus und ahnte, dass ich mich auf ein Experiment eingelassen hatte, das ziemlich gewagt, ja möglicherweise völlig unvernünftig war. Eine Stimme flüsterte mir immer wieder ein: „Gib auf, das wirst du nie schaffen!" Ich spürte deutlich, dass dies nicht die Stimme Gottes war. Für einen Augenblick erkannte ich die scheinbare Übermacht des Bösen (vgl. „Höllenvision" der Teresa v. Avila). Nach neun Jahren Sozialarbeit in der Justizanstalt Stein – in der „Schule des Hasses" – hatte ich einen sehr nüchternen Blick auf die Realität der „Unterwelt" und wusste um die Sogwirkung und Destruktivität des Milieus. In meiner Angst kniete ich nieder und schrie zu Gott: „Jesus, hilf, sonst gebe ich wirklich auf!" Die Antwort im Gebet war unmissverständlich: „Hab keine

> » Hochzeit. Tiefzeit.
> *Fülle deine Krüge an bis an den Rand mit Tränen aus Freude, aus Leid, aus Verzweiflung, mit Schweiß von der Arbeit, von der Angst – und wisse dabei um die folgende Verwandlung."*
>
> **Josef F., Assisi 1982**

St. Pölten, Herzogenburger Straße 48: Gründungsversammlung der Emmausgemeinschaft im Jahr 1982

Angst. Wo zwei oder drei in meinem Namen versammelt sind, da bin ich mitten unter euch. Mit mir – mit dem Auferstandenen in eurer Mitte – werdet ihr stärker sein als alles Böse." Eine tröstliche Gewissheit, die alles überdauern sollte. Diese Zusage Jesu trägt mich bis heute durch alle Höhen und Tiefen. Jesu Liebe – eine Liebe ohne Widerruf.

Gott will das dunkle Gestern in ein helles Morgen verwandeln

Der Emmaus-Gang erinnert an zwei Freunde, die – nach dem Tod Jesu – völlig deprimiert unterwegs sind in ein Dorf namens Emmaus (Lk 24,13-32). Auf dem Weg treffen sie einen Unbekannten, der sie in ihrer Enttäuschung und Trauer ernst nimmt und begleitet. Weggemeinschaft entsteht. Hoffnung keimt. Erst in Emmaus, als ihnen der Fremde das Brot bricht, gehen ihnen die Augen auf und sie erkennen Jesus. Sie eilen nach Jerusalem zurück, um die Freunde und Freundinnen Jesu zu treffen. Auch sie bestätigen freudestrahlend: „Der Herr ist wirklich auferstanden – er ist den Frauen und dem Simon erschienen!" Seit der Auferstehung Jesu gibt es keine ausweglose Situation mehr. Jesus ist der Sieger über Schuld, Sünde und Tod. Der auferstandene Jesus mit den Wundmalen ist das Zeichen der Hoffnung für die Welt. „Gott kann Wege aus der Auswegslosigkeit weisen. Er will das dunkle Gestern in ein helles Morgen verwandeln – zuletzt in den Morgen der Ewigkeit" (Martin Luther King). Ostern bedeutet neues Leben, Auferstehung, neue Hoffnung. Die Liebe ist stärker als der Tod. Die Liebe Jesu, die den Feind einschließt, hilft uns, den Kreislauf von Hass und Gewalt zu durchbrechen.

Ausbau des Emmaus-Wohnheimes Herzogenburger Straße 48: Gäste, ehrenamtliche Mitarbeiter und „Freigänger" der Justizanstalt St. Pölten haben das desolate Gebäude gemeinsam saniert.

Beim Dachgeschoßausbau wurde auf einer Mauerbank ein Christus-Monogramm entdeckt. Hintergrund: Während des Zweiten Weltkrieges haben sich im Haus Herzogenburger Straße 48 (Fam. Prilisauer) junge Christen, die im Widerstand gegen das NS-Regime lebten, geheim getroffen.

Durststrecken

Die Caritas St. Pölten finanzierte ab August 1982 mein Sozialarbeiter-Gehalt. Ich war sozusagen die „lebende Subvention" der Caritas an den noch zu gründenden Verein „Emmausgemeinschaft St. Pölten." Das Emmaus-Projekt konnte zwar starten, doch die Miete und die Renovierungskosten für das desolate Haus Herzogenburger Straße 48-50 mussten durch Spenden aufgebracht werden. Die Gütergemeinschaft eines Freundeskreises und das Vertrauen in die Vorsehung, das heißt, dass Gott für uns sorgen werde, ließ uns das Experiment Emmaus wagen. Doch beträchtliche Durststrecken lagen noch vor uns. 15 Monate hindurch sollte es keinen einzigen Schilling an Unterstützung durch die öffentliche Hand geben – weder vom Sozialamt der Stadt St. Pölten noch vom Land NÖ.

Im September 1982 konnte der erste Gast aufgenommen werden. Es war Günther aus dem Waldviertel. Ihm folgten Hans, Kurt und Toni. Sie waren zwischen 17 und 30 Jahre, hatten bereits Gefängnis- und Psychiatrieaufenthalte hinter sich. Doch als Christ spürte ich, dass Gott selbst diese Menschen schickt. Mehr noch – Gott selbst begegnet uns in diesen Menschen. Schon in den ersten Wochen zeichnete sich deutlich ab: Emmaus muss mehr sein als ein Obdachlosenasyl. Die Emmausgemeinschaft soll eine Lebensschule für Gäste und MitarbeiterInnen werden. Allen Warnungen zum Trotz gelang es, das baufällige Haus fast zur Gänze in Eigenregie umzubauen. Unter den Hausbewohnern waren viele verborgene Talente vorhanden. Jeder konnte auch bei der Arbeit seinen Platz in der Gemeinschaft finden. Wir hatten fast alle Berufsgruppen, die wir brauchten: Maurer, Maler, Fliesenleger, Schlosser, Installateurhelfer, Fleischhauer, die kochen konnten usw. Wer keinen

> **» Ich brauche dich.**
> *Es gibt so viel Elend...*
> *Ganz allein, was kann ich tun?*
> *Wirst du kommen und mir helfen,*
> *anderen zu helfen?"*
>
> **Abbé Pierre**

Beruf erlernt hatte, entdeckte, dass er ein Zimmer ausmalen, ja sogar Böden verlegen konnte und an der Gartenarbeit Freude hatte.

Eine Welle der Hilfsbereitschaft

Im Herbst 1982 kamen die ersten ehrenamtlichen MitarbeiterInnen und halfen mit. Frauen aus der Kapistran-Pfarre erklärten sich spontan bereit, den Wäschedienst für Emmaus zu übernehmen, andere nähten Vorhänge, kochten, halfen im Haushalt mit oder legten einen Garten an. Eine wertvolle Hilfe waren die zwölf Freiwilligen des holländischen Bauordens, die im Sommer 1983 gemeinsam mit Freiwilligen aus Österreich bei der baulichen Sanierung des Hauses mitarbeiteten. Eine Welle der Hilfsbereitschaft überflutete Emmaus. Ein Schulleiter spendete Brennmaterial, ein Tischler brachte Holz für die Werkstätte, eine anonyme Spenderin verzichtete auf den Geldbetrag, den ihr der Ehemann für Weihnachten zum Ankauf einer Pelzjacke gegeben hatte. Die Nachbarn brachten Kleidung, Haushaltsartikel und einen Teppich mit der Erklärung: „Wir haben gesehen, dass ihr den ganzen Winter brav auf der Baustelle gearbeitet habt." Ein Fleischhauer versorgte Emmaus gratis mit Fleisch und Wurst. Die Katholische Frauenbewegung sammelte während eines Gottesdienstes für Emmaus. Das Ergebnis: öS 6370.- Es war auf den Schilling genau die Höhe einer Monatsmiete. Auf meine Frage, wer diesen Betrag auf die Höhe der Monatsmiete aufgerundet hatte, kam die Antwort: „Niemand, weil keiner die Höhe der Monatsmiete wusste." Auf meine Nachfrage, was denn beim Gottesdienst das Tagesevangelium gewesen sei, antwortete Hedi: „Die Geschichte vom Seesturm." Im biblischen Text wird eine lebensbedrohliche Situation beschrieben, in der die Jünger in Panik geraten, Jesus aber seine Freunde rügt: „Warum habt ihr Angst, ihr Kleingläubigen?" Durch diese und viele andere Zeichen ließ Gott uns verstehen, dass es im Leben des Christen letztlich nur eine Frage gibt: Lieben wir Christus wirklich und vertrauen wir ihm voll? Glauben wir an die Brotvermehrung heute?

> **》 Bete, dass Deine Einsamkeit der Stachel werde, etwas zu finden, wofür Du leben kannst – groß genug, um dafür zu sterben."**
>
> *Dag Hammarskjöld[13]*

FOTO: ROTTENSCHLAGER

Emmaus verdankt seine Entstehung und sein Wachstum einem Freundes- und Gebetskreis, der – trotz Widerständen in der Bevölkerung – an der Vision einer Gemeinschaft mit Ausgegrenzten festhielt. Bild: Gottesdienst in der Emmaus-Kapelle

Mehr Gottvertrauen

Im Jahr 1983 besuchte mich Fr. Dr. Elisabeth S. in der Emmausgemeinschaft. Sie war vom Emmaus-Projekt sehr angetan und meinte, dass ich „mehr Gottvertrauen" haben sollte: „Gott wird auch in Zukunft für Emmaus sorgen." Sie spendete 500.- Schilling und schenkte mir eine kleine Skulptur, die den Kreuz tragenden Jesus darstellt. Seither habe ich Frau S. nicht mehr gesehen... Am 23.12.2014 ist Frau Dr. S. verstorben. Von ihren Verwandten erfuhr ich, dass sie ihr Ferienhaus in Murstetten bei St. Pölten der Emmausgemeinschaft vererbt hatte. Unser Sanierungsbetrieb renovierte das Haus, MitarbeiterInnen richteten es liebevoll ein. Ein Jahr später – am 23.12.2015 – zog eine syrische Familie in das Haus ein. Ali J., seine Frau und die sechs Kinder – das siebente Kind wurde in Österreich geboren – haben die Hölle des Krieges

> **》 Ob Sie an Gott glauben oder nicht, ändert nichts an seiner Existenz. Aber vielleicht an Ihrer."[11]**

> **》 Geh zum Gebet, als gingest du zur wichtigsten Arbeit des Tages."**
>
> *Charles de Foucauld*

überlebt. Die Verantwortlichen von Pfarre, Gemeinde, Schule und Kindergarten sowie die NachbarInnen waren äußerst hilfsbereit. Die Familie erhielt 2018 die Aufenthaltsgenehmigung. Der jüngste Sohn besucht inzwischen die Neue Mittelschule und war im Schuljahr 2019/2020 Klassensprecher!

Von Syrien nach Murstetten. Familie Ali Jaseem findet eine neue Heimat.

Vorsehung

Die Emmausgemeinschaft gibt Hilfesuchenden grundsätzlich keine finanzielle Unterstützung. Doch durch das Angebot oder die Vermittlung von Wohnung und Arbeit soll jeder Hilfe suchende Gast in die Lage versetzt werden, sich seinen Lebensunterhalt selbst zu verdienen. Finanzielle Notsituationen müssen daher anders gelöst werden. Susanne z.B. war krankheitsbedingt in eine seelische Krise geraten, auch ihre finanzielle Situation wurde zunehmend prekär. Die Mindestrente reichte nicht mehr aus, die noch offenen Rechnungen für die Sanierung ihrer Substandardwohnung zu begleichen. So entschied ich mich, Susanne von meinem Privatgeld den fehlenden Betrag von öS 2.000.- zu geben, damit sie endlich schuldenfrei wird. Während einer Dienstag-Runde in der Emmausgemeinschaft übergab ich Susanne – in einem Kuvert – kommentarlos den Geldbetrag. Noch am selben Abend übergab mir – nach dem Gottesdienst in der Emmaus-Kapelle – ein befreundeter Priester in einem Kuvert einen Geldbetrag. Der Inhalt: öS 2.000.-. Weder der Spender noch die übrigen Anwesenden wussten von Susannes Schulden. Niemand wusste, dass ich ihr für die Schuldentilgung öS 2.000.- gegeben hatte. Doch Gott hat die Dinge – wieder einmal – wunderbar gefügt. Das Wort Vorsehung meint im biblischen Sinn, dass Gott vorsorgt. An jenem Abend ging mir der Satz Jesu „Wenn du Almosen gibst, soll deine linke Hand nicht wissen, was deine rechte tut" (Mt 6,3) nicht mehr aus dem Sinn. Ich verstand die Botschaft: Vertraue Gott. Er hat einen Plan der Liebe. Seine Regie ist perfekt.[26]

Geschenk der Armen an die Reichen

Gott hat Emmaus in den ersten Jahren reich beschenkt. Materiell und personell erhielt die Gemeinschaft mehr, als sie zu hoffen gewagt hat. Richard, ein Theologiestudent, Karl, Tischler und ehemaliger Entwicklungshelfer, und Walter als Sozialarbeiter waren die ersten Mitarbeiter, die bereit waren, gemeinsam mit mir für einige Jahre in Emmaus mitzuleben und mitzuarbeiten. Doch so paradox es klingen mag, das größte Geschenk in diesem Emmaus-Projekt waren und sind die Hilfe suchenden Gäste. Sie sind das Geschenk der Armen an die Reichen. Allen Rückschlägen, Niederlagen und Erniedrigungen zum Trotz bäumen sie sich immer wieder gegen das Verhängnis auf, kämpfen

>> *Lass niemals zu,*
dass das Leid dich so erfüllt,
dass du darüber die Freude
des auferstandenen Christus vergisst."

Mutter Teresa

oft einen unendlich einsamen Kampf, und eine unausrottbare Gier nach Leben und wahrer Liebe bringt sie ein paar Schritte weiter, um bald wieder zu fallen. Die Haftentlassenen, Alkoholabhängigen und Obdachlosen fordern den MitarbeiterInnen oft das Letzte ab. Doch wer ahnt, dass diese ausgegrenzten Menschen ebenfalls das Äußerste geben müssen, um nach der zwanzigsten Niederlage wieder aufzustehen und nicht am Boden liegen zu bleiben? Genau in diesem Ringen kommt der Mensch zum Vorschein. Das Delikt tritt in den Hintergrund. Angstfreie Beziehungen entstehen, Hass und Vorurteile werden abgebaut, gewaltfreie Konfliktlösungen eingeübt.

Schmerzliche und ermutigende Erfahrungen werden ausgetauscht. Jeder, auch derjenige, der sich als der „letzte Dreck" fühlt, wird ernst genommen. Ein Stück Gemeinschaft wird erfahrbar. Hoffnung keimt.[27]

Gute Erfolge bei der Wiedereingliederung:

Bei „Emmaus" finden schwere Burschen eine neue Hoffnung

Schlagzeile der NÖN im Dezember 1986

Geburtswehen für eine neue Welt

Gott hat mir durch Familie, Verwandte, Erzieher, LehrerInnen, Freunde und Freundinnen, aber auch durch zahlreiche Aufbrüche in Kirche und Gesellschaft unmissverständlich gezeigt: „Das ist der Sinn deines Lebens: Du bist von Ewigkeit her geliebt, um selbst grenzenlos lieben zu können" (Bruder Roger, Taizé). Die Quelle meiner Freude ist der dreifaltige Gott. Er will,

dass unser Leben ein fortwährendes Fest des Auferstandenen in uns und unter uns wird, ein Fest ohne Ende.[28] In dem Maß, in dem der auferstandene Christus in uns und unter uns lebt und wirkt, werden wir eine neue Schöpfung. Durch alles, was wir aus Liebe tun oder erleiden, bauen wir schon jetzt den neuen Himmel und die neue Erde. In dieser Spannung des „Schon und noch nicht" entsteht eine neue Gesellschaft, eine Zivilisation der Liebe. Geburtswehen für eine neue Welt.

Geborgen in der Gemeinschaft derer, die aus dem Geheimnis der universellen Liebe Christi leben, dürfen wir – durch alle Zerbrechlichkeit hindurch – Hilfesuchenden und Verzagten Gastfreundschaft und ein Stück Heimat schenken. Doch Geheimnis und Faszination von heilenden Gemeinschaften bestehen darin, dass sie keinen Unterschied machen, wo die Liebe entsteht: Aus jenen, die heilende Nähe schenken, werden selbst oft Beschenkte.

Hinter den Gefängnismauern gewann ich die Gewissheit, dass die Menschheit im Begriff ist, „erwachsen" zu werden. Sie macht – nach Teilhard de Chardin – heute „sichtbar eine Wachstumskrise durch und wird sich dunkel dessen bewusst, was ihr fehlt und was sie vermag."[29] Der Christ weiß, dass kraft der Auferstehung nichts mehr unausweichlich zum Tod führt. Alles ist fähig, für

FOTO: KNA

Abbé Pierre hat während des Zweiten Weltkrieges als Mitglied der französischen Résistance vielen jüdischen Flüchtlingen geholfen. Er führte die Umfragen nach dem beliebtesten Franzosen 30 Jahre lang an, bis er 2005 auf eigenen Wunsch nicht mehr in dieser Liste aufgeführt wurde.

unser Leben zur gesegneten Berührung der göttlichen Hände zu werden. Gott jagt dem Menschen in den geschichtlichen Abläufen bis in die äußersten Verlorenheiten und Verlassenheiten dieser Erde nach. Selbst in einem Akt der Selbstvernichtung können Mensch und Welt nicht aus dieser Liebesbeziehung herausfallen: Darin liegt unzerstörbare Hoffnung, selbst noch am Rande des Todes, in Ghettos und in den Slums dieser Erde den „Neuguss der Erde" zu erzittern, zu erwarten und zu erkämpfen. (Teilhard de Chardin, Das göttliche Milieu)

Schon in den Zellen der Gefangenen in der Justizanstalt Stein habe ich den Sinn des mir lange so unverständlichen Ausspruchs von Charles de Foucauld erahnt: „Wenn man leiden und lieben kann, kann man viel. Es ist das Größte, was man auf dieser Welt vermag."

Gott verheißt der Menschheitsfamilie einen „neuen Himmel und eine neue Erde" (Off 21,1). Der Schlüssel für diese neue Wirklichkeit, auf die hin wir angelegt und unterwegs sind, heißt Liebe. Liebe teilt bedingungslos – auch das Schicksal der Ausgegrenzten. Das ist ein schmerzlicher Prozess. Doch dadurch geschieht Erlösung. Hass und Gewalt sind eine zu große Last. Durch das Experiment „Emmaus" habe ich endgültig begriffen, dass die zwei Brennpunkte unseres Lebens „Liebe und Schmerz" heißen.[30]

Das Hundertfache

In allem Scheitern und Gelingen darf ich staunend bekennen: Ich bin Zeuge dafür, dass die Auferstehung Jesu heute geschieht. Christus hat mir und allen, die das Experiment Emmaus gewagt haben, mehr als das Hundertfache geschenkt. Gott hat uns personell und materiell stets alles geschenkt, was wir nötig hatten – doch immer nur so viel, dass wir noch von ihm abhängig blieben. Öfters werde ich gefragt, ob ich mich bewusst für die ehelose Lebensform entschieden habe. Christliche Ehe und Ehelosigkeit um der Liebe Christi willen sind unmissverständliche Zeichen dafür, dass mit dem Kommen Christi eine neue Ordnung angebrochen ist. Eheliche Treue bekräftigt, dass eine Wahl vollzogen ist. Ähnliches gilt für die Ehelosigkeit. Meine frei gewählte Ehelosigkeit und die Treue zu dieser Grundentscheidung sind oft mit dem schmerzlichen Loslassen von privaten und beruflichen Plänen verbunden. Mein Leben ist zunächst Antwort auf einen unbedingten Ruf Christi. Diese Lebenshingabe aus Liebe ist jedoch nur in einer starken Bindung an eine Gemeinschaft als wirklich befreiend und erfüllend lebbar. Reifung der Persönlichkeit braucht verbindliche Weggemeinschaft. Deshalb bin ich dafür, dass auch katholische Priester die Möglichkeit erhalten sollten, zwischen Ehe und Ehelosigkeit zu wählen. Bei der „Ehelosigkeit um der Liebe Christi willen" ist für mich persönlich ein weiterer Aspekt wichtig: Diese Lebensform ist kein bloßes Single-Dasein, sondern auch ein Akt der Solidarität und Liebe denen gegenüber, die unfreiwillig ehelos leben, die als Ungeliebte, Zukurzgekommene und Betrogene oder durch den Verlust des Partners (Trennung, Tod) als Leidgeprüfte oft am Sinn ihres Lebens zweifeln. In der Emmausgemeinschaft verstand ich den solidarischen Aspekt dieser Lebensform ganz neu: Weggemeinschaft mit jenen, die nicht auf die „Butterseite des Lebens gefallen sind", die von Geburt an Startnachteile hatten und oft in Heimen aufgewachsen sind, eröffnet für Betroffene oft ungeahnte Möglichkeiten, begünstigt Heilungs- und Integrationsprozesse. Darum wird uns in der Solidargemeinschaft mit ausgegrenzten Menschen immer wieder eine faszinierende Erfahrung geschenkt, die auch Dietrich Bonhoeffer machen durfte: „Es gibt erfülltes Leben trotz vieler unerfüllter Wünsche."[31] Ob verheiratet oder ehelos – wer im Geist der Seligpreisungen lebt, ist PionierIn und WegbereiterIn für ein neues Pfingsten der Liebe, wird selbst zu einem lebendigen Baustein für eine Zivilisation der Liebe.

Die Saat ist aufgegangen

Was seit 1982 mit dem Segen Gottes und durch die Unterstützung ehrenamtlicher und hauptberuflicher MitarbeiterInnen, Gäste, Zivildiener sowie mit Hilfe zahlreicher FreundInnen und Förderer bei Emmaus St. Pölten gewachsen ist, ist weithin bekannt. Doch die eigentlichen Wunder, die in den vergangenen 38 Jahren passiert sind, können wir nur erahnen. Gott allein weiß um die verborgenen Heilungs- und Versöhnungsprozesse, die bei den Gästen der Emmausgemeinschaft und den Tochterfirmen NÖ soogut und Antlas passiert sind. Totgesagte wurden lebendig. Menschen, die oft verzweifelt und lebensmüde waren, schöpften neue Hoffnung.

Warum ich dieses Wachsen und Reifen des Emmaus-Pflänzleins in Erinnerung rufe? Viele Menschen fragen sich heute: Wo ist Gott in den zahlreichen Krisenherden dieser Erde, in den schrecklichen Kriegen und endlosen Flüchtlingsströmen? Woher kommt Hoffnung? Hoffnung, die nicht vertröstet. Gott ist in Jesus – in seiner Hingabe aus Liebe – in die äußerste Dunkelheit unseres Menschseins hinabgestiegen. Im alten Credo hieß es: „Hinabgestiegen in die Hölle." Joh 3,16: „So sehr hat Gott die Welt geliebt, dass er seinen einzigen Sohn hingab, damit jeder, der an ihn glaubt, nicht zugrunde geht, sondern das ewige Leben hat."

Sein Leben war das eines Menschen – ausgenommen die Sünde. Gott hat sich in Jesus – bis hinein in seine Verlassenheit am Kreuz – ganz mit uns Menschen solidarisiert, insbesondere mit den Armen, den Leidenden und Verfolgten. Mt 25: „Was ihr den Geringsten meiner Geschwister tut oder verweigert, tut oder verweigert ihr mir." Mutter Teresa: „Gott leidet und stirbt auch heute in all den Menschen, die leiden und sterben."

Menschlich gesehen ist Jesus gescheitert. Doch er war siegreich in seiner Liebe. Jesu Liebe ist stärker als der Tod. Die alles entscheidende Realität der Weltgeschichte heißt: Der Gekreuzigte lebt! Jesus ist der Sieger über Schuld, Sünde und Tod. Der auferstandene Christus lebt und wirkt bis zur Stunde in allen Erlösten – ausnahmslos. „Gott geht alle Wege mit." (Alfred Delp) „Die Liebe Gottes ist ausgegossen in unsere Herzen durch den Heiligen Geist." (Röm 5,5) Allen lokalen und globalen Hiobs-Botschaften zum Trotz: Gott hat einen faszinierenden Plan der Liebe für diese Welt – auch für jede/jeden Einzelne/n von uns.

Aufbauen oder niederreißen

Auf die Frage: „Was würdest du aus heutiger Sicht anders machen?", antworte ich: Mehr für Christus und die Notleidenden riskieren. Stimme der Stimmlosen sein. Lobbying für jene, die keine Lobby haben. Gott spricht oft durch die Lebensumstände – z.B. durch Notsituationen – zu uns. Die neuen Herausforderungen durch kompetente MitarbeiterInnen und durch FreundInnen, die im Glauben verankert sind, prüfen lassen. Doch dann, wenn eine neue Aufgabe

> Nichts ist von größerer Bedeutung für das Leben, als Gott zu finden – sich in einer sehr absoluten, endgültigen Weise zu verlieben. Das, was du liebst, was deine Vorstellungskraft beherrscht, wird nichts unberührt lassen. Es entscheidet darüber, was dich am Morgen veranlasst aufzustehen, was du mit deinen Abenden anfängst, wie du deine Wochenenden verbringst, was du liest, wen du kennenlernst, was dir das Herz bricht und was dich in Erstaunen, Freude oder Dankbarkeit versetzt. Liebe, bleib in der Liebe, und das wird alles entscheiden."

Pedro Arrupe SJ[32]

FRIEDE DEM, DER KOMMT! HEILUNG DEM, DER VERWEILT! SEGEN DEM, DER WEITERZIEHT!

FOTO: ROTTENSCHLAGER

Segensspruch im Eingangsbereich des Emmaus-Wohnheimes Herzogenburger Straße.

klar als Anruf und Wille Gottes erkennbar wird, unverzüglich handeln. Jedoch nichts im Alleingang unternehmen. Alles im Konsens mit den Projektverantwortlichen, in Einheit mit der Ortskirche, aber auch in Abstimmung mit den politisch Verantwortlichen von Stadt, Land und Bund. Die Alternative heißt nicht: progressiv oder konservativ, sondern aufbauen oder niederreißen. Frag dich in allem, was du tust: Bist du in der Haltung der Liebe? Dient die Initiative dem Aufbau des Leibes Christi? Sich mit Entschiedenheit für Gerechtigkeit, Frieden und Bewahrung der Schöpfung einsetzen. Konfliktfähig sein, doch stets Werkzeug der Versöhnung bleiben. Mit einem versöhnten Herzen kämpfen! Den vielen Spaltungen in der Gesellschaft und in den Religionsgemeinschaften keine neuen Spaltungen hinzufügen. Was wir dringend brauchen, ist eine stärkere Vernetzung von geschwisterlichen und solidarischen Gemeinschaften. Um die Entstehung von Parallelwelten zu vermeiden, braucht es die Integration der verschiedenen Aufbrüche und Erneuerungsbewegungen in die jeweiligen Religionsgemeinschaften und in die Zivilgesellschaft.[33]

Mit Osteraugen sehen

Von einem indischen Mönch wird erzählt, dass er einmal von einem Betrunkenen angepöbelt wurde: „Du Schweinehund!" Darauf antwortete der Mönch: „Du Gottessohn!" Als der Betrunkene verwundert zurückfragte, wie der andere so auf ihn reagieren konnte, sagte der Mönch: „Jeder sieht im anderen das, was er im eigenen Herzen trägt." Doch wie kann ich diese wertschätzende Haltung in meinem Alltag leben? Wir brauchen die „richtigen Augen" und „das richtige Herz", den Blick der Liebe Jesu, um den anderen so sehen zu können, wie Gott ihn sieht. Oft müssen wir uns zuerst die Augen öffnen lassen, so wie die Emmaus-Jünger, die wie von Blindheit geschlagen waren. Bitten wir Gott um „Osteraugen" – wie es Klaus Hemmerle einmal ausgedrückt hat.

>> *Ich wünsche uns Osteraugen, die im Tod bis zum Leben, von der Schuld bis zur Vergebung, in der Trennung bis zur Einheit, in den Wunden bis zur Herrlichkeit, im Menschen bis zu Gott, in Gott bis zum Menschen, im Ich zum Du zu sehen vermögen. Und dazu alle österliche Kraft."*[34]

Klaus Hemmerle

Schicksalsgemeinschaft

Die Emmausgemeinschaft wird für jene, die sich auf die Spielregeln der Gemeinschaft einlassen, zu einer verbindlichen Weggemeinschaft. Hilfesuchende und deren BegleiterInnen gehen ein Stück ihres Weges gemeinsam. Vertrauen wächst. Hoffnung keimt.[35] Neue Möglichkeiten und Horizonte tun sich auf. Im Lauf der Zeit wird aus einer Schicksals- und Leidensgemeinschaft auch eine Hoffnungsgemeinschaft. Was sich der/die Einzelne allein nicht mehr zugetraut hätte, gelingt plötzlich in der Gemeinschaft. Erstaunliches wird möglich. Menschen, die lebensmüde oder verzweifelt waren, schöpfen neue Hoffnung. Suchtkranke wagen einen neuen Anfang. „Gemeinschaft ist mehr als die Summe der Bemühungen." (Antoine de Saint-Exupéry)

FOTO: PETER BÖTTCHER

Ich lebe – und auch ihr sollt leben. Der Auferstandene, Josef Elter, Bad Traunstein.

Durch Krisen reifen

Das Projekt Emmaus scheiterte zunächst mehrfach an den Ängsten, Vorurteilen und Widerständen in der Bevölkerung. Aber auch das Wachstum unserer jungen Gemeinschaft war immer wieder bedroht. Bald nachdem wir im Jahr 1988 das Emmaus-Areal in Viehofen gekauft hatten, wurde eine hochbetagte Frau, die bei uns in Viehofen auf Lebenszeit wohnen durfte, von einem Unbekannten in alkoholisiertem Zustand attackiert und lebensbedrohlich verletzt. Wilde Gerüchte belasteten das Klima. Erst Monate nach dem Vorfall stellte sich heraus, dass weder ein ausländischer Gastarbeiter noch einer unserer Emmaus-Gäste, sondern ein Familienvater und sehr beliebter Bürger aus St. Pölten-Viehofen der Täter war. Charles de Foucauld,[36] der sich unermüdlich für die Rechte der versklavten Tuareg einsetzte, meinte: „Wenn es Widerstände und Anfechtungen gibt, kann dies ein Zeichen dafür sein, dass die Sache Gott gefällt. Gott will uns

>> *Einmal reißt er uns alle hinauf, aus Sterben in Leben, aus Siechtum in siegende Kraft, aus Kleinheit in Glorie, aus engen Zeiten in ewige Weiten."*

Cyrill von Alexandrien

bei Gegenwinden in den Hafen bringen." Diese tröstliche Gewissheit schenkte mir in den Widrigkeiten und Turbulenzen des Alltags Zuversicht, Gelassenheit und Humor.

Die Quelle, die strömt, auch wenn es Nacht ist

Ernst Federn, der das Konzentrationslager Buchenwald überlebt hatte, hat nach dem Zweiten Weltkrieg in den USA 24 Jahre mit jugendlichen Straffälligen gearbeitet. Danach war er als Psychologe in der Justizanstalt Stein tätig. In einem persönlichen Gespräch sagte er mir: „Die Arbeit im Straffälligen-Milieu ist vergleichbar mit einem Raum, in dem geruchloses Giftgas ausströmt. Sie merken zunächst nichts. Doch im Lauf des Tages, spätestens am Abend, merken Sie, dass Sie völlig ausgelaugt und kraftlos sind." Genau dies war und ist meine Erfahrung in der Begleitung von ausgegrenzten und seelisch verwundeten Menschen. Jeder, der in der Subkultur eines Gefängnisses oder in der Straffälligen-Betreuung tätig war, kennt die Sogwirkung des Milieus. Es gibt sie, die destruktiven Mächte. Wer sie leugnet, ignoriert oder bagatellisiert, lebt gefährlich. Und es gibt die Erfahrung der scheinbaren Übermacht des Bösen. Wer sich in das „Milieu", in die so genannte Unterwelt, hineinwagt, um straffällige Menschen zu betreuen, muss in einem Gegenmilieu, in einem Stück heiler Welt, fest verankert sein.

Wer in der Begleitung der „Aussätzigen unserer Tage" tätig ist, wird zunächst seine eigene Ohnmacht erfahren. Er/sie muss lernen, alle seine/ihre Omnipotenz-Phantasien gründlich zu zerstören. Mehr noch – wer sich mit den Ungeliebten der Gesellschaft auf eine Weggemeinschaft einlässt, wird in seiner Umgebung manchmal auf Ablehnung, Skepsis oder versteckte Aggression stoßen.

Viele Menschen, die in helfenden Berufen arbeiten, werden daher oft freudlos, resignativ oder zynisch. Jeder, der als Therapeut, Seelsorger oder Sozialarbeiter im Milieu tätig ist, muss immer wieder neu lernen, mit Rückschlägen, Misserfolg, Schuld und Versagen, ja mit Rückfällen des Klienten gut umzugehen. Doch trotz Supervision und professioneller

Offener Treffpunkt „Emmaus Dienstag-Runde": Erfahrungsaustausch, Gebet und gemütliches Beisammensein

Beratung, trotz geistlicher Begleitung und Weiterbildung, niemandem bleibt die Erfahrung des Scheiterns erspart. Selbst der Arzt muss den Tod – die Endlichkeit des Lebens – akzeptieren lernen. Der professionelle Helfer wird an manchen Tagen seinen Dienst als Ausharren an unauslotbaren Abgründen erleben. Trotz professioneller Abgrenzung, innerer Balance und Verankerung im Gegenmilieu gibt es Durststrecken, die nicht enden wollen, Durchhänger und depressive Verstimmungen, die einem das Aufgeben nahelegen oder die Freude an der Arbeit und die Freude am Menschen rauben wollen.

Aber es gibt auch die „Dunkle Nacht der Seele". Dieser Begriff meint den Zusammenbruch oder den Verlust von etwas, was deinem Leben bisher Sinn gab. Es ist die Erfahrung des Scheiterns und das Gefühl von tiefer Sinnlosigkeit. Du verstehst die spirituelle Bedeutung dieser Erfahrung nicht. Alles, was deinem Leben bisher Richtung und Sinn gab (Anerkennung, Erfolg etc.), all das bricht zusammen. Gott schweigt; er scheint abwesend zu sein. Johannes vom Kreuz hat diese „Dunkle Nacht der Seele" durchlitten.[37] Er wurde aufgrund einer Intrige entführt und in Toledo eingekerkert. Johannes wurde von Gegnern der Reform unter menschenunwürdigen Bedingungen gefangen gehalten. Er wurde misshandelt, erniedrigt, in einem finsteren Mauerloch eingesperrt, wo er, der infolge der Armenkrankheit Rachitis 148 cm groß war, kaum aufrecht stehen konnte. Teresa v. Avila, die in Spanien – mit Unterstützung von Johannes – zahlreiche Reformklöster gründete, war von den Haftbedingungen des Johannes schockiert: „Ich weiß nicht, wie Gott das zulassen kann."

In dieser Erfahrung der Nacht, wo Johannes zeitweise auch daran zweifelte, ob seine Ordensreform dem Willen Gottes entsprach, fand er letzte Gewissheit, dass allein Gott die Lebensquelle ist, die nicht aufhört, die gesamte Schöpfung mit den Fluten seiner Gnade zu bewässern – trotz der Erfahrung des Bösen am eigenen Leib.[38] In dieser leidvollen Zeit festigt sich seine Berufung. Die neunmonatige Zeit im Kerker erlebt Johannes neben dem Schrecken des „horror vacui" – dem Schrecken der Leere – als eine Zeit der Reinigung. Im Kerker erfährt er in der Dunkelheit die Gegenwart Gottes. Seine ersten Gedichte entstehen, u.a. der „Quell des Lebens":

FOTO: SHUTTERSTOCK

> *Ich weiß sehr wohl den Quell, der entspringt und strömt, auch wenn es Nacht ist. Jener ewige Quell ist verborgen, doch ich weiß genau, wo er entspringt, auch wenn es Nacht ist. Seinen Ursprung kenn ich nicht, weil er keinen hat; doch weiß ich, dass aller Ursprung aus ihm kommt, auch wenn es Nacht ist. Ich weiß, dass nichts Schöneres sein kann und dass Himmel und Erde von ihm trinken, auch wenn es Nacht ist... Seine Ströme sind so wasserreich, dass sie Hölle, Himmel und Völker bewässern, auch wenn es Nacht ist... Ja, dieser ewige Quell ist verborgen in dem lebendigen Brot, um uns Leben zu geben, auch wenn es Nacht ist. Er ruft herbei die Geschöpfe, und sie trinken von diesem Wasser im Dunkeln, da es ja Nacht ist. Diesen lebendigen Quell, den ich ersehne, in diesem Brot des Lebens erblicke ich ihn schon, wenn es auch Nacht ist."*

Johannes vom Kreuz

Der Mystiker Johannes vom Kreuz lebt in der Gewissheit, dass die Liebe des dreifaltigen Gottes allen Menschen gilt – auch seinen Peinigern. Johannes hofft und betet nicht nur für sich selbst, sondern für alle: „Gott ruft die Geschöpfe herbei, und sie trinken aus diesem Wasser auch im Dunkeln, da es ja Nacht ist."[39]

Achtsamkeit, Respekt und Vertrauen. Wertschätzung wirkt wahre Wunder.

Hoffnung und Licht in Todesnot
Christian Veith

Allerseelen 1988: Mit Freunden macht Hans eine Bergtour auf den Hochschwab. Zunächst scheint angenehm die Sonne. Doch gegen Mittag zieht es zu. Es wird kälter. Nebel fällt ein. Eine Biwakschachtel bietet Schutz. Die Zeit verrinnt ... „Wir müssen weiter, wird schon klappen." Draußen inzwischen ein Schneesturm, Sicht kaum drei Meter. Die sieben Freunde schlagen sich in falscher Richtung durch Wetter und Geröll – Dunkelheit, bald ist es stockfinster. Jeder Schritt ein Wagnis. Die Gruppe biwakiert. Da stolpert Herbert und stürzt 20 Meter in eine Doline. Mit gebrochenem Knöchel bleibt er liegen. Doch hier ist er bei +8 °C besser geschützt. Oben kämpfen die anderen gegen Schnee, Sturm und eisige Kälte. Eng aneinander gekuschelt wird die Nacht lang und bitterkalt. In der Früh haben fast alle Erfrierungen. Hilfe muss her! Die Gruppe trennt sich. Hans und Freundin Rosi bleiben bei Herbert. Die anderen verschwinden im Nebel.

Bei -10 °C ahnen Hans und Rosi, was kommt. Aus Rosi weicht langsam das Leben. Doch plötzlich leuchten ihre Augen auf – „Jesus, Jesus, Jesus!" flüstert sie noch, dann sinkt sie in die Arme von Hans und stirbt.

In seiner Trauer und Verzweiflung fängt Hans an zu singen, „Von guten Mächten wunderbar geborgen". Bonhoeffers Verse spenden tiefen Trost. „Der Herr ist mein Hirte, mir wird nichts mangeln..." – auch Psalm 23 spricht Leben in eine erstarrte Welt. Inzwischen sind seine Füße gefroren, doch Hans weiß: Nicht aufgeben! Schon wegen Herbert nicht.

Die nächste Nacht. Nur nicht einschlafen! Irgendwie hält Hans durch, aber die Kälte trübt sein Bewusstsein. Endlich dämmert der Morgen – der Himmel reißt auf! Auf allen Vieren schleppt sich Hans mit letzter Kraft auf ein Felsplateau. Da! Rotorgeknatter – ein Hubschrauber! Doch zu weit weg. 30 endlose Minuten, dann bemerkt ein Pilot Hans – gerettet! Auch Herbert wird aus der Doline geholt und die erfrorene Rosi geborgen. Die anderen vier abgestürzt am Fuß einer Wand – tot.

Auf der Sonnschienalm schneiden sie Hans die Schuhe von den Füßen – und wollen sie ihm später amputieren. Ein Arzt will abwarten. – Heute kann Hans wieder gehen, ein Hinken ist geblieben – Erinnerung an die schlimmsten, aber auch gottnächsten Tage seines Lebens.

Noch heute schütteln Menschen den Kopf: „Dass du noch glauben kannst!" Hans wird emotional: „Gerade deswegen kann ich glauben, weil mich Gott im größten Leid immer getragen hat. Das gibt innere Freiheit und unbeschreiblichen Frieden. Wahrer Lobpreis ist im Leid! Gott hat alles in der Hand, nicht ich! Das Leben ist Geschenk", meint der heute 70-jährige Landwirt. „Und dann kommt nur noch tiefe Dankbarkeit."

Mag. Christian Veith, ehemaliger Leiter der Öffentlichkeitsarbeit der Emmausgemeinschaft

Notre Dame: Das Kreuz über dem Chaos
Maria Biedrawa

Kurz vor Ostern hatte ich im Diözesanhaus in Paris zu tun, das neben der Kathedrale Notre Dame liegt. Drei Tage später wurde der kleine, spitze Turm eine Beute der Flammen. Als der Brand gegen Mitternacht unter Kontrolle war, konnte einer der Pariser Bischöfe mit den Feuerwehrleuten in die Kathedrale hineingehen. Und was er sah und am nächsten Morgen in Worte fasste, finde ich überwältigend: Er sah den Schaden, aber da war auch das goldene Kreuz im Altarraum, aufrecht über dem Chaos. Und hinten in der Kirche Notre Dame eine Schmerzensmutter, aufrecht, unbeschädigt.

Für mich ist das die Osterpredigt 2019. Christus, das Jawort Gottes aufrechterhalten über den Trümmern. Maria,

» Ich glaube an die Sonne, auch wenn sie nicht scheint. Ich glaube an die Liebe, auch wenn ich sie nicht fühle. Ich glaube an Gott, auch wenn er schweigt."

Aufschrift an der Wand eines Kellers in Köln, in dem sich während des Krieges Juden versteckt haben.

April 2019: Der Brand von Notre-Dame erschütterte Frankreich. Für die Pariser ist die Kathedrale das Herz ihrer Stadt – das lichterloh in Flammen aufging.

das Jawort des Menschen an Gott, aufrecht, bis in die dunkelste Stunde hinein nicht zurückgenommen. Vieles in unserer Kirche ist im Einstürzen und muss auch einstürzen. Lassen wir es zusammenbrechen und überlassen wir es diesem Feuer. Lassen wir es los und lassen wir uns von Christus und mit ihm wie Gold im Feuer läutern und neu schmieden. Laufen wir vor dem Gekreuzigten nicht davon und bleiben wir da, wie Maria, im Glauben, in der Hoffnung und in der Liebe. Nehmen wir an, dass Er es ist, der alles neu macht und dabei unsere Vorstellungswelt völlig durchbricht. Und während die Architekten die Kathedrale mit Steinen und Balken und großen Spenden neu aufbauen, lassen wir uns von Gott als lebendige Steine zu einer neuen, geläuterten, auferstandenen Kirche zusammenfügen, die der Welt das unverbrüchliche Jawort Gottes schenken kann, weil es ja auch uns neu gemacht hat. Frohe Ostern!

Unser Geheimnis ist ganz einfach

Wir wohnen und arbeiten gemeinsam. Wir essen gemeinsam. Wir – Gäste und MitarbeiterInnen – reinigen und kochen gemeinsam.

Wir wollen die Konflikte gewaltfrei lösen. Emmaus als gewaltfreie Zone. Wir versuchen suchtkranke oder psychisch beeinträchtigte PatientInnen für eine Therapie zu motivieren. Emmaus ist – im höherschwelligen Bereich – alkohol- und drogenfreie Zone. Wir bemühen uns, Toleranz zu leben und wollen Menschen anderer Kultur, Religion und Nationalität mit Hochachtung begegnen. Wir bieten gemeinsames Gebet an – es wird jedoch keinerlei Erwartungsdruck ausgeübt. Gottesdienste in den Wohnheimen sind immer nur als Angebot zu verstehen. Emmaus ist offen für Menschen unterschiedlicher Konfessionen und Religionen sowie für Menschen mit nichtreligiöser Weltanschauung, sofern sie die Emmaus-Spielregeln akzeptieren. Wenn jemandem in der Gemeinschaft Unrecht getan wurde – noch vor Sonnenuntergang Verzeihung erbitten oder Verzeihung gewähren.[40]

Emmaus will als Ausdruck der Weggemeinschaft mit Ausgegrenzten auch Tischgemeinschaft leben. Die MitarbeiterInnen bedienen bei Tisch zuerst jene, die in oft ausweglosen Situationen als Gäste zu uns kommen. Die gemeinsamen Mahlzeiten sollen immer ein kleines Fest sein, wo alle an einem Tisch Platz haben – auch die Ungeliebten unserer Gesellschaft. Allen Religionen gemeinsam ist die Überzeugung, dass wir in jedem Gast Gott selbst empfangen dürfen. Das Wort „Gast" ist Ausdruck größter Wertschätzung. Das Wort Compagnon, wie in den französischen Emmaus-Gemeinschaften üblich, bedeutet: der, mit dem ich das Brot teile.[41]

Hunger und Durst. Tausende Kinder, Frauen und Männer warten im somalischen Flüchtlingslager Dadaab auf Hilfe.

→

Gemeinschaft wird durch viele Dienste aufgebaut. Die gemeinsamen Reinigungsdienste von Gästen und hauptberuflichen MitarbeiterInnen oder das gemeinsame Kochen und Abwaschen, ist Ausdruck der Weggemeinschaft. Gemeinsame Reinigungsdienste sind niemals verlorene Zeit, sie haben Vorbildwirkung und stärken die Glaubwürdigkeit der MitarbeiterInnen. Eine grundlegende Erfahrung: „Die Emmaus-Pädagogik beginnt bei der Klo-Reinigung." Jeder Hilfe suchende Gast soll in den Emmaus-Wohnheimen und Betrieben die Erfahrung machen: Ich bin willkommen, ich werde ohne jedes Vorurteil angenommen. Ich werde geliebt. Nur so kann der ungeliebte, seelisch verwundete Mensch Heilung finden und eines Tages selbst „liebes- und arbeitsfähig" werden.

›› IN DER WÜSTE ANDEREN ZU TRINKEN GEBEN

„Es ist offenkundig, dass an einigen Orten eine geistliche 'Wüstenbildung' stattgefunden hat; sie ist das Ergebnis des Planes von Gesellschaften, die sich ohne Gott aufbauen wollen oder die ihre christlichen Wurzeln zerstören. In der Wüste braucht man vor allem glaubende Menschen, die mit ihrem eigenen Leben den Weg zum Land der Verheißung weisen und so die Hoffnung wachhalten. In jedem Fall sind wir unter diesen Umständen berufen, wie große Amphoren zu sein, um den anderen zu trinken zu geben. Manchmal verwandelt sich das Amphoren-Dasein in ein schweres Kreuz, doch gerade am Kreuz hat der Herr, durchbohrt von der Lanze, sich uns als Quelle lebendigen Wassers übereignet. Lassen wir uns die Hoffnung nicht nehmen!"

Papst Franziskus[42]

#2

ENTLASSEN AUS DER HAFT – WAS DANN

SOZIALE EMPFANGSRÄUME SCHAFFEN

Während meiner Tätigkeit in der Justizanstalt Stein und in der Emmausgemeinschaft St. Pölten musste ich eine schmerzliche Entdeckung machen: Viele der Straffälligen haben eine „Heimkarriere" hinter sich; d.h. sie sind in Heimen, in therapeutischen Wohngemeinschaften und/oder bei Pflegeeltern aufgewachsen. Nach einem Bericht der Statistik Austria waren 2017 österreichweit 13.617 Kinder und Jugendliche in sozialpädagogischen Einrichtungen (61 %) oder in Pflegefamilien (39 %) untergebracht. 35.463 Minderjährige erhielten von der Kinder- und Jugendhilfe Unterstützung in der eigenen Familie.

2016 gab es laut Sicherheitsbericht des Bundesministeriums für Inneres und des Bundesministeriums für Verfassung, Reformen, Deregulierung und Justiz in Österreich 8.825 inhaftierte Personen (Untersuchungs- und Strafgefangene). Etwa 1/5 der Gefangenen erhält nach Einschätzung der Sozialen Dienste an Justizanstalten während der Haft weder Post noch Besuch. Mindestens ein Drittel der Rechtsbrecher ist alkoholabhängig, mischsüchtig oder konsumiert harte Drogen.[1]

Ohne Wohnung keine Arbeit – ohne Arbeit keine Wohnung

Justizanstalt Stein: Am Tag seiner Haftentlassung frage ich den 22-jährigen Harald: „Wohin werden Sie gehen?" Haralds Antwort: „Je nach Windrichtung – Bodensee oder Neusiedlersee." Noch in den 80er-Jahren hatte die Hälfte aller Strafgefangenen Österreichs am Tag der Entlassung weder

Etwa 70 % aller Straffälligen sind in Heimen oder therapeutischen Wohngemeinschaften, in Pflegefamilien oder in defizitären Familien aufgewachsen. Sozialarbeiter, SeelsorgerInnen und Psychologen sind für die Gefangenen während der Haft wichtige Gesprächspartner.

Arbeit noch Quartier. Die Folge: der programmierte Rückfall.

Der traditionelle Strafvollzug war ineffizient, schädlich und kostspielig. Therapeutinnen und Kriminalpädagogen zahlreicher Länder wiesen stets darauf hin: Die Strafe muss auch therapeutischen Charakter haben. Ferdinand Schmidt, Leiter des Gefangenenhauses am Jugendgerichtshof Wien: „Wenn ein Jugendlicher ein Delikt setzt, wird er vom Richter feierlich aus der Gesellschaft ausgeschlossen: Im Namen der Republik werden Sie zu einer Freiheitsstrafe von 18 Monaten verurteilt. Doch sollte nach Verbüßung der Haft nicht auch eine feierliche Wiederaufnahme in die Gesellschaft stattfinden? Sollte es nicht für jeden Haftentlassenen eine reelle Chance auf Wiedereingliederung geben?"

Straffälligen-Hilfe

Die Strafvollzugsreform unter Justizminister Christian Broda hat schier Unmögliches möglich gemacht. Sie brachte den Abschied Österreichs von einer Epoche, die noch weitgehend von archaischen Verhaltensmustern, von Rache- und Sündenbock-Denken sowie von Ausgliederungsmechanismen bestimmt war.

Die 1975 beschlossene Strafvollzugsreform brachte einen Perspektivenwechsel. Die Resozialisierung des Rechtsbrechers wurde zum erklärten Ziel des humanen Strafvollzugs. Nach dem Strafvollzugsgesetz darf der Freiheitsentzug nicht auf die Bestrafung – und das Wegsperren des Täters – reduziert werden, sondern soll auch „erzieherische Funktion" haben. Jeder Rechtsbrecher hat ein Recht auf eine menschenwürdige Behandlung. Ende der 70er-Jahre und Anfang der 80er-Jahre wurden die Sonderdienste im Strafvollzug konsequent ausgebaut (Sozialarbeiter, Psychologen, Psychiater). Berufliche Qualifikationsmaßnahmen des AMS wurden in den Justizanstalten angeboten. Die Entlassungsvorbereitung wurde – in Kooperation mit dem Verein Neustart (Bewährungshilfe) – in allen Justizanstalten erfolgreich ausgebaut.

Ungewisse Zukunft: Jährlich werden in Österreich mehr als 10.000 Menschen aus der Haft entlassen. Was dann?

> **»** *Auch in der kleinsten Pfütze spiegelt sich der Himmel."*

———————

Aus Litauen

Im Jahr 2016 wurden 10.653 Personen aus der Haft entlassen. Im Jahr 2015 waren es 11.413 Personen. Von den inhaftierten Personen mit Strafurteil wurden 37 % nach § 46 StGB bedingt aus einer Freiheitsstrafe entlassen. 3.722 Klienten wurden 2016 vom Verein Neustart (Bewährungshilfe und Haftentlassenenhilfe) unterstützt.[2]

Jeder Mensch hat ein Gewissen und kann sich zum Positiven verändern

Dr. Josef Grünberger, der über 45 Jahre als Psychologe in der Justizanstalt Stein Gefangene betreute, in einem Interview mit der Zeitschrift „Pax Christi": „Jeder Mensch hat ein Gewissen und kann sich zum Positiven verändern."[3] In Bratislava in einer jüdischen Familie aufgewachsen, begann 1940 der Leidensweg von Josef Grünberger. Mit dem Schrei „Der Tempel brennt!" wurde er eines Tages aufgeweckt. Die Familie musste die Flucht ergreifen. Einige Familienmitglieder sind in der Schoah umgekommen. Als Psychologe leistete Dr. Grünberger im Strafvollzug Pionierarbeit: „Wegsperren allein bewirkt keine Verhaltensänderung. Täter sind durch familiäre und gesellschaftliche Erfahrungen dazu gekommen, Rechtsbrecher zu werden. Aber sie haben auch ein Gewissen, wenn auch ein mangelhaftes." Wie kann dieses Gewissen entwickelt werden? „Menschlichkeit üben!" Diese Menschlichkeit versucht Josef Grünberger bis heute zu leben. Montag bis Donnerstag bricht er nach dem Frühstück auf, geht zuerst in die Synagoge, um danach in der Justizanstalt Wien-Mittersteig oder in Krems-Stein mit Strafgefangenen zu arbeiten. Auf die Frage, welche Bedeutung sein täglicher Arbeitsbeginn in der Synagoge für seine therapeutische Arbeit habe, kommt sehr klar: „Die Grundlage für mein Vertrauen zu jedem Menschen wird mir dabei geschenkt." Auch der Rechtsbrecher soll menschlich und barmherzig behandelt werden. So kann er Menschlichkeit wieder kennen lernen und einüben. Er arbeitet mit seinen „Schülern" – so nennt er die Strafgefangenen – an der Stärkung ihres Ichs, damit sie lernen, über ihre Aggressionen zu sprechen und diese besser zu steuern (z.B. Hass auf die eigene Mutter). Das geschieht in Einzel- und Gruppentherapie. Neues Verhalten wird eingeübt. Der Straftäter soll nicht auf seine Tat reduziert werden, der ganze Mensch soll in den Blick kommen. „Wir müssen den Glauben an die positiven Veränderungsmöglichkeiten in uns und bei anderen immer wieder stärken. Ein Straffälliger, der seit Jahren nicht mit seiner Mutter gesprochen hat, brachte ihr beim letzten Freigang eine Rose", erzählt Dr. Grünberger strahlend.

Viele Haftentlassene haben am Tag ihrer Entlassung weder Arbeit noch Quartier.

Obdachlose sind Menschen – kein Ungeziefer

Richard ist in Wiener Neustadt aufgewachsen. Nach dem Schulabschluss erlernt er den Beruf des Schlossers. Doch schon in jungen Jahren wird er zum Problemtrinker und ist gelegentlich in Raufereien verwickelt. Richard heiratet; zwei Kinder werden geboren. Durch Alkoholmissbrauch verliert Richard die Familie, die Arbeit und bald auch die Wohnung. Kleine Eigentumsdelikte und eine viermonatige Haft machen Richard endgültig zum Außenseiter. Nach der Entlassung aus dem Gefängnis sinkt Richard noch tiefer; er lebt auf der Straße. Er trinkt exzessiv und wird – wie er selbst sagt – „als Obdachloser manchmal wie Ungeziefer behandelt."

In dieser Lebenskrise, wo er erstmals von Suizidgedanken gequält wird, begegnet Richard auf der Straße „zufällig" P. Franz Edlinger vom Stift Heiligenkreuz. Pater Franz lädt Richard ein, an einem Glaubenskurs der „Charismatischen Erneuerung" teilzunehmen. Richard nimmt die Einladung an, und macht in der Gruppe von jungen ChristInnen eine wichtige Erfahrung: „Obwohl ich in meiner Sucht zum Sandler wurde, bin ich von allen Seminarteilnehmern freundlich aufgenommen worden; ich wurde von niemandem verurteilt. Ich habe gespürt, dass Gott mich wirklich liebt und mich nicht fallen lässt, obwohl ich extrem viel Mist gebaut und durch das Saufen meine Familie zerstört habe."

Richard wird neu bewusst, dass er auch als Obdachloser ein Mensch ist und kein Aussätziger, der von allen gemieden wird. Er entdeckt, dass er eine einmalige Würde hat, die ihm niemand mehr nehmen kann. Richard trifft eine wichtige Entscheidung: „Ich will neu durchstarten und möchte eine Entwöhnungskur machen." Nach der Therapie in Kalksburg kommt Richard zu Emmaus Viehofen.

FOTO: BÖSWART

Emmaus möchte den Menschen am Rande der Gesellschaft in Liebe begegnen und ihnen Arbeit, Wohnung und Hoffnung vermitteln. Unser aller Aufgabe heißt: Heilung statt Vernichtung. Zuwendung statt Ausgrenzung. Bild: Essensausgabe im Wohnheim und Tageszentrum Kalvarienberg.

Neustart in Emmaus

Richard war in der Tischlerei ein gewissenhafter und hilfsbereiter Kollege, der an Wochenenden auch das Emmaus-Verkaufsteam bei Basaren unterstützte. Bei den Emmaus Dienstag-Runden berichtete Richard, dass er sich mit seinen Angehörigen aussöhnen möchte: „Ich habe kapiert, dass uns Gott durch Jesus alle Schuld vergeben hat. Darum möchte ich alle um Verzeihung bitten, die ich verletzt oder enttäuscht habe." Besonders die Aussöhnung mit seiner Mutter und mit seinem Sohn sollte für Richard ein mühsamer Prozess werden. Nach seinem Emmaus-Aufenthalt kommt Richard in das „Betreute Wohnen" nach Pottenbrunn. Dort feiert er – dankbar und gut gelaunt – seinen 67. Geburtstag, zu dem auch seine Emmaus-Freunde geladen sind. Bei einer der letzten Begegnungen in Emmaus erzählt Richard, dass er früher im alkoholisierten Zustand starke Kontrollverluste hatte, häufig aggressiv wurde und dadurch seine Ehe und das Familienleben zerstört hat. Er sagte, dass ihm erst rückblickend bewusst wurde, wie sehr er durch seinen Egoismus verschiedene Menschen, speziell seine Frau, zutiefst verletzt hat. Schließlich wird Richard in das Pflegeheim Pottenbrunn überstellt. Richard nahm im Pflegeheim gerne an den Gottesdiensten teil. Er wollte, wie er sagte – „mit dem Herrgott ins Reine kommen." Nach langem Ringen hat er sich – wenige Monate vor seinem Tod – mit seinen Angehörigen ausgesöhnt.

Hast du einen Freund unter den Armen

Othmar, gelernter Tischler, hatte wegen Alkoholmissbrauch alles verloren – Familie, Job und Wohnung. Die Folge war, dass Othmar tagsüber auf der Straße und nachts in Abbruchhäusern lebte. Auch die beiden Obdachlosen Josef und Christine, die in diesem Winter keine legale Unterkunft hatten, bereiteten uns Sorgen. Gemeinsam mit dem Emmaus-Mitarbeiter Franz, einem trockenen Alkoholiker, machte ich mich am Hl. Abend auf die Suche nach Othmar und den beiden anderen Obdachlosen. Wir kannten Othmar, Josef und Christine von der Essensausgabe im Emmaus-Tageszentrum Kalvarienberg. Doch seit zwei Tagen vermissten wir sie. Dichtes Schneetreiben, klirrende Kälte und eisiger Wind hielten sie offenbar davon ab, zu uns zu kommen. Ich befürchtete, dass Othmar und die beiden anderen Obdachlosen diese Nacht nicht überleben würden, weil die Temperaturen auf minus 11 Grad gesunken waren. Mit Taschenlampen ausgerüstet, fanden wir – nach längerer Suche – zunächst Othmar völlig durchfroren und verzweifelt in einer ungeheizten Bruchbude am Rande des Kaiserwaldes. Neben seiner Matratze lagen Klamotten und leere Flaschen. Eine Kerze, die bereits erloschen war, stand auf einer leeren Bierkiste. Die erste Reaktion von Othmar: „Daunk schee, dass uns gsuacht hobts. Recht lang wär's nimmer gangen. Der Hunger und die Kälte san des Schlimmste, was einem passieren kann." Franz brachte Othmar sofort ins Spital. Dort stellte sich heraus, dass Othmar extrem unterkühlt war und an beiden Füßen schwerste Erfrierungen hatte. Der Arzt meinte, dass Othmar „in einem sehr kritischen Zustand war und noch einmal Glück gehabt hatte." Christine und Josef hatten ihr „Basislager" in einem feuchten Kellerraum des Hauses aufgeschlagen. Ich fuhr in dieser Nacht mit Christine und Josef in das Emmaus-Wohnheim Herzogenburger Straße, wo sie in einem geheizten Raum (neben dem Speiseraum und der Hauskapelle) ein Matratzenlager bekamen. Insgesamt acht Wochen waren die beiden „Bodenschläfer" unsere Gäste. Bei der Christmette wurde mir klar, wie wichtig für jeden Menschen eine legale und menschenwürdige Unterkunft ist. Hunger und Kälte können zu lebensbedrohlichen Situationen führen, doch am schmerzlichsten ist der Mangel an Liebe. Gewissensfrage: „Habe ich einen Freund unter den Armen?"

》 *Vergesst nicht die Gastfreundschaft. Durch sie haben manche, ohne es zu merken, Engel beherbergt."*

(Hebr 13,2)

Unmögliches wird möglich

Günter hat während einer 15-jährigen Haftstrafe in der Justizanstalt Graz-Karlau den so genannten „Cursillo", einen kleinen Glaubenskurs, kennen gelernt. Günter hat durch das beeindruckende Glaubenszeugnis der Cursillo-Mitarbeiter eine Beziehung zu Gott und zu Jesus Christus gefunden: „Ich habe bei diesen Einkehrtagen des Cursillo eine Generalbeichte abgelegt und entdeckt: Gott ist wie ein liebender Vater zu mir, er hat mir alles verziehen. Ich bin frei wie ein Kind und darf wieder neu beginnen." Nach der Entlassung aus dem Gefängnis wohnt und arbeitet Günter bei Emmaus. Er findet in einer St. Pöltner Pfarre Anschluss an eine Familienrunde und wird dort ohne jedes Vorurteil aufgenommen. Während eines Gottesdienstes in der Emmaus-Kapelle meint Günter: „Wenn schon die Menschen so lieb sind zu mir, wie gern muss mich erst Gott haben." Günter arbeitet seit neun Jahren bei einer Spedition; er ist heute verheiratet, und Vater von zwei Kindern.

Gibt es einen Gott, der das alles verzeihen kann?

Roman (geb. 1934) flüchtet mit 17 aus dem Landesjugendheim Korneuburg. Als 18-Jähriger meldet er sich zur französischen Fremdenlegion. Nach einer extrem harten Ausbildungszeit in Frankreich und in Algerien wird er als Legionär in das Kriegsgebiet nach Vietnam geschickt. 1954 nimmt er an der blutigen Schlacht bei Bien Phu teil. Zehntausende Menschen, vor allem Zivilisten, werden getötet. In die Heimat zurückgekehrt, gründet Roman eine eigene Familie. Nach einem Delikt mit tödlichem Ausgang wird Roman zu 20 Jahren Freiheitsentzug verurteilt. Die Angehörigen verzeihen Roman, brechen aber den Kontakt zu ihm ab. Roman hat während der Haft keine Außenkontakte; er ist völlig isoliert und depressiv. Schuldgefühle quälen ihn...

Nach 14 Jahren Haft wird Roman bedingt entlassen und in Emmaus aufgenommen. Roman arbeitet beim Sanierungsbetrieb auf verschiedenen Baustellen; im Wohnheim ist er äußerst hilfsbereit, aber er lebt zurückgezogen, bleibt schwermütig und tief traurig.

In dieser depressiven Phase lade ich Roman zu einem Ausflug in die Wachau ein. Bei einem Spaziergang rund um das Stift Göttweig erreichen wir den kleinen Friedhof, auf dem die verstorbenen Mönche begraben liegen. In der Mitte des Friedhofs steht ein Kreuz mit der Aufschrift „Ich bin die Auferstehung und das Leben." Roman fragt mich unvermittelt: „Bist du bigott?" Er meinte damit, ob ich wirklich an die Botschaft Jesu glaube. Meine Antwort: „Ja, wenn ich nicht glauben könnte, dass Jesus auferstanden ist und lebt, gäbe es Emmaus St. Pölten nicht." Roman wird ganz still und meint: „Wir haben als französische Legionäre in Vietnam hunderte Dörfer angezündet. Bei unseren Einsätzen sind vor allem Kinder und Frauen sowie kranke und alte Menschen zugrunde gegangen... Gibt es einen Gott, der mir all das verzeihen kann? Ich kann es nicht glauben. Ich bin einsam wie ein Stein." Meine Frage an Roman: „Hast du deine Taten schon bereut?" Roman: „Tausend Mal." Meine Antwort: „Dann hat dir Gott auch schon verziehen. Bei den Katholiken gibt es aber noch die Möglichkeit der Beichte, wo du einem Priester mitteilst, dass du alles bereust und ihm dein Fehlverhalten bekennst. Er gibt dir dann im Namen Gottes und im Namen der Kirche die Zusage, dass dir der barmherzige Gott alle Schuld vergeben hat." Roman lebt insgesamt zwei Jahre in der Emmausgemeinschaft, wo er als zuverlässiger Arbeitskollege sehr geschätzt wird, doch er geht gebückt, er wirkt traurig und niedergeschlagen.

Nach seiner Zeit bei Emmaus wird Roman in ein Seniorenheim überstellt. Ehrenamtliche Mitarbeiterinnen der Emmausgemeinschaft besuchen ihn regelmäßig. Roman ist weiterhin sehr bedrückt; doch in den Gesprächen mit den Emmaus-MitarbeiterInnen wird deutlich, dass er sich mehr denn je nach Aussöhnung sehnt – Aussöhnung mit Gott, Versöhnung mit sich selbst und mit seiner Lebensgeschichte. Zwei Wochen vor seinem Tod lässt Roman einen Priester rufen...

Ort der Hoffnung

Christoph erkrankte nach dem Zerbrechen einer Beziehung lebensbedrohlich: Lymphknotenkrebs, Nierenversagen. Christoph bat um Wiederaufnahme in Emmaus. Immer wieder Krankenhausaufenthalte mit Chemotherapie und Nierendialyse; für Christoph eine fast unerträgliche Zeit. Ein Hoffen und Bangen – auch für jene, die Christoph in der Emmausgemeinschaft begleiteten. Nach der achten Chemotherapie waren die bösartigen Zellen verschwunden. Christoph dankte dem Arzt, der meinte: „Sie müssen nicht uns, sondern dem da oben danken." Beim Frühstück

Alex, Wohnheim Kalvarienberg

>> Was Gastfreundschaft wert ist, weiß nur, wer von draußen kommt, aus der Fremde."

Romano Guardini

Notschlafstelle Auffangnetz als Rettungsanker. Gemälde von David Großauer

in Emmaus äußerte Christoph den Wunsch, nach Mariazell zu fahren, „um dort als Dank ein Licht anzuzünden." Bereits am nächsten Tag saß ich mit Christoph im Zug namens „Himmelstreppe." Auf der Heimfahrt von Mariazell sagte mir ein sichtlich betroffener Christoph: „Ohne Emmaus wäre ich wahrscheinlich nicht mehr am Leben." Auch ich war unendlich dankbar, dass es Emmaus, Antlas, den Sozialmarkt soogut, den Verein Wohnen und viele andere Orte der Hoffnung gibt.

Das Leben kann noch einmal beginnen

Rene war spielsüchtig; er kam mit dem Gesetz in Konflikt und wurde zu acht Monaten Freiheitsentzug verurteilt. Nach einigen Therapien und schweren Rückschlägen hat er nun einen Neubeginn geschafft: Arbeitstraining bei Emmaus-Altwaren, professionelle Beratung bei der Schuldnerhilfe und Beheimatung im Emmaus-Wohnheim Viehofen. Das Leben kann noch einmal beginnen. Der Weihnachtswunsch von Rene: „Mein größtes Glück wäre die Aussöhnung mit meiner Familie. Vielleicht geben mir die Eltern trotz meiner Vorgeschichte und trotz Gefängnis noch einmal eine Chance..."

Ich danke allen, die an mich geglaubt haben

Ruth (22) wurde aufgrund ihrer Drogenabhängigkeit straffällig und musste für elf Monate ins Gefängnis. Nach Verbüßung der Haft wohnte sie bei Emmaus und arbeitete in der Holz- und Kunstwerkstätte. Seit zwei Jahren lebt sie in einer kleinen Wohnung und hat einen Teilzeitjob. Ruth besuchte uns vor wenigen Tagen mit ihrem Lebensgefährten. Im Emmaus-Saftbeisl berichtete sie freudestrahlend: „Ich habe kaum mehr daran geglaubt, dass es noch möglich wird, dieser Hölle zu entkommen. Heute weiß ich:

„Es geht auch ohne Gift. Ich bin seit meiner Emmaus-Zeit clean. Ich danke allen, die an mich geglaubt haben."

Vergeben statt urteilen

Robert wohnte und arbeitete nach Verbüßung seiner Freiheitsstrafe zwei Jahre bei Emmaus. Robert konnte viele seiner Träume verwirklichen: Er arbeitete bei einem Transportunternehmen, gründete eine Familie und ist seit 26 Jahren straffrei. Im Rahmen der Emmaus-Dienstag-Runde erzählt Robert, dass seine Söhne mit dem 15-jährigen Adlan aus Tschetschenien befreundet sind. Nach dem jüngsten Besuch Adlans in Roberts Wohnung fehlten dem Familienvater allerdings Geldbörse, Führerschein, Bankomatkarte und 260 Euro Bargeld. Der Schock sitzt tief. Wie konnte nur Adlan das Vertrauen so krass missbrauchen? Robert ruft Adlan an und stellt ihn vor die Alternative: „Entweder du bringst das Diebesgut zurück oder Anzeige!" Adlan kommt zum vereinbarten Treffpunkt, gibt alle Dokumente zurück, doch es fehlt das Geld. Alexander, der 18-jährige Sohn Roberts, schwört daraufhin Rache, um „mit Gewalt von Adlan das Geld einzutreiben." Nur mit Mühe gelingt es dem Vater, seinen Sohn von einem Treffen mit Adlan am St. Pöltner Bahnhof abzuhalten. Im Anschluss an den Erfahrungsaustausch nimmt Robert in der Emmaus-Kapelle auch am Gottesdienst teil. Dort formuliert Robert – im Rahmen des Fürbittengebetes – einen erstaunlichen Entschluss: „Ich werde Adlan den Geldbetrag nachlassen. Vergeben ist wichtiger als urteilen. Gewalt löst kein Problem."

Gewalt endet, wo Liebe beginnt

Die Lebensgeschichten von Peter und Toni verdeutlichen, dass in jeder Weggemeinschaft mit ausgegrenzten Menschen

FOTO: KOGLER

Hilfesuchende Menschen finden eine sinnvolle Aufgabe und Zugehörigkeit bei Emmaus. Bild: Andreas und Alexander, Mitarbeiter des Küchen-Teams Viehofen.

heim und die Befristung des Arbeitsverhältnisses. Bei nachweislicher Therapiewilligkeit sei ein Wiedereinstieg bei Emmaus jederzeit möglich.

Gefährliche Drohung

Peter revoltierte gegen diese Entscheidung und verlangte ein Gespräch mit mir als Geschäftsführer. Bei diesem Gespräch wollte mich Peter unter Druck setzen und verlangte ultimativ, dass ich die Befristung seines Aufenthaltes in Emmaus zurücknehme. Da ich dies verneinte, kam von seiner Seite eine massive Drohung: „Was jetzt passiert, bringt mir fünf Jahre Stein." Gemeint war die Androhung einer schweren Körperverletzung (Bauchstich o.ä.).

Ich bat Peter eindringlich: „Bitte verlass sofort das Haus, ansonsten müsste ich die Polizei verständigen und dich wegen gefährlicher Drohung anzeigen. Das will ich nicht, weil dir das wegen deiner Vorstrafen neuerlich eine hohe Strafe einbringt."

Ich musste mich wegen dieser gefährlichen Drohung leider sofort von Peter trennen, was einer fristlosen Entlassung gleichkam. Peter ging unversöhnt von uns, er beschimpfte mich und einige der Hausbewohner und drohte Emmaus mit einem Racheakt. Wir konnten in der Folge in unserer Gebetsrunde „nur" mehr für Peter beten, dass Gott ihm Einsicht und die Kraft für einen Neubeginn schenken möge.

Zehn Wochen später: Samstag, 7:00 morgens: Auf meinem Zimmer in der Emmausgemeinschaft klingelt das Telefon. Ein Wohnheim-Mitarbeiter informiert mich aufgeregt, dass Peter wieder im Haus ist. „Er wartet auf dich in der Küche." Allgemeine Nervosität setzt ein. Hoffentlich dreht Peter nicht durch. Mein Stoßgebet: „Herr, hilf mir, dass ich selber gewaltfrei bleibe und die rechten Worte finde." Am Weg von meinem

auch Gefahren lauern. Rückschläge sind möglich, ja wahrscheinlich, Nachwirkungen einer „bewährten", milieubedingten Überlebensstrategie. Alte destruktive Verhaltensmuster können wieder auftauchen.

Peter war wegen mehrerer Gewaltdelikte zehn Jahre inhaftiert. Da sein dissoziales Verhalten stets in enger Verbindung mit Alkoholmissbrauch auftrat, entschloss sich Peter unmittelbar nach seiner Entlassung zu einer stationären Therapie. Im Anschluss daran kam Peter in die Emmausgemeinschaft. Peter war motiviert und kooperativ. Im Betrieb Altwarenhandel zeigte er eine gute Arbeitsleistung, doch seine Therapiewilligkeit ließ zu wünschen übrig. Im Gästevertrag wurde mit Peter schriftlich vereinbart, dass er wöchentlich die ambulante Nachbetreuung für alkoholabhängige Patienten besucht. Da Peter die Nachbetreuung verweigerte, wurde sein Aufenthalt in Emmaus im Rahmen eines Teambeschlusses befristet. Peter konnte nicht verstehen, dass Emmaus wegen „mangelnder Therapiewilligkeit" solch schmerzliche Konsequenzen setzt. Es wurde ihm jedoch mehrfach versichert, dass dies kein Hinauswurf sei, sondern nur die Beendigung des Aufenthaltes im Wohn-

Zimmer zur Küche begegnet mir Peter und begrüßt mich freudestrahlend. Noch bevor ich ihn fragen kann, wie es ihm jetzt geht, entschuldigt er sich für sein früheres Fehlverhalten mir gegenüber. Meine Antwort: „Das ist Schnee von gestern; das ist abgehakt." Peter entschuldigt sich neuerlich und meint: „Du hattest leider Recht. Ich schaffe es ohne neuerliche Therapie nicht." Daraufhin frage ich ihn: „Wo lebst du derzeit?" Peters Antwort: „Ich mache jetzt eine Entwöhnung, eine Langzeittherapie im Krankenhaus Ybbs."

Entwaffnend

In der äußerst brisanten Konfrontation mit Peter habe ich – wie selten zuvor – die entwaffnende Kraft der Liebe und der gewaltfreien Grundhaltung gespürt. Peter war im Milieu kein Unbekannter. Schließlich war er wegen mehrerer Gewaltdelikte verurteilt worden. Doch zehn Wochen nach seiner gefährlichen Drohung durfte ich neu verstehen, dass in der Sozialarbeit die Umsetzung des Betreuungsplanes weder erzwungen noch verordnet werden kann. Jeder einzelne Schritt muss die freie Entscheidung des Klienten/Patienten sein. Auch im Fall von Peter wurde mir klar: „Erfolge" dieser Art sind pures Geschenk, weil der Emmaus-Gast entdecken durfte, dass er auch alkoholabhängiger Patient ist. Peter durfte zur Krankheitseinsicht kommen und mit ihr kam – in der Folge – auch seine Therapiewilligkeit. In solch brisanten Krisen- oder Konfliktsituationen spüre ich immer wieder, dass es eine befreiende Realität gibt, die uns alle übersteigt. Gläubige Menschen nennen es „die Macht der Liebe Gottes" oder „Gebetserhörung". Hildegard Goss-Mayr beschreibt diese heilsame Erfahrung mit folgenden Worten: „Auferstehung geschieht dort, wo wir einen Konflikt kraft der Liebe lösen."

Wir lassen dich nie fallen

Toni ist in einem Kinderdorf aufgewachsen. Seine Mutter war wegen eines Tötungsdeliktes zu 15 Jahren Freiheitsentzug verurteilt worden. Toni wurde unmittelbar nach seiner Entlassung aus dem Kinderdorf straffällig. Er wurde wegen eines Raubes, den er als 18-Jähriger begangen hatte, zu fünf Jahren Haft verurteilt.

Nach seiner Entlassung aus dem Gefängnis wurde Toni in Emmaus aufgenommen. Er arbeitete als Maler fleißig, auch in der Wohngruppe war er hilfsbereit. Doch bei einer Außenarbeit stahl er beim Ausmalen einer Wohnung der Mieterin einen größeren Geldbetrag. Ich konfrontierte Toni mit diesen Fakten. Er leugnete. Ich meinte, dass er beim Ausmalen dieser Wohnung allein war und dringender Tatverdacht bestünde. Daraufhin verfluchte mich Toni und mit mir ganz Emmaus. Ich sagte ihm damals, „dass wir uns leider trennen müssten." Es war der 8. Dezember 1982. Als letztes Wort gab ich Toni beim Verlassen des Hauses folgenden Satz mit: „Toni, was immer in Zukunft in deinem Leben passiert – du bist bei uns in Emmaus immer willkommen! Wir lassen dich nie fallen!" – Die Antwort von Toni war das Götz-Zitat und der Zusatz: „Ich werde Emmaus nie mehr brauchen." Meine Antwort war: „Wenn der Hut brennt, du kannst jederzeit wieder kommen."

Mitte Februar 1983 klingelte es bei Emmaus an der Haustür. Toni meinte: „Mir geht es sehr dreckig", und fragte, ob ich ihm noch eine Chance gebe. Toni wurde in Emmaus wieder aufgenommen. Diesmal ging alles gut. Toni fand auswärts einen Job als Maler. Zwei Jahre später zog Toni zu seiner Freundin. Erstmals in seinem Leben war Toni mit seiner privaten und beruflichen Situation zufrieden. Toni heiratete und wurde Vater von drei Kindern. 15 Jahre danach haben

DIE MITTE DER NACHT IST DER ANFANG DES TAGES

Lass mich im Leid
nicht bitter werden,
sondern reif, geduldig,
selbstlos, milde
und voll Sehnsucht
nach jenem Land,
in dem kein Leid wohnt
und nach jenem Tag, wo

Du
jede Träne abwischen wirst
von den Augen derer,
die Dich geliebt haben und
im Schmerz an Deine Liebe,
in der Nacht
an Dein Licht
geglaubt haben."

Karl Rahner

wir Toni und seine Familie mit unserem Emmaus-Lkw nach Oberösterreich übersiedelt. Meine Erfahrung: Nichts ist verloren, was wir aus Liebe getan oder aus Liebe durchlitten haben. Alles bleibt und trägt Frucht.

Verhängnisvolle Wette

Die Wette mit einem Jugendlichen wäre Kurt fast zum Verhängnis geworden. Kurt erinnert sich: „Es ging um zwei Euro, wenn ich einen Doppelliter Wein auf einmal austrinke." Das schaffte Kurt auch – mit einem Zug. Doch dann fiel er ins Koma und wachte erst im Krankenhaus wieder auf. „Sie haben Glück gehabt", sagte der Arzt. „Wir haben bei Ihnen 5,2 Promille Alkohol im Blut festgestellt." Durch die Alkoholabhängigkeit verlor Kurt seinen Job, seine Familie, seinen Freundeskreis. Doch Kurt rang sich zu einer stationären Therapie durch. Nach der

Entwöhnung kam er zu Emmaus Altwaren. Nach dem Ende des Förderzeitraums blieb Kurt als ehrenamtlicher Mitarbeiter bei Emmaus. Vor kurzem feierten wir mit Kurt in unserem Saftbeisl, dass er schon so viele Jahre „trocken" ist. Rückschauend meinte er: „Ich war ganz tief unten. Ich war mir damals nicht sicher, ob ich es schaffe. Ich war körperlich schwach und konnte kaum Möbel schleppen, doch langsam ging es bergauf. Es taugt mir bei euch, weil hier jeder dem anderen hilft. Durch Emmaus habe ich wieder Kraft bekommen. Mein Leben hat noch einmal begonnen." Kurt ist seit 17 Jahren trocken; seit 15 Jahren ist er – mit Begeisterung und Lebensfreude – als Freiwilliger bei Emmaus Altwaren tätig.

Ich wollte immer der Boss sein

Josef, im Mostviertel aufgewachsen, lernt Einzelhandelskaufmann, gerät nach familiären Turbulenzen in die Obdachlosigkeit und wird mit 23 straffällig. Nach der Haftentlassung gelingt ein Neustart in Emmaus.

Die Kindheit von Josef verlief zunächst ruhig. Der Vater war Spanier, der in einer österreichischen Bäckerei arbeitete. Er küm-

In jedem Menschen schlummert ein verborgener Rohdiamant. Diesen gilt es zu entdecken, zu heben und behutsam zu schleifen.

merte sich gut um sein Kind. Die Mutter war in einem Supermarkt beschäftigt. „Doch plötzlich", erzählt Josef, „ist der Vater mit einer neuen Freundin abgehauen. Die Mutter hat damals viel geweint. Den Vater habe ich seither nur drei Mal gesehen. Zu Ostern 2001 – ich war damals zehn – hat er mir einen Flachmann und Zigaretten geschenkt. Da ist mir bewusst geworden, dass er für mich eigentlich kein Vater ist. Die Mutter hatte kurzfristig einen jüngeren Freund, dann kam der Stiefvater, der gewalttätig war und öfters auf die Mama hingeschlagen hat. Einmal habe ich ihn angeschrien: 'Lass meine Mama in Ruhe!' Daraufhin hat er mich mit dem Schuh ins Gesicht getreten, sodass ich Schürfwunden hatte. Die Lehrerin hat das Jugendamt verständigt, meine Schwester und ich kamen sofort in eine WG nach Strengberg."

Drei Monate auf der Straße

Von Strengberg kam Josef in das Landesjugendheim Schauboden. Er begann in Amstetten bei Interspar eine Lehre als Einzelhandelskaufmann. Mit 17 kam er für drei Wochen zur Mutter, doch dieses Experiment ging schief. Josef wurde von der Mutter hinausgeworfen und abgemeldet. Die folgenden drei Monate verbrachte Josef auf der Straße: „Gewohnt habe ich bei Freunden, am Bahnhof oder in Parks. Diese Zeit war scheiße. Das Essen hatte ich meist nur von Ladendiebstählen. 2008 bin ich für vier Monate bei einem Freund untergetaucht, doch ich war nicht gemeldet. Nach einem AMS-Orientierungskurs durfte ich wieder bei Interspar – diesmal in St. Pölten – die Lehre fortsetzen. Doch der Freund fand eine Freundin, ich stand wieder auf der Straße. Ab Juni 2009 habe ich wieder auf der Straße gelebt. Schließlich habe ich eine Freundin gefunden. Sie war im Glauben, dass ich bei meiner Mutter wohne – in Wirklichkeit war ich auf der Straße.

Durch das AMS wurde ich zu einer Tischlerei vermittelt. Dort wurde ich nach vier Wochen gekündigt. Aus Rache habe ich ein Firmenauto gestohlen, außerdem wollte ich meiner Freundin imponieren. Durch meine Einberufung zum Militär ist schließlich aufgeflogen, dass ich auf der Straße lebe. Meine Freundin war enttäuscht, doch sie hat mir verziehen. Nach fünf Tagen wurde ich beim Heer wegen Untauglichkeit entlassen. Im Winter 2011/2012 arbeitete ich beim Ötscher-Lift. Leider kam es 2013 zur Trennung von meiner Freundin. In dieser Zeit habe ich viel Sport betrieben – Eishockey und Fußball. Es war eine schöne Zeit, doch in mein Lebensumfeld hat damals nichts Strukturiertes hineingepasst."

> Jeder ist, was er ist,
> ein Geliebter des ewigen Gottes,
> trotz allem,
> was er mir zu sein scheint."

Hans Urs von Balthasar

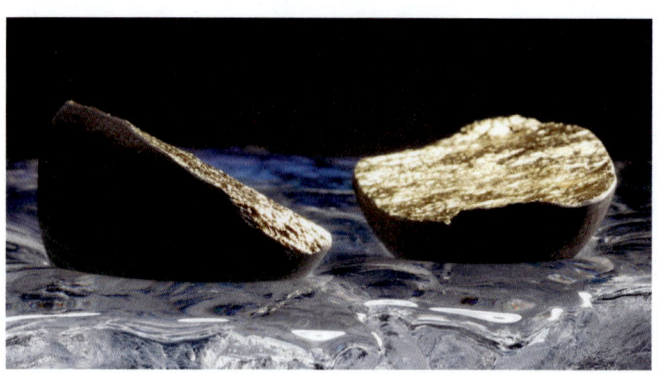

FOTO: GRITSCH

Rudi Gritsch, beauty inside

18 Monate Haft

Dann kam eine Zeit mit viel Blödsinn. Ich war wieder auf der Straße, war viel in Discos und mit Freunden unterwegs. Damals habe ich mit Einbrüchen angefangen, vor allem in Supermärkten. Ich war nirgends gemeldet, hatte kein Geld. Ein Komplize hat mich auffliegen lassen. Die Polizei hat mein Hotelzimmer gestürmt. Es folgte die U-Haft in St. Pölten. Ich wurde zu 30 Monaten verurteilt, davon habe ich 18 Monate verbüßt; den Rest bekam ich bedingt. Die Zeit in der Haft war scheiße. Ich habe keine Perspektive gesehen. Selbstmordgedanken quälten mich. Ich war in vielen Zellen, anfangs auf einer sechs-Mann-Zelle. Schließlich kam ich in die Justizanstalt Hirtenberg, wo es viel besser war. Dort machte ich auch eine Maurerlehre. Ein Freund und eine Freundin besuchten mich in dieser Zeit. Am 12.8.2016 wurde ich aus der Haft entlassen. Ich wohnte drei Tage bei der Mutter, dann kam ich nach Emmaus."

Bin froh, dass es Emmaus gibt

„Ich habe den Namen Emmaus schon früher gekannt. 2011 bin ich sogar schon einmal vor der Notschlafstelle Auffangnetz gestanden. Wäre ich damals zu Emmaus gegangen, wäre mir viel erspart geblieben. Leider bin ich nicht in die Notschlafstelle hineingegangen. Alles war mir zu viel. Die Freundin durfte nicht wissen, dass ich auf der Straße lebe. Für eine Hilfe war ich damals noch nicht bereit. Insgesamt war ich 30 Monate auf der Straße! Anfangs war ich in Emmaus überfordert. Jetzt aber bin ich froh, dass es Emmaus gibt. Was täte ich jetzt ohne Emmaus! Heute weiß ich: Nie mehr Straße! Ich habe mit den falschen Freunden Schluss gemacht. Wir waren immer in Discos, Halligalli unterwegs, doch ich habe früher alles überspielt. Zwei traurige Ereignisse haben sich

Ob bei Emmaus, Antlas oder im Sozialmarkt soogut – die Freiwilligen tragen durch ihr Engagement, ihre Erfahrung und Lebensfreude viel zum Teamgeist und zur Integration von sozial benachteiligten Menschen bei.

in mir ganz tief eingegraben: 2008 wurde meine Cousine vergewaltigt. Es war auf einem WC in Ybbs. Eine Freundin hat mich verständigt. Der Täter wurde verhaftet und verurteilt. 2011 wurde ein Freund bei einem Streit schwer verletzt. Der Täter bekam zehn Jahre Haft. Ich selber hatte bisher weder mit Alk noch mit Drogen ein Problem. Doch ich hatte immer wieder Raufereien. Warum? Ich wollte den anderen imponieren. Ich wollte immer den Boss spielen."

Auf die Frage: „Warum wolltest du den Boss spielen?", antwortet Josef: „Man fühlt sich zeitweise übermächtig und unsterblich, schließlich hat man die Straße überlebt. Man fühlt sich überlegen – auch bei Menschen, die viel stärker sind. Heute denke ich ganz anders. Ich brauche das alles nicht mehr. Heute ist mein Tagesablauf in Emmaus ganz anders. Das war anfangs alles verwirrend für mich. Doch seit ich beim Emmaus-Bautrupp arbeite, wird es besser. Ich habe während der Haft 15 kg abgenommen. Nun geht es langsam aufwärts. Doch seelisch geht es mir noch immer nicht gut. Am Heiligen Abend 2016 war ich kurz bei meiner Mutter und beim Stiefvater. Das ist komplett schiefgegangen. Meine Schwester und ich sind wegen des Stiefvaters nach einer halben Stunde wieder abgehauen, immer dasselbe Fiasko. Einmal bin ich am Hl. Abend ganz allein im Park gehockt. Doch jetzt habe ich eine vernünftige Einstellung und keine falschen Freunde mehr.

Viel geholfen haben mir während der Haft in der Justizanstalt die Alpha-Kurse. Leute von auswärts haben mit uns gesungen, die Bibel gelesen, und wir haben aus unserem Leben erzählt. Durch die Alpha-Kurse hat sich meine Grundeinstellung geändert: Ich nehme nicht einmal mehr einen Kaugummi, wenn einer etwas liegen lässt. Da bin ich richtig stolz auf mich. Hätte ich ein richtiges Elternhaus gehabt, wäre das alles nicht passiert." Auf die Frage „Hast du nicht manchmal einen Groll gegen Gott?", antwortet Josef: „Nein, Gott ist nur gut. Daran habe ich nie gezweifelt. Doch all den Mist bauen wir Menschen. Der Herrgott hat oft schützend seine Hand über mich gehalten: Ich bin nicht erfroren, ich bin nicht verhungert, ich bin bei Raufereien, wo ich den Boss spielen wollte, nicht abgestochen worden."

Jeder Mensch ist heiliger Boden. Jede Person existiert in ihrer Schönheit, auch wenn sie manchmal entstellt ist. Auch Straffällige, Drogenabhängige und Menschen, die auf der Straße leben, sind wertvoll. Sie können sich ändern und auf Liebe antworten.

> „Im Verzeihen des Unverzeihlichen sind wir der göttlichen Barmherzigkeit am nächsten."

Gertrud von Le Fort

Ich glaube, jetzt schaff' ich es wirklich

Reinhard ist seit zwei Jahren trocken. Nach einer 18-monatigen Haft hat er bei Emmaus neu durchgestartet und bei einer Baufirma zu arbeiten begonnen. Tagwache: 4:45 Uhr, Arbeitsbeginn: 6:30 Uhr. Nach einem 10-Stunden-Tag auf einer Großbaustelle kommt Reinhard abends todmüde in die Emmaus-Küche. Bei einem gemeinsamen Abendessen sagte er zu mir: „Ich glaube, jetzt schaff' ich es wirklich. Durch den Alk hab' ich mir früher alles zusammengehaut. Doch jetzt verdiene ich gut; ich hab' schon eine kleine Wohnung in Aussicht. Und du!? Du kannst jetzt endlich das tun, wofür du eigentlich da bist. Jetzt hast du in deiner Pension endlich Zeit für uns." – Reinhard hat es auf den Punkt gebracht: Zeit haben. Zuhören. Menschen begleiten. Mehr denn je verstehe ich, was meine/unsere Berufung ist: Weggemeinschaft mit ausgegrenzten Menschen, die oft verzagt, perspektive-los, ja verzweifelt sind. Und aus einer Arbeits-, Wohn- und Mahlgemeinschaft, aus einer Leidens- und Schicksalsgemeinschaft, wird im Lauf der Zeit oft auch eine Hoffnungsgemeinschaft.

Jeder hat das Recht auf einen neuen Anfang

Jeder Cursillo (Glaubenskurs) wird von externen Gebetsgruppen mitgetragen.

Während des Cursillo erhalten die neuen Kursteilnehmer Briefe von auswärtigen Personen. Sinn dieser Briefe – sie werden als „Nachschub" bezeichnet – ist die Er-

Bild: Sr. Heidrun Bauer SDS, 2012, 120 x 60 cm, Acryl auf Leinwand[5]

mutigung, sich auf einen Neubeginn einzulassen. Aus einem Brief an die Cursillo-Teilnehmer in der Justizanstalt Stein: „Jeder Mensch hat das Recht auf einen Neuanfang. Auch jeder einzelne von Euch. Warum? Weil jeder von Euch ein Geliebter des ewigen Gottes ist. Gott liebt Dich maßlos und unwiderruflich. Wir in Emmaus beten für Euch, dass jeder Cursillo-Teilnehmer in Stein diese Chance für einen echten Neubeginn gut nutzen kann: Aussöhnung mit Gott und mit mir selbst. Aussöhnung mit den Menschen – auch dort, wo es mir schwer fällt. Meine persönliche Erfahrung: Die Liebe kann jede Schwierigkeit überwinden. Nicht Hass, Liebe allein kann die Welt heilen. Verbunden in dieser tröstlichen Gewissheit grüßt Euch im Namen aller, die in Emmaus St. Pölten zur Gebetsrunde kommen, Euer Karl R."

Schuld und Vergebung

Hans, Otto, Max, Hannes und andere ehrenamtliche Emmaus-Mitarbeiter fahren seit vielen Jahren 14-tägig in die Justizanstalt Krems-Stein, um mit Gefangenen die Bibel zu lesen, Erfahrungen auszutauschen und zu beten. Die Erfahrungsberichte dieser Mitarbeiter bestätigen, wie wichtig es ist, Straffällige während und nach der Haft zu begleiten und durch seriöse Angebote zu unterstützen. Die zentralen Fragen der zwölf Cursillo-Teilnehmer in der Justizanstalt Stein: Der Scherbenhaufen meines Lebens, Schuld und Vergebung.

Durchbruch

Farben
voll Kontrast
fragen an
bringen Leben ins Spiel
ins Althergebrachte
Herkömmliches zerbricht
Vertrautes steht Kopf
neue Räume
lichtvolle
tun sich auf
neues Leben
wächst
es grünt

Sr. Heidrun Bauer SDS

Die Freude am Leben wiederfinden. Bild: Jubiläum 30 Jahre Tageszentrum und Wohnheim Kalvarienberg.

Gibt es Hoffnung? Wie kann ein Neustart gelingen?

Pfarrer Otto Allinger berichtet nach dem Cursillo, wie befreiend für die Gefangenen die Entdeckung des biblischen Gottesbildes war: Gott, der uns wie ein barmherziger Vater und wie eine liebende Mutter vergibt. Für viele Gefangene war neu, dass Jesus aus Liebe für uns sein Leben hingegeben hat, dass er dadurch jede Finsternis erleuchtet, unsere Einsamkeit begleitet und alle Schuld ausgelöscht hat. Das Unerhörte: Gott gibt jedem eine zweite, dritte und vierte Chance. Neben den persönlichen Aussprachen empfingen manche Gefangene auch das Sakrament der Versöhnung. Gerald, der zu fünf Jahren Freiheitsentzug verurteilt wurde: „Ich möchte ganz neu beginnen und ab jetzt mein Leben in die Hände Gottes legen." Reinhard: „Ich war ein totaler Egoist und habe oft auf Kosten anderer gelebt.

Nach Verbüßung meiner Strafe möchte ich mir mein Geld ehrlich verdienen und mich in Zukunft um meine Mutter kümmern."

Diese befreiende Botschaft Jesu muss immer neu vermittelt werden: durch Besuche im Gefängnis, durch Starthilfen für Haftentlassene. Ob bei Emmaus Mexiko, bei Antlas, NÖ soogut oder Emmaus St. Pölten – der Neubeginn für Ausgegrenzte wird möglich, wenn wir soziale Empfangsräume, heilende und solidarische Gemeinschaften und Orte der Hoffnung schaffen.[6]

Wir lassen dich niemals fallen

Bewährungshelfer Konrad Lammerhuber war für viele Gäste der Emmausgemeinschaft ein wichtiger Wegbegleiter. Durch seinen unermüdlichen Einsatz, seine Lebensfreude und seinen Humor wurde Konrad für viele Haftentlassene zu einem Hoffnungsträger, für manche wurde er zu einem väterlichen Freund. In seinem unzerstörbaren Glauben an das Gute im Menschen hat in Konrads Leben etwas aufgeleuchtet von der Güte und Menschenfreundlichkeit Gottes. Konrad war ein froher Zeuge des auferstandenen Jesus. Konrads Glaube an die Macht der Liebe war unerschütterlich. Darum konnte er oft auch Fels in der Brandung sein. Als treuer und kompetenter Begleiter gab er denen, die seelisch verwundet, lebensmüde oder verzweifelt waren, Halt und Sicherheit. Für Konrad waren die Straffälligen viel mehr als Klienten. Er gab jedem Haftentlassenen, den er begleitete, die Gewissheit: „Was auch immer passiert – selbst wenn du rückfällig wirst – wir lassen dich niemals fallen!"

Ich persönlich habe oftmals erlebt, dass Konrad bei Kriseninterventionen einfach nur präsent war, ohne viel zu reden. Doch allein seine Gegenwart und sein gütiger Blick haben die Situation oft schon entspannt. Diese nicht richtende Grundhaltung war deeskalierend, sie gab dem verzagten Menschen die Gewissheit: Hier ist einer, der mich mag, der mich versteht und nicht verurteilt. So konnten oft auch bei schwerem Fehlverhalten von Emmaus-Gästen (z.B. Autofahren ohne gültigen Führerschein) Konfliktlösungen erarbeitet werden, die genial und kühn waren. Durch Konrad haben viele Verzagte wieder Hoffnung geschöpft.

Konrad war für viele Emmaus-Gäste wie ein Schutzengel, der genau dann, wenn „der Hut brannte", zur Stelle war, der wie der Auferstandene an der Seite der todtraurigen Emmausjünger einherging und ihnen behutsam den verborgenen Sinn ihres gescheiterten Lebens erschloss. In dieser Weggemeinschaft konnte Hoffnung keimen, Versöhnung und Heilungsprozesse wurden möglich – auch in den Herzen von Menschen, die verbittert waren und oft schon resigniert hatten. Bei Konrad war auch in seinem Berufsleben spürbar, dass die entwaffnende Macht der Liebe letztlich stärker ist als die destruktiven Mächte des Bösen. Durch Konrad durften wir erahnen, wie und wo der auferstandene Christus heute am Werk ist.

Ihr habt mich im Gefängnis besucht

Kurt Geiger, verheiratet, vier Kinder, Schuldirektor in Schönbach, Mitglied des Emmaus-Vorstands, hat – gemeinsam mit seiner Frau Maria – ganz wesentlich zum Aufbau von Emmaus St. Pölten, Emmaus Lilienfeld und Emmaus Rychnov (Tschechien) beigetragen.

FOTO: ROTTENSCHLAGER

Dem Menschen seine Würde zurückgeben: Mosaik von Heinz Knapp am Haus Kalvarienberg.

>> **ÖSTERLICHE HOFFNUNG:**

„Jesus, auch wenn die Frage nicht verstummt:
Warum so viel Leid?
Warum gerade ich?
Warum greift Gott nicht ein? -
sagt doch der Glaube:
Die Welt ist erlöst,
der Tod ist überwunden,
weil du, Gekreuzigter und Auferstandener, mit uns leidest und lebst.
Danke, Jesus, für diese österliche Hoffnung.
Danke für deine Freundschaft und Treue."

Theo Schmidkonz SJ

Emmaus- und Cursillo-Mitarbeiter Kurt Geiger wurde für viele Strafgefangene und Haftentlassene ein wichtiger Wegbegleiter.

» *Das Böse ist nichts Grundlegendes und nichts Endgültiges."*

———————

Johannes Paul II.

Kurt motivierte immer wieder Frauen und Männer, auf den Emmaus-Baustellen mitzuarbeiten. Unvergesslich bleibt für mich die Aktion, bei der ein Dutzend Freiwillige aus dem Waldviertel im desolaten Haus Herzogenburger Straße beim Abtragen des Daches mitgeholfen haben, später auch beim Neu-Eindecken des Daches. Ein Motto von Kurt hat gelautet: Beten und Teilen. Bei den Dienstag-Runden übergab Kurt gerne jenen Geldbetrag, den die Cursillo-Teilnehmer beim monatlichen Gebetstreffen in Ottenschlag gesammelt hatten. Bei seinen Vorträgen hat Kurt die Emmaus-Projekte von St. Pölten, Rychnov und Lilienfeld in der Diözese bekannt gemacht. Dadurch hat er das „Netzwerk der Liebe und Solidarität", das die Emmausgemeinschaften bis heute trägt und durchträgt, maßgeblich gefördert.

Ein besonderes Anliegen war Kurt die Cursillo-Gruppe in der Justizanstalt Stein. Seit 40 Jahren treffen sich Cursillo-Mitarbeiter 14-tägig zu einer Glaubensrunde mit Strafgefangenen.[7] Rückschauend meinte Kurt: „Nach meinem ersten Cursillo und Kontakten zu Emmaus St. Pölten wurde ich 1989 Mitarbeiter bei einem Gefangenen-Cursillo in der Justizanstalt Stein. Die umwerfende Ehrlichkeit und die Einblicke in die Not der Gefangenen, aber auch ihre tiefe Gläubigkeit waren Schlüsselerfahrungen für mich."

Prägend für Kurt wurde die Begegnung mit Reinhard. Der Leidensweg des psychisch kranken Rechtsbrechers Reinhard („Fetzerl") – er wurde wegen eines pathologischen Diebstahlzwangs mehrfach verurteilt – hat Kurt zutiefst erschüttert. Doch Kurt durfte erleben, dass es auch im Leben von Reinhard eine Wende zum Besseren gab. Die Überstellung von Reinhard in eine Sonderanstalt für psychisch kranke Rechtsbrecher[8] war ein erster, entscheidender Schritt auf dem Weg der Heilung und Wiedereingliederung. Die Vergebung, die Reinhard durch jene Frau erfahren hatte, die selbst Opfer seiner Diebstähle geworden war, eröffnete ihm schließlich den Weg zu einem verzeihenden und liebenden Gott." Kurt betreute Reinhard und andere Gefangene durch Briefkontakte und begleitete sie bei der Wiedereingliederung mit großer Geduld. Ein Gefangener bezeichnete die Gefängnisse einmal als eine „Schule des Hasses".[9] Kurt hörte darin einen Anruf, die Botschaft von der Liebe Gottes in alle Milieus zu bringen – sogar bis in die Zellen der Strafgefangenen.

> *Das Volk, das im Dunkeln lebt, sieht ein helles Licht; über denen, die im Land der Finsternis wohnen, strahlt ein helles Licht auf."*

Jesaja 9,1

Freund der Kleinen und Entrechteten

Kurt war ein unermüdlicher Kämpfer für Frieden und Gerechtigkeit, ein Freund der Kleinen, der Entrechteten und Ausgegrenzten. Sein Einsatz für die Globalisierung der Solidarität war die logische Konsequenz seiner Überzeugung, dass Gottes Liebe niemanden ausgrenzt. Darum haben Kurt und seine Frau Maria neben der Flüchtlingsbetreuung in ihrer Heimat auch Sozial- und Schulprojekte in Ecuador, Tschechien und Rumänien unterstützt. Im Jahr 2018 ist Kurt zu Gott heimgegangen. Wie tief er in den Herzen vieler Menschen verankert war und ist, zeigt ein Wort von Dr. Leszek Urbanowicz, Gefangenenseelsorger der Justizanstalt Stein: „Mit Kurt hat die Kirche in Stein viel Gutes erlebt und bekommen. Er war eine Bereicherung, seine positive Energie, sein Geist und Humor, werden in diesem Haus noch sehr lange leben." Das Leben von Kurt ist ein Beispiel dafür, was wir den destruktiven Mächten der Finsternis entgegensetzen können. Kurt hat das Licht Christi gefunden und dieses Licht vielen Gefangenen in ihrer Schuldverstrickung, in der unerträglichen Einsamkeit und Verzweiflung auf die Zellen gebracht. Der Heilungsprozess von Reinhard („Fetzerl") zeigt, ja beweist, dass letztlich die Liebe Christi über den Hass siegen wird, weil sie vergibt, heilt und befreit.

Christian Brunmayr, Franz von Assisi, Kapelle der Emmausgemeinschaft St. Pölten

FOTO: HANS MARSAM

Mach uns würdig, Herr, unseren Mitmenschen in der ganzen Welt zu dienen, die in Armut und Hunger leben und sterben. Gib ihnen durch unsere Hände heute ihr tägliches Brot, durch unsere verstehende Liebe Frieden und Freude. Herr, mach mich zu einem Werkzeug Deines Friedens, dass ich dort, wo Hass ist, Liebe bringe; wo Unrecht herrscht, den Geist des Verzeihens; wo Uneinigkeit ist, Einigkeit; wo Irrtum herrscht, Wahrheit; wo Zweifel ist, Vertrauen; wo Verzweiflung ist, Hoffnung; wo Schatten sind, Licht; wo Traurigkeit ist, Freude.
Herr, lass mich weniger danach trachten, getröstet zu werden, als zu trösten; verstanden zu werden, als zu verstehen; geliebt zu werden, als zu lieben. Denn wer sich hingibt, der empfängt; wer sich selbst vergisst, der findet; wer verzeiht, der erlangt Verzeihung; und wer stirbt, der wird auferweckt zum ewigen Leben. Amen.

Gebet der Missionarinnen der Nächstenliebe und der MitarbeiterInnen Mutter Teresas.
Der zweite und dritte Abschnitt werden Franz v. Assisi zugeschrieben

#3

VERSÖHNUNG
BEFREIT

AUSGEGRENZTE IN HEILENDER GEMEINSCHAFT

Durch das Wachstum der Emmausgemeinschaft St. Pölten und durch die Gründung der Tochterfirmen Antlas und NÖ soogut wurden zusätzlich Lebensräume geschaffen, in denen Menschen in Lebenskrisen Aufnahme finden. Im Auffangnetz der Notschlafstellen und im Schutzraum der Wohnheime können Hilfe suchende Jugendliche, Frauen und Männer angstfrei und in Würde leben. Konflikte können angesprochen und in Ruhe bearbeitet werden. Auch die Atmosphäre in den Betrieben der Emmausgemeinschaft und deren Tochterfirmen erleichtert den betroffenen Klienten die schrittweise Lösung schwerwiegender Probleme; Neuorientierung wird möglich.[1]

Die folgenden Erfahrungsberichte veranschaulichen, dass die Aufarbeitung der eigenen Lebens- und Leidensgeschichte ein mühsamer Prozess ist. Ein bekannter Merksatz der Gesprächstherapie lautet: „Geheilt kann nur werden, was ausgesprochen wird." Es geht daher in den meisten Fällen zunächst darum, verschiedene Hürden zu überwinden, vor allem die inneren Widerstände. Angst, Wut, Scham und Schuldgefühle blockieren häufig den Menschen in seiner Schuldverstrickung und Zerrissenheit. Doch wie groß ist die Erleichterung bei all jenen, die aussprechen, was sie belastet.[2]

Wie befreiend ist es, wenn jemand bereut, um Vergebung bittet und somit den ersten Schritt in Richtung Aussöhnung geschafft hat. Umkehr und Versöhnung lassen das Herz jubeln. Es ist wie bei der Heimkehr des verlorenen Sohnes. Versöhnung beschert einen ungeahnten Frieden, der heilt und befreit. Die Begegnung mit dem Vater wird zum Fest der Versöhnung. (vgl. Lk 15,11-32)

> **»** *Wenn du mittags oder abends ein Essen gibst, so lade nicht deine Freunde oder deine Geschwister, deine Verwandten oder reiche Nachbarn ein; sonst laden auch sie dich ein, und damit ist dir wieder alles vergolten. Nein, wenn du ein Essen gibst, dann lade Arme, Behinderte und Blinde ein. Du wirst selig sein, denn sie können es dir nicht vergelten; es wird dir vergolten werden bei der Auferstehung der Gerechten."*
>
> *Lk 14,12-14*

FOTO: SHUTTERSTOCK

Das Wort „Gast" soll dem Hilfesuchenden signalisieren: Wer immer du bist, du bist herzlich willkommen! Nutze die Therapie-Angebote, erhole dich an Leib und Seele. Hier wirst du geliebt.

Das gemeinsame Essen von Gästen und MitarbeiterInnen ist Ausdruck der Emmaus-Weggemeinschaft.

FOTO: KÖGLER

Heilen, was verwundet ist

Silvia (34) erzählt im Rahmen der Emmaus- Dienstagrunde mit strahlendem Gesicht: „Ich bin seit 2008 nicht mehr im Krankenhaus gewesen. Von meinem 16. bis zum 25. Lebensjahr war ich mehr als 50-mal in stationärer psychiatrischer Behandlung. Ich war schon ganz verzweifelt." Silvia kam in dieser tristen Lebenssituation in das Emmaus-Frauenwohnheim, sie hat sich rasch stabilisiert, mietete eine Kleinwohnung, nahm einen Teilzeitjob an und nutzte konsequent die ambulante Gesprächstherapie.[3]

In einem persönlichen Gespräch gab mir Silvia Einblick in ihre dramatische Kindheitsgeschichte: „Ich habe eine schlimme Missbrauchsgeschichte hinter mir. Der Täter war mein eigener Vater. Seither habe ich Depressionen, ich war medikamentenabhängig und mischsüchtig. Viele Selbstbeschädigungen waren die Folge. Ich hatte einige Male den Wunsch zu sterben." Dabei zeigt Silvia auf die Narben an ihren beiden Unterarmen. Sie habe sich diese Schnittwunden zugefügt, „weil der seelische Druck in manchen Krisensituationen einfach zu groß war." Rückschauend meint Silvia: „Ich muss sagen, dass es keine Zufälle gibt. Immer dann, wenn ich meinem Leben ein Ende setzen wollte, hat mir Gott starke Zeichen geschickt. Es gibt die höhere Macht und es gibt Schutzengel. Jesus hat oft in meinem

Leben eingegriffen. Ich wollte mich in meiner Verzweiflung einmal in Wien vor den Zug schmeißen, plötzlich rief eine Mutter mit Kind meinen Namen „Silvia!" Zufällig hieß das Kind auch Silvia, doch für mich war das ein Wink des Himmels. Es gab viele so genannte Zufälle. Einmal – es war um Mitternacht – wollte ich meinem Leben ein Ende setzen. Es war in Wien in einer kleinen Seitengasse – da kam plötzlich Ruth, eine Freundin, vorbei. Öfters waren es Sr. Helene von der Jüngergemeinschaft und Freunde einer Wiener Pfarre, die mich in einer schlimmen Depression angetroffen und immer wieder herausgeholt haben. Ich bin heute fest überzeugt: Jeder von uns ist in Gottes Hand. Gott hat mich in all den Turbulenzen meines Lebens nie fallen gelassen. Seit meinem Aufenthalt im Emmaus-Frauenwohnheim und der Arbeit in der CityFarm geht es langsam aufwärts. Ich bin immer in Schubladen gesteckt worden, Borderline usw. Das hat mich in meiner Entwicklung oft sehr eingeschränkt. Dank der Therapie und meiner langjährigen Betreuerin vom Psychosozialen Dienst ist mir der Abschied von der Opferrolle gelungen. Ich bin nun eine Überlebende, führe ein selbstbestimmtes Leben und pflege meine Freundschaften wieder. Der Lebensdrang ist wieder zurückgekehrt. Dank der Hilfe vieler guter Menschen kann ich heute sogar glauben und

Arbeit statt Almosen! Neben dem Sozialtraining in den Wohnheimen bietet Emmaus in den Betrieben auch Arbeit in Gemeinschaft an.

FOTO: HERZBERGER

vertrauen, dass Gott mich mag und mit mir einen Plan hat. Ich habe heute sogar eine kleine Wohnung und einen Teilzeitjob, der mir taugt." Silvia ist seit vier Jahren verheiratet und glückliche Mutter von zwei Kindern.

Nach Jahren der Unversöhntheit

Hans kennt seinen leiblichen Vater nicht. Die Beziehung zur Mutter und zum Stiefvater war stets schwierig. Bei familiären Konflikten stellte sich die Mutter meist auf die Seite ihres Mannes. In der Pubertät wurde Hans stark verhaltensauffällig, bis schließlich das Jugendamt seine Einweisung in das Landesjugendheim Allentsteig anordnete. Hans konnte seiner Mutter nie verzeihen, dass sie ihn mit 14 Jahren ins Heim gab. Tief verletzt hegte er jahrelang Groll und Hass gegen seine Mutter. Während seines Aufenthaltes in der Emmausgemeinschaft machte Hans einen Glaubenskurs (Cursillo), wo es um das Thema Versöhnung ging. Hans verstand, wie wichtig das Verzeihen ist, dass es ohne Vergebung keine Heilung gibt. Er spürte, dass er seiner Mutter verzeihen sollte – doch das war für ihn absolut unmöglich! Die Verletzungen gingen zu tief. Hans war in seinem Beruf durchaus erfolgreich, doch seine Kommentare waren oft zynisch, in seinem Inneren war er nach wie vor unversöhnt und verbittert. Schließlich starb die Großmutter, die für Hans die wichtigste Bezugsperson und Mutterersatz gewesen war. Beim Begräbnis der Großmutter traf Hans nach vielen Jahren wieder seine Mutter. Diesmal überwand sich Hans, ging auf seine Mutter zu und bat sie um Vergebung. Es kam zur Aussöhnung zwischen Mutter und Sohn. In ei-

FOTO: KOGLER

FOTO: KOGLER

Überwindung von Suchtverhalten und Schuldenregelung sowie konsequentes Arbeitstraining bereiten den Gast auf den Einstieg in die Wirtschaft vor.

Ziel der sozialökonomischen Betriebe (Altwaren, Sanierung) ist die Integration von schwer vermittelbaren Personen in den Arbeitsmarkt. Bild: Reinhard Bugl (li), Leiter des Sanierungsbetriebes

nem Brief beschreibt Hans, wie wichtig es war, dass er den ersten Schritt gewagt hat: „Nach Jahren der Unversöhntheit ist es mir gelungen, meiner Mutter zu verzeihen! Wie frei ich nun bin!"[4]

Ohne Barmherzigkeit ist alles verloren

Martin, seit Jahren von Alkohol und Tabletten abhängig, hat einen schweren Rückfall. In stark alkoholisiertem Zustand verleumdet er mich massiv. Er wirft mir vor, dass ich „Millionen von Spendengeldern" veruntreue. Ich bin wütend und überlege eine Verleumdungsklage. Der Ausgang des Gerichtsverfahrens steht schon jetzt fest: Ich werde als Gewinner und Martin mit Sicherheit als Verlierer dastehen. Doch in meinem täglichen Gebet ist immer wieder ein Satz von Roger Schutz da – ein Wort, das mich nicht mehr loslässt: „Ohne Barmherzigkeit ist alles verloren." Nach zehn Wochen wage ich den ersten Schritt. Es kommt zur Aussöhnung zwischen Martin und mir. Langsam entsteht sogar eine Vertrauensbasis. In späterer Folge macht Martin eine stationäre Therapie. Martin ist heute Emmaus-Mitarbeiter und seit 19 Jahren trocken. Er ist ein wichtiger Ratgeber und Begleiter für Suchtkranke, die aussteigen wollen.

Du hast mich ja das Verzeihen gelehrt

Martin erzählt mir von familiären Zwistigkeiten, die ihn zutiefst traurig stimmen: „Nach dem Tod der Mutter gab es unter uns Geschwistern leider Streit wegen der Aufteilung des Erbes. Es ging um eine große Summe Geld. Ich ging völlig leer aus und wurde mit Sachspenden abgefertigt. Den Kuchen haben meine Geschwister – ohne mich beizuziehen – unter sich aufgeteilt. Obwohl ich schon viele Jahre trocken bin, lässt mich vor allem mein Bruder bis heute noch immer spüren, dass ich früher getrunken habe und damals der Familie zur Last gefallen bin. Ich war über das Verhalten meines Bruders zutiefst enttäuscht und verletzt. Ich wollte meinen Bruder, der den Großteil des Erbes erhielt, nie mehr sehen. Doch in meinem Inneren fand ich keinen Frieden."

Es vergingen einige Monate. Martin rief mich eines Tages an und berichtete freudestrahlend: „Ich konnte so nicht mehr weiterleben. Ich hatte aber bisher nicht die Kraft, mich zu versöhnen. Doch heute habe mich aufgerafft und habe den ersten Schritt gewagt. Ich habe meinen Bruder angerufen und ihn zu meinem runden Geburtstag eingeladen. Mein Bruder freute sich riesig. Er sagte sofort zu, dass er zur Feier kommen wird. Ich bin echt froh darüber, dass nun dieser Streit beendet ist."

Auf meine Frage „Wie hast du das geschafft?", antwortete Martin: „Du hast mir in Emmaus ja das Verzeihen gelernt."

Was zerbrochen war, wird wieder heil
Ausstieg aus dem Rotlichtmilieu

Aufgrund von Schicksalsschlägen ist Renate mit 17 ins Rotlichtmilieu abgeglitten. Irene, ihr erstes Kind, wurde ihr wegen eines Erziehungsnotstandes vom Jugendamt abgenommen. Es kam ins Heim und anschließend auf einen Pflegeplatz. Renate blutete das Herz.

In dieser schweren Lebenskrise kam Renate in das Frauen-Wohnheim der Emmausgemeinschaft. In dieser Zeit besuchte sie öfters den offenen Treffpunkt der „Emmaus-Dienstagrunde. Renate war beim Gespräch manchmal ungehalten und aggressiv, dann wieder verzweifelt. Im Grund war ihr Verhalten ein einziger Schrei nach Liebe.

Vor einer der Dienstagrunden holte ich Renate vom Bahnhof ab, um mit ihr Möglichkeiten für einen Neubeginn zu besprechen. Renate erzählte mir in diesem Gespräch, dass sie völlig verzweifelt ist, weil sie seit längerem von einem Mann finanziell ausgebeutet wird und sich gezwungen sieht, in Bordellen und Laufhäusern zu arbeiten. Renate: „Eigentlich ekelt es mich vor diesen Typen, die zu mir kommen. Im Innersten verachte ich sie. Wenn es irgendwie möglich ist, möchte ich aussteigen. Aber wie?" Ich versicherte Renate, dass wir sie nie fallen lassen werden und ihr die nötigen Ausstiegshilfen vermitteln. Ich versprach ihr, dass wir sie bei der Wohnungs- und Jobsuche unterstützen werden.

Ihr damaliger „Freund" wollte sie nicht ziehen lassen. Doch trotz der massiven Drohungen, denen sie ausgesetzt war, schaffte Renate den Ausstieg. Renate blieb ein Jahr im Emmaus-Frauenwohnheim, tagsüber arbeitete sie in der Emmaus CityFarm. Als Renate neuerlich schwanger wurde, übersiedelte sie in das Mutter-Kind-Haus. Rückschauend erzählte sie mir, dass für sie die Zeit im Emmaus-Frauenwohnheim und im Mutter-Kind-Haus ganz entscheidend – ja lebensrettend – war.

In einer der E-Mails, die mir Renate sandte, schreibt sie: „Die folgenden Zeilen drücken aus, was ich tief drinnen empfinde: Vergebung ist die Erfüllung eines Kindertraums von einem Wunder. Was kaputt war, wird wieder ganz, was zerbrochen war, wird wieder heil und was schmutzig war, wird wieder sauber."[5] Seit Renates Ausstieg sind 14 Jahre verstrichen. Sie ist heute verheiratet und Mutter von zwei Kindern.

Missbrauch: Man glaubte mir nicht

„Meinen Vater kenne ich nicht, die Mutter war alkoholabhängig. Darum kam ich zu Pflegeltern, wo es mir anfangs recht gut ging", erzählt Rita. Doch ab dem neunten Lebensjahr wird Rita verhaltensauffällig, beginnt zu rauchen, schwänzt die Schule. Mit 14 macht sie am Jugendamt eine Anzeige, dass sie vom Pflegevater missbraucht wird, doch man glaubt ihr nicht. In einer Aktennotiz des zuständigen Jugendamts wer-

FOTO: BÖSWART

In der Arbeitstherapie begleitet ein professionelles Team Menschen mit besonderen Bedürfnissen. Ziel ist die Entfaltung der beruflichen und sozialen Fähigkeiten. Bild: Tagesstätte Viehofen Bereich Projekt & Design.

den die Aussagen Ritas als „Phantasien einer Pubertierenden" abgetan. Doch Rita ist eine Kämpferin. Sie lernt Verkäuferin, arbeitet in einem Supermarkt. Ihre Freundschaften zerbrechen, weil sie meist auf alkoholabhängige Männer trifft. Mit 19 verliert Rita im sechsten Schwangerschaftsmonat ihr Kind, weil sie ihr Lebensgefährte spitalsreif geschlagen hat. Erst im Emmaus-Frauenwohnheim kommt Ritas unfassbare Leidensgeschichte ans Licht. Der Missbrauch wird neuerlich angezeigt, diesmal glaubt man Rita. Psychotherapie und finanzielle Entschädigung werden genehmigt. Rita heiratet. Das ersehnte Kind kommt gesund zur Welt. Doch es kriselt in der Beziehung, weil der Partner kifft. Rita quälen Existenzängste. Es kommt zur Scheidung. Seit 2016 ist Rita alleinerziehende Mutter. Rückschauend erzählt sie: „Die Trauma-Therapie hilft mir sehr beim Aufarbeiten.[6] Ich habe nun dank Emmaus Job und Wohnung. Mein Sohn besucht eine HTL. Endlich kann ich ohne Angst und in Frieden leben." Rita, mein größter Respekt, wie du dein extrem schweres Leben gemeistert hast!

Danke, dass ihr meinen Hilferuf gehört habt

Sara und ihr zehnmonatiger Sohn Otto waren vor zwölf Jahren im Mutter-Kind-Haus der Caritas und anschließend im Emmaus-Frauenwohnheim untergebracht. Trotz einer akuten, schwerwiegenden psychischen Krise der Mutter konnte damals – aufgrund einer Intervention von Psychiater Dr. Stefan Frühwald – eine Heimeinweisung des Kindes verhindert werden. Das Kind durfte auch während der stationären Unterbringung in der Psychiatrischen Abteilung des Krankenhauses Waidhofen/Thaya bei der Mutter bleiben.[7] Dank der Begleitung durch hauptberufliche und ehrenamtliche MitarbeiterInnen ist Sara heute gut stabilisiert. Sie ist verheiratet und steht nach wie vor in engem Kontakt mit Emmaus. Sara dankte in einem Brief allen in Emmaus, die sie und ihre Familie die Jahre hindurch so treu begleitet haben: „Dank eurer Hilfe und dank der Unterstützung von Dr. Frühwald konnte Otto trotz meiner Ängste und Depressionen bei mir bleiben. Dies hat mir damals unendlich geholfen. Allein wäre ich aus dieser tiefen Krise nie herausgekommen. Ich bin unendlich dankbar. Wir sind heute – trotz verschiedenster Probleme – eigentlich eine glückliche Familie. Neben der fachärztlichen Beratung hilft mir seit einigen Jahren auch sehr der regelmäßige Kontakt zu meiner Pfarre. Speziell bei der Messe komme ich zur Ruhe. Meine Angstzustände sind heute weitgehend verschwunden."

Obwohl er stotterte, wurde er nicht verspottet

Der 19-jährige Andrej hat eine längere Krise durchlebt, weil es im Elternhaus – die Mutter kommt aus Bosnien, der Vater ist Österreicher – häufig Streit gab. Obwohl Andrej die

>> *Lebendiger Gott, Du hast unsere Vergangenheit in Jesu Herz versenkt. Und für unsere Zukunft hast Du schon vorgesorgt."*

Br. Roger, Taizé

>> *Alle Bücher, die ich gelesen habe, haben mir nicht den Trost gegeben, den mir dieses Wort der Bibel gab: Der Herr ist mein Hirte, nichts wird mir mangeln."*

Immanuel Kant

Matura erfolgreich bestanden hatte, war sein Selbstwertgefühl im Keller. Die Situation zu Hause war unerträglich geworden. So kam er als begabter, aber ängstlicher und introvertierter junger Mann zu Emmaus. Da er manchmal stotterte, bestand die Gefahr, dass er von manchen Gästen der Gemeinschaft verspottet wird. Doch dies war nicht der Fall. Dennoch wollte Andrej nach drei Wochen seinen Arbeitsplatz in Emmaus aufgeben, weil es ihm seelisch nicht gut ging. Er hatte stets das Gefühl, dass er weder die Erwartungen der überaus strengen Eltern noch die Spielregeln von Emmaus erfüllen könne. Andrej war verzagt. Schreckliche Selbstzweifel plagten ihn.

Doch unsere ehrenamtlichen und hauptberuflichen MitarbeiterInnen, insbesondere das Küchenteam und die Emmaus-Gäste, banden Andrej phantastisch in die Gemeinschaft ein. Sie respektierten ihn in seiner Eigenart und begleiteten ihn mit viel Liebe und Geduld. Andrej gewann Selbstsicherheit und Selbstvertrauen. Langsam schmolz das Eis. In dieser angstfreien Atmosphäre wurde Erstaunliches möglich. Es gab Tage, wo Andrej nicht mehr stotterte und den Emmaus-Gästen von seinen beruflichen Plänen erzählte. Manchmal war bei Andrej sogar ein schüchternes Lächeln zu bemerken. Andrej half in der Emmaus-Küche mit und kochte zuletzt sogar selbstständig Haupt- und Nachspeisen. Nach 14 Monaten verabschiedete sich ein stark veränderter Andrej von Emmaus. Bei der Abschiedsfeier im Saftbeisl dankte er – sichtlich gerührt – allen für die „freundliche Aufnahme in die Gemeinschaft und die gute Zusammenarbeit."

Ich war in der Neonazi-Szene

Jürgen (21) war längere Zeit in der Neonazi-Szene beheimatet. Immer wieder fiel er wegen hoher Gewaltbereitschaft auf. Zunächst kam es nur zu bedingten Verurteilungen wegen Raufereien und Widerstand gegen die Staatsgewalt. Schließlich wurde Jürgen wegen Körperverletzung zu sechs Monaten Haft verurteilt. Nach der Haftentlassung wurde Jürgen in Emmaus aufgenommen. Jürgen akzeptierte, dass Emmaus gewaltfreie und drogenfreie Zone ist. Doch er tat sich extrem schwer, auch auf verbale Gewalt zu verzichten. Er bemühte sich, aber immer wieder gab es in der Gruppe und im Betrieb kleinere Konflikte wegen Jürgens destruktiver Äußerungen.

Wir – die Emmaus-MitarbeiterInnen – konnten immer „nur" eines tun: Jürgen in seiner Ruppigkeit annehmen, so wie er ist, nicht eingeschnappt sein, wenn er provoziert, stets versuchen, den ersten Schritt zu machen. Absichtslose Liebe hat stets auch etwas Entwaffnendes.

Im Lauf der Monate änderte sich bei Jürgen etwas. Er wurde kooperativ, seine Aggressivität und sein Zynismus wurden deutlich geringer. Schließlich fand er eine nette und selbstbewusste Freundin, die einen überaus positiven Einfluss auf ihn ausübte.

An einem Samstagmorgen – wir waren im Wohnheim Herzogenburger Straße zum Frühstück versammelt – kam Jürgen gut gelaunt in den Speiseraum und schleuderte ein Netz mit Semmeln schwungvoll auf den Tisch – ohne ein Wort zu sagen. Ich fragte ihn: „Ist das eine Spende für die Emmäuse?" Jürgen, wie immer in einem etwas rauen Ton: „Ja, das war jetzt endlich einmal fällig!"

Jürgen blühte im Lauf der Zeit immer mehr auf. Schließlich wurde seine Freundin schwanger. Eines Tages kam Jürgen zu mir und fragte vorsichtig, ob es möglich wäre, dass sein Kind in der Kapelle der Emmausgemeinschaft getauft wird.

Die Taufe in der Emmaus-Kapelle wurde

ein kleines Fest. Schier Unmögliches wurde möglich: Auch die Mütter von Jürgen und seiner Freundin waren – trotz komplizierter Familienverhältnisse – gekommen.

Emanuel – ein Hiob unserer Tage

Die ersten Lebensjahre verbrachte Emanuel bei seiner Familie in Wiener Neustadt. Nach der Trennung der Eltern kam Emanuel zu Verwandten, bald danach wurde er in ein Landesjugendheim überstellt. Doch Emanuel riss immer wieder aus, Aufenthalte in anderen Heimen folgten. Emanuel geriet in eine tiefe Krise. Der Alkohol wurde zum Problem. Emanuel arbeitete bei verschiedenen Firmen, doch immer wieder verlor er die Arbeit und bald auch seine Wohnung. Emanuel nächtigte in ungeheizten Räumen. Seit der Amputation der Zehen, die in einer eiskalten Nacht erfroren waren, war Emanuel behindert. Die Vermittlung auf einen Arbeitsplatz wurde zunehmend schwierig. Emanuel kam mit dem Gesetz in Konflikt, in der Folge wurde er zu mehreren Monaten Freiheitsentzug verurteilt, immer nur deshalb, weil er keinen festen Wohnsitz hatte.

1972 wurde Emanuel nach mehrmonatiger Haft (Vagabundage) aus der Justizanstalt Wr. Neustadt entlassen. Emanuel marschierte bei klirrender Kälte Richtung Teesdorf, wo sein Vater wohnte. In Blumau konnte Emanuel jedoch nicht mehr weiter. Er fand in einem Gebäude, in dem eine

Statue des Hiob von Gerhard Marcks vor der Klara-Kirche zu Nürnberg.

» *Doch ich weiß: Mein Erlöser lebt, als Letzter erhebt er sich über dem Staub.*
Ohne meine Haut, die so zerfetzte, und ohne mein Fleisch werde ich Gott schauen."

Hiob 19, 25 f.

Die Lebensgeschichte von Emanuel zeigt, dass es keinen hoffnungslosen Fall gibt. Voraussetzung ist jedoch, dass der Hilfesuchende bereit ist, Hilfe anzunehmen.

jugoslawische Gastarbeiter-Familie wohnte, ein Notquartier am Dachboden. Die Jugoslawen kümmerten sich um ihn; doch Emanuel wurde krank. Als er nach 14 Tagen noch immer nicht aufstehen konnte, wurde der Arzt verständigt. Emanuel hatte an beiden Beinen schwere Erfrierungen. Die Folgen waren dramatisch: Beide Füße mussten unterhalb des Knies amputiert werden. Emanuel wurde in ein Pflegeheim überstellt. Die folgenden 14 Jahre verbrachte er in NÖ Pflegeheimen. Emanuel wurde zwar gut versorgt, war aber einsam. Er bekam in diesen 14 Jahren nur selten Besuch. Emanuel hatte das Gefühl, völlig nutzlos zu sein, vor allem, weil er zur Untätigkeit verurteilt war. Das Alkoholproblem blieb ungelöst.

Das Leben hat noch einmal begonnen

1988 wird Emanuel im Emmaus-Wohnheim Herzogenburger Straße aufgenommen. Bald danach entschließt er sich zu einer stationären Entwöhnungskur. Nach Abschluss der Therapie arbeitet Emanuel in der Emmaus-Tischlerei. Insgesamt sechs Jahre wohnt und arbeitet Emanuel in Emmaus. Er blüht in dieser Zeit regelrecht auf. Unvergesslich sein Humor und seine Lebensfreude. Nach seinem Emmaus-Aufenthalt übersiedelt Emanuel in eine Privatwohnung. Eine für ihn wichtige Lebensgemeinschaft gibt ihm neuen Auftrieb. Doch die Beziehung zerbricht, und Emanuel gerät in die Krise. In dieser Phase wird Emanuel neuerlich vom Emmaus-Netz und anderen Einrichtungen aufgefangen – und durch alle Höhen und Tiefen hindurchgetragen.

Weggemeinschaft, die trägt

In den letzten Lebensjahren wurde Emanuel sehr gebrechlich und in das Pflegeheim Pottenbrunn überstellt. Dort wurde er regelmäßig von ehrenamtlichen Emmaus-

MitarbeiterInnen besucht. Eine Woche vor seinem Tod habe ich Emanuel im Pflegeheim besucht. Er war voll orientiert – konnte aber nicht mehr sprechen. Doch er versuchte, sich mit Gestik und Mimik mitzuteilen. Ich dankte ihm für alles, was er für uns in Emmaus – im Wohnheim, im Betrieb und im Freizeitbereich – geleistet und Gutes getan hat. Ich sagte Emanuel, dass Gott ihm all das Gute, das er getan hat, tausendfach lohnen wird. Emanuel strahlte über das ganze Gesicht. Danach betete ich für ihn, dass er es schafft, sein Leben vertrauensvoll Jesus zu überlassen. Bei dem Satz von Mutter Teresa „Wir brauchen vor dem Sterben keine Angst zu haben, weil Sterben immer Heimgang zu Gott ist", lag ein sanftes Lächeln auf seinem Gesicht.

Obwohl Emanuel in seinem Leben – ähnlich wie Hiob – Unsagbares durchlitten hat, haderte er nicht mit seinem Schicksal. Entscheidend für den Heilungsprozess Emanuels war der Familienanschluss bei Andrea und Hans Peter und deren drei Kindern. Sie haben Emanuel 30 Jahre in Geduld und Liebe begleitet. In dieser Familie fand er ein Stück Beheimatung. Er konnte dort vieles von seinem Lebensfrust aufarbeiten, manches nachholen. Wunden konnten heilen. Auch die Besuche von Gertrud, einer eh-

Das Saftbeisl: beliebter Treffpunkt für Emmaus-Gäste, MitarbeiterInnen und BesucherInnen

renamtlichen Emmaus-Mitarbeiterin, im Pflegeheim Pottenbrunn waren für Emanuel äußerst wichtig. Wenige Stunden vor dem Sterben – am 29.9.2017 – konnte sie sich im Krankenhaus St. Pölten noch persönlich von Emanuel verabschieden.

Angstfrei und in Würde leben

In Emmaus wurde aus dem „chronischen Pflegefall" ein Gast, der wirklich willkommen war. Emanuel wurde beim Namen gerufen, er wurde angesehen und bekam Ansehen. Er blühte regelrecht auf durch die Wertschätzung, die er erhielt. All seinen Sticheleien und kecken Bemerkungen zum Trotz – Emanuel war beliebt und wurde allseits geschätzt. Emanuel wurde im Emmaus-Betrieb zu einem wertvollen Mitarbeiter und im Wohnheim zu einem geschätzten Kollegen. Er konnte endlich angstfrei und in Würde leben. Bei Emanuel hat sich ein Wort von Dietrich Bonhoeffer bewahrheitet: „Es gibt erfülltes Leben – trotz vieler unerfüllter Wünsche."

Das Leben von Emanuel war ein wahrer Kreuzweg. Er hat sein entbehrungsreiches Leben zwar angenommen, aber er hat nicht resigniert. Emanuel war ein Kämpfer, der nie aufgegeben hat. Getragen von einem Netz treuer FreundInnen, ist er an den Schicksalsschlägen, die er durchlitten hat, nicht nur nicht zerbrochen, sondern sogar gereift. Dank der Liebe, die er in heilender Gemeinschaft erfuhr, konnte er alle Schwierigkeiten überwinden und zu einem liebesfähigen Menschen werden.

Andrea Brandstetter schrieb nach dem Tod von Emanuel an die Emmausgemeinschaft: „Emanuel war ein ganz besonderer Mensch! Emanuel hatte ein großes Herz! Es war vielleicht nicht für alle Menschen, die mit ihm zu tun hatten, spürbar. Er konnte manchmal sarkastisch und manchmal auch ein wenig aggressiv sein. Doch wir durften sehr oft seine weiche und liebenswerte Seite erleben. Er hatte unsere Kinder sehr gerne und wollte immer wissen, wie es ihnen geht. Er liebte Tiere, Pflanzen, die Natur, hatte viel Humor und war trotz all seiner vielen körperlichen Probleme ein dankbarer Mensch! Als wir ihn zu Weihnachten besucht haben, sagte Emanuel: Ich bin heute so glücklich, weil ich Besuch bekommen habe. Dabei hat sein Gesicht vor Freude gestrahlt. Er hat sich trotz all seiner schlimmen Erlebnisse immer wieder freuen können wie ein Kind – und das werde ich nie vergessen! Er wird uns fehlen, und wir werden ihn nie vergessen!"

„Hier blühe ich so richtig auf!", ist einer der Sätze, die wir in der CityFarm und in anderen Emmaus-Betrieben oft zu hören bekommen.

Auch die Emmaus-Wohnheime wurden für viele Gäste zu wahren Oasen – mitten in einer Gesellschaft mit beschränkter Hoffnung.

Die Heimkehr des verlorenen Sohnes

Die Begräbnisfeier für Emanuel war ein würdiger Abschied. Obwohl Emanuel seit Jahrzehnten kaum Kontakt zu seinen Angehörigen hatte, wurde er in seinem Heimatort in der Nähe von Wr. Neustadt im Familiengrab beigesetzt. Neben seiner 94-jährigen, noch sehr rüstigen Mutter, den Verwandten und Angehörigen war eine neunköpfige Gruppe der Emmausgemeinschaft gekommen, um Emanuel die letzte Ehre zu erweisen. Emmaus gestaltete die Feier mit Nachruf, Liedern und Fürbitten. Der Priester betonte in seiner Ansprache, dass das Leben manchmal aus Sackgassen und Umwegen besteht und wir niemals urteilen sollten. Der barmherzige Gott wird das letzte Wort haben. Beim anschließenden Totenmahl dankte die Mutter von Emanuel den Emmaus-MitarbeiterInnen und betonte, wie „erleichtert" sie nun sei. Sie und die anderen Angehörigen hatten seit 30 Jahren kaum Kontakt zu Emanuel. Sie wussten nicht, welch positive Wende das Leben von Emanuel genommen hatte. Die Emmaus-MitarbeiterInnen erlebten bei diesem Begräbnis die Begegnung mit den Angehörigen Emanuels als ein Fest der Versöhnung. Es schien so, als ob an diesem denkwürdigen Tag eine Aussöhnung mit der Lebensgeschichte von Emanuel möglich wurde. Jahrzehntelang herrschte unter den Verwandten die Meinung vor, dass Emanuel „an all dem Elend, das er durchlitten hat, ohnehin selber schuld war." Emmaus-Mitarbeiter Hans Peter meinte: „Diese heutige Begräbnisfeier und das anschließende gemeinsame Mahl war wie die Heimkehr des verlorenen Sohnes."

In einer E-Mail dankte die Nichte von Emanuel im Namen aller Verwandten dem Team der Emmausgemeinschaft: „Vielen herzlichen Dank für die Gestaltung des Begräbnisses, den sehr berührenden Nachruf und die Andenkenbilder. Ich fühle mich so dankbar und glücklich, dass es so eine Einrichtung und so liebe Menschen gibt, die sich um Menschen in Not annehmen, dass Perspektiven geschaffen werden, Menschen einer Beschäftigung nachgehen können und eine Struktur haben, sich wertgeschätzt und gebraucht fühlen und auch den Glauben wiederfinden. Danke, dass dies alles mein Onkel erfahren durfte. So kann auch meine Oma ihren inneren Frieden finden. Es geht mir das Herz auf, wie Menschen sich für Menschen engagieren und dadurch helfen und unterstützen. Das zahlreiche Erscheinen und die Anteilnahme von lieben Menschen aus St. Pölten und auch von meiner Verwandtschaft haben mich sehr gefreut. Birgit N."

Adventmarkt Viehofen: Verkauf der Emmaus-Produkte als Erfolgserlebnis für Gäste und MitarbeiterInnen

Für Gott gibt es keinen hoffnungslosen Fall

Manfred hatte eine glückliche Kindheit. Er lernte Feinmechaniker und gründete eine Familie. Er war extrem sportlich und hatte einen großen Freundeskreis. Einer glücklichen Zukunft schien nichts im Wege zu stehen. Manfred fand einen Traumjob in einem

Die wahren Wunder machen wenig Lärm: Viele der Emmaus-Gäste beginnen ein neues Leben, sie verzichten auf Alkohol und schließen eine Berufsausbildung ab.

medizinischen Forschungsinstitut in Wien, wo er viele Jahre beschäftigt war.

Doch Manfred hatte ein Problem: Aus seiner Neigung zum Alkohol wurde Abhängigkeit. Durch chronischen Alkoholmissbrauch verlor er schließlich seine Familie, die interessante und gut bezahlte Arbeit und seine Gesundheit. Manfreds Situation wurde immer kritischer, ja lebensbedrohlich. Nach einigen gescheiterten Entwöhnungen machte Manfred im Jahr 2007 einen Suizidversuch, darauf folgte ein längerer Krankenhausaufenthalt. Manfred entschied sich in dieser Zeit neuerlich für eine Entziehungskur. Diesmal hielt er durch. Es folgte die Aufnahme in Emmaus. Seither ist Manfred trocken. Er engagierte sich sowohl im Wohnheim Herzogenburger Straße als auch in der Werkstätte als ehrenamtlicher Mitarbeiter. Er half in der Freizeitgestaltung und bei den Emmaus-Basaren mit und erläuterte – anhand seiner eigenen Biographie – zahlreichen Besuchergruppen die Emmaus-Philosophie: „Ich bin seit 13 Jahren trocken." Manfred hat seine dramatische Lebensgeschichte in Gedichtform niedergeschrieben.[7a]

Ich bin nicht verbittert

Alfred (49) war beim Traisen-Wasserverband durch viele Jahre ein verlässlicher Mitarbeiter. Er neigte zum Alkoholmissbrauch und rauchte täglich seine 60 Zigaretten. Doch nach langem Ringen – und trotz vieler Rückschläge – kam Alfred von seiner Alkohol- und Nikotinsucht völlig los. Dank

❯❯ *Die Arbeit läuft dir nicht davon, wenn du deinem Kind den Regenbogen zeigst. Aber der Regenbogen wartet nicht, bis du mit der Arbeit fertig bist."*

Aus China

Unmögliches wird möglich:
Heinz ist seit 30 Jahren trocken!
Respekt und Gratulation!

» *Nicht Hass, Liebe allein,*
kann die Welt heilen."

Jehudi Menuhin

» DIE GESCHICHTE VON DEN ZWEI WÖLFEN.
WEISHEIT EINES INDIANERS

Ein weiser Indianerhäuptling sitzt eines Abends am Lagerfeuer mit einem seiner Enkelsöhne beisammen und erzählt ihm von seinen Erfahrungen. „Im Leben eines jeden Menschen gibt es zwei innere Wölfe, die ständig miteinander ringen und kämpfen. Der eine Wolf ist böse. Er arbeitet mit Trennung, Angst, Schuld, Unterdrückung, Zwietracht, Eifersucht, Neid, Gier, Habsucht, Überheblichkeit, Feindschaft und Hass. Der andere Wolf ist gut. Er setzt auf Vertrauen, Offenheit, Liebe, Wohlwollen, Güte, Verständnis, Mitgefühl, Freundschaft, Friede, Rücksicht, Gelassenheit, Wahrhaftigkeit, Hoffnung und Freude." Der Enkel schaut nachdenklich in die Flammen des auflodernden Feuers. Nach einer langen Weile fragt er – schon etwas ungeduldig – seinen Großvater: „Und welcher der beiden Wölfe wird gewinnen, Großvater?" Der alte Häuptling schaut ihn eindrücklich an und entgegnet: „Der wird letztendlich gewinnen, den du fütterst!"

---

der Unterstützung von FreundInnen der „Teestube", einer Initiative der evangelischen Gemeinde, gelang ihm ein Neubeginn. Alfred arbeitete in seiner Freizeit als Freiwilliger bei Emmaus Altwaren und war gern gesehener Stammgast im Saftbeisl des Wohnheimes Herzogenburger Straße. Sein Leben hat neu begonnen.

Doch bereits wenige Jahre später kam die nächste schwere Prüfung auf Alfred zu. Eine Beinamputation wurde notwendig. Alfred konnte nach und nach Ja sagen zu seiner neuen, sehr schwierigen Lebenssituation. Nach der Amputation wurde Alfred in einem Pflegeheim untergebracht und konnte sich nur im Rollstuhl fortbewegen. Doch seine alte Lebensfreude kehrte langsam wieder zurück. Er war – als Rollstuhlfahrer – mit öffentlichen Verkehrsmitteln unterwegs, besuchte gelegentlich Freunde, u.a. auch die Dienstagrunde in der Emmausgemeinschaft. Obwohl er wegen seines Glaubens gelegentlich verspottet wurde, scheute sich Alfred nicht zu bekennen: „Vor der Operation habe ich gebetet: Herr, Dein Wille geschehe. Und jetzt gibt mir Jesus die Kraft, mein Leben anzunehmen so wie es ist. Ich bin nicht verbittert."

Ich war drogenabhängig – heute bin ich Suchtberater

Mo kam – nach einem bewegten Leben – als vorbestrafter, alkohol- und substanzabhängiger Patient in die Emmausgemeinschaft Innsbruck. Sein Bericht schildert, wie es ihm gelang, „das Ruder herumzureißen" und ein Leben in Abstinenz zu führen:

Ich bin Alkoholiker, seit 66 Monaten trocken, was besagt: keinen Alkohol und keinerlei Substanzen. Ich war Erstgeborener meiner Generation, was mir nicht zugute kam. Ich wurde von Kindheit an schon gedrillt, als gutes Vorbild für meine Generation zu fungieren. Meine Kindheit war von Normen und Regeln bestimmt. Persönlichkeitsentwicklung null. Mit 13 rauchte ich das erste Mal Kiff und entdeckte Auflehnung, Widerstand und Entscheidungsfreiheit. Ich entschied mich für die „wild side of life". Meine Lehre absolvierte ich mit Ach und Krach und habe dabei immer schön

Alkohol und Kiff konsumiert. Dadurch fiel vieles leichter, weil die Gefühlswelt immer wieder zurückgedrängt wurde. Weiter ging es mit harten Drogen – straffällig geworden – längerer Haftaufenthalt – Entlassung – weiter Drogen-Konsum – Vagabundenleben. Marokko, das Paradies für Kiffer und Opiumkonsumenten schlechthin. Ich hatte Abenteuer und Erlebnisse, an die ich heute mit Grauen denke. Aber zu der Zeit war das ganz normal, weil meine Gefühlswelt durch Einnahme von Alkohol und anderen Substanzen ganz kaltgestellt war. 2001 lernte ich in Spanien eine Frau kennen. Ich beendete radikal meinen Drogenkonsum. Jetzt trank ich „nur" noch Alkohol. Ich steigerte meinen Verbrauch auf bis zu zwei Flaschen Wodka pro Tag. Aufkommende negative Gefühle wurden mit Alkohol weggesoffen und positive Gefühle wurden mit Alkohol gefeiert. Im Jahr 2009 löste ich die Lebensgemeinschaft, weil es so nicht weitergehen konnte. Meine Frau litt unter meiner Alkoholsucht, doch ich wollte das Trinken nicht aufgeben. Obwohl ich sie liebte, war der Alkohol mir wichtiger. Bis 2014 bin ich dann mit einem Freund viel gereist und habe immer schön gesoffen. Zurück nach Österreich – mit nichts – Rucksack – und immer reichlich Alkohol. Bei Einrichtungen wie der Notschlafstelle und der Teestube Alexihaus sah ich dann mein Dilemma und entschied, das Ruder herumzureißen. Ich schlug den Weg ein, ein Leben in Abstinenz zu führen. Im Mai 2014 begab ich mich in eine Reha-Einrichtung für Alkoholiker, mit der Zusage, danach bei Emmaus Innsbruck aufgenommen zu werden. Mir wurde Unterkunft, Arbeit und Lohn geboten. Plötzlich wurde mir von überallher Hilfe angeboten. Es fiel mir anfangs verdammt schwer, diese anzunehmen. Aber um den Weg der Abstinenz kontinuierlich zu gehen, ist dies ein wichtiger Faktor. Die ersten zwei Jahre waren echt hart, denn plötzlich tauchte meine Gefühlswelt wieder auf. Ich musste mich damit auseinandersetzen, wollte ich den Weg in die Abstinenz schaffen. Auch hier wurde mir geholfen, mit wöchentlichen Gesprächen mit einer Psychologin, Gesprächs- und Achtsamkeitsgruppe und Mitarbeitern, die dasselbe Ziel verfolgten wie ich: abstinent zu bleiben. Jetzt bin ich 66 Monate trocken und habe gelernt, mit meinen Gefühlen umzugehen. Ich habe Werte angenommen: Solidarität, Hilfestellung zu geben, wo sie fehlt, Nächstenliebe, Gefühle zu zeigen, ohne Angst haben zu müssen, dass sie als Schwächen ausgelegt werden.

Franz von Assisi und der Wolf von Gubbio.

Ziel der Emmausgemeinschaft ist der liebes- und arbeitsfähige Mensch.

Heute bin ich ein vom Blauen Kreuz Österreich ausgebildeter Suchtberater. Dieses Seminar besuchte ich, weil es mich interessierte, was hinter dem Wort Sucht steckt. Jetzt weiß ich, dass ein suchtkranker Mensch nicht süchtig ist, weil er Alkohol, Drogen oder sonst was konsumiert. Da steckt viel mehr dahinter. Nun führe ich ein Leben, anders als das vorige. Wichtig ist, dass ich mich im Hier und Jetzt wohlfühle und ein zufriedenes Dasein friste. Heute – mit 60 – bin ich noch immer Mitarbeiter bei Emmaus Innsbruck. Jeden Tag arbeite und verbringe ich Zeit mit Menschen, die den Weg in die Abstinenz eingeschlagen haben.Ich sehe ihren Kampf mit all seinen Rückschlägen und Erfolgen. Heute denke ich, dass ich den richtigen Pfad gehe. Meine Hilfe denen zukommen lassen, die sie benötigen. Ich bin stolz darauf, wie ich jetzt bin und was ich tue. Ich wünsche euch allen Zufriedenheit, Gefühlsstärke, Zuversicht und einen starken Willen! Vor allem fest zu dem zu stehen, was man sagt, fühlt und tut! – Euer MO

Emmaus, Antlas und die soogut-Sozialmärkte werden durch zahlreiche ehrenamtliche MitarbeiterInnen unterstützt. Bild: Kochen der Bürgermeister im Wohnheim Kalvarienberg.

Das Wort, das du brauchst, kannst du dir selbst nicht geben

Ein afrikanisches Sprichwort sagt: „Das Wort, das du brauchst, kannst du dir selbst nicht geben." Auch die Aussöhnung mit der eigenen Lebensgeschichte ist nicht im Alleingang möglich. Es braucht einfühlsame und geduldige Wegbegleiter, damit der mühsame Prozess der Aufarbeitung in Gang kommt. Es braucht aber auch die Vergebungsbereitschaft der Betroffenen. Die Emmausgemeinschaft möchte diesen Heilungsprozess fördern und begleiten.

Andreas (48) verursachte in Tschechien einen Verkehrsunfall. Da Andreas alkoholisiert war (0,4 statt der vorgeschriebenen 0,0 Promille) wurde er zu sechs Wochen Haft und einer extrem hohen Geldstrafe verurteilt. Eine schwere Lebenskrise war die Folge. Andreas kam nach seinem Aufenthalt in Tschechien zu Emmaus St. Pölten, wo er zwei Jahre wohnte und arbeitete. Andreas rückblickend: „Ich habe mich wieder rasch erfangen, arbeite seit einigen Jahren als Techniker bei einem Konzern und habe eine schöne Wohnung. Ich bin Emmaus für diese Starthilfe ewig zu Dank verpflichtet."

Katharina (39) kam nach einer depressiven Phase in das Emmaus-Frauenwohnheim. Seit 18 Monaten arbeitet sie in unserer Kunstwerkstätte: „Ich bin sehr froh, dass ich nun wieder Wohnung, Arbeit und FreundInnen gefunden habe; hier wurde mein Hobby zum Beruf."

Erdal (18) hat als Kind und Jugendlicher viele körperliche Misshandlungen erleiden müssen. Es folgten Spitalsaufenthalte und Heimunterbringung. Schwer traumatisiert kam er mit 17 in die Jugend-Notschlafstelle JUMP, danach in das Wohnheim Herzogenburger Straße. Auf meine Frage, wie es ihm nun nach 15 Monaten Emmaus geht, antwortete er: „Gut, dass es Emmaus gibt.

Hier kann ich endlich ohne Angst in einer Gemeinschaft leben und daneben meine Gärtnerlehre abschließen. Ich bin sehr froh, dass mein Neubeginn endlich gelungen ist."

Manfred, seit einigen Jahren in der Emmaus CityFarm tätig, hat vor einigen Wochen die Lehrabschlussprüfung als Gärtner geschafft. Gabriele, Leiterin der Arbeitstherapie: „Manfred ist für uns ein Geschenk. Nun steht ihm auch der Arbeitsmarkt offen."

Die wahren Wunder machen wenig Lärm

Beate hat nach der Matura bei einer Bank, später bei einer Versicherung gearbeitet. Sie geriet jedoch durch permanenten Stress und Beziehungskrisen immer mehr in die Alkoholabhängigkeit. Nach einem stationären Aufenthalt im Anton Proksch Institut wohnte und arbeitete sie bei Emmaus. Martin, der vom Alkohol abhängig war und ebenfalls nach stationärer Therapie bei Emmaus Viehofen arbeitete, lernte Beate bei einer Freizeitveranstaltung im Saftbeisl des Wohnheimes Herzogenburger Straße kennen. Seit dieser Zeit sind Beate und Martin ein Paar. Beate ist in Wien in einer Hotelküche beschäftigt, Martin arbeitet als Staplerfahrer in einem Baumarkt. Beate ist nun seit zehn Jahren trocken. Auch Martin hat nach seiner Lebenskrise den Neubeginn geschafft. Beate: „Das Berufsleben in Wien ist hart und stressig, doch wir beide schaffen es. Eure Gemeinschaft hat uns viel geholfen. Wir denken beide gerne an unsere Zeit in Emmaus zurück."

Arbeitstherapie und psychische Stabilisierung

Die moderne Psychiatrie hat die wesentliche Bedeutung der sozialen Rahmenbedingungen erkannt: Gute, tragfähige soziale Beziehungen tragen zur Linderung und

Heilung von schwerem seelischen Leid bei. Ebenso wurde erkannt, wie wesentlich eine regelmäßige Beschäftigung für psychisch kranke Patienten ist: neben einer sinnvollen Einteilung des Tages stufenweise die eigene Belastung zu erhöhen, durch schöpferische Tätigkeit störende Symptome zu überwinden und so einen neuen Lebensrhythmus zu entwickeln.[8]

Mehr Lebensqualität für psychisch kranke Menschen

Die Arbeitstherapieplätze der Emmausgemeinschaft befinden sich in der CityFarm und in den Betrieben in Viehofen. Jeder Gast (Patient) soll dort abgeholt werden, wo er leistungsmäßig steht, auch wenn er nur wenige Stunden Arbeit in der Woche schafft. Durch engagierte Begleitung soll den Gästen ein sinnvoller, abwechslungsreicher Tagesablauf angeboten werden, der neuen Schwung gibt und ihnen hilft, mehr Stabilität zu entwickeln. Betreuerische Fachkompetenz wird durch die Hereinnah-

FOTO: SHUTTERSTOCK

Wenn die Seele taumelt: Menschen mit psychischen Erkrankungen brauchen professionelle Hilfe. Nach einem stationären Aufenthalt bietet Emmaus den PatientInnen durch Wohn- und Arbeitstherapieplätze Begleitung in die Selbständigkeit.

FOTO: PRIVAT

Psychiater Dr. Stefan Frühwald leistete Pionierarbeit bei Caritas und Emmaus.

Eine ehrenamtliche Emmaus-Mitarbeiterin besucht regelmäßig Johanna im Pflegeheim: Die strahlenden Augen von Johanna offenbaren, wie sehr jeder Mensch nach Liebe hungert.[9]

me von Profis der psychosozialen Arbeit gewährleistet. So gehören z.B. Ergotherapeutinnen und ein Facharzt für Psychiatrie zum Team. Auch die gärtnerisch-landwirtschaftliche Kompetenz ist gegeben. Dieses Modell, das von verlässlichen Partnern (Land NÖ, AMS, BM f. Soziales) unterstützt wird, hat sich bewährt und bringt den Betroffenen spürbar mehr Lebensqualität.

Erweiterung des Lebensraums für psychisch kranke PatientInnen

Dr. Stefan Frühwald (+2012), der sich für eine grundlegende Reform der Forensischen Psychiatrie und eine gemeindenahe psychiatrische Versorgung engagierte, über das Pilotprojekt Emmaus-CityFarm: „Die Möglichkeit zur Mitarbeit in einer Arbeitstherapieeinrichtung bedeutet für psychisch kranke Patienten eine lebensnotwendige Erweiterung ihres Lebensraumes. Sie können an sozialen Prozessen in betreuter Form teilnehmen und Leistung in einem geschützten Rahmen erbringen. Der Austausch mit den Kollegen und die Selbstbestätigung durch das Erarbeitete und Erzeugte nimmt Spannung und gibt Ausgeglichenheit. Angehörige bekommen wieder Platz und Raum zum Durchatmen, zur Regeneration und zum Energietanken für jene Aufgaben der Betreuung, die ihnen immer noch verbleiben. Unsere Gesellschaft bekommt die Gewissheit, dass Menschen nicht anonym untergebracht werden, sondern an normalen Lebensabläufen teilnehmen können. Und dass diesen Menschen anstelle einer Situation, in der sich unausgelebte Lebensenergien bis zur Explosion verdichten oder bis zur Implo-

FOTO: ROTTENSCHLAGER

FOTO: KOGLER

sion ausgehöhlt werden können, ein Lebensbereich eröffnet wird, den wir alle, Gesunde und psychisch Erkrankte, als sinn- und glückgebend erfahren können."[10]

Mit Grenzen leben lernen

Seit Jahren besuchen Menschen, die blind oder sehbehindert sind, im Rahmen einer Erholungswoche die Emmausgemeinschaft St. Pölten. Jede dieser Begegnungen hat mich tief im Herzen berührt. Ob beim Rundgang durch die Betriebe, beim Besuch der Gärtnerei der CityFarm oder beim gemeinsamen Beten und Singen in der Emmaus-Kapelle – das Ringen, die Wachheit und Zuversicht dieser leidgeprüften Menschen beeindruckt mich jedes Mal zutiefst. Ihr „Trotzdem Ja zum Leben" beschämt mich manchmal, rüttelt mich wach, ermutigt mich aber stets neu, mein persönliches Ja zu sagen zu den Herausforderungen meines Lebens.

Lebensräume für Jung und Alt

Ältere, psychisch beeinträchtigte oder gebrechliche Personen erleben sich nicht selten als ausgegrenzt. Auch wenn die betreuten Menschen gut versorgt werden, sie erfahren ihre Unterbringung – z.B. in einem Senioren- oder Pflegeheim – häufig als schmerzliche Trennung von ihren Angehörigen. Manche von ihnen sind seelisch verwundet, weil sie den Eindruck haben, dass sie abgeschoben und weggesperrt wurden. Damit das Wort Inklusion keine leere Absichtserklärung bleibt, sind innovative Modellprojekte notwendig, die Ausgrenzung überwinden helfen. Ältere und einsame Menschen brauchen heilende Gemeinschaft, Generationen verbindende Teilhabe am pulsierenden Leben von Kindern, Jugendlichen und Erwachsenen. Ältere Menschen sollen durch neue „Lebensräume für Jung und Alt" vom Rand in die Mitte der Gesellschaft geholt werden.

Die Emmausgemeinschaft und ihre Tochterfirmen Antlas und NÖ soogut setzen sich seit vielen Jahren dafür ein, dass gesellschaftliche Notsituationen aufgezeigt und die Benachteiligung bestimmter Zielgruppen thematisiert werden. Im Dialog mit den politisch Verantwortlichen auf Stadt-, Landes- und Bundesebene werden die Defizite im sozialen Bereich angesprochen, Konzepte erstellt und zukunftsweisende Pilotprojekte initiiert.

Das Integrationsprojekt „Dorf in der Stadt" wurde erstmals 2004 gemeinsam von Emmaus, Caritas St. Pölten und

> **»** *Ich bin blind, aber ich sehe – ich bin taub, aber ich höre. Ich danke Gott für meine körperlichen Behinderungen, denn durch sie habe ich zu mir selbst, zu meiner Lebensaufgabe und zu meinem Gott gefunden."*
>
> *Helen Keller, taubblinde amerikanische Schriftstellerin (1880-1968)*

> **»** *Unsere Erfahrungen sind Giftbecher oder Gefäße heilsamen Lebens, je nachdem, womit wir sie füllen."*
>
> *Helen Keller[11]*

FOTO: KOGLER

Nest und Fest sind zwei Charakteristika von Emmaus. Bild: 15-Jahr-Feier des Emmaus-Frauenwohnheimes

dem Verein Wohnen beim Land NÖ eingereicht, konnte jedoch auf dem vom Land vorgeschlagenen Standort nicht realisiert werden. Neue Konzepte für NÖ wurden erarbeitet. Das Ziel ist ein Generationen verbindendes Leben und ein gemeinschaftliches Wohnen, wodurch Lebens(t)räume für Jung und Alt geschaffen werden. Projekte mit „Generationen verbindendem Leben" gibt es in mehreren Bundesländern. In Wien: Kolping-Wohnprojekte „Gemeinsam leben", „BROT-Gemeinschaft", „Casa-Haus" der Caritas. Weitere Generationen-Wohnprojekte gibt es in Klagenfurt, Salzburg und Vorarlberg. Die Diakonie OÖ und die Initiativgruppe „Garten der Generationen" (Herzogenburg, NÖ) planen ähnliche Projekte.

Würde bis zuletzt

In unserer Gesellschaft werden Tod und Leid zunehmend verdrängt und ausgeblendet. Sterben und Tod sind absolute Tabuthemen. Darin liegt eine Gefahr. In zahlreichen Ländern gibt es Bestrebungen, durch Scheinlösungen der Herausforderung, die Leid und Tod darstellen, beikommen zu können, indem wir Todkranke und Behinderte von ihrem „Leid erlösen". „Der Weg

zum humanen, würdevollen Sterben führt nicht über die gewerbsmäßig erlaubte Selbstmordhilfe. Er führt über die Integration der älteren und kranken Menschen in unserer Mitte und nicht deren Abschiebung an den Rand der Gesellschaft. Und er führt über eine unerschrockene Schmerzmedizin." (Manfred Perterer, SN 27.2.2020)

Die Zahl der „anonymen Begräbnisse" in den europäischen Städten steigt. In St. Pölten hat sich eine Initiativgruppe mit Pfarrer Karl Höllerer und Emmaus-MitarbeiterInnen zum Ziel gesetzt, nach Möglichkeit bei allen Begräbnissen, auch dann, wenn keine Angehörigen mitgehen, den Verstorbenen auf seinem letzten Weg zu begleiten und für ihn zu beten. Es ist jedes Mal berührend, wenn – wie zuletzt beim Begräbnis von Herbert – Pfarrer Höllerer und eine kleine Schar von „Emmäusen" (Gäste, Zivildiener, ehrenamtliche und/oder hauptamtliche MitarbeiterInnen) im Schweigen hinter dem Sarg bis zum Grab mitgehen, um dort für den Verstorbenen zu beten und Abschied zu nehmen.

Bei Herbert konnten keine Angehörigen ausfindig gemacht werden. Dennoch war es ein Abschied in Würde. Wohnheim-Mitarbeiter Franz Zöchling dankte Herbert am offenen Grab für seine Weggemeinschaft und würdigte dessen Mitarbeit und Hilfsbereitschaft in Emmaus. Ein Zivildiener stellte eine Blumenschale zum Grab. Abschließend gab es ein Gebet des Priesters und ein gemeinsames „Vater unser." Nach dem Begräbnis trafen sich – Teil der Trauerarbeit und

> » *Du bist wichtig, weil du eben DU bist; du bist wichtig bis zum letzten Augenblick deines Lebens".*
>
> *Cicely Saunders, Gründerin der modernen Hospiz-Bewegung, Pionierin der Palliativmedizin*

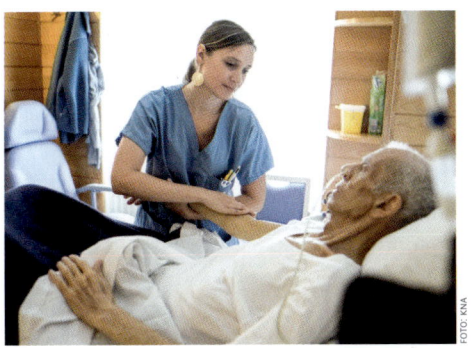

„Das Sterben ist unsere letzte Lebensaufgabe."
(Günter Virt, Professor für Moraltheologie an der
Katholisch-Theologischen Fakultät der Universität
Wien)

Jedem Menschen seine Würde. Bild: Gäste und
MitarbeiterInnen begleiten einen verstorbenen
Bewohner der Emmausgemeinschaft auf seinem
letzten Weg.

einer alten Tradition folgend – Emmaus-
Gäste, Zivildiener und MitarbeiterInnen in
einem Gasthaus zu einem bescheidenen
Mahl.

Jedem Menschen seine Würde! Die Hospiz-Bewegung, Caritas, Diakonie, Verein
Wohnen, Antlas, Sozialmarkt soogut und
die Emmausgemeinschaft wollen diesem
hohen Anspruch gerecht werden – und fordern: Würde bis zuletzt.

Hier ist ein Mensch

Achebe S., Staatsbürger eines afrikanischen Landes, verstarb während seiner
Inhaftierung in einer österreichischen Justizanstalt. Da eine Überführung in sein
Heimatland nicht zustande kam, wurde
seitens der Justizverwaltung entschieden,
dass Achebe S. ein so genanntes Sozialhilfe-
Begräbnis erhält. Die Bestattung soll – wie
in solchen Fällen üblich – am städtischen
Friedhof stattfinden. Nach der örtlichen
Tradition betet der Priester in der Aufbahrungshalle des Friedhofs am Sarg des Verstorbenen die vorgesehenen liturgischen
Gebete, anschließend wird der Sarg von
Mitarbeitern der Bestattung zum offenen

Grab geleitet. Hinter dem Sarg gehen der
Priester und die Angehörigen, bei Begräbnissen von ehemaligen Gefangenen ist
meist auch ein Vertreter der Justizwache
anwesend. Im konkreten Fall von Achebe S.
fuhr der Gefangenenseelsorger zum Städtischen Friedhof, um zunächst in der Aufbahrungshalle am Sarg des verstorbenen
Gefangenen zu beten und ihm danach das
letzte Geleit zu geben. Doch zum großen
Erstaunen des Seelsorgers war zum vereinbarten Zeitpunkt die Aufbahrungshalle
leer. Ein suchender Blick des Seelsorgers
brachte eine Überraschung: In etwa 80 m
Entfernung – genau an jener Stelle, wo sich
die so genannten „Sozialhilfe-Gräber" befinden, stand der Sarg am offenen Grab.
In der Nähe standen vier Friedhofsbeamte
und ein Vertreter der Justizwache, die offensichtlich auf den Gefangenenseelsorger
warteten. Der Seelsorger begab sich zu den
Mitarbeitern der Bestattung und der Justiz
und erkundigte sich nach dem Grund dieser
ungewöhnlichen Vorgangsweise. Die Antwort: „Der Verstorbene war ohnehin nur
ein Neger, wahrscheinlich war er ein Dealer,
außerdem hatte er vielleicht auch Aids." Der
Gefangenenseelsorger war geschockt und
empört: „Was soll diese Aktion. Hier ist ein

Mensch! Ich verlange, dass der Sarg sofort in die Aufbahrungshalle gebracht wird!" Die verdutzten Beamten setzen die Anordnung des Pfarrers, der auch Beamter des Justizministeriums ist, umgehend um. In der Aufbahrungshalle betete der Pfarrer für Achebe S. feierlich die vorgesehenen liturgischen Gebete. Anschließend bewegte sich der Kondukt zum Grab, das für Achebe S. vorgesehen war. Auch hier betete der Anstaltspfarrer nochmals für den verstorbenen Afrikaner und sprach in persönlichen Worten von der einmaligen und unzerstörbaren Würde, die jeder Mensch vor Gott hat. Abschließend fügte er hinzu, dass Gott Liebe und Erbarmen sei und wir alle das Erbarmen Gottes brauchen. Betroffen und nachdenklich verließen an jenem Tag die Beamten den Friedhof.

Immer Mensch – ein Pflänzchen der Hoffnung aus Italien

Vor 20 Jahren besuchte Alfonso, freiwilliger Mitarbeiter einer christlichen Gemeinde, in einem römischen Gefängnis erstmals den inhaftierten Giorgio. Der vorbestrafte Giorgio hatte eigentlich nur einen Wunsch: Er wollte erfahren, wie es seiner hoch betagten Mutter geht. Wenige Tage danach besuchte Alfonso die im Sterben liegende Mutter des Gefangenen. Die zwischen Alfonso und Giorgo entstandene Freundschaft zog Kreise. Weitere Gefangene wollten Außenkontakte. So entstand die Bewegung „Immer Mensch", in der Freiwillige mehr als 200 Gefangene betreuen, deren Familien besuchen und Haftentlassenen Starthilfen anbieten.

Emmaus CityFarm: Gemeinschaft – Ort des Festes und der Versöhnung

FOTO: KOGLER

Mein zweites Leben

Die Gemeinde Steinbach an der Steyr (Region „Naturpark Kalkalpen") wurde in der Ära von Bürgermeister Karl Sieghartsleitner mit dem Europäischen Dorferneuerungspreis für ihre Bemühungen um die Erhaltung der wertvollen Bausubstanz und der Natur sowie der Schaffung von Musterbauernhöfen ausgezeichnet. Im Rahmen einer Tagung in Seitenstetten zum Thema „Alternative Wirtschaftsmodelle" berichtete Altbürgermeister Sieghartsleitner über die Erfolge seiner Gemeinde beim kommunalen Klimaschutz-Aktionsplan (Nachhaltige Energiegewinnung, CO2-Einsparung, Stär-

FOTO: KNA

„Wir sollten unseren Mitmenschen weniger oft den Kopf, ihnen aber öfter die Füße waschen."Bild: Papst Franziskus hat im römischen Gefängnis Rebibbia den Häftlingen die Füße gewaschen.

kung der regionalen Wirtschaftskreisläufe). Doch am Ende des Referats erzählte Karl Sieghartsleitner von seiner persönlichen Beziehung zu einem alkoholabhängigen Patienten der Gemeinde:

Alles, was wir im Rahmen der Dorferneuerung erreicht haben, ist großartig; es war Pionierarbeit, die österreichweit Anerkennung fand. Aber die Geschichte mit Franz G. ist die wertvollste Geschichte meines Lebens. Das Schicksal von Franz ist das Schönste und Aufregendste in unserer Ge-

meinde. Franz ist chronischer Alkoholiker und stammt selber aus einer Familie mit Alkoholproblemen. Auch seine Frau hat getrunken, die Kinder wurden vom Jugendamt abgenommen, eine fürchterliche Geschichte. Als Franz wieder einmal im Straßengraben gelegen ist, dachte ich mir: Die Häuser unserer Gemeinde haben wir schön hergerichtet, aber Franz liegt immer noch, so wie früher, im Graben. Ist er nicht wertvoller als ein Haus? – Ich habe Franz später in einem Beschäftigungsprojekt untergebracht. Doch es hat nur Zores gegeben; auch beim Kirchenwirt gab's Probleme. Nach einem Unfall, es passierte beim Eisstockschießen, lag Franz mit einem Schädel-Hirn-Trauma dreieinhalb Monate im Krankenhaus Steyr. Franz war wund gelegen, er konnte nur eine Seite ein wenig bewegen; er konnte nicht mehr sprechen, nicht schreiben. An seinem Gesicht konnte man ablesen, wie verzweifelt er war. Ich konnte nur noch sagen: Herr, warum hast du ihn nicht zu dir genommen? In dieser Situation fragte mich eine Krankenschwester, ob er zu Hause vielleicht ein Tier hätte. Ich habe daraufhin das Gebell seines Hundes aufgenommen, damit wurde Franz geweckt.

Doch es gab keine Verwandten; Franz war so arm und einsam. Schließlich kam er in das Reha-Zentrum nach Wien-Meidling. Auch dort habe ich ihn besucht. Eine Krankenschwester bat uns, Herrn Franz G. abzuholen, denn da „wäre nichts mehr drin". In meiner Verzweiflung kam mir beim Heimfahren die Idee, bei den Gemeindebürgern von Steinbach die Adresse von Franz auszuteilen. Ich verteilte die Adresse vom Meidlinger Reha-Zentrum und bat die Leute: „Bitte, schickt ihm ein Foto vom Haus, wo er früher gewohnt hat oder Nachrichten aus der Gemeindezeitung, irgendetwas, damit er weiß, dass wir ihn nicht vergessen haben." „Ja, das machen wir gerne", meinte gleich die erste Frau, die ich fragte. Nach 14 Tagen bin ich wieder nach Wien-Meidling gekommen. Eine Schwester erzählte mir ganz aufgeregt: „Herr Bürgermeister, bei uns ist ein Wunder geschehen, Herr Franz G. will Tag und Nacht nur noch trainieren und Therapie machen." Nach insgesamt sieben Monaten ist Franz wieder zu uns nach Steinbach heimgekommen. Er führt heute selbst seinen eigenen Haushalt, fährt ein Moped-Auto, pflanzt trotz seiner großen Behinderung Bäume und hat einige kleine Tiere. Franz schreibt eine Art Tagebuch, wo er auch Fotos von seinem „zweiten Leben" aufbewahrt. Franz sagte mir: „Erst jetzt weiß ich, wie schön das Leben ist." Und obwohl ich ihn nie missioniert habe – ich dachte es wäre vollkommen zwecklos, weil er keine Verbindung zum Glauben hatte –, schrieb er in sein Tagebuch: „Und alles aus Gnade."

Der lange Weg zurück ins Leben

Die Geschichte von Dominik veranschaulicht, wie sehr jeder Mensch im Leben eine zweite und dritte Chance braucht:

Ich war erfolgsverwöhnt: ich hatte eine Familie mit zwei Kindern. Meine Frau war im Pflegeberuf tätig, ich arbeitete als Programmierer. Doch der Alkohol war von Jugend an mein Problem. Mit 26 machte ich die erste Entwöhnung, durfte aber in der Firma bleiben. Doch dann passierte etwas sehr Trauriges: Mein Vater nahm sich das Leben. Er hatte depressive Phasen. Auch ich bin damals wegen Depressionen behandelt worden. Leider begann ich bald wieder zu trinken. Nach einer weiteren stationären Therapie konnte ich meinen Job immer noch behalten, auch meine Frau hat zu mir gehalten. 2014 gründete ich nebenberuflich eine Firma und begann mit Computer-Teilen zu handeln, was leider schief gegangen ist.

Schadenssumme 150.000.- € und Privatkonkurs. Nach dem Jobverlust kam die Scheidung, es folgten die Delogierung und der Totalabsturz. Ich war körperlich und seelisch am Ende und landete für zwei Jahre auf der Straße. Mein Alkohol-Spiegel lag nie unter zwei Promille. In diesem lebensbedrohlichen Zustand entschied ich mich neuerlich für eine Entwöhnung.

Gefunden, was ich gesucht habe

Dann bin ich in Emmaus eingezogen. Das Schöne ist, dass ich hier genau das gefunden habe, was ich gesucht habe. Ich habe wieder Kontakt zu meinen Kindern aufgenommen, aber auch zu meiner Mutter. Ich habe mittlerweile im Verkauf eine Beschäftigung gefunden: Kundenbetreuung und Regalbetreuung. Auch den Führerschein habe ich wieder bekommen. Was mir in Emmaus taugt, ist, dass ich ein Einzelzimmer habe und doch in Gemeinschaft lebe. Ich suche keinen Job, wo ich maximal verdiene. Ich bin heute froh, wenn ich finanziell durchkomme. Ich nehme alles an, wie es kommt. Letztlich zählen andere Werte.

》 *Dient einander als gute Verwalter der vielfältigen Gnade Gottes, jeder mit der Gabe, die er empfangen hat."*

1 Petr 4,10

Gemeinschaft wird durch viele kleine Dienste aufgebaut

Emmaus – ein Ort, wo jeder mit seinen Gaben wichtig ist. Ob Gast oder Zivildiener, ob ehrenamtliche/r oder hauptberufliche/r MitarbeiterIn – jedes Engagement ist wertvoll und stärkt das Netz der Solidargemeinschaft. →

Ehrenamtliche Mitarbeit am Kalvarienberg – doch am Anfang stand eine Wegweisung

Ernst Punz

Georgs Ausbildung liest sich wie der Beginn einer Bilderbuchkarriere in der Landwirtschaft. Am Francisco Josephinum in Wieselburg absolviert er die Ausbildung zum Landtechniker. Danach studiert er an der Universität für Bodenkultur in Wien und erarbeitet sich im Selbststudium und bei Seminaren Kenntnisse in der technischen Finanzanalyse. Die Grundlagen für ein gutes Leben als Bauer sind gelegt.

Doch das Leben will es anders. Während des Studiums arbeitet Georg im elterlichen Betrieb mit. Trotz sehr guter Prüfungsergebnisse gibt er nach einigen Jahren das Studium der Arbeit zuliebe auf. Seine Ehe, der drei Kinder entstammen, zerbricht nach zehn Jahren. Später ist Georg noch einmal zehn Jahre verheiratet, ein weiterer Sohn folgt. Doch auch diese Ehe scheitert. Eine unbedachte Äußerung führt zu einer Wegweisung. So kommt er ins Wohnheim Kalvarienberg.

Zurück zu den Wurzeln

Anfangs ist Georg traumatisiert, doch dann findet er in das Gemeinschaftsleben. Besonders die Kegelausflüge begeistern ihn. Da er keine Arbeit findet, kehrt er zurück in die elterliche Landwirtschaft. Heute lebt er hauptsächlich von der Verpachtung einiger Ackergrundstücke und der Waldbewirtschaftung. Bald nach seiner Rückkehr nimmt Georg Kontakt zum „Club Aktiv" der Caritas auf, wo er seitdem – zur Freude der Clubbesucher – Fahrtdienste übernimmt und beim Freizeitprogramm mitwirkt.

Die Gäste am Kalvarienberg hat er jedoch nicht vergessen. Einmal im Monat leitet er die Kegelgruppe und betreut die Gäste beim Almausflug und bei der Sommersonnenwende in der Wachau. Außerdem begleitet er Ausflüge zu kulturellen Veranstaltungen wie dem Theater auf der Rosenburg und der Oper auf der Ruine Gars. Auch bei der nächsten Weihnachtsfeier im Haus Kalvarienberg wird Georg wieder dabei sein – so wie die Jahre zuvor.

Ernst Punz ist Mitarbeiter im Emmaus-Wohnheim Kalvarienberg

FOTO: PUNZ

Georg, Organisator der Kegelausflüge, an den „Hebeln" der Kegelmacht Kalvarienberg

FOTO: SCHREINER

Wichtig für das Entstehen einer familiären Atmosphäre ist auch eine sinnvolle Freizeitgestaltung →

Danke, dass du uns ausgehalten hast

Die Corona-Zeit brachte für mich persönlich Entschleunigung und Reduktion auf das Wesentliche. Auch unter den Emmaus-Gästen merke ich eine erhöhte Achtsamkeit und Hilfsbereitschaft. Ein äußerst kritikfreudiger Sebastian z.B. sammelte spontan für die Verabschiedung des Zivildieners Manuel unter den Emmaus-Gästen 80.- €. Bei der Geldübergabe im Saftbeisl meinte er: „Manuel, danke, dass du uns ausgehalten hast, danke für dein Kochen und Reinigen und das gemeinsame Wuzzeln!" Wertschätzung wirkt Wunder.

SICHERHEIT
DURCH
INTEGRATION

SICHERHEIT
DURCH INTEGRATION

Eine der Hauptursachen für das Abgleiten in die Obdachlosigkeit ist bei Jugendlichen und bei Erwachsenen die Alkoholabhängigkeit. Bei Menschen, die alkoholgefährdet sind, wird das Problem der Sucht lange Zeit verharmlost oder verdrängt. Darum fehlen bei vielen alkoholkranken PatientInnen zunächst Krankheitseinsicht und Therapiewilligkeit. Erst der zunehmende Leidensdruck zwingt den suchtkranken Menschen, sich der Realität zu stellen.[1]

Weitere Gruppen, die dringend eine zweite und dritte Chance brauchen, sind Menschen mit einer „schwierigen Biografie". Kinder und Jugendliche, die in Heimen und/ oder auf Pflegestellen aufgewachsen sind, haben einen deutlichen Startnachteil. Auch drogenabhängige Patienten, Straffällige und Haftentlassene werden häufig stigmatisiert und haben in der Bevölkerung nur eine geringe Akzeptanz. Sie brauchen vor allem soziale Empfangsräume, wo sie willkommen sind und ohne jedes Vorurteil aufgenommen werden. Wenn es diese niederschwelligen Einrichtungen nicht gibt, wird für diese Personengruppe der Ausstieg aus dem Drogenmilieu bzw. aus der Subkultur der Straffälligen häufig misslingen.[2]

Schließlich zählen auch jene Menschen, die längere Zeit arbeitslos sind und – aus unterschiedlichen Gründen – auf dem Arbeitsmarkt schwer oder nicht vermittelbar sind, zu den Ungeliebten der Gesellschaft. Pauschalverdächtigungen („Sozialschmarotzer") und undifferenzierte Schuldzuweisungen („selber schuld") erschweren dieser Gruppe den Einstieg bzw. Wiedereinstieg am ersten Arbeitsmarkt. Für diese Gruppe der schwer vermittelbaren Personen braucht es einen sekundären Arbeitsmarkt, wo durch Arbeitstrainings- und Arbeitstherapieplätze jedem Jobsuchenden eine faire Chance gegeben wird. Zuwendung statt Ausgrenzung! Unser aller Aufgabe heißt Heilung statt Vernichtung.[3]

Kriminalprävention

Fritz, ein ehemaliger Emmaus-Gast, erzählt mir am Telefon, dass er lebensmüde ist und von Selbstmordgedanken geplagt wird. Daraufhin besuche ich Fritz in seiner Wohnung. Fritz hat offensichtlich Alkohol konsumiert und größere Mengen Psychopharmaka geschluckt.

Ein verschwollenes Auge und Abschürfungen lassen darauf schließen, dass Fritz zu Sturz kam, aber keinen Arzt aufsuchen wollte. Auf meine Frage, ob er noch immer seine Schusswaffe besitzt, antwortet Fritz, dass er einen gültigen Waffenschein besitze und die Waffe nur deshalb gekauft habe, um sich gegen etwaige Einbrecher verteidigen zu können.

Ich kann Fritz überzeugen, dass er in seiner depressiven Verstimmung und Suchtproblematik selbst gefährdet ist und dass es vernünftig wäre, die Waffe wegzugeben. Überraschenderweise übergibt mir Fritz die Waffe. Daraufhin begleite ich Fritz in das Krankenhaus St. Pölten. Nach mehre-

FOTO: SHUTTERSTOCK

„Wir fangen dich auf, wenn andere dich fallen lassen." Die Emmaus-Notschlafstellen sind Zufluchtsorte für Jugendliche, Frauen und Männer in schwierigen Lebensphasen.

mausgemeinschaft in St. Pölten kaum mehr Obdachlose gibt."[4]

Ich danke meinem Gesprächspartner für das Kompliment und ergänze, dass die Emmaus-Angebote in der Kriminalprophylaxe zweifelsohne einen wichtigen Faktor darstellen. Die hohe Betreuungseffizienz ist aber nur möglich geworden, weil Emmaus in Niederösterreich mit einem dichten Netzwerk von ambulanten und stationären Einrichtungen eng kooperiert.

FOTO: COMEPASS TEAM

Jede/r hat das Recht auf einen neuen Anfang. Bild: Team der Jugendnotschlafstelle COMePASS

ren Untersuchungen, die insgesamt sieben Stunden dauern, ist Fritz bereit, sich einer stationären Therapie zu unterziehen. Noch am selben Tag wird Fritz in die Akutstation des Landesklinikums Amstetten-Mauer überstellt.

Sinkende Kriminalitätsrate in St. Pölten

Am nächsten Tag besuche ich den Leiter der Sicherheitsabteilung der Landespolizeidirektion NÖ, um ihm jene Waffe zu übergeben, die ich kurz zuvor Fritz abgenommen habe. Der Abteilungsleiter begrüßt mich freundlich und meint: „Sie sind ja der Mann, der jedem Menschen eine zweite, dritte und vierte Chance gibt!" Meine Antwort: „Ja, das ist die beste Kurzfassung von Emmaus." In einem längeren Gespräch betont der leitende Mitarbeiter der Landespolizeidirektion, dass dank Emmaus die Zahl der Delikte in der Landeshauptstadt in den letzten Jahrzehnten deutlich gesunken ist. St. Pölten zählt heute zu den sichersten Städten Österreichs. „Dies hängt", so der Sicherheitsbeamte, „auch damit zusammen, dass es durch die Schaffung der Notschlafstellen, Wohnheime und Betriebe der Em-

Ohne euch hätt' ich es nie geschafft

Rita stammt aus schwierigen familiären Verhältnissen. Aufgrund von Turbulenzen im Elternhaus und massiven schulischen Problemen kommt Rita mit 18 in die Jugendnotschlafstelle ComePass. Tagsüber arbeitet sie im Projekt „AusbildungsFit". Zunächst gibt es in der Gruppe zahlreiche Konflikte: Rita ist provokant und aggressiv. Im Lauf der Zeit gelingt eine Stabilisierung von Rita, die Zahl ihrer Ausraster wird geringer.[5] Schließlich erfolgt die Vermittlung in einen Elektrobetrieb. Zwei Wochen nach dem Ende ihres sechsmonatigen Trainings bei „ProZent" schreibt Rita an die Kursleiterin folgende SMS: „Morgen meldet mich die Chefin an, erster Arbeitstag! Ein fettes

Dankeschön an dich und das Team! Ihr seids super! Ohne euch hätt ich das nie geschafft! Machts weiter so! Auch wenn die Kiddys urarg in der Gruppe sind. Irgendwann werden sie euch dafür urdankbar sein! Von meinem ersten Lohn lad ich euch alle auf einen Kaffee ein. Ganz liebe Grüße an euch! Werd euch nie vergessen! Rita!"

Drei Jahre danach besucht uns Rita bei einem Emmaus-Fest in Viehofen. Rita berichtet freudestrahlend: „Ich bin selber erstaunt, dass mir das nach dem Auf und Ab der letzten Jahre gelungen ist: Vor wenigen Tagen habe ich die Ausbildung als Behindertenbetreuerin erfolgreich abgeschlossen, im Sommer werde ich heiraten."

FOTO: KOGLER

Liebe schafft ein Zuhause. Auch denen helfen, die ihre Not mitverschuldet haben.

Selbsthilfegruppe für Spielsüchtige

Viele Jahre wollte oder konnte sich Gerhard nicht eingestehen, dass er spielsüchtig ist. Ob im Wettbüro, beim Videospiel oder beim Spielautomaten, Gerhard kam davon nicht mehr los. Zahlreiche Rückfälle („Kontrollverluste") hatten zur Folge, dass Gerhard im Lauf von 20 Jahren nicht nur seine Familie, Wohnung und Arbeit, sondern auch sämtliche Sozialkontakte verloren hatte. Gerhards Bilanz: „Die Spielsucht zerstörte

alles. Ich habe durch das Spielen tatsächlich alles verloren. Vor allem der Verlust der menschlichen Kontakte tut extrem weh. Jede Sucht führt in ein finanzielles Fiasko und letztlich in eine große Einsamkeit."

In dieser schier ausweglosen Situation – obdachlos, depressiv und ohne Perspektive – kam Gerhard in das Wohnheim Kalvarienberg. Dank der Unterstützung durch das Wohnheim-Team und die Begleitung eines Therapeuten kam Gerhard langsam zur Einsicht, dass er suchtkrank ist und professionelle Hilfe braucht. Trotz schmerzlicher Rückfälle gelang es ihm nach und nach, die Spielsucht zu überwinden. Gerhard – inzwischen Pensionist – zog in eine eigene Wohnung, doch er hält bis heute intensiven Kontakt zu den Gästen und Mitarbeitern im Wohnheim Kalvarienberg. Gerhard meint, dass er „Emmaus für die Hilfe in schwerer Zeit etwas zurückgeben möchte."

Er arbeitet seit vier Jahren als ehrenamtlicher Mitarbeiter im Haus Kalvarienberg. Um anderen Spielsüchtigen Mut zu machen, gründete Gerhard eine Selbsthilfegruppe, die sich 14-tägig „am Kalvarienberg" zum Erfahrungsaustausch trifft. In der Selbsthilfegruppe geht es nicht um Beratung oder Therapie, sondern – ähnlich wie bei den Treffen der Anonymen Alkoholiker – um einen offenen Erfahrungsaustausch im geschützten Rahmen. Begeistert und mit strahlendem Gesicht erzählt Gerhard einer Besuchergruppe am Kalvarienberg, „dass zu diesen Treffen junge und ältere Spielsüchtige kommen, Menschen, die süchtig nach Spielautomaten sind, andere nach Wetten, wieder andere nach dem Internet und nach Videospielen."

Doch die wichtigste Erfahrung für die Teilnehmer der Selbsthilfegruppe besteht laut Gerhard darin, „dass man in der Sucht nicht allein ist. Ich weiß das von mir selbst.

Gewaltfreie Konfliktlösung ist keine Utopie: Seit 1982 wurden in den Emmaus-Wohnheimen und Betrieben etwa 12.000 Hilfesuchende als Gäste aufgenommen, unter ihnen Haftentlassene, Obdachlose, psychisch kranke Menschen und alkoholabhängige PatientInnen. Doch die Polizei musste bei hausinternen Konflikten nur in wenigen Fällen intervenieren.

Ein ehemaliger Emmaus-Gast initiierte in St. Pölten eine Selbsthilfegruppe für Spielsüchtige.

Hier blühe ich so richtig auf

Martina (46) wurde als Kassierin eines Supermarktes gekündigt, weil sie asthmakrank war. Mit 49 kommt Martina als Langzeitarbeitslose zum Sozialmarkt soogut, wo sie nunmehr seit 18 Monaten arbeitet. Ihre Lungenwerte sind seit geraumer Zeit signifikant besser. Auf die Frage des Arztes, was sie denn unternommen habe, meinte Martina: „Ich arbeite bei der Firma soogut, das ist eine Tochterfirma von Emmaus. Ich bin gerne dort, weil ich als Mensch voll respektiert werde. Außerdem brauche ich keine Angst zu haben, wenn ich krank werde. Deswegen werde ich bei soogut nicht gekündigt. Es ist dort wie in einer Familie." Bei einer Weihnachtsfeier gesteht mir Martina: „Um ehrlich zu sein, ich bekomme bei euch oft mehr Liebe als in der eigenen Familie. Mein Mann sitzt ständig beim Fernseher und genießt sein Bier, die Kinder sind längst flügge."

Wenn man einen Rückfall hatte, tut es gut, wenn man zumindest einen Menschen hat, mit dem man darüber reden kann. In der Gesprächsrunde werden aber auch die Erfolge geteilt, wenn jemand erzählt, dass er es ein Jahr lang ohne Rückfall geschafft hat. Das ist ein Grund zum Feiern. Das ermutigt und baut auf, auch jene, die erst vor kurzem von der Spielsucht Abschied genommen haben."[6]

FOTO: ROTTENSCHLAGER

„Das Erste, das der Mensch im Leben vorfindet, das Letzte, wonach er die Hand ausstreckt, das Kostbarste, was er besitzt, ist die Familie." (Adolph Kolping)

Ich habe so wenig Familie erlebt

Hassan verbrachte die ersten Lebensjahre bei seiner Großmutter in der Türkei. Mit neun Jahren kam er zu seinen Eltern nach Österreich. Hassan, in einem Interview für den Rundbrief von Emmaus Lilienfeld: „Ich hatte Heimweh und wollte zurück zu meiner Großmutter. Da ich zu meinen Eltern kaum eine Beziehung hatte, war es sehr schwer für mich. Aufgrund schwieriger Familienverhältnisse kam ich in eine Einrichtung der Kinder- und Jugendhilfe nach Mistelbach. Dort lebte ich vier Jahre. Danach ging es ins Landesjugendheim Korneuburg, wo ich eine Lehre als Gärtner begonnen habe. In dieser Zeit ging ich gerne in ein Kebap-Lokal. Der Inhaber des Lokals und mein Heimleiter waren ein wichtiger Teil meines Lebens. Der Heimleiter war zugleich mein Ersatzvater, der mir viel geholfen hat. Er und der Lokalbesitzer haben mich auf den richtigen Weg gewiesen. Später begann ich in Langenzersdorf als Gärtner zu arbeiten, aber nur für kurze Zeit. Aus Krankheitsgründen bin ich sieben Wochen ausgefallen. Plötzlich war ich ohne Job und ohne Wohnung. Die Freunde aus meiner Korneuburger Zeit waren weit weg. In dieser Krise hat mich eine Sozialarbeiterin vom Jugendamt in die Emmaus-Notschlafstelle ComePass vermittelt. Gearbeitet habe ich bei Emmaus-Altwaren und in der CityFarm. Danach ging ich nach Melk in eine Einrichtung, die Tagesbeschäftigung und Therapie anbietet. Eine Betreuerin vermittelte mich dann zu Emmaus Lilienfeld.

Der Anfang in Lilienfeld war schwierig. Der Grund dafür war, dass ich so wenig Familie erlebt habe. Doch hier erlebte ich Familie. Siegfried glaubt an jeden und gibt jedem eine Chance. Er vermittelt eine Art von Menschlichkeit, die ich zuvor jahrelang nicht erlebt habe. Man fühlt sich hier wohl, Siegfried ermöglicht dies durch seine Ausstrahlung, ebenso Meliha. Sie sind wie eine eigene Familie für mich geworden. Früher kam ich mit den Schwierigkeiten nicht zurecht, war unruhig und wollte weg. Aber nun genieße ich die ruhige Zeit, wenn ich relaxen kann. Ich habe erkannt: Es hängt nicht davon ab, woher man kommt, sondern wohin man will."[7]

FOTO: BOSWART

Kriminalprävention: Dank zahlreicher ambulanter und stationärer sozialtherapeutischer Angebote in Niederösterreich zählt St. Pölten zu den sichersten Landeshauptstädten Österreichs. Bild: Eröffnung des Radverleih-Standortes am Emmaus-Areal Viehofen durch Bürgermeister Matthias Stadler und Landeshauptfrau-Stv. Stephan Pernkopf.

Franz, der Lebensretter

Franz wuchs mit seinen Geschwistern am elterlichen Bauernhof auf. Er erlernte den Beruf des Tischlers und arbeitete einige Jahre in einem Tischlereibetrieb. Nach dem Präsenzdienst machte er als zeitverpflichteter Soldat die Ausbildung zum Hundeführer. Als Amateur-Boxer wurde Franz sogar NÖ Meister im Weltergewicht. Mit der Gründung einer Familie, der Geburt der beiden Söhne und einem sicheren Arbeitsplatz schien dem Glück nichts mehr im Wege zu stehen. Doch Franz hatte ein Alkoholproblem und häufige Kontrollverluste, die Ehe zerbrach, eine tiefe Depression war die Folge. Nach mehreren Suizidversuchen und 14 gescheiterten Entwöhnungen kam Franz 1985 zu Emmaus St. Pölten. Franz wagte einen Neustart.

„Aus der wildesten Dornenhecke können die schönsten Rosen erblühen."

Nachdem Franz im Krankenhaus Kalksburg die stationäre Therapie abgeschlossen hatte, wohnte und arbeitete er am Standort Herzogenburger Straße. Franz begann als Vorarbeiter, später wurde er Betriebsleiter der Emmaus-Tischlerei in Viehofen. Franz gründete neuerlich eine Familie, der dritte Sohn wurde geboren. Doch nach fünf Jahren zerbrach die Lebensgemeinschaft. Franz geriet wiederum in eine schwere Krise und „löste" seine Probleme diesmal durch Suchtverlagerung. Die Medikamentensucht hatte Franz fest im Griff.

Nach langem Ringen entschied sich Franz für eine Langzeittherapie im Krankenhaus Ybbs/Donau. Nach erfolgreich abgeschlossener Therapie wurde Franz 1996 – als „trockener Alkoholiker" – Mitarbeiter in der Notschlafstelle Auffangnetz. Anschließend arbeitete er im Wohnheim Kalvarienberg. In seiner Liebe zu den seelisch verwundeten Menschen wurde Franz für viele Hilfe suchende Gäste zum Lebensretter und Begleiter – und für nicht wenige zum Freund und Hoffnungsträger.

Manuel, Winfried, Toni, Erwin, Otto, Ingrid, Monika, Gottfried, Fritz, Günter, Ursula, Rudi, Werner und viele andere bezeugen, dass Franz dutzenden Gästen der Emmausgemeinschaft das Leben gerettet hat – und das im wahrsten Sinn des Wortes. Franz ist ihnen im Winter in den Kaiserwald, in die Abbruchhäuser oder in ihre Wohnungen nachgegangen; er hat sie in ihrer oft ausweglosen Situation aufgesucht, wieder aufgerichtet und ermutigt, neu zu beginnen.

Ich persönlich habe mit Franz viele Bergtouren unternommen. Beim Aufstieg auf den Hochschwab hat er mir einmal anvertraut, was für ihn im Jahr 1995 – bei der Bewältigung

❯❯ *Und das ist der Gastfreundschaft tiefster Sinn, dass einer dem andern Rast gewährt auf dem Weg in das ewige Zuhause."*

Romano Guardini

seiner schweren Lebenskrise – entscheidend war. Franz nannte zwei Fakten: Erstens die Treue einiger Emmaus-Freunde, die ihm versichert haben: „Wir werden dich niemals fallen lassen." Das zweite wichtige Ereignis war ein Traum. Franz, der nur selten über religiöse Erfahrungen sprach, erzählte mir tief bewegt: „In diesem Traum habe ich Jesus am Kreuz gesehen. Ich habe gesehen, was er aus Liebe für uns gelitten hat, auch für mich. Dabei habe ich so viel an Wärme und so viel an Liebe gespürt, dass ich keine Worte finde. Plötzlich wusste ich ganz sicher: Was immer in meinem Leben passiert, Gott wird mich nie fallen lassen. Damals, im Jahr 1995, stellte ich mir während meiner schweren Krankheit oft die Frage: Gibt es ein Leben vor dem Tod? Doch einige Freunde und mein letzter Halt in Gott haben mir vor 20 Jahren in meiner Verzweiflung wieder die Kraft gegeben, aufzustehen, neu zu beginnen und mit einer Langzeittherapie anzufangen."

Franz hat bei vielen Begegnungen mit Firm- und Jugendgruppen, aber auch bei Treffen mit Erwachsenen seine Lebensgeschichte erzählt. Unvergesslich war für mich persönlich eine Begegnung, bei der 15 Krankenpfleger und TherapeutInnen des Krankenhauses Ybbs im Rahmen einer Exkursion Emmaus besuchten. Franz wurde gebeten, seine Kranken- und Heilungsgeschichte zu erzählen. Die BetreuerInnen waren tief betroffen und zollten Franz großen Respekt.

Franz ist im 61. Lebensjahr plötzlich verstorben. Durch sein Leben wurde deutlich, dass es für Gott keinen hoffnungslosen Fall gibt. Die Zusage Gottes „Fürchte dich nicht! Ich habe dich in meine Hand geschrieben. Mein bist du!", galt auch Franz, gerade weil er, der so vielen Hilfesuchenden beistand, gleichzeitig selbst ein extrem leidgeprüfter Mensch war. Im Lauf der Jahre wurde Franz zu einem wichtigen Wegbegleiter für Suchtkranke und Hilfesuchende, weil er selber als Patient die oft unerträglichen Schmerzen und Qualen der Entzugserscheinungen durchlitten hat.

Dornen und Rosen

Durch Franz durfte ich neu verstehen: Seit der Passion und Auferstehung Jesu gibt es keine ausweglose Situation mehr. Die Liebe Christi hat den Tod besiegt. In der Kraft dieser Liebe, die stärker ist als der Tod, konnte Franz Schwerkranke und Sterbende besuchen und vielen unserer verstorbenen Emmaus-Gäste auch die letzte Ehre erweisen. Franz ist die Wege vieler unserer Gäste bis in die äußerste Dunkelheit mitgegangen. Seine Liebe zu dem, der leidet oder schon am Boden liegt, die Behutsamkeit, mit der Franz das geknickte Rohr wieder aufgerichtet hat, sein unausrottbarer Glaube an das Gute im Menschen – diese unzerstörbare Hoffnung haben alle gespürt, die Franz jemals begegnet sind.

Walter Steindl, Leiter des Wohnheimes Kalvarienberg, meinte in Erinnerung an Franz, „dass er ein Herz hatte für all jene, die mit ähnlichen Problemen zu kämpfen hatten wie er selbst. Franz war voller Mitgefühl – und dabei auch konsequent. Dafür wurde er von unseren Gästen geliebt. Und, siehe da, aus dem Dornengestrüpp seiner Kindheit, den Schmerzen seiner Jugend begannen Rosen zu wachsen. Duftende Blumen, die nicht verwelken, als Geschenke für all jene, denen er zur Seite stand. Daran werde ich mich immer erinnern, wenn ich an Franz denke: Aus der wildesten Dornenhecke können die schönsten Rosen erblühen."

>> **GEWISSENSERFORSCHUNG:**
Habe ich heute an die Macht der Liebe Gottes geglaubt?

Die Verknüpfung von Arbeit und Wohnung ist ein Spezifikum der Emmausgemeinschaft. Auch die Betriebe sind in das sozialpädagogische Konzept eingebunden. Bild: Andreas Kvarda (1.v.re.), Leiter der Sozialökonomischen Betriebe der Emmausgemeinschaft

Carmen Firnhammer (re), Leiterin der Kunstwerkstätte Viehofen, und Tagesstätte-Mitarbeiterin Beate Länger

Franz hat jeden Hilfesuchenden geliebt. Ausnahmslos. Das war sein Geheimnis. Das ist letztlich auch das Geheimnis von Emmaus: alle lieben – jenseits von Erfolg oder Misserfolg.

Auferstehung eines Totgesagten

Manfred ist mit seinen Geschwistern auf einem Bergbauernhof im Pielachtal aufgewachsen. Der Vater war neben seiner Arbeit am Hof in mehreren Vereinen tätig. Schon als Halbwüchsiger durfte Manfred seinen Vater oft bei Wirtshausbesuchen begleiten.

Die Mutter sorgte unermüdlich für die Familie. Sie musste jedoch mit ansehen, wie ihr Mann und Manfred an manchen Wochenenden betrunken nach Hause kamen. Manfred war in der Familie und in der Pfarrgemeinde bestens integriert, er war sogar Ministrant und Lektor beim Gottesdienst.

Manfred lebte sechs Jahre – Sommer und Winter – auf der Straße. Dank der Hilfe treuer Freunde gelang ihm 1990 bei Emmaus ein Neubeginn. Seither ist Manfred trocken. Sein Leben hat noch einmal begonnen.

Als Jugendlicher engagierte er sich im Vereinsleben der Gemeinde. Manfred war wegen seiner Hilfsbereitschaft äußerst beliebt, er war lebenslustig, begabt und strebsam. In den Gasthäusern des Pielachtals war er als „Stimmungskanone" bekannt. Auch in seinem Berufsleben war Manfred ambitioniert, zuverlässig und kollegial. Er brachte es bei den ÖBB bis zum Zugbegleiter.

Eine Welt bricht zusammen

Die Beziehung Manfreds zu seiner Mutter geriet durch die Freundschaft mit Theresia in die Krise. Die Mutter lehnte die 19-jährige Frau ab, was ihr Manfred nie verziehen hat. Allen Widerständen zum Trotz schmiedeten Manfred und seine Freundin insgeheim Heiratspläne. Doch Theresia erkrankte. Nach langwierigen Untersuchungen stellte sich heraus, dass sie an einer unheilbaren Krankheit litt. Alle Bemühungen der Ärzte waren vergeblich. Theresia verstarb im Alter von 24 Jahren. Für Manfred brach eine Welt zusammen. Nach dem Tod der Freundin und dem Zerwürfnis mit seiner Mutter geriet Manfred in eine Lebenskrise. Der alkoholabhängige Vater brauchte selbst Hilfe, er fiel als Vertrauensperson und Stütze aus. Manfreds Elternhaus – der von ihm so geliebte Bergbauernhof – musste verkauft werden. Der Vater zog in die Stadt, die Mutter übersiedelte in ein anderes Dorf. Manfred – seelisch zutiefst verwundet – war mutterseelenallein und heimatlos. Er haderte mit Gott und der Welt.

Narkotikum Alkohol

Der Alkohol sollte ab jetzt Manfreds Tröster und treuester Begleiter werden: Narkotikum für unerträgliche Stunden. Aus dem „Problemtrinker" Manfred wurde ein Patient, der regelmäßig Kontrollverluste hatte und durch chronischen Alkoholmissbrauch schwer wiegende gesundheitliche Probleme bekam. Manfred verlor nicht nur seinen Job, sondern auch seine Wohnung. Der Verlust wichtiger Sozialkontakte und Isolation waren die logische Folge seines Suchtverhaltens. Manfred war körperlich und seelisch am Ende.

Sechs Jahre obdachlos

Manfred ist in der Obdachlosen-Szene gelandet. Zechkumpane werden zu seinen Schicksals- und Leidensgenossen. Der Kampf ums Überleben eint sie. Aus Manfred wird „Mandi". Die „Szene" wird Mandis neue Heimat – seine Ersatzfamilie. Doch es sollte noch schlimmer kommen: Manfred verweigert alle Hilfsangebote und beginnt exzessiv zu trinken. Als erfolgreicher „Schnorrer" finanziert er den täglichen Alkoholkonsum.

Insgesamt sechs Jahre – Sommer und Winter – schläft Mandi im Freien. Er nächtigt auf Parkbänken, in Abbruchhäusern, abgestellten Bahnwaggons, auf Bahnhoftoiletten und in Gartenhütten. Zahlreiche Anzeigen sind die Folge. Mandi muss wegen dieser Ordnungswidrigkeiten für einige Monate ins Gefängnis.

Überlebenskampf

Eines Nachts klopft Manfred um 1:30 an meine Zimmertür in Emmaus. Manfred fragt, ob er etwas zu essen haben könne. Mit Hinweis auf die späte Stunde schicke ich ihn weg. Um 2:00 klopft es neuerlich an meiner Tür. Manfred und Gerhard, ein 19-jähriger Obdachloser, sagen, dass sie großen Hunger haben und etwas zum Essen brauchen. Wir gehen in die Emmaus-Küche.

Bevor die beiden ihre Jause verzehren, betet Manfred und dankt Gott für das erste Essen an diesem Tag. Sie erzählen mir, wie hart der Bettler-Alltag sein kann. Manfred: „An diesem Tag reichte das erbettelte Geld nur für den Kauf von Alkohol. Nachts kommt dann der Hunger." In jener Nacht lerne ich viel Neues dazu: Bettler und Obdachlose sind häufig alkoholkranke Patienten. Tagsüber müssen sie „schwer arbeiten", um die Sucht finanzieren zu können. Eine weitere Erkenntnis: Ohne fremde Hilfe ist der Ausstieg aus der Obdachlosen-Szene und der Abschied von der Sucht unmöglich. Im Winter ist das Leben der Obdachlosen besonders hart. Manfred erzählt, dass er den Alkohol braucht, um die beißende Kälte ertragen zu können. Alkohol wird häufig belustigend als „Frostschutzmittel" bezeichnet. Realität ist jedoch, dass durch Alkoholmissbrauch die Schmerzgrenze herabgesetzt und das Kälteempfinden weitgehend ausgeschaltet wird. Was nicht selten zu schweren Erfrierungen führt. Manfred: „Einige Male bin ich im Winter in meinem Suff auf einer Parkbank eingeschlafen. Als ich wach geworden bin, hatte ich einige Zentimeter Neuschnee auf meinem Mantel."

Nachdem sich beide gestärkt haben, schicke ich Manfred und Gerhard – um etwa 2:30 – schweren Herzens wieder in die Nacht hinaus. In einem der Abbruchhäuser von St. Pölten werden sie nun versuchen, einige Stunden zu schlafen. Mir wird klar, dass es neben dem Emmaus-Haus in der Herzogenburger Straße dringend eine Notschlafstelle braucht – eine legale und menschenwürdige Nächtigungsmöglichkeit für Obdachlose. Es sollten vier Jahre vergehen, bis dieser Traum Wirklichkeit wurde.

Emmaus – Oase in einer Gesellschaft mit beschränkter Hoffnung. Bild: 20 Jahre Jugendnotschlafstelle COMePASS

Stigmatisiert

Manfred ist nun mehrfach stigmatisiert: obdachlos, alkoholabhängig und vorbestraft. Ein Aussätziger unserer Tage. Doch erst 1985 – nachdem der Leidensdruck unerträglich wurde – schafft es Manfred, nach sechs Jahren Obdachlosigkeit im Emmaus-Wohnheim Herzogenburger Straße um Aufnahme zu bitten. Die Freude bei Emmaus war groß: Mandi, einer der Prominentesten der St. Pöltner Obdachlosenszene, wagt einen Neubeginn! Manfred arbeitet in der Emmaus-Tischlerei, anschließend in der Kunstwerkstätte. Die Emmaus-MitarbeiterInnen werden für Manfred zu wichtigen Bezugspersonen. Manfred blüht auf. Er spürt, dass er willkommen ist, als Mensch angenommen und nicht mehr als „Sandler" verspottet wird.

Immer beginn ich von neuem

Manfred bemüht sich redlich, er ist fleißig, hilfsbereit und schafft es einige Monate, auf Alkohol zu verzichten. Doch das ungelöste Suchtproblem holt ihn ein. Zahlreiche Krankenhausaufenthalte und abgebrochene Entwöhnungskuren folgen. Schließlich kehrt

Manfred wieder in die Obdachlosenszene zurück. Doch die Kontakte zu Emmaus, zur Evangelischen Kirche, insbesondere zu den Verantwortlichen der „Teestube", reißen nicht mehr ab. Dank Hedi Großmann von der Kath. Frauenbewegung, Spitalsarzt Dr. Werner Hasenrath, Pastor Norbert Hantsch und einigen Emmaus-Freunden wagt Manfred einen neuen Anlauf. Er entschließt sich zu einer Entwöhnung im Krankenhaus De la Tour der Evangelischen Diakonie in Treffen/Kärnten. Manfred entdeckt ganz neu, dass ihn Jesus Christus von seiner Sucht befreien möchte. Manfred hält durch. „Der Herr hat mein Leben gerettet!", wird für Manfred zur alles entscheidenden Glaubenserfahrung, die sein Leben grundlegend verändern sollte. Die Gewissheit, dass Gott ihn niemals fallen lassen wird, schenkt Manfred neue Lebensfreude und Zuversicht. Im Anschluss an die Therapie wohnt und arbeitet Manfred wieder bei Emmaus.

Rettungsanker „Kalvarienberg"

Von innerer Unruhe getrieben verlässt Manfred bereits vier Monate später wieder Emmaus. Er geht nach Vorarlberg, um als Tellerwäscher in einem Hotel Geld zu verdienen. Das Unvermeidliche tritt ein: Manfred stürzt nach wenigen Tagen wieder ab, doch diesmal wagt Manfred die Rückkehr nach Emmaus nicht mehr. Manfred landet auf der Straße: Wohnung und Arbeit los, Perspektive los, es ist zum Verzweifeln. Im Jahr 1989 unternimmt Manfred einen neuerlichen Anlauf. Er hat gehört, dass Emmaus St. Pölten vor Weihnachten ein neues Haus für Obdachlose eröffnen wird. Manfred bewirbt sich um einen Platz in der Notschlafstelle Kalvarienberg. Im Dezember zieht Manfred tatsächlich als erster Gast in das Haus ein.

Im Haus Kalvarienberg berichtet Manfred von den Höhen und Tiefen seines Lebens. Er zeigt uns die schweren Erfrierungen, die er sich in den Jahren der Obdachlosigkeit an den Beinen zugezogen hat. Manfred zeigt uns Arztbriefe und Befunde von seinen Erkrankungen und Operationen: Epilepsie, Herzinsuffizienz, Harninkontinenz, starke Gehbehinderung, Polyneuritis, wahnhaftparanoide Ideen, zum Teil Folgen von Alkoholmissbrauch und Obdachlosigkeit. Es grenzt an ein Wunder, dass Manfred noch lebt. Doktor Hasenrath betreut Manfred bei seinen zahlreichen Krankenhausaufenthalten immer liebevoll, um das Schlimmste zu verhindern. Doch schwer wiegende gesundheitliche Schäden sind geblieben.

Therapie in Eggenburg

Schließlich ringt sich Manfred im Jahr 1991 zu einer Therapie im Psychosomatischen Zentrum der Klinik Eggenburg durch. Leidensdruck, Krankheitseinsicht und Therapiewilligkeit sind bei Manfred diesmal ausreichend vorhanden. Die geduldige Betreuung durch ein multiprofessionelles Team ebnet den Weg für die Wende im Leben von Manfred. Nach abgeschlossener Therapie steigt Manfred bei Emmaus ein – diesmal in der alkoholfreien Zone des Wohnheimes Herzogenburger Straße. Anschließend über-

siedelt er in ein Sozialprojekt nach Melk. In den Jahren danach wohnt Manfred in privaten Unterkünften. Er arbeitet kurzfristig in der „Geschützten Werkstätte". Im Jahr 1999 erhält er die Invaliditätspension. Die folgenden Jahre ist Manfred gesundheitlich erstaunlich stabil. Er pflegt weiterhin die Kontakte zu Emmaus und anderen Betreuungseinrichtungen. 2014/2015 wohnt Manfred in einer von Emmaus betreuten Wohngemeinschaft in Herzogenburg, seit 2016 lebt er in einer Kleinwohnung.

Seit 29 Jahren trocken

Manfred kann spontan 30 Namen von Leidensgenossen aus der Obdachlosenszene aufzählen, die nicht mehr am Leben sind. Die meisten von ihnen sind im Alter von 40 – 55 Jahren verstorben. Täglich besucht Manfred in Bahnhofsnähe alte Bekannte, doch den Kontakt zu AlkoholikerInnen meidet er. Manfred, der nun seit 29 Jahren trocken ist, meint: „Es grenzt an ein Wunder, dass ich die sechs Jahre als Obdachloser im Freien überlebt habe. Ich war wegen Alk-

FOTO: ROTTENSCHLAGER

Von den 12.000 Hilfesuchenden, die seit 1982 bei Emmaus als Gäste aufgenommen wurden, waren etwa 1.800 AsylwerberInnen. Sie kamen aus insgesamt 64 Ländern, vorwiegend aus Kriegsgebieten. Integration ist ein mühsamer Prozess, der von allen Beteiligten viel Geduld und Lernbereitschaft erfordert. Bild: Salman und Massud aus Afghanistan bei einer Wanderung in der Wachau

Vergiftung und schwerer Erfrierungen oft in Spitälern. Doch Gott hat immer seine schützende Hand über mich gehalten. Der Herr hat mich gerettet. Er hat mir immer wieder rettende Engel gesandt, die mir eine Unterkunft und zu essen gegeben und mich so aus meinem Elend herausgeholt haben." Totgesagte werden lebendig. Diese Wunder sind möglich, wenn der Hilfe suchende Gast das Emmaus-Angebot annimmt und sich auf eine verbindliche Weggemeinschaft einlässt.

FOTO: SHUTTERSTOCK

Es geht auch ohne Hass. Ex-Patient wird Mitarbeiter

28. Dezember 1991: Wolfgang, kaufmännischer Angestellter, beruflich erfolgreich, doch seit Jahren „Problemtrinker", wird in der Notschlafstelle Kalvarienberg aufgenommen. Die Unterkunft: Ein Mehrbettzimmer, das er mit anderen alkoholabhängigen Patienten teilt. Wolfgang entdeckt, dass die Männer tagsüber meist Geld erbetteln, um damit ihre harten Getränke zu finanzieren. Was nicht konsumiert wird, verstecken die Bewohner außerhalb des Hauses. Abends verlassen sie kurz das Wohnheim, um sich vor der Nachtruhe noch einige „Gute-Nacht-Stamperl" zu genehmigen. Wolfgang ist geschockt und aufgewühlt. Sein erster Gedanke: „Hier bleibe ich nicht." Wolfgang ahnt die Sogwirkung des Milieus. Er fürchtet, dass er nie mehr aus diesem Elend herauskommen wird. Erstmals in seinem Leben muss sich Wolfgang eingestehen: „Allein schaffe ich es nicht, vom Alk loszukommen, ich brauche fremde Hilfe."

» *Der Rausch ist der Versuch, das Fest zu feiern, das in der Tiefe des Herzens nicht stattgefunden hat."*

Ich brauche Hilfe

In dieser Notsituation bewirbt sich Wolfgang um die Aufnahme im Wohnheim Herzogenburger Straße. Eine Entscheidung, die sein Leben gründlich verändern sollte. Schon am ersten Tag entdeckt Wolfgang im Gemeinschaftsraum einen Satz, mit dem er sich schwer tut: „Liebe deinen Nächsten wie dich selbst." Sein Kommentar gegenüber einem Wohnheim-Mitarbeiter: „Wie soll ich andere lieben, wenn ich mich selber nicht annehmen kann, mich an manchen Tagen sogar hasse!" Ein weiteres Problem taucht auf: Wolfgang lebt ab jetzt in einer alkoholfreien Zone. Dank seiner Willensstärke schafft er es auch, einige Zeit völlig auf Alkohol zu verzichten. Tagsüber arbeitet er im Emmaus-Küchenteam mit. Doch sein Grundproblem ist nicht gelöst. Neben quälenden Entzugserscheinungen machen ihm depressive Verstimmungen

FOTO: ROTTENSCHLAGER

» *Gott gebe mir die Gelassenheit, Dinge hinzunehmen, die ich nicht ändern kann, den Mut, Dinge zu ändern, die ich ändern kann, und die Weisheit, das eine vom anderen zu unterscheiden."*

Manfred Niebuhr

zu schaffen. Wolfgang steht am Beginn einer langen Reise ins Innere seiner Seele. Er ahnt, wie sehr auch auf ihn der Satz zutrifft: „Der Rausch ist der Versuch, das Fest zu feiern, das in der Tiefe des Herzens nicht stattgefunden hat."

Emmaus – Ort gegen die Verzweiflung

Wolfgang kommt aus einer angesehenen Familie aus dem südlichen Waldviertel. Die Eltern hatten eine kleine Landwirtschaft, der Vater arbeitete als Beamter, die Mutter sorgte vorbildlich für die neunköpfige Familie. Doch der plötzliche Tod der Mutter veränderte schlagartig alles. Wolfgang erreichte während seiner Zeit in der Berufsschule die Nachricht vom tödlichen Verkehrsunfall seiner Mutter. Ein Schock, von dem er sich nie wirklich erholt hat. Ein Trauma, das bis heute nachwirkt. Bis heute quält Wolfgang der Gedanke „War es ein Verkehrsunfall oder vielleicht doch Suizid?" Extrem belastend war in Wolfgangs Leben auch der Umstand, dass bald nach dem Tod der Mutter sein Vater krank wurde. Fast 16 Jahre betreute er seinen pflegebedürftigen Vater – bis Wolfgang, völlig überfordert, alles zu viel wurde. Möglicherweise liegen hier die Wurzeln für Wolfgangs Sehnsucht nach Familie und Gemeinschaft. Wolfgang besuchte 1993 zwar eine Beratungsstelle für Suchtkranke, doch zu einer Therapie konnte er sich nicht durchringen. Es kam, wie es kommen musste: Die Belastbarkeit am Arbeitsplatz schwand, Schlafstörungen und Existenzängste nahmen wieder zu. Wolfgang begann heimlich zu trinken, zunächst nur geringe Mengen, doch der Versuch, kontrolliert

Emmaus möchte den Hilfe suchenden Menschen in Liebe begegnen und ihnen Arbeit, Wohnung und Hoffnung vermitteln.

zu trinken, misslang. Der Suchtmechanismus war stärker. Wolfgang stürzte völlig ab, er trank drei bis vier Liter Rotwein pro Tag. Wieder einmal stand in seinem Leben alles auf dem Spiel.

Flüchten oder standhalten

Es drohte der Verlust von Wohn- und Arbeitsplatz in Emmaus. Wolfgangs große Versuchung war – so wie früher – wieder aus der Realität zu flüchten. Gravierende gesundheitliche Probleme tauchten auf. Auch die Sinnfrage nagte: Hat mein Leben überhaupt noch Sinn? Werde ich es jemals schaffen? Versagensängste, Schuldgefühle, schreckliche Depressionen quälten Wolfgang. In dieser Krise begegnete Wolfgang einem Vorarbeiter namens Franz, einem trockenen Alkoholiker, der bei Emmaus in der Tischlerei arbeitete. Durch das Vorbild von Franz ermutigt, entschied sich Wolfgang für eine stationäre Therapie im Krankenhaus Maria Ebene in Vorarlberg.

Wolfgang betritt nun Neuland: In der stationären Therapie wird, aufbauend auf den gesunden Anteilen und den individuellen Fähigkeiten des Patienten, der Übergang in ein von Suchtproblematik nicht beeinträchtigtes Leben angestrebt. Ein offenes, akzeptierendes, Sicherheit und Geborgenheit vermittelndes Klima ist Basis der Therapie. In diesem Klima lernt Wolfgang den Leiter des Kompetenzzentrums für Suchterkrankungen, Prof. Reinhard Haller, persönlich kennen. In der Gruppentherapie ist Wolfgang zunächst völlig blockiert, ängstlich und verschlossen. Doch Prof. Haller gelingt es in seiner behutsamen Art, Wolfgang zu provozieren und aus der Reserve zu locken – bis Wolfgang eines Tages explodiert und all seinen Frust und seine Aggressionen hinausschreit. Reinhard Haller ist begeistert und gratuliert Wolfgang in der Gruppe: „Endlich

> **» *Alle Arbeit ist leer, wenn die Liebe fehlt. Und was heißt, mit Liebe arbeiten? Es heißt, allen Dingen, die ihr macht, einen Hauch eures Geistes einflößen. Arbeiten heißt, Liebe sichtbar machen.*"**
>
> *Khalil Gibran*

sprichst du und teilst dich mit!" Für Wolfgang wird diese Erfahrung zum Schlüsselerlebnis. Es ist der Anfang eines erstaunlichen Heilungsprozesses. Maria Ebene bringt für Wolfgang die Wende seines Lebens.

Heilende Gemeinschaft

Nach der dreimonatigen Therapie im Krankenhaus Maria Ebene startet Wolfgang in Emmaus neu durch. Er wohnt im Wohnheim Herzogenburger Straße und arbeitet zunächst 18 Monate im Team des Hauses als Assistent von Emmaus-Köchin Anni Spörer. Wolfgang ist in dieser Zeit kaum wiederzuerkennen, er ist „wie ausgewechselt". Er erzählt mit Begeisterung von seiner Zeit in Maria Ebene, vor allem von den Begegnungen mit Prof. Haller, der immer wieder betont, dass für ihn „das Schönste im Beruf die therapeutischen Erfolge sind. Vor allem, wenn es Menschen schaffen, die von allen schon abgeschrieben wurden."

Wolfgang zitiert gerne einen Ausspruch von Prof. Haller: „Ich hasse die Sucht und liebe die Süchte. Es gibt Leute, die meinen, dass man weder trinken noch rauchen darf, wenn ich komme. Dabei bin ich ein Vertreter der Kultur der kultivierten Suchtmittel. Nimmt man Suchtmittel kultiviert ein, sind sie nicht gefährlich. Ich halte es wie Paracelsus: Allein die Dosis macht das Gift." Wolfgang wird nun gelassener. Er kann sich wieder an vielem freuen, vor allem an der Natur. Er beteiligt sich an den Emmaus-Ausflügen und wird Stammgast im Saftbeisl. Die Lebensfreude ist zurückgekehrt. Der tiefere Grund für diese neue Lebensqualität: Wolfgang hat gelernt, seine Probleme nicht mehr hinunter zu schlucken oder zu verdrängen. Er ist nun bereit, professionelle Hilfe anzunehmen. In der Einzel- und Gruppensupervision reflektiert er seine Probleme.

> » *Das Wachstum des Weizens lässt sich nicht beschleunigen, indem man an den Halmen zieht. Man muss liebevolle Geduld üben können, von Tag zu Tag das kleine Bemühen, das langsame Wachsen des einzelnen verfolgen."*
>
> *Abbé Pierre*

Teams der Notschlaftstelle Auffangnetz sowie des Tageszentrums und Wohnheims Kalvarienberg

Ex-Patient wird Mitarbeiter

Im Jahr 1996 beginnt Wolfgang seine Tätigkeit in Viehofen, wo er zunächst für etwa 40 Personen kocht, wenige Jahre später sind es bereits 60. Mit der ihm übertragenen Verantwortung scheint Wolfgang richtiggehend aufzublühen. Unterstützt von Zivildienern und Emmaus-Gästen entsteht ein Küchenteam, das nicht nur ausgezeichnet kocht, sondern zu einem stabilisierenden Faktor im Wohnheim wird.

Nebenbei betreut Wolfgang in Viehofen die Blumen und das Biotop. Wolfgang wohnt weiterhin in der Herzogenburger Straße, wo er viele Jahre den Garten des Wohnheimes pflegt. Auch sein Zimmer – mit Aquarium und zahlreichen Grünpflanzen – hat eine wohnliche Atmosphäre. Hier kann er sich zurückziehen, um abzuschalten und Musik zu genießen. Wolfgang hat viel Zuwendung und Wertschätzung erfahren, die er nun weitergeben möchte. Im Lauf der Jahre ist ihm die Aussöhnung mit seinen Geschwistern gelungen. Wolfgang rückschauend: „Es geht auch ohne Hass, ohne Bitterkeit und ohne Alkohol. Endlich habe ich durchschaut, für wen ich die Therapie gemacht habe: nicht für meine Verwandten, nicht für die Mitarbeiter in Emmaus, auch nicht für die Ärzte, sondern nur für mich selbst."

Heute kann Wolfgang Suchtkranken aus eigener Erfahrung raten, dass es zuerst „in dir Klick machen muss, dass du selber den Schalter umlegen musst, wenn die Therapie wirklich etwas bringen soll. Ein bisserl Trankeln gibt es nicht, kontrolliertes Trinken ist eine gefährliche Illusion." Neben seiner Arbeit in der Küche unterstützt Wolfgang auch die Öffentlichkeitsarbeit von Emmaus. Dutzende Male hat er bei Gruppen, die Emmaus besuchen, seine Lebensgeschichte erzählt. Seine persönlichen Erfahrungen mit Alkoholmissbrauch, aber auch sein Ringen, von der Sucht loszukommen, erzeugen vor allem bei Jugendlichen, die Emmaus besuchen, Betroffenheit. Im Jahr 2015 musste Wolfgang wegen gesundheitlicher Probleme in Frühpension gehen. Er lebt nach wie vor im Wohnheim Herzogenburger Straße, wo er – im Rahmen seiner Möglichkeiten – das Küchenteam unterstützt.[8] Seinen 60. Geburtstag feierte Wolfgang mit Verwandten und Freunden bei Emmaus in der Herzogenburger Straße – dort, wo vor 26 Jahren sein Leben eine entscheidende Wende genommen hat.

Vom Spitzengehalt zur Mindestsicherung

Belinda Harms

Herr K. erzählte mir, dass er nach der HTL und dem Bundesheer in die Firma Z. eingestiegen war. Er besuchte Weiterbildungen und freute sich über ein steigendes Gehalt. Nach 35 Jahren sah sich K. in der Position eines Abteilungsleiters, die Firma war längst zur zweiten Familie geworden. Doch in der Firma bahnten sich großen Veränderungen an. 20 Angestellten – alle über 50 Jahre alt – wurde mitgeteilt, dass auf Grund wirtschaftlicher Veränderungen ihre Dienste nicht mehr benötigt würden. Herr K. beschreibt die Wirkung dieser Kündigung mit dem Bild eines Vorschlaghammers. „Paralysiert, schockiert, gedemütigt und abgeschrieben" fühlte er sich am Tag seiner Kündigung.

Herr K. litt in der Folge unter Depressionen. Er traute sich tagsüber nicht mehr außer Haus, da er sich seiner Arbeitslosigkeit schämte. Zudem hatte ihn seine Frau verlassen und er hatte große Probleme, seinen in 35 Jahren aufgebauten Lebensstandard zu halten. Finanzielle Engpässe zeichneten sich ab. Herr K. war verzweifelt und wusste nicht mehr weiter. Die Arbeitssuche stellte sich als extrem schwierig heraus. Mindestens 200 Bewerbungen hatte er geschrieben, aber auf die meisten bekam er nicht einmal eine Absage. Von den vielen Menschen, die zu mir in die Beratung kommen, treffe ich ganz wenige, die nicht arbeiten wollen. Die meisten würden nichts lieber tun, als wieder einer geregelten Arbeit nachzugehen. Personen, die wenig bis gar keine Ausbildung haben, Menschen mit Behinderungen, AlleinerzieherInnen, psychisch Kranke, über 50-Jährige, Menschen mit Migrationshintergrund, Suchtkranke, Obdachlose, Haftentlassene – sie alle haben es schwer am Arbeitsmarkt und brauchen Unterstützung bei der Arbeitssuche.

Die Geschichte von Herrn K. zeigt, dass jede/r plötzlich arbeitslos werden kann. Glücklicherweise kam Herr K. wieder auf die Füße: Er konnte mittels einer Transitarbeitszeit in der Emmausgemeinschaft den Weg in eine reguläre Arbeit zurückfinden. Herr K. arbeitet nun als Lager-Mitarbeiter in einer St. Pöltner Firma. Er konnte seine Schulden regeln und leidet nicht mehr unter depressiven Verstimmungen.

Belinda Harms, Dipl. Sozialjuristin, Suchtberaterin,
in der Emmausgemeinschaft für die Personalentwicklung
der Transitkräfte zuständig

Liebe und Kompetenz bleiben für alle Bereiche der Emmausgemeinschaft St. Pölten unverzichtbare Prinzipien.

Emmaus-Flohmarkt: Freiwillige leisten einen wichtigen Beitrag im Kampf gegen die Verschwendung.

Absturz und Neubeginn

Das Leben von Christian verlief zunächst nach Wunsch: Facharbeiter, Produktionsleiter, Familie mit vier Kindern. Doch Christian hatte ein Alkoholproblem. Die Folgen der Sucht waren fatal: Scheidung nach 18 Jahren Ehe, Arbeitsplatzverlust, Absturz total, Unfall mit 2.3 Promille, hoher Sachschaden, Führerscheinentzug. Der bisher Unbescholtene wird zu acht Monaten Freiheitsentzug verurteilt. Doch Christian kommt verändert aus der Haft: Er weiß nun, dass er suchtkrank ist und professionelle Hilfe braucht. Christian startet bei Emmaus, anschließend Langzeittherapie beim „Grünen Kreis". 2016 Wiedereinstieg bei Emmaus. Christian ist hoch motiviert und beginnt mit 48 (!) Jahren die Ausbildung zum Alten- und Behindertenbetreuer, die er 2019 erfolgreich abschließt. Im Folgenden der Auszug aus einem Gespräch mit Christian:

Ich hatte eine glückliche Kindheit, meine Familie hat in der Nähe von Lilienfeld gelebt. Ich machte die Lehre zum Feinmechaniker, die ich erfolgreich abschloss. Das Bundesheer absolvierte ich in Zwölfaxing, wo ich auch alle Führerscheine machte. In dieser Zeit lernte ich meine Frau kennen und heiratete mit 21. Aus der Ehe gingen vier Kinder hervor. Nach dem Bundesheer arbeitete ich bei Philips, danach acht Jahre bei Novomatic. Hier absolvierte ich eine zweite Lehre als Kunststoff-Facharbeiter. Schließlich zog es mich wieder in die Heimat zurück. Ich arbeitete 16 Jahre bei einer Firma, wo ich Produktionsleiter für Fernwärmerohre wurde. Doch in dieser Zeit zeigte sich erstmals, dass ich ein Alkoholproblem hatte. Der Chef wollte mich halten, doch im letzten Jahr ging es nicht mehr, sodass ich gekündigt wurde.

Lebenskrise

Ein anderer schmerzlicher Einschnitt war, dass ich – nach 18 Jahren Ehe – mit 38 geschieden wurde. Nach der Scheidung begann ich so richtig zu trinken. Die beiden Mädchen kamen zur Mutter, die Söhne blieben bei mir im Haus. Durch falsche Freunde begann ich mit Zechtouren – bis ich mit 43 den Job verlor. Ich arbeitete nur mehr stundenweise. Die Söhne waren teilweise bereits außer Haus. Ich war 45 und hatte die totale Krise, ich hatte kein Selbstwertgefühl mehr und stand knapp vor der Delogierung. Ich vegetierte nur mehr im eigenen Haus. Ich war möglicherweise der einzige Sandler in Österreich mit einem eigenen Haus. Ich hatte im

Haus keinen Strom mehr, nur Kerzenlicht, war mit meinem Hund allein im Gebäude. Aber ich hatte keine Selbstmordgedanken. Ich war immer Optimist und dachte: „Es wird schon wieder werden." Doch ich fand keinen Ausweg.

Suchtkrank

So habe ich in dieser unerträglichen Situation in Lilienfeld in ein Gasthaus eingebrochen, um zu Geld, Wein, Zigaretten und Cognac zu kommen. Dieser Einbruch war bereits Folge meiner Sucht und Ausdruck meiner Hoffnungslosigkeit. Mein Tagesrhythmus: vier bis fünf Stunden trinken, vier bis fünf Stunden schlafen, zwischendurch Holz sammeln, damit ich im Haus einheizen konnte. Wenn ich getrunken hatte, war ich friedlich und schlief ein. Zu diesem Zeitpunkt – um das Jahr 2010 – war ich noch immer der Meinung, dass ich nicht süchtig bin. Ich lebte in der Illusion, dass ich jederzeit mit dem Trinken aufhören kann. In dieser Phase trank ich täglich bis zu drei Doppler Wein und zwei Flaschen Cognac. Es wurde mir der Führerschein abgenommen. Doch ich fuhr trotzdem schwarz weiter. Fünf Mal wurde ich erwischt und angezeigt. Schließlich hatte ich einen Verkehrsunfall ohne Personenschaden. Beim Alkotest hatte ich 3,2 Promille. Ich hatte in dieser Phase das Zeitgefühl verloren. Möglicherweise war mein Zustand schon lebensbedrohlich. Da ich immer wieder ohne Führerschein mit dem Auto fuhr, war ich auf jeden Fall eine Gefahr für die anderen, aber auch für mich.

Haft und kalter Entzug

Im Jahr 2013 wurde ich verhaftet. Bei der Verhandlung wurde ich wegen einer Schadenssumme von 25.000.- € zu 24 Monaten Freiheitsentzug verurteilt, davon acht Monate unbedingt. Dr. Pree war ein gnädiger

---

》 WAS WILLST DU, DASS ICH TUE, HERR?

Bedarfst Du meiner Hände, Herr,
damit sie an diesem Tag
den Armen und Kranken helfen,
die sie brauchen?

Herr, Dir gebe ich heute meine Hände.
Bedarfst Du meiner Füße, Herr,
damit sie an diesem Tag mich zu jenen tragen,
die einen Freund ersehnen?

Herr, Dir gebe ich heute meine Füße.
Bedarfst Du meiner Stimme, Herr,
damit ich an diesem Tag zu allen spreche,
die Dein Wort der Liebe brauchen?

Herr, Dir gebe ich heute meine Stimme.
Bedarfst Du meines Herzens, Herr,
damit ich an diesem Tag
einen jeden ohne Ausnahme liebe?
Herr, Dir gebe ich heute mein Herz.

Gebet von Mutter Teresa, Kalkutta

Das beliebte Flohmarkt-Café in Viehofen wird von ehrenamtlichen MitarbeiterInnen geführt. Mit dem Reinerlös werden Sozialprojekte in benachteiligten Ländern unterstützt (Emmaus-Selbstbesteuerungsgruppe)

Zahlreiche Emmaus-Angebote und diverse Bauvorhaben verlangen vom Verwaltungsteam hohe Leistungsbereitschaft und Professionalität. Bild: Silvia Koppensteiner (2. v. re), Leiterin der Verwaltung

Dort, wo Menschen ihre Talente entfalten und einbringen, wächst Gemeinschaft. Bilder: Aufbauarbeiten für den Andachtsraum der Emmausgemeinschaft Viehofen.

Richter. Während der U-Haft machte ich den „kalten Entzug". Das war eine extrem harte Zeit. Ein Justizwachebeamter war sehr gut zu mir, sonst hätte ich das alles nicht durchgestanden. Er nahm mich immer wieder zu Außenarbeiten mit. Während der Haft habe ich mich bei meinen Kindern entschuldigt. Alle vier haben die Entschuldigung angenommen. Eine Tochter hat mich auch besucht. Das rechne ich ihr hoch an. Auch mein Bruder und die Schwägerin haben mich in dieser Zeit sehr unterstützt. Während der Haft wurde mein Haus versteigert. So paradox es klingt: Ich kam aus der Haft verändert heraus.

Während der U-Haft hatte ich Zeit zum Nachdenken. Wenn ich durch das Gitter schaute, dachte ich oft: „Christian, das kann's net sein, so kann es nicht weitergehen!" Genau in dieser Zeit habe ich den Schalter umgelegt. Ich war ja 48 Jahre völlig unbescholten! Und plötzlich war ich hinter Gittern. Durch einen Tipp meiner Schwägerin kam ich 2014 nach der Haftentlassung zu Emmaus. Zuerst in das Haus Kalvarienberg, wo sich alle Mitarbeiter sehr bemühten. Stefan brachte mich auf die Idee, eventuell eine Ausbildung im Sozialbereich zu machen. Dann übersiedelte ich in das Wohnheim Herzogenburger Straße, wo Beate meine Betreuerin war. Ich begriff, dass eine abgeschlossene Therapie die Voraussetzung für die Ausbildung in einem Sozialberuf war.

Vom Sozialfall zum Sozialbetreuer

Im Jahr 2015 begann ich die Therapie beim Grünen Kreis, insgesamt 18 Monate. Das Klima am Hof war super, auch die Arbeitstherapie tat mir gut. In der Einzel- und Gruppentherapie habe ich viel gelernt, vor allem das Reden über die Krankheit. Das Selbstwertgefühl wurde gesteigert – egal, ob es ein guter oder ein schlechter Tag war. Ganz wichtig war, dass ich gelernt habe, Hilfe anzunehmen. In diesem Prozess ist es wichtig, dass man eine Vertrauensperson sucht und findet, mit der man jederzeit reden kann. Fünf Minuten mit jemandem reden können, kann entscheidend sein. Zweimal machte ich beim Grünen Kreis die Ausbildung für den internen Betreuer. Um mich selber besser kennen zu lernen, musste ich zweimal 24 Stunden ganz allein sein. Ich durfte mit niemandem sprechen, kein Handy, kein Radio, kein Buch. Notizblock und Kugelschreiber waren gestattet. Sehr wichtig ist auch, dass man ehrlich bleibt. Das Konzept vom Grünen Kreis ist einsame Spitze, wenn man sich eisern dran hält. Wichtig ist, dass man das fünf Säulen-Modell ernst nimmt: Arbeit/Geld, Familie/Soziales, Gesundheit, Werte, Freizeitbeschäftigung.

Wichtig ist auch, dass man alte Baustellen anschaut und nichts verdrängt. Nachdem ich die Therapie erfolgreich abgeschlossen hatte, ließ mich mein Richter im Oktober 2016 aus dem Strafregister streichen. Nach meinem Aufenthalt im Grünen Kreis kontaktierte ich die Suchtberatung der Caritas. Auch mein Case-Manager von der PVA war mir beim Wiedereinstieg in das Berufsleben eine große Hilfe. Durch das Reha-Geld wurde es möglich, dass ich 2016 in die Ausbildung zum Fachsozialbetreuer einsteigen konnte. Die Ausbildung zum Pflegeassistenten und Fachsozialbetreuer für Altenarbeit

konnte ich 2018 erfolgreich abschließen. Es war anstrengend: täglich Schule von 8:00-17:00, dann 1.600 Stunden Praktikum. Inzwischen bekam ich auch den Führerschein wieder. Wenn es mit der Schuldenregelung klappt, bin ich 2021 schuldenfrei. Die Ausbildung zum Alten- und Behindertenbetreuer mit Pflegeassistenz schloss ich 2019 ab. Gott sei Dank klappte es bei der Diplomprüfung. Den Abschluss meiner Ausbildung feierten wir im Emmaus-Saftbeisl entsprechend. Bereits im August 2019 konnte ich meinen Arbeitsplatz in einem Pflegeheim antreten. Vielleicht wird es möglich, dass ich auch wieder eine Partnerschaft aufbaue. Ein Ziel wäre, dass ich zu rauchen aufhöre. Große Freude machen mir die vier Enkelkinder.

FOTO: MAYER

Der Verkauf der Produkte aus der Holz- und Kunstwerkstätte erfolgt überwiegend durch ehrenamtliche MitarbeiterInnen. Bild: Emmaus-Stand am St. Pöltner Adventmarkt

FOTO: BÖSWART

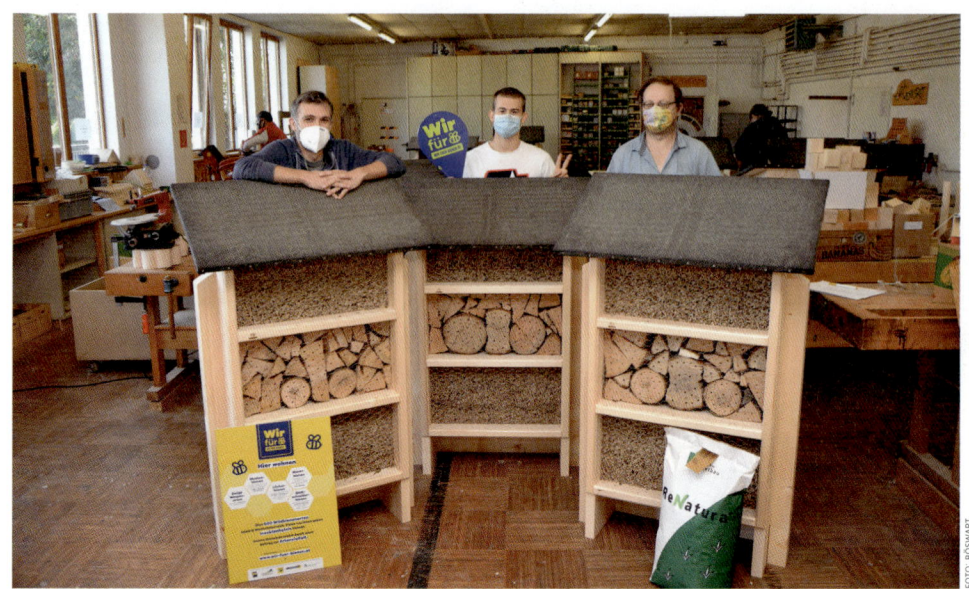

Insekt müsste man sein – die hölzernen 5-Sterne-Herbergen machen Biene, Hummel und Co. glücklich. Bild: Emmaus-Holzwerkstätte-Mitarbeiter Lukas Schmied (li) und Wolfgang Schmid (re) mit Zivildiener Michael Hochreiter

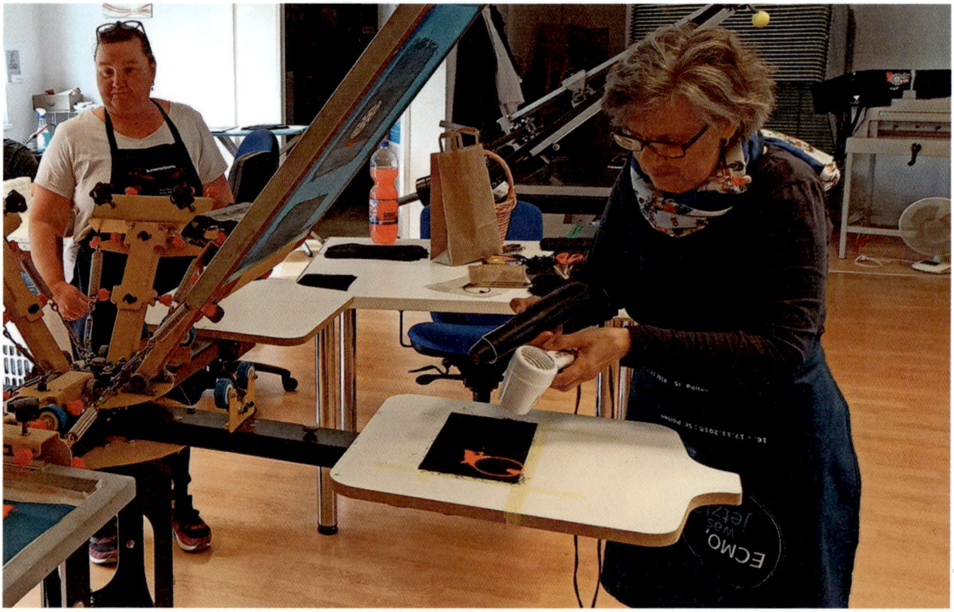

FOTO: BÖSWART

In der Emmaus-Siebdruckwerkstatt werden Kundenaufträge mit viel Engagement umgesetzt, u. a. für die Firmen Schieferlein und Manta.

Emmaus KunstHandWerk: Neben einem vielfältigen Sortiment an hochwertigen handgefertigten Dekorations- und Geschenkartikeln aus Holz, Textil, Keramik, Email, Papier und Glas finden sich im KunstHandWerk-Verkauf auch individuell gestaltete Produkte aus den Emmaus-Werkstätten: Schmuck, Dekorations- und Geschenkartikel, Nützlings- und Vogelhäuser, religiöse Artikel und Meditationshocker.

HINTERGRUNDFOTO: LUKAS BIERI AUF PIXABAY, KERAMIKFOTOS: KOGLER

EMMAUSGEMEINSCHAFT ST. PÖLTEN
NÖ SOZIALMARKT SOOGUT
ANTLAS Ges.m.b.H.
VEREIN WOHNEN/GESA
EMMAUS LILIENFELD
EMMAUS INNSBRUCK

FOTO: ROTTENSCHLAGER

In den Notschlafstellen und Wohnheimen der Emmausgemeinschaft werden jährlich etwa 430 Hilfe suchende Personen – Jugendliche, Frauen und Männer – als Gäste aufgenommen. Bild: Emmaus Wohnheim Viehofen, Ortweingasse 2

>> *Selbst in einem vom Bösen besetzten Herzen hält sich ein Brückenkopf des Guten. Selbst im gütigsten Herzen – ein uneinnehmbarer Schlupfwinkel des Bösen."*

Alexander Solschenizyn,
Archipel GULAG

Tageszentren, Notschlafstellen und Wohnheime[9]

Im Jahr 1987 erwarb die Emmausgemeinschaft die ehemaligen Wohn- und Wirtschaftsgebäude der Familie Kuefstein (Schloss Viehofen) in St. Pölten-Viehofen. Nach der Generalsanierung der desolaten Gebäude wurde das Wohnheim Viehofen am 28. November 1988 eröffnet. Am 20. Dezember 1989 wurden die Notschlafstelle und das Tageszentrum Kalvarienberg eröffnet, die ersten Obdachlosen wurden aufgenommen. Da im Haus Kalvarienberg die Nachfrage sehr groß war, entstand 1996 die Notschlafstelle „Auffangnetz". Diese Notschlafstelle bietet 18 obdachlosen Menschen eine legale und menschenwürdige Unterkunft.

Das pädagogische Stufenmodell der Emmausgemeinschaft kann den Hilfe suchenden Gästen die Neuorientierung erleichtern, insbesondere durch Begleitung in der Grundversorgung (Tageszentren, Notschlafstellen) sowie in der nieder- und höherschwelligen Wohnbetreuung. Ein interdisziplinäres Team achtet darauf, dass jeder Gast im Wohn- wie im Arbeitsbereich jene Stufe in Anspruch nehmen kann, die für die persönliche Entwicklung am förderlichsten scheint (Arbeitstrainings- und Arbeitstherapieplätze).

Wohnheim-Leiterin Martina Hinterecker

Das Wohnheim Viehofen, Ortweingasse 2, bietet Männern mit psychischen Erkrankungen Gemeinschaft und sozialpädagogische Begleitung.

>> *Individuelle Betreuung, Tagesstruktur und Arbeitstherapie vermitteln Halt und Sicherheit. Ziel ist es, das Potenzial jedes Teilnehmers zu erkennen und zu fördern."*

Wohnheim-Leiterin Martina Hinterecker

Betriebe, Qualifikationsmaßnahmen, CityFarm

Ende 1989 übersiedelten die Tischlerei und der Sanierungsbetrieb vom Standort Herzogenburger Straße nach Viehofen. 1990 wurden der Altwarenhandel gegründet und die entsprechenden Räumlichkeiten in Viehofen adaptiert. Am 7. April 1990 fand der erste Flohmarkt in Viehofen statt. Das Team von Emmaus Altwaren holt mit den LKWs nicht nur Möbelspenden ab, es werden auch Dienstleistungen wie Räumungen und Übersiedlungen angeboten. In diesem Betrieb werden langzeitarbeitslose Personen beschäftigt, die vom AMS als „Transitarbeitskräfte" sechs Monate lang gefördert werden. In dieser Zeit werden sie von Sozialarbeitern bei der Arbeitssuche unterstützt und bekommen eine neue Chance.

1992 erfolgte die Gründung der Kunstwerkstätte, die sich ebenfalls auf dem Emmaus-Areal in Viehofen befindet. 1994

wurde der Zubau im Wohnheim Kalvarienberg fertiggestellt.[10]

Im Jahr 2000 wurde mit der NÖ Landesregierung die Nachbetreuung von ehemaligen Gästen der Emmaus-Wohnheime vereinbart.

Von 2000 bis 2003 wurde die Emmaus-Gärtnerei „CityFarm" aufgebaut (Glashaus, Folientunnel, Betriebsräume). Neben den Transit-Arbeitsplätzen entstanden die ersten Arbeitstherapieplätze. 2004 wurde das neue Gemeinschaftshaus der CityFarm eröffnet (Küche, Speisesaal, Seminarraum).

Jugend- und Frauenprojekte

2004 startete Emmaus eine Wohngemeinschaft für Frauen in Lebenskrisen: Aufgrund starker Nachfrage wurde die Übersiedlung in ein größeres Haus notwendig. 2005 wurden die Notschlafstelle und das Wohnheim für Frauen in St. Pölten, Stephan Buger Gasse 13, eröffnet. Seit 2008 können Frauen mit geringem Einkommen im angeschlossenen Tageszentrum „Café Emma" essen, ihre Wäsche waschen, duschen und

Sozialberatung in Anspruch nehmen.[11]

Im Jahr 2004 entstand auch die Jugendnotschlafstelle COMePASS (früher JUMP). Die Notschlafstelle bietet Jugendlichen und jungen Erwachsenen in Krisensituationen Unterkunft und Erstberatung.

Im Jahr 2006 initiierte Emmaus ein eigenes Wohnprojekt für unbegleitete minderjährige Flüchtlinge (UMF). Die jugendlichen Asylwerber wurden zunächst im Emmaus-Wohnheim Viehofen untergebracht, ab 2009 in einem eigenen Haus in der Austinstraße 46, St. Pölten. Heute befindet sich an diesem Standort das Jugendprojekt „Masala" der Emmaus-Tochter Antlas.

Ebenfalls im Jahr 2006 startete Emmaus am Areal Viehofen das Projekt Gruppenbetreuung für Jugendliche „Workout". Der Name wurde später auf „AusbildungsFit" abgeändert. Das Jugendprojekt besteht bis heute, ist Teil der Tochterfirma Antlas und läuft unter dem Namen „AFit" (AusbildungsFit Zentralraum, früher Produktionsschule Zentralraum), wo 28 Jugendliche 12 Monate ein Schulungs- und Trainingsprogramm absolvieren.

FOTO: SHUTTERSTOCK

Das Emmaus-Frauenwohnheim mit Notschlafstelle und angeschlossenem Tageszentrum (Frauen-Café) ist für Hilfe suchende Frauen eine wichtige Schutzzone.

FOTO: BOSWART

Frauenwohnheim und Haus Kalvarienberg bei einer Suppen-Aktion im Zentrum von St. Pölten

Beratungsstelle, Betriebssozialarbeit, Wohnassistenz

FOTO: BÖSWART

» *Wenn du schnell gehen willst, geh allein.*
Willst du weit gehen, geh mit anderen."

Afrikanisches Sprichwort

Emmaus möchte seelisch verwundeten Menschen ihr Selbstwertgefühl und ihre Würde wieder zurückgeben. Liebe und Kompetenz: Beratung und Betreuung durch ein interdisziplinäres Team.

Im Jahr 2007 entstand die „Beratungsstelle Mühlweg", eine vom AMS St. Pölten geförderte „Beratungs- und Betreuungseinrichtung". Die Beratungsstelle unterstützt Menschen bei der Arbeitssuche, hilft bei der Wahl der passenden Bewerbungsstrategie und mit Informationen zur finanziellen Absicherung. Ist ein Einstieg auf dem Arbeitsmarkt schwierig, vermittelt die Beratungsstelle den Kontakt zu geeigneten Vorbereitungs- und Trainingsangeboten. Seit Jänner 2021 ist die „Beratungsstelle Mühlweg" am Standort Herzogenburger Straße 48 untergebracht.

Am Standort Viehofen befindet sich die Betriebssozialarbeit: Zwei Sozialarbeiterinnen begleiten die Qualifizierungsmaßnahmen, organisieren die Jobbörse und sind – in Zusammenarbeit mit dem AMS – bei der Arbeitsvermittlung behilflich.

DSA Barbara Käfer: „Durch den Abbau von Vermittlungshemmnissen (Schulden, Sucht etc.) und das Trainieren von arbeitsmarktnahen Kompetenzen soll der Wiedereinstieg in die Wirtschaft realistisch vorbereitet werden. Mit jedem Emmaus-Gast wird ein Karriereplan erstellt, um in enger Zusammenarbeit mit Betrieben der Region Vermittlungsmöglichkeiten auszuloten. Das Erfreuliche: Mehr als die Hälfte der in den Emmaus-Betrieben Beschäftigten können auf den ersten Arbeitsmarkt vermittelt werden."

FOTO: ROTTENSCHLAGER

„Brot und Rosen" gehören zum Leitbild des Frauenwohnheimes. Brot steht für die Abdeckung der Grundbedürfnisse wie Nahrung und Unterkunft. Rosen stehen für die Heilung seelischer Wunden.

Wohnassistenz (Standort Herzogenburger Straße 48): Die Wohnassistenz wurde ins Leben gerufen, um Frauen und Männer mit psychischer Beeinträchtigung beim eigenständigen Wohnen zu unterstützen. Damit diese oft unter Vereinsamung leidenden Menschen ihren Alltag gut bewältigen können, hilft ein Team von neun MitarbeiterInnen durch Motivation, Anleitung und Training. Neben den Trainingseffekten steht die soziale Teilhabe im Mittelpunkt der Betreuung (z. B. Treffen im Emmaus-Saftbeisl). Das Ziel der größtmöglichen Selbstständigkeit soll durch die Vermittlung von lebenspraktischen Fähigkeiten und durch die Koordination von Unterstützungsmaßnahmen erreicht werden.

Zivildiener sind – dank ihrer vielfältigen Begabungen – für die Emmaus-Wohnheime und Betriebe eine überaus wertvolle Hilfe. Bild: Zivildiener Samuel (re) in der CityFarm

Die knallharte Realität fordert dich – Zivildienst bei Emmaus

Samuel Triml

Zivildienst bei Emmaus entführt dich aus der Blase des Hollywoodhappypeppi, das dir viele Medien vorgaukeln und viele Mitmenschen zu leben versuchen. Diese Zeit zeigt dir die knallharte Realität und fordert dich, körperlich und seelisch. Die neun Monate haben mir gezeigt, dass viele Menschen Pech hatten, krank wurden oder durch jugendliche Dummheit in Situationen kamen, aus denen man allein nur schwer ausbrechen kann. Emmaus St. Pölten öffnet seine Arme für die Gäste und versucht, sie zu ihren Zielen zu führen. Dies funktioniert manchmal, manchmal auch nicht. Ich merkte schnell, dass „Zivi" bei Emmaus zu sein, speziell auf der CityFarm, etwas ganz Besonderes und für mich keine Bürde, sondern eine Chance ist. Ich durfte mit Gästen im Garten arbeiten, Musik machen, kochen, reden, sie kennenlernen, mit ihnen bei minus 15 Grad Schnee schaufeln, bei 30 Grad auf Gartenpflege fahren und beim Ernten von frischem Gemüse über Themen diskutieren, die philosophischer nicht sein könnten. Wie an jedem Ort, wo Menschen mit unterschiedlichsten Gedanken und Lebensgeschichten aufeinandertreffen, läuft auch bei Emmaus nicht immer alles rund. Dinge passieren anders als gedacht, man fühlt sich missverstanden oder in eine Ecke gedrängt. Dies ist menschlich und zeigt, dass jede und jeder Fehler macht und Probleme in allen Größenordnungen auftreten können und auch sollen, denn nur so kann man auch voneinander lernen und stärker werden.

Neun Monate, die mich prägten und mir zeigten, dass Zivildienst mehr sein kann, wenn man will und Neues zulässt. Ganz speziell möchte ich mich bei meinen Zivildienerkollegen Thomas und Rene, die Freunde geworden sind, dem CityFarm-Team, den Gästen und allen bei Emmaus, seien es Haupt- wie auch Ehrenamtliche, bedanken. Danke für die schönen und augenöffnenden Momente, einen Dienst, der mehr war als nur 270 Tage!

Vorstandssitzung der Emmausgemeinschaft St. Pölten mit Obmann DI Franz Angerer (6. v. re)

Selbstliebe – Voraussetzung für ein gelungenes Leben

Walter Steindl

Selbstliebe

Das Wort hat – zugegebenermaßen – einen etwas zweifelhaften Ruf. Es klingt nach rücksichtsloser Selbstbehauptung gegenüber den Positionen anderer „Selbste". Wer wagt es etwa, einem Mitmenschen gegenüber vollmundig zu behaupten: „Ich liebe mich selbst"? So einen Satz habe ich wirklich noch nie ausgesprochen gehört. Und doch scheint gerade diese Haltung Voraussetzung für ein gelungenes Leben zu sein. So steht es in alten, richtungsweisenden Texten.

Das zweiteilige „größte Gebot" bindet nach Jesu Interpretation Gottesliebe, Nächstenliebe und Selbstliebe fest zusammen: „...Du sollst den Herrn, deinen Gott, lieben mit ganzem Herzen, mit ganzer Seele und mit deinem ganzen Denken. Das ist das wichtigste und erste Gebot. Ebenso wichtig ist das zweite: Du sollst deinen Nächsten lieben wie dich selbst. An diesen beiden Geboten hängt das ganze Gesetz samt den Propheten." (Mt 22, 37-40). Das ist so klar wie schockierend. Aber Jesus geht bei dieser klassischen Bibelstelle, die auch vielen kirchenfernen Menschen

> » *Die Vision braucht Leitbilder für die MitarbeiterInnen eines Unternehmens. Konkrete Zielvereinbarungen tragen dazu bei, die Vision zu verwirklichen."*

Anselm Grün

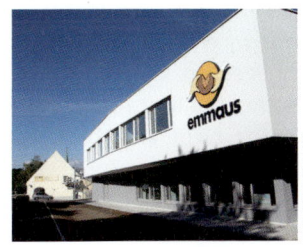

Im Herbst 2020 sind Verwaltung, Geschäftsführung, EDV und Öffentlichkeitsarbeit an den Emmaus-Standort Viehofen übersiedelt. Auf dem Areal befinden sich auch der neue Verkaufsshop, Seminarräume und ein multireligiöser Andachtsraum.

vertraut ist, immer von einem gesunden, intakten „Selbst" aus. So wie ich mich als Person grundsätzlich tagtäglich mag, indem ich mich der Witterung entsprechend kleide, gut esse, Freunde um mich sammle, so soll ich nach Jesus auch andere Menschen betrachten: ihnen das von Herzen gönnen, was ich mir sehr selbstverständlich Gutes tue. Klingt einfach durchzuführen? Ja, aber nur dann, wenn mein „Selbst" in gutem Zustand ist. Sonst geht der Satz von der Nächstenliebe total ins Leere.

Gesunde und gekränkte Selbstliebe

„...deinen Nächsten lieben wie dich selbst." Worum handelt es sich bei diesem „Selbst" eigentlich? Nach dem bekannten Neurowissenschaftler, Psychotherapeuten und Arzt Joachim Bauer ist ein „Selbst" nicht etwa angeboren, sondern wird von den ersten Bezugspersonen eines Babys gleichsam wachgerufen und entwickelt. Der kleine Mensch erfährt etwas über sich „selbst" im Angesprochensein durch andere. Das kann eine gute Basis für die lebenslange Selbst-Aktualisierung werden – oder gewaltige Probleme erzeugen. Denn in uns finden sich leider oft Einschlüsse aus früheren, eventuell sogar traumatischen Erfahrungen. Sie wirken wie Leitsätze auf unbewusster Ebene und klingen dann in etwa so: „Nur nicht auffallen" / „Du schaffst das nie" / „Du darfst nicht erfolgreich sein" / „Nur keine Schwäche zeigen" / „Du solltest gar nicht sein, weil Du nur störst" / „Du musst immer im Mittelpunkt stehen" / „Nichts riskieren!" / ... usw. Natürlich folgen daraus auch Bewältigungsstrategien, die ein Überleben kurzfristig sicherstellen. Indem man sich selbst gleichsam zum Objekt macht, wird der Schmerz über die Erfahrung des Misserfolgs oder einer Zurückweisung vorerst neutralisiert. Man kann irgendwie weiter-

machen, durchkommen, einen Platz in der Welt finden. Dies alles jedoch zum hohen Preis der Selbstkränkung!

Selbstliebe kommt immer vor der Nächstenliebe

Eine andere Strategie besteht darin, aus der Frustration heraus Ersatzbefriedigungen zu suchen. In einer überbordenden Konsumgesellschaft werden diese schnell gefunden. Fernreisen können vergebliche Fluchtversuche sein. „Gerne" scheinen sich zudem Mitmenschen für Zwecke der Ersatzbefriedigung nutzen zu lassen. Frei nach der Devise: „Star sucht Fangemeinde zum Zwecke der Bewunderung".

In der Begegnung mit Hilfe Suchenden stoßen wir bei genauem Zuhören zudem häufig auf Negativ-Sätze, die einer gesunden Selbst-Liebe radikal entgegenstehen. Denn wie kann sich jemand selbst mögen, sich selbst vertrauen und zugleich etwa denken, er sei zu dick, zu dumm oder zu was-auch-immer? Unmöglich! Und wie soll dann aus diesem Defiziterleben heraus Nächstenliebe wachsen? Nur wenn hier herzhaft – mit oder ohne therapeutische Hilfe, aber nie ohne Liebe! – korrigiert wurde. Dann weiß dieses langsam genesende Selbst auch intuitiv: Glücklich kann ich im Endeffekt nicht mit mir alleine sein, sondern nur, wenn es anderen um mich herum auch gut geht. Glück entsteht ja nie GEGEN den Nächsten, sondern nur in Resonanz MIT Menschen.

Wo Abwertung war, soll Fürsorge werden

Hier kommt der wichtigste Aspekt des „Jesus-Projekts" für die Lebenspraxis in den Blick, so wie es von seinen Freunden nach seiner Hinrichtung verstanden wurde: Es gilt, den Kreislauf der Kränkungen zu überwinden. Wo Abwertung, Verachtung, Hass regierten, soll nun Respekt, Fürsorge und

Liebe werden. Das gibt es freilich auch nicht gratis. Es kann das Leben der ErmöglicherInnen stark einschränken, gar einen relativ frühen Tod (wie bei Jesus selbst und vielen seiner Jünger) bewirken. Aber: Wenn das Sterben schon unausweichlich ist, dann soll es wenigstens für einen sehr guten Zweck geschehen! Dazu sagt Jesus in Joh 12, 24: „Wenn das Weizenkorn nicht in die Erde fällt und stirbt, bleibt es allein; wenn es aber stirbt, bringt es reiche Frucht."

Das Jesus-Projekt und seine Umsetzung

Nun leben wir aber zum Glück in einem demokratischen, sozial ausgerichteten Staat, wo einzelne Aspekte des Jesus-Projekts bereits erfolgreich übernommen wurden: Anerkennung der Menschenrechte (einschließlich der Gleichbehandlungsregelungen), eine allgemeine, von der Politik getrennte verbindliche Rechtsprechung mit umfangreichen Klagemöglichkeiten, die Etablierung von Rentensystemen und anderen Umlageverfahren, was bedeutet, dass der ganze Staat selbst wie die Großfamilie in der Antike agiert. Ferner haben wir Gewerkschaften, stark subventionierte Gesundheitseinrichtungen, die Möglichkeit der Schaffung privater Versicherungsgemeinschaften, um den Einzelnen gegen die vielen Risiken des Lebens breit abzusichern.

Es bleibt jedoch noch viel zu tun, weil besonders an den „Rändern des Lebens" ein schleichender Rückbau der sozialen Errungenschaften und Entsolidarisierung zu beobachten sind. Die Angst nimmt zu. Wie leicht lassen wir uns das nehmen, wofür Generationen vor uns nicht nur metaphorisch, sondern buchstäblich geblutet haben... Das darf nicht sein!

Deshalb muss Selbstliebe im oben beschriebenen Sinn als unsere erste Staatsbürgerpflicht von jedem selbstverantwortlich gepflegt werden. Christen haben es hier besonders gut: Im Widerschein der bedingungslosen Liebe Gottes, die uns in Jesus begegnet, heilt mein Selbst ... und befähigt zur Gottes-, Nächsten- und Fernstenliebe. Auf diese Weise bleiben nämlich auch unsere allseits geschätzten demokratischen Institutionen eher intakt. Sie sind zwar immer fehleranfällig und keineswegs schon „das Himmelreich" selbst, sorgen aber für das möglichst gute Leben der vielen „Selbste" in unserem Land: ganz im Sinne der Vision des Jesus aus Nazareth, genannt der Christus.

DSA Walter Steindl, psychosozialer Berater, Coach und Supervisor, leitete von 2000 bis 2019 das Emmaus-Wohnheim Kalvarienberg.

Die Angebote in den Wohnheimen, Betrieben und Tageszentren ergeben eine Fülle von Aufgaben, die dem Verwaltungs- und Leitungsteam hohe Einsatzbereitschaft und Kompetenz abverlangen. Bild (v. li): Obmann-StV. DI Benno Scheiblauer, GF Roland Hammerschmid, Dr. Walter Feninger, langjähriger Emmaus-Obmann, GF Peter Hirsch, GF Mag. Karl Langer

FOTO: ROTTENSCHLAGER

Mag. Johannes Simetsberger (re), ist seit 2020 für die Umsetzung des sozialpädagogischen Konzepts sowie für Struktur und Entwicklung der Emmausgemeinschaft verantwortlich.

Die Finanzierung der Emmausgemeinschaft St. Pölten

Peter Hirsch

Wie ist das Thema dieses Buches „Hassen oder vergeben" eigentlich mit dem Thema dieses Artikels „Finanzierung der Emmausgemeinschaft" in Einklang zu bringen?

Angesichts der großen Nöte, die einzelne Menschen an ihre Grenzen bringen, sie existenziell herausfordern und bedrohen, mit Blick auf die Schicksale, die manche durchleben müssen, mit der Sorge, ob sich auch jemals wieder eine lebenswerte Perspektive für eine würdevolle Zukunft finden lässt – mit all diesen dominanten Themen im Vordergrund wird der Gedanke an die Finanzierung eines Unternehmens oder Projektes möglicherweise als lästig, bremsend, vielleicht auch als notwendiges Übel betrachtet.

Es geht doch um das Gelingen oder Nicht-Gelingen zwischenmenschlicher Beziehungen, um Emotionen, die das Miteinander erschweren oder zur Freude werden lassen, um Vertrauen, Zukunftsperspektiven, Würde, Hoffnung. Was kann jede und jeder Einzelne dazu beitragen, dass das Leben wieder auf Bahnen kommt, die man gerne geht oder überhaupt wieder gehen kann?

Aber wenn es so einfach wäre, gäbe es keine Schuldenfallen, keine Insolvenzen, keine Finanz- oder gar Staatskrisen. Alle Maßnahmen, alles was getan werden kann, hängt im Wesentlichen von zwei Komponenten ab: einerseits dem Engagement, dem Willen, dem Verständnis und Einfühlungsvermögen sowie der Antriebskraft und Einsatzfreude der einzelnen handelnden Personen und andererseits von den Rahmenbedingungen, die Politik, Fördergeber, Trägerverein, Strukturen, Ressourcen, Ausbildungen, Zeitrahmen und eben finanzielle Mittel ermöglichen.

Es gibt also die Seite, die hilft, und jene, die das Helfen ermöglicht.

Beides ist notwendig, beides muss vorhanden sein. Geld hat keinen Wert für sich! Es ist ein Werkzeug, mit dem das wirtschaftliche Leben innerhalb der Gesellschaft möglich ist.

Alles, was in einem Unternehmen geschieht und Geld kostet, wie z. B. Löhne, Gehälter und dazu gehörende Abgaben, die Anschaffungs-, Erhaltungs- und Betriebskosten einer Liegenschaft oder des Fuhrparks, aber auch die Weihnachtsfeiern der KollegInnen, das Büromaterial, Versicherungen, Mietaufwand, EDV und vieles andere mehr muss finanziert, also bezahlt werden.

Als Erstes versuchen wir in der Emmausgemeinschaft St. Pölten den laufenden Aufwand mit Hilfe von Förderverträgen mit öffentlichen Einrichtungen, wie dem Amt der NÖ Landesregierung, dem Arbeitsmarktservice (AMS), verschiedenen Ministerien, der Stadt St. Pölten u. a. abzudecken.

FOTO: RÖSWART

Die Pfarren der Diözese St. Pölten haben den Aufbau von Emmaus, Antlas und der soogut-Sozialmärkte großzügig unterstützt. Weihbischof Anton Leichtfried (Bild li.): „Die Verpachtung des diözesanen Traisengartens an die CityFarm ist ein Zeichen der Solidarität mit den Schwächsten in unserer Gesellschaft."

ben?" eine Hilfe sein zu können, um das Leben versöhnt weiter zu leben, nehmen wir gerne alle Möglichkeiten in die Hand, die geboten werden und stellen Ressourcen, Zeit und Geld zur Verfügung, soviel wie möglich! Bitte helfen Sie uns weiter dabei!

FOTO: KOGLER

In den Einrichtungen der Emmausgemeinschaft St. Pölten werden durchschnittlich 320 Männer, Frauen und Jugendliche betreut. Die 150 hauptberuflichen MitarbeiterInnen werden durch 30 Zivildiener und etwa 100 Freiwillige unterstützt. Bild: Emmaus CityFarm

Das zweite Standbein zur Aufbringung der notwendigen Geldmittel ist die Eigenerwirtschaftung. Dies hat mehrere Gründe: Einerseits dient sie zur Abdeckung der schon genannten Kostenpositionen. Andererseits sind diese Zahlen aber auch eine Erfolgsrückmeldung der betrieblichen Tätigkeit. Wenn also durch die eigene Arbeitskraft Geld hereinkommt, sie sozusagen etwas wert ist, dann fühle ich mich auch etwas wert, ich bin zu etwas gut, ich werde gebraucht.

Der dritte Bereich zur Geldaufbringung sind die Spenden. Emmaus als mildtätiger Verein bekommt Jahr für Jahr den Bescheid des Finanzamts, dass die Voraussetzung für die steuerliche Absetzbarkeit der Spenden weiterhin gegeben ist. Das ist ein nicht unwesentlicher Teil der Gesamtfinanzierung, weil damit die oft engen Grenzen der Fördergeber ausgeweitet und der eigene Handlungsspielraum erhöht werden kann.

Um Menschen begleiten zu können, um ihnen bei der Frage „Hassen oder verge-

>> **DANK UND BITTE**

Die Emmausgemeinschaft St. Pölten dankt allen Personen, Gruppen, Firmen und Verantwortlichen der Förderstellen, die seit fast vier Jahrzehnten den Aufbau der Wohnheime und Betriebe ideell und finanziell sowie durch Natural- und Sachspenden unterstützen! Wir bitten Sie auch in Zukunft um Ihre Mithilfe, um Ihr Beten und Teilen!

>> **HELFEN SIE UNS HELFEN!**

Sparkasse NÖ Mitte-West, IBAN AT 84 2025 6000 0003 8570 BIC: SPSPAT21
Raiba St. Pölten, IBAN: AT96 3258 5000 0112 9360 BIC: RLNWATWWOBG

Spenden an die Emmausgemeinschaft St. Pölten sind steuerlich absetzbar!
Die Registriernummer der Emmausgemeinschaft St. Pölten lautet: SO 1120

Tochterfirmen der Emmausgemeinschaft St. Pölten: NÖ soogut und Antlas Ges.m.b.H.

FOTO: OSWALD

Die Warenabholung für die soogut-Sozialmärkte erfolgt überwiegend durch Freiwillige.

FOTO: OSWALD

❱❱ *Gut, dass es die Sozialmärkte gibt! Ohne den soogut-Sozialmarkt könnte ich mir vieles nicht leisten."*

Irene, alleinerziehende Mutter

NÖ soogut-Sozialmärkte

Der erste NÖ Sozialmarkt hat seine Wurzeln in der „Altbrot-Aktion" des Emmaus-Wohnheimes Herzogenburger Straße 48. Seit 1995 werden – von Montag bis Samstag – übrig gebliebenes Brot und Mehlspeisen von einem St. Pöltner Supermarkt durch ehrenamtliche MitarbeiterInnen der Emmausgemeinschaft abgeholt. Durch den Erfolg dieser Initiative entstand die Idee, die Aktion auf alle einwandfreien Nahrungsmittel auszuweiten, die von der Vernichtung bedroht sind.

Unter dem Motto „Verteilen statt vernichten" erfolgte 2004 in St. Pölten durch Emmaus-Obmann Dr. Walter Feninger die Gründung des ersten niederösterreichischen Sozialmarktes. Die offizielle Firmenbezeichnung lautete bis 2020: SAM Niederösterreich GmbH (Sozialer Arbeitsmarkt Beschäftigungs-GmbH). SAM NÖ ist eine gemeinnützige GmbH und als solche Betreiberin von neun Sozialmärkten (SOMA) in Niederösterreich. Diese Märkte erfüllen wichtige umwelt-, arbeitsmarkt- und sozialpolitische Aufgaben. Die Gesellschafter von SAM NÖ sind: Emmausgemeinschaft St. Pölten (als Mehrheitseigentümer) und Privatpersonen. Geschäftsführung von SAM NÖ: Wolfgang Brillmann, MA.

Die soogut-Sozialmärkte unterstützen Menschen mit geringem Einkommen durch günstige Einkaufsmöglichkeiten, sie schaffen Beschäftigung, bewahren wertvolle Nahrungsmittel vor der Vernichtung und fungieren durch die angeschlossenen Cafés als soziale Plattform. Seit der Gründung wurden rund 32.000 Menschen mit geringem Einkommen durch die Möglichkeit des sehr günstigen Einkaufs in den Sozialmärkten unterstützt.

Menschen, die in den Sozialmarkt kommen, sind keine Almosenempfänger, sondern KundInnen, die in wertschätzender Atmosphäre, selbstbestimmt und in Würde einkaufen können.

SOMA Österreich & Partner

Die NÖ soogut-Sozialmärkte sind Mitglied der von LR Mag. Christiane Teschl-Hofmeister initiierten Arbeitsgemeinschaft der NÖ Sozialmärkte. Dieses Netzwerk verschiedener Hilfsorganisationen will die Grundversorgung armutsgefährdeter Personen koordinieren und Menschen mit geringem Einkommen günstige Einkaufsmöglichkeiten bieten. Die soogut-Märkte sind auch im Dachverband „SOMA Österreich & Partner" mit weiteren 75 Sozialmärkten in anderen Bundesländern vernetzt. Allein die 37 SOMA-Märkte Österreichs – mit 40.000 Einkaufsberechtigungen – versorgen 100.000 armutsgefährdete Menschen mit günstigen Lebensmitteln.

Wolfgang Brillmann (Bild), Geschäftsführer der NÖ soogut-Sozialmärkte: „Die Versorgung von 28.000 armutsgefährdeten Menschen, darunter 11.000 Kindern, hat Vorrang!"

Ziel der Sozialmärkte: Lebensmittel vor der Vernichtung bewahren, Unterstützung von Menschen mit geringem Einkommen und Arbeit für Menschen, die auf Jobsuche sind.

FOTO: BÜRO LR TESCHL-HOFMEISTER

Die NÖ soogut-Sozialmärkte sind auch Mitglied des Dachverbandes „SOMA Österreich & Partner" Bild: Treffen der Arbeitsgemeinschaft der NÖ Sozialmärkte mit Landesrätin Mag. Christiane Teschl-Hofmeister

Antlas Ges.m.b.H.
Roland Hammerschmid

Aufgrund der speziellen Rahmenbedingungen von Jugendangeboten wurde „Antlas" im Jahr 2015 als Tochtergesellschaft der Emmausgemeinschaft St. Pölten gegründet. Gesellschafter: Emmausgemeinschaft St. Pölten zu 91 % und vier Privatpersonen. Geschäftsführer: Roland Hammerschmid. Antlas steht für Neubeginn und Wieder-Aufnahme in die Gemeinschaft, also Teilhabe am gesellschaftlichen Leben. Die Angebote der Antlas Ges.m.b.H.:

Antlashof: Vollzeitbetreutes Wohnen für Menschen mit psychischer Beeinträchtigung (12 Plätze), Tagesstätte für Menschen mit psychischer Beeinträchtigung (18 Plätze).

Wohnassistenz: Erwachsene Personen mit einer psychischen Beeinträchtigung werden in ihren Wohnungen betreut und punktuell in ihrem häuslichen Umfeld unterstützt.

Der Antlashof ist eine Wohn- und Tagesbetreuung in Hofstetten-Grünau. Am Hof sollen psychisch kranke Menschen würdevoll im Einklang mit der Natur leben können und dadurch psychische Stabilität erlangen. Unterstützt werden sie durch ein soziales, medizinisches und therapeutisches Netz. Dadurch wird mittelfristig ein selbstbestimmtes und selbstständiges Leben möglich.

FOTO: ROTTENSCHLAGER

FOTO: ROTTENSCHLAGER

Zur Antlas Ges.m.b.H. gehören neben dem Antlashof und dem Kinder- und Jugendprojekt Masala (Viehofen) die Projekte „AusbildungsFit-Zentralraum", „Begleitete Verselbständigung" und die Jugend-Suchtberatung (Standort: St. Pölten, Mariazellerstraße 60). Bild: GF Roland Hammerschmid und LH-StV. Stephan Pernkopf bei der Gleichenfeier des Dörrhauses am Antlashof

Projekt AusbildungsFit-Zentralraum (AFit)

Das Projekt „AusbildungsFit-Zentralraum" (früher „Produktionsschule Zentralraum") wendet sich an Jugendliche nach abgeschlossener Schulpflicht bis zum vollendeten 21. Lebensjahr (in Ausnahmefällen bis 24). Zielgruppe sind Jugendliche, die eine Berufsausbildung absolvieren wollen und einen realisierbaren Berufswunsch erkennen lassen. Häufig sind es Jugendliche, die zum Zeitpunkt des Eintritts bei AFit mit einer Berufsausbildung (auch einer Teil-

qualifizierung) überfordert sind. Der Grund dafür sind Defizite im Bereich Basiskompetenzen (Kulturtechniken, inklusive neue Medien und soziale Kompetenzen). Eine weitere Zielgruppe sind Jugendliche, die z.B. eine überbetriebliche Ausbildung oder eine integrative Berufsausbildung abgebrochen haben. AFit hat 28 Plätze. In NÖ gibt es sechs AFit-Projekte, die mit Jugendlichen arbeiten. Bei Antlas gibt es seit 2020 auch ein Vormodul AusbildungsFit.[6A]

FOTO: BOSWART

Auch denen helfen, die aufgrund eines Erziehungsnotstandes nicht in der eigenen Familie aufwachsen können: Ausbau des Kinder- und Jugendprojekts Masala. Bild: Herbert Schmutzer, Christa Hubmayer, Josef Koppensteiner, Pädagogischer Leiter von Antlas (v. li)

Masala: Wohngemeinschaft mit multiethnischem Schwerpunkt[6B]

Franziska Pernthaner

Masala ist das Nachfolgeprojekt der 2006 gegründeten Emmaus-Wohngruppe für unbegleitete minderjährige Flüchtlinge (UMF). Das Land NÖ hat 2016 die Antlas Ges.m.b.H. mit der Eröffnung einer Kinder- und Jugendwohngemeinschaft beauftragt. Das Wohnprojekt Masala versucht, österreichischen Kindern und Jugendlichen – mit oder ohne

Migrationshintergrund – in einer multiethnischen sozialpädagogischen Wohnform eine optimale Förderung und Integration zu ermöglichen. Die Wohngemeinschaft bietet Platz für neun Kinder bzw. Jugendliche. Das Aufnahmealter liegt zwischen sechs und 14 Jahren. Die Begleitung der Jugendlichen dauert bis zum 18. Lebensjahr. Im Jänner 2020 wurde auf dem Standort in St. Pölten-Viehofen, Austinstraße 46, eine zweite Wohngruppe für neun Kinder eröffnet.

Aram aus Afghanistan kam mit 16 Jahren als Flüchtling – ohne seine Eltern – zu uns in die Wohngruppe. Inzwischen hat er nicht nur Schreiben und Lesen gelernt. Er hat den Hauptschulabschluss nachgeholt und steht auf eigenen Füßen. Er hat nun auch seine Lehre als Einzelhandelskaufmann abgeschlossen. Aram lebt nach wie vor in St. Pölten, wo er angekommen ist und sich zu Hause fühlt. Nicht zu vergessen ist, dass er aus dem Krieg kam und auf der Flucht Dinge erlebt hat, die traumatisierend waren und ihm heute noch zu schaffen machen. Parallel zum Lernen war er damit konfrontiert, das Erlebte zu verarbeiten. Er nahm jede Hilfe dankbar an. Aram nannte mich während der Betreuungszeit „khâle", was Tante (der Mutter) heißt und klar macht, wie groß sein Bedürfnis nach Familie war und wahrscheinlich immer noch ist. Ich bin sehr stolz auf ihn und auf das, was er aus seinem Leben hier in Österreich gemacht hat!

Durch die kulturellen Unterschiede im Haus Masala entsteht eine Vielfalt, die das Leben der Bewohner im Idealfall zu einer Gemeinschaft werden lässt. Ein buntes und multikulturelles Treiben bestimmt unseren Alltag und stellt uns auch vor besondere Aufgaben. Wir versuchen im Kleinen zu erreichen, was in Österreich und weltweit (leider) nicht immer gelingt: ein Miteinander trotz Unterschieden.

Das Kinder- und Jugendprojekt Masala (Wohnen mit multiethnischem Schwerpunkt) besteht aus zwei Wohngruppen mit je neun Plätzen.

Dem Ziel, jungen Menschen in Österreich eine gelungene Inklusion zu ermöglichen, wird größtes Augenmerk geschenkt. Nach Möglichkeit soll der Jugendliche nach dem Aufenthalt bei Masala wieder in der Ursprungsfamilie einen geeigneten Platz finden und dorthin entlassen werden. Ist das nicht möglich, wird mit dem Jugendlichen in Richtung Verselbständigung gearbeitet.

Viele der ehemaligen Asylwerber haben Fachschulen oder eine Lehrausbildung abgeschlossen. Sie üben heute u.a. folgende Berufe aus: Vorarbeiter bei den ÖBB, Heimhelfer, Schalungstechniker im Hochbau (in der Corona-Krise mit Mundschutz), Verkäufer, Paketzusteller, Koch und Kellner, Facharbeiter im Lebensmittelhandel.

Ein Miteinander trotz Unterschieden

Kinder und Jugendliche aus unterschiedlichen Kulturkreisen, die in einer multiethnischen Gruppe leben, brauchen intensive Beachtung. Es ist wichtig, sich darüber zu informieren, wie die Kinder vor ihrer Aufnahme in die Wohngruppe gelebt haben und welche Werte, Regeln, Normen ihnen beigebracht wurden. Erstrebenswert ist auch, im Team der MitarbeiterInnen verschiedene Kulturen zu vereinen, weil sich kulturelle Vielfalt oft wunderbar ergänzt und Verwirrungen rasch aufgeklärt werden können. Wenn wir offen und vorurteilsfrei auf das Fremde bzw. den Fremden zugehen, haben wir die Chance, Gemeinsamkeiten und Unterschiede zu entdecken. Nicht alles vom „Alten" muss aufgegeben werden, um sagen zu können, dass die Integration gelungen ist. Nicht alles ist automatisch „schlecht", was fremd ist. Gemeinsame Werte, Gewohnheiten oder Haltungen in Erziehungsfragen können zu „Brückenbauern" werden. Es ist leichter, sich aufeinander einzulassen, wenn das Gemeinsame die Basis unserer Wohngemeinschaft wird. Es ist auch wichtig zu klären, welche Anpassungsleistungen in Österreich nötig sind, um dazugehören zu können und Partizipation zu erleben. Ich möchte hier als Beispiel das Erlernen der deutschen Sprache oder die Akzeptanz der Stellung der Frauen in Österreich nennen. Dieses Prinzip gilt für die Kinder genauso wie für die Eltern der von uns betreuten Kinder und Jugendlichen.[12]

Auch ich machte die Erfahrung, dass Arash, ein neuer Bewohner von Masala, nicht glauben konnte, dass ich als Frau eine „Chefin" sein konnte. Nachdem ich ihm klar gemacht habe, dass das in Europa möglich ist, und er erfahren hat, dass ich tatsächlich niemanden fragen muss, wenn ich Entscheidungen treffe, akzeptierte er es. Ich denke,

>> *Ich kam an deine Küste als ein Fremdling, ich wohnte in deinem Haus als ein Gast, ich verlasse deine Schwelle als ein Freund."*

Rabindranath Tagore

es war wichtig, dass er die männlichen Mitarbeiter beobachten und sehen konnte, wie diese mit mir umgingen. Daran konnte er sich orientieren, und irgendwann wurde es für ihn „normal". Das Besondere in Masala ist, dass auch Kinder mit österreichischen Wurzeln und Prägungen in der Wohngemeinschaft leben. Sie können zum Teil als Vorbild dienen, gleichzeitig aber auch von den Kindern anderer Herkunft lernen, indem sie sich gegenseitig beobachten und nachmachen, was sie für sich annehmen können und wollen.

Franziska Pernthaner, Sozialpädagogin, Psychotherapeutin. Mitarbeit im A. Aichhorn-Haus Wien und in der Emmausgemeinschaft (WorkOut, Referatsleitung minderjährige Flüchtlinge; AusbildungsFit, ComePass) sowie bei Antlas (Pädagogische Leitung). Seit 2018 Stabstelle Kommunikation bei Antlas.

BeVe steht für „Begleitete Verselbständigung"

Diese Einrichtung bietet Jugendlichen von 16 bis 18 Jahren die Möglichkeit, in eigenen Wohnungen im Stadtgebiet in einem geschützten Rahmen einen eigenen Haushalt zu führen. Durch professionelle Betreuung soll es möglich werden, ein geregeltes Alltagsleben zu führen. In der Folge sollen die Jugendlichen fähig werden, in einer eigenen Wohnung zu wohnen. Bei BeVe stehen zehn Plätze zur Verfügung.

Jugendsuchtberatung: Antlas bietet auch Jugendlichen mit Suchtproblemen, und deren Angehörigen, professionelle Beratung an.

Verein Wohnen und Beschäftigungsprojekt GESA

FOTO: BÖSWART

Das Beschäftigungsprojekt GESA und der Verein Wohnen leisten durch die Sanierung und Vermietung von mehr als 400 Startwohnungen einen wichtigen Beitrag zur Delogierungsprävention in Niederösterreich.

FOTO: VEREIN WOHNEN

Die Kombination aus Wohnraumschaffung und betreuten Übergangswohnungen ist die Basis für den Erfolg des Vereins Wohnen. Bild: Ingrid Neuhauser, GF Verein Wohnen, Manfred Krammer (li), GF Verein Wohnen und GESA, Matthias Zuser, GF GESA

>> *Eine Wohnung ist die Chance zu Stabilisierung und Weiterentwicklung. Damit der/ die BewohnerIn zur Ruhe kommen und der Neustart gelingen kann, unterstützt ein multiprofessionelles Team diesen Prozess der Verselbständigung!"*

Mag. Ingrid Neuhauser

Der „Verein Wohnen" wurde 1990 vom damaligen Emmaus-Sozialarbeiter Leo Pöcksteiner und einer Initiativgruppe gegründet. Die ersten beiden Jahre war der Verein Wohnen in der „Baracke" auf dem Emmaus-Areal Herzogenburger Straße 48 untergebracht. Ziel des Vereins ist es, Menschen, die wohnungslos oder von Wohnungslosigkeit bedroht sind, zu unterstützen. 1991 wurde unter dem Motto „ARBEITSLOSE MENSCHEN SCHAFFEN WOHNRAUM FÜR WOHNUNGSLOSE MENSCHEN" ein Projekt für Transitarbeitskräfte ins Leben gerufen. Einerseits um die Sanierung von Wohnraum günstig bewerkstelligen zu können, andererseits weil Arbeitslosigkeit ein wesentlicher Faktor für die Gefahr von Wohnungslosigkeit darstellt. Dieses Beschäftigungsprojekt (Initiator GF Johann Lechner) wird seit 2002 als gemeinnützige GmbH (GESA) geführt und vom AMS als Sozialökonomischer Betrieb gefördert.

Die Geschäftsfelder des Vereins Wohnen umfassen neben Erstberatung und Wohnassistenz (Hauptmiete), teilbetreutes Wohnen für Menschen mit intellektueller Behinderung sowie betreutes Wohnen für AsylwerberInnen und Übergangswohnen (18 Monate). Vereinsstandort: St. Pölten, Kerensstraße 14/3. Geschäftsführung: Mag. Ingrid Neuhauser, Mag. Manfred Krammer

Emmausgemeinschaft Lilienfeld
Lebensraum für alle

Das Haus stirbt nicht, das einen Gast aufnimmt.

Afrikanisches Sprichwort

Im Jahr 2000 wurde mit Unterstützung der Emmausgemeinschaft St. Pölten mit dem Aufbau der Emmausgemeinschaft Lilienfeld begonnen. Projektgründer Siegfried Tischhart und seine Frau Meliha wurden von zahlreichen freiwilligen Helfern und SpenderInnen unterstützt. Das Projekt wird seit dem 1. September 2001 als eigenständiger Verein geführt. Geschäftsführer: Siegfried Tischhart, Vereinsobmann: Gerald Danner

Siegfried Tischhart: „Wir sind eine Gemeinschaft, die ihr eigenes Tempo und ihre eigene Art braucht, die bescheiden lebt, damit andere neben mir leben können. Wir arbeiten nicht für den Profit Einzelner, sondern für das Wohl und Gedeihen der Gemeinschaft. Unser Ziel: Heilende Gemeinschaft sein. Helfende Gemeinschaft, die offen ist für akute Not. Arbeitspflicht, um sich aus eigener Hände Arbeit zu erhalten. Wir verstehen uns als Teil der weltweiten Menschheitsfamilie. Langfristiges Ziel ist die dauerhafte persönliche Stabilität – in einer Gemeinschaft, die zum Lebensraum für alle wird."

Wohn- und Arbeitsangebot: Flohmarkt (Möbel, Kleidung, Geschirr), Altwarenhandel (Wohnungsräumungen, Übersiedelungen), Sanierung (Verputz- und Malerarbeiten, Verlegen von Fußböden), Tischlerei. Wohngruppe für acht Personen (Compagnons) und Familienhaus. Seit 2006 gibt es die Wohnmöglichkeit für Familien.

>> *Wir wollen eine heilende und helfende Gemeinschaft sein, die offen ist für die akute Not der Menschen."*

Siegfried Tischhart, Emmausgemeinschaft Lilienfeld

In Zusammenarbeit mit dem gemeinnützigen Verein ORA in OÖ werden von Emmaus Lilienfeld regelmäßig Lkw-Transporte (Altkleider u.a. Second-Hand-Waren) für Bulgarien organisiert. Hanspeter Hofinger (ORA): „Es ist sinnvoller, Arbeitsplätze zu schaffen, statt Notleidende nur mit Almosen zu unterstützen." Durch die Kleider-Transporte aus Österreich wird der gemeinnützige Verein BIB, Gabrovo (Bulgarien), unterstützt. Hristo Cholakov (BIB): „Im Sozialprojekt BIB werden mehr als 100 Personen in insgesamt 48 Second Hand-Geschäften beschäftigt."

Neben dem Arbeitsangebot (Flohmarkt, Altwarenhandel, Übersiedelungen, Tischlerei) gibt es bei Emmaus Lilienfeld auch die Wohnmöglichkeit für acht Compagnons (Gäste) sowie für zwei Familien.

Emmausgemeinschaft Innsbruck

Benedikt Zecha

Gemeinsam leben – arbeiten – helfen

Gemeinsam leben – arbeiten – helfen: Emmausgemeinschaft Innsbruck

Der Verein Emmaus gehört zur Caritas der Diözese Innsbruck. Er bietet SuchtpatientInnen, die sich nach einer Therapie in einer prekären Situation befinden, Unterstützung für einen Neubeginn. Betroffene können nach der Entwöhnungskur in einer „trockenen" Wohngemeinschaft leben und im Dienstleistungsbetrieb des Vereins mitarbeiten. Die Hilfestellung des Vereins kann sowohl von Männern als auch von Frauen in Anspruch genommen werden. Angeboten werden Arbeitstraining, Psychotherapie und Begleitung durch SozialarbeiterInnen. Es besteht die Möglichkeit, ein Jahr und länger beim Verein zu wohnen und zu arbeiten, um das Ziel einer neuen und selbstständigen Lebensgestaltung zu erreichen. Benedikt Zecha, Gründer und Geschäftsführer der Emmausgemeinschaft Innsbruck:

Fasziniert vom Lebensbeispiel Abbé Pierres und inspiriert vom Vorbild Charly Rottenschlagers begannen wir 1997 mit der Gründung von Emmaus in Innsbruck. Was als Experiment von drei Personen begonnen hat, ist heute eine lebendige und selbstbewusste Gemeinschaft von über 40 Frauen und Männern.

Wir bieten unseren Kunden Dienstleistungen im Bereich der Gartenpflege, Hausmeisterarbeiten, Übersiedlungen, Renovierungs- und Reinigungsarbeiten, Bügeln und Haushaltshilfe sowie Grabbetreuung an. Unsere Wohngemeinschaften sind über die ganze Stadt Innsbruck auf mehrere Häuser und Wohnungen verteilt. Nichtsdestotrotz sind für uns Solidarität und Zusammenhalt wichtige Werte im täglichen Umgang miteinander.

Die meisten von uns haben irgendwann ihrer Abhängigkeitserkrankung „die Stirn gezeigt" und ihr Leben mit Hilfe von Emmaus neu ausgerichtet, wie unser langjähriger Mitarbeiter Mo in seinem Lebensbericht eindrucksvoll schildert („Ich war drogenabhängig – heute bin ich Suchtberater". In Kapitel C: Versöhnung befreit. Ausgegrenzte in heilender Gemeinschaft). Wir sind dankbar für die vielen heilsamen Entwicklungen, die Menschen in unserer Gemeinschaft erfahren haben, dankbar für die Unterstützung, die uns zuteil wurde, dankbar für alle Vorbilder entlang des Weges und das Getragensein durch eine höhere Macht und eine große, weltweite Gemeinschaft, die EMMAUS heißt.

Werte: Warum man sie braucht

Wo Emmaus drauf steht, muss auch Emmaus drinnen sein
Karl Langer

Ein Blick auf die Wirtschaft lohnt sich. Große Unternehmen haben in ihrer Unternehmenskultur ethische Standards in Form einer Selbstverpflichtung implementiert: „Diese Werte sind uns wichtig, diese Werte wollen wir kommunizieren." Das entspricht auch einem menschlichen Bedürfnis. Wir – egal ob Kunde/Kundin, MitarbeiterIn, KlientIn oder auch AktionärIn – wollen wissen, nach welchen Prinzipien diese Organisation arbeitet. Auf Neudeutsch heißt das „Compliance Management". Beispiel voestalpine: Ein eigener „Group Compliance Officer" sorgt dafür, dass die Compliance Regeln nach innen und außen kommuniziert und eingehalten werden. Zusammengefasst sind diese Regeln in einem eigenen Verhaltenskodex, der in 15 Sprachen auf der Website der voestalpine zu finden ist.

Das Emmaus-Logo

Als Ausdruck der Weggemeinschaft mit Ausgegrenzten lebt Emmaus die Tischgemeinschaft. Bei den gemeinsamen Mahlzeiten hat jede/r einen Platz am Tisch – auch die Ungeliebten der Gesellschaft. Das Emmaus-Logo reflektiert dieses Verständnis. Es zeigt zwei Brot brechende Hände, Symbol für das Teilen bzw. die Nächstenliebe – beides ist Auftrag und Programm der Emmausgemeinschaft. Das Brechen des Brotes ist die Geste, an der die Jünger den auferstandenen Jesus erkannten. Jesus hat sein Leben mit den Nächsten geteilt. Das tut auch Emmaus.

Auch bei sozialen Organisationen wie Emmaus wollen KundInnen, MitarbeiterInnen und Gäste/KlientInnen wissen, nach welchen Prinzipien und Maßgaben die Einrichtung arbeitet.

Emmaus ist offen für Hilfesuchende aller Nationen und Kulturkreise sowie aller Konfessionen, Religionen und Menschen nichtreligiöser Weltanschauungen. Im Besonderen stehen die Einrichtungen der Emmausgemeinschaft St. Pölten Personen offen, die sozial benachteiligt sind und Schwierigkeiten haben, eine Wohnung oder Arbeit zu finden. Das sind Menschen, die von Obdach- und Wohnungslosigkeit bedroht sind, Personen, die psychisch beeinträchtigt oder erkrankt sind, suchtkranke Menschen, Langzeitbeschäftigungslose und Männer und Frauen, die aufgrund ihres Alters, ihrer beruflichen Qualifikation oder gesundheitlicher Beeinträchtigungen nur schwer auf dem Arbeitsmarkt Fuß fassen können. Außerdem gehören dazu Personen, die bedingt verurteilt wurden oder von Straffälligkeit bedroht sind, und Haftentlassene, die weder Arbeit noch eine Wohnmöglichkeit haben.

Soziale Kernkompetenz von Emmaus ist die „stellvertretende Inklusion". Wir greifen ein, wo Männer und Frauen nicht mehr in der Lage sind, selbst ein menschenwürdiges und selbstbestimmtes Leben zu führen: individuell (Wohnplatz, Arbeitsplatz, Beratung …) und gesellschaftlich (Stimme der Stimmlosen). Gerade Menschen in prekären Lebenssituationen wollen wissen, was sie in einer sozialen Einrichtung, wie Emmaus, erwartet: Wie wird mit mir umgegangen, wie sieht es mit Vertrauen und Verlässlichkeit aus, was ist „gut", was ungerecht. Sie fragen nach der Moral der Einrichtung, nach Werten. In manchen Situationen gibt es unterschiedliche Moralvorstellungen. Unter Umständen hat etwa der Betriebsrat andere als die Geschäftsführung.

Alle reden über Werte, besonders in Krisenzeiten. Was aber ist mit „Werten" gemeint? Denn auch die Mafia hat einen Wertekodex – universell gültige ethische Prinzipien sind das nicht.

Identität eines Unternehmens

Werte haben mit der Identität eines (sozialen) Unternehmens zu tun. Sie werden in den „Compliance-Vereinbarungen" deutlich oder finden sich im Leitbild oder auf der Website der Organisation unter der Rubrik „Wir über uns". Auch der Name drückt die Wertehaltung eines Unternehmens aus.

Leitbild und Name zeigen das Profil einer Einrichtung – wofür steht das Unternehmen. Das Profil gibt Orientierung nach innen und legitimiert nach außen. Das liegt im Interesse des Vereinsträgers, der Auftraggeber, von Kundinnen und Kunden und letztlich jener, die die Einrichtung finanzieren. Und es liegt im Interesse der Mitarbeiterinnen und Mitarbeiter: Wird hier gut gearbeitet? Kann ich hier gut arbeiten? Daran bemisst sich die Qualität einer Einrichtung.

Ich möchte Ihnen das Programm Decart vorstellen. Entwickelt wurde es von Frau Dr. Elisabeth Jünemann, Professorin für Theologische Anthropologie und Theologische Sozialethik an der Katholischen Hochschule Nordrhein-Westfalen. Sie schreibt: „Eine Organisationskultur, die auf Vertrauen baut, ist in einer Gesellschaft, die der Soziologe Peter Gross als „Multioptionsgesellschaft" bezeichnet, notwendiger denn je. Mit der Vielfältigkeit der Möglichkeiten wächst das Risiko, sie wieder zu verlieren – leidvolle Erfahrungen in kleinen und großen, sozialen und wirtschaftlichen Unternehmen sprechen davon. Das Bedürfnis nach orientierenden Vorstellungen darüber, was der Mensch zum guten Leben unter gerechten Bedingungen braucht und wie dies zu konkretisieren wäre, wächst.

Das Christentum findet eine solche Orientierung immer schon in den 10 Geboten des Alten Testamentes. 10 Gebote geben da Orientierung, wie in riskanten Zeiten die von Gott geschenkte Freiheit zu halten ist. Damals für das Volk Israel. Heute für moderne Organisationen."

Dr. Jünemann versteht die 3000 Jahre alten „Zehn Gebote", die unsere Kultur maßgeblich über Jahrhunderte geprägt haben und noch immer prägen, als Wegweisung zu einem Leben in Freiheit und zum Schutz der individuellen und strukturellen Freiräume. Leider reicht der Platz nicht, um alle Gebote, die unsere Freiheiten schützen, vorzustellen. So beschränke ich mich auf das erste Gebot. Warum? Einerseits eröffnet Gott damit seine „Freiheitsverfassung". Andererseits geht es in diesem Gebot – in der Interpretation Elisabeth Jünemanns – um die Frage nach Identität, denn persönliche wie auch gesellschaftliche Identität gerät wieder verstärkt in den menschlichen Fokus, gerade durch die große Verunsicherung während der COVID-19-Pandemie. Wie unter einem Brennglas hat diese Pandemie globale, wirtschaftliche und soziale Verwerfungen, das Elend unserer Armen und nicht zuletzt die Gefährdung der auf der Flucht Gestrandeten deutlich gemacht. Ebenso wie die Bedrohung politischer Strukturen und Orientierungsmuster in Osteuropa und dem Nahen Osten.

Auch im religiösen Bereich stellen sich Identitätsfragen. Was bedeutet es für den Einzelnen und für christliche Gemeinden, dass über Monate keine Gottesdienste

Adventmarkt der Emmausgemeinschaft in St. Pölten-Viehofen

in gewohnter Form stattfinden konnten? In Krisen ist es wichtig, eine Identität zu haben.

Am Anfang steht für das Volk Gottes, für Israel, die Erfahrung von Freiheit: „Es sprach der Herr: Ich habe das Elend meines Volkes in Ägypten gesehen, und ihre laute Klage über ihre Antreiber habe ich gehört. Ich kenne ihr Leid. Ich bin herabgestiegen, um sie der Hand der Ägypter zu entreißen und aus jenem Land hinauszuführen in ein schönes, weites Land, in ein Land, in dem Milch und Honig fließen ..." (Ex 3,7-8)

Das Volk Israel lässt sich auf diesen Weg der Freiheit ein. Auch wenn es nicht genau weiß, wohin es geht und seine Zukunft nicht kennt. Es war nicht leicht, sich dieser Freiheit auszusetzen. Und wir wissen aus den Texten des Alten Testamentes, dass es auf dem Weg in die Freiheit viele Rückschläge gab. Nicht nur einmal wollte das Volk von den Wegweisungen der Freiheit (10 Gebote) nichts mehr wissen und lieber zurückkehren zu den „Fleischtöpfen Ägyptens".

„Ich bin Jahwe, dein Gott, der dich aus Ägypten geführt hat, aus dem Sklavenhaus. Du sollst neben mir keine anderen Götter haben. Du sollst dir kein Gottesbildnis machen, das irgendetwas darstellt am Himmel droben, auf der Erde unten oder im Wasser unter der Erde." (Dtn 5,6-8)

Wenn Israel mit anderen Göttern „intim" wird, dann „setzt es andere Erfahrungen neben die Freiheit – und verspielt damit seine Freiheit" (Elisabeth Jünemann). Wenn das Volk Gottes diese Freiheit aufs Spiel setzt, dann setzt es seine Identität aufs Spiel.

Jeder Mensch hat seine Identität. Und jede Organisation hat ihre Identität. Das macht sie unverwechselbar. Identität thematisiert Vertrauen und Verlässlichkeit. Eine Organisation muss Fragen nach ihrer Identität klären: Worum geht es, was geht, was nicht ... „Gerade da, wo viele Kulturen, Religionen, Generationen, Berufe und Professionen zusammenkommen, braucht ein ... Sozial- oder Wirtschaftsunternehmen die normative Selbstverpflichtung auf ein bestimmtes System von Werten, Normen und Tugenden" (Elisabeth Jünemann). Organisationen brauchen Führungskräfte, die Verantwortung für die Identität tragen. Diese Identität muss gelebt werden können. Und sie muss sich in der Kultur einer Organisation widerspiegeln. Werte und Normen brauchen Formen und Routine, verbunden mit Haltung und Kompetenz. Die Suche nach Identität dient nicht der Abschottung. Sie dient der Rückkoppelung an die Werte, Normen und Tugenden des Anfangs. Bei Emmaus ist das die immer wieder neue Rückkoppelung an das „Emmausevangelium" (Lk 24,13-35). Das ist vor allem jene Freiheit, die Jesus den Emmausjüngern eröffnet hat; an die Werte, Normen und Tugenden, für die dieser Rabbi aus Nazareth steht.

Die Emmausgemeinschaft St. Pölten ist dem biblischen Menschenbild verpflichtet. Damit trotz aller Herausforderungen und neuen Fragestellungen Wirklichkeit wird, was in unserem Leitbild niedergeschrieben ist: „Jeder Mensch ist Ebenbild und Abbild Gottes." Für Christinnen und Christen hat die Nächstenliebe ihren tiefsten Grund darin, dass im Antlitz eines jeden notleidenden und hilfesuchenden Menschen Christus selbst erkannt wird. „Was ihr dem Geringsten meiner Brüder/der Geringsten meiner Schwestern getan oder verweigert habt, habt ihr mir getan oder verweigert" (Mt 25). Denn wo Emmaus drauf steht, muss auch Emmaus drinnen sein.[13]

*Mag. Karl Langer (*1966 in Innsbruck), Theologe, Geragoge, Erwachsenenbildner und ständiger Diakon. Bis 2014 in vielfältigen Aufgabenbereichen der Erzdiözese Wien tätig. Seit 2014 Geschäftsführer der Emmausgemeinschaft St. Pölten. Verheiratet und Vater zweier Söhne.*

Emmaus-Andachtsraum

Ulla Frühwald

Ein Besinnungs- und Begegnungsraum in St. Pölten-Viehofen

Der Raum strahlt Klarheit und Ruhe aus. Gerade die Brüche im Leben, das Scheitern und die Verletzungen, haben im Andachtsraum ihren Platz. Denn sie können, wenn sie ins Leben integriert werden, ein Ort und Auslöser für einen Neuanfang werden. Wie von den Jüngern auf dem schwierigen Weg nach Emmaus sollen im Andachtsraum Zuversicht und Hoffnung erfahren werden durch Licht, das durch ein Glas-Bild wie durch ein Fenster scheint. Der Raum ermöglicht Gemeinschaft (um den Tisch), um das Brot – sprich Leben – zu teilen und auf das Wort – das Zeugnis – von Menschen zu hören.

Ein BILD wie ein „GLASFENSTER" als zentrales Gestaltungsmittel

Die Glasinstallation soll wie ein Fenster wirken – durch das Licht wie aus einer anderen Dimension in den Raum fällt, und ein Gefühl von neuem Leben, von Hoffnung und von Auferstehung vermittelt.

Unser Leben ist oft gebrochen, grau wie der Fußboden und hart wie die Betonwand und dennoch erfahren wir gerade dort auch Licht und Leben. Leonhard Cohen: „There is a crack in everything, that's how the light gets in." (Alles hat einen Riss, so kommt das Licht herein.) Die dunkle Nordwestecke des Raumes ist der Ort, wo das Licht unerwartet wie durch einen Spalt durch die Glasinstallation – wie durch ein Fenster – in den Raum fällt. Das Licht kommt aber auch durch ein großes Dachfenster. Aber das Fenster wirft auch einen deutlichen kreuzförmigen Schatten an die Wand oder auf den Boden. Dies ist vom Architekten so beabsichtigt. Auch das Helle im Leben wird oft durchbrochen und wirft dunkle Schatten.

FOTO: WEICHHART

Interreligiöser Andachtsraum Emmaus Viehofen. Künstlerische Gestaltung: Ulla Frühwald, St. Pölten; Rudi Gritsch, Kramsach

»BAUMSKULPTUR LEBENSWUNDE

Der Nebenraum ist gedacht für den Rückzug von einzelnen Personen. Für stille Momente, um inne zu halten und Kraft zu schöpfen. Ein schon teilweise hohler und morscher Obstbaum wurde entrindet, das morsche Holz entfernt, und die Wunde, der Riss im Baum, intensiv heraus- und überarbeitet, sodass das Thema des „geheiligten Gebrochenseins" sichtbar und noch anschaulicher wird. Auch die Formgebung des Baumes mit der Wunde ist dynamisch und nach oben hin offen, sodass es an Aufblühen erinnert – und der Baumstumpf dennoch lebendig wirkt. Von innen scheint Licht aus dem hohlen vernarbten Baumstamm, denn: „There is a crack in everything, that's how the light gets in." (Leonhard Cohen)

Lebenswunden können zum „Einfallstor Gottes" werden. Bild: Ulla Frühwald, Baumskulptur LEBENSWUNDE

Emmaus – Ort der Hoffnung

Lebenswunden

Erfahrung von Gebrochensein, Scheitern, Trauer und Hoffnungslosigkeit gehören zum Menschsein dazu. Aber genau dort, wo wir gebrochen sind, sind wir geöffnet für die anderen und „das ganz Andere". So können Lebenswunden zum „Einfallstor Gottes" werden und es kann neues Leben aus ihnen wachsen. So geht es auch den beiden Jüngern Jesu, die nach dem Kreuzestod ihres Herrn völlig verzweifelt sind und in Richtung Emmaus aufbrechen.

Weggemeinschaft

Jesu Freunde sind so in ihrer Verzweiflung verstrickt, dass sie ihn, als er sich zu ihnen gesellt, nicht erkennen können. Sie sind mit Blindheit geschlagen. Jesus geht mit ihnen und stellt ihnen Fragen – „Was sind das für Dinge, über die ihr auf eurem Weg miteinander redet?" (Lk 24,17) – und hört ihnen zu. Durch sein Mitgehen und Zuhören weitet sich ihr Blick und ihr Herz öffnet sich. Der Hinzukommende, der Fremde oder auch „der ganz Andere" wendet die Situation.

Zeugnis geben

„Und er legte ihnen dar, was in der gesamten Schrift über ihn geschrieben steht." (Lk 24,27) Nun spricht Jesus zu ihnen und erklärt ihnen die inneren Zusammenhänge. Denn erst jetzt sind sie bereit, auf ihn zu hören und ihr Herz zu öffnen: „Brannte nicht unser Herz in uns, als er unterwegs mit uns redete und uns den Sinn der Schriften eröffnete?"

Mahlgemeinschaft

„Sie erreichten das Dorf, zu dem sie unterwegs waren. Jesus tat, als wolle er weitergehen, aber sie drängten ihn und sagten: Bleibe bei uns, denn es wird Abend." (Lk 24,28) Jesus – der fremde Gast – bleibt bei ihnen und wird nun zum Gastgeber und Geschenk: „Und es geschah, als er mit ihnen bei Tisch war, nahm er das Brot, sprach den Lobpreis, brach es und gab es ihnen. Da wurden ihnen die Augen aufgetan und sie erkannten ihn und er entschwand ihren Blicken." (Lk 24, 31)

Leben aus dem Geist der Auferstehung

Die Jünger dürfen nach diesem Erlebnis erkennen, dass

Jesus auferstanden ist und dass das Leben den Sieg davonträgt. Diese Erkenntnis wird zu einer unerschöpflichen Quelle der Hoffnung, der Freude und des Lebensmutes. Diese Wahrheit bewegt sie dazu, weiterzumachen. Sie kehren nach Jerusalem zurück, um die frohe Botschaft des Lebens zu verkünden und zu teilen.

» *Bei dir ist die Quelle des Lebens, in deinem Licht schauen wir das Licht."*

Psalm 36,10

» *Die vier Bahnen sind Metaphern für Entwicklungsschritte in uns. Links steht das göttliche Universum, die undurchdringliche Tiefe; die Bahn in der Mitte ist Symbol für die Turbulenzen des Lebens im Hier und Jetzt, was manchmal bedeuten kann, durchs (Fege-)Feuer zu gehen. Dahinter liegt das verbindende Licht, Gottes geheimnisvolle Gegenwart (Transzendenz). Dann kommt der Bruch/Abstand/Veränderung/Leere. Rechts die luftig-leichte hellblaue Bahn, ein Zur-Ruhe-kommen, Auflösen, Fließen, Erlösung. Wie in der Milleniumskirche in St. Pölten-Stattersdorf sind die Bildplatten auf Stahlspangen befestigt und hängen frei im Raum. Symbolisch verbinden sie den Boden mit der Decke, das Irdische mit dem „Anderswo". Das Segel spricht seine eigene Sprache, es bringt ein Boot dorthin, wohin wir es wollen. Mit dem Wind gibt der Wind die Richtung vor. Gegen den Wind müssen wir kreuzen und das Ruder stellen. Es braucht Erfahrungen, einen Kompass, die Sterne oder Vögel, die uns zeigen, wo Land sein kann."*

Glaskünstler Rudi Gritsch

Andachtsraum Emmaus Viehofen: Glasinstallation von Rudi Gritsch, Kramsach

FOTO: WEICHHART

Emmaus – ein Ort der Solidarität

Karl Vogd

Die St. Pöltner Emmausgemeinschaft ist ein beeindruckendes Beispiel für die Macht des Guten. Am Beginn stand eine Vision: Mit den Ungeliebten der Gesellschaft in einer familienähnlichen Gemeinschaft leben. Es waren vier Männer, die alle irgendwann in ihrem Leben gestrauchelt waren, mit denen Emmaus-Gründer Karl Rottenschlager im September 1982 in eine leerstehende Fleischhauerei in der Herzogenburger Straße einzog. Der Verputz des Hauses bröckelte herunter, die Fenster waren vermorscht, durch das Dach drang Wasser, im Hof stapelte sich Gerümpel. Der Beginn war hart, aber nach einem Jahr was das Dach saniert, der Schutt vom Hof entfernt und es konnten die ersten Räume des Wohnheimes bezogen werden. Der Optimismus des Gründers, der positive Veränderungswille der Gäste und die große Hilfsbereitschaft von Freunden und Nachbarn hatten allen Hindernissen getrotzt.

Was vor 38 Jahren als wagemutiges Experiment begann, ist in vier Jahrzehnten zu einem Kleinkonzern der Nächstenliebe gewachsen. Vier Wohnheime, drei Notschlafstellen und zwei Tageszentren bieten Unterkunft und Hilfe auf dem Weg zurück. In mehreren Betrieben finden schwer vermittelbare Menschen Arbeits- und Beschäftigungsmöglichkeiten. Die Emmausgemeinschaft ist immer dann zur Stelle, wenn es um Menschen geht, die unsere Unterstützung am meisten benötigen: Obdachlose, Haftentlassene, von Gewalt bedrohte Frauen, Asylsuchende auf der Flucht vor Krieg und Terror, vernachlässigte Jugendliche auf der Suche nach Verständnis und einer Perspektive in ihrem Leben. Für sie alle stellt die Emmausgemeinschaft die passenden Angebote bereit.

Am Emmaus-Standort Viehofen sind durchschnittlich 180 Personen beschäftigt. Bild: Altwaren und Flohmarkt (re), Holzwerkstätte, Projekt & Design, Kunstwerkstätte (Mitte), Andachtsraum und Seminarräume (li)

Wer einmal in einem Emmaus-Wohnheim beim Mittagessen zu Gast war, wird eines der Geheimnisse von Emmaus entdecken. Hier herrscht eine unaufdringliche Aufmerksamkeit und Rücksichtnahme, die jeden Anwesenden wahrnimmt, ihn respektiert, ohne ihm ungehörig nahezutreten. Die Botschaft ist klar: Wir sehen und akzeptieren dich. Auch wenn du momentan vielleicht in einer misslichen Lage bist,

bist du für uns kein Objekt gängelnder Befürsorgung, sondern ein entscheidungsfähiger Mensch, der sich artikulieren kann. Du bist hier willkommen, auch wenn deine Geschichte eine schlimme sein mag. Wir sind überzeugt, dass du dich auf einen besseren Weg begeben kannst, wenn du es willst. Wir machen uns keine Illusionen, dass dies ein einfaches Unterfangen ist. Wir versprechen dir aber: Wir helfen dir beim Finden eines Weges und unterstützen dich bei den auftauchenden Schwierigkeiten. Und wenn es einen Rückschlag gibt, lassen wir dich nicht fallen.

Die Emmausgemeinschaft ist kein „Asyl", das „Problemfälle" verwaltet. Hier wird nicht über Menschen verfügt. Respekt und Verständnis für das Leid von sozial Ausgegrenzten ist hier nicht nur beschworenes Leitbild, sondern tägliche Praxis. Menschen, die in einem Emmaus-Wohnheim Unterkunft finden, sind „Gäste", keine Objekte von Fürsorge. Sie finden hier einen sicheren Platz in einem eigenen Zimmer und können sich satt essen. Man versucht den Gästen aber auch bei der Neuorientierung zu helfen. Man will sie dazu anregen, selbstschädigendes Verhalten aufzugeben und schrittweise das eigene Leben wieder in die Hand zu nehmen.

Ein ausgeklügeltes pädagogisches Stufenmodell garantiert die Umsetzung. Tageszentren und Notschlafstellen stellen die Grundversorgung sicher. Obdachlose, die sonst unter einer Brücke schlafen müssten und im Winter in einem Kellerloch zu erfrieren drohen, finden im „Auffangnetz" ein Dach über dem Kopf sowie Schutz vor Nässe und Kälte. Für die weiteren Entwicklungsschritte gibt es in den Wohnheimen höherschwellige Angebote. Wer seine beruflichen Fähigkeiten verbessern und seine schulischen Defizite abbauen möchte, kann aus einem der vielen Angebote in den Emmaus-Betrieben wählen.

Wer sich stabilisiert und einen Neuanfang geschafft hat, bleibt nicht im sozialen Nirgendwo hängen. Im Rahmen der Wohnassistenz betreuen Emmaus-Mitarbeiter ehemalige Gäste, die in einer eigenen Wohnung leben. Die Mitarbeiter sind in Krisensituationen jederzeit erreichbar und können schnell konkrete Hilfe anbieten. Das bietet die Chance, einen drohenden Rückfall in selbstschädigendes Verhalten abzuwenden.

Die Emmausgemeinschaft ist ein Ort der Solidarität. Hier gilt, dass alle ein Recht haben, mit am Tisch zu sitzen. Die Grundlage für diese Haltung ist der Glaube an die Gotteskindschaft aller Menschen, wie sie im Gleichnis vom Gericht des Menschensohns über die Völker (Matthäus, 25, 40) prägnant formuliert ist. Hier antwortet der Menschensohn, der als Jesus ganz Mensch geworden und als Christus auferstanden und in den Himmel aufgefahren ist: „Amen, ich sage euch: Was ihr für einen dieser Geringsten nicht getan habt, das habt ihr mir nicht getan." Emmaus-Gründer Karl Rottenschlager betrachtete die Emmausgemeinschaft von Anfang an als konsequente Verwirklichung eines christlichen Lebens.

Rottenschlager versteht sich auch als Fürsprecher und publizistisches Sprachrohr der Stimmlosen, die in unserer Wohlstandsgesellschaft an den Rand gedrängt werden. Dabei formuliert er scharf, wenn es um das Aufzeigen von Armut und Unrecht geht. Er findet drastische Formulierungen für das verdrängte Elend in unserer Wohlstandsoase im reichen Europa. Er wechselt aber sofort in einen versöhnlichen Tonfall, wenn er über Menschen spricht. Aburteilungen wird man in seinen Texten nicht finden. Im Kampf gegen Not und Elend schwört er auf pragmatisches Vorgehen. Bei allem Realismus hält er aber immer auch das Unwahrscheinliche für möglich. Er ist ein ewiger Optimist, aber kein Träumer. Er ist ein Visionär, der unbeirrbar an das Fortschreiten des Guten in der Welt glaubt. Er wendet sich an das Gute im Menschen, weil er überzeugt ist, dass etwas von diesem Guten in jedem Menschen zu finden ist.

Den Kreislauf der Gewalt unterbrechen

Dieses Gute sieht er in den Menschen, denen er begegnet, in seinen Kolleginnen und Kollegen, mit denen er zusammenarbeitet. Er macht es aber auch in den oft wundersamen Wendungen im Leben der Gäste der Emmausgemeinschaft aus. Beispielhaft erkennt er das Wirken des Guten in den Lebensgeschichten und Zeugnissen von Menschen, denen es gelungen ist, Hass zu überwinden und den Kreislauf der Gewalt zu unterbrechen. Diese Menschen wurden für ihn zu orientierenden Leitfiguren, die Zuversicht auch in schweren Stunden und in ausweglos scheinenden Situationen vermitteln können. Das vorliegende Buch ist ein Kompendium dieser Stimmen der Hoffnung. Wir finden darin die Lebensporträts von Menschen, die in den Katastrophen des 20. Jahrhunderts und in den Bürgerkriegen der Gegenwart ihre Humanität nicht verloren haben Eine dieser vielen Stimmen der Hoffnung ist Maria Biedrawa, die im Bürgerkrieg in der Zentralafrikanischen Republik vermittelt und versöhnt.

In all diesen Lebenszeugnissen sieht Rottenschlager oft auch Anzeichen von zukünftigen Entwicklungen. Mit seiner feinen Antenne für Neues nimmt er Anzeichen für Neues an ganz unterschiedlichen Orten und in unterschiedlichen Milieus wahr.

Das Unwahrscheinliche nicht auszuschließen, ist auch zu einem Faktor im Wirken der Emmausgemeinschaft geworden. Man vertraut selbst in verfahrenen Situationen auf die Möglichkeit und die Kraft der Versöhnung: Versöhnung mit dem gewalttätigen Vater, mit der alkoholkranken Mutter, mit dem eigenen Schicksal. Versöhnung wird aber in einem weiteren Sinn gesehen, als Versöhnung zwischen unterschiedlichen Kulturen und Religionen und als Weg für einen Ausgleich von schreiender ökonomischer Ungerechtigkeit. Voraussetzung für Versöhnung ist Vergebung, das heißt Verzicht auf Vergeltung.

In der Emmausgemeinschaft behalten auch die „Überflüssigen", die andernorts bereits aussortiert wurden, ihre Würde. Man nimmt zur Kenntnis, dass manche Gäste nicht mehr dazu imstande sind, Weiterbildungs- und Beratungsangebote aufzugreifen. Allerdings wird diese Haltung nicht als Weigerung ausgelegt. Man reagiert nicht mit den materiellen Sanktionen des „aktivierenden Sozialstaates" und auch nicht mit den symbolischen Bestrafungen, die ein aggressiver öffentlicher Diskurs für die Randgruppen fordert. Zwar wird in allen Einrichtungen der Emmausgemeinschaft die Einhaltung von Regeln verlangt. Aber es folgt auf den Regelbruch nicht die Aburteilung, der definitive Ausschluss. Wer Regeln bricht, muss die Einrichtungen von Emmaus verlassen. Er kann sich aber um Wiederaufnahme bewerben. Das ist etwas völlig anderes als der totale Ausschluss.

Mit ihrer Orientierung am Prinzip der Barmherzigkeit bildet die Emmausgemeinschaft eine Gegenposition zum verantwortungslosen Individualismus, dem die anderen gleichgültig sind. Emmaus ist auch ein Kontrastprogramm zur naiven Verherrlichung der Marktwirtschaft und ihrer Wachstumsideologie, die zu nicht mehr hinterfragbaren Letztbegründungen geworden sind. Der Mensch ist in der Emmausgemeinschaft mehr als ein Kostenfaktor auf zwei Beinen. Er wird nicht nur als ökonomisches Subjekt gesehen, das als Produzent ununterbrochen nach Selbstoptimierung streben muss und dann als Konsument seinen Wert an Menge und Status des von ihm Verbrauchten ablesen darf.

Vom Emmaus-Team werden die vielfältigen Formen des Elends in unserer reichen Gesellschaft mit unbestechlichem Blick registriert. In der Arbeit für die Notleidenden strebt man das Machbare und das Durchführbare mit Geschick an. Bei aller Professionalität in der Durchführung steht im Zentrum jedoch ein einfaches, klares Anliegen: Die Leidenden sind unsere Brüder und Schwestern. Wenn wir unser Menschsein nicht verraten wollen, dann dürfen wir vor ihrer Not nicht wegschauen, sondern müssen ihnen zu Hilfe kommen. Und genau das ist es, was die Emmausgemeinschaft seit vier Jahrzehnten beispielhaft verwirklicht.

Mag. Karl Vogd: geboren 1954, Studium an der Universität Wien und an der University of Arkansas (USA). Unterrichtete bis 2019 Deutsch und Geschichte am BG/BRG St. Pölten. Freier Mitarbeiter für Zeitungen.

In der Emmausgemeinschaft, bei Antlas und in den soogut-Sozialmärkten behalten auch die „Überflüssigen", die andernorts bereits aussortiert wurden, ihre Würde.

FOTOS: KOGLER

LEBENS(T)RÄUME
FÜR JUNG UND ALT

FOTO: SHUTTERSTOCK

FOTO: ROTTENSCHLAGER

FOTO: ROTTENSCHLAGER

FOTO: ROTTENSCHLAGER

FOTO: ROTTENSCHLAGER

FOTO: ROTTENSCHLAGER

NACHHALTIGKEIT UND SORGSAMER UMGANG MIT RESSOURCEN

Emmaus St. Pölten und Emmaus Lilienfeld unterstützen – in Zusammenarbeit mit der Internationalen Organisation ORA – das bulgarische Sozialprojekt BIB mit Second Hand-Waren. BIB konnte in Bulgarien durch den Aufbau von Second Hand-Läden bisher 100 Arbeitsplätze schaffen.

#5

ÜBERWINDUNG VON HASS, TERROR UND GEWALT

HASS UND GEWALT MÜSSEN NICHT DAS LETZTE WORT HABEN

Die Emmausgemeinschaft St. Pölten hat seit 1982 mehr als 12.000 Hilfe suchende Menschen als Gäste aufgenommen. 1.800 von ihnen waren ausländische Staatsbürger. Die Mehrzahl der ausländischen Gäste waren Flüchtlinge und Asylwerber. Sie kamen aus insgesamt 64 Ländern, meist aus den Kriegs- oder Krisengebieten dieser Erde: Afghanistan, Pakistan, Türkei (kurdische Flüchtlinge), Sri Lanka, Algerien, Tschetschenien, Ex-Jugoslawien, Irak, Syrien, Iran, Somalia, Palästina, Ukraine, Rumänien, Moldawien…

Mit der Ankunft der ersten AsylwerberInnen Ende der 80er-Jahre brach in den Emmaus-Notschlafstellen, Wohnheimen und Betrieben eine neue Ära an. Gäste und MitarbeiterInnen der Emmaus-Einrichtungen wurden plötzlich hautnah mit Problemen konfrontiert, die sie bisher nur durch die Medien kannten: Krieg, Völkermord, Vertreibung, Hass, Rache, Vergewaltigung, Traumatisierung usw. In den von Krieg und Terror geplagten Heimatländern vieler Emmaus-Gäste sorgten fundamentalistische Religionsvertreter für zusätzlichen Zündstoff. Durch ihr parteiisches Verhalten, insbesondere durch die Unterstützung nationalistischer Bewegungen, haben sie die Lösung ethnischer Konflikte beträchtlich erschwert. Daher kam es auch unter den Asylwerbern und Gästen der Emmausgemeinschaft gelegentlich zu verbalen Auseinandersetzungen,

zu Pauschalverdächtigungen und Schuldzuweisungen. Vor allem der Missbrauch des Gottesnamens (Stichwort: „Islamischer Staat") erhitzte die Gemüter und führte zu Spannungen auch innerhalb der Wohngruppen der Emmausgemeinschaft.

Die Beiträge der folgenden Kapitel sprengen unseren engen Österreich-Horizont auf. Sie zeigen, dass wir in einem globalen Dorf leben, dass jede/r Einzelne von uns Teil der Menschheitsfamilie ist. Durch die Aufnahme von Flüchtlingen aus Kriegsgebieten gewann die für Emmaus so wichtige Thematik der gewaltfreien Konfliktlösung neue Brisanz. Eine besondere Herausforderung im Zusammenleben innerhalb der Emmausgemeinschaft war die oft ambivalente Rolle der Religionen in den Herkunftsländern unserer Gäste. Religion war sehr oft Teil des Problems.

„Hassen oder vergeben?" war und ist daher auch eine zentrale Frage aller Beratungsgespräche innerhalb der Emmausgemeinschaft. Doch wie kann Aussöhnung mit Personen einer verfeindeten Volksgruppe gelingen, die mich und meine Familie diskriminiert, verfolgt, Angehörige und Bekannte getötet oder vertrieben hat? Nicht selten hörte ich von meinen Gesprächspartnern den Satz „Ich bin so tief verletzt, ich schaffe es nicht zu verzeihen."

Erst im Lauf der Zeit setzte sich bei nicht wenigen unserer traumatisierten Flüchtlinge die Erkenntnis durch, dass Gewalt kein Problem löst. In den Einzel- und Gruppengesprächen wurde vielen von ihnen klar, dass die Religionen – ihrem Wesen nach – nicht Teil des Problems, sondern Teil der Lösung sein sollten.

Die folgenden Erfahrungsberichte zeigen, dass Hass, Terror und Gewalt nicht das letzte Wort haben müssen. Ob in Emmaus St. Pölten, in Israel/Palästina[1], Afghanistan oder Syrien – Menschen, die Gottes entwaffnende Liebe und sein grenzenloses Erbarmen entdeckt haben, kämpfen mit einem versöhnten Herzen. Sie tragen den Frieden in die Welt. Vergebung und Versöhnungsprozesse werden möglich. Die Spirale der Gewalt wird durchbrochen. Hass ist eine zu schwere Last.

Edith Stein, deutsche Philosophin und Frauenrechtlerin jüdischer Herkunft; sie wurde als „Jüdin und Christin" am 9. August 1942 im Konzentrationslager Auschwitz-Birkenau ermordet. Bild: Ulla Frühwald, Edith Stein, 2002 Leinwand, Acrylfarbe

Wer wird uns Führer sein aus Nacht zum Licht?
Wie wird der Schrecken enden?
Wann wird sich das Schicksal wenden?
Der am Ölberg in blutigem Angstschweiß rang
mit dem Vater in heißem Flehen,
er ist es, dem der Sieg gelang,
da entschied sich das Weltgeschehen.
Dort fallet nieder und betet an,
und fragt nicht mehr: Wer? Wie? Wo? Wann?

FOTO: FRÜHWALD

Edith Stein[2]

Es fing nicht mit Gaskammern an

Bei den Reichstagswahlen vom 20. Mai 1928 zog Joseph Goebbels als einer von zwölf Abgeordneten der NSDAP in den Berliner Reichstag ein. In der von ihm herausgegebenen Wochenzeitung „Der Angriff" spottete er über diese Institution, die er „längst reif zum Untergang" fand:

> *„Wir haben nichts mit dem Parlament zu tun. Wir lehnen es innerlich ab und stehen auch nicht an, dem nach außen hin kräftig Ausdruck zu verleihen. [...] Ich bin kein Mitglied des Reichstages. Ich bin ein Idi. Ein Inhaber der Immunität, ein Inhaber der Freifahrtkarte. Ein Idi beschimpft das ‚System' und empfängt dafür den Dank der Republik in Gestalt von siebenhundertfünfzig Mark Monatsgehalt."*

Im Januar 1939 kündigte Hitler die „Vernichtung der jüdischen Rasse in Europa" im Falle eines Weltkrieges an. Mit dem „Russlandfeldzug" begann ab Juni 1941 die organisierte Massenvernichtung der Juden.

FOTO: KNA

„Diese Gräueltaten passieren dann, wenn sich der Mensch an die Stelle Gottes setzt" (Pedro Arrupe SJ, anlässlich eines Besuches im ehemaligen KZ Auschwitz). Bild: Verbrennungsofen im ehemaligen KZ Auschwitz

❯❯ *Die Menschen haben Gott vergessen, und das ist der Grund für die Probleme des 20. Jahrhunderts. Wir werden keine Lösungen finden ohne die Umkehr des Menschen zum Schöpfer aller Dinge."*

Alexander Solschenizyn,
Archipel GULAG

Gedenktafel im ehemaligen Konzentrationslager Ebensee, einem Außenlager des KZs Mauthausen, OÖ. Die Gefangenen wurden als Zwangsarbeiter eingesetzt, um einen Stollen – zum Bau von Motoren für Panzer – in den Berg zu treiben. In der Zeit von 1943 bis 1945 starben im KZ Ebensee 8.745 Gefangene. Das Bild zeigt Überlebende am Tag der Befreiung am 7. Mai 1945.

„Nur wer die Probleme auf die einfachste Formel bringen kann und den Mut hat, sie auch gegen die Einsprüche der Intellektuellen ewig in dieser vereinfachten Form zu wiederholen, der wird auf die Dauer zu grundlegenden Erfolgen in der Beeinflussung der öffentlichen Meinung kommen."[2A]

„Ich frage euch: Wollt ihr den totalen Krieg? Wollt ihr ihn, wenn nötig, totaler und radikaler, als wir ihn uns heute überhaupt erst vorstellen können?"[2B]

Der Holocaust (griechisch „vollständig verbrannt"; hebr. „Shoa" Katastrophe; das große Unheil) war der nationalsozialistische Völkermord an 5,6 bis 6,3 Millionen europäischen Juden. In der NS-Ideologie wurde der Völkermord an den Juden seit dem Überfall auf Polen als „Vernichtung unwerten Lebens" gerechtfertigt und mit den NS-Krankenmorden der „Aktion T4" und der „Kinder-Euthanasie" auf eine Stufe gestellt.

Niemals Nummer. Immer Mensch.

Bischof Scheuer warnte am 5.5.2019 bei der Gedenkfeier zur Befreiung des ehemaligen Konzentrationslagers Mauthausen vor der Verachtung von Menschen, die „anders" sind. Dieses Prinzip sowie die Anmaßung von absoluter Macht über Leben und Tod stehe oft an der Wurzel von Terror und Barbarei, so Scheuer.

Der Nationalsozialismus habe Behinderte und Zigeuner, politische Gegner, wie auch jüdische Traditionen und generell die „anderen" verachtet und sich dabei u.a. der Wissenschaften, der Medizin, der Ökonomie und sogar der Religion bedient, erinnerte der Bischof. Damals habe man „lebenswertes und lebensunwertes" Leben definiert und selektiert, und es habe eine ökonomische Kosten-Nutzen-Rechnung im Hinblick auf die Ermordung Behinderter gegeben. „Verachtung signalisiert: Du bist für mich überflüssig, reiner Abfall und Müll, den es zu verwerten und dann zu entsorgen gilt, eine Null, ein Kostenfaktor, den wir uns nicht mehr leisten wollen", verdeutlichte der Bischof. So seien die Morde von Mauthausen, Gusen und Hartheim erst möglich geworden – als letztes Glied und Auswirkung einer auf dem Sozialdarwinismus beruhenden Ideologie, die Menschen nach Nützlichkeit bewertet. Man habe Millionen von Menschen

– vor allem Schwachen und Behinderten – das Lebensrecht einfach aberkannt, für sie als „Parasiten" wurde nur der Gnadentod als Ausweg gesehen. Dass es „besser, kostengünstiger wäre, wenn sie nicht geboren worden wären", habe gerade für Kinder gegolten. So seien die Ehrfurcht vor dem Leben, Barmherzigkeit und Mitleid „Untugenden der Lebensverneinung" gewesen, hingegen Selbstbehauptung, Selbstdurchsetzung und das Recht des Stärkeren „absolute Werte".

Scheuer sprach auch das Motto der Gedenkfeier „Niemals Nummer. Immer Mensch" an, das auf die Praxis im ehemaligen KZ, Häftlinge auf eine Nummer zu reduzieren, verweist. Die SS habe den Gefangenen alles genommen, was noch an ihr bürgerliches Leben erinnerte – persönliche Gegenstände und das individuelle Aussehen, besonders aber den Namen, statt dessen wurden Nummern zugeteilt. „Die Nummer war der vollständige Ersatz der individuellen Persönlichkeit. Sie diente zur Entmenschlichung", verwies Scheuer auf Augenzeugenberichte aus dem KZ. Mit dem Namen habe man die Unverwechselbarkeit der Menschen auslöschen wollen.

> *Vor diesem Hintergrund geben gegenwärtige Tendenzen Anlass zur Sorge, befand Bischof Manfred Scheuer. Durch eine „Zifferninflation" der Nummern und Buchstabenkombinationen gerate heute die Ethik ins Hintertreffen. „Was wichtig ist, wird erschlossen über Kennziffern, Benchmarks und Rankings, nicht über die Sprache, auch nicht über Bilder." Statt nüchternem Realismus bewirke diese auch von den Medien verstärkte Praxis jedoch eine „Verarmung im Verhältnis zu anderen Menschen", zunehmende Sprachlosigkeit in Bereichen wie Begegnung, Liebe und Zärtlichkeit bis hin zum Glauben, somit in Summe „Realitätsverlust und Wirklichkeitsflucht".*

(kathpress 5.5.2019)[3]

> *Als die Nazis die Kommunisten holten, habe ich geschwiegen; ich war ja kein Kommunist. Als sie die Sozialdemokraten einsperrten, habe ich geschwiegen: ich war ja kein Sozialdemokrat. Als sie die Gewerkschafter holten, habe ich nicht protestiert; ich war ja kein Gewerkschafter. Als sie mich holten, gab es keinen mehr, der protestieren konnte.*

*Martin Niemöller,
evangelischer Theologe*

Martin Niemöller, evangelischer Theologe, der dem Nationalsozialismus zunächst positiv gegenüberstand. Er wurde während des Kirchenkampfes und in der Zeit seiner Inhaftierung (1938-1945) in den Konzentrationslagern Sachsenhausen und Dachau zum Widerstandskämpfer gegen das NS-Regime. Nach dem Krieg war Niemöller Kirchenpräsident von Hessen und Nassau sowie Präsident im Ökumenischen Rat der Kirchen.

Ehemalige KZ-Häftlinge des größten deutschen Konzentrations- und Vernichtungslagers Auschwitz – viele mit gestreiften Schultertüchern in den Farben der ehemaligen Häftlingskleidung – nehmen am 70. Jahrestag der Befreiung an einem Gedenkgottesdienst teil.

FOTO: KNA

>> *Jeder Mensch, der sich für Gott hält, tötet am Ende Menschen."*

Elie Wiesel

>> *Euthanasie und assistierter Suizid sind eine Niederlage für alle. Die Antwort, zu der wir aufgerufen sind, ist, die Leidenden niemals im Stich zu lassen, nie zu resignieren, sondern uns ihrer mit Fürsorge und Liebe anzunehmen, um Hoffnung zu schenken."*

Papst Franziskus

FOTO: KNA

„Der Zweck der Lager wurde kaum verhehlt: Die Katorga-Häftlinge sollten physisch vernichtet werden. Das war offener Mord, jedoch nach GULAG-Tradition, in die Länge gestreckt, um die Qualen der Verdammten zu verlängern und sie vor dem Tod noch etwas arbeiten zu lassen."
Alexander Solschenizyn, Archipel GULAG (Anm.: Katorga ist die Bezeichnung für Zwangsarbeit in Sibirien, ursprüngliche Bedeutung „Galeere")

Wehret den Anfängen

>> *Vor unserem Herrgott gibt es kein unwertes Leben."*

Mit diesen deutlichen Worten nahm Bischof Michael Memelauer bei seiner Silvesterpredigt 1941 im St. Pöltner Dom gegen die NS-Euthanasie Stellung.

„Laogai nennt man Zwangsarbeitslager in der Volksrepublik China. Mao Tse-tung ließ im ganzen Land eine Vielzahl der Lager errichten, nach dem Beispiel der sowjetischen GULAGS. Noch heute werden in China knapp vier Millionen Menschen in Arbeitslagern festgehalten. Unter härtesten Bedingungen müssen sie dort Waren produzieren, von denen viele für den Export nach Europa bestimmt sind. Bei den Gefangenen handelt es sich nicht nur um Verbrecher, sondern oft um Regimekritiker oder Andersdenkende, die der Regierung ein Dorn im Auge sind."[3A] In einer ARTE-Dokumentation vom 27.8.2015 berichten drei ehemalige Gefangene von ihren traumatischen Erlebnissen im Arbeitslager: die Tibeterin Ama Adhe, der Schriftsteller und Musiker Liao Yiwu und Harry Wu, Laogai Research Foundation.

>> *Gewaltfreiheit ist die einzige Antwort auf den Geist der Gewalt und Lüge."*

Mahatma Gandhi

FOTO: KNA

Leon Weintraub, Überlebender des Holocausts, ehemaliger Häftling in Auschwitz-Birkenau, 2015 bei einer Begegnung mit jungen Journalisten im KZ-Auschwitz-Birkenau

> *Wer die Gewalt als seine Methode proklamiert hat, muss die Lüge zu seinem Prinzip machen."*

Alexander Solschenizyn, Dankesrede zur Entgegennahme des Nobelpreises für Literatur, 10.12.1970

> *In Zeiten globalen Betrugs gilt es als revolutionäre Tat, wenn man die Wahrheit sagt."*

George Orwell

FOTO: ED WIEN

Als Franz Jägerstätter vom Euthanasieprogramm der Nationalsozialisten erfuhr und die Verfolgung der Kirche begann, festigte sich sein Entschluss, den Wehr- bzw. Kriegsdienst zu verweigern.

... besser die Hände als der Wille gefesselt ...
Franz Jägerstätter

Franz Jägerstätter war einer, der die gewaltfreie Liebe Gottes bezeugte und den Mut zum Widerstand hatte. Er verweigerte aus Gewissensgründen den Wehrdienst für die Nationalsozialisten. Bereits im Jänner 1938 sah Franz Jägerstätter in einem Traum einen Zug, in den immer mehr Leute einstiegen, und er hörte eine Stimme sagen: „Dieser Zug fährt in die Hölle!" Er deutete diesen Traum als Warnung vor dem Nationalsozialismus, der mit der Lehre der Kirche nicht vereinbar sei. Als Jägerstätter vom Euthanasieprogramm der Nationalsozialisten erfuhr und die Verfolgung der Kirche begann, festigte sich sein Entschluss, den Wehr- bzw. Kriegsdienst aus Gewissensgründen zu verweigern. Nach der Wehrdienstverweigerung wurde Franz Jägerstätter verhaftet, nach Berlin-Tegel verlegt und zum Tod verurteilt. Aus der Haft schrieb er: „Wenn ich auch mit gefesselten Händen schreibe, aber noch immer besser, als wenn mein Wille gefesselt ist." Am 9. August 1943 wird Franz Jägerstätter in das Zuchthaus Berlin-Brandenburg gebracht und dort um 16:00 Uhr mit dem Fallbeil hingerichtet.[4]

> *Die Wahrheit wird euch frei machen."*

Jesus von Nazareth (Joh 8,32)

FOTO: ED WIEN

Die Liebe zu Franz war für Franziska Jägerstätter das treibende Motiv, sich in der äußersten Konfliktsituation an seine Seite zu stellen, ihn zu unterstützen, in der Not nicht allein zu lassen.

> *Die gewaltfreie Liebe Gottes zu bezeugen bedeutet konsequenterweise auch, die Spirale der Gewalt zu durchbrechen. Der Preis für die Beseitigung des Unrechts kann hoch sein – die sich hingebende Liebe Gottes gilt es dann zu vollziehen."*

Hildegard Goss-Mayr

> *Wahrheit wird niemals durch Gewalt widerlegt."*

Erich Fromm[38]

» *Die Geschichte ist voll von Schuld gegen das zweite Gebot: Im Namen Gottes Kreuzzüge; Hexen, Andersdenkende, Juden mit Gott aus dem Weg räumen. „Gott mit uns" ließen die Herrschenden auf die Koppel ihrer Soldaten schreiben; sie selber sahen sich oft als Werkzeug der Vorsehung. Macht, der unheimlichste aller Triebe, bedient sich Gottes, um noch mehr Macht zu erreichen. Das zweite Gebot enthält vom Sinn des gesamten „Zehnwortes" wichtige Hinweise: die Freiheit schützen, damit sie nicht im Namen Gottes den Menschen genommen wird."*

VOEST-Kaplan Hans Innerlohinger[6]

FOTO: WEHRGESCHICHTLICHES MUSEUM, RASTATT

Missbrauch des Gottesnamens: Reichsadler, Hakenkreuz und die Aufschrift „Gott mit uns" auf der Koppel deutscher Wehrmachtssoldaten

Die Stalingrad-Madonna

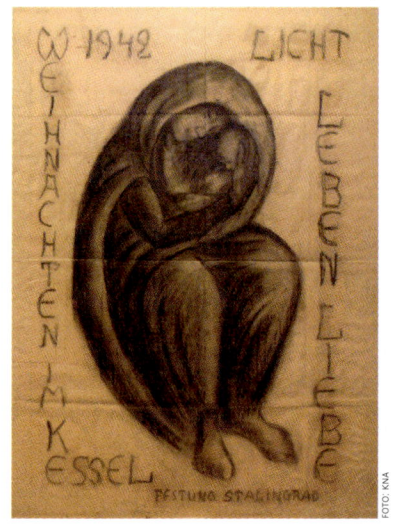

FOTO: KNA

Die Stalingrad-Madonna, Kohlezeichnung auf der Rückseite einer russischen Landkarte, hat der Arzt und Pfarrer Kurt Reuber kurz vor Weihnachten 1942 im Kessel von Stalingrad gezeichnet. Die weihnachtliche Szene wird umrahmt von den Worten des Johannes-Evangeliums „Licht, Leben, Liebe."

FOTO: SHUTTERSTOCK

Stalingrad, vier Wochen nach dem Angriff der deutschen Armee, November 1942

Reuber, als Oberarzt in einem Lazarett tätig, schreibt einem Freund: „Wir haben den sicheren Tod vor Augen" oder „einen Schrecken ohne Ende in der Gefangenschaft. Raum der Unbarmherzigkeit." Reuber erlebt die Schlacht um Stalingrad und stirbt 1944 in sowjetischer Gefangenschaft. Die Stalingrad-Madonna ist ein Versprechen: „Sie gibt die größere Wahrheit weiter, dass Zärtlichkeit und Geborgenheit, dass der Schutz des Menschen und seiner Würde in der Gottesgeschichte der Welt weiter und tiefer reichen als Zerstörung und Untergang. So haben Menschen in der Geburt Jesu, in seinem Leben und in seinen Worten Gott erlebt. Das ist auch durch die Hölle von Stalingrad nicht ungeschehen zu machen." (Hans Werner Dannowski)[7]

Im Kessel von Stalingrad starben 1942/43 ca. 150.000 deutsche Soldaten durch Kampfhandlungen, verhungerten oder erfroren. Rund 108.00 gerieten in sowjetische Kriegsgefangenschaft (Bild), aus der nur 6.000 überlebend in ihre Heimat zurückkehrten. Auf russischer Seite haben bei den Kämpfen um Stalingrad ca. 500.000 Menschen ihr Leben verloren, 630.000 wurden verwundet.

Kickl'sche Wortspiele etc.

Otto Friedrich

„Erstaufnahmezentren" für Asylwerber heißen nun „Ausreisezentren": Das ist kein harmloser Sprach-Gag des (Anm.: ehemaligen) Innenministers, sondern perfide politische Strategie. Natürlich bleiben Traiskirchen etc. weiterhin Aufnahmezentren, aber dass man den dort Ankommenden nun schon im Namen den Fußtritt ankündigt, mit dem man sie schleunigst wieder aus dem Land zu werfen gedenkt, hat doch eine neue Qualität. Das ist alles andere als harmlos. Asylwerber werden seit dem Amtsantritt dieser Regierung zu einem permanenten Bedrohungspotenzial bis hin zur Kriminalisierung hinaufliziiert. Und ist der Boden – sprachlich – bereitet, dann geht jede staatliche Gemeinheit auch im öffentlichen Diskurs

durch. Und die Frage nach den Menschenrechten wird kontinuierlich ins Eck unstatthafter Gefühlsduselei abgeschoben. Sprache ist für derartige Politik wichtig. Sie erlaubt es, Unmenschlichkeit in behübschende Worte zu kleiden, die man mit Unschuldsmiene in die Welt setzt... Aber man muss daran erinnern, dass sich die Demokratie nicht nur via Mehrheiten definiert, sondern dass ihre Staatskunst wesentlich davon lebt, wie sie mit ihren Schwächsten umzugehen imstande ist. Dass sich der Staat gegenüber den Schwächsten austobt wie zurzeit bei den Asylwerbern im Lande, ist eine zivilisatorische Schande ersten Ranges.

(Die Furche 10/2019)

„Ein Menschenleben ist ein Menschenleben. Das sind Verbrecher gewesen. Effektiv Verbrecher. Ich wünsche niemandem, dass er zuschauen muss, wie sein eigenes Kind zertreten, vergast oder was anderes wird. Wenn der Funke Hoffnung nicht gewesen wäre, hätte niemand überlebt." (KZ-Überlebender Aba Lewit)

Statt Verhetzung und Panikmache - erinnern, versöhnen und Zeichen setzen

❱❱ *Der Marsch des Lebens will erinnern, versöhnen und ein Zeichen setzen. Unser Motto lautet: Von der SHOA zu neuem Leben. Wir können das Geschehene nicht ungeschehen machen, aber heute entscheiden, wo und wofür wir stehen."*

Ute Lang / Wien, 5.5.2019

FOTO: KNA

Tomas Halik, tschechischer Soziologe und Religionsphilosoph, Professor an der Karlsuniversität in Prag

Gefährliche Verwechslung des Glaubens mit Fremdenhass und Populismus

„Jener Nationalismus und Populismus, der christliche Symbole missbraucht", stellt nach den Worten von Tomas Halik, Präsident der Tschechischen Christlichen Akademie die derzeit „größte Bedrohung der europäischen Einheit und des gesamten Prozesses der europäischen Integration" dar.

„Wenn Rechtspolitiker besonders in postkommunistischen Ländern wie Polen oder Ungarn zur Rückkehr zu 'christlichen Werten' aufrufen, um zugleich Angst vor Migranten und Muslimen zu verbreiten, so sind dies nur leere Worte, welche die Machtansprüche der Populisten verhüllen sollen, sowie ihre Bemühungen, die parlamentarische Demokratie durch autokratische Systeme zu ersetzen", sagte der Templeton-Preisträger bei seiner Festansprache zur "Europa-Wallfahrt" am 5.5.2019 in Mariazell.

„An vielen Orten Europas werden wir wieder zu Zeugen der Verwechslung Gottes mit der Nation, der Verwechslung des christlichen Glaubens mit der gefährlichen Idolatrie der Xenophobie und des Populismus. Es gibt keine Rückkehr zu einem vormodernen christlichen Europa. Was es aber gibt, sind die sehr gefährlichen Versuche von verschiedenen Populisten, mit christlicher Rhetorik eine christliche Ideologie zu schaffen und diese in den Dienst des Nationalismus zu stellen. Das geht nicht. Papst Franziskus hat klar gesagt: Ein Christ kann nie ein Nationalist sein. Nationalismus ist kollektiver Egoismus", warnte der Soziologe, Psychotherapeut und Priester Tomas Halik.

Prof. Haliks Appell an die Christen Europas: „Der Nationalismus ist ein nationaler Egoismus, er ist der Verlust der Solidarität der Gesamtheit, die Europa ist. Ja, wir sollen und dürfen in Verantwortlichkeit für unser Erbe einen Patriotismus kultivieren, aber das muss immer in Solidarität mit anderen Nationen geschehen und auch mit den Menschen, die sich in schwierigen Situationen befinden, wie zum Beispiel die Flüchtlinge. Nur ein vereinigtes Europa kann angesichts der Herausforderung durch undemokratische Mächte wie Russland oder China bestehen."[5]

Plattformen für den Dialog schaffen

„Das traditionelle Christentum von gestern ist wie ein 'großes Schiff', das zu Grunde sinkt – und wir sollten die Zeit nicht damit verlieren, um die Liegestühle auf der Titanic hin und her zu schieben", so Tomas Halik. „Die Kirche täuscht sich, wenn sie glaubt, die Stürme rund um den sexuellen Missbrauch und den erfahrenen Vertrauensverlust unverändert überstehen zu können. Der Tod ist wichtig und unvermeidlich. Die Auferstehung ist nicht eine schlichte Rückkehr in eine Vergangenheit, zu einem vorherigen Zustand. Was heute für die Erneuerung des Christentums in Europa getan werden kann, ist vor allem, Plattformen für einen Dialog, für Studien und Reflexionen zu schaffen, wo wir die Zeichen der Zeit untersuchen können und lernen werden, die richtigen Antworten zu suchen."[5A]

Ich kannte nur die Hassprediger: Religion als Teil des Problems

›› *Die Linie, die Gut und Böse trennt, verläuft nicht zwischen Klassen und nicht zwischen Parteien, sondern quer durch jedes Menschenherz. Diese Linie ist beweglich, sie schwankt im Laufe der Jahre. Selbst in einem vom Bösen besetzten Herzen hält sich ein Brückenkopf des Guten. Selbst im gütigsten Herzen – ein uneinnehmbarer Schlupfwinkel des Bösen."*

Alexander Solschenizyn, Der Archipel GULAG[8]

Ahmed, Afghane vom Stamm der Hazari, kommt nach abenteuerlicher Flucht mit 17 Jahren nach Emmaus in das Haus für unbegleitete minderjährige Flüchtlinge. Ahmed war afghanischer Kickbox-Meister, der in der Wohngruppe anfangs oft aufbrausend und aggressiv war. Immer wieder gab es Konflikte, die er durch Gewaltanwendung und Raufereien „lösen" wollte. Auf den Hinweis, dass Emmaus gewaltfreie Zone ist, antwortete Ahmed einmal, „dass er den Mitbewohner ohnehin nicht töten wollte". Meine Antwort: „Das genügt nicht. In Emmaus ist bereits die Androhung von Gewalt ein Entlassungsgrund." Nach einem schwerwiegenden Konflikt werden fünf jugendliche Flüchtlinge aus dem Wohnheim Viehofen entlassen – unter ihnen auch Ahmed. Doch die Jugendlichen werden nicht auf die Straße gesetzt, sondern in anderen Einrichtungen untergebracht. Ahmed kommt in das Wohnheim Herzogenburger Straße, in dem ich seit 1982 wohne.

Afghanistan ist von 40 Jahren Konflikt und Vertreibung geprägt. Mit fast 2,7 Millionen Flüchtlingen im Juli 2020 bleibt Afghanistan das Land mit der weltweit drittgrößten Flüchtlingszahl.

Unsere Regel: die Kehle durchschneiden

Ahmed ist bekannt für seine fanatischen Äußerungen, z.B.: „Wenn sich jemand von uns Afghanen für das Christentum interes-

Nach dramatischer Flucht aus dem Kriegsgebiet Afghanistan – oft Schleppern und Menschenhändlern ausgeliefert – stranden viele junge Asylwerber in Südosteuropa – was dann?

siert, das geht nicht: Wir haben eine Regel und nach dieser Regel müssen wir ihm die Kehle durchschneiden." Ahmed wurde in Afghanistan ein Gottesbild vermittelt, das ihm ständig Angst machte. Er meinte, dass über uns allen ein Kriegsgott herrscht, der – je nach Laune – einmal auf Seite der Hazari, ein anderes Mal auf Seite der feindlichen Paschtunen, kämpft. Darüber hinaus war Ahmed der Überzeugung, dass eigentlich nur Muslime eine Chance auf den Himmel hätten, Nicht-Muslime sollten bekämpft und bekehrt, wenn nötig getötet werden. Ich erkläre Ahmed, dass wir in Europa nach dem Grundsatz von Toleranz leben: „Leben und leben lassen. Wir respektieren jeden Menschen und dessen Religion und erwarten dies umgekehrt auch von ihm." In dieser Zeit erhält Ahmed die Nachricht, dass seine Mutter in Afghanistan verstorben ist. Er kann nicht zum Begräbnis fahren und ist verzweifelt. Schwere Selbstbeschädigungen und mehrere Krankenhausaufenthalte sind die Folge. Ahmed: „Ich kann ohne Mutter nicht leben."

Gott liebt auch deine Feinde

Während eines Aufenthaltes in der geschlossenen Abteilung im Landesklinikum Mauer zeigt mir Ahmed auf seinem Handy ein Video, das die Hinrichtung von Hazari durch die Taliban dokumentiert. Den am Boden liegenden, gefesselten Opfern wird die Kehle durchgeschnitten. Während der Hinrichtung werden von den Zuschauern fanatische religiöse Gesänge angestimmt: „Mashallah, Mashallah!" (Gott ist groß!) Nach wenigen Minuten sage ich zu Ahmed: „Stopp! Gott will das nicht!" Ich erkläre ihm, dass das, was hier geschieht, schrecklicher Missbrauch von Religion ist. Ich sage ihm, dass auch wir Christen in den vergangenen Jahrhunderten den Namen Gottes oft für Machtspiele missbraucht haben. Ich erkläre Ahmed, dass im Koran fast jede Sure mit dem Vers beginnt: „Gott, Du bist der Allerbarmer." Ahmed hört aufmerksam zu. Schließlich kommt das Gespräch an den Punkt, wo es um den Namen Gottes geht. Bei meiner Aussage „Die Muslime sind überzeugt, dass Gott Erbarmen ist, und wir Christen glauben, dass Gott Erbarmen und Liebe ist." Ahmed unterbricht mich und fragt erstaunt: „Was? Gott ist Liebe?" Insgesamt fünf Mal fragt mich Ahmed (in gebrochenem Englisch): „Was? Gott ist Liebe?" Meine Antwort: „Ja, Gott liebt alle. Gott ist zu uns wie ein guter Vater, wie eine liebevolle, zärtliche Mama. Gott lässt die Sonne aufgehen über Gute und Böse, über deinem Stamm der Hazari, aber auch über dem Stamm der Paschtunen, euren Feinden. Wir alle sind Kinder des einen Gottes, darum sind wir Brüder und Schwestern. Big family..."

Ahmed ist von dieser unerhörten Botschaft fasziniert. Das hat er noch nie gehört! Er möchte mehr wissen über diese Liebe Gottes, die auch den Feind mit einschließt.[9] Ein Emmaus-Mitarbeiter, der zur Baptistengemeinde in Wien gehört, bringt mir immer wieder Kinderbibeln in Farsi (Persisch), das dem afghanischen Darit ähnlich ist. Ahmed kommt oft in mein Büro, weil er mehr wissen will über die Person Jesu. Ahmed verschlingt die Erzählungen über den Propheten Jesus. Am meisten faszinieren ihn „Talita kum" – die Erweckung eines toten Mädchens – und die Geschichte von der Brotvermehrung. Ahmed kommt auch zum Erfahrungsaustausch in die Dienstag-Runde, um zu erfahren, wie wir als Christen leben. Fallweise besucht er auch den Gottesdienst in der Emmaus-Kapelle. Er will wissen, welche Lieder wir singen und wie wir beten.

Ein Jahr nach dem Tod der Mutter stirbt der Vater von Ahmed in Afghanistan. Ahmed kann nicht zum Begräbnis nach Afghanistan reisen. Er ist verzweifelt. Als ältester von vier Geschwistern hat er nun die Verantwortung für die Familie. Seine drei Geschwister flüchteten nach Quetta in Pakistan, wo sie in einem heillos überfüllten Flüchtlingslager hausen.

Abschied von den Salafisten

In dieser Zeit der Trauer frage ich Ahmed, warum er nicht für Vater und Mutter betet, z.B. bei einem Gottesdienst in einer Moschee in Wien? Ahmeds Antwort: „Ich werde nicht mehr in die Moschee nach Wien gehen. Dort sind lauter alte Männer mit Bart, viele sind Salafisten. Die erzählen, wenn ich 50 Ungläubige töte, dann bekomme ich 50 Jungfrauen. Wenn ich 100 töte, dann bin ich ein Supermärtyrer und komme ins Paradies. Die sind ja deppert." Ahmed hat nach zwei Jahren bei Emmaus durchschaut, dass seine Religion leider oft für Krieg und Terror missbraucht wird. Ahmed zeigt mir eines Tages eine kleine Koranausgabe, die er ehrfürchtig behandelt und in seinem Zimmer zu den Gebetszeiten verwendet. Ich sage Ahmed, dass wir – Christen und Muslime – gemeinsam an einer neuen und friedlichen Welt mitbauen sollen. Wir einigen uns, dass wir schon heute damit beginnen wollen: Wenn wir unsere Konflikte gewaltfrei lösen und hier in Österreich miteinander in Frieden leben, dann bauen wir schon jetzt ein kleines Stück mit an einem neuen Afghanistan.

Feinde werden zu Freunden

Ahmed übersiedelt nach Wien. Er wohnt mit zwei anderen Afghanen in einer Kellerwohnung in der Nähe des Westbahnhofes. Er besucht fallweise Emmaus, um seine afghanischen Freunde zu sehen. Bei einem dieser Besuche in St. Pölten lädt mich Ahmed in seine Wiener Kellerwohnung ein: Er hat sich nun doch entschlossen, für seine verstorbenen Eltern ein Gebetstreffen zu organisieren – aber nicht in der Moschee. Ich nehme diese Einladung gerne an. In der Kellerwohnung haben sich etwa 45 Männer zwischen 16 und 35 Jahren zum Gebet versammelt. In großer Andacht werden – fast drei Stunden – Suren und andere Gebete rezitiert. Ich werde als einziger Christ speziell begrüßt. Einer der Vorbeter dankt Gott, dass Emmaus viele Flüchtlinge aufgenommen hat. Sie beten für mich und die Emmausgemeinschaft. Nach dem dreistündigen Gebet gibt es ein afghanisches Totenmahl – Huhn, Reis und nichtalkoholische Getränke. Das gemeinsame Mahl wird schweigend eingenommen. Erst nach dem Essen beginnt das Gespräch unter den jungen Männern. Ich persönlich kannte einige von ihnen aus der Flüchtlingsszene St. Pöltens, Männer aus Afghanistan, aus dem Irak und Iran. Auf meine Frage, wer denn die anderen Teilnehmer beim Gebetstreffen seien, antwortet Ahmed: „Die kommen von den verschiedenen Stämmen Afghanistans, es sind auch Paschtunen unter ihnen." Ich traue meinen Augen und Ohren nicht. Ahmed, der die Paschtunen zutiefst hasste, schafft es als Hazari erstmals im österreichischen Exil, mit verfeindeten Paschtunen zu sprechen, mit ihnen zu beten und gemeinsam mit ihnen zu essen. Religion muss nicht Teil des Problems, sondern sollte Teil der Lösung sein.[10]

Aus beruflichen Gründen übersiedelt Ahmed nach Salzburg. Er arbeitet in einem Baumarkt, macht die betriebsinterne Ausbildung zum Verkäufer. Er bleibt mit Emmaus in Verbindung und interessiert sich weiterhin für das Christentum. Bei seinem letzten Besuch in Emmaus meint Ahmed: „Ich bin heute ein anderer Mensch. Ich habe zum Kickboxen aufgehört und mache nur mehr sanfte Sportarten. Ich bin nicht mehr so aggressiv wie früher. Im Betrieb bin ich inzwischen einer der besten Verkäufer." Ahmed sagt, dass er in Zukunft seine Geschwister in Pakistan finanziell unterstützen wird. Schließlich erzählt er mir, dass er einen Traum hatte, in dem ihm Jesus begegnet ist. Ahmeds Frage „Was soll ich tun?" habe ich nicht beantwortet. Doch ich habe ihm einen Rat gegeben: „Versuche täglich nur einen Satz von Jesus in die Tat umzusetzen, z.B. selig jene, die keine Gewalt anwenden. Wenn du das tust, dann lebst du immer das ganze Programm Jesu." Die Antwort von Ahmed: „Ich hab mir schon eine

Bibel gekauft." Noch vor vier Jahren hatte derselbe Ahmed gemeint: „Wenn sich jemand für das Christentum interessiert, geht das nicht. Wir haben eine Regel: die Kehle durchschneiden."[11]

Kabul: Der Vater Nasrullahs wurde von den Taliban ermordet, weil er es als Schuldirektor wagte, Mädchen zu unterrichten. Die Mutter floh mit ihren drei Kindern nach Pakistan. Der 16-jährige Sohn schlug sich nach Österreich durch. Bild: Nach acht Jahren wurde die Familienzusammenführung möglich.

Der Hölle des Krieges entronnen

Afghanistan: Der Vater Nasrullahs hat es als Schuldirektor – trotz eines strikten Verbots der Taliban – gewagt, auch Mädchen zu unterrichten. Am Vormittag besuchen 200 Buben, am Nachmittag 200 Mädchen die Schule. Doch die Taliban machten ihre Drohungen wahr und töten bei einem Überfall auf die Schule in der Nähe von Kabul insgesamt 40 Personen. Unter den Opfern sind einige Lehrer und viele Mädchen. Auch der Vater und die älteste Schwester von Nasrullah werden bei diesem Attentat getötet. Die Mutter Nasrullahs – sie ist im achten Monat schwanger – flieht mit den drei überlebenden Kindern über das Gebirge nach Pakistan. Auf der Flucht bringt sie ihr fünftes Kind zur Welt. Nasrullah gelangt über die Türkei und Griechenland nach Traiskirchen. In der Folge wird er in Emmaus-Viehofen, in der Wohngruppe für unbegleitete minderjährige Flüchtlinge (UMF) aufgenommen. Dank der Unterstützung vieler HelferInnen gelingt es, die Mutter und drei Geschwister Nasrullahs in einem pakistanischen Flüchtlingslager ausfindig zu machen. Das Unmögliche wird möglich: Nach acht Jahren Trennung darf Nasrullah am Flughafen Wien-Schwechat seine Mutter und die drei Geschwister in die Arme schließen.

》 *Gott hat seine Schöpfung aus Liebe, um der Liebe willen, erschaffen. Gewalt macht den Menschen zur Sache".*

Simone Weil[12]

Gewalt löst kein Problem

Khan R. war in der Zeit, als Benazir Bhutto Oppositionsführerin in Pakistan war, einer ihrer Mitarbeiter. Benazir verlangte von ihren MitarbeiterInnen stets konsequenten Gewaltverzicht. Doch Khan und einige junge Oppositionspolitiker verloren die Geduld. Sie planten in Wien die Geiselnahme eines westlichen Botschafters, um die Weltöffentlichkeit auf die Diktatur in Pakistan aufmerksam zu machen. Die geplante Geiselnahme wurde aufgedeckt, Khan zu elf Jahren Freiheitsentzug verurteilt. Nach acht Jahren wurde er bedingt entlassen und in Emmaus aufgenommen. In der Folge wurde Khan Leiter der Emmaus-Kunstwerkstätte, die er 20 Jahre lang – bis zu seiner Pensionierung – erfolgreich leitete.

Bei den vielen Gesprächen, die ich mit dem Muslim Khan in Emmaus führen durfte, kam immer wieder folgender Satz von ihm: „Gewalt löst kein Problem." Diese Erkenntnis kann als Vermächtnis und als Bilanz seines dramatischen Lebens gelten. Khans Meinung zu Islam und Christentum: „Gewalt ist nicht das Wesen der Religionen. Ähnlich wie im Christentum ist auch im Islam das Erbarmen einer der Namen Gottes. Doch ähnlich wie früher im Christentum wird im Islam der Name Gottes heute leider oft noch für Macht und Terror missbraucht. Doch der Name für Allah ist und bleibt im Koran 'Allerbarmer'." Die wichtigste Einsicht des Muslims Khan, der in seiner Jugend mit der PLO und anderen Befreiungsbewegungen sympathisiert hatte: „Terrorismus kann nicht durch Bomben, sondern nur durch eine gerechte und faire Weltwirtschaftsordnung überwunden werden. Selbst wenn sie Bin Laden töten (was einige Jahre später der Fall war), es werden 100 neue Bin Laden kommen, die für Gerechtigkeit kämpfen. Gewalt löst das Problem nicht, sondern nur eine faire Wirtschaftsordnung – ohne Ausbeutung ganzer Völker."

Aus einem Feind und Terroristen, der uns bedrohte, wurde ein Freund und wertvoller Mitarbeiter. Gewalt endet, wo Liebe beginnt.

Tar – die Rache

Sr. Emmanuelle wurde 1908 als Madeleine Cinquin in Brüssel geboren. Mit 20 Jahren trat sie in den Orden „Unsere liebe Frau von Sion" ein, studierte an der Sorbonne in Paris und in Istanbul. Als Professorin an den Höheren Schulen ihres Ordens unterrichtete sie in der Türkei, in Tunesien und in Ägypten. 1971 beendete sie ihre Unterrichtstätigkeit und setzte ihren Wunsch, den „Müllmenschen" in Ägypten zu helfen, in die Tat um. Sie übersiedelte nach Kairo-Mokattam, um dort das Leben der „Müllmenschen" zu teilen. Durch das „Hilfswerk Sr. Emmanuelle" konnten zahlreiche Sozialprojekte in Ägypten und im Südsudan umgesetzt werden.

FOTO: SHUTTERSTOCK

„Immer ist es Zeit für die größere Liebe" lautete das Credo der 2008, knapp vor ihrem 100. Geburtstag, verstorbenen Ordensfrau. Im folgenden Beitrag berichtet Sr. Emmanuelle über die Macht tradierter Verhaltensmuster und ihr stetes Bemühen, den Teufelskreis von Gewalt und Gegengewalt zu durchbrechen:

Leider kommt in bestimmten Tragödien schnell wieder Hass auf, wie bei der, die sich unter den besten Kamera-den der Welt ereignet hat. Yahya, 16 Jahre und Muslim, und Beghit, Christ, treffen sich zur Morgendämmerung, wenn sie zur Arbeit gehen, und am Abend, um miteinander zu essen. Im Alphabetisierungskurs sind sie Seite an Seite eifrig dabei und sind stolz über meine Ermutigungen. Aber eines trau-rigen Samstag Abends nützen sie meine Abwesenheit, um sich in eines ihrer Glücksspiele zu werfen, das zu meiden ich sie beschworen hatte. Beghit gewinnt zwei Pfund und drei-ßig Piaster, ungefähr zehn französische Francs, eine große Summe für sie. Yahya weigert sich zornig, sie ihm zu geben: Es kommt zur Rauferei. Auf einmal blitzt ein Messer auf, Beghit sackt zusammen und stirbt, Yahya wird der Polizei ausgeliefert. Nach dem Wochenende in meiner Ordensge-meinschaft erfahre ich diese tragische Geschichte. Ich eile sofort zu Zakka, dem Vater von Beghit, im Moment, wo er mit seinen Verwandten hundert Pfund zusammenlegt, um „Yahya aus dem Gefängnis zu holen." Verdutzt frage ich: „Ihr wollt den Mörder eures Sohnes befreien?" Sie schmunzeln über meine Naivität. „Wir werden dem Wärter Geld geben. Zu Mitternacht wird Yahya entkommen, und wir werden ihn töten." Mit einer Geste lassen sie die Klinge ihres Messers blitzen. Ihre Augen sind böse. Ich habe plötzlich Angst vor ihnen. In Oberägypten wird „Tar", die Rache, für die Ehre ge-fordert. Aug um Aug, Tod für Tod. „Ihr seid Messihin, Chris-ten?" „Naam hader, ja!"

„Hat Christus nicht seine Feinde geliebt? Wie war sein letztes Gebet am Kreuz? 'Vater, vergib ihnen, sie wissen nicht, was sie tun.' Wusste Yahya, was er tat?" Schweigen. Ich füge hinzu: „Lasst uns gemeinsam das Vaterunser beten." Wir stehen auf und in der Tradition der Kopten, in Richtung aufgehender Sonne gewandt, erheben wir unsere Stimme: „Abana ellazi fi semahat, Vater unser, der du bist im Himmel, vergib uns unsere Schuld, wie auch wir vergeben..." Zakka dreht sich um: „Wir sind Christen, wir werden Yahya nicht töten." Wortlos nimmt jeder sein Geld an sich.[13]

Meinen Hass bekommt ihr nicht

Der französische Journalist Antoine Leiris verlor am 13.11.2015 bei den Terroranschlägen von Paris seine Ehefrau Hélène. In einem offenen Brief wandte er sich an die Männer, die seine Frau getötet hatten. Leiris schildert seine Verzweiflung und seinen Versuch, für seinen kleinen Sohn mit der Situation zurechtzukommen.

Protest von Muslimen am 21.11.2015 in Mailand gegen den IS-Terror in Paris v. 13.11.2015

„Freitagabend habt ihr das Leben eines außerordentlichen Wesens geraubt, das der Liebe meines Lebens, der Mutter meines Kindes, aber ihr bekommt meinen Hass nicht. Ich weiß nicht, wer ihr seid und ich will es nicht wissen, ihr seid tote Seelen. Wenn dieser Gott, für den ihr blind tötet, uns nach seinem Bild geschaffen hat, dann muss jede Kugel, die meine Frau getroffen hat, eine Wunde in sein Herz gerissen haben. Nein, ich werde euch nicht das Geschenk machen, euch zu hassen. Auch wenn ihr euch sehr darum bemüht habt. Auf den Hass mit Wut zu antworten, würde bedeuten, derselben Ignoranz nachzugeben, die euch zu dem gemacht hat, was ihr seid."[14]

Islamisten wollen Krieg, aber wir werden ihn nicht führen.

Jacques Hamel hatte sich als Vikar der Pfarre Saint-Étienne-du-Rouvray in der Peripherie von Rouen ganz in den Dienst der Menschen gestellt, insbesondere der Benachteiligten. In dieser Stadt hat auch der interreligiöse Dialog einen hohen Stellenwert, erklärte Imam Mohammed Karabila. Die katholische Kirche hatte den Muslimen das Grundstück geschenkt, auf dem sie später ihre Moschee errichtet haben. Karabila, Vorsitzender des regionalen Rates der Muslime, kannte Hamel von regelmäßigen Treffen der Religionsvertreter. Zwischen der Pfarrei und der Moschee entwickelte sich eine „sympathische Nachbarschaft". Die Bescheidenheit und Hilfsbereitschaft von Jacques Hamel beeindruckten die muslimischen Gläubigen tief.[15]

Das Leben und Sterben von Jaques Hamel: Nach der Ermordung von Jaques Hamel durch IS-Attentäter betonten Imame und Bischöfe in einer gemeinsamen Erklärung, dass das „schreckliche Ereignis helfen muss, die bestehenden Beziehungen zwischen Muslimen und Christen zu vertiefen, um Brücken und nicht Mauern zu bauen."

Am 26. Juli 2016 wurde der 85-jährige Priester Jacques Hamel in der Kirche Saint-Étienne-du-Rouvray am Ende des Gottesdienstes durch zwei Attentäter des Islamischen Staates getötet. Dieser Mord löste weltweit Empörung aus. Mohammed Karabila setzte als Vertreter der muslimischen Gemeinde sofort vielfältige Zeichen der Solidarität mit den Opfern und den christlichen Gemeinden Frankreichs. Er ließ ein Plakat mit der Aufschrift „Moschee in Trauer" an der Tür anbringen und ermutigte alle Moscheen in der Region, diesem Beispiel zu folgen. Vertreter von Kirche und Moschee erklärten in der Lokalzeitung, dass sie „Bollwerke gegen die Radikalisierung" sind. Am 29. Juli versammelte sich die muslimische Gemeinde zum Freitagsgebet, zu dem auch zwei Priester der Diözese eingeladen wurden. Beide Seiten betonten, dass das schreckliche Ereignis helfen muss, die bestehenden Beziehungen zwischen Muslimen und Christen zu vertiefen, um Brücken und nicht Mauern zu bauen.[16]

Wie Du wähle ich die Liebe

Bei diesem Freitagsgebet war auch Anouar Kbibech, der Präsident der französischen Muslime, anwesend. Kbibech sprach hier die Einladung an die Muslime in Frankreich aus, als Zeichen der Solidarität am darauffolgenden Sonntag die Kirchen zu besuchen. Dies war ein unerhörtes Ereignis. Am Sonntag, dem 31. Juli, besuchten überall in Frankreich Abordnungen von muslimischen Gemeinden die Messe. Im Stadtteil Saint-Etienne besuchten an diesem Tag 90 Muslime die Kirche Sainte-Thérèse. Karabila berichtete nach der Begegnung: „Die Leute haben bei unserem Eintreffen Beifall geklatscht und uns die Sitzplätze überlassen. Nach der Messe gab es sehr viele persönliche Begegnungen. Das waren sehr bewegende Momente."

Bei Hamels Begräbnisfeier ergriff neben den offiziellen Vertretern von Kirche und Staat auch Jessica Delaporte, eine Nichte von „Onkel Jacques", das Wort: „Nach Charlie Hebdo habe ich folgende Worte gepostet: 'Oh mein Gott, könnten wir nur Toleranz und Einsicht bewahren!' Ich hätte nie geglaubt, dass ich mich an diese Worte mit solcher Kraft und Überzeugung halten müsste. Aber ich werde das für Dich tun. Wie Du entscheide ich mich für den Respekt, wie Du wähle ich die Liebe, wie Du entscheide ich mich für die anderen." Nicht nur in Frankreich, sondern auch in Italien, Belgien und anderen Ländern gingen Imame und Muslime in die Pfarreien, um die Messe zu besuchen. In Verviers, einer Stadt in Belgien, aus der viele Dschihadisten hervorgegangen sind, besuchte Imam Franck Hensch die katholische Kirche und erklärte bei dieser Gelegenheit: „Ich möchte, dass Sie wissen, dass ich mich als Mann des Glaubens dem Christen näher gefühlt habe, der vor seinen Gläubigen Gottesdienst feierte, um ihnen die Gute Nachricht zu bringen, als diesen jungen Männern, die sich Muslime nennen, fähig waren zu töten

Kein Weltfriede ohne Religionsfrieden. Kein Religionsfriede ohne Religionsdialog.

» *Die Glaubwürdigkeit aller Religionen wird künftig davon abhängen, dass sie mehr betonen, was sie eint, und weniger, was sie voneinander trennt.*
Die Menschheit kann sich immer weniger leisten, dass die Religionen auf dieser Erde Kriege schüren und nicht Frieden stiften, Fanatisierung betreiben und nicht Versöhnung suchen, Überlegenheiten praktizieren und nicht den Dialog."

Hans Küng,
Projekt Weltethos

und sich dabei auf die Religion beriefen."

Dominik Lebrun, der Erzbischof von Rouen, meinte: „Die katholische Kirche kann keine anderen Waffen ergreifen als das Gebet und die Geschwisterlichkeit." Die Weigerung, Böses mit Bösem zu vergelten, war der Tenor aller kirchlichen Erklärungen. Die 500.000 Jugendlichen, die zur Zeit des Attentats beim Weltjugendtag in Krakau weilten, waren geschockt und empört. Doch sie schworen nicht Rache, sondern entschieden sich, den Hass mit Liebe zu besiegen und auf Gewalt mit dem verstärkten Einsatz für den Frieden zu antworten. Ein junger Christ meinte: „Sie wollen Krieg, aber wir werden ihn nicht führen."[17]

Exkurs: Gewalt und Religion
Paul M. Zulehner

FOTO: SHUTTERSTOCK

Religion und Gewalt. Wieviel Anteil hat Religion? Es ist ein Mix verschiedener Energien, die hier zusammenspielen: Fragen der wirtschaftlichen Ungerechtigkeit, der nationalen Minderwertigkeit, der Abwertung der arabischen Welt durch den Westen und Ähnliches. Religion spielt dabei eine massive Rolle, indem sie die anderen Energien eher verschärft, anstatt sie abzumildern. Insofern ist es ein extrem explosives Gemisch,

wenn Religion gemeinsam mit diesen anderen Beweggründen auftritt.

Das Wesen der Religion ist nicht Gewalt

Es ist keineswegs das innerste Wesen von Religion, für die Rechtfertigung politischer und wirtschaftlicher Konflikte herzuhalten. Aus der Wissenssoziologie wissen wir aber, dass Religion von Menschen als Legitimationssystem verwendet wird. Wenn jemand seine Haltung unangreifbar machen will, sagt er, ich vertrete den Willen Gottes. Auf diesem Missbrauchsfeld von Religion wächst ein unglaublicher Fanatismus, der sich anmaßt zu sagen: Wir vertreten nicht nur menschliche Interessen, sondern wir sind die Agentur Gottes auf der Welt. Dafür ist jedes Mittel recht. Das wahre Wesen der Religion ist nicht die Gewalt: Wenn man auf Jesus schaut, auf Mahatma Gandhi, auf den Buddhismus, auf den Dalai Lama, dann ist das Wesen der Religion die Ohnmacht und nicht das Bündnis mit Macht und Gewalt.

Koran und Bibel

Es verhält sich mit dem Koran genauso wie mit den Texten der Bibel: Wir müssen genau hinschauen. In seiner Zeit in Mekka war Mohammed eher ohnmachtsorientiert. Es folgte allerdings die Zeit in Medina, eine Eroberungsphase, in der Mohammed eher gewaltorientiert war. Aus dieser Zeit gibt es im Koran tatsächlich viele gefährliche Stellen. Solche Stellen gibt es auch in der Bibel des Alten Testamentes. Auch dort geht die Gewaltförmigkeit, die das junge Volk Israel zu seiner Verteidigung beansprucht hat, mit einem gewaltförmigen Gottesbild einher. Daher müssen wir heute aus der Sicht Jesu aufzeigen, wie sich das Gottesbild der Bibel Schritt für Schritt von diesen Gewaltelementen befreit hat. Eine solche Sichtweise ist in der inneren Entwicklung des Koran noch ausständig. Der Islam steht noch vor der Aufgabe, dass er sein Bild von Allah von jenen Merkmalen der Gewalt loslöst, die in der Zeit der Eroberungen dazugekommen sind. Dafür gibt es im Koran eine ganz klare Grundlage: Allah wird am Anfang jeder Sure als der Allerbarmer bezeichnet.

Kränkungen als Argument für Gewalt

Bekämpft wird zuerst der militärische Einsatz Frankreichs gegen den „Islamischen Staat". Dieser militärische Einsatz provoziert die terroristisch organisierte Gegengewalt. Das Zweite ist die tiefe Kränkung, die manche in einem fundamentalistischen, aber auch in einem friedlichen Islam verspüren, wenn ihre Religion z.B. durch Karikaturen verunglimpft wird. Ähnliche Kränkungen erlebe ich unter Christen, wenn zentrale Merkmale des Evangeliums verspottet werden, etwa die Dreifaltigkeit. Hier steht auf der einen Seite, die Freiheit zu sagen, was man will, also ein Grundwert der Demokratie. Auf der anderen Seite steht die Frage nach dem Respekt für das, was Menschen heilig ist. Diejenigen, die ohnehin schon kriegerisch eingestellt sind, nehmen dann die religiöse Kränkung als weiteres Argument für ihren Kampf. Dieser Kampf richtet sich nicht nur gegen die liberalen Werte und die westliche Demokratie, sondern auch gegen die Respektlosigkeit liberaler Kulturen gegenüber dem, was muslimischen Menschen heilig ist, die in einer archaisch religiösen Welt leben. Eine Rolle spielt allerdings auch, dass es sich um Personen handelt, die Vielfalt nicht aushalten und dagegen einen fundamentalistischen Vernichtungsfeldzug führen.

Jesus hat die Spirale der Gewalt beendet

Die Option der Bibel ist eindeutig Frieden und Gewaltlosigkeit. Dafür stehen heute alle großen Weltreligionen. Dass Jesus gesagt hat: „Halte die andere Wange hin!", das gilt zunächst für die einzelne Person. Jesus selbst hat die Gewalt, die ihm angetan wurde, nicht erwidert. Er ging in den Tod, um endlich die Spirale der Gewalt zu beenden und Gewalt in Liebe zu wandeln. Aber was die einzelne Person in ihrer Größe leisten kann, ist nicht unbedingt dasselbe, was ein Staat tun muss. Der Staat hat die Pflicht, seine Bürger zu schützen – auch indem er Gewalttäter in die Schranken weist und sich möglicherweise einen Krieg aufzwingen lassen muss, um Gerechtigkeit herzustellen.[18]

Paul M. Zulehner, Pastoraltheologe, Religionssoziologe und Werteforscher

Terroristen den Nährboden entziehen

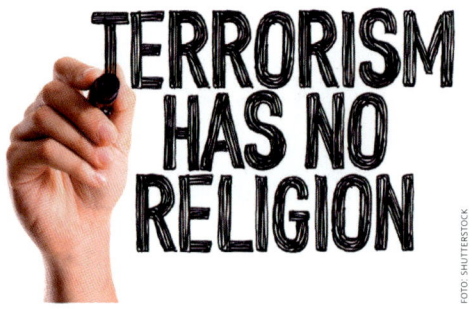

FOTO: SHUTTERSTOCK

In seinem Buch „Feindbild Islam – Zehn Thesen gegen den Hass"[19] schildert Jürgen Todenhöfer das Verhältnis der westlichen Welt zur muslimischen. Es zeigt die Ignoranz und Gefährlichkeit der westlichen Politik dem Orient gegenüber auf und zieht Bilanz über die vielen Jahre falscher Antworten auf die weltweite Herausforderung des Islamismus. Eine Forderung lautet, „dass der Westen die muslimische Welt genauso fair und großzügig behandeln muss, wie er Israel behandelt." Gleichzeitig betont Todenhöfer, dass sich die Muslime verstärkt für Fortschritt und Toleranz einsetzen müssen und dem „muslimischen Terror" die „religiöse Maske vom Gesicht reißen" sollten. Ziel sollte eine Welt sein, in der Schluss ist mit der Diskriminierung von Muslimen im Westen und Schluss mit der Diskriminierung von Juden und Christen in der muslimischen Welt. Entscheidend wird sein, dass alle Verantwortlichen an einer gerechten Weltordnung mitwirken, nur dadurch wird Terroristen aller Richtungen der Nährboden entzogen.

Salafismus und Wahhabismus: Missbrauch von Religion als Ideologie

Dr. Mouhanad Khorchide, Professor für Islamische Religionspädagogik an der Universität Münster, wurde durch die Weiterentwicklung und bahnbrechende Grundlegung einer islamischen Theologie in dem Buch „Islam ist Barmherzigkeit"[20] bekannt. In kritischer Auseinandersetzung mit dem Begriff, der Geschichte und den unterschiedlichen Definitionen der Scharia legte er die Basis für eine moderne islamische Theologie.

Khorchide führt den Begriff der Scharia aus der Verengung, die er durch Fundamentalisten erfahren hat. Er kritisiert traditionelle Auffassungen von Scharia wie auch die heutige Fehlauslegung durch den Salafismus. Für Khorchide verkörpern Salafismus und Wahhabismus den Geist der Intoleranz im Islam. Salafisten und Wahhabiten beanspruchen für sich gerne die Deutungshoheit über den Islam. Ihre exklusivistische Haltung und ihr restriktives Gottesbild machen aus der islamischen Religion eine Ideologie, wo für andersdenkende Muslime wie Nichtmuslime kein Platz mehr ist. Historische Fakten werden laut Khorchide „hingebogen, um bestimmte Positionen als islamisch zu deklarieren. Ihre Ideologie trägt daher massiv dazu bei, diktatorische Regime im Namen des Islams am Leben zu erhalten." Jede Kritik an Salafismus und Wahhabismus wird als Angriff gegen den Islam selbst gesehen. Aus dieser Sicht entsteht ein „dualistisches Weltbild, das nur noch aus Gläubigen und Ungläubigen besteht."[21] Mit Recht eilt dieser Ideologie der Ruf von Intoleranz und Fanatismus voraus.

Scharia – der missverstandene Gott

Scharia, richtig verstanden, ist der Weg des Menschen zu Gott. Es ist der Weg des Herzens. Scharia (wörtlich „der Weg zur Quelle") bezeichnet eine „Wechselwirkung zwischen der

FOTO: MOUHANAD KHORCHIDE

Islam ist Barmherzigkeit: Mouhanad Khorchide („Scharia. Der missverstandene Gott") steht für einen modernen, aufgeklärten Islam, der einem neuen Humanismus den Weg ebnet, fern von fundamentalistischen Terrorgruppen und Hasspredigern.

FOTO: SHUTTERSTOCK

>> *Alles wirkliche Leben ist Begegnung."*

Martin Buber

Läuterung des menschlichen Herzens und der Bewahrung der Gerechtigkeit und Menschenwürde in einer Gesellschaft." Khorchide will einen Beitrag leisten zur Etablierung eines islamischen Diskurses[22], in dem „Gott und Mensch als Kooperationspartner Seite an Seite stehen, um gemeinsam an der Verwirklichung von Gottes Intention für Liebe und Barmherzigkeit zu arbeiten. Ein Ja zu Gottes Liebe und Barmherzigkeit bedeutet zugleich ein Ja zur Würde, zur Vernunft, zur Freiheit, zur Verantwortlichkeit und zur Einzigartigkeit eines jeden Menschen als edelstes Geschöpf Gottes."

Mouhanad Khorchide: „Ein restriktives Verständnis von Scharia, das den Bezug zur Lebenswirklichkeit verloren hat, macht aus dem Islam eine lebensfremde Religion, die keinen Beitrag zum Aufbau der Gesellschaft leisten kann."[23] In großer Nähe zu den koranischen Aussagen entwickelt Mouhanad Khorchide ein Verständnis von Scharia, das dem islamischen Gott der Barmherzigkeit gleichberechtigt einen Gläubigen gegenüberstellt, der seinen Weg zu Gott findet, indem er sich ganz dem Mitmenschen zuwendet.

>> *Jenseits von richtig und falsch gibt es einen Ort. Hier können wir einander begegnen."*

Rumi, iranischer Sufi-Mystiker

FOTO: SHUTTERSTOCK

MenschenrechtsaktivistInnen demonstrieren vor der saudi-arabischen Botschaft in Oslo für die Freilassung Raif Badawis.

1000 Peitschenhiebe – weil ich sage, was ich denke

Raif Badawi ist ein saudischer Internet-Aktivist, der 2008 das Online-Forum „Die Saudischen Liberalen" gründete.[24] Badawi plädiert für einen liberalen Staat und das Recht jedes Menschen, seine Religion frei zu wählen. Er fordert Menschenrechte, Gleichberechtigung und Chancengleichheit für alle, insbesondere für die Frauen in Saudi-Arabien. Badawi wurde 2012 verhaftet und 2013 wegen „Beleidigung des Islam" zu zehn Jahren Haft und 1000 Peitschenhieben sowie einer Geldstrafe von etwa 194.000 Euro verurteilt. Badawi verbüßt seine Haft im Dhahban-Gefängnis am Roten Meer.[25] Amnesty International fordert die Freilassung Raif Badawis und der anderen saudischen Gewissensgefangenen, unter ihnen auch die Schwester Raifs, Samar Badawi, seines ehemaligen Anwalts Walid Abu al-Khair und der inhaftierten Frauenrechtlerinnen.

FOTO: E. FÜRST

Kardinal Louis Raphael Sako, Bagdad: „Die Trennung von Religion und Politik sowie eine moderne Koran-Exegese, die von der buchstabengetreuen Auslegung Abstand nimmt, sind unumgänglich."

Islam braucht „religiöses Update"

Der Islam braucht dringend ein „religiöses Update" und die Muslime einen Mentalitätswandel, damit sie Angehörige anderer Religionen nicht länger als zweitrangig betrachten und behandeln. Das haben im April 2019 der chaldäische Patriarch Kardinal Louis Raphael Sako (Bagdad) und die iranische Friedensnobelpreisträgerin Shirin Ebadi bei einer Tagung im Stift Heiligenkreuz (NÖ) eingemahnt.

Kardinal Sako berichtete bei der Veranstaltung, dass in den vergangenen 15 Jahren aufgrund des islamistischen Terrors, aber auch aufgrund der alltäglichen Gewalt und Diskriminierung von religiösen Minderheiten, rund eine Million Christen den Irak verlassen haben. „Nicht alle Muslime sind fanatisch, aber die antichristliche Mentalität ist durchgängig verbreitet", sagte er. Sako bekräftigte seine Forderung nach der Trennung von Religion und Politik in muslimischen Staaten. Egal, ob Muslim oder Christ, jeder sei zuerst Bürger eines Landes mit gleichen Rechten und Pflichten, so der Kardinal. Diese Sicht müsse vor allem in den schulischen Lehrplänen verankert werden, um eine neue Generation in diesem Sinn zu bilden. Den Islam sah der Kardinal in einer großen inneren Krise. Ohne Erneuerung, wozu eine moderne Koran-Exegese gehört, die von der buchstabengetreuen Auslegung Abstand nimmt und die religiösen Texte in die Gegenwart überträgt und interpretiert, habe der Islam keine Zukunft. Sako: „Wir haben im Irak bereits eine Million junge Muslime, die sich nicht als gläubig bezeichnen, und zwar als Folge von islamischem Fundamentalismus und Terrorismus." Zugleich ortete Sako positive Anzeichen der Verständigung zwischen Muslimen und Christen, sogar in Mossul. Die Stadt war 2014 vom IS eingenommen worden, allerdings schon davor ein Zentrum des islamischen Extremismus mit zahlreichen Anschlägen auf Christen gewesen. Seit der Rückeroberung 2016 scheuten deshalb die einstigen christlichen Bewohner die Rückkehr. Gerade deshalb habe er im Frühjahr 2019 in Mossul einen Gottesdienst als Zeichen der Versöhnung gefeiert, um die Christen zur Rückkehr zu ermutigen. Dabei sei der Kirchenraum ausschließlich von Muslimen vorbereitet und geschmückt worden, hob der Kardinal hervor.[26]

Shirin Ebadi: Trennung von Religion und Staat

Muslimische Männer beten in der Hagia Sophia am 5. September 2020 in Istanbul.

FOTO: KNA

Nobelpreisträgerin Shirin Ebadi, Iran: „Staat und Regierungen müssen säkular sein."

FOTO: ELISABETH FÜRST

Shirin Ebadi war eine der ersten Richterinnen im Iran und arbeitete als Vorsitzende des Teheraner Gerichtes, bis sie 1979 im Zuge der Islamischen Revolution ihres Amtes enthoben wurde. Sie setzte sich zwischen 1980 und 2008 besonders für die Rechte von Frauen und Kindern ein und hat als Anwältin im Iran viele politische Gefangene verteidigt. Sie wurde wegen ihres Engagements für Menschenrechte jahrelang von der iranischen Regierung bedroht und schikaniert – und verlor dabei alles: ihren Ehemann, ihr Zuhause, ihre Freunde, ihr Hab und Gut. 2003 wurde der muslimischen Menschenrechtsaktivistin Shirin Ebadi der Friedensnobelpreis verliehen. Seit 2009 lebt sie im Exil in Großbritannien, kämpft aber – allen Widrigkeiten zum Trotz – unvermindert für die Menschenrechte im Iran.

Auch Friedensnobelpreisträgerin Shirin Ebadi plädiert für die Trennung von Religion und Staat in muslimischen Ländern: „Der Staat muss säkular sein – und auch die Regierungen müssen säkular sein." Einige Staaten wie Tunesien seien auch schon in diese Richtung unterwegs, viele andere – Ebadi führte dies am Beispiel ihres Heimatlandes Iran bzw. Saudi Arabien aus – noch weit davon entfernt. Im Iran seien die Christen als religiöse Minderheit zwar einerseits in gewissem Rahmen staatlich anerkannt, zugleich seien vielfältige zivil- und strafrechtliche Diskriminierungen auch schon in der Verfassung verankert. Andere religiöse Minderheiten – wie die Bahai – hätten überhaupt keine Rechte. Auch Muslime würden unter den strikten Regelungen leiden. Derzeit befinden sich rund 300 ehemalige Muslime, die zum Christentum übergetreten sind, wegen dieses Deliktes in Haft. Es sei ihre tiefste Überzeugung, so die Friedensnobelpreisträgerin, dass es für archaische Regelungen im Koran bzw. in der Scharia im 21. Jahrhundert keinen Platz mehr geben dürfe. Viele moderne Muslime würden so denken. Mehr Dialog und Zusammenarbeit zwischen Muslimen und Christen seien dringend notwendig. Shirin Ebadi: „Die wahre Essenz aller Religionen ist die Würde des Menschen und der Respekt vor Menschenrechten. Als Muslimin bin ich der festen Überzeugung, dass der Islam so interpretiert werden muss, dass er sowohl die Menschenrechte als auch die Demokratie akzeptiert. Und das ist möglich! Ich habe das der iranischen Regierung mehrfach gezeigt. Und genau deshalb haben sie das Todesurteil über mich verhängt."[27]

Gott liebt auch deine Feinde: Religion als Teil der Lösung

Nach den Attentaten in Paris, Brüssel, Istanbul, Barcelona und Christchurch stellten mir viele Menschen aus meinem Freundes- und Bekanntenkreis die Frage, ob Gott für die Welt, für jeden Einzelnen – auch für mich – wirklich einen „Plan der Liebe" hat? Für mich persönlich bleibt – auch und gerade in Grenzsituationen – wichtig: Jeder Mensch ist Tempel Gottes, heiliger Boden. Jesu Liebe grenzt niemanden aus. Er solidarisiert sich mit allen Notleidenden. Mehr noch: Jesus identifiziert sich mit ihnen: „Was ihr den Geringsten meiner Geschwister getan oder verweigert habt, das habt ihr mir getan oder verweigert." (Mt 25,45)

FOTO: LAHNSTEINER

> Das Alltagsleben, die Kausalzusammenhänge in der Natur, die Denkgebäude und Welterklärungen müssen immer wieder auf Gott hin aufgebrochen werden. Sonst bleibt der Mensch Produkt eines sozialen Milieus, einer genetischen und neurobiologischen Programmierung oder globaler wirtschaftlicher Mechanismen."

Christian Rutishauser[28]

Jesus ist den armen und ausgegrenzten Menschen mit besonderer Liebe begegnet. Auch heute ist Jesus gegenwärtig in den Kranken, in den Menschen mit Behinderung, in den Suchtkranken, in den Gefangenen, in den Verfolgten und Heimatlosen – und bittet uns um unsere Zuwendung.[29] Die faszinierende und revolutionäre Botschaft Jesu lautet: „Liebt einander! Wie ich euch geliebt habe, so sollt auch ihr einander lieben." (Joh 13,34) Der Schlüssel für die langfristige Lösung aller Probleme heißt: Alle lieben – jenseits von Erfolg oder Misserfolg. Ob sympathisch oder unsympathisch, ob schuldig oder unschuldig, ob gesund oder krank, ob jung oder alt, ob Inländer oder Ausländer.[30] In jedem Menschen, der mir begegnet, fragt mich der auferstandene Christus wie damals den Petrus: „Liebst du mich?"

Neben Mahatma Gandhi zeigte Martin Luther King, Baptistenprediger und Sprecher der amerikanischen Bürger-

> **RELIGION ALS UNTERBRECHUNG**
> „Kürzeste Definition von Religion: Unterbrechung."
>
> **Johann B. Metz bringt die Funktion des jüdischchristlichen Glaubens auf den Punkt.**[27A]

rechtsbewegung, einen Weg auf, wie „unsere trennenden Mauern der Feindschaft" gewaltfrei überwunden werden können.[31] Am 13.9.1964 predigte M.L. King vor 20.000 Menschen der West-Berliner Waldbühne und in zwei Kirchen in Ost-Berlin vor tausenden Menschen. In der politisch extrem angespannten Situation des Kalten Krieges richtete King einen flammenden Appell an die Menschen diesseits und jenseits der Berliner Mauer:

>> *Hier sind auf beiden Seiten der Mauer Gottes Kinder. Und keine durch Menschenhand gemachte Grenze kann diese Tatsache auslöschen. Ohne Rücksicht auf die Schranke der Rasse, des Bekenntnisses, der Ideologie oder Nationalität gibt es eine untrennbare Bestimmung: Es gibt eine gemeinsame Menschlichkeit, die uns für die Leiden untereinander empfindlich macht. In diesem Glauben können wir aus dem Berg der Verzweiflung einen Stein der Hoffnung schlagen. In diesem Glauben werden wir miteinander arbeiten, miteinander beten, miteinander kämpfen, miteinander leiden, miteinander für die Freiheit aufstehen in der Gewissheit, dass wir eines Tages frei sein werden. Halleluja!"[32]*

Mehdi: „Und er hat nicht zurückgeschlagen"

Besuch bei Hamid im Landesklinikum Amstetten-Mauer: Hamid (17), Afghane, der seit zwei Jahren in Emmaus lebt, macht mich während des Krankenbesuchs mit dem Patienten Mehdi bekannt. Mehdi erzählt mir, dass er mit 16 Jahren aus dem Iran geflohen ist, weil er und seine Eltern häufig von der berüchtigten Religionspolizei verfolgt, geschlagen und verhört wurden.

Beim Deutsch-Unterricht in Waidhofen/Ybbs stößt Mehdi zufällig auf den Satz Jesu „Selig jene, die keine Gewalt anwenden, sie werden das Land besitzen". Dieser Satz trifft

Mehdi wie der Blitz! Bisher hat er mit Religion und mit dem Namen „Gott" immer nur Gewalt und Schrecken verbunden. Mehdi erzählt mir, dass er sich in Waidhofen eine Bibel gekauft und bald danach Anschluss an die Iranische Gemeinde in Linz gefunden hat. Dort ließ sich Mehdi 18 Monate später taufen. Auf meine Frage, was der tiefere Grund für seine Entscheidung war, meinte Mehdi: „Ich habe entdeckt, dass Jesus angespuckt, verspottet, gegeißelt und brutal gekreuzigt wurde. Ich weiß, dass Jesus Sohn von Miriam und Sohn von Gott war. Und obwohl er Sohn von Gott war, hat er nicht zurückgeschlagen. Darum habe ich mich taufen lassen."[33]

Vergebung nach 28 Messerstichen

Reinhard, verheiratet, drei Kinder, Postbeamter in Vorarlberg, wurde während des Dienstes von einem psychisch beeinträchtigten Mann mit 28 Messerstichen lebensbedrohlich verletzt. Reinhard ruft: „Hör auf, ich bin noch zu jung zum Sterben." Doch der Täter sticht erneut zu. Reinhard wird schwarz vor den Augen. Mit letzter Kraft drängen sich ihm die Worte auf die Lippen: „Ich verzeihe dir, was du mir antust." Da lässt der Täter das Messer fallen und flieht.

Wie durch ein Wunder überlebt Reinhard das einmonatige Koma. Er bleibt jedoch erwerbsunfähig und muss – im Rollstuhl – mit verschiedenen Lähmungen leben lernen. Als Reinhard bei der Gerichtsverhandlung dem Täter wieder gegenübersteht, spricht er ihm nochmals die Vergebung zu. Auf die Frage

>> *Im Verzeihen des Unverzeihlichen sind wir der göttlichen Barmherzigkeit am Nächsten."*

Gertrud von Le Fort

des Anwaltes des Angeklagten, woher er denn die Kraft nimmt zu verzeihen, antwortet Reinhard: „Er ist doch mein Bruder!"

Reinhard erzählte mir, dass er schon einige Jahre vor dem Überfall auf „sein" Postamt durch seine Frau und Freunde der Fokolar-Bewegung zum Glauben gefunden hat. Seit seiner Entscheidung, sich an Jesu Botschaft zu orientieren, hat sich in seinem Leben vieles geändert. Auch das Attentat und seine Entscheidung, dem Täter zu verzeihen, hatten ungeahnte Folgen. Da der Täter türkischstämmiger Muslim war, besuchten ihn im Spital auch viele muslimische Bekannte. Eine Vertrauensbasis entstand, sodass Reinhard nicht nur in Schulen und Jugendclubs eingeladen wurde, seine dramatische Erfahrung zu erzählen – auch muslimische Vereinigungen haben ihn mehrfach eingeladen und freundlich aufgenommen. Wie schreibt Paulus im Brief an die verfolgte Gemeinde in Rom? „Denen, die Gott lieben, wird alles zum Guten gereichen." (Röm 8,28)

„Wenn ihr ein reines Herz habt, werdet ihr fähig sein, diese wunderbare Verbindung zwischen dem Brot des Lebens und dem gebrochenen Leib Christi in den Armen zu sehen." Mutter Teresa, Kalkutta[34]

Syrien: Dem Todfeind vergeben?

Engelbert Salzmann, langjähriger Seelsorger in der Justizanstalt Stein, berichtete im Rahmen der Emmaus-Dienstagrunde folgende Erfahrung, die er aus einer verlässlichen Quelle bekommen hat:

Ein syrischer Oberarzt musste im Zug der Kriegswirren mitansehen, wie seine Frau und seine drei Kinder von einem IS-Terroristen ermordet wurden. Einige Zeit später wurde der besagte IS-Terrorist schwer verwundet in das Spital eingeliefert. Am Operationstisch erkannte der Oberarzt den Mann, der seine Frau und seine drei Kinder getötet hatte, sofort wieder. Es wäre für den Arzt nun ein Leichtes gewesen, den Mörder seiner Liebsten – durch einen „ärztlichen Kunstfehler" oder durch Unterlassung der nötigen Maßnahmen – sterben zu lassen. Doch eine innere Stimme sagte dem Oberarzt: „Liebe deine Feinde!" Daraufhin operierte der Arzt den Terroristen und ließ ihm die nötige ärztliche Hilfe angedeihen. Der Terrorist überlebte. Bei der ersten Begegnung nach der erfolgreichen OP fragt der Terrorist den Arzt: „Warum haben Sie mich operiert und mein Leben gerettet?" Der Arzt: „Ich bin Christ. Jesus hat uns gesagt: Liebe deine Feinde!" Der IS-Terrorist ist fassungslos. In der Folge lässt sich der Terrorist taufen. Heute ist dieser ehemalige IS-Kämpfer in einem Kreis tätig, der sich in Syrien besonders für die Aussöhnung zwischen Muslimen und Christen einsetzt.

Engelbert Salzmann ergänzte während des Gottesdienstes in der Kapelle der Emmausgemeinschaft: „Das Beispiel des Oberarztes, der seinem Todfeind verziehen hat, zeigt, dass Barmherzigkeit und Feindesliebe letztlich stärker sind als Hass und Gewalt, ja stärker als der Tod."[35]

Dieser erschütternde Bericht aus Syrien erinnert an die von Viktor Frankl im Dezember 1945 niedergeschriebenen Erlebnisse im

FOTO: PRIVAT

Der Schriftsteller Liu Xiaobo (Bild) stand Jahrzehnte für den gewaltfreien Kampf chinesischer Intellektueller gegen die Unterdrückung des Volkes und für mehr Menschenrechte in China. Seinen Einsatz hat er mit dem Verlust seiner Freiheit bezahlt, er wurde mehrfach inhaftiert.

Konzentrationslager. Das Buch „…trotzdem Ja zum Leben sagen. Ein Psychologe erlebt das Konzentrationslager"[36] ist ein Zeugnis großer Menschlichkeit, das heute viele, die sinnlos leiden müssen, aufzurichten vermag. Frankl wollte nicht Mitleid erregen oder Anklage erheben. Es ging ihm auch nicht um die Sensation des Grauens. Er wollte beschreiben, durch welche Phasen der Entmenschlichung die KZ-Häftlinge gehen mussten und wie es doch einigen von ihnen möglich war, trotzdem Ja zum Leben zu sagen.

Wir wollen unsere Würde zurück

Irak: Sr. Luma Khudher lebte als Dominikanerin mit ihrer Gemeinschaft in der Nähe von Mossul, bis sie von den Truppen der radikal-islamistischen IS-Miliz vertrieben wurden. Einige Jahre wohnte sie als Vertriebene unter Vertriebenen in einer Zeltstadt – mit mehr als 100.000 Flüchtlingen – in Ankawa, einem christlichen Viertel Erbils. Sr. Lumas Hilferuf während einer Tagung von Ordensgemeinschaften in Lambach, OÖ: „Durch die Flüchtlingshilfe geschieht viel Gutes. Doch wir wollen zurück in unsere Städte. Wir wollen unsere Würde zurück."

Ich habe keine Feinde, ich kenne keinen Hass.

Als Mitverfasser der „Charta 08" wurde der chinesische Dissident 2009 zu elf Jahren Haft verurteilt. 2010 erhielt Liu Xiaobo den Friedensnobelpreis. Beim monatlichen Besuch im 500 km von Peking entfernten Gefängnis Jinzhou teilte ihm seine Frau Liu Xia mit, dass er diese Auszeichnung erhalten hat. Als er das hört, laufen ihm die Tränen über die Wangen: „Der Preis gehört den Seelen der Toten des Tian'anmen-Platzes." Die Ausreise für Liu Xiaobo und seine Familienangehörigen zur Entgegennahme des Friedensnobelpreises wird verweigert. Die Urkunde und die

Preisschrift liegen auf einem leeren Stuhl. Liu Xiaobo stirbt im Juli 2017 im siebten Jahr seiner Haft. Liu Xiaobo war insgesamt 13 Jahre inhaftiert. Die Beisetzung der Asche erfolgt unter Ausschluss der Öffentlichkeit. Am 10.7.2018 wurde der Hausarrest von seiner Witwe Liu Xia nach acht Jahren aufgehoben und es wurde ihr die Ausreise zur medizinischen Behandlung nach Deutschland gestattet.

Burundi:
Wir lassen uns nicht gegeneinander aufhetzen

FOTO: DISTELBERGER

40 Priesterstudenten – Hutus und Tutsi – haben während des Bürgerkrieges einen „Pakt der gegenseitigen Liebe" geschlossen. Sie legten ein Versprechen ab, niemals gegeneinander zu kämpfen. Bild: Schlafsaal, in dem die 40 Studenten ihr Leben für die Einheit Burundis gegeben haben.

In seiner nicht gehaltenen Verteidigungsrede („Letzte Stellungnahme") schreibt Liu Xiaobo: „Ich habe keine Feinde, ich kenne keinen Hass. Hass kann die Klugheit und das Gewissen eines Menschen verderben, Feindseligkeit vergiftet den Geist eines Volkes, provoziert brutale Kämpfe auf Leben und Tod, zerstört die Toleranz und die Humanität einer Gesellschaft, behindert eine Gesellschaft auf dem Weg zu Freiheit und Demokratie. Deshalb hoffe ich, meine persönlichen Rückschläge überwinden zu können und mich weiterhin auf den Fortschritt und den Wandel unserer Gesellschaft zu konzentrieren und der Feindseligkeit der Staatsmacht mit dem größtmöglichen guten Willen zu begegnen und Hass durch Liebe zum Schmelzen zu bringen... Voller Optimismus hoffe ich auf ein freies China. Denn es gibt keine Kraft, die den menschlichen Drang nach Freiheit aufhalten kann, und irgendwann wird auch China ein Staat sein, in dem das Gesetz regiert und wo die Rechte des Menschen den höchsten Stellenwert haben. Ich werde den Preis zahlen."[37]

FOTO: DISTELBERGER

Das Beispiel der 40 Märtyrer hat dazu beigetragen, dass Friedensverhandlungen aufgenommen wurden. Bild: Ihre Grabstätte ist heute ein Wallfahrtsort und ein Hoffnungszeichen, dass Geschwisterlichkeit und Versöhnung zwischen verfeindeten Volksgruppen möglich sind.

Der Konflikt zwischen den Stämmen der Hutus und Tutsi in Burundi eskalierte in den 90er-Jahren und forderte hunderttausende Menschenleben. Afrika-Missionar Johannes Distelberger, ein gebürtiger Niederösterreicher, berichtet, dass es in diesem Konflikt sehr wohl auch Gruppen gab, die an einer gewaltfreien Lösung interessiert waren.

Zum Beispiel gab es im Priesterseminar von Buta eine Gruppe von Studenten, die durch die Fokolar-Bewegung die Spiritualität der Einheit kennen gelernt hatten. Auch unter ihnen gab es Hutus und Tutsi, doch diese Seminaristen entschieden, sich nicht an den gewaltsamen Auseinandersetzungen zu beteiligen. Während des Krieges schlossen die Priesterstudenten den „gegenseitigen Pakt der Liebe". Sie gelobten bei einem Gebet in ihrer Hauskapelle, dass sie gemeinsam als Brüder im Priesterseminar von Burundi ausharren, um so ein Zeichen der Versöhnung und Einheit zu setzen. Sie legten ein Versprechen ab, niemals gegeneinander zu kämpfen und im äußersten Fall auch das Leben für Christus und füreinander zu geben.

Pakt der gegenseitigen Liebe

Johannes Distelberger: Als eines Tages in der Früh, wo es noch dunkel war, die Rebellen in das Seminar eindrangen, brachten sie alle Seminaristen zusammen und befahlen, sie sollen sich trennen: auf der einen Seite die Hutus und auf der anderen Seite die Tutsi. Die Seminaristen, die vom Geist des Friedens und der Einheit geprägt waren und einen Pakt der gegenseitigen Liebe geschlossen hatten, verweigerten die Trennung. Sie sagten: „Wir gehören zusammen, wir sind eine Familie." Die Soldaten meinten: „Wisst ihr nicht, dass diese Tutsi unsere Brüder, unsere Väter umgebracht haben? Wir müssen uns rächen." Die Seminaristen antworteten: „Nein, wir trennen uns nicht. Niemand kann uns trennen und gegeneinan-

der aufhetzen." Die Antwort der Soldaten: „Dann werdet ihr sehen!" Die Soldaten gingen hinaus, sperrten die Tür zu und warfen Granatbomben durch das Fenster hinein. 40 von diesen Jugendlichen wurden getötet, viele wurden verletzt. Als das bekannt wurde, war dies im ganzen Land ein Schock, bis zum Präsidenten hinauf. Die Erwachsenen sagten sich: „Wir Erwachsenen sind unfähig, miteinander in Frieden zu leben. Diese Jugendlichen geben uns wirklich ein großes Beispiel."

Diese 40 Priesterstudenten sind die ersten Märtyrer der Einheit Burundis. Ihre Grabstätte ist heute ein wichtiger Gedenkort Burundis. Mahnmal, aber auch Hoffnungszeichen, dass Versöhnung und Geschwisterlichkeit zwischen verfeindeten Volksgruppen möglich sind. Dieses Ereignis hat mitgeholfen, dass mit Friedensverhandlungen begonnen wurde. Langsam kam der Friede in Burundi zurück. Johannes Distelberger rückschauend: „Für mich war das sehr beeindruckend. Ich sagte mir: Schau, diese Märtyrer der Liebe haben vor vielen Jahren den Samen gelegt. In den folgenden 20 Jahren sind das Ideal der Einheit und der Geist der Versöhnung in Burundi stark gewachsen. Man hat auch begonnen, den Seligsprechungsprozess für diese 40 Priesterstudenten einzuleiten. Die Kapelle, wo sie begraben sind, ist heute zu einem Wallfahrtsort geworden."[38]

Die Macht der Ohnmächtigen

Zu jeder Zeit gibt es Menschen, die den Auftrag, an einer gerechten und versöhnten Welt zu bauen, ernst nehmen und konsequent leben. Doch immer wieder geraten gerade jene, die auf jegliche Gewalt verzichten und mit einem versöhnten Herzen kämpfen, zwischen die Fronten. Sie leben aber in der Gewissheit, dass Opfer, die sie im gewaltfreien Einsatz für die Durchsetzung der Menschenrechte auf sich nehmen, zu neuem Leben führen. Sie entdecken – wie Mahatma Gandhi[39], M.L. King, Nelson Mandela, Bertha Suttner, Chiara Lubich, Hildegard Goss-Mayr und Jean Goss – die Macht der Ohnmächtigen. Jenen, die an die friedenschaffende Kraft der Gewaltfreiheit Jesu glauben, wird oft – inmitten von Krieg und Zerstörung – die Einsicht geschenkt, dass die Antwort auf den absurden Krieg und menschenverachtenden Terror nur in der absoluten Achtung des Menschen bestehen kann: in der Achtung von Freund und Feind, von Opfer und Täter, von Unterdrücktem und Unterdrücker. Hildegard Goss-Mayr, die viele Jahrzehnte für den Aufbau gewaltloser Befreiungsbewegungen gelebt hat, ist zutiefst überzeugt, dass letztlich nur die gewaltfreie Liebe zu wahrer Befreiung führt: „Immer wieder durften wir erleben: Der Same gewaltloser Befreiung, der unter Tränen gesät wird, scheint verschüttet, scheint verloren. Doch eines Tages trägt er Frucht im Leben der Einzelnen, im Leben der Völker. Denn Wahrheit und Liebe kann man nicht töten, unausrottbar erstehen sie neu. Sie sind die befreiende Kraft Gottes im Leben der Welt."

> *Die Seelen der Gerechten aber sind in Gottes Hand, und keine Folter kann sie berühren. In den Augen der Toren sind sie gestorben, ihr Heimgang galt als Unglück, ihr Scheiden von uns als Vernichtung; sie aber sind in Frieden. In den Augen der Menschen wurden sie gestraft; doch ihre Hoffnung ist voll Unsterblichkeit. Ein wenig nur werden sie gezüchtigt; doch sie empfangen große Wohltat. Denn Gott hat sie geprüft und fand sie seiner würdig. Wie Gold im Schmelzofen hat er sie erprobt und wie ein Ganzopfer sie angenommen. Zur Zeit des Endgerichts werden sie aufleuchten wie Funken, die durch ein Stoppelfeld sprühen. Sie werden Völker richten und über Nationen herrschen, und der Herr wird ihr König sein in Ewigkeit.*

Buch der Weisheit 3,1-8

Aloysius Jin Luxian

Aloysius Jin Luxian (1916-2013) wurde im Alter von 14 Jahren Vollwaise. 1938 trat er in den Jesuitenorden ein und empfing 1945 die Priesterweihe. Studium in Innsbruck, Köln und Rom. Zurück in China wurde er 1951 Rektor des Priesterseminars in Shanghai. Im Jahr 1955 wurde er zusammen mit dem Bischof von Shanghai und hunderten Priestern und katholischen Laien verhaftet. Am Beginn der Einzelhaft wurde Aloysius Jin einer grausamen seelischen Folter unterzogen: Er wurde sechs Monate lang von acht Uhr abends bis morgens um zwei Uhr verhört. Nach dem Verhör konnte Aloysius kaum schlafen. Um sechs Uhr musste er aufstehen und zur Arbeit gehen. Abends um acht Uhr begann das nächste Verhör. Nur am Sonntag wurde Aloysius Jin nicht verhört. Dies bedeutete 36 Stunden Verhör pro Woche. Abends wurde Aloysius Jin von der Zelle geholt und in einem Raum auf den Lehmboden geworfen. Auf der Tribüne saßen fünf Verhörbeamte, die tranken und rauchten. Nach fünf Jahren Isolationshaft wurde Aloysius Jin zu 18 Jahren Gefängnis verurteilt; insgesamt war er 27 Jahre in verschiedenen Gefängnissen,

Aloysius Jin Luxian war 27 Jahre in chinesischen Gefängnissen interniert. Als Bischof von Shanghai trug er wesentlich zur Annäherung zwischen China und dem Vatikan bei. Bild: Bischof A. J. Luxian mit Nancy Pelosi, Sprecherin des Repräsentantenhauses der USA.

Liao Yiwu verfasste 1989 das Gedicht „Massaker", wofür er vier Jahre inhaftiert und schwer misshandelt wurde. 2007 wurde Liao Yiwu vom Unabhängigen Chinesischen PEN-Zentrum mit dem Preis „Freiheit zum Schreiben" ausgezeichnet, dessen Verleihung jedoch verhindert wurde. 2011 gelang es Liao Yiwu China zu verlassen. 2015 erschien „Gott ist rot. Geschichten aus dem Untergrund – Verfolgte Christen in China". Liao Yiwu wurde mit dem Friedenspreis des deutschen Buchhandels ausgezeichnet.

Das Volk der Uiguren leidet unter massiven Repressionen Pekings und unter der mangelnden Solidarität der islamischen Welt wie des Westens. Bild: Uigurische Arbeiterin in einer Kleiderfabrik in Hotan, Xinjiang, China

Arbeits- und Erziehungslagern interniert sowie in den Norden Chinas verbannt. 1982 wurde er freigelassen. 1985 wurde Aloysius Jin mit der Wiedereröffnung des Seminars von Sheshan beauftragt. Gleichzeitig erfolgte seine Ernennung zum Weihbischof, 1988 zum Bischof von Shanghai, jedoch lediglich mit Anerkennung durch die staatliche „Katholisch-Patriotische Vereinigung". Aloysius Jin engagierte sich für die Instandsetzung von Kirchen, um Kontakt zum Ausland, die Seminaristen-Ausbildung und katholische Publikationen auf Chinesisch. 2005 erfolgte die Aussöhnung mit dem Vatikan.

Auf die Frage „Können Sie heute vergeben? Oder haben Sie noch Groll, wenn Sie an gewisse Menschen denken?", antwortete Aloysius Jin: „Im Gefängnis habe ich niemanden gehasst. Ich konnte allen vergeben. Ich betete am Tag dutzende Male: Herr, vergib mir meine Schuld, wie auch ich meinen Schuldigern vergebe. Ich bin ein großer Sünder vor Gottes Angesicht. Ich bete zu Gott, mir zu vergeben. Wie soll ich da nicht anderen vergeben? Menschen, welche die kommunistischen Ideale nicht teilten, wurden bekämpft und misshandelt. Ich betete für jene, die uns misshandelten und hoffte, dass uns diese Menschen unsere andere Weltsicht verzeihen konnten. Ich wiederhole, ich habe niemanden gehasst, sondern stets für sie gebetet, bis heute." Auf die Frage: „Hatten Sie nie Angst?", antwortete Bischof Aloysius: „Die Bibel sagt uns über 300 Mal, dass wir keine Angst haben sollen. Auch Johannes Paul II. sagte immer wieder: Habt keine Angst. Nein, Angst hatte ich nicht."

Ab dem Tag seiner Verhaftung hatte Aloysius Jin keinen einzigen Außenkontakt zu vertrauten Menschen. 25 Jahre war er von der Außenwelt völlig abgeschnitten. Auf die Frage „Wie haben Sie die Zeit im Gefängnis überlebt? Was hat Ihnen Kraft gegeben?", antwortete Bischof Aloysius: „Nur der Glaube. Er hat mich diese Zeit überleben lassen. Und das Gebet. Ich habe oft den ganzen Tag innerlich gebetet. Als ich jung war, habe ich eine Biographie der Karmelitin Schwester Elisabeth von der Dreifaltigkeit gelesen. Sie schrieb, dass die Dreifaltigkeit im Himmel wohnt. Aber da wir als Christen die Dreifaltigkeit bereits jetzt im Herzen tragen, geht es uns, als seien wir bereits im Himmel. So habe ich mir gedacht: Du hast zwar alles verloren, sogar deine persönliche Freiheit. Aber Gott ist in dir. Daher musst du glücklich sein, so glücklich wie im Himmel. Dieser Gedanke hat mir sehr viel Mut gegeben und mir damals wie heute das Leben gerettet.

Auch heute, wenn ich mich als Bischof mit Problemen beschäftigen muss, dann denke ich fest daran, dass wir, vor allem durch die Eucharistie, bereits jetzt die Dreifaltigkeit im Herzen tragen. Das gibt mir Mut und Zuversicht und lässt mich den Himmel spüren."[40]

Unter Bischof Aloysius Jin ist Shanghai zur blühendsten Diözese Chinas geworden. Sein Hauptanliegen war die Evangelisierung sowie die Versöhnung zwischen Vatikan und chinesischer Regierung, ein – wie er rückblickend sagte – schwieriger Spagat: „Ich musste eine Schlange und eine Taube zugleich sein. Die Regierung findet, ich stehe dem Vatikan zu nahe, und der Vatikan denkt, ich sei der Regierung zu nahe. Ich bin wie ein schlüpfriger Fisch, der zwischen Regierungskontrolle und den Forderungen des Vatikans eingequetscht ist."[41]

Asia Bibi: Aufgrund falscher Anklage wegen Blasphemie zum Tod verurteilt

Asia Bibi hat einen hohen Bekanntheitsgrad, doch das Schicksal der meisten Menschen, die unter Verfolgung leiden, bleibt weithin im Verborgenen. Friedensbewegte Menschen werden nicht selten zum Schweigen gebracht, verleumdet, verfolgt, eingesperrt, gefoltert, manchmal sogar getötet. Sie verschwinden „von der Bildfläche". Im Machtspiel der Welt zählen sie häufig zu den Verlierern. Doch Menschen, die aus der Kraft der Feindesliebe Jesu leben, schöpfen daraus immer wieder Zuversicht und Hoffnung. Sie leben in der Gewissheit, dass die Saat der Liebe aufgehen und – über den Tod hinaus – Frucht bringen wird.

Asia Bibi wurde 2010 von einem Gericht als erste Frau der Geschichte Pakistans wegen Gotteslästerung zum Tod verurteilt. Zwei pakistanische Politiker, die sich für sie eingesetzt hatten, wurden 2011 ermordet. Nach internationalen Protesten wurde Asia Bibi 2018 freigesprochen. 2019 konnte sie nach Kanada ausreisen.[42]

Dries van Coillie

Einer von den Millionen, die weltweit zum Schweigen gebracht wurden, ist der belgische Priester und Missionar Dries van Coillie. Zunächst arbeitete er in China als Lehrer. Aufgrund des Japanisch-Chinesischen Krieges wurde er zweieinhalb Jahre in einem Lager der japanischen Besatzer interniert. Danach war er als Leiter der Legio Mariae in Peking tätig. 1951 wurde er inhaftiert und in der Folgezeit, auch von Mitgefangenen, gefoltert. Diese Haftzeit und den Versuch einer Gehirnwäsche schildert er in dem Buch „Der begeisterte Selbstmord. Im Gefängnis unter Mao Tse-tung". Nach 34 Monaten Haft wurde er entlassen.

In zahlreichen Vorträgen – u.a. auch in St. Pölten – versuchte Dries van Coillie nicht nur die „Wahrheit über den Kommunismus" zu vermitteln. Trotz Gefängnis und Folter war er frei von Hass und Rachegefühlen. „Ich hegte gegen keinen dieser Menschen so etwas wie Hass. Ich hatte nur großes Mitleid mit ihnen. Auch sie (Anm.: die Soldaten und Gefängnisaufseher) waren wie wir nur Schlachtopfer eines Systems, dem sie nicht entrinnen konnten; Menschen, die essen und leben müssen, die daheim eine Familie haben; die tun, was ihnen aufgezwungen wird, weil sie jenseits der vergitterten Fenster leben wollen. Es gab für sie keinen Ausweg. Sie drehten mit an einer Maschine, die stärker geworden war als der Mensch. Und wer nicht willig in dieser Maschine mittat, wurde unerbittlich vom Getriebe erfasst und getötet. Arme Menschen! Nein, ich hasste sie nicht. Ich hatte Mitleid mit ihnen." In der Zeit des Kalten Krieges war Dries van Coillie bemüht, Feindbilder abzubauen und Brücken zu bauen zwischen den feindlichen Blöcken. Er wollte den Menschen die Angst nehmen vor einem neuerlichen Krieg. Dries van Coillie ermutigte sie, dem auferstandenen Christus zu vertrauen, weil seine Liebe jede Situation verwandeln kann: „Der Osten schafft die Freiheit ab. Der Westen missbraucht seine Freiheit. Der einzig wahre Weg für Ost und West liegt im Besitz jener Freiheit, die den Kindern Gottes zuteil wird, und in der Gabe, die Nächstenliebe zu üben auf der Grundlage der Gerechtigkeit."[43]

Alexander Men

Alexander Men (1935 – 1990) ist eine Persönlichkeit, die im Westen kaum bekannt ist, die jedoch in Russland auf Kirche und Gesellschaft enormen Einfluss ausübte. Während einer Russlandreise besuchte ich mit Freunden das Grab von Alexander Men in Semchos, unweit von Sergijew Possad (in der KP-Ära lautete der Name Sagorsk), wo er am 9.9.1990 von rechtsextremen Nationalisten ermordet wurde. Das Grab von Alexander Men wird bis heute von zahlreichen Menschen besucht. Seine prophetische Botschaft ist aktueller denn je.

Alexander Men wurde 1935 – gemeinsam mit seiner jüdischen Mutter – von einem im Untergrund lebenden Priester heimlich getauft. Als „Katakomben-Christ" studierte Alexander Men zunächst Biologie in Irkutsk. Dort kam er mit dem Theologiestudenten und späteren Dissidenten Gleb Jakunin in Kontakt. Men studierte privat Theologie, wurde 1958 zum Diakon, kurze Zeit später zum Priester geweiht. Es folgte das Studium der Theologie in Leningrad und Sagorsk. Men veröffentlichte zehn Bücher, die unter Pseudonym als Tamisdat (vom russischen Wort „tam", dort, also „dort verlegt") in russischer Sprache im Ausland gedruckt wurden und als verbotene Literatur in die Sowjetunion zurückkehrten. Sein bekanntestes Buch ist „Der Menschensohn"[44], eine Einführung in das Christentum. Mens Offenheit, Toleranz und Liberalität, sein Engagement für die Ökumene, machten ihn zu einem Hoffnungsträger und „Propheten im Untergrund" für die russische Avantgarde und systemkritische Kreise. Ein bezeichnender Ausspruch von Alexander Men lautet: „Ein Christentum, das nicht die Fülle lehrt, sondern Aus- und Abgrenzung, amputiert sich selbst." Men befürwortete die Trennung von Staat und Religion und hielt „die Idee einer Staatsreligion für gefährlich". Als Pfarrer von Tarasovka in der Nähe Moskaus übte Men enormen Einfluss auf die Jugend und die wissenschaftliche Intelligenz aus. In seiner Dorfkirche taufte er mehrere tausend Menschen. Seine Popularität verschaffte ihm aber auch Feinde. Men wurde denunziert und in das Dorf Nowaja Derewnja versetzt. Er wohnte in der Arbeitersiedlung Semchos bei Sergijew Possad, in der Nähe von Moskau. Als Herausgeber der Zeitschrift „Welt der Bibel" und als Gründer der „Freien Orthodoxen Universität" wurde er vom KGB überwacht, oftmals verhört und mit einer Serie von Hausdurchsuchungen schikaniert. Nach 1989 wurden Men zahlreiche Interviews, öffentliche Vorträge und Fernsehauftritte gestattet, doch wegen seiner jüdischen Herkunft und wegen seiner Popularität wurde er zunehmend angefeindet. Buchautor Christian Feldmann: „In diesem Klima von Misstrauen und Einschüchterung fand die unheilvolle Koalition aus Nationalchauvinisten, Judenhassern, fanatischen Geheimdienstlern und christlichen Fundamentalisten in Alexander Men einen idealen Sündenbock."[45] Da die Morddrohungen zunahmen, tröstete Men einen seiner Freunde: „Mach dir keine Sorgen um mich, ich bin nur ein Werkzeug, dessen Gott sich für ein Weilchen bedient. Danach geschehe mit mir, was er will."

Am 8. September 1990 – es war am Vortag seines Todes – hielt Alexander Men in Moskau einen leidenschaftlichen Vortrag über das „Wesen des Christentums", wo er u.a. sagte: „Viele Worte Christi sind für uns bis heute unbegreiflich, denn wir sind noch geistige und sittliche Neandertaler, der Pfeil des Evangeliums zielt auf die Ewigkeit, die Geschichte des Christentums beginnt erst. Das aber, was vorher war, was wir jetzt die Geschichte des Christentums nennen, das sind je zur Hälfte ungeschickte und erfolglose Versuche, es zu realisieren." Die letzten Worte dieses Vortrages lauteten: „Das Christentum ist die Heiligung der Welt, der Sieg über das Böse, über die Finsternis. Dieser begann in der Nacht der Auferstehung und dauert fort, solange die Welt besteht."[46]

Am 9. September 1990 wurde Alexander Men in Semchos frühmorgens auf dem Weg zur Kirche von einem Attentäter mit einer Axt erschlagen. Der Vorsitzende einer staatlichen Untersuchungskommission wurde ebenfalls getötet.

FOTO: JOACHIM SCHÄFER

Alexander Men zählt zu den führenden russisch-orthodoxen Theologen des 20. Jahrhunderts. Mens seelsorgerische Tätigkeit unter Jugendlichen und Intellektuellen sowie sein Engagement für die Ökumene machten ihn zu einem Hoffnungsträger und „Propheten im Untergrund" für die russische Avantgarde und systemkritische Kreise.

Alexander Men, Dries van Coillie und der 2013 verstorbene Bischof von Shanghai, Aloysius Jin, mussten für ihre Überzeugung einen hohen Preis zahlen. Doch ihr Einsatz für Versöhnung, Frieden und Gerechtigkeit war nicht umsonst. Durch alle Drangsale, Demütigungen und Verfolgungen hindurch blieben sie treue Zeugen der Liebe Gottes. Durch ihr Ausharren in dunkler Nacht wurden sie zu Hoffnungsträgern für viele. Ihnen und allen Friedensstiftern – wie Harry Wu und dem Dalai Lama – gilt die Verheißung:

》 *Die mit Tränen säen, werden mit Jubel ernten. Sie gehen hin unter Tränen und tragen den Samen zur Aussaat. Sie kommen wieder mit Jubel und bringen ihre Garben ein."*

Psalm 126

Harry Wu wurde 19 Jahre ohne Anklage in chinesischen Arbeitslagern (Laogai) festgehalten. 1985 konnte er in die USA ausreisen. Als Direktor der „Laogai Research Foundation" informierte er über die Arbeitsbedingungen in den chinesischen Straflagern.[47] Bild: Harry Wu, der prominenteste katholische Dissident Chinas, bei einem Weltkirche-Kongress in Augsburg

„Die Liebe und das Mitgefühl sind die Grundlagen für den Weltfrieden." Der Dalai Lama erhielt für seine Bemühungen um die Beilegung des Tibet-Konflikts 1989 den Friedensnobelpreis. Bild: Der Dalai Lama bei einem Vortrag zum Thema „Globalisierung und Menschenrechte" in Bochum

›› *Friede den Menschen, die bösen Willens sind, und ein Ende aller Rache und allen Reden über Strafe und Züchtigung."*

Gebet aus dem Frauen-Konzentrationslager Ravensbrück[48]

Michael Lapsley: Mit den Narben der Apartheid. Vom Kampf für die Freiheit zum Heilen traumatischer Erinnerungen

›› *Das Apartheid-Regime in Südafrika war eines der menschenverachtendsten politischen Systeme in der Geschichte der Menschheit. Trotzdem hat es die schwarze Bevölkerungsmehrheit geschafft, die Verbrechen der Apartheid nicht durch das Strafrecht zu ahnden, sondern mit den Mitteln einer Wahrheits- und Versöhnungskommission zu verstehen und zu behandeln. Diese zutiefst humane, vergebende und versöhnliche Grundhaltung verdankt Südafrika Persönlichkeiten wie Nelson Mandela, Bischof Desmond Tutu oder Pater Michael Lapsley."* (Prof. Manfred Nowak, ehemaliger UN-Sonderberichterstatter über Folter)

Michael Lapsley, 1949 in Neuseeland geboren, ist anglikanischer Priester, der zum Orden Society of the Sacred Mission gehört. Lapsley studierte in Australien und ging 1973 zur Fortsetzung des Studiums nach Südafrika. Später arbeitete er als Seelsorger für die Studierenden aller Hautfarben an den Universitäten von Durban. Lapsley entdeckte in dieser Zeit, dass er ein vom Apartheidregime privilegierter „Weißer" und somit Teil eines auf Rassismus basierenden Unrechtssystems ist. 1976 begann er sich u.a. in Soweto für Schulkinder einzusetzen, die zu jener Zeit Angst haben mussten, erschossen oder verhaftet und gefoltert zu werden.

Aber jene, die diskriminierende Gesetze und ein System strukureller Gewalt schufen und deren Polizei zahlreiche Terrorakte gegen Schwarze beging, verstanden sich als Gottes auserwähltes Volk im Abwehrkampf gegen den „totalen Ansturm des Kommunismus", wie sie den Freiheitskampf der Nachbarländer Südafrikas nannten.

In seinen Memoiren „Mit den Narben der Apartheid. Vom Kampf für die Freiheit zum Heilen traumatischer Erinnerungen"[49] stellt Michael Lapsley klar, dass er zwischen der „Befreiung der Menschen" und seiner Arbeit als „Glaubensbote" nie einen Unterschied gesehen hatte. Für ihn sind sie ein und dasselbe. Weil er diese Überzeugung als Universitätspfarrer in Wort und Tat ausdrückte, wurde er 1976 des Landes verwiesen. Lapsley ging nach Maseru in Lesotho ins Exil. Wie viele andere Südafrikaner, die jahrelang gewaltfreien Widerstand leisteten, schloss er sich dort dem ANC, der südafrikanischen Befreiungsbewegung, an. Er wurde Pfarrer für die Exilgemeinden des ANC.

Der Apartheidstaat dehnte seine aggressive Destabilisierungspolitik auf die Region aus. Nachdem das südafrikanische Militär 1982, in Lapsleys Abwesenheit, einen Überfall auf Maseru mit vielen Todesopfern gemacht hatte, wurde ihm von seinen eigenen Ordensbrüdern nahegelegt, Lesotho zu verlassen. Michael Lapsley ging nach Zimbabwe, das 1980 die Unabhängigkeit erlangt hatte. Dort wurde ihm 1990, drei Monate nach der Entlassung von Nelson Mandela, vom Geheimdienst des südafrikanischen Militärs (Civil Cooperation Bureau) eine Briefbombe geschickt, bei deren Explosion er beide Hände und ein Auge verlor. Auch das Trommelfell wurde beschädigt. Michael Lapsley: „Mein Lebensweg spiegelt die Entwicklung Südafrikas wider. Mir und Südafrika stand ein langer Heilungsprozess bevor."

Nach seiner Genesung kehrte Michael Lapsley 1992 nach Südafrika zurück, wo er 1993 Kaplan des „Trauma Centre for Victims of Violence and Torture" in Kapstadt wurde, das die Arbeit der südafrikanischen Wahrheits- und Versöhnungskommission unterstützte.

1998 gründete Lapsley in Kapstadt das „Institute for the Healing of Memories" (IHOM), dem er seitdem als Direktor vorsteht. In seiner Autobiografie berichtet Lapsley, wie er seine eigene traumatische Erfahrung umgelenkt hat und sie nun, als Leiter des von ihm gegründeten Institutes, für die Heilung anderer Traumatisierter auf der ganzen Welt nutzt.

FOTO: KNA

Michael Lapsley war Studentenseelsorger in Durban, wo er sich für Studierende aller Hautfarben einsetzte. Lapsley wurde 1976 des Landes verwiesen und ging nach Lesotho, anschließend nach Zimbabwe. Dorthin wurde ihm im Jahr 1990 – drei Monate nach der Freilassung Nelson Mandelas – eine Briefbombe des südafrikanischen Geheimdienstes geschickt, bei deren Explosion er beide Hände und ein Auge verlor.

FOTO LAHNSTEINER

Lapsleys Lebens- und Berufsweg strahlt die Zuversicht aus, dass Opfer nicht Opfer bleiben müssen. Selbst wenn ihnen in verschiedenen Ländern Furchtbares zugefügt worden ist, können sie vom passiven Objekt wieder zum aktiven Subjekt der Geschichte werden, das sich an der Gestaltung der Welt schöpferisch beteiligt. Michael Lapsey betont, dass seine persönliche Heilung, wie die Befreiung Südafrikas, nur durch die weltweite Unterstützung möglich wurde, und er verspricht: „Nun möchten wir uns durch das 'Institut zur Heilung von Erinnerungen' erkenntlich zeigen, indem wir anderen Ländern eine Möglichkeit zur Heilung anbieten. Spirituell verankerte, kulturoffene und gemeinschaftsorientierte Heilungsverfahren weisen den Weg in die Zukunft. Wir stehen erst am Anfang eines Weges, aber wir sind Zeugen eines Wendepunktes der Geschichte geworden."[49]

Mocambique:
Wiederaufbau nach Bürgerkrieg und Flutkatastrophe

Nach dem Bürgerkrieg, in dem unzählige Menschen starben, hat 2019 eine Flutkatastrophe Mocambique heimgesucht. Tausende verloren ihre Angehörigen und ihr gesamtes Hab und Gut. Eine österreichische Solidaritätsaktion unterstützt den Wiederaufbau. Bild: Vitoria vor ihrem neuen Haus

Josef Pampalk war als Missionar in Mocambique tätig, wo er das Katechisten-Ausbildungszentrum „Nazare" gründete. Sepp und Mary Pampalk arbeiteten als Entwicklungshelfer in Tansania, wo sie das Ujamaa-Gemeinschaftsprojekt unterstützten.

Laos:
Auch die Gefängniswärter lieben?

Der Laotische Bürgerkrieg (1953 – 1975) war eine Auseinandersetzung zwischen der prokommunistischen Bewegung Pathet Lao und den Truppen der Regierung des Königreichs Laos. Auf Seite der Pathet Lao intervenierten die Truppen Nordvietnams, auf jener der Regierung und Armee zeitweise Thailand, die Vereinigten Staaten sowie Südvietnam. Der Bürgerkrieg forderte unter der Zivilbevölkerung mehr als 100.000 Opfer.

Pater Tino Banchong (Laos) studierte in den 70er-Jahren in Rom und Loppiano Theologie. Während dieser Zeit tobte der Krieg in Laos. Die Kommunisten kamen 1975 an die Macht, eine Christenverfolgung begann. Tino wurde zum Priester geweiht und sollte in Europa bleiben. Doch er spürte: Ich muss zurück nach Laos zu meinen Landsleuten. Viele Christen waren inhaftiert oder sie wurden vertrieben. Sie lebten verstreut – wie eine Herde ohne Hirten. In einem Gespräch gab Chiara Lubich, die Gründerin der Fokolar-Bewegung, Tino folgendes Wort mit auf den Weg: „Vertraue auf den Herrn. Ich werde immer mit dir sein."

Pater Tino ging nach Laos und betreute dort viele Christen, die dort zum Teil im Untergrund lebten. Schließlich wurde er verhaftet und zu vier Jahren Haft verurteilt. Pater Tino, rückschauend in einem Gespräch: „Die Gefängniswärter waren sehr gewalttätig und böse. Doch ich versuchte auch sie zu lieben und den Mitgefangenen zu helfen, wo immer es ging."

Mit der Liebe kann man Stricke des Hasses durchschneiden

Nach seiner Entlassung begann P. Tino wieder mit seiner Arbeit als Priester. Er wurde neuerlich verhaftet. Wiederum erfuhr er eine schlimme Behandlung durch die Bewacher. Oft fragten die Mitgefangenen Pater Tino: „Warum bist du nie traurig? Warum teilst du mit uns das Essen?" Pater Tino erzählt: „Die schlimmsten Bewacher haben sich alle bekehrt, viele von den Bewachern wurden im Lauf der Zeit meine Freunde. Meine Erfahrung: Mit der Liebe kann man auch die Stricke des Hasses durchschneiden!"[51]

» *Ich möchte alle Bewohner – Christen, Muslime, Juden – daran gewöhnen, in mir ihren Bruder zu sehen, den Bruder aller Menschen."*

Charles de Foucauld[52]

Arabische Kalligraphie: Nur im Gedenken an Allah werden ihre Herzen Frieden finden.

»» *Überwinde das Böse
durch das Gute!"*

(Röm 12,2)

Pater Jaques Mourad

»» *Bewohner des Städtchens
Qaryatain haben Pater
Jacques Mourad zur Flucht
aus seiner Zelle verholfen,
sie haben ihn verkleidet und
mit Hilfe von Beduinen aus
dem Gebiet des 'Islamischen
Staates' geschafft. Offenbar
waren zahlreiche Menschen
an der Befreiung beteiligt,
sie alle Muslime, und jeder
einzelne von ihnen hat sein
Leben für einen christlichen
Priester riskiert. Die Liebe hat
über die Grenzen der Religionen, Ethnien und Kulturen
hinaus gewirkt." (Navid
Kermani anlässlich der Überreichung des Friedenspreises
des deutschen Buchhandels
am 18. 10. 2015 in der Paulus-
kirche zu Frankfurt / Main)*

Trag den Frieden in die Welt.
Er ist einer der Namen Gottes.

Die Terroranschläge am 13. November 2015 waren islamis-
tisch motivierte Attentate an fünf verschiedenen Orten in
Paris. 130 Menschen wurden getötet und 683 verletzt, darunter 97 schwer. Außerdem starben sieben der Attentäter.
Kemal, muslimischer Franzose, der in Paris einen Verkaufsla-
den besitzt, wurde von einem ORF-Journalisten gefragt, wie
es nach dem schrecklichen Terrorangriff weitergehen soll.
Kemal hielt zunächst einen Augenblick inne. Dann zeigte er
auf eine Kalligrafie an der Wand seines Ladens. Mit ruhiger
und fester Stimme übersetzte er aus dem Arabischen: „Trag
den Frieden in die Welt. Er ist einer der Namen Gottes."

Das Angebot Gottes

Alan Ames war in seiner Jugend alkoholabhängig und gewalttätig, sodass er immer mehr ins kriminelle Milieu ab-
glitt. Durch die Entdeckung der Botschaft Jesu änderte er
sein Leben grundlegend. In seinen Vorträgen legt er weltweit
Zeugnis davon ab, dass Christus der Erlöser der Menschheit
ist und das Böse besiegt hat. Alan: „Wenn ich vom Bösen
angegriffen werde, bete ich oft: Herr, verbirg mich in deinen
Wunden; dort finde ich die Liebe, die hinausfließt in die ganze Welt. Wenn man auf die Welt schaut und sieht, wie das
Böse überhandnimmt, könnte man leicht verzweifeln, doch
die Menschen sollten sich daran erinnern, dass die Menschheit durch unseren Herrn Jesus Christus vom Bösen erlöst
wurde. Wenn die Menschen eine weise Wahl treffen und
Jesus Christus willkommen heißen, werden sie erleben, dass
die Welt noch einmal zu dem Paradies wird, das zu sein sie
erschaffen wurde: Das Paradies der Liebe Gottes, in dem
Liebe, Friede und Freude herrschen. Das Angebot von Seiten
Gottes besteht, es hat immer bestanden."[53]

Wo ist denn jetzt Gott?

Elie Wiesel berichtet von einem Jungen, der in Auschwitz
wegen Sabotage gehängt wurde und mehr als eine halbe
Stunde in einem schier endlosen Todeskampf zwischen
Himmel und Erde schwebte. Jemand wollte wissen: „Wo ist
denn jetzt Gott?" Elie Wiesel hörte eine Stimme in sich antworten: „Wo er ist? Dort – dort hängt er, am Galgen..."[54]

Elie Wiesel, 1928 in Rumänien geboren, Schriftsteller und
Publizist, gestorben 2016 in New York. Er erhielt als Über-

lebender des Holocaust 1986 den Friedensnobelpreis für seine Vorbildfunktion im Kampf gegen Gewalt, Unterdrückung und Rassismus.

Hassen oder Vergeben? Aussöhnung nach Srebrenica

FOTO: SHUTTERSTOCK

Über 8.000 bosnische Männer wurden von der bosnisch-serbischen Armee in der ostbosnischen Enklave Srebrenica ermordet. Das Memorial Center möchte sicherstellen, dass die Geschichte von Srebrenica von der ganzen Welt gehört wird, um künftigen Völkermord abzuwenden. Bild: In Begleitung der Großmutter – ein Enkelkind auf der Suche nach dem Grab seines Vaters, der in Srebrenica sein Leben verloren hat.

Das Massaker von Srebrenica war ein Kriegsverbrechen während des Bosnienkrieges, das durch UN-Gerichte als Genozid klassifiziert wurde. Im Juli 1995 wurden mehr als 8.000 Bosniaken – fast ausschließlich Männer und Jungen zwischen 13 und 78 Jahren – getötet. Das Massaker zog sich über mehrere Tage hin und verteilte sich auf eine Vielzahl von Tatorten in der Nähe von Srebrenica. Die Täter vergruben tausende Leichen in Massengräbern. Die Rolle der niederländischen Blauhelmsoldaten, die nicht entschieden einschritten, um die Morde zu verhindern, ist bis heute umstritten. Das Massaker gilt als das schwerste Kriegsverbrechen in Europa seit dem Ende des Zweiten Weltkriegs. Das Memorial Center

möchte sicherstellen, dass die Geschichte von Srebrenica von der ganzen Welt gehört wird, um künftigen Völkermord abzuwenden.

In den dunkelsten Perioden der Geschichte beruft Gott in allen Völkern und Religionen Menschen als Friedensstifter. Sie sollen als Werkzeug der Versöhnung zwischen den Fronten vermitteln, damit Feindseligkeiten beendet werden und offene Wunden heilen können. Der folgende Erfahrungsbericht ist authentisch und stammt aus einer zuverlässigen Quelle. Der Name jener bosnischen Frau, die drei Angehörige verloren hat, ist bekannt. Der im Bericht beschriebene Brunnenbau – als Zeichen der Versöhnung – wurde von mehreren Dorfbewohnern bestätigt.[55]

Eine Frau aus Bosnien hat im Krieg zwei Söhne und ihre im siebten Monat schwangere Tochter verloren. Nach dem Krieg kehrte sie in ihr Dorf zurück. Jahrelang dauerte es, bis die Knochen ihrer Kinder in drei verschiedenen Massengräbern gefunden und identifiziert wurden. Endlich war es möglich, ihre Kinder zu bestatten, zu den Gräbern zu gehen, um dort für sie zu beten. Sie erzählte: „Das Schlimmste war, warten zu müssen, bis sie gefunden werden." Bei jeder Entdeckung eines neuen Massengrabes hatte die Frau gehofft, dass die Knochen ihrer Kinder aufgrund der von ihr abgegebenen DNA identifiziert werden.

Die Frau entschloss sich nach langem Ringen zu einem Zeichen der Versöhnung. Sie ließ im Gedenken an ihre drei verstorbenen Kinder einen Brunnen bauen – mit drei Rohren, aus denen Wasser fließt. Am Tag, an dem der Brunnen eingeweiht wird, kommt ein Serbe (aus einem Nachbardorf, in dem viele Kriegsverbrecher leben) und fragt die bosnische Frau: „Darf ich trinken?" Ein Nachbar, der seinen 17-jährigen Sohn im Krieg verloren hat, ist so überrascht und entsetzt, dass er kein Wort herausbringt. Doch die bosnische Frau sagt: „Ja, natürlich, trinke!" Die Frau füllt ihm dann sogar noch Wasser in eine Flasche, dass er es mitnehmen kann. Sprachlos nimmt er die Flasche und geht. Nun fragt der Nachbar wütend, verzweifelt und fast schockiert: „Warum um Gottes willen hast du das getan!? Einem Serben Wasser zu geben von einem Brunnen für deine umgebrachten Kinder? Er hat als erster hier getrunken? Bist du von Sinnen? Vielleicht hat er oder jemand aus seiner Familie deine Kinder oder meinen Sohn umgebracht?" Die bosnische Frau antwortet ruhig: „Der Allmächtige hat gerade ihn geschickt. Das war Nafaka (das, was Gott für jeden Menschen bestimmt hat – nach muslimischer Auffassung). Dieser Brunnen ist für alle da, egal wer der Reisende ist – jeder soll hier seinen Durst stillen können."[56]

Pogromnacht 1938

Die Novemberpogrome 1938 – bezogen auf die Nacht vom 9. auf den 10. November auch zynisch Reichs-Kristallnacht genannt – waren vom NS-Regime angeordnete Gewaltmaßnahmen gegen Juden in Deutschland und Österreich. In der Zeit von 7. bis 13. November wurden etwa 800 Juden ermordet, 400 davon in der Nacht vom 9. auf den 10. November. Über 1.400 Synagogen und Versammlungsräume, tausende Geschäfte, Wohnungen und jüdische Friedhöfe wurden zerstört. Ab 10. November wurden etwa 30.000 Juden in Konzentrationslagern inhaftiert. Die Pogrome waren der Beginn der systematischen Judenverfolgung, die in den Holocaust mündete.

Die Synagoge der Kultusgemeinde St. Pölten wurde 1938 infolge des Novemberpogroms verwüstet und schwer beschädigt. Thorarollen, Thoraschrein, Bibliothek, Bänke

und Bilder wurden verbrannt. Zu diesem Zeitpunkt lebten fast 400 Juden in der Stadt (mit den umliegenden Bezirken 1.150). Die jüdische Bevölkerung wurde vertrieben, mehr als 130 männliche Juden aus St. Pölten und Umgebung wurden festgenommen und ins KZ Dachau eingeliefert. 575 Angehörige der einstigen jüdischen Gemeinde von St. Pölten fielen dem Holocaust zum Opfer. In der Stadt lebten nur wenige „in Mischehe" verheiratete Juden; sechs überlebten die Kriegszeit in der Stadt.

Die Zerstörung der jüdischen Synagogen im Nazi-Deutschland, auch in seiner Heimatstadt Freiburg, hat den jungen Klaus Hemmerle (1929 – 1994) und späteren Bischof von Aachen, tief bewegt und schockiert. Es sah darin ein weithin sichtbares Zeichen für die kommende Hölle der Unmenschlichkeit unter Landsleuten mit tiefen gemeinsamen religiösen Wurzeln:

„Man hat meinem Gott das Haus angezündet – und die Meinen haben es getan. Man hat es denen weggenommen, die mir den Namen meines Gottes schenkten – und die Meinen haben es getan... Man hat ihnen das Leben weggenommen – und die Meinen haben es getan. Die den Namen desselben Gottes anrufen, haben dazu geschwiegen – ja, die Meinen haben es getan."[57]

Ausreise oder Deportation ins KZ: Viktor Frankls Gewissenskonflikt

Im Jahr 1938 wurde dem Wiener Neurologen und Psychiater aufgrund seiner jüdischen Herkunft untersagt, arische Patienten zu behandeln. 1941 bot sich ihm die Möglichkeit, im US-Konsulat in Wien das beantragte Ausreisevisum zu erhalten. Frankl wollte jedoch seine Eltern nicht allein zurück lassen und blieb in Wien. Im Dezember 1941 heiratete er Tilly Grosser. Als Juden wurden er, seine Frau und seine Eltern am

25. September 1942 ins Ghetto Theresienstadt deportiert. Sein Vater starb dort 1943, seine Mutter wurde in der Gaskammer von Auschwitz ermordet, ebenso sein Bruder Georg. Seine Frau starb im KZ Bergen-Belsen. Frankl wurde am 19.10.1944 von Theresienstadt nach Auschwitz gebracht. Danach wurde er in das KZ Kaufering überstellt, anschließend in das Lager Türkheim. Am 27. April 1945 wurde er von der US-Armee befreit.

Während meiner Studentenzeit durfte ich Prof. Viktor Frankl noch zwei Semester bei seinen Vorlesungen an der Poliklinik Wien hören und erleben. Unter den vielen, sehr dichten Erfahrungsberichten hat sich eine dramatische Lebensentscheidung Frankls tief in mein Gedächtnis eingeprägt: Viktor Frankl hatte seit Beginn der Judenverfolgung lange auf ein Visum warten müssen, das ihm die Einreise in die USA ermöglicht hätte. Schließlich wurde er aufgefordert, im amerikanischen Konsulat in Wien zu erscheinen, um das Visum ausfertigen zu lassen. Doch Frankl war schockiert: Das Visum für die Ausreise galt nur für ihn allein – und nicht für seine Familie! Frankl war in einem furchtbaren Dilemma: Sollte er seine Eltern allein zurücklassen? Frankl wusste, welches Schicksal den Eltern bevorstand: die Deportation in ein Konzentrationslager. Sollte er sich verabschieden und sie einfach diesem Schicksal überlassen? Frankl war in einem unerträglichen Gewissenskonflikt. Unschlüssig verließ er das Konsulat und dachte bei sich: „Ist das nicht die typische Situation, in der ein Wink vom Himmel Not täte?" Als Frankl heimkam, fiel sein Blick auf ein kleines Marmorstück, das auf einem Tisch lag. „Was ist das?", fragte Viktor Frankl seinen Vater. „Das? Ach, das habe ich heute auf einem Trümmerhaufen aufgelesen, dort, wo früher die Synagoge stand, die niedergebrannt worden ist. Das Marmorstück ist ein Stück von den Gesetzestafeln. Wenn es dich interessiert, kann ich dir auch sagen, auf welches der Zehn Gebote sich der eingemeißelte hebräische Buchstabe da bezieht. Denn es gibt nur ein Gebot, dessen Initiale er ist", antwortete der Vater. „Und zwar?", fragte Viktor ungeduldig. Die Erklärung des Vaters: „Ehre deinen Vater und deine Mutter, auf dass du lange lebest im Lande…" Viktor Frankl hörte auf die innere Stimme – und blieb.[58]

1946 wurde Frankl in Wien zum Vorstand der Neurologischen Poliklinik berufen, außerdem hatte er Gastprofessuren in den USA. Viktor Frankl setzte sich Zeit seines Lebens für

FOTO: DR. FRANZ VESELY, VIKTOR-FRANKL–ARCHIV, WIKIMEDIA

1941 bot sich Viktor Frankl die Möglichkeit, in die USA auszureisen. Doch er zog es vor, seine Eltern nicht in Stich zu lassen, er verzichtete auf das Visum und blieb in Wien. Den entscheidenden Impuls für diese folgenschwere Entscheidung bekam Frankl durch ein Marmorstück, das sein Vater im Trümmerhaufen einer zerstörten Wiener Synagoge fand.

FOTO: ROTTENSCHLAGER

St. Pölten: Die ehemalige Synagoge ist heute eine Gedenkstätte, die an eine lebendige jüdische Gemeinde vor 1938 und an deren Zerstörung durch die Nationalsozialisten erinnert. Bild: Unter der Kuppel der Synagoge befindet sich ein Giebel mit der Darstellung der Gesetzestafeln mit den Zehn Geboten. Darunter steht in hebräischer Schrift: „Öffnet mir die Tore der Gerechtigkeit, ich will eintreten und Gott danken." (Psalm 118,9)

Völkerverständigung, Versöhnung und Frieden ein. Bei einer Großkundgebung aus Anlass des 50. Jahrestages des Einmarsches Deutschlands in Österreich im März 1988 sagte Frankl, Bezug nehmend auf die Rassentheorie der Nationalsozialisten: „Es gibt nur zwei Rassen von Menschen, die Anständigen und die Unanständigen." Eine Gefahr drohe nur dann, „wenn Regime die unanständigen Kerle an die Oberfläche schwemmen und dafür sorgen, dass die negative Auslese einer Nation ans Ruder kommt." Davor sei jedoch keine Nation gefeit, „grundsätzlich ist jede Nation Holocaust-fähig."[59]

Der Traum vom Frieden unter allen Völkern

Chagall-Fenster in der Synagoge des Hadassah-Krankenhauses in Jerusalem

Zur Einweihung der Fenster in der Synagoge des Hadassah-Krankenhauses in Jerusalem am 6.2.1962, sagte Marc Chagall: „… meine bescheidene Gabe dem jüdischen Volk zu überbringen, dem Volk, das immer von der biblischen Liebe geträumt hat, von Freundschaft und Frieden unter allen Völkern. Dem Volk, das hier schon vor tausenden Jahren unter anderen semitischen Völkern gelebt hat. Meine Hoffnung ist, dass ich hiedurch meine Hand zu Kultursuchenden, zu Dichtern und Künstlern unter den Nachbarvölkern ausstrecke."

Harry Merl:
Vom verfolgten jüdischen Kind zum Vater der Familientherapie in Österreich

Wien, Novemberpogrom 9./10. November 1938: Im Leben des vierjährigen Harry änderte sich mit der „Reichskristallnacht" schlagartig alles. Seine Eltern wurden zur Räumung hunderter verlassener jüdischer Wohnungen zwangsverpflichtet. Als die Familie Anfang 1945 erfuhr, dass auch sie auf der Deportationsliste stand, ging sie in den Untergrund. Der kleine Harry war ab nun 14 Stunden allein in einem engen Raum und durfte keine Schule besuchen. In einem kalten Kohlenkeller erlebten Harry und seine Eltern die Befreiung durch die Alliierten.

In einem Interview mit Radio Oberösterreich (7.10.2018) sagte Harry Merl: „In meiner Kindheit war der Tod mein ständiger Begleiter. Meine Großmutter wurde im Konzentrationslager Theresienstadt ermordet, und eine Tante von mir starb im KZ Auschwitz. Offiziell hat es geheißen, dass sie an Lungenentzündung verstorben sind. Nach dem Krieg hat mich Musik sehr aufgebaut, besonders der Jazz. Musik war mein Lebenselixier. Jeder Mensch hat den Traum vom gelingenden Leben. Medizin war mein Ziel. Doch ich hatte – so wie meine Eltern – oft das Gefühl, Jude darf man nicht sein. Die Eltern haben nach dem Krieg über das Erlebte nie gesprochen. Mein Ziel und mein großer Wunsch war es, meine Eltern, mich und die Umwelt zu verstehen.

Während meiner Ausbildung in Wien, im Krankenhaus Mauer-Öhling und in Linz entdeckte ich, dass die Familientherapie hilft, gut miteinander umzugehen, Missverständnisse zu klären und Problemlösungen zu erarbeiten. Alle wollen leben. Die Wertschätzung macht unendlich viel aus. Ich bin überzeugt, dass die Liebe das wichtigste

Heilmittel ist. Ich habe im Wagner-Jauregg-Krankenhaus oft noch Patienten getroffen, die 20, 30 Jahre dort waren und heute noch Angst haben, dass sie ‚abgeholt und vergast werden.' Das Schönste im Leben ist, wenn ich sehen kann, dass jemand auflebt und zum Leben kommt.

1941 – 1944 wurden im Krankenhaus Mauer-Öhling, Bezirk Amstetten, 1.600 Patienten verschleppt und in der Vernichtungsanstalt Schloss Hartheim bei Linz ermordet. Danach wurde im Rahmen der "wilden Euthanasie" in der Anstalt Mauer vor Ort weiter gemordet. Die Opfer wurden mittels Elektroschock, Vergiften oder systematischem Verhungern zu Tode gebracht. Verlässliche Zahlen sprechen von insgesamt 2.700 PatientInnen, die in den Jahren 1940 – 1945 ermordet wurden.[60]

Versöhnung mit sich und den Anderen

Meine Frau ist in der Mormonenkirche (Kirche Jesu Christi der Heiligen der Letzten Tage) aufgewachsen. Es ist dies eine sehr menschenfreundliche Kirche, die als Ziel die Sammlung Israels hat. Das war für mich der springende Punkt. Diese Kirche hat den Mut, das Volk Israel zu sammeln und nicht abzutun. Das war für mich ganz wichtig. So hab' ich mich taufen lassen. Die Taufe war für mich wie ein Heimkommen. Ich hab' das Gefühl gehabt, ich bin zu Hause. Diese Kirche vermittelt das auch, vor allem durch die Art, wie man miteinander umgeht. Für Juden ist Jesus Christus der Anlass gewesen, verfolgt zu sein. Das war der Anlass von der Religion und nicht nur von der Politik her. Für mich war wichtig, einen anderen Zugang zu Jesus zu bekommen. Viele finden heute in Israel – und rund um Israel – zu Jesus Christus, Juden und Moslems. Da ist die Versöhnung drinnen. Das begeistert

Univ. Doz. Dr. Harry Merl (85): „Ich bin überzeugt, dass die Liebe das wichtigste Heilmittel ist."

mich. Das kann man im Internet verfolgen bei zahlreichen Interviews. Wenn Menschen zu Jesus Christus finden, verändert sich ihre Einstellung fast schlagartig – zu sich und zu den anderen Menschen. Jesus ist keine Fiktion, sondern ein Wirkfaktor von unglaublicher Schönheit.

Im Leben kommt es darauf an, zu lieben und zu arbeiten. Liebe, nicht nur zur Arbeit, sondern auch zu den Mitmenschen. Das ist der Traum vom gelungenen Selbst."

Der Traum vom gelingenden Leben

Ich persönlich habe Primarius Dr. Harry Merl in den Jahren 1978 – 1981 als Ausbildungsleiter für „Systemische Familientherapie" in Linz/Grammastetten kennen und schätzen gelernt. Die damaligen Kursteilnehmer – Bewährungshelfer und Sozialarbeiter an Justizanstalten – waren von der reichen Berufserfahrung und fachlichen Kompetenz, aber auch von der Weisheit und dem feinen Humor Merls tief beeindruckt. Wir wussten als Kursteilnehmer, dass Harry Merl verheiratet ist, fünf Kinder und zahlreiche Enkelkinder hat. Wir kannten einige Stationen seines beruflichen Werdegangs: Praktischer Arzt, Facharzt für Psychiatrie und Neurologie, Leiter des Instituts für Psychotherapie der Landesnervenklinik Wagner-Jauregg in Linz, Universitätsdozent für Psychotherapie an der Uni Graz, Lehraufträge an den Universitäten Salzburg, Graz, Wien für das Wahlfach „System-, Einzel- und Familientherapie."

Wir wussten, dass Harry Merl 1968 im Wagner Jauregg Krankenhaus Linz als erster Therapeut mit Familien zu arbeiten begann und die aus den USA stammende Familientherapie in Österreich einführte. Merl wurde so zum Wegbereiter der systemischen Psychotherapie in Österreich. Doch kaum jemand von uns, die wir Ende der 70er-Jahre bei Harry Merl die Ausbildung in „Systemischer Familientherapie" machten, konnte ahnen, welch schweres Schicksal Harry Merl und seine Familie in der Zeit des NS-Terrors durchlitten haben.

Im Jahr 2018 hat Harry Merl seine Lebenserinnerungen dem Therapeuten Johannes Neuhauser anvertraut. In Zusammenarbeit mit dem jüdischen Theater Nestroyhof/ Hamakom Wien und der Tribüne Linz entstand ein Theaterprojekt „Harry Merl – eine Lebensgeschichte/Szenische Lesung. Vom verfolgten jüdischen Kind zum Vater der Familientherapie in Österreich".[60A] Nach der Szenischen Lesung am 1. Juni 2019 in der Tribüne Linz wandte sich Harry Merl auch an das Publikum. Auf die Frage nach seiner weltanschaulichen Positionierung erklärte er: „Meine Erfahrung ist, dass Spiritualität große Heilfaktoren beinhaltet. Wenn man Menschen psychotherapeutisch helfen will, muss man alle Dimensionen, die in einem Patienten sind, erfassen. Es kommt im Leben vor allem darauf an, lieben zu lernen. Ich bekenne mich zu meinen jüdischen Wurzeln, aber ich stehe zu meiner Überzeugung, dass Jesus Christus der Messias für alle ist."

Eva Mozes Kor: Begegnung mit Jugendlichen aus acht Ländern im Jahr 2010 in Auschwitz

Auschwitz-Überlebende Eva Mozes Kor: Die Macht des Vergebens

Eva Mozes wurde 1934 in Portz, Siebenbürgen, geboren. Als zehnjähriges Mädchen wurde sie mit ihrer jüdischen Familie nach Auschwitz deportiert. Ihre Eltern und zwei Geschwister wurden in den Gaskammern ermordet, sie selbst und ihre Schwester Miriam vom KZ-Arzt Dr. Josef Mengele für Experimente in der Zwillingsforschung missbraucht. Nach der Befreiung durch die russischen Truppen gingen Eva und Miriam zurück nach Rumänien.

Da auch im kommunistischen Rumänien der Antisemitismus unerträglich war, wanderten die beiden Schwestern 1950 mit einer Tante nach Israel aus. Dort lernte Eva Mozes den amerikanischen Juden Michael Kor, der das Ghetto von Riga und das KZ Buchenwald überlebt hatte, kennen. Eva Mozes heiratete ihn und ging mit ihm nach Indiana (USA). Eva Kor wurde Mutter von zwei Kindern und war als Immobilienmaklerin tätig. Doch Eva Kor verdrängte über Jahrzehnte ihre Vergangenheit: „Ich haderte mit allem; ich war voller Groll gegen die Nazis, aber auch gegen mich selbst, weil es mir nicht gelang, mich davon zu befreien."[61]

Eva Mozes Kor setzte sich stets für die Aussöhnung zwischen Deutschen und Juden ein. Sie suchte den Dialog mit der Jugend, insbesondere mit den Neonazis, um Feindbilder abzubauen und bei der Aufarbeitung der NS-Ära mitzuhelfen.

Niemals vergessen, niemals verzeihen

Eva Kor lebte jahrzehntelang nach dem Motto: „Niemals vergessen, niemals verzeihen!" Sie hasste die SS-Schergen und alle Deutschen. Doch Kor erkannte im Lauf der Zeit, dass der Hass den Opfern selbst am meisten schadet. „Das ist die Tragödie, die meine Mitüberlebenden oft nicht verstehen." Als ihre Schwester Miriam an den Spätfolgen der Menschenversuche erkrankte, machte sich Eva auf die Suche nach ihren Peinigern. Nach und nach kam Eva Mozes Kor zu der Überzeugung, dass „Vergeben ein Weg ist, sich von Schmerz, Trauma und Tragödie zu heilen."

Die Zwillingsschwestern Eva (li) und Miriam (re) Kor im Jänner 1945 bei der Befreiung des KZ Auschwitz

Am 27.1.1995, dem 50. Jahrestag der Befreiung von Auschwitz, begleitete Eva Kor den früheren SS-Arzt Dr. Hans Münch nach Auschwitz (Dr. Münch wurde im Auschwitz-Prozess 1947 als einziger von 40 angeklagten Kriegsverbrechern freigesprochen, da er sich strikt geweigert hatte, auf der Rampe die ankommenden Häftlinge zu selektieren. Er war laut Gerichtsurteil „den Häftlingen gegenüber wohlwollend eingestellt, hat ihnen geholfen und sich selbst dadurch gefährdet"). Eva Kor bat Dr. Münch, in Auschwitz eine eidesstattliche Erklärung zu unterzeichnen über das, was geschehen war, was er gesehen und getan hatte. Für Eva Kor und die Nachwelt ein wichtiges Dokument, „weil überall Neonazis herumrennen und erzählen, dass es keine Vernichtungslager gegeben habe."

>> *Vergebung befreit – nicht nur den Täter, sondern auch die Opfer"*

Eva Mozes Kor

Vier ehemalige KZ-Häftlinge bei einer Gedenkfeier in Auschwitz

Vergeben, aber niemals vergessen

Dr. Münch hat durch seine handschriftliche und beglaubigte Erklärung die Existenz der Gaskammern und den Massenmord an den Juden im KZ Auschwitz bezeugt. Aber auch das Geständnis seiner Mitschuld an der Ermordung von tausenden unschuldigen Menschen durch Zyklon B. Münchs Scham und seine glaubhafte Reue waren für Eva Mozes Kor der Auslöser dafür, ihm und in späterer Folge allen Nazis zu vergeben. Durch diesen Akt der „Selbstbefreiung" entdeckte Eva Kor, dass sie nicht mehr das hilflose Opfer war. Ein Gefühl der Stärke kam in ihr hoch; sie hatte die „Verfügungsgewalt über ihr Leben" zurückgewonnen. Eva Kor erkannte, dass „Vergebung befreit – und zwar nicht nur den Täter, sondern auch die Opfer." Nach der Erklärung von Dr. Münch las Eva Kor an der Rampe von Auschwitz eine persönliche Vergebungserklärung vor, in der es u.a. heißt: „50 Jahre nach Auschwitz vergebe ich, Eva Kor, nur in meinem eigenen Namen, weil es an der Zeit ist, Wunden heilen zu lassen. Es ist an der Zeit zu vergeben, aber niemals zu vergessen." Eva Kor wurde durch das Verlesen dieser Erklärung plötzlich klar, dass die Peiniger von einst keine Macht mehr über sie haben: „Ich war nicht mehr länger ein Auschwitz-Opfer; ich war nicht länger ein Opfer der Vergangenheit. Ich war frei. Von Mengele und Auschwitz befreit – von dieser betonschweren Last, die mich zu Boden drückte."

Vergebung befreit Täter und Opfer

2015 wohnte Eva Kor als Nebenklägerin dem Lüneburger Auschwitz-Prozess gegen den SS-Mann Oskar Gröning bei. Gröning, der als sogenannter „Auschwitz-Buchhalter" tätig war, hatte – anders als die meisten Angeklagten in NS-Prozessen – seine Mitschuld (Beihilfe zum Mord an 300.000 Menschen) eingestanden, zeigte Reue und bat um Vergebung. Eva Kor dankte Gröning, dass er seine Aussage nicht verweigerte, den Holocaust nicht leugnete und Details der Vernichtungslager schilderte. Eva Kor meinte als Nebenklägerin, dass

eine Haftstrafe für den 93-jährigen nicht erstrebenswert sei. Ihr ginge es vielmehr um die Aufklärung der Gräueltaten in den Vernichtungslagern und die Bekämpfung von Rechtsextremismus. Der Richter sollte Gröning dazu verurteilen, vor jungen Deutschen den organisierten Massenmord zu bezeugen: „Ich möchte, dass er gerade den jungen Neonazis erklärt, dass Auschwitz existiert hat, dass faschistische Regime nur Verlierer produziert haben und verantwortlich sind für unzählige Tragödien." Nach ihrer Aussage gab Eva Kor dem angeklagten früheren SS-Mann Oskar Gröning die Hand zur Versöhnung. Die anderen 49 Nebenkläger distanzierten sich jedoch von dieser Geste. Kor war bewusst, dass sie durch ihre Versöhnungsbereitschaft bei vielen Menschen aneckte, argumentierte aber der Presse gegenüber, sie habe den NS-Tätern verziehen, „nicht weil sie es verdienen, sondern weil ich es verdiene". Ein Opfer habe das Recht, irgendwann frei zu sein und man könne nicht frei sein von dem, was einem angetan wurde, „wenn man diese tägliche Last aus Schmerz und Wut" nicht abschüttelt.[62]

In der Rückschau auf ihr dramatisches Leben meinte Eva Kor: „Die Jahre nach Auschwitz waren für mich sehr schmerzhaft, weil ich mich vor einer Vergangenheitsbewältigung gedrückt habe. Ich lebte Jahrzehnte fern von jeglicher Form von Vergebung: Das Wort 'Vergebung' existierte nicht in meinem Vokabular. Es war nicht einmal ansatzweise in meinem Denken vorhanden." Doch mit dem konsequenten Aufarbeiten ihrer Vergangenheit, insbesondere mit der Vergebungserklärung von Auschwitz im Jahr 1995, setzte bei Eva Mozes Kor ein erstaunlicher Befreiungs- und Heilungsprozess ein. „Heilung durch Vergebung" wurde zur Kernbotschaft ihres Lebens: „Vergib deinem ärgsten Feind und vergib jedem, der dir Schmerzen zugefügt hat – es wird deine Seele heilen und dich frei machen." Eva Kor, die wegen ihres streng religiösen Vaters ein äußerst distanziertes Verhältnis zur ihrer Religion hatte, betonte immer wieder: „Vergebung ist kein Monopol der Religionen."

Warnruf einer Zeitzeugin: Gertrude Pressburger

Gertrude Pressburger war zehn Jahre alt, als Hitler in Österreich einmarschierte. Obwohl die jüdische Familie katholisch getauft war, musste sie 1937 aus Wien nach Jugoslawien fliehen. Die Flucht endete 1944 in Auschwitz. Gertrude überlebte den Holocaust. Ihre Eltern und die zwei jüngeren Brüder wurden von den NS-Schergen ermordet.

Jahrzehntelang hat Gertrude Pressburger geschwiegen. Im österreichischen Präsidentschaftswahlkampf 2016 meldete sie sich jedoch mit einer Video-Botschaft zu Wort. Gertrude Pressburger warnte vor einer Rhetorik der Extreme: „Ich bin nicht zurückgekommen, um dasselbe noch einmal zu erleben." Ihre Worte fanden ein ungeheures Echo. Der Videoclip wurde 3,7 Millionen Mal angeklickt und auf Facebook geteilt. Univ.-Prof. Dr. Oliver Rathkolb, Institut für Zeitgeschichte der Universität Wien: „Die damals 89-jährige Frau hatte es gewagt, die aggressive Wahlkampfrhetorik der FPÖ zu verurteilen – ohne Norbert Hofer namentlich zu erwähnen – und zur Wahl von

Alexander Van der Bellen aufzurufen. Sie fürchtete eine Rückkehr der unversöhnlichen Konflikte der Zwischenkriegszeit und eine Destabilisierung der parlamentarischen Demokratie durch einen autoritär agierenden Bundespräsidenten. Vonseiten der FPÖ und deren Aktivisten sah sie sich daraufhin einer üblen Kampagne ausgeliefert. Die positive internationale Resonanz auf Gertrude Pressburgers Worte wiederum war überwältigend. Der Warnruf einer Zeitzeugin, die die Aggressivität und alltägliche Gewalt der Zwischenkriegszeit ebenso erlebt hat wie das Inferno von Auschwitz, hat bei vielen – gerade auch bei jungen Menschen – Betroffenheit und Nachdenklichkeit über die Folgen aggressiver politischer Rhetorik ausgelöst."[64]

FOTO: PARLAMENTSDIREKTION (VERONIKA MARIA)

Auschwitz-Überlebende Gertrude Pressburger: „Ich bin nicht zurückgekommen, um dasselbe noch einmal zu erleben." Bild: Gertrude Pressburger wurde am 6.11.2018 zu einer Gedenkveranstaltung in den österreichischen Nationalrat eingeladen und von Nationalratspräsident Wolfgang Sobotka begrüßt.

An P. Titus Helde SDS

Dein Name, verschwiegen,
verstummt,
in den Jahren verdrängt.
Angst und Beklemmung sind noch in Erinnerung,
wie gelähmt,
als der Schuss aus russischer Hand
dich traf, mitten in den Leib,
unter der Standuhr im Kloster.
Nur kurz hat die Zeit den Atem angehalten.
Der Schrecken blieb im Gesicht der Frauen.
Am Friedhof, unter dem Kreuz
steht dein Name als Opfergabe
gegen das Vergessen.

Frauen wurden gerettet
durch deinen Mut,
gerettet vor Missbrauch, Scham und Gewalt.

„# Me too!" knistert es heute befreiend
als Ende des Schweigens.
Ein Aufbrechen aus dem seelischen Kerker
der Unterdrückung, voll zugefügtem Leid.
Täter werden öffentlich
in Prozess und Urteil.
Ihr Name füllt Zeitungen und Akten.

Dein Name dagegen bleibt still,
umwoben von unerschrockenem Mut,
der Frauen schützte vor Ohnmacht und Verbrechen,
ein Zeugnis für die Würde und Schönheit des Lebens.

Dein Name gegen Gewalt, dein Name für Frieden,
ist viel zu leise im Geschrei der Medien,
das nichts von Lauterkeit und Würde hält.
Ich nenne ihn laut und sage ihn weiter,
ich säe deinen Namen aus unter die Menschen
für eine neue Erde und einen neuen Himmel.

P. Leo Thenner SDS (Salvatorianer), am 39. Todestag von Oscar Romero, 24. März 2019[65]

FRAUEN WURDEN GERETTET DURCH DEINEN MUT

P. Titus Helde (5. Mai 1905 – 21. April 1945) wurde von russischen Soldaten im Salvatorianer-Kloster Mistelbach erschossen, als er sich schützend vor Frauen und Mädchen stellte, die sich dort versteckt hielten.

P. Titus Hilde

Eine Rose im Schnee an der Rampe des ehemaligen KZ Auschwitz

Gewaltspirale durchbrechen

Das Volk Israel lebte in Erwartung des Messias. Doch er kam nicht als politischer Befreier, sein Kommen war kein Tag der Rache und des Zornes. Gott kam als hilfloses Kind. Die Botschaft des „Menschensohnes": Gott ist Liebe und Erbarmen. Durch die Liebe, die bis zum Äußersten liebt, hat Jesus jede Finsternis erleuchtet und alle Schuld ausgelöscht.[66] Durch diese Lebenshingabe aus Liebe stiftete er Frieden zwischen Gott und Mensch. Die zentrale Botschaft Jesu: „Liebt einander wie ich euch geliebt habe. Liebt eure Feinde, tut Gutes denen, die euch hassen. Mit dem Maß, mit dem ihr messt, werdet auch ihr gemessen werden." Die Begründung: „Der himmlische Vater ist auch gütig zu den Undankbaren und Bösen." (Lk 6,35) Jesus betet am Kreuz für seine Peiniger: „Vater, vergib ihnen, denn sie wissen nicht, was sie tun."

Regisseur Juan Manuel Cotelo

FOTO: KNA

Guerillakämpfer bitten um Vergebung

Regisseur Juan Manuel Cotelo zeigt in dem Film „Das größte Geschenk", dass es eine „Waffe" gibt, die jeden Krieg, jeden Zwist, jeden Streit beenden kann: die Vergebung. Das größte Geschenk, das jemand einem anderen Menschen machen kann: ihm zu verzeihen. Der Film zeigt Zeugnisse aus Frankreich, Spanien, Ruanda, Irland usw. – bewegende Beispiele von Menschen, die vergeben, von Menschen, die um Vergebung bitten. Da wird Terroristen und Guerillakämpfern vergeben, gewalttätigen Eltern, Mördern nach einem Genozid.

Der Film ist dank einiger Guerillakämpfer in Kolumbien, die sich im Gefängnis bekehrt hatten, entstanden. Diese Männer, die viele Menschenleben auf dem Gewissen hatten, wollten sich bei ihren Opfern oder deren Angehörigen entschuldigen. Sie wandten sich an Juan M. Cotelo: „Wir wollen über deine Kameras die Welt um Vergebung bitten."[68]

Irene Villa, Opfer eines Terroranschlages: „Dank der Vergebung habe ich kein amputiertes Herz. Die Bombe konnte mir nur die Beine nehmen." Auch Terroristen der IRA, Terroropfer der ETA und Betroffene des Genozids in Ruanda kommen zu Wort. Was sie gemeinsam haben: Das Happy End nach Reue und Vergebung. Cotelo: „Jede dieser Geschichten endet mit Fiesta, denn das ist das Kennzeichen der Vergebung. Das Schlimmste, das man über eine Person sagen kann, ist die falsche Verwendung des Zeitwortes 'ist': Der da 'ist' ein Mörder, oder er 'ist' ein Lügner. Doch Vorsicht, das stimmt nicht! Nicht einmal, wenn er Tausende umgebracht oder hundertmal gelogen hat. Die Sünde bestimmt nicht, wer wir sind, denn niemand wurde als Mörder oder Lügner geboren."[69] Der Blick auf die Lebensgeschichte des Menschen lässt vieles verstehen, ohne dass dies eine Rechtfertigung für die Verfehlungen und Verbrechen ist.

IRA-Terrorist wird Friedensaktivist

Im Alter von zehn Jahren schrieb Shane Paul O'Doherty folgende Worte nieder: „Wenn ich groß bin, will ich kämpfen und notfalls für Irlands Freiheit sterben."[70] Shane hatte keinerlei Zweifel, dass er eines Tages als Freiwilliger in der IRA kämpfen würde, um die uralte Ungerechtigkeit der Besetzung Irlands durch die Briten zu beenden. Shane trat mit 15 der Jugendabteilung der IRA bei, mit 16 beteiligte er sich am Bombenlegen und an Schießereien. Shane fühlte sich verpflichtet, mit Bombenterror gegen das politische Unrecht Widerstand zu leisten, wozu auch eine Briefbombenserie in London zählte. Als 17-Jähriger überlebte Shane 1972 die Schießerei des „Bloody Sunday" in Derry. Mit 18 schickte er Briefbomben an prominente britische Persönlichkeiten. Im Jahr 1975 wurde er gefasst und 30 Mal zu lebenslanger Haft und zu 20 Jahren Freiheitsentzug verurteilt, nachdem er in 31 Fällen wegen versuchten Mordes angeklagt worden war.

Während seiner Isolationshaft in verschiedenen englischen und irischen Hochsicherheitsgefängnissen wurde Shane von den Justizwachebeamten häufig verprügelt und schikaniert. Nach und nach geriet das Weltbild Shanes ins Wanken. Er erkannte, dass er durch das Versenden von Briefbomben schwerwiegende Menschenrechtsverletzungen begangen hatte. Außerdem entdeckte er durch den Kontakt mit einem Gefängnisseelsorger die Bibel. Die Evangelien waren eine ständige Herausforderung und Verunsicherung für ihn, insbesondere der Vers Matthäus 5,23: „Wenn du deine Gabe zum Altar bringst und dir dabei einfällt, dass dein Bruder etwas gegen dich hat, so lass deine Gabe dort liegen; geh und versöhne dich zuerst mit deinem Bruder, dann komm und opfere deine Gabe." Auch ein anderer Satz Jesu aus der Bergpredigt traf Shane zutiefst: „Ihr habt gehört, dass gesagt worden ist: Auge für Auge und Zahn für Zahn. Ich aber sage euch: Leistet dem, der euch Böses antut, keinen Widerstand." Shane hatte ab diesem Zeitpunkt den Eindruck, dass nur „eine pazifistische Haltung wirklich ethisch und im Sinne Christi" sei. Shane entdeckte, dass er sich noch nicht mit den Schwierigkeiten seiner verletzten Opfer auseinandergesetzt hatte. Er erkannte, dass er durch den Gebrauch von Gewalt die Opfer, sich selbst und seine Beziehung zu Gott beschädigt hatte. Es drängte Shane, sich mit seinen Opfern auszusöhnen.

Sich mit den Opfern aussöhnen

Shane schrieb zunächst an die Öffentlichkeit in England und Irland zahlreiche Briefe, in denen er seine Taten bereute, um Vergebung bat und mitteilte, dass er sich ab jetzt von der IRA distanzierte. Doch außer dem Gefängnisseelsorger und einem Bischof glaubte ihm zunächst niemand. Shane wurde innerhalb und außerhalb des Gefängnisses häufig verspottet, aber auch als Lügner und Verräter bezeichnet. Schließlich begann Shane Briefe an seine Opfer zu senden, in denen er den Betroffenen mitteilte, dass er seine Taten zutiefst bereue und er bat die Betroffenen und Gott um Vergebung. Die Mitgefangenen hielten Shane für verrückt. Doch interessanterweise reagierten etwas mehr als die Hälfte der Angeschriebenen. Nur ein einziges Opfer lehnte sein Ansinnen ab. Shane war der erste IRA-Attentäter, der seine Opfer um Vergebung bat und auf einen Versöhnungsprozess zwischen den verfeindeten Parteien drängte. An die IRA appellierte er, auf Gewalt zu verzichten und sich an Friedensverhandlungen zu beteiligen. Damit wurde Shane zu einem der Vordenker für Friedensverhandlungen in Nordirland. Nach insgesamt vierzehneinhalb Jahren wurde Shane aus der Haft entlassen.

Wegbereiter für Friedensprozess

Shane absolvierte am Trinity College in Dublin ein vierjähriges Englisch-Studium und rief in dieser Zeit über Presse, Radio und Fernsehen zur Beendigung der Gewalt auf und nahm dabei einige Jahre eine führende Rolle ein. Shane Paul ist bis heute in der Friedensarbeit tätig. Er hält weltweit

FOTO: FESTSCHRIFT ZUM 100. GEBURTSTAG V. MATZENBERGER

„Bergpredigtpazifist" Stefan Matzenberger, 1940 nach seiner Einberufung zur Deutschen Wehrmacht: „Ich fasste als Kriegsgegner und Gegner des Hitlerregimes den Entschluss, auf keinen Fall einen Menschen zu töten." Bild: Stefan Matzenberger als Schüler des Gymnasiums Waidhofen/Ybbs

zahlreiche Vorträge und Seminare zu den Themen „Gewaltfreie Konfliktlösung und Friedenserziehung". Im Jahr 2019 weilte Shane auch in Wien, wo er u.a. in einer ORF-Radiosendung seine Lebensgeschichte erzählte.[71]

Von der Kriegs- zur Friedensfront: Stefan Matzenberger

Stefan Matzenberger wurde am 5. Mai 1919 im Hause Schindelmacher in St. Michael/Bruckbach, Gemeinde Ertl, geboren. Er besuchte das Gymnasium in Seitenstetten und Waidhofen/Ybbs, wo er mit Auszeichnung maturierte. 1940 wird Stefan Matzenberger zur Deutschen Wehrmacht eingezogen. „Wir wurden unterwiesen, wie man einen ,Feind' mit der blanken Stichwaffe ersticht, mit dem Gewehrkolben erschlägt, im Nahkampf erschießt und mit der Handgranate vernichtet. Diese Brutalitätsausbildung machte auf mich, einen gläubigen Katholiken, einen großen Eindruck, und ich fasste als Kriegsgegner und Gegner des Hitlerregimes den Entschluss, auf keinen Fall einen Menschen zu töten."[72]

Am 26. März 1942 wurde Stefan Matzenberger in der Nähe von Charkow schwer verwundet. Vierzig Granatsplitter mussten aus seinem Körper entfernt werden, monatelang schwebte er zwischen Leben und Tod. Er überlebte – blieb aber blind. Stefan Matzenberger wurde zum „Analphabeten". Im Kriegssanatorium Marburg an der Lahn erlernte Stefan das Schreibmaschineschreiben, die Blindenschrift und Blindenstenografie. Seit 1942 war Stefan an der juridischen Fakultät in Marburg an der Lahn inskribiert. Doch ein weiterer schwerer Schicksalsschlag folgte 1943: Sein Bruder Franz, der ihm, dem Erblindeten, lebenslange Hilfe versprochen hatte, fiel in Russland, unweit von jenem Ort, wo Stefan das Augenlicht verloren hatte. Durch Unterstützung seiner beiden Schwestern Rosi und Resi und seines elfjährigen Bruders Hans bewältigte Stefan den Alltag, konnte sich mit Hilfe der drei „Vorleser" sogar auf sein Jusstudium vorbereiten, das er ab Herbst 1943 in Wien fortsetzte und 1947 mit dem Doktorat abschloss. Doch das für Stefan Matzenberger „schrecklichste Erlebnis seines Lebens" ereignete sich am 5. Februar 1945, als der Jusstudent von Wien nach Ertl unterwegs war und der Zug bei Neumarkt an der Ybbs von amerikanischen Tieffliegern angegriffen wurde. Unter den 70 Toten war seine Schwester Rosi. Sie wollte den blinden Bruder von Wien, seinem Studienort, nach Hause begleiten.

Ein Blinder weist der Menschheit den Weg

Zur neuen großen Stütze seines Lebens wurde die in Ertl tätige Volksschullehrerin Elisabeth Kadlec, die er im Jahr 1946 heiratete und die ihm zwei Mädchen und zwei Buben gebar. Als Kriegsblinder erhielt Stefan Matzenberger in Wien eine Tabaktrafik zugewiesen. Damit war die Basis für ein bescheidenes Leben gelegt. Matzenberger konnte nach der Promotion 1947 soziologische, friedenswissenschaftliche und völkerrechtliche Studien anschließen. Die schrecklichen Kriegserlebnisse beeinflussten den weiteren Lebensweg von Stefan Matzenberger grundlegend. Er kam nun „von der vordersten Kriegsfront in die vorderste Friedensfront". 1963 erschien sein Buch „Von der Friedensethik zur Friedenspolitik". Sein zweites Buch „Pazifismus im Atomzeitalter" gibt Einblick in die Friedensarbeit

FOTO: BÖSWART

Ernst Degasperi: Umschmieden der Schwerter in Pflugscharen

des Verfassers.[73] Matzenberger verfasste an die 500 Artikel, schrieb rund 16.000 Briefe an Entscheidungsträger von Kirche und Gesellschaft. An Papst Johannes XXIII. schrieb er 1958: „Die Kirche des Friedensfürsten hat bisher noch längst nicht alle Möglichkeiten der Kriegsbekämpfung wahrgenommen. Sie darf mit der Brutalität des Krieges keine Kompromisse schließen." Konkret fordert Matzenberger einen Weltfriedenstag: „Kirchlicherseits könnte und sollte ein Fest des Friedensfürsten Jesus Christus eingeführt werden."

Es gibt keinen gerechten Krieg

Die Ächtung des Angriffskriegskrieges war Matzenberger zu wenig. Er forderte, dass die Kirche beim Zweiten Vatikanischen Konzil auch die Lehre vom „gerechten Krieg" revidiert: „Eine gerechte und christliche Menschenschlächterei gab es nicht und gibt es nicht. Ein gerechter Krieg ist ebenso unmöglich wie eine liebevolle Barbarei." Für Matzenberger war ausnahmslos jeder Krieg ungerecht, unchristlich und rechtlich verwerflich. Matzenberger wies u.a. auf Mahatma Gandhi, „den bahnbrechenden Pionier der Gewaltlosigkeit" hin, der durch einen langwierigen, 30 Jahre dauernden, aber erfolgreichen gewaltlosen aktiven und passiven Widerstand seine indischen Landsleute von der englischen Kolonialherrschaft befreien konnte. Stefan Matzenberger hielt über 250 Vorträge. Er war an der Gründung von „Pax Christi Österreich", an der Einführung des Zivildienstgesetzes und der Gründung des Friedensforschungsinstitutes an

» *Dann werden sie Schwerter zu Pflugscharen umschmieden und ihre Lanzen zu Winzermessern"*

Jesaja 2,4

der Universität Wien beteiligt. Matzenbergers Vorschlag zur Einführung eines Weltfriedenstages fiel auf fruchtbaren Boden. 1967 wurde die Studienkommission „Justitia et Pax" gegründet. Noch im selben Jahr proklamierte Papst Paul VI. den Weltfriedenstag für den 1. Jänner eines jeden Jahres. Stefan Matzenberger wurde – allen Widerständen zum Trotz – zu einem Wegbereiter der Friedensbewegung. Er hat als Blinder vielen Menschen die Augen geöffnet. Der „Bergpredigtpazifist" Stefan Matzenberger hat der zerrissenen Menschheitsfamilie den Weg gewiesen für den Aufbau einer friedlicheren Welt.

Den Dialog nicht verweigern

Marko Feingold war von 1939 bis 1945 inhaftiert, u.a. in den Konzentrationslagern Auschwitz, Dachau und Buchenwald. Feingold, Präsident der Israelitischen Kultusgemeinde Salzburg, kritisierte den Opfermythos der Nachkriegszeit: „In Österreich sind die Überlebenden der Konzentrationslager nicht empfangen worden, die Kriegsgefangenen hat man aber mit Musik begrüßt." (Die Presse, 21.9.2019) Marko Feingold setzte sich unermüdlich für die Überwindung des Antisemitismus und den Dialog mit allen politischen Parteien ein. Er starb 2019 im Alter von 106 Jahren.

FOTO: FEINGOLD MARKO

Holocaust-Überlebender Marko Feingold: „Wir dürfen niemandem den Dialog verweigern, wir müssen auch mit den Menschen in der FPÖ das Gespräch suchen."

>> *Solange wir leben, müssen wir uns entscheiden. Den Nazis ist es nicht gelungen, aus mir einen kleinen Nazi zu machen, einen Menschen, der voller Hass ist."*

Jehuda Bacon,
Überlebender des KZ Auschwitz

FOTO: SHUTTERSTOCK

Die Zerstörung der Kathedrale von Reims durch deutschen Artilleriebeschuss wurde im Ersten Weltkrieg als barbarischer Anschlag auf einen der bedeutendsten Orte politischer und nationaler Identität Frankreichs angesehen. Bild: Die zerstörte Skulptur „Der lächelnde Engel" an der Fassade der gotischen Kathedrale von Reims, wurde zur Ikone der kriegerischen Verwüstung und Barbarei.

Nach dem Zweiten Weltkrieg wurde die Kathedrale von Reims zu einem Symbolort der deutsch-französischen Freundschaft: Staatspräsident Charles de Gaulle und Bundeskanzler Konrad Adenauer haben am 8.7.1962 demonstrativ gemeinsam an einer Messe in der Kathedrale von Reims teilgenommen (Bild). Der Frankreichbesuch Adenauers sollte ein symbolischer Schlussstrich unter die jahrhundertelangen deutsch-französischen Auseinandersetzungen sein.

FOTO: KNA

Guernica

Pablo Picasso, Guernica. Ein zeitloses Manifest gegen Krieg, Terror und Gewalt. Das Bild entstand 1937 als Reaktion auf die Zerstörung der spanischen Stadt Guernica durch den Luftangriff der deutschen Legion Condor und der italienischen Corpo Truppe Volontarie, die während des Spanischen Bürgerkriegs auf Seiten Francos kämpften.

FOTO: SHUTTERSTOCK

Unantastbarkeit und Würde der Person: Aus für die Todesstrafe

Die amerikanische Ordensfrau Helen Prejean setzt sich seit Jahrzehnten für die Abschaffung der Todesstrafe ein. Sie veröffentlichte dazu einen aufwühlenden Bestseller mit dem Titel „Dead Man Walking", der auch verfilmt wurde. Helen Prejean zur Ächtung der Todesstrafe: „1600 Jahre hat es gedauert, bis diese Haltung von der Kirche klar eingenommen wurde. Ohne Ausnahmen. Moses verkündete es, in Stein gemeißelt. Jesus sagte: Du sollst nicht töten! Papst Franziskus nahm es in den Katechismus auf. Die Todesstrafe ist immer unzulässig, und sie soll weltweit abgeschafft werden. Die katholische Lehre hob die Würde des ungeborenen Lebens hervor. Katholiken setzten sich für die Lebenswürde im Allgemeinen ein: Jetzt haben wir uns in das Herz des Evangeliums katapultiert. Auch Schwerverbrecher haben Würde. Diese darf ihnen nicht geraubt werden." Die Ver-

FOTO: KNA

Bei einer Audienz segnet Papst Franziskus die sudanesische Christin Mariam Jahia Ibrahim Ishak und ihre Tochter (24. 7. 2014). Die Sudanesin war in ihrem Heimatland inhaftiert und zum Tod verurteilt worden, weil sie einen Christen geheiratet hatte. Ein Berufungsgericht hob das Todesurteil auf und ordnete die Freilassung der Frau an.

einigten Staaten sind der einzige westliche Industriestaat, der noch immer Todesstrafen verhängt. Als katholische Kirche können wir uns jetzt gemeinsam mit Amnesty International für die Menschenrechtserklärung einsetzen. Artikel drei besagt: „Jeder Mensch hat das Recht auf Leben." Der US-Bundesstaat Colorado hat im März 2020, als 22. Bundesstaat der USA, die Todesstrafe abgeschafft.

Von 195 Staaten der Welt verbieten 67 die Todesstrafe generell. 170 Staaten haben 2017 keine Todesstrafe vollstreckt. 25 Länder, unter ihnen die USA, gilt es noch zu überzeugen.[74]
Bild: Philippinen: Protestmarsch gegen die Todesstrafe im März 2017 in Manila

Segnet, die euch verfolgen!
Die Mönche von Tibhirine

Christian de Chergé stammte aus einer aristokratischen Familie, sein Vater war Berufsoffizier. Er wollte Priester werden und trat 1956 in das Seminar der Karmeliten in Paris ein. 1959 wurde er zum Militär einberufen und nach Algerien geschickt. Dort hatte er ein Erlebnis, das seinen Lebensweg entscheidend bestimmte. Ein muslimischer Freund rettete ihm das Leben und

wurde selbst wenig später von Extremisten erschlagen. Dies bestärkte Christians Entschluss, Mönch zu werden. Er trat in die Gemeinschaft der Mönche von Tibhirine im Atlasgebirge ein. Bald danach wurde er Prior. Christian de Chergé engagierte sich Zeit seines Lebens in besonderer Weise für den christlich-islamischen Dialog.[75]

Christian de Chergé, Prior der Gemeinschaft von Tibhirine

FOTO: NOTRE DAME D' ATLAS TIBHIRINE

Die Trappisten von Tibhirine haben ihr bescheidenes Kloster zu einer Oase des Friedens und der Versöhnung gemacht, inmitten von erstarrten Fronten zwischen rigider Staatsmacht und radikalen fundamentalistischen Gruppen, die den Gottesstaat herbeizwingen wollen. Wissend, dass sein Leben bedroht war, schrieb Père Christian de Chergé, er war bereits Prior des Klosters, ein Testament, in dem er nicht nur seine eigene Mitschuld am Bösen in der Welt anerkannte, sondern auch dem zukünftigen Mörder verzieh. Aus seinen Worten und Taten spricht die Botschaft Jesu: „Segnet, die euch verfolgen!" Wenn Père Christian den möglichen Mörder als den Bruder der letzten Stunde anspricht, dann ist durch sein Leben und sein Sterben sowie durch die Lebenshingabe seiner Brüder Gottes grenzenlose Liebe deutlich sichtbar und für viele Menschen erfahrbar geworden. (vgl. Film „Von Göttern und Menschen") Die sieben Trappistenmönche von Tibhirine wurden am Gründonnerstag 1996 im algerischen Atlasgebirge entführt und zwei Monate später ermordet. Sie sind lebendige Zeugen für das Wirken des Auferstandenen heute.

Das Testament des P. Christian de Chergé besteht aus zwei Teilen: Der erste Teil wurde am 1. Dezember 1993 in Algier, der zweite am 1. Jänner 1994 in Tibhirine geschrieben. Dieses Dokument wurde kurz nach dem Drama in der Zeitung „La Croix" am 29. Mai 1996 veröffentlicht.

Gott im Antlitz des Anderen:
Das Testament von P. Christian

„Wenn es mir eines Tages geschehen sollte – und das könnte heute schon sein – ein Opfer des Terrorismus zu werden, der sich nun auch gegen alle Fremden in Algerien zu richten scheint, so möchte ich, dass meine Gemeinschaft, meine Kirche, meine Familie sich daran erinnern, dass mein Leben Gott und diesem Land geschenkt war. Sie mögen annehmen, dass der einzige Meister eines jeden Lebens diesem schrecklichen Hinscheiden nicht fremd gegenüberstehen kann. Sie mögen für mich beten: Wie soll ich würdig sein für ein solches Opfer? Sie mögen diesen Tod im Zusammenhang mit so vielen Toden sehen, die ebenso gewalttätig waren, aber in der Gleichgültigkeit dieser Zeit namenlos geblieben sind. Mein Leben hat keinen höheren Preis als ein anderes; es hat aber auch keinen geringeren. Auf keinen Fall hat es aber die Unschuld der Kindheit bewahrt. Ich habe genügend lange gelebt, um zu wissen, dass auch ich Komplize des Bösen geworden bin, das – leider – in der Welt die Oberhand zu behalten scheint, Komplize gar dessen, der mich dereinst blind erschlagen wird. Ich möchte, wenn dieser Augenblick kommt, so viel ruhige Klarheit haben, dass ich die Verzeihung Gottes und meiner Menschengeschwister anrufen kann, aber ebenso, dass ich dem aus ganzem Herzen vergeben kann, der mich umbringen wird. Ich kann einen solchen Tod nicht wünschen. Es scheint mir wichtig, das zu bekennen. – Ich sehe nicht, wie ich mich freuen könnte, dass dieses Volk, das ich liebe, ohne Unterschied wegen meiner Ermordung angeklagt wird. Das, was man „die Gnade des Martyriums" nennen mag, ist zu teuer bezahlt, wenn man sie einem Algerier schuldet, wer dieser auch immer sei. Vor allem dann, wenn er sagt, er handle aus Treue zu dem, was er für den Islam hält. Ich weiß wohl, wie sehr man die Algerier in ihrer Gesamtheit mit Verachtung belegt hat. Ich kenne auch die Karikaturen des Islam, die ein gewisser islamischer

Das Maximilian-Kolbe-Werk besucht ehemalige KZ-Häftlinge in der Ukraine und entschuldigt sich für die Gräueltaten der Nazi-Zeit. Überlebende nehmen eine Rose als Erinnerung mit nach Hause. Die Rose – Symbol der Liebe und Symbol des Kolbe-Werks – ist für viele der Gäste ein bewegendes Zeichen.

FOTO: KNA

FOTO: KNA

FOTO: KNA

Fundamentalismus hervorgerufen hat. Es ist zu leicht, sich ein ruhiges Gewissen zu machen, indem man den religiösen Weg des Islam mit dem Fundamentalismus und seinen Extremisten gleichsetzt."

Mönche und Pilger am Fuße des Atlas, unter ihnen auch die sieben Trappistenmönche von Tibhirine in Algerien, die im Jahr 1996 entführt und ermordet wurden. Das Kloster Tibhirine war eine Oase des Friedens inmitten von erstarrten Fronten zwischen rigider Staatsmacht und fundamentalistischen Gruppen, die den Gottesstaat herbeizwingen wollen.

>> *Nationalismus, Rassismus, Fremdenhass sind Ursünden gegen die Einheit der Menschheit, die uns aufgetragen ist. Wir haben im Grunde eine ungeheuerliche Chance durch das, was wir als Not bezeichnen. Wenn wir nur für uns blieben, dann wären wir gar nicht wir selbst."*

Klaus Hemmerle[77]

Großer Respekt vor den muslimischen Gläubigen

„Algerien und der Islam: Für mich ist das etwas anderes, für mich ist das wie Leib und Seele! Ich habe es genügend beteuert: Im Hinblick auf alles, was ich erhalten habe, glaube ich hier so oft den klaren Leitgedanken des Evangeliums wieder zu finden, das ich damals auf den Knien meiner Mutter, die meine allererste Kirche war, gelernt habe, genau hier in Algerien, und damals schon im großen Respekt vor den muslimischen Gläubigen. Mein Tod scheint denen Recht zu geben, die mich immer schnell als naiv oder zu idealistisch angesehen haben. 'Er mag uns jetzt sagen, was er darüber denkt!' Aber jene, die so dachten, müssen wissen, dass nun endlich meine stechendste Neugier zufriedengestellt sein wird: Nun werde ich, wenn es Gott gefällt, meinen Blick mit dem Gottes, des Vaters, vereinen dürfen, um so mit Ihm seine Kinder aus dem Islam zu betrachten, und zwar so, wie Er sie sieht. Ganz erleuchtet von der Herrlichkeit Christi, auch sie Früchte seines Leidens, angetan mit den Gaben des Geistes, dessen tief verborgene Freude immer die sein wird, die Gemeinschaft zu begründen und die Ähnlichkeit wiederherzustellen, indem er mit all den Unterschieden unter den Menschen spielt."

Freund meines letzten Augenblicks

FOTO: SHUTTERSTOCK

„Und auch Du bist eingeschlossen, Freund meines letzten Augenblicks, der Du nicht weißt, was Du tust! Ja, auch für Dich will ich diesen Dank und dieses A-Dieu, das Du beabsichtigt hast. Dass es uns geschenkt sei, uns als glückliche Schächer im Paradies wieder zu sehen, wenn es Gott, dem Vater von uns beiden, gefällt. AMEN. Inch'Allah!" Testament von P. Christian de Chergé

„Dieses verlorene Leben, das so ganz meines ist, es wird ebenso ganz das ihre sein. Ich danke Gott, von dem mir scheint, er wollte dieses Leben ganz für diese Freude, gegen alles und trotz allem. In diesen Dank, mit dem nun alles über mein Leben gesagt ist, schließe ich sicherlich Euch ein, Freunde von gestern und von heute, Ihr lieben Freunde von hier, zur Seite meiner Mutter und meines Vaters, meiner Schwestern und Brüder, hundertfach hinzugeschenkt, wie es versprochen war. Und auch Du bist eingeschlossen, Freund meines letzten Augenblicks, der Du nicht weißt, was Du tust! Ja, auch für Dich will ich diesen Dank und dieses À-Dieu, das Du beabsichtigt hast. Dass es uns geschenkt sei, uns als glückliche Schächer im Paradies wieder zu sehen, wenn es Gott, dem Vater von uns beiden, gefällt. AMEN. Inch'Allah !"[76]

Eine muslimische Ärztin schrieb in den Tagen der Trauer um die Mönche an Henri Teissier, Erzbischof von Algier: „Wir müssen die Samen, die unsere Mönche hinterlassen haben, wässern. Unsere Pflicht ist es, den Frieden, die Liebe zu Gott und den Respekt vor Menschen, die anders sind als wir, zu fördern." Sie habe, so erklärt sie dem Erzbischof, das Testament von P. Christian in ihrem Wohnzimmer aufgehängt, damit ihre ganze Familie sich stets daran erinnere. P. Christian war Mitglied der großen Vereinigung von Mönchen im interreligiösen Dialog (MIC: Monastic interreligious Dialogue). Sein Testament ist ein Zeugnis für jenen Dialog, dem das Zweite Vatikanische Konzil einen Weg ebnen wollte.

Eine andere Welt ist möglich

Betroffen von Krieg, Terror und Gewalt weinen wir mit den Weinenden. Doch zusammen mit allen, die Verantwortung für den Frieden tragen und dafür auch persönliche Risiken eingehen, müssen wir unseren Einsatz für gewaltfreie Konfliktlösungen, für Versöhnung und Dialog erneuern und verstärken.[78] Dadurch werden Plattformen für Begegnungen auf allen Ebenen geschaffen. Allen Rückschlägen zum Trotz – eine andere Welt ist möglich. Die Menschheitsfamilie ist auf dem Weg zur Einheit.

Wie kann dies geschehen? Nur der Aufbau einer „Zivilisation der Liebe", die gelebte Gütergemeinschaft und eine faire Weltwirtschaftsordnung können Gewalt und Terror den Boden entziehen.

Dort, wo Hass gesät wird, müssen wir Liebe säen[79], den Weg des interreligiösen Dialogs, der gegenseitigen Wertschätzung und des solidarischen Teilens beschreiten, um so „den Schrei der Menschheit" aufzunehmen und in neue Hoffnung zu verwandeln. Globalisierung der Solidarität statt globaler Gleichgültigkeit![80]

Franz von Assisi und der Sultan: Die Logik des Konfliktes überwinden

FOTO: BR. STEPHANE MARTIN-PREVEL

Franz von Assisi begegnet Sultan Al-Kamil Muhammad al-Malik in der ägyptischen Hafenstadt Damiette. Ikone von Bruder Stephane Martin-Prevel, Monastère du Gai-rire.

Es gilt als die vielleicht bis heute wichtigste interreligiöse Begegnung überhaupt: Das Treffen zwischen Franz v. Assisi und Sultan al-Malik al Kamil, vor mehr als 800 Jahren in Damiette (Ägypten). Damals wie heute gab es Stimmen, die einen Zusammenprall der Zivilisationen beschworen haben. Diese Begegnung erinnert daran, dass es eine Möglichkeit gibt, über den Konflikt hinauszugehen. Die Begegnung zwischen Franziskus und dem Sultan war von gegenseitigem Respekt geprägt – „Paradigma der Begegnung und des Dialogs auch für unsere Zeit" (Papst Franziskus). Es ist fundamental und für die globale Ebene grundlegend, die Kultur der Begegnung zu pflegen statt diejenige des Konflikts. Interreligiöse Begegnungen – z.B. im Rahmen christlicher, jüdischer und muslimischer Feste – können ein Beitrag sein zum Aufbau einer Friedenskultur.

RISIKOBEREITSCHAFT

Abbé Pierre, Gründer von Emmaus Paris, berichtet in seinen Lebenserinnerungen[81], dass er während der deutschen Besatzung Frankreichs zahlreiche Juden versteckt und mit Hilfe eines Bergführers nachts über die Schweizer Grenze brachte. Durch viele geheime Überquerungen – der Grenzübergang lag auf 3200 m Höhe – rettete er zahlreichen verfolgten Juden das Leben. Nach dem Krieg mobilisierte Abbé Pierre als Abgeordneter zur französischen Nationalversammlung seine Landsleute, um dem Skandal der Wohnungslosigkeit von zehntausenden Menschen ein Ende zu bereiten. Als bei einer Wahlversammlung Abbé Pierre auf hässlichste Weise verleumdet wurde, stand ein gebrechlicher Greis auf und sagte: „Ich bin politisch nicht auf Ihrer Seite. Doch ich finde diese Verleumdungen unerträglich. Ich bin Rabbiner Sam Job, der Ihnen während der Besatzung meine Volksgenossen anvertraute. Als Sie eines Nachts einen von ihnen über den Gletscher brachten, gaben Sie ihm Ihre eigenen Schuhe, weil er bloß windige Sandalen hatte. Dann liefen Sie selber barfuß über den Schnee nach Hause." Abbé Pierre: „Wir umarmten einander, und der ganze Saal applaudierte in enthusiastischer Freude. Die Politik trennt Menschen, doch Solidarität bringt sie zusammen." Gewissensfrage: Was riskiere ich persönlich heute für Menschen in Not?[82]

Während des Weltjugendtreffens 2016 in Krakau traf Papst Franziskus auch mit Überlebenden des Konzentrationslagers Auschwitz zusammen. Nach einem Gebet in der Todeszelle schrieb Franziskus auf Spanisch am Ende seiner Visite in das Besucherbuch: „Herr, erbarme dich über dein Volk! Herr, vergib so viel Grausamkeit!"[83]

Großimam und Papst:
Gemeinsam Hass und Extremismus überwinden

Am 4.2.2019 haben Papst Franziskus und der Kairoer Großimam Ahmad Mohammad el-Tayeb in Abu Dhabi gemeinsam das historische „Dokument über die Geschwisterlichkeit aller Menschen für ein friedliches Zusammenleben in der Welt" unterzeichnet. Darin heißt es:

„Deshalb verurteilen wir alle Praktiken, die das Leben bedrohen, wie die Genozide, die terroristischen Akte, die Zwangsumsiedlungen, den Handel mit menschlichen Organen, die Abtreibung und die Euthanasie sowie die politischen Handlungsweisen, die all dies unterstützen. Ebenso erklären wir mit Festigkeit, dass die Religionen niemals zum Krieg aufwiegeln und keine Gefühle des Hasses, der Feindseligkeit, des Extremismus wecken und auch nicht zur Gewalt oder zum Blutvergießen auffordern. Deshalb bitten wir alle aufzuhören, die Religionen zu instrumentalisieren, um Hass, Gewalt, Extremismus und blinden Fanatismus zu entfachen."

Das Dokument bekräftigt im Einklang mit den vorausgehenden internationalen Dokumenten die Wichtigkeit der Rolle der Religionen im Aufbau des weltweiten Friedens. Al-Azhar und die Katholische Kirche bitten, dass dieses Dokument Forschungs- und Reflexionsgegenstand in allen Schulen, in den Universitäten und in den Erziehungs- und Bildungseinrichtungen werde, um dazu beizutragen, neue Generationen zu bilden, die das Gute und den Frieden bringen und überall das Recht der Unterdrückten und der Geringsten verteidigen.[84]

Ende März 2019 besuchte der Papst im Rahmen seiner Marokko-Visite ein Ausbildungszentrum für Imame. Gemeinsam mit König Mohammed VI. war Franziskus in der Einrichtung zu Gast, in der internationale muslimische Prediger und Predigerinnen ausgebildet werden. Das Institut wurde 2015 von Mohammed VI. in Reaktion auf den Terroranschlag 2003 auf jüdische Einrichtungen und Orte westli-

Papst Franziskus und Ahmed Mohammed el-Tayeb, Großimam der Kairoer Al-Azhar-Universität, in einem gemeinsamen Appell: „Wir bitten alle, aufzuhören, die Religionen zu instrumentalisieren, um Hass Gewalt, Extremismus und blinden Fanatismus zu entfachen." Bild: Papst Franziskus und Ahmad el-Tayeb am 4.2.2019 in Abu Dhabi

Südsudan: Durch Vermittlung der Gemeinschaft Sant' Egidio wurde die Aussöhnung zwischen den rivalisierenden Stammesführern möglich und der Bürgerkrieg beendet.

chen Lebensstils in Casablanca gegründet. Der Monarch will dort einen toleranten Islam für die afrikanischen Länder fördern. Mohammed VI. betonte, dass der Radikalismus weder mit militärischen noch finanziellen Mitteln zu besiegen sei, sondern nur mit Bildung. Was alle Terroristen gemeinsam hätten, sei nicht Religion, sondern die „Ignoranz von Religion."[85]

Pakistan: Muslime, Christen und Hindus gemeinsam gegen den Terror

Nach dem Attentat auf zwei Moscheen in Christchurch, Neuseeland, haben in ganz Pakistan Muslime, Christen und Hindus zahlreiche Märsche und Veranstaltungen organisiert, um gegen den Terrorismus zu demonstrieren. Vielfach fanden auch gemeinsame Gebete der Angehörigen verschiedener Religionen statt. In Rawalpindi versammelten sich hunderte Menschen zum Gebet für den Frieden und die Opfer von Terrorismus. Joseph Arshad, Bischof von Rawalpindi-Islamabad: „Wir sind aufgerufen, Frieden in die Welt zu bringen und im Kampf gegen den Terrorismus unseren Beitrag zu leisten. Wir verurteilen jeden Angriff auf religiöse Minderheiten, wie jene in Pakistan und Neuseeland."[86]

Sri Lanka: Kardinal mahnt Christen nach Terrorakten zu Ruhe und Vergebung

Nur wenige Wochen nach dem Attentat von Christchurch kam es am Ostersonntag 2019 in Sri Lanka zu verheerenden Anschlägen. Bei den Selbstmordattentaten auf drei katholische Kirchen und drei Hotels wurden 259 Menschen getötet und über 500 verletzt. Der Erzbischof von Colombo, Kardinal Albert Ranjith, hat nach der Anschlagsserie die Christen zur Besonnenheit gemahnt, „sodass keiner Selbstjustiz übt und die Beerdigungen in Ruhe stattfinden können." Der Kardinal appellierte an die Katholiken, „dass sie dem Beispiel Jesu Christi folgen, der am Kreuz jenen vergeben hat, die ihn kreuzigten." Die Regierung Sri Lankas machte eine einheimische radikalislamische Gruppe für die Anschläge verantwortlich. Vermutlich handelte es sich bei den Angriffen um eine Vergeltung für den Anschlag auf zwei Moscheen im neuseeländischen Christchurch.

Geheimdienstinformationen zufolge wollten die Islamisten auch Moscheen des sufistischen Islam angreifen. (Anm.: Zurückgehend auf den persischen Sufi-Mystiker und Poeten Dschalal ad-Din Muhammad Rumi – kurz Rumi genannt – durchdrang seit dem 13. Jahrhundert eine Kultur des mystischen Islams die Länder, die sich von Anatolien bis in das heutige Afghanistan und den Iran erstrecken. Diese Kultur wird als Sufi-Islam bezeichnet). Radikale Islamisten betrachten Sufisten wegen ihrer Toleranz auch anderen Religionen gegenüber als Feinde. Sri Lankas Minister für muslimische Angelegenheiten, Abdel Haleem, verurteilte die „barbarischen Taten der unbarmherzigen Terroristen" und rief die Muslime des Inselstaates auf, nicht zu den Freitagsgebeten zu gehen – als Geste der Solidarität mit den Christen, deren Kirchen geschlossen blieben.

Südsudan:
Möge die Rache von der Vergebung entwaffnet werden

Der Präsident des Südsudan, Salva Kiir, Katholik, und sein designierter Vizepräsident, Riek Machar, Presbyterianer, hatten sich im April 2019 im Vatikan zu einem Einkehrtag getroffen. Organisiert wurde das Treffen vom anglikanischen Primas Justin Welby. Das Treffen fand einen ungewöhnlichen Abschluss: Am Ende seiner Ansprache richtete der Papst aus dem Stegreif ein flammendes Plädoyer an die Unterzeichner des Friedensvertrages. „Als Bruder" und „von ganzem Herzen" bat er sie, trotz aller Probleme nicht vom Weg des Friedens abzuweichen, sondern den eingeleiteten Prozess auch zu Ende zu führen. Nur wenn sie untereinander geeint sind, könnten sie zu „Vätern der Nation" werden, so sein Appell.

Nach diesen eindringlichen Worten kniete der 82-jährige Papst vor Präsident Salva Kiir, dessen Ehefrau und vor dem politischen Rivalen Rieck Machar nieder und küsste ihnen die Füße. Die Geste sorgte im Südsudan für großes Aufsehen. Gott werde „Rechenschaft verlangen" für ihren Dienst, so der Papst zu den Teilnehmern des Treffens, wo er zu „Einsatz für Frieden und Wohlergehen der Menschen" mahnte. Die politisch Verantwortlichen müssten sich nicht nur dem Urteil Gottes, sondern auch dem Blick der Menschen im Land stellen, die dringend nach „Gerechtigkeit, Versöhnung und Frie-

>> *Wer, wenn nicht Christen oder Muslime guten Willens, sollte sonst imstande sein, wider die Logik der Feindschaft und die Pragmatik des Tötens aufzustehen?"*

Otto Friedrich, Die Furche[87]

Teilnehmer einer Versammlung der islamischen Gemeinschaft „Ahmadiyya Muslim Jamaat" (2.9.2016) in Karlsruhe.

>> *Alle lieben. Niemanden hassen" lautet das Motto der muslimischen Reformbewegung Ahmadiyya, die vor allem in Asien verbreitet ist und etwa 10 Millionen Anhänger zählt. Ahmadiyya-Muslime predigen Gewaltfreiheit und betrachten den Dschihad ausschließlich als einen „inneren Bekehrungsprozess". In vielen muslimischen Ländern werden Ahmadiyya-Anhänger jedoch diskriminiert und verfolgt. In Deutschland dagegen genießt die Ahmadiyya-Gemeinschaft den Status einer Körperschaft öffentlichen Rechts.*

(FAZ 27.8.2017, NDR 21.12.2017)

den" verlangten. Der Südsudan, der 2011 nach jahrzehntelangem Bürgerkrieg vom Sudan unabhängig wurde, ist eines der ärmsten Länder der Welt. Seit 2013 ist er in mörderische Stammeskonflikte verstrickt. Dabei kamen laut UN-Angaben mehr als 400.000 Menschen ums Leben. 900.000 Zivilisten wurden zu Flüchtlingen.[88]

Terroristen nicht mit den gleichen Waffen bekämpfen

Jemen: Am 4.3.2016 stürmten IS-Terroristen in Aden das Altersheim der Mutter-Teresa-Schwestern, töteten vier Schwestern und zwölf muslimische Mitarbeiter. Der Salesianerpater Tom Uzhunnalil (Indien) wurde verschleppt und nach 18 Monaten freigelassen. Bei einer Begegnung in Wien im Oktober 2019 meinte P. Tom: „Jesus hat uns gelehrt, unseren Feinden zu vergeben und sie nicht mit den gleichen Waffen zu bekämpfen. Seit meiner Festnahme habe ich täglich für sie gebetet, dass sie im Herzen umkehren mögen. Ich empfinde weder Hass noch Groll. Vergebung ist die beste Medizin." Derzeit lebt Pater Tom in Bangalore (Indien), da sich der Jemen im Krieg befindet. P. Tom ist jedoch bereit, in das Land zurückzukehren, „wenn das der Wille Gottes ist."[89]

Hass tötet die Seele, Vergebung befreit

In der Nacht vom 4. auf den 5. Februar 1995 detonierte in Oberwart (Burgenland) eine Sprengfalle und tötete vier Männer aus der nahe gelegenen Roma-Siedlung. Stefan Horvath hat bei diesem Attentat seinen Adoptivsohn Peter verloren. 25 Jahre nach diesem schrecklichen Ereignis erzählt Stefan Horvath in einem Interview mit Bernd Melichar von der „Kleinen Zeitung" (4.2.2020), dass das Attentat von Oberwart für ihn zum „Wendepunkt seines Lebens" wurde.[89A] Als Stefan Horvath wenige Minuten nach der Explosion am Unglücksort eintraf, geschah etwas, das er rational nicht erklären kann: „An diesem Ort, wo mein zerfetztes, totes Kind lag, tauchte plötzlich vor meinen Augen ein riesiges Konzentrationslager auf, und hinter dem Stacheldrahtzaun sah ich meine Volksgruppe. Und diese Roma begannen zu reden, erzählten von ihrem Leid und verlangten von mir, dass ich nicht wegschauen soll wie all die anderen Roma zuvor."

Das bisherige Leben von Stefan Horvath (geb. 1949) verlief zunächst ähnlich wie das Schicksal vieler Burgenländer, die

Pater Tom Uzhunnalil (Bild), im Jemen von IS-Terroristen verschleppt und nach 18 Monaten freigelassen: „Ich habe täglich für sie gebetet, dass sie im Herzen umkehren mögen. Ich empfinde weder Hass noch Groll. Vergebung ist die beste Medizin."

»❯ *Franz Fuchs zu hassen wäre der einfache Weg für mich gewesen, aber der falsche. Mir ging es immer um die Versöhnung."*

Stefan Horvath

zur Volksgruppe der Roma gehören: „Roma-Kinder wurden automatisch in die Sonderschule abgeschoben." Doch Stefan Horvath war das erste Roma-Kind im Burgenland, das dank der Intervention seines Volksschullehrers die Hauptschule besuchen durfte. Später arbeitete Horvath in Wien am Bau, wurde Polier und Betriebsrat. Er war, wie er sagt, „einer der Stillsten in der Siedlung."

Doch das Attentat von Oberwart hat das Leben von Stefan Horvath radikal verändert. Horvath erzählt im Interview, dass er durch das Schreiben von Büchern den „Zaun des Schweigens" der Roma über die NS-Zeit „mit Worten durchschnitten hat." Er berichtet, dass seine Mutter die Hölle der Konzentrationslager Auschwitz und Ravensbrück wie durch ein Wunder überlebt hat – ebenso wie Horvaths Vater.

„Diesen Mann, Franz Fuchs, zu hassen, wäre der einfache Weg gewesen, aber der falsche." Stefan Horvath wählte einen anderen, viel mühsameren Weg: Er war jeden Tag beim Gerichtsprozess in Graz, er besuchte die Eltern von Franz Fuchs, und „versuchte zu verstehen und suchte im Verstehen die Versöhnung." (Bernd Melichar)

Zur aktuellen Situation der Roma meint Horvath: „Es hat sich einiges verbessert, vor allem an den Schulen und am Arbeitsmarkt. Auch die Erinnerungskultur hat sich verändert. Meine Eltern haben das Trauma der NS-Zeit lange nicht aufgearbeitet; auch später ist lange nicht über das Attentat und seine Folgen gesprochen worden." Stefan Horvath ließ an der Stelle des Attentats ein schmiedeeisernes Kreuz errichten, in Erinnerung an all das, was seiner Volksgruppe und auch ihm selbst an Leid widerfahren ist.[89B]

> *Hass tötet die Seele eines Menschen. Man muss versuchen, die Menschen zu lieben. Und Franz Fuchs war offenbar ein Mensch, der sich nie geliebt fühlte."*

Stefan Horvath

Unser Gesicht lächelt, doch das Herz weint

Ali H., geboren in Afghanistan, erzählt mir in der Emmausgemeinschaft an seinem 15. Geburtstag folgende Geschichte: „Vor sieben Jahren wurde das Haus meiner Eltern von Granaten der Taliban getroffen und zerstört. Die Eltern waren sofort tot. Ich selber war ebenfalls verschüttet und hatte schwere Verbrennungen an den Füßen. Ich habe mich aber aus dem Schutt des Hauses befreien können. In den letzten sieben Jahren war ich in elf Ländern auf der Flucht. Ich war in Pakistan, im Iran und in vielen Ländern im Mittelmeerraum." Ali erzählt mir, dass er bei Gelegenheitsarbeiten oft ausgenützt, ausgebeutet und auch sexuell missbraucht wurde.

Isso, ein ehemaliger Flüchtling, arbeitet heute in einer Betreuungseinrichtung

Ali schiebt die langen Ärmel seines Hemdes nach oben und zeigt mir seine Tätowierungen an beiden Armen. Der Text der drei Tätowierungen auf der linken Hand lautet (schon in Deutsch geschrieben): „Mama ich liebe dich." Auf der rechten Hand ist ein großes Herz, in dem ebenfalls zu lesen ist: „Mama ich liebe dich." Alis Kommentar zu den Tätowierungen: „Charly, bitte hilf mir Paten-Eltern suchen. Ich kann ohne Mutter nicht leben."

Dann erzählt mir Ali einen Traum, den er seit dem Tod seiner Eltern jede Nacht träumt: „Ich warte voll Sehnsucht auf meine Mutter. Es klopft an der Tür, die Tür geht auf, und die Mutter kommt herein. Voll Freude springe ich auf und laufe meiner Mutter entgegen. Sie fängt mich mit ihren Armen auf – und genau dann werde ich immer wach und bin ganz traurig."

Am Ende unseres Gespräches meinte er: „Unser Gesicht lächelt, doch das Herz weint." Nach seinem Aufenthalt in Emmaus wohnte Ali in einer Studenten-WG, die zum Franziskanerkloster gehört. In dieser Wohnung lud mich Ali zu einem afghanischen Essen ein. Er bedankte sich für die freundliche Aufnahme in Emmaus und wiederholte seinen Hilferuf: „Ich kann ohne Mutter nicht leben. Bitte hilf mir, Patenteltern suchen!" Wer hört Alis stummen Schrei?[90]

Ob gesund oder krank, ob fit oder behindert – jeder Mensch ist wertvoll.

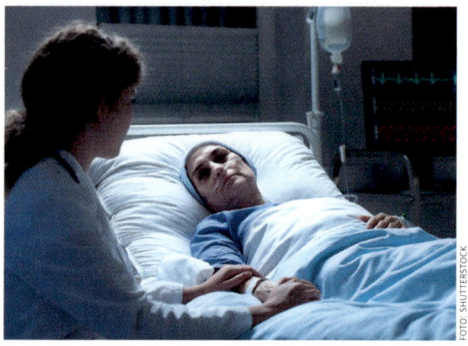

„Man soll an der Hand eines anderen Menschen sterben und nicht durch die Hand eines anderen Menschen." (Kardinal Franz König)

>> *Die künftigen Generationen werden uns danach beurteilen, wie wir mit den Schwächsten der Gesellschaft umgegangen sind."*

Leo Tolstoi

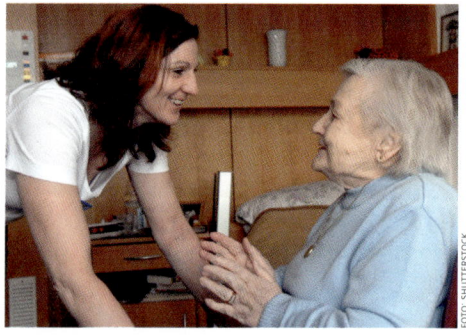

Jeder Mensch ist wertvoll. Sind es nicht gerade die Hilfsbedürftigen, die uns zeigen, was der wahre Wert des Lebens ist?

Syrische Kriegsflüchtlinge in einem überladenen Boot, von der Türkei kommend, über das Mittelmeer unterwegs in Richtung Griechenland, Molyvos, Lesbos. (29.10.2015)

Prüfungsfrage

Die alles entscheidende Prüfungsfrage am Ende unseres Lebens wird nicht lauten „Wie steil war deine Karriere?" oder „Wieviel Geld hast du auf deinem Konto angehäuft?".

Gott wird uns fragen: Wieviel hast du geliebt? Warst du ein Liebender?

Die Botschaft Christi ist unmissverständlich: „Was ihr den Geringsten meiner Geschwister getan oder verweigert habt, das habt ihr mir getan oder verweigert." (Mt 25,40)

Christus wird uns fragen:

Wo warst du, als ich in das Landesjugendheim Allentsteig überstellt wurde – und auf deinen Besuch gewartet habe?

Wo warst du, als ich – mit der Diagnose Krebs – im Krankenhaus Linz gelegen bin, mutterseeelenallein war und Todesängste ausstand?

Wo warst du, als ich wegen meiner Panikattacken und Depressionen in der Psychiatrischen Klinik aufgenommen wurde?

Wo warst du, als ich mich – nach meiner dritten Entwöhnungskur in Wien-Kalksburg – nicht mehr in mein Heimatdorf zurückwagte?

Wo warst du, als ich arbeitslos wurde, die Schulden nicht mehr zurückzahlen konnte und nicht mehr wusste, wie ich meine Familie ernähren soll?

Wo warst du, als ich – der Hölle des Krieges entronnen – im Flüchtlingslager Traiskirchen ankam, eure Schrift nicht lesen konnte und kein Wort verstanden habe?

Diese Liste kann jede/r beliebig fortsetzen – je nachdem, in welchem Umfeld wir leben.[91]

Mein Wunsch an dich/an uns alle: Leben wir so, dass wir am Ende unseres Lebens nicht bereuen müssen, zu wenig geliebt zu haben.[92] Den Skeptikern unter uns möchte ich versichern: Die größeren Realisten sind jene, die an die Macht der Liebe glauben.[93]

Wien gemeinsam gegen Terrorismus

Nach dem Attentat am 2.11.2020, bei dem in der Wiener Innenstadt vier Menschen und der Attentäter starben, fanden in Österreich zahlreiche interreligiöse Friedensgebete sowie Gedenkveranstaltungen statt. Bei einem interreligiösen Trauergottesdienst im Stephansdom hob Kardinal Schönborn den Religionsfrieden in Österreich hervor, der freilich gewachsen sei aus den schrecklichen Erfahrungen der Religionskriege und der mörderischen Verfolgung der Juden. „Die Eintracht unter den Religionen darf nicht durch einzelne irregeleitete Hassaktionen gefährdet werden", so der Appell des Kardinals. Islam-Vertreter Vural verurteilte den Anschlag in Wien als „abscheuliche Tat" und dankte für den Zusammenhalt unter den Religionsgemeinschaften.

Menschen gedenken mit Kerzen, Blumen und Gebeten an den Tatorten des Opferanschlags

Nach dem Attentat in Wien fanden in ganz Österreich interreligiöse Trauer- und Gedenkfeiern statt

Spirale der Gewalt durchbrechen

VertreterInnen von Politik und Religionsgemeinschaften sagten bei Gedenkfeiern an den Tatorten des Terroranschlags übereinstimmend, dass die bewährte Einheit und der Zusammenhalt der Religionen in Österreich nicht zerstört werden darf. Die Bischöfe Österreichs betonten, „Christen sollen weiterhin den Weg der respektvollen Begegnung und des ehrlichen Dialogs mit dem Islam gehen. Der Glaube an Gott gibt vielen Menschen Sinn, Ziel und Halt auch und gerade angesichts der abgründigen Gewalt." Der Glaube an einen liebenden Gott „führt aus dem Bannkreis der Angst und in den Umkreis der Liebe". Dies könne die Spirale der Gewalt durchbrechen, „die in Gang kommt, wenn auf Terror und Hass in gleicher Weise reagiert wird." (kathpress 13.11.2020)

Weiße Bänder gegen den Hass

Nach dem Terroranschlag am 2.11.2020 starteten Religionsgemeinschaften in Wien die Initiative „Wir halten zusammen - Glau-

St. Pölten: Präsentation der interreligiösen Initiative im Brunnenhof des Bistumsgebäudes

be verbindet", dieses Netzwerk wurde in St. Pölten weitergeflochten. SchülerInnen mehrerer Religionsgemeinschaften gestalteten im Religionsunterricht weiße Bänder mit einer persönlichen Friedensbotschaft und knüpften diese Bänder an das Gitter im Brunnenhof beim St. Pöltner Dom. Diözesanbischof, Imam, Bürgermeister und Vertreter der NÖ Landesregierung nahmen an dieser Aktion teil.

#6

GOTTES TRAUM

VERSÖHNTE VIELFALT VON NATIONEN, KULTUREN UND RELIGIONEN

> **»** *In Gottes Familie gibt es keine Außenseiter. Alle gehören dazu: Schwarz und Weiß, Reich und Arm, Homo und Hetero, Jude und Araber, Palästinenser und Israeli, Hutu und Tutsi, Moslem und Christ, Buddhist und Hindu, Pakistani und Inder – alle. Jesus sagte: 'Wenn ich von der Erde erhöht bin, werde ich alle an mich ziehen'. Alle, nicht manche."*
>
> *Friedensnobelpreisträger Desmond Tutu, Südafrika*

> **»** *Emmaus ist ein freiwilliger Zusammenschluss von Privilegierten und Unterprivilegierten zu Lebens- und Arbeitsgemeinschaften, unabhängig von Nationalität, Kulturkreis und Religion."*
>
> *Abbe Pierré, Emmaus Paris*

Die Welt wächst wirtschaftlich immer mehr zusammen. Der Wegfall der Grenzen, die Verbesserung der Transportmöglichkeiten, die Digitalisierung etc. ermöglichten weltweit einen ungeahnten Wirtschaftsaufschwung und Lebensstandard, von dem viele Menschen profitieren. Mit der Globalisierung verbindet sich die Hoffnung, dass es zu einer weltweiten Entwicklung und zu einer Verbesserung der materiellen und kulturellen Lebensbedingungen kommt. Andererseits trägt die beschleunigte Globalisierung dazu bei, dass die Kluft zwischen Arm und Reich größer wird. Landflucht und kaum bewohnbare Ballungszentren sowie gespaltene Städte und Gesellschaften sind die Folge. Zusätzlich droht der Verlust der kulturellen Identitäten. Verschärft wird diese Dynamik durch gewaltige Migrationsbewegungen. Etwa 80 Millionen Menschen sind derzeit weltweit als Kriegs- oder Elendsflüchtlinge unterwegs. Die Globalisierung macht daher vielen Menschen auch Angst.

Wie nie zuvor in der Geschichte begegnen sich gegenwärtig in Europa Völker aus der ganzen Welt. Ein Beispiel: In der 60.000 Einwohner zählenden Stadt St. Pölten leben derzeit Menschen aus 112 Nationen. Menschen, die in Europa eintreffen, kommen mit ihrem soziokulturellen Hintergrund. Eine Folge davon ist mancherorts die Verschärfung kulturell-religiöser Spannungen. Diese werden nicht selten durch nationalistische Interessen, Vorurteile oder Rassismus gefördert. Die Qualität unserer Begegnung mit Menschen anderer Kulturkreise und Religionen wird in Zukunft zu einem entscheidenden Faktor werden auf dem Weg gegenseitiger Achtung und Toleranz zwischen den Völkern.

Emmaus St. Pölten:
Versöhnte Vielfalt ist keine Utopie

Die Emmausgemeinschaft St. Pölten setzt sich – ihrem Leitbild entsprechend – für eine Gesellschaft ein, die sich von Solidarität, Gerechtigkeit, Frieden und Bewahrung der Schöpfung leiten lässt. Gemeinsam mit verschiedenen Kooperationspartnern arbeitet Emmaus – regional und weltweit – in einem „Netzwerk der Solidarität", das Menschen in schwierigen Lebenssituationen auffängt, trägt und stärkt.

Meine faszinierende Erfahrung bei Emmaus: Die versöhnte Vielfalt von Nationen, Kulturen und Religionen ist keine Utopie. In den vergangenen 38 Jahren hat Emmaus St. Pölten mehr als 12.000 Hilfesuchende als Gäste aufgenommen. 1.800 von ihnen waren AsylwerberInnen – aus insgesamt 64 Nationen. Die meisten kamen aus Kriegsgebieten.

Zentrales Anliegen der Emmausgemeinschaft ist die Wertschätzung der unantastbaren Würde eines jeden Menschen. Emmaus St. Pölten unterstützt daher verschiedene Initiativen und Projekte, die die Abschaffung von Folter und Todesstrafe, den Kampf gegen Menschenhandel und Zwangsprostitution zum Ziel haben. Von hoher Dringlichkeit ist der Aufbau eines „Weltethos", das von VertreterInnen aller Religionen sowie von Menschen nichtreligiöser Weltanschauung mitgetragen wird. Die Weltgemeinschaft braucht verbindende und verbindliche Normen, Ideale und Ziele. Die wichtigsten Prinzipien sind Gewaltlosigkeit und Achtung vor dem Leben, Gerechtigkeit und Solidarität, Wahrhaftigkeit und Toleranz, gegenseitige Achtung und Partnerschaft. Die Emmausgemeinschaften engagieren sich weltweit für soziale Sicherungssysteme, die auf das Gemeinwohl der Bevölkerung ausgerichtet sind – ohne soziale Ausgrenzung und Diskriminierung. Emmaus will ein gesellschaftliches Korrektiv sein gegen Gleichgültigkeit, Verschwendung, Entsolidarisierung und Ausbeutung. Emmaus International setzt sich seit Jahrzehnten für ein faires Weltwirtschaftssystem mit verpflichtenden sozialen und ökologischen Standards ein. Der Aufbau der niederösterreichischen „soogut"-Sozialmärkte durch die Emmausgemeinschaft St. Pölten ist ein Beispiel für den Kampf gegen Verschwendung, für den sorgfältigen und nachhaltigen Umgang mit Lebensmitteln.

Die Emmausgemeinschaft St. Pölten möchte mitarbeiten am Aufbau einer „Zivilisation der Liebe". Emmaus unterstützt daher die konsequente Förderung einer „Kultur des Lebens" – als Kontrastgesellschaft zu einer „Kultur des Todes" und eines erbarmungslosen Sozialdarwinismus, wo kein Platz mehr ist für kranke, schwache und alte Menschen. Daher auch der Einsatz der Emmausgemeinschaft(en) für Men-

Versöhnte Vielfalt ist keine Utopie. Seit 1992 findet am Rathausplatz in St. Pölten jährlich das „Fest der Begegnung" statt. Menschen aus mehr als 100 Nationen nehmen daran teil.

Die verschiedenen Volksgruppen laden mit Musik und Tanz zum Kennenlernen ihrer Kultur ein und verwöhnen die BesucherInnen mit Speisen und Getränken aus ihrem Heimatland.

FOTO: ROTTENSCHLAGER

„Der interreligiöse Dialog darf um des Weltfriedens willen nicht länger Sache von Spezialisten bleiben; er muss auf allen Ebenen geführt werden." (Hans Küng) Bild: Muslimische und christliche ReligionslehrerInnen besuchen Emmaus St. Pölten.

>> *Das Leben hat mich gelehrt, dass das Dasein eine kurze Spanne Zeit ist, die unserer Freiheit gegeben wurde, um lieben zu lernen und die Begegnung mit der ewigen Liebe vorzubereiten. Diese Gewissheit möchte ich als Erbe hinterlassen dürfen. Sie ist der Schlüssel meines Lebens und Handelns."*

Abbé Pierre[2]

schen, die ausgegrenzt oder von Ausgrenzung bedroht sind: Emmaus als Stimme der Stimmlosen, Lobbying für jene, die keine Lobby haben.

Jeder Hilfe suchende Gast soll in Emmaus die entscheidende Grunderfahrung machen: Ich werde geliebt, ich werde radikal angenommen – unabhängig von meiner Vorgeschichte und von meiner ethnischen oder weltanschaulichen Zugehörigkeit. Ziel der Emmausgemeinschaft ist der liebes- und arbeitsfähige Mensch.

Seit dem Interreligiösen Friedensgebet 1986 in Assisi gibt es eine weltweite Bewegung für Aussöhnung und Dialog zwischen den Kulturen und Religionen. Ziel dieser Bewegung ist es, primär nicht das Trennende, sondern das Einende zwischen den Religionen freizulegen. Auch die Emmausgemeinschaft St. Pölten möchte den Dialog zwischen den Kulturen und Religionen pflegen und fördern. Emmaus will ein Ort der Versöhnung sein, eine heilende und solidarische Gemeinschaft, um mitzubauen an einer geeinten Welt. Aus diesem Grund war die Emmausgemeinschaft St. Pölten von Beginn an immer offen für die Aufnahme von Flüchtlingen und Asylwerbern.[1]

Wie diese Ziele im Alltag konkret umgesetzt werden können, zeigt das Beispiel des Kriegsflüchtlings Mourad aus Aleppo. Mourad hat sein Integrationsjahr bei Emmaus St. Pölten verbracht. Der gelernte Buchhalter hat in der Verwaltung und in der Küche des Wohnheims Herzogenburger

Straße gearbeitet. Nach der Geburt seiner Tochter Jara ist Mourads sehnlichster Wunsch: Dauerhafter Friede für Syrien und für den Nahen Osten, damit er mit seiner Familie in die Heimat zurückkehren kann.

Der Traum, den Gott mit uns träumt, ist eine Welt, in der niemand mehr ausgegrenzt wird, wo jeder Mensch (wieder) seine Würde erhält. Dieser Traum kann Wirklichkeit werden, wenn die universelle Geschwisterlichkeit und die gewaltfreie Konfliktlösung zur verbindlichen Grundlage eines Weltethos werden.

Unabdingbar wird sein, dass der Name Gottes in Zukunft nie mehr missbraucht wird für die Rechtfertigung von Hass, Ausbeutung, Versklavung, Gewalt, Terror und Krieg. Der Name Gottes ist Liebe und Erbarmen, Versöhnung, Gerechtigkeit und Friede.

Welches Antlitz Gottes ist unser Leitbild?

Hildegard Goss-Mayr

Im Verlauf der tausendjährigen Geschichte Israels verwandelt sich das Antlitz Gottes durch immer tiefere Einsicht: Es ist dies ein Projekt der Befreiung und Versöhnung.

Dr. Hildegard Goss-Mayr, Mitbegründerin der katholischen Friedensbewegung, hat in Lateinamerika den Aufbau von gewaltlosen Befreiungsbewegungen entscheidend geprägt. Goss-Mayr ist auch Ehrenpräsidentin des Internationalen Versöhnungsbundes. Der Versöhnungsbund ist eine Friedensorganisation, die 1914 zu Beginn des Ersten Weltkrieges von Christen gegründet wurde und heute Angehörige unterschiedlicher religiöser Bekenntnisse und Weltanschauungen umfasst. Weltweit tritt er in über 40 Ländern für eine Kultur der Gewaltlosigkeit ein und arbeitet so für Frieden und Menschenrechte sowie gegen Krieg, Militarisierung und alle Formen von Gewalt.

Wurde in der Frühzeit dieses Hirtenvolkes Gott, der als mythische Gottheit willkürlich über das Geschick der Menschen und Völker herrschte, als El in den Kräften der Natur, in Wind, Feuer oder Wasser verehrt, so gibt er sich nach und nach durch die Worte der Patriarchen und Propheten als Jahwe, der einzige Gott, zu erkennen. Er ist nicht mehr fern, sondern bezeugt sich als Emmanuel, d.h. als Gott, der sein Volk begleitet und ihm unbedingte Treue verspricht.

Das Antlitz unseres Abba-Gottes – offenbart in seinem Sohn Jesus

Jesus wird in dem von den Römern besetzten und unterdrückten Israel geboren. Auch die eigenen politisch-religiösen Führer beuten es aus. Sehnlich erwartet das verarmte, leidende Volk den Erlöser. Jesus identifiziert sich mit dem Gottesknecht des Jesaja und tritt sein öffentliches Leben mit den Worten an: „Der Geist des Herrn ruht auf mir. Er hat mich gesandt, damit ich den Gefangenen die Entlassung verkünde, den Blinden das Augenlicht, die Zerschlagenen in Freiheit setze". Die göttliche Liebe des Abba-Gottes, die alle Menschen und die ganze Schöpfung einschließt, ist in Jesus inkarniert und wird uns durch ihn offenbart.

Diese Liebe ist, wie Jean Goss es ausdrückt, „weder sentimental noch romantisch. Sie ist Wahrheit und Gerechtigkeit, nichts anderes. Deshalb ist sie aktiv, dynamisch, aggressiv gegenüber dem Bösen, gegen Unrecht, doch niemals gegen den Menschen. Sie schafft Leben auf allen Ebenen." Die Gewaltfreiheit unseres Abba-Gottes befreit und heilt, sie schafft Gerechtigkeit und Frieden, sie ist Quelle der Versöhnung. Sie überwindet alles Böse durch das Gute.

Jesus entdeckt seine Mission darin, diese göttliche Liebe – die Lebensweise des Reiches Gottes – in der Welt als Lebensquelle der Menschheit einzupflanzen. Er bleibt dieser Liebe verpflichtet bis zur Hingabe seines Lebens. Im Neuen Testament wird in der Bergpredigt (Mt 5) der Kern, das Wesen der Gewaltfreiheit Gottes dargestellt. Die wichtigste Säule dieser Botschaft ist: Die unbedingte Achtung eines jeden Menschen: „Liebet eure Feinde und betet für die, die euch verfolgen." (Mt 5,44) Damit stellt Jesus die Einheit der Menschheit (wieder) her. Er ist gekommen, um das Bewusstsein der Menschheit dem ganzen Erdkreis zu öffnen. Jetzt gibt es nicht länger Feinde und Freunde, es gibt nur mehr die eine Familie der Menschen, deren Vater Gott ist und deren Bruder Jesus.

Jesus, der gute Hirte, der den toten Judas auf seinen Schultern nach Hause trägt. Kathedrale von Vezelay

>> *Judas ist der Ernstfall, an dem sich zeigt: Gott gibt keinen Menschen jemals auf."*

Christoph Wrembek SJ

DAS GEHEIMNIS DES GUTEN HIRTEN VON VEZELAY

Ein mittelalterliches Kapitell in der Kirche St. Marie Madeleine in Vezelay (Frankreich) zeigt Jesus als guten Hirten, der Judas auf seinen Schultern nach Hause trägt. „Zutiefst berührend" nennt Papst Franziskus das Kapitell aus Vezelay. „Das", so der Papst „war die Theologie des Mittelalters, wie die Mönche sie lehrten. Der Herr vergibt bis zuletzt. Ich behaupte nicht, dass Judas im Himmel und gerettet ist, aber ich behaupte auch nicht das Gegenteil. Ich sage nur: Seht euch dieses Kapitell an. Seht euch die Bibel an, in der es heißt: Als Judas sich seiner Tat bewusst wird, geht er reuig zu den Hohepriestern. Die Bibel gebraucht das Wort Reue. Vielleicht hat er nicht um Vergebung gebeten, aber es hat ihn gereut." (ZEIT, 7.3.2017 Interview Giovanni di Lorenzo). Der Künstler von Vezelay hat es in Stein gemeißelt, entgegen dem damaligen Zeitgeist und gegen die Mehrheit der Theologen, die sich für Judas keinen anderen Ort als die Hölle vorstellen konnten. Ein Bild tröstlicher Hoffnung: Jesus, der Judas vom Strick nimmt, ihn auf seine Schultern legt und ihn als der gute Hirt heimträgt.[3]

Überwinde das Böse durch das Gute

Alle Gewalt ist der Liebe entgegengesetzt, d.h. gegen den Willen Gottes. Sie kann nur durch das Gute überwunden werden, durch die aktive Gewaltlosigkeit. Anhand von Beispielen aus dem Leben des Volkes erklärt Jesus diesen Befreiungsweg. Die andere Wange hinhalten (Mt 5,40-42) bedeutet: Das Gewissen desjenigen, der anderen Menschen die Achtung verweigert, aufzurütteln, ihn aus seiner ungerechten Haltung zu befreien, seine Würde neu herzustellen. „Wenn man dich zwingt, tausend Schritte mitzugehen (um das Gepäck der römischen Soldaten zu tragen), dann geh zweitausend. Wenn man dir dein Hemd nimmt, dann gib auch den Mantel." (Mt 5,40-42). Was bedeutet das? Nicht mehr und nicht weniger als das Böse durch das Gute zu überwinden.

Wir sehen, Jesus verlegt den Kampf gegen das Böse auf die Ebene des Gewissens. Dadurch trifft er das Unrecht an seiner Wurzel, im Herzen der Menschen. Ziel des gewaltfreien Kampfes ist, das Böse zu überwinden und die Opfer wie auch die Täter zu befreien. Eine neue Beziehung, wie die Möglichkeit der Versöhnung, wird so eröffnet.

Wer sich auf diesen Befreiungsweg einlässt, gerät in die Auseinandersetzung mit Unrecht und Gewalt. Das bedeutet, wie Jesus, den Weg des Kreuzes zu gehen. Doch wir wissen, dass das in diesem Ringen freiwillig angenommene Leid die wahrhafte Kraft ist, um Unrecht zu überwinden und den Grundstein für Frieden zu legen. Wie das Kreuz Christi ist dieses Leid nur ein Durchgang, der durch unsere Hingabe zu neuem Leben für uns selbst wie für unsere vom Unrecht betroffenen Schwestern und Brüder führt. Auf diese Weise sind wir berufen, in unserer ungerechten Welt einen Beitrag zu wahrhaftiger menschlicher Gemeinschaft zu leisten.

Die Begegnung von Religionen und Kulturen

Niemals sind sich in der Geschichte Europas die Völker der Welt so direkt begegnet, wie gegenwärtig durch die Globalisierung und die Flüchtlingsströme. In dieser Situation kann die Qualität unserer Begegnung mit anderen Religionen und deren Anhängern zu einem entscheidenden Faktor auf dem Weg zu gegenseitiger Achtung und Toleranz werden. Doch in unserer Zeit kommt es nicht nur unter Christen zu einem Aufbruch der universalen, gewaltfreien Liebe Gottes als Kraft der Befreiung und des Friedens, wie z.B. bei Pastor M. L. King, Msgr. Romero, Ninoy Aquino oder bei der Arbeiterbewegung Solidarnosc in Polen und People Power auf den Philippinen. Diese Liebeskraft wird auch von Zeugen und Völkern anderer Religionen eingesetzt. Denken wir an die buddhistischen Mönche in Burma, die sich bis zur Hingabe ihres Lebens aus dieser Kraft für die Befreiung aus militärischer Unterdrückung einsetzten oder an die in Friedensgruppen engagierten Israelis und Palästinenser, die seit über dreißig Jahren gewaltfrei um einen gerechten Frieden in ihrer Region ringen.

Feindesliebe

Erinnern wir uns auch an den muslimischen palästinensischen Lehrer Khatib aus dem Flüchtlingslager von Jenin. Im Flüchtlingslager geboren, entschied er sich als Jugendlicher für den bewaffneten Widerstand gegen Israel, der zu einer Gefängnishaft führte. In dieser Zeit erkannte er, dass das gegenseitige Töten nur zu immer größerem Hass führt. Er gründete eine Familie, doch dann wurde sein 12-jähriger Sohn bei einem israelischen Bombenangriff schwer verletzt. In Eile brachte man ihn in ein israelisches Spital, doch er erlag seinen Verletzungen. Der Leiter dieses Spitals fragte den Vater, ob

Hildegard und Jean Goss-Mayr, Pioniere der christlichen Friedensbewegung und Botschafter eines Befreiungsweges, der die Spirale der Gewalt durchbricht

Vorbilder für gewaltfreien Widerstand und gewaltlose Konfliktlösung: Mahatma Gandhi (Bild), Martin Luther King, Nelson Mandela, Rigoberta Menchu, Helder Camara, Shirin Ebadi und Adolfo Perez Esquivel

er bereit wäre, die Organe seines Sohnes zur Rettung anderer Kinder zur Verfügung zu stellen. Der Lehrer stand vor der dramatischen Entscheidung, den Körper seines Sohnes zur Rettung des Lebens von Kindern des Feindes zu opfern. Er betete und suchte die Zustimmung seiner Frau. Er befragte seinen Imam, der dieser Schenkung zustimmte. Schließlich entschied er sich für dieses Geschenk: Fünf Kindern – Palästinenser, Beduinen und Juden – wurde so neues Leben geschenkt. Das Herz von Jenin ging an ein jüdisches Mädchen aus einer orthodoxen Familie! Ein Jahr darauf besuchte der Lehrer die fünf Familien. Er umarmte und küsste die Kinder, in denen das Blut seines Sohnes – sein Blut – fließt. Geschenk des Lebens!

Werden wir den Mut haben, uns mit Vertrauen den Gläubigen anderer Religionen und Kulturen so zuzuwenden, dass wir ihnen in der Tiefe begegnen und in ihnen die universelle gewaltfreie Liebe Gottes, Allahs, entdecken können? Versuchen wir, bei aller Anerkennung unserer Unterschiede, jeden anderen als Geschöpf Gottes wahrzunehmen. Auf dieser Grundlage kann es gelingen, dass wir in unserer Kultur der Gewalt gemeinsam und öffentlich die Achtung vor dem Wert des Menschen einfordern. Liegt darin nicht unsere Berufung?[4]

Gewaltlosigkeit, Gerechtigkeit und Versöhnung

In meiner Studentenzeit, aber auch in den Jahren danach – als Sozialarbeiter am Jugendamt Wien, in der Justizanstalt Stein sowie in Emmaus – haben mich die Verheißungen des Propheten Jesaja tief geprägt: „Gott spricht: Seht her, ich will Neues schaffen. Schon kommt es zum Vorschein, merkt ihr es nicht?" (Jes 43,19)

Menschen, die aus dem Geist der Seligpreisungen (Einfachheit, Barmherzigkeit, Freude) lebten und alles für Christus riskierten, haben mir den Weg gewiesen. Sie wurden für mich persönlich zu Vorbildern: Charles de Foucauld, der sein Leben für die Tuareg gab; Damian de Veuster pflegte Aussätzige auf der Insel Molokai; Ruth Pfau setzte sich in Pakistan zeitlebens für Leprakranke und Flüchtlinge ein; Roger Schutz ebnete zwischen verfeindeten Konfessionen einen Weg der Versöhnung; Chiara Lubich forcierte den Dialog mit Menschen anderer Religionen und mit Menschen nichtreligiöser Weltanschauungen.

Durch mutige Zeugen, wie Erwin Kräutler[5], Bischof v. Xingu, Amazonien, und Helder Camara, habe ich verstanden, dass Liebe und Solidarität weder Grenzen noch Einschränkungen kennen. Helder Camara, Erzbischof von Recife, gründete die ersten kirchlichen Basisgemeinden in Brasilien und gehörte zu den profiliertesten Vertretern der Befreiungstheologie. Er gilt als einer der bedeutendsten Kämpfer für die Menschenrechte in Brasilien, der in aller Welt die Folterer und Mörder während der Militärdiktatur (1964-1985) anprangerte. Camara setzte sich national wie international unerschrocken für gewaltlose Sozial- und Landreformen zugunsten der ausgebeuteten Kleinbauern ein. Anlässlich einer Tagung von Emmaus International durfte ich in Assisi Abbé Pierre, dem Gründer von Emmaus Paris, und Helder Camara persönlich begegnen. Helder Camara, Protektor der gewaltfreien Bewegungen in Lateinamerika, betonte, dass wir stets gewaltfrei und mit einem „versöhnten Herzen" kämpfen müssen. Seine aufrüttelnde, hoch aktuelle und zeitlos gültige Botschaft lautete: „Christsein heißt, die Armen von der Armut und die Reichen von ihrem Egoismus zu befreien."[6] Durch Camaras mutiges Lebenszeugnis – u.a. durch seine Vorträge in Österreich – habe ich neu verstanden, worin meine persönliche Berufung besteht.

Ohne Versöhnung keine Heilung

Oscar Arnulfo Romero, Erzbischof von San Salvador, trat für soziale Gerechtigkeit und politische Reformen in seinem Land ein und stellte sich damit in Opposition zur damaligen Militärdiktatur. Romero gilt als einer der mutigsten Verfechter der Befreiungstheologie. Romero wurde während eines Gottesdienstes am 24.3.1980 von rechtsextremen Todesschwadronen erschossen. Die politischen Morde der Todesschwadronen sollten durch die Ausschaltung der geistigen Elite sowie von Führungspersönlichkeiten des Widerstandes (überwiegend Campesinos, landlose Bauern) eine mögliche Revolution verhindern. Diese Einschüchterungstaktik des Militärs wurde unter anderem von US-Militärberatern vorgeschlagen und im Bürgerkrieg eingeplant. So wurden von Hubschraubern aus Zettel über San Salvador abgeworfen mit dem Slogan „Sei ein Patriot – Töte einen Priester". Oscar Romero sagte dazu in seiner letzten Predigt am 23. März 1980: „Kein Soldat ist gezwungen, einem Befehl zu folgen, der gegen das Gesetz Gottes verstößt. Einem amoralischen Gesetz ist niemand unterworfen. Es ist an der Zeit, dass ihr euer Gewissen wiederentdeckt und es höher haltet als die Befehle der Sünde. Die Kirche, Verteidigerin der göttlichen Rechte und Gottes Gerechtigkeit, der Würde des Menschen und der Person, kann angesichts dieser großen Gräuel nicht schweigen. Wir fordern die Regierung auf, die Nutzlosigkeit von Reformen anzuerkennen, die aus dem Blut des Volkes entstehen. Im Namen Gottes und im Namen dieses leidenden Volkes, dessen Klagen jeden Tag lauter zum Himmel steigen, ersuche ich euch, bitte ich euch, befehle ich euch im Namen Gottes: Hört auf mit der Repression!"[7]

Das Leben von Bischof Oscar Romero, insbesondere seine Lebenshingabe aus Liebe, zeigt, dass letztlich nur durch Gewaltfreiheit und Versöhnung umfassende Gerechtigkeit und dauerhafter Friede möglich werden. Dies gilt nicht nur für El Salvador, sondern für jede Konfliktzone dieser Erde.

Unterdrückte und Unterdrücker befreien

Auch im Leben von Nelson Mandela wird deutlich sichtbar, dass es im Befreiungskampf immer darum geht, Unterdrückte und Unterdrücker zu befreien; dass die

Nelson Mandela: „Das Größte, was man erreichen kann, ist nicht, nie zu straucheln, sondern jedes Mal wieder aufzustehen."

> **»** *Als ich das Gefängnis verließ, war es meine Aufgabe, beide, den Unterdrücker und den Unterdrückten, zu befreien. Die Ketten an allen Menschen meines Volkes waren die Ketten an mir. Während dieser langen, einsamen Jahre wurde aus meinem Hunger nach Freiheit für mein eigenes Volk der Hunger nach Freiheit aller Völker, ob weiß oder schwarz."*
>
> *Nelson Mandela, nach 27 Jahren Freiheitsentzug (inkl. U-Haft)*

tiefen Wunden der Apartheid-Politik nur heilen können, wenn im Herzen der Verfolgten nicht Hass, sondern Liebe und Güte die Oberhand erlangen: „Die Güte des Menschen ist eine Flamme, die zwar versteckt, aber nicht ausgelöscht werden kann."[8]

Wenn man den Menschen im Gegner respektiert und mit ihm verhandelt, kann sogar der Gegner zum Freund werden. Nach 26 Jahren Isolationshaft konnte ein innerlich freier und versöhnter Nelson Mandela sagen: „Freiheit ist unteilbar. Die Ketten an allen Menschen meines Volkes waren die Ketten an mir. Während dieser langen, einsamen Jahre wurde aus meinem Hunger nach Freiheit für mein eigenes Volk der Hunger nach Freiheit aller Völker, ob weiß oder schwarz. Ich wusste gut, dass der Unterdrücker genauso befreit werden musste wie der Unterdrückte. Ein Mensch, der einem anderen die Freiheit raubt, ist ein Gefangener des Hasses, er ist eingesperrt hinter den Gittern von Vorurteil und Engstirnigkeit. Ich bin nicht wahrhaft frei, wenn ich einem anderen die Freiheit nehme. Der Unterdrückte und der Unterdrücker sind gleichermaßen ihrer Menschlichkeit beraubt. Als ich das Gefängnis verließ, war es meine Aufgabe, beide, den Unterdrücker und den Unterdrückten, zu befreien."[9]

Ubuntu – Band des Teilens, das alle Menschen verbindet

Der lange Weg Mandelas zur Freiheit zeigt, dass die Verwirklichung des Traumes von der Aussöhnung aller Rassen letztlich nur über das Vertrauen und die persönliche Vergebungsbereitschaft möglich wird.[10] Der frühere US-Präsident Barack Obama hat anlässlich der offiziellen Gedenkfeier für den ehemaligen südafrikanischen Präsidenten Nelson Mandela auf seine menschliche Größe, die Wurzeln seines Verzeihens und der Versöhnung, die Südafrika vor dem Bürgerkrieg bewahrten, hingewiesen:

„In Südafrika gibt es das Wort Ubuntu, ein Wort, das Mandelas größte Gabe beschreibt: Sein Wissen um die Tatsache, dass wir alle auf eine Art und Weise miteinander verbunden sind, die für das menschliche Auge unsichtbar ist, dass es eine einzigartige Menschlichkeit gibt, dass wir zu uns selbst finden, wenn wir mit anderen teilen und uns um diejenigen kümmern, die um uns herum sind. Wir werden niemals wissen, wie viel ihm von dieser Einsicht in die Wiege gelegt wurde oder wie viel davon in einer dunklen Einzelzelle Gestalt annahm. Aber wir erinnern uns an die großen und die kleinen Gesten, wie er bei seiner Amtseinführung seine Gefängniswärter als Ehrengäste vorstellte, einen Schlag in einem Springbok-Trikot vollführte, das Leid seiner Familie in einen Aufruf zum Kampf gegen HIV/AIDS verwandelte; dies alles machte seine große Empathie und sein großes Verständnis für andere deutlich. Er verkörperte nicht nur Ubuntu, er lehrte Millionen Menschen, die Wahrheit in sich selbst zu suchen. Es war ein Mensch wie Madiba nötig, um nicht nur den Gefangenen zu befreien, sondern auch den Gefängniswärter, um zu zeigen, dass man Vertrauen schenken muss, um Vertrauen zu gewinnen; um zu vermitteln, dass Versöhnung nicht bedeutet, eine grausame Vergangenheit zu ignorieren, sondern eine Möglichkeit bietet, ihr Integration und Großzügigkeit und Wahrheit entgegenzusetzen. Er hat Gesetze verändert, aber er hat auch die Herzen verändert."[11]

Mit den Worten „Hier werdet ihr sterben!" wurde Nelson Mandela im eiskalten Winter 1964 auf der berüchtigten Sträflingsinsel Robben Island empfangen.

Ubuntu – ich bin, weil wir sind

Ein europäischer Forscher bot hungrigen Kindern eines afrikanischen Stammes ein Spiel an. Er stellte einen Korb mit süßen Früchten an einen Baum und sagte ihnen, wer zuerst dort sei, gewinne das ganze Obst. Als er ihnen das Startsignal gab, nahmen sie sich gegenseitig an den Händen, liefen gemeinsam los, setzten sich dann zusammen hin und genossen die Leckereien. Als er sie fragte, weshalb sie alle zusammen gelaufen waren, wo doch jeder die Chance hatte, die Früchte für sich allein zu gewinnen, sagten sie: „Ubuntu – wie kann einer von uns froh sein, wenn all die anderen traurig sind?" Ubuntu heißt in ihrer Kultur: „Ich bin, weil wir sind!"

Die fünf Quadratmeter große Zelle, in der Mandela – als Häftling 466/64 – 18 Jahre verbrachte. Ab 1982 folgten weitere sechs Jahre Inhaftierung im Hochsicherheitsgefängnis Pollsmoor in Kapstadt, wo er an Lungentuberkulose erkrankte. Ab 1988 war er mehr als ein Jahr im Gefängnis in Paal inhaftiert.

Gewaltfreiheit: Stil einer Politik für den Frieden

Hildegard Goss-Mayr, Ruth Pfau, Mutter Teresa, Chiara Lubich, Vaclav Havel, Oscar Romero, Nelson Mandela und viele andere ProphetInnen unserer Tage bezeugen durch ihr Leben: Alles besiegt die Liebe. Die Feindesliebe ist letztlich stärker als Hass, Terror und Gewalt. Ruth Pfau, Ärztin und Ordensfrau, war 55 Jahre in Pakistan in der Leprahilfe und Flüchtlingsbetreuung tätig.[12] Bei ihren Vorträgen sprach sie wiederholt über ihre letzte Gewissheit: „Auch wenn meine Erfahrung tausendfach dagegen spricht, ich weiß – ja ich weiß – das letzte Wort wird Liebe sein."

Friedensnobelpreisträger Adolfo Perez Esquivel, Koordinator der gewaltfreien Bewegungen Lateinamerikas

1.9.2017: Tausende Menschen, unter ihnen Adolfo Perez Esquivel, demonstrierten auf der Plaza de Mayo in Buenos Aires gegen das Verschwinden des Menschenrechtsaktivisten Santiago Maldonado, der gegen die Gebietsaneignungen durch die Benetton Group im Gebiet der Mapuche Widerstand leistete. Am 17.10.2017 wurde der Leichnam Santiagos im Fluss Rio Chubut gefunden.

Versöhnung hat immer eine dreifache Dimension: Die Aussöhnung mit Gott („Warum hat Gott mir das zugemutet?"), die Aussöhnung mit mir selbst („Das verzeih ich mir nie!") und mit dem Nächsten (mit jenen, die mich verletzt haben). Versöhnung ist Voraussetzung für jeden Heilungsprozess. Erst durch diese dreifache Aussöhnung wird umfassende und ganzheitliche Heilung möglich. Sühne im Neuen Testament bedeutet nicht Rache und Vergeltung, sondern bietet stets die Chance zur Versöhnung, zur Wiedergutmachung und zur Wiedereingliederung in die Gesellschaft.

Was nottut, ist der Glaube an die Macht der Liebe Gottes. Diese Macht der Liebe „überschreitet Grenzen, trocknet Tränen, heilt Wunden, hört den Schrei der Armen und reicht ihnen in Solidarität die Hände. Die Macht der Liebe reißt Mauern nieder und baut Brücken, sie bewegt die Herzen und überwindet Distanzen zwischen Menschen; sie spendet Leben und erleuchtet unseren Weg." (Erwin Kräutler)

Der argentinischen Künstler, Universitätsprofessor und Menschenrechtsaktivist Adolfo Perez Esquivel schuf als Bildhauer zahlreiche bedeutende Werke, die heute in den großen Museen Südamerikas ausgestellt sind. Dann fasste der erfolgreiche Künstler jedoch den Entschluss, seine sichere Stellung als Professor aufzugeben und sich in der Position des Generalsekretärs der lateinamerikanischen Menschenrechtsgruppen Servicio Paz y Justicia (Dienst für Frieden und Gerechtigkeit) ganz der Menschenrechtsarbeit zu widmen. Adolfo Perez Esquivel, der bisher hauptsächlich in anderen lateinamerikanischen Staaten Hilfe geleistet, etwa Indios in Ecuador vor der drohenden Enteignung ihrer erdölreichen Ländereien durch den Staat bewahrt hatte, sah sich nun in seiner Heimat massiven Verletzungen der elementarsten Menschenrechte gegenüber: Im Auftrag der argentinischen Militärregierung wurden zehntausende Menschen verhaftet, gefoltert und ermordet, man brachte sie mit Giftspritzen um und versenkte ihre Leichen dann weit vor der Küste im Ozean. Wie viele Menschen auf diese Weise spurlos verschwanden, lässt sich heute kaum noch ermitteln. Menschenrechtler gehen von rund 30.000 Opfern aus. Adolfo gehörte zu denen, die nicht mehr schweigen konnten. Die Folge: Auch er wurde gefoltert und 15 Monate interniert.[13]

Die Verleihung des Friedensnobelpreises 1980 an Adolfo Perez Esquivel bedeutete eine enorme moralische und politische Unterstützung nicht nur für ihn persönlich, sondern für alle gewaltfreien Kräfte Lateinamerikas, die im Einsatz für Gerechtigkeit, Freiheit und Frieden stehen. Auf dem Weg nach Oslo zur Überreichung des Preises wurde Perez Esquivel im randvollen Wiener Stephansdom von den österreichischen Friedensgruppen geehrt. Unvergesslich für mich persönlich und das Team des Internationalen Versöhnungsbundes sind die Worte, die Adolfo Perez Esquivel damals an uns richtete: „Um eine neue Gesellschaft zu schaffen, müssen wir die Hand in Freundschaft ausstrecken, ohne Bitterkeit und Hass, auch wenn wir zugleich in unserem Bemühen um die Verteidigung der Wahrheit und Gerechtigkeit niemals nachlassen. Wir wissen, dass wir mit geballten Fäusten nicht aussäen können. Für die Saat müssen wir die Hände öffnen."

> **》** *Wenn du im Gefängnis bist um der Gerechtigkeit willen, um der Befreiung deiner Brüder und Schwestern willen, wenn sie dich foltern und zu einer Nummer, zu einem Nichts machen wollen, dann gibt es nur zwei Möglichkeiten, um zu überleben: Entweder du gibst dem Hass und der Gewalt, die man dir antut, in deinem Herzen Raum, und der Hass wird zu deiner Stärke. Du überlebst aus der Hoffnung auf die Vernichtung deines Gegners, aus der Erwartung seines Todes, und so tötest du zweimal: ihn und dich selbst. Oder du öffnest dein Herz so weit der Liebe, dass diese auch noch den Folterknecht mit einschließt: Und dann schenkst du zweimal Leben: Deinem Feind und dir selbst."*

Adolfo Perez Esquivel

Feindesliebe statt Hass und Gewalt

Dr. Hildegard Goss-Mayr, Internationaler Versöhnungsbund, betont, dass Papst Franziskus durch seine Botschaft zum 1. Jänner 2017 „Gewaltfreiheit: Stil einer Politik für den Frieden" vor aller Welt die im Evangelium Jesu grundgelegte friedenschaffende Kraft der Gewaltfreiheit Gottes aufzeigt und zu ihrer Nachfolge aufruft – zum Schutz und Heil der Menschheit: „Diese Botschaft ist ein bahnbrechender Schritt auf dem Weg zur Wiederentdeckung und Verwirklichung der Friedenskraft Gottes in unserer Welt – für ein menschenwürdiges und versöhntes Leben für alle."[13A]

Hildegard Goss-Mayr will uns ein Bild der Hoffnung mitgeben: „Brasilien der 1960er-Jahre, Militärdiktatur. Ein neu ernannter Bischof, bekannt für seine antidiktatorische Haltung, kommt auf seinem Antrittsbesuch in einen kleinen Ort. Kein Mensch empfängt ihn. Er betet, dann geht er von Haus zu Haus, ermutigt die Menschen und feiert am Abend mit der versammelten Gemeinde einen der schönsten Gottesdienste seines Lebens. Das Volk, sagt er, ist wie die Glut unter der Asche. Man braucht nur hinein zu blasen, und die Flamme lodert auf, stark, wärmend, voll Hoffnung und Mut."

Ähnlich visionär formulierte es der chinesische Friedensnobelpreisträger Liu Xiaobo in einem Brief an den Schriftsteller Liao Yiwu: „So viele Jahre dieser immerwährenden Tragödie – und doch haben wir immer noch keinen Streiter für Gerechtigkeit eines Formats von Vaclav Havel hervorgebracht. Für die vielen, die das Recht auf Egoismus für sich in Anspruch nehmen, braucht es einen moralischen Riesen, der sich uneigennützig für alle opfert. Um 'passive Freiheit' (nämlich die, nicht unter willkürlicher Machtausübung leiden zu müssen) zu erstreiten, muss ein Wille zum aktiven Widerstand her. Geschichte ist kein Schicksal."[14]

Auch Papst Franziskus wird nicht müde, sich für gewaltfreie Konfliktlösungen einzusetzen. Am 30. November 2015 appellierte er in der Moschee von Bangui, Zentralafri-

kanische Republik, an die Vertreter der verschiedenen Religions- und Volksgruppen: „Bleiben wir vereint, um Gewalttätern das Wasser abzugraben. Sagen wir gemeinsam Nein zum Hass, zur Rache, zur Gewalt, besonders zu jener, die im Namen einer Religion oder im Namen Gottes verübt wird! Gott ist Friede, Salam."

Gewissensfrage: Wie oft jammern wir, dass in den Kirchen und Religionsgemeinschaften bzw. in der Gesellschaft „nichts weitergeht" und Reformen nur schleppend umgesetzt werden. Doch wo stehe ich persönlich? Wie viel Zeit und Geld investiere ich in mein Auto, inklusive Reparatur und Service? Wieviel Zeit und Geld investiere ich in meine Gesundheit? Wie viel Zeit investiere ich in meine Beziehung zu Gott? Brauche ich Gott nur als Lückenbüßer, wenn etwas schief läuft (gesundheitliche, berufliche, persönliche Krisen), oder hat Gott, der Liebe und Erbarmen ist, den ersten Platz in meinem Leben? Frage an jene, die sich an Christus orientieren: Ist Christus, der gewaltlose Befreier, wirklich die Mitte meines Lebens?

Was tut not? Was ist meine/unsere Rolle im Heilsplan Gottes? Wie kann mein Beruf zur Berufung werden? Dies wird für jede/n Einzelne/n, für jede Gemeinschaft, verschieden sein. Doch die Zeichen der Zeit wollen gedeutet sein.[18]

Den Tunnel der Hoffnung graben

Wenn wir in der Liebe Christi geeint sind, wird es möglich, dass unsere Gemeinschaften – täglich neu – zu einem Ort des Festes und der Versöhnung werden. Von Jesus wird berichtet: Liebe war seine Passion. Wenn die „Entfeindungs-Liebe Jesu" (Bernhard Häring) auch zu unserer Passion wird, wird Gott aufscheinen in unseren Taten: Wir werden die Versöhnung dorthin tragen, wo die Wunden des Hasses brennen. Wir werden niemals mehr ausgrenzen.

Mit Christus in unserer Mitte – in seiner entwaffnenden Liebe geeint – werden wir wie viele ChristInnen auf dieser Erde – selbst noch inmitten von Drangsal und Verfolgung – „den Tunnel der Hoffnung graben durch den Berg der Verzweiflung" (M. L. King) und so den Weg bereiten für den Aufbau einer neuen und versöhnten Gesellschaft.

Martin Luther King, angesichts von Morddrohungen: „Ihr könnt uns antun, was ihr wollt, wir werden euch trotzdem lieben."[17]

Die Feindesliebe ist der Kern unserer Berufung als Christen. (Bergpredigt Jesu) Wir müssen „Profis" der Versöhnung werden – mitten in einer zerrissenen Menschheitsfamilie.

Durch die Leidens- und Heilungsgeschichten unserer Hilfe suchenden Frauen und Männer sowie unserer Jugendlichen durfte ich in Emmaus ganz neu verstehen: Jeder Mensch ist heiliger Boden, Tempel Gottes.

Christ sein heißt, sich die Pastoral Gottes zu eigen machen. Dieses Programm ist einfach und revolutionär zugleich: Jedem Menschen, auch den „Geringsten" und Verachteten, mit dem Blick der Liebe Jesu begegnen, ausnahmslos!

Durch diese absichtslose Liebe, die sich konkret in einer nicht richtenden Grundhaltung zeigen muss, und durch professionelle Hilfe wird es möglich, dass jeder Mensch seine Würde zurückerhält. Jesu Liebe grenzt niemanden aus: Dies führt in Gemeinschaften oft zu Zerreißproben. Doch die langjährige Erfahrung in Gemeinschaft sagt mir: „Besser das weniger Vollkommene in Einheit als das scheinbar Vollkommene in Uneinigkeit." (Katharina v. Siena) Wir wissen aus eigener Erfahrung: Einheit muss erlitten werden. Die wahre Alternative lautet nicht: progressiv oder konservativ, sondern aufbauen oder niederreißen. „Auferstehung geschieht immer dort, wo wir einen Konflikt kraft der Liebe lösen." (Hildegard Goss-Mayr) Nichts ist verloren, was wir aus Liebe getan oder aus Liebe durchlitten haben.

» *Die vollkommene Liebe besteht darin,*
seine Feinde zu lieben,
damit aus ihnen Brüder und Schwestern werden."

Augustinus von Hippo

Überwindung des Sündenbock-Mechanismus

In der heutigen Gesellschaft begegnet man immer wieder dem Phänomen des Sündenbock-Komplexes: Vorhandene Schuld wird nicht anerkannt, sondern ins Unbewusste abgedrängt, als unverarbeitete Schuld falsch lokalisiert und häufig auf Menschen oder Minderheiten projiziert. Nur so scheint es möglich, dass sich Aggressionen ganzer Gruppen auf Außenseiter oder Minderheiten (Flüchtlinge etc.) richten. René Girard beschreibt in seinem Buch „Das Heilige und die Gewalt", dass es in allen Völkern und Kulturen das Phänomen des so genannten „Sündenbock-Mechanismus" gibt. Der Mensch versucht die Gottheit oder die Götter zu besänftigen, indem er Menschen- oder Tieropfer darbringt. Meist sind es schwache oder zufällige Opfer, die ausgeschlossen werden. Nach René Girard gründet dieser Sündenbock-Mechanismus, der bei allen Völkern als rettende Tötung eines Opfers bekannt ist, im geheimen Groll gegen Gott.[19]

Abbau von Feindbildern

Christus kommt als gewaltloser Befreier. Er durchbricht die Spirale der Gewalt. „Er hat sich selbst als Opfergabe dargebracht für das Heil der Welt." (Präfation vom Fest Fronleichnam) Christus „musste" von allen verworfen werden, um alle erlösen zu können. Gott hat die Sache seines Sohnes zur eigenen gemacht und ihn dem Bereich des Todes entrissen. Er manifestierte sein grenzenloses Erbarmen als Antwort auf den Groll und Hass des Menschen in der Erweckung seines Sohnes und in der Ausgießung des Geistes. Raymund Schwager: „Der Friede als Frucht des Geistes unterscheidet sich klar vom Scheinfrieden, der durch den Sündenbock-Mechanismus geschaffen wird.

Letzteres ist nichts anderes als Uniformität, die durch das gemeinsame Feindbild erzwungen wird. Der Heilige Geist hingegen sammelt die Menschen, indem er jeden in seiner Eigenart und Freiheit respektiert und alle nicht gegen, sondern für jemanden, für den Herrn, sammelt."[20]

Nach Schwager belegen das Neue Testament und die Kirchengeschichte, dass die neue Sammlung durch das Wirken des Geistes nicht schlagartig erfolgt ist. Sie vollzieht sich nur langsam im Lauf der Geschichte, ja die Kirche ist sogar manchmal der irrigen Auffassung erlegen, die Sache Gottes sei notfalls auch durch Gewalt zu verteidigen (militärisches Vorgehen gegen Häretiker, Kreuzzüge, Inquisition). Jesus hatte vorausgesagt, dass Menschen der Meinung verfallen werden, durch Töten Gott einen Dienst zu erweisen. Dass Christen immer wieder dieser Täuschung erliegen konnten, wirft ein Licht auf die diabolische Geschicklichkeit der Gewalt, ihr wahres Wesen zu verbergen. Das Böse zeigt sich nicht selten als „Engel des Lichts".[20A] Die Christen sind heute – in einer Epoche von Terror und Gewalt – besonders herausgefordert, die Wahrheit des Evangeliums zu sehen und die gewaltfreie Liebe Gottes weltweit zu bezeugen. (vgl. Pastoralkonstitution des 2. Vatikanischen Konzils, cap. 82)

ProphetInnen und Hoffnungsträger

Standen früher Sicherheit, Friede und soziale Gerechtigkeit stark im Blickfeld, ist in den letzten Jahren in der öffentlichen Wahrnehmung auch die Schöpfungsverantwortung zum Thema geworden. Gerechtigkeit, Friede und Bewahrung der Schöpfung sind die Fragen, die die Menschen heute brennend interessieren. Der drohende Klimawandel und die damit verbundenen dramatischen sozialen und ökologischen Fol-

gen haben viele Menschen wachgerüttelt.

Emma Gonzalez, Rahaf Mohammed, Malala Yousafzai und Greta Thunberg heißen die Galionsfiguren einer neuen Protestbewegung. Neben den prominenten Friedens- und Umweltaktivisten gibt es jedoch zahlreiche HoffnungsträgerInnen, die weniger bekannt sind. Deren Engagement für Menschenrechte und die Bewahrung der Schöpfung ist von größter Bedeutung. Die folgenden Beispiele zeigen, dass weltweit viele Menschen – oft unter Einsatz ihres Lebens – unterwegs sind, um Feindbilder abzubauen und das zu tun, was dem Frieden und der Versöhnung dient.

Malala Yousafzai

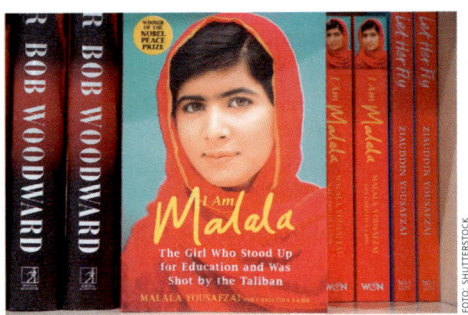

FOTO: SHUTTERSTOCK

„Malalas Mut und ihre Entschlossenheit haben den Terroristen gezeigt, was sie am meisten fürchten müssen: ein Mädchen mit einem Buch." (Ban Ki-moon, ehemaliger UN-Generalsekretär) Bild: Friedensnobelpreisträgerin Malala Yousafzai

Die damals 15-jährige Malala Yousafzai wurde in Pakistan durch einen Anschlag der Taliban schwer verletzt, weil sie sich für das Recht der Mädchen auf Bildung einsetzte. Die Kinderrechtsaktivistin Malala ist heute UN-Botschafterin und Friedens-Nobelpreisträgerin. Malala Yousafzai, 2014 in ihrer Nobelpreisrede in Oslo: „Ich hatte zwei Optionen, die eine war zu schweigen und darauf zu warten, getötet zu werden.

Und die zweite war, die Stimme zu erheben und dann getötet zu werden. Ich habe mich für die zweite entschieden. Wieso ist es so leicht, Waffen zu geben, aber so schwierig, Bücher zu geben? Wieso ist es so einfach, Panzer zu bauen, aber so schwierig, Schulen zu errichten? Lasst uns genau hier, genau jetzt eine bessere Zukunft bauen." Ban Ki-moon, ehemaliger UN-Generalsekretär: „Malalas Mut und ihre Entschlossenheit haben den Terroristen gezeigt, was sie am meisten fürchten müssen: ein Mädchen mit einem Buch."[21]

Emma Gonzales überlebte am 14. Feber 2018 das Schulmassaker von Parkland (USA). Der Tod von 17 Schülern mündete aber nicht in Ohnmacht und Resignation. Emma Gonzales gründete mit Mitschülern die Organisation „Never Again MSD", die sich seitdem mit der mächtigen Waffenlobby NRA anlegt und für strengere Waffengesetze kämpft.[22]

Rahaf Mohammad al-Kunun hätte ein Leben in Unterdrückung erwartet. Daher floh Rahaf vor ihrer Familie in Saudi-Arabien. Während ihrer Flucht konnte die Studentin am Flughafen von Bangkok über Twitter Menschenrechtsorganisationen auf ihre Situation aufmerksam machen. Rahaf schrieb in arabischer Sprache: „Die Saudi-Botschaft will mich zwingen, nach Hause zurückzukehren. Ich habe Angst. Meine Familie wird mich umbringen." Rahaf lebt nun in Kanada und kämpft für Freiheit und Frauenrechte in Saudi-Arabien.[23]

Greta Thunberg war 15, als sie damit begann, freitags während der Schulzeit vor dem schwedischen Parlament für Klimaschutz zu demonstrieren. Das Mädchen zeigte PolitikerInnen, welche Macht die Jugend hat. Rund um den Globus schwänzen heute nach ihrem Vorbild zehntausende junge Menschen freitags die Schule, um für Klimaschutzmaßnahmen zu protestieren.

„Wir sind laut, weil ihr unsere Zukunft klaut", lautet ein Motto der „Fridays for Future-Bewegung".[24] Papst Franziskus würdigte ausdrücklich die weltweiten Schülerproteste, die einen verstärkten Einsatz für den Umweltschutz verlangen: „Junge Menschen haben eine unvorstellbare Macht, sie sind kreativ. Junge Menschen sind nicht die Zukunft – sie sind die Gegenwart, die Stunde Gottes. Es ist gut zu protestieren, aber Protest allein genügt nicht. Wir müssen aufbauen und aktiv werden. Es ist besser, Fehler zu machen, indem man etwas tut, anstatt mit verschränkten Armen zu warten."[25]

Nguyen Van Thuan: Botschaft der Versöhnung aus dem Gefängnis

Was tun, wenn inhumane Herrschaftssysteme den Menschen seiner Freiheit berauben? Wie überleben, wenn du wegen deines Glaubens oder wegen deines Einsatzes für die Menschenrechte verfolgt, gedemütigt, inhaftiert oder gefoltert wirst? Francois Xavier Nguyen Van Thuan, Bischof von Saigon, wurde als politischer Gefangener des kommunistischen Regimes 13 Jahre gefangen gehalten, davon neun Jahre in Isolationshaft.[26]

Auf die Frage „Wie haben Sie es geschafft, diese 13 Jahre in Gefängnissen zu überstehen?", antwortete Nguyen Van Thuan: „Den gegenwärtigen Augenblick leben und ihn mit Liebe erfüllen. Den Willen Gottes zu erfüllen suchen. Ich sagte mir, ich muss auch die feindseligen Wärter lieben, denn es ist Christi Gebot. Also entschloss ich mich, zu ihnen immer freundlich zu sprechen, mit einem Lächeln, ohne Vorurteile, alle Gelegenheiten zu suchen, ihnen meine Liebe zu bezeugen, meine Sympathie. Die Atmosphäre änderte sich allmählich. Ich bemühte mich, alle zu lieben, wie Jesus mich liebt. Dann schaute ich auf Jesus – verlassen und

Francois Van Thuan (Bild), nach 13 Jahren Isolationshaft: „Ich bemühte mich alle zu lieben, auch die feindseligen Gefängniswärter. Die Atmosphäre änderte sich allmählich."

gekreuzigt. Er ist im Abgrund der Niederlage, des völligen Misserfolgs. Aber mein Glaube sagt mir: In diesem Augenblick, am Kreuz, hat Jesus die größte Tat seines Lebens vollbracht – er gab sein Leben, um uns zu retten, die ganze Menschheit."[27]

Bei einer Begegnung in Rom erzählte der spätere Kardinal van Thuan, Leiter der Vatikan-Behörde „Justitia et Pax", einer Gruppe von österreichischen Christen: „Die Liebe, die uns Jesus bringt, ist keine Sache des Gefühls, denn er lehrt uns sogar, unsere Feinde zu lieben. Die Bewacher brachten mir – obwohl es verboten war – auch ein wenig Wein als 'Medizin für den Magen'; das Brot war in einer Taschenlampe versteckt. So konnte ich mit einigen Tropfen Wein in der hohlen Hand und einigen Brotkrümel täglich die Eucharistie feiern. Ich betete – mit Brot und Wein in meinen Händen – bis ich den Herzschlag Christi spürte... Später – nach der Überstellung in ein Arbeitslager – wurde es möglich, dass ich im Verborgenen katholischen Gefangenen auch die Kommunion reichen konnte."

Ernest Simoni: Auch für unsere Feinde beten

Ernest Simoni, Seelsorger der Diözese Shkodra, verbrachte während der kommunistischen Diktatur in Albanien 18 Jahre in Gefängnissen. Unter der atheistischen Kirchenverfolgung wurde er 1963 und 1973 zum Tode verurteilt. Trotz Isolationshaft, grausamer Folter und zahlreicher Schikanen überlebte Ernest Simoni.[28] Nach seiner Freilassung im Jahr 1981 musste er zehn Jahre als Kanalarbeiter arbeiten, übte jedoch im Geheimen sein Priesteramt aus.

» *Wir wissen, dass wir mit geballten Fäusten nicht aussäen können. Für die Saat müssen wir die Hände öffnen."*

Adolfo Perez Esquivel, Argentinien

Ernest Simoni verbrachte insgesamt 18 Jahre in albanischen Gefängnissen, davon 12 Jahre im Bergwerk. Bild: Ernest Simoni (2. v. li) bei einem Gottesdienst in Fushe Arrez, Albanien

Seit dem Sturz des kommunistischen Regimes und der Wiederherstellung der Religionsfreiheit ist Ernest Simoni wieder als Priester in Nordalbanien tätig. Ein besonderes Anliegen ist Ernest Simoni die Aussöhnung von verfeindeten Familien. In einigen Gegenden Albaniens wird noch die Blutrache praktiziert. Das heißt, wenn einem Familienmitglied Unrecht geschehen ist, besteht die „moralische" Pflicht, es der gegnerischen Familie mit gleicher Münze heimzuzahlen. Ernest Simoni ist es gelungen von 1990 bis heute mehr als 60 Fehden zu beenden. Darüber hinaus betreut er albanische Gemeinden in Italien und in den USA. 2016 nahm ihn Papst Franziskus in das Kardinalskollegium auf.

Nach seiner Entlassung aus der Haft im Jahr 1981 wurde Ernest Simoni – er war auf 40 kg abgemagert – zu weiteren zehn Jahren Zwangsarbeit verurteilt. Simoni wurde zur Arbeit in den unterirdischen Kanäle der städtischen Kloake von Shkodra gezwungen.

Während einer Kultur- und Pilgerreise der Diözese St. Pölten kam es in Tirana zu einer denkwürdigen Begegnung mit Kardinal Ernest Simoni. Auf unsere Frage „Was fühlen Sie heute, wenn Sie an diejenigen denken, die Ihnen so viel Leid angetan haben?", antwortete Ernest Simoni: „Ich bete jeden Tag während der Messe für meine Peiniger und für das gesamte albanische Volk. Ich bitte für sie um die Barmherzigkeit Gottes. Sie gehören sicher zu denen, die diese am nötigsten brauchen. Was mich angeht, so hege ich keinen Groll gegen meine Bewacher, ich habe von ganzem Herzen vergeben. Ich hoffe, dass der Herr eines Tages so auch mir meine Sünden vergeben wird." Es gibt eine Parallele zwischen Ernest Simoni und Mutter Teresa, die ebenfalls albanischer Abstammung war. Als sich Mutter Teresa anlässlich eines Albanien-Besuchs mit einem Blumenstrauß zum Grab des blutigen Diktators Enver Hoxha begab, erklärte sie: „Ich tue dies, weil Jesus uns aufgetragen hat, auch für unsere Feinde zu beten."

Anton Srholec: Politisch Verfolgten ihre Freiheit und Würde zurückgeben

Anton Srholec gilt als einer der bedeutendsten Dissidenten der Slowakei. Bereits als Jugendlicher trat er dem Salesianerorden bei. Nach einem Fluchtversuch 1951 wurde er zu zehn Jahren Haft und Zwangsarbeit verurteilt, weswegen er erst ab 1969 sein Theologiestudium in Italien aufnehmen konnte. Er war Präsident der Föderation der politischen Gefangenen der Slowakei, die Licht in die totalitäre Zeit von 1948 bis 1989 bringen und den Opfern zu Gerechtigkeit und Genugtuung verhelfen will.

Durch Besuche in der Emmausgemeinschaft St. Pölten wurde Anton Srholec inspiriert und ermutigt, 1992 das Sozi-

» *In unserer allzu oft hoffnungslosen Zeit leuchten die Märtyrer wie die Sterne am Himmel, weil sie das höchste Zeugnis von der Gegenwart des auferstandenen Christus im Herzen der Welt ablegen, also von der Liebe zu Gott und zu unseren Nächsten."*

Robert Kardinal Sarah

» *Von keinem der Überlebenden, denen ich das Glück hatte zu begegnen, habe ich je ein Wort des Hasses gegen ihre Peiniger gehört; nie haben sie nach Rache gesucht. Den Feinden zu vergeben, die gegenseitige Versöhnung, der Frieden zwischen den Menschen, all dies ist kein Zeichen der Schwäche, sondern im Gegenteil, es ist die mutigste Haltung, die wir einnehmen können."*

Angelo Massafra, Erzbischof von Shkodra-Pult, Vorsitzender der albanischen Bischofskonferenz

Dr. Agnes Timar, spätere Priorin der Zisterzienserinnen-Gemeinschaft Kismaros, wurde zu fünf Jahren Haft verurteilt. Nach ihrer Entlassung engagierte sich „Mutter Agnes" – gemeinsam mit P. Lenard Ödön - unermüdlich für die Aussöhnung zwischen den ehemals verfeindeten Gruppen der ungarischen Gesellschaft.

Anton Srholec, als Student zu zehn Jahren Haft und Zwangsarbeit in einem Uranbergwerk verurteilt, war einer der bedeutendsten Dissidenten der Slowakei.

alprojekt „Resolty" in Bratislava zu gründen. „Resolty" kümmert sich um obdachlose und alkoholkranke Menschen und bietet ca. 40 Hilfe suchenden Menschen Wohnmöglichkeit, Essen und Betreuung. Bisher konnten mehr als 1.200 Hilfe suchende Menschen bei „Resolty" aufgenommen werden. Im Jahr 1999 wurde Anton Srholec mit dem Kardinal König-Preis für Verdienste um Glauben und Freiheit und 2013 mit dem Jan Langos-Stiftung-Preis für Verdienste um die Demokratie ausgezeichnet. 2015 wurde Anton Srholec in Wien mit dem Leopold Kunschak-Preis ausgezeichnet. Caritas-Präsident Franz Küberl würdigte Anton Srholec als „außergewöhnlichen Menschen, der sich die eigene Würde und seine christlichen Überzeugungen nie nehmen ließ und stets den Menschen in den Mittelpunkt gestellt hat." Den Menschen Würde zu geben, sei ihm immer ein besonderes Anliegen gewesen. Gemessen daran, dass Srholec Jahrzehnte seines Lebens in Haft und überwacht verbringen musste, habe er nie die Gelassenheit verloren. Durch seine Verdienste auf unterschiedlichsten Ebenen habe sich Srholec unauslöschlich in das „Buch der Mitmenschlichkeit" eingeschrieben, so Küberl. Das Beispiel Srholecs „zeige exemplarisch, dass vieles in der Geschichte des geteilten Europa noch nicht aufgearbeitet ist", betonte der ehemalige Vizekanzler Erhard Busek. „Es hat vor dem Fall des Eisernen Vorhangs wenig Aufmerksamkeit für die Menschen dahinter gegeben und nachher auch nicht viel Anerkennung", so Busek. Die Geschichte von Pater Anton Srholec habe von offizieller Seite viel zu spät die angemessene Anerkennung gefunden.

Srholec betonte, „dass der Leopold Kunschak-Preis eine große Auszeichnung für alle Kollegen ist, die für die Menschenrechte eingetreten sind und für ihre Ideale ihr Leben gegeben haben." Über die schlimmste Zeit seines Lebens, der Zwangsarbeit in den tschechoslowakischen Uranminen, schrieb Anton Srholec ein erschütterndes Buch, das unter dem Titel „Licht aus der Tiefe" erschienen ist. Darin erzählt Srholec von der Zeit des Stalinismus Anfang der 1950er-Jahre, als der junge Salesianer in Turin Theologie studieren wollte und wegen illegalen Grenzübertritts nach Österreich von der tschechoslowakischen Polizei verhaftet wurde. Srholec wurde als „Antikommunist und Gegner der Sowjets" zu zehn Jahren Zwangsarbeit im berüchtigten Uranbergwerk Jachymov in Böhmen verurteilt. In tausend Meter Tiefe sah er wenig Licht. Hunger und Kälte waren die ständigen Begleiter. Doch die Hoffnung lebte. Anton hat überlebt. Er beschreibt, wie das Überleben in dieser Hölle möglich wurde: Aufopferungsvolle Freundschaft und gelebte Solidarität unter den tausenden Zwangsarbeitern, aber auch der gelebte Glaube – viele der Gefangenen waren Christen – gab ihnen die Kraft zum Durchhalten. Dieser christliche Glaube brachte Licht in das schier unerträgliche Dunkel der Sklavenarbeit in den berüchtigten und lebensgefährlichen Schächten der tschechischen Uranwerke.[29]

Bis zu seinem Tod war Srholec – in seiner Funktion als Präsident der Föderation der politischen Gefangenen der Slowakei – mit vielen der ehemaligen Häftlinge in Verbindung. Klare Worte fand Srholec über den Umgang „seiner Kirche" mit dem 2012 überraschend abgesetzten Erzbischof von Trnava, Robert Bezak. Dieser sei „ein Opfer der Bewegung der Traditionalisten, die innerhalb der slowakischen Kirche das Sagen haben". Viele der slowakischen Bischöfe lebten in Isolation gegenüber der Gesellschaft und hatten keinen Kontakt zur Welt.

Anton Srholec wohnte bis zu seinem Tod im Jahr 2016 in einer kleinen Wohnung in einem der Wohnsilos am Stadtrand von Bratislava-Petrzalka. Er war ein bescheidener, höflicher und mit leiser Stimme sprechender Mann, der trotz seines schweren Schicksals ungebrochen wirkte. Er war aber auch ein unbequemer Mahner, der sich – ob gelegen oder ungelegen – für die Erneuerung von Kirche und Gesellschaft einsetzte.

>> *Auf Dich, o Herr, habe ich meine Hoffnung gesetzt. In Ewigkeit werde ich nicht zuschanden."*

Te Deum

Der vergitterte Himmel

Lenard Ödön war Gymnasiallehrer an der Piaristenschule in Szeged. Sein Engagement als Jugendseelsorger war den kommunistischen Behörden jedoch ein Dorn im Auge. 1948 wurde Lenard Ödön zu sechs Jahren Haft verurteilt. 1953 wurde er entlassen. 1961 wurde er neuerlich verurteilt: sieben Jahre und sechs Monate Haft. 1963 erfolgte die Entlassung aus der Haft. 1966 wurde Ödön zum dritten Mal verhaftet und zu acht Jahren Freiheitsentzug verurteilt. Das Gericht verhängte insgesamt 19 Jahre Freiheitsentzug.[30]

Im Juni 1977 wurde Lenard Ödön – aufgrund einer Intervention von Papst Paul VI. – als letzter politischer Gefangener Ungarns freigelassen. Danach lebte er in der Abtei der Zisterzienserinnen in Kismaros bei Vac. Der wahre Grund für die zweite und dritte Verurteilung war das Mitwirken Ödöns beim Aufbau des Gemeinschaftslebens der Zisterzienserinnen sowie sein unerschrockenes Wirken als begnadeter Seelsorger.

Nachdem der Orden der Zisterzienserinnen 1953 verboten worden war, begannen unter der Leitung von Dr. Agnes Timar drei junge Mädchen in ihrer gemieteten Kleinwohnung in Budapest, ihr Ordensleben im Geheimen zu leben. In der Welle der Schauprozesse von 1961 wurde die Leiterin der Gemeinschaft zusammen mit drei anderen Schwestern verhaftet und zu fünf Jahren Freiheitsstrafe verurteilt. Im selben Jahr

P. Lenard Ödön verbüßte als politischer Gefangener insgesamt 19 Jahre in ungarischen Gefängnissen.

FOTO: PRIVAT

wurde auch Lenard Ödön, der geistliche Begleiter der Schwesterngemeinschaft, in seiner Wohnung verhaftet und wegen „illegaler kirchlicher Aktivitäten" verurteilt. Die Schwestern, aber auch P. Lenard, kamen im Rahmen einer Amnestie 1963 wieder frei.

Im Jahr 1966 wurden Lenard Ödön und Agnes Timar in einem Prozess wegen „Vorbereitung einer Verschwörung" neuerlich verurteilt. Nach der Entlassung von Agnes Timar im Herbst 1968 fand die Gemeinschaft außerhalb von Budapest Aufnahme. Ein kleines Holzhaus war ihr „erstes Kloster". Nach 1982 entstand im Dorf Kismaros das erste Steinhaus, das den Schwestern lange Zeit als „zweites Kloster" diente. Im Jahr 1990 begann – auch mit Unterstützung aus der Diözese St. Pölten – der Bau des jetzigen Klosters. Alle Mitglieder der Schwesterngemeinschaft sind – ähnlich wie in der Zeit der Verfolgung – auch heute noch in zivilen Berufen tätig. P. Lenard Ödön lebte nach seiner Entlassung aus der Haft im Jahr 1977 als Seelsorger im Kloster Kismaros. Nach der Wende – im Mai 1991 – erklärte der Oberste Gerichtshof Ungarns Lenard Ödön für unschuldig und annullierte alle früheren Verurteilungen.[31]

Im Rahmen einer Partnerschaft zwischen dem Kloster Kismaros und der Diözese St. Pölten durfte ich einige Male Mutter Agnes und P. Lenard Ödon besuchen. Meine Begegnungen mit den beiden Märtyrern unserer Tage haben mich tief berührt und geprägt. Die Architektin Agnes Timar und ihre ersten Weggefährtinnen konnten ihre Berufung zunächst nur im Untergrund leben. In den Gesprächen mit den St. Pöltner Freunden erwähnte sie, dass sie während ihrer fünfjährigen Gefangenschaft besonders stark unter der Isolation litt. Doch die seelische Folter der Isolationshaft, verbunden mit zahlreichen Drohungen, Demütigungen

und Schikanen, konnten die Ordensfrau nicht brechen. Sie war überzeugt, dass die Wahrheit eines Tages ans Licht kommen wird. Agnes Timar engagierte sich nach ihrer Entlassung aus der Haft unermüdlich für den Dialog und die Aussöhnung zwischen den ehemals verfeindeten Gruppen der ungarischen Gesellschaft. In der Zeit der Verfolgung, aber auch in der postkommunistischen Ära, war Mutter Agnes für ihre Gemeinschaft eine unerschrockene und weise Priorin, die das Überleben der jungen Gemeinschaft sicherstellte. Darüber hinaus war sie in der Perspektivelosigkeit der postkommunistischen Zeit für viele suchende Menschen eine wichtige geistliche Begleiterin. Mutter Agnes setzte sich leidenschaftlich und mit Freimut für die Erneuerung von Kirche und Gesellschaft ein. Als ihre Nachfolgerin wurde 2003 Frau Dr. Olga Horvath zur Äbtissin der Gemeinschaft gewählt.

Bei einer Begegnung im Jahr 1993 erzählte mir Pater Lenard, dass er im Gefängnis, in langer, quälender Einzelhaft anfing, Gedichte zu „schreiben" und sie ins Gedächtnis einzuprägen. Bei seiner Entlassung aus der Haft nahm er rund 200 Gedichte aus dem Gefängnis mit in die Freiheit – alle in seinem Gedächtnis gespeichert. Aber auch Gedichte, die auf 850 Blättchen Zigarettenpapier geschrieben waren, konnten gerettet werden. Dieser Gedichtband trägt den Titel „Vergitterter Himmel". Der Band ist eine Auswahl seiner Gefängnislyrik, ergänzt mit einigen neueren Gedichten. Das Buch ist ein historisches Dokument des Leidensweges eines Priesters in kommunistischen Gefängnissen. Pater Lenard lebte in der unbändigen Hoffnung, dass durch den so wichtigen Aufarbeitungsprozess für die Kirche und Gesellschaft Ungarns „eine gesunde Zeit der Aussöhnung beginnt, in der sich breiteste Bevölkerungsschichten wieder in die Augen sehen können." Lenard Ödön – ein unbeugsamer Zeuge der Wahrheit, Werkzeug der Versöhnung und Brückenbauer.[32]

Bei einer Begegnung im Kloster Kismaros schenkte mir P. Lenard Ödön ein Gedenkbildchen. Auf der Vorderseite stand ein Text, in dem Pater Lenard für Gottes Schutz in seinem Leben dankt, auf der Rückseite der Psalm 37. Mit strahlenden Augen und mit sanfter Stimme übersetzte mir P. Lenard Vers für Vers aus dem Ungarischen:

„Errege dich nicht über die Bösen, ereifere dich nicht über jene, die Schlechtes tun! Denn sie verwelken schnell wie das Gras, wie grünes Kraut verdorren sie. Vertrau auf den Herrn und tu das Gute, bleib wohnen im Land und bewahre die Treue! Befiehl dem Herrn deinen Weg und vertrau ihm; er wird es fügen. Er bringt deine Gerechtigkeit heraus wie das Licht und dein Recht so hell wie den Mittag. Ich sah einen Frevler, bereit zu Gewalttat; er reckte sich hoch wie eine grünende Zeder. Wieder ging ich vorüber und er war nicht mehr da; ich suchte ihn, doch er war nicht zu finden. Die Rettung der Gerechten kommt vom Herrn, er ist ihre Rettung in Zeiten der Not."

Franciszek Blachnicki – Gründer der Bewegung „Licht und Leben"

FOTO: ROTTENSCHLAGER

Prof. Franciszek Blachnicki (re), Gründer der Bewegung „Licht und Le-ben", war „Blocknachbar" von P. Maximilian Kolbe im KZ Auschwitz.

Während meiner Studentenzeit durfte ich MitarbeiterInnen verschiedener internationaler Hilfsorganisationen, u.a. von „Kirche in Not", begegnen.[33] Durch Kontakte mit Stu-

FOTO: PRIVAT

Franciszek Blachnicki wurde wegen seines Widerstandes gegen den NS-Einmarsch in Polen 1942 zum Tod verurteilt. Sechs Monate danach wurde das Urteil in eine zehnjährige Freiheitsstrafe abgeändert. Bild: Blachnicki als Gefangener: Auschwitz-KL Nummer 1201, 1940

FOTO: WIKIMEDIA

Karol Woytyla war als Bischof von Krakau Protektor und Förderer der Bewegung „Licht und Leben" (Oase). Bild: Bischof Woytyla und Franciszek Blachnicki bei einem Oase-Treffen in Südpolen.

FOTO: WIKIMEDIA

Johannes Paul II. würdigte Prof. Franciszek Blachnicki als „großen Jugendseelsorger, durch dessen Inspiration in Polen die Oase-Bewegung entstanden ist."

FOTO: KNA

„Es gibt keine größere Liebe, als
wenn einer sein Leben für seine
Freunde hingibt." (Joh 15,13)
Bild: P. Maximilian Kolbe

dentengemeinden im damals kommunistischen Osteuropa lernte ich Künstler, Dissidenten und Mitglieder von christlichen Gemeinden kennen. Personen, die unter Diskriminierung oder Verfolgung litten, wurden von uns besucht und unterstützt. Während einer Russlandfahrt im Jahr 1966 begegneten wir auf der Rückreise in Polen erstmals Franciszek Blachnicki, Professor an der Katholischen Universität Lublin.

Bei einer weiteren Polenreise besuchten wir auch das ehemalige Vernichtungslager Auschwitz. Am Abend jenes Tages erzählte uns Prof. Blachnicki, dass er im Jahr 1939 als 18-Jähriger gegen die deutsche Besatzungsmacht kämpfte, am 24.6.1940 verhaftet und in das Konzentrationslager Auschwitz überstellt wurde. Seine Gefangenennummer war 1201. Blachnicki rückblickend: „Nach der Okkupation durch Nazi-Deutschland waren wir Polen weniger wert als ein Hund. Man konnte uns treten, anspucken, schlagen. Da wir als Partisanen eingestuft wurden, war für uns die Überstellung nach Auschwitz wie ein Todesurteil. Erst in Auschwitz erkannten wir das Ausmaß der Vernichtungsmaschinerie. Ich war einer von 300 Mann, die täglich im Laufschritt Schwerarbeit leisten mussten. Wer das Tempo nicht mithalten konnte, wurde getötet. Im ersten Jahr überlebten fünf von den 300 Gefangenen, im zweiten Jahr waren es drei, die überlebten. Das Ausmaß der Vernichtung war unvorstellbar. Dann passierte etwas Geheimnisvolles, worüber ich kaum reden kann. Der Kommandant fragte mich auf sehr zynische Weise – es war am Festtag des Hl. Stanislaus – ob ich einen Wunsch hätte. Meine Antwort war: 'Ja, ich bitte um die Verlegung in ein anderes Arbeitslager.' Dieser Wunsch wurde mir wider Erwarten erfüllt. Auch andere Dinge passierten während der Haft, die mein späteres Leben grundlegend veränderten. Prägend für mich war die Begegnung mit Pater Maximilian Kolbe, der in Auschwitz mein Blocknachbar war." Der Bruder von Professor Blachnicki erzählte uns am folgenden Tag weitere Details:

In der Zeit, in der Blachnicki im KZ Auschwitz und im Gefängnis von Kattowitz inhaftiert war, ereigneten sich außergewöhnliche Dinge. Pater Kolbe ging anstelle des zum Tod durch Verhungern verurteilten Familienvaters Franciszek Gajowniczek freiwillig in den Hungerbunker, wo er am 14. 8. 1941 starb. Franciszek Blachnicki wurde am 30.3.1942 wegen Verschwörung gegen Nazi-Deutschland zum Tode verurteilt. Während er im Gefängnis in Kattowitz auf den Tod wartete, erlebte er am 17.6.1942 eine fundamentale Bekehrung und Erneuerung seines Glaubens an Gott. Er beschloss, sein Leben Gott zu widmen. Am 14.8.1942 (Todestag von P. Kolbe) wurde Franciszek Blachnicki begnadigt, und das Urteil auf 10 Jahre Haft abgeändert. Am 17.4.1945 wurde Blachnicki mit den Überlebenden des Lagers Lengenfeld, einer Außenstelle des KZ Flossenbürg, von der amerikanischen Armee befreit.

1950 wurde F. Blachnicki zum Priester geweiht. Er initiierte unter dem Namen „Oase" Erholungs- und Einkehrtage für Kinder und Jugendliche. Weiters startete er eine nationale Anti-Raucher- und Anti-Trinkerkampagne. Wegen seiner pastoralen Aktivitäten wurde Blachnicki von den kommunistischen Behörden verfolgt, 1958 verhaftet und zu einer zehnmonatigen Haftstrafe verurteilt, die jedoch für drei Jahre ausgesetzt wurde. 1961 begann Blachnicki mit dem Studium der Pastoraltheologie an der Kath. Universität Lublin (KUL). Jahre später wurde er an dieser Hochschule Professor für Pastoraltheologie. Seit 1963 engagierte sich die Oase-Bewegung vor allem in der Jugend-Bildung. 1965 kaufte Blachnicki zwei Häuser in Krosienko an der Dunajec. Dort entstand die Zentrale der Oase. 1969 nahm die Oase-Bewegung den Namen „Bewegung der lebendigen Kirche" an. Erzbischof Karol Woytyla von Krakau wurde 1973 der Protektor der Erneuerungsbewegung, Maximilian Kolbe deren Patron. Im Jahr 1979 erhielt die Oase-Bewegung den Namen „Bewegung Licht und Leben" (The Light-Life Movement). Eine besondere Aufgabe der Bewegung ist es, die Erneuerung des Zweiten Vatikanischen Konzils umzusetzen.[34]

> *Zur Liebe kann man niemanden zwingen. Nur Liebe selbst weckt Gegenliebe. Bewahre vor allem Ruhe, sehr viel Ruhe und vollkommene Hingabe an Gottes Willen."*

Maximilian Kolbe

FOTO: KNA

Franciszek Gajowniczek: Für ihn ging P. Maximilian Kolbe in den Tod. Franciszek Gajowniczek überlebte das KZ Auschwitz und starb am 13.3.1995.

> *Das Leben entflieht schnell. Nicht eine Sekunde kehrt zurück. Bemühen wir uns, möglichst viele Beweise der Liebe zu geben."*

Maximilian Kolbe

FOTO: BERNHART KARL

》 *Sanguis martyrum, semen*
christianorum."
(Das Blut der Märtyrer ist der
Same der Christen).

Tertullian (+ 240 n. Chr.)

》 *Jesus ist die Hoffnung für die*
Menschheit. Er bringt die gute
Nachricht: Gott ist die Liebe."

Mutter Teresa

Auf dem Wort Gottes und der Liturgie gründend entstanden die ersten Konzept-Ideen: Licht-Leben, Neuer Mensch, Neue Gemeinschaft, Neue Kultur. Ein bekannter Ausspruch Blachnickis lautete: „Der eigentliche Gegner der Kirche ist nicht der Kommunismus, sondern der Materialismus. Der Konsumismus versklavt den Menschen und macht Gott überflüssig."

Tatjana Goritschewa:
Von Gott zu reden ist gefährlich

Tatjana Goritschewa wurde 1947 in Leningrad, dem heutigen Petersburg, geboren. Sie studierte Philosophie und Radiotechnik. Goritschewa sah sich als „konsequente und zornige Existenzialistin" mit einer Tendenz zum Nihilismus und zur Selbstzerstörung: „Ich hatte keine Wurzeln und sollte in eine leere, sinnlose Zukunft gehen." Werte, Kultur, Religion und Moral waren nach Goritschewas damaliger Einschätzung „erfolgreich ausgerottet".

Tatjana Goritschewa, geprägt vom atheistischen Kommunismus, wurde mit 26 Jahren Christin und gründete die erste Frauenbewegung in der Sowjetunion. Als Dissidentin organisierte sie religiöse Seminare und veröffentlichte Untergrund-Zeitschriften.

FOTO: MICHAEL ALBUS

Neben ihrer wissenschaftlichen Tätigkeit an der Universität huldigte sie einem exzessiven Lebenswandel. In einer Phase von grenzenloser Schwermut, großer Ängste und innerer Zerrissenheit, in der sie „alles hasste und die Einsamkeit liebte", begann sie mit Yoga-Übungen. „Yoga wurde für uns Ungläubige so etwas wie eine Brücke zwischen der empirischen und der transzendenten Welt. Müde und lustlos verrichtete ich meine Yogaübungen mit den Mantren." Bis zu diesem Zeitpunkt hatte Goritschewa noch nie ein Gebet gesprochen und kannte auch kein einziges Gebet. „Aber da wurde in einem Yogabuch ein christliches Gebet, und zwar das 'Vater unser', als Übung vorgeschlagen. Ich begann es als Mantra vor mich hinzusagen, ausdruckslos und automatisch. Ich sprach es etwa sechsmal, und dann wurde ich plötzlich vollständig umgekrempelt. Ich begriff – nicht etwa mit meinem lächerlichen Verstand, sondern mit meinem ganzen Wesen –, dass Er lebt. Er, der lebendige, persönliche Gott, der mich und alle Kreatur liebt, der die Welt geschaffen hat, der aus Liebe Mensch wurde, der gekreuzigte und auferstandene Gott!" Goritschewa rückblickend: „In jenem Augenblick be- und ergriff ich das Geheimnis des Christentums, das neue, wahre Leben. Das war die wirkliche, echte Rettung! In diesem Augenblick veränderte sich alles in mir. Der alte Mensch starb. Ich gab nicht nur meine früheren Wertevorstellungen und Ideale auf, sondern alte Gewohnheiten. Ich fing an, die Menschen lieb zu haben. Ich konnte ihr Leiden verstehen und auch ihre hohe Bestimmung, ihre Gottebenbildlichkeit. Welche Freude und welch helles Licht waren da in meinem Herzen! Alle Ängste waren verflogen. Nach diesem Aufkommen von Liebe besuchte ich einen orthodoxen Gottesdienst. Während ich die Kirche betrat, sang der Chor den Psalm 'Wohl dem, der nicht

wandelt im Rat der Gottlosen'. Dieser Chor setzte sich durch. Hier war ich zu Hause."[35]

Tatjana Goritschewa erhebt auch heute noch ihre prophetische Stimme. In Briefen, die sie an ihren Freundeskreis, aber auch an die politisch Verantwortlichen sendet, geißelt sie den barbarischen Neoliberalismus („Der Westen ist an seiner Sattheit erkrankt") ebenso wie die autoritären Systeme mit stalinistischen Tendenzen. 2019/2020 setzte sich Goritschewa für die Freilassung von Yury A. Dmitriev ein, der daran arbeitet, die Hinrichtungen von Stalins großem Terror in Karelien zu lokalisieren und so viele Opfer wie möglich zu identifizieren. In Karelien wurden 1937/38 etwa 11.000 Menschen ermordet – unter ihnen Finnen, Deutsche, Karelen, Litauer, Polen, Ukrainer, Tataren und viele andere. Die Zahl der Todesopfer, die beim Bau des Weißmeer-Ostseekanals durch Zwangsarbeit, Kälte und Krankheit umkamen, liegt nach Schätzung von Experten zwischen 50.000 und 250.000. Im Jahr 2016 wurde Dmitriev unter falscher Anklage (Anfertigung pornografischer Bilder) inhaftiert und zunächst in eine psychiatrische Klinik überstellt. Nach Verbüßung einer 12-monatigen Haft wurde der Historiker 2018 freigelassen. Dmitriev

Tatjana Goritschewa wurde mit 26 Jahren Christin. Sie gründete die erste Frauenbewegung in der Sowjetunion, organisierte religiöse Seminare und veröffentlichte zwei Zeitschriften im Untergrund. Nach vielen Verhören und Verhaftungen durch den KGB wurde sie 1980 aus der Sowjetunion ausgewiesen. Wenige Jahre später schrieb sie die Geschichte ihrer Bekehrung unter dem Titel „Von Gott zu reden ist gefährlich" nieder. Goritschewa lebt seither in Paris. Seit der Wende im Jahr 1989 besucht sie immer wieder Petersburg, unterstützt diskriminierte und Not leidende Menschen in Russland. Goritschewa wurde durch ihre Vorträge (u.a. in Wien) sowie durch ihre Publikationen weithin bekannt.[36]

erhielt das Goldene Verdienstkreuz von Polen für seine Arbeit bei der Suche nach Massenbestattungen in Sandarmokh und auf der Solovki-Insel und der Identifizierung der Opfer. Am 31.12.2017 war Yury Dmitriev einer von 16 Bloggern, Schriftstellern und Historikern, die von den russischen Behörden inhaftiert oder auf andere Weise verfolgt und bei den jährlichen Sacharow-Preisen für „Journalismus als Gewissensgesetz" ausgezeichnet wurden.[37]

Trotz Autoritarismus und neostalinistischer Tendenzen kann Tatjana Goritschewa auch in Russland viele Zeichen der Hoffnung erkennen, weil lebendige christliche Gemeinden und mutige Bürger in NGOs initiativ werden und Solidaritäts-Projekte entwickeln. Am 11.9.2019 schrieb T. Goritschewa an ihre Freunde im Westen: „Es scheint, dass eine neue Zeit angefangen hat. Nach den Wahlen in Russland sind in den Städten erneut tausende Menschen auf die Straße gegangen, um gegen Putin und seine Partei 'Einiges Russland' zu protestieren. Auch einige meiner Bekannten wurden festgenommen. Putins System schwächelt. Die junge Generation will Hoffnung haben. Die Angst vor dem 'Fürsten dieser Welt' und die totale Gleichgültigkeit der 'zum Verschwinden Verdammten' werden allmählich besiegt. Was uns alle besonders traurig macht: Vier Millionen Hektar sibirischen Waldes brennen. Die Obrigkeiten machen nichts. Sie sagen: Es ist zu teuer, den Waldbrand zu löschen. Millionen Tiere sind lebendig verbrannt. Der russische Wald – Sibirien ist die Lunge des Planeten – wird schnell und offen nach China verkauft. Ich habe heute keine Kraft, über die Stärke der russischen Liturgie zu schreiben – sie hat mich einige Male geistig und leiblich gerettet: das Wunder der Beichte, die Realität der heiligen Kommunion. Danke für Eure Gebete! Tatjana"

Madeleine Delbrêl: Gott ist unterwegs zu finden

Michaela Lugmaier

FOTO: KNA

Madeleine Delbrêl, französische Sozialarbeiterin und geistliche Schriftstellerin, ging in der Arbeiterpastoral neue Wege und setzte sich zeitlebens für den Dialog zwischen Christen und Marxisten ein.

Erste Querverweise in Studienzeiten – ein Diplomarbeitsvater, der begeistert von ihren Werken sprach, gefolgt von einem Lesebuch. Sporadisch kreuzte der Name Madeleine Delbrêl meinen Weg. Erst die Lektüre ihrer Biographie führte zur näheren Beschäftigung mit der „Mystikerin der Straße".

Weder Worte noch große Lehren prägen das Lebenswerk, sondern ihre missionarische Präsenz. Als überzeugte Christin lebte sie ihre Taufberufung als Laiin in der Welt, im Engagement für sozial Benachteiligte und Verfolgte. Lange vor dem II. Vatikanum erkannte sie als eine der ersten, dass es angesichts zunehmender Säkularisierung neue Wege in der Verkündigung braucht. Ihr Vorhaben, Gott einen Ort im atheistischen Umfeld zu sichern, ist beispielgebend. Ihre

Erfahrungen reflektierte sie in zahlreichen lebensnahen Bildern und Meditationen, Gedichten und Schriften.

Hervorstechend ist die Parallele zu Papst Franziskus! Viele seiner Herzensanliegen, die er in seiner programmatischen Schrift „Evangelii gaudium" näher entfaltet, entsprechen genau dem, worin Madeleine Delbrêl Pionierin war: einer Kirche „im Aufbruch", die aus sich herausgeht. Wie Papst Franziskus drängte es sie, an die Ränder zu gehen und die Freude des Evangeliums weiterzugeben.

Ihre Lebensgeschichte macht deutlich, dass Glaubenswege – damals wie heute – nicht immer geradlinig verlaufen, biographische Einschnitte zum „Einfallstor Gottes" werden können und Menschen, die den Glauben mit „Ansteckungsgefahr" weitergeben, gefragt sind. Hatte Madeleine noch mit kindlichem Eifer an der Kommunionvorbereitung teilgenommen, so verstand sie sich in ihrer Jugend als entschiedene Atheistin. Es folgte eine tragische Liebesgeschichte, die ihr Leben radikal umkrempeln sollte. Ihr Verlobter trennte sich unerwartet von ihr, um ins Noviziat der Dominikaner einzutreten. Hinzu kamen familiäre Probleme. Mit dem Trennungsschmerz stellte sich die Sinnfrage neu. Sie rang nach Antworten, wollte verstehen. Ein intensiver Suchprozess begann. In dieser Zeit begegnete sie an der Pariser Universität jungen ChristInnen, die wie sie ein ganz normales Studentenleben führten, gerne diskutierten und tanzten. Fasziniert von deren authentischer Lebensweise, geriet ihr eigener Atheismus allmählich ins Wanken. Sie startete ein „Experiment" – begann zu beten und wurde von Gott „überwältigt". In einer Pfarrgemeinde trat sie einem Bibelkreis junger Frauen bei. Den Plan, ins Kloster zu gehen, verwarf die Neubekehrte dagegen wieder. Später gründete sie mit zwei Gefährtinnen

FOTO: KOGLER

eine kleine christliche Laien-Gemeinschaft, die als „Leute gewöhnlichen Lebens" – ohne Gelübde, ohne Klausur – mitten unter den Menschen leben wollte.

Die kleine Gruppe zog in die kommunistische Arbeiterstadt Ivry. Diese wurde für die Sozialarbeiterin zur „Schule angewandten Glaubens". In konsequenter Jesusnachfolge – vom Dreiklang „Gebet-Evangelium-Zeugnis der ungeteilten Liebe" getragen – lebte sie neben Kommunisten und Atheisten in einem „Haus der offenen Türen" vor, wie Christsein geht. Gebet und Engagement, Gottes- und Nächstenliebe bestimmten dabei ihren Alltag. Vom Evangelium – ihrem Lebensbuch – holte sie sich täglich Kraft und Inspiration. Oft führte sie einen Satz im „Handgepäck" mit, der sie durch den Tag begleitete und von dem her sie alle Ereignisse des Tages interpretierte.

Mit wachen Augen beobachtete sie die Vorgänge in der Stadt. Die Lage der Arbeiter war besorgniserregend. Dies schien die ChristInnen, die Minderheit in Ivry, nicht weiter zu berühren. Diese Situation wurde zum Auftrag, zu ihrer Mission. Als kirchliche „Grenzgängerin" kooperierte sie mit der Stadtverwaltung und unterstützte Anstrengungen um faire, gute Lebens- und Arbeitsbedingungen, sofern diese mit Evangelium und Liebesgebot vereinbar waren.

Das atheistische Umfeld ließ sie die Art

Mexiko, 10.11.2018: Eine Freiwillige pflegt die Füße einer Migrantin aus El Salvador, die – so wie viel andere - der Armut und der Bandengewalt entfliehen möchte. Diese Frau ist eine von tausenden zentralamerikanischen MigrantInnen auf dem Weg Richtung USA.

„Auf den Straßen der Welt verbirgt sich Gott."

Madeleine Delbrêl

Nach dem blutigen Bürgerkrieg in Ruanda braucht es FriedensstifterInnen, damit Aufarbeitung, Vergebung und Heilung möglich werden. Zwei Ordensschwestern (Bild) begleiten diesen Versöhnungsprozess und besuchen sowohl Opfer als auch Täter.

und Weise, wie Kirche den Glauben in das Leben der Menschen hinein zu buchstabieren versuchte, hinterfragen und half ihr zugleich, zum Wesentlichen des Glaubens vorzudringen. Anstatt zu jammern, sich abzuschotten oder zu resignieren, nutzte sie jede Gelegenheit, um mit jenen, die den Glauben an Gott verloren hatten oder nie mit ihm in Berührung gekommen waren, in Austausch zu treten. Die Gespräche forderten sie heraus, Rede und Antwort zu stehen. Sie empfand es als großes Geschenk, Christin zu sein. Diesen Schatz wollte sie durch ihr eigenes Leben vermitteln: in Begegnungen auf Augenhöhe – ohne vereinnahmen, punkten oder mit frommen Sprüchen bekehren zu wollen. Im Wissen, dass Gott allein „den Glauben schenkt".

Faszinierend ist ihre praktische und bodenständige Spiritualität, die ganz konkrete Alltagserfahrungen aufgreift (z.B. Fahrradfahren). Glaube und Alltag bilden für sie eine untrennbare Einheit. Alles ist von Gott durchdrungen. Jede Tätigkeit und Begegnung, jeder Ort bietet eine Chance, Gott und seinem Wort zu begegnen. Da der berufliche Alltag oft begrenzt Freiraum zum Innehalten, fürs Gebet bereithält, rät sie gezielt zu „Tiefenbohrungen", um sich der Gegenwart Gottes zu vergewissern. Die vielen kleinen Pausen untertags – sie nennt diese „Zeitstaub" – können, wenn gut genutzt, zu kostbaren Gebetsmomenten werden. Als mutige „Stoßgebete" helfen sie, sich in Gott zu verankern. Kurzum: gehimmelt und geerdet zu bleiben.

Mag. Michaela E. Lugmaier, Studium der Theologie, Geographie und Wirtschaftskunde an der Universität Wien. In verschiedenen pastoralen Feldern (Pfarre, Dekanat und Region) der Diözese St. Pölten tätig. Derzeit Regionalbegleiterin im Mostviertel West und Religionspädagogin an der Bildungsanstalt für Elementarpädagogik in Amstetten. Supervisorin, Coach.

Madot Delunsch:
Den Eisernen Vorhang durchlöchern

Die Begegnungen mit den „Kleinen Schwestern Jesu" in der Wiener Singerstraße waren für mich persönlich eine wichtige Entscheidungshilfe auf der Suche nach meiner Berufung. Auch für andere StudentInnen der Katholischen Hochschulgemeinde waren die Kontakte zu den Fraternitäten der Kleinen Brüder und Kleinen Schwestern Jesu Ermutigung und Inspirationsquelle im Aufbruch nach dem Vatikanischen Konzil.

Madeleine Delunsch, geb. 1926, ist im Jahr 1952 in Aix-en-Provence in die „Gemeinschaft der Kleinen Schwestern von

Jesus" eingetreten. Als Postulantin lebte sie in Jerusalem und arbeitete als Putzfrau in der Hadassah-Klinik im jüdischen Teil der Stadt. Das Noviziat verbrachte sie in Nazareth. Ihr nächstes Einsatzfeld war Paris-Ivry, wo sie in einer Gummifabrik arbeitete. 1954 kam Sr. Madeleine nach Wien, das damals noch von den Siegermächten des Zweiten Weltkriegs geteilt und besetzt war. 1955 erfolgte – gemeinsam mit Sr. Louise – die Gründung der Fraternität in Wiener Neustadt. In der vom Krieg zerstörten Stadt haben Sr. Madeleine und Sr. Louise einen bescheidenen Anfang gewagt. Ihre „Wohnung" war ein winziges Durchgangszimmer in einer Barackensiedlung. Erst später konnten sie in eine 40 m²-Wohnung ziehen, in der sie eine kleine Kapelle einrichteten. Um das Leben der Armen zu teilen, arbeiteten sie in der Putzkolonne einer Großspinnerei. Im Jahr 1955 erfolgte die Übersiedlung nach Wien, wo in der Singerstraße das Noviziat eingerichtet wurde. Grünentorgasse, Meidling und Simmeringer Hauptstraße waren weitere Stationen ihres Lebensweges. 1971 erfolgte die Gründung der Kommunität in Schwechat, wo die Kleinen Schwestern in der von Pfarrer Helmut Blasche geleiteten Gemeinde mitarbeiteten. 1965 gründete Sr. Madeleine (bekannt unter dem Namen „Madot") im zweiten Wiener Gemeindebezirk eine neue Fraternität. Zwölf Jahre lang haben die Schwestern in Zeiten des Umbruchs intensiv in der Pfarre Machgasse mitgearbeitet. Die kleine Gemeindewohnung der Schwestern in der Engerthstraße wurde zu einem spirituellen Zentrum. Sr. Madeleine wurde in dieser Zeit für viele Menschen in der Arbeitswelt, in den Gefängnissen, aber auch für ihre jüngeren Mitschwestern zu einer wichtigen Wegbegleiterin. Wien, Schwechat, Regelsbrunn, Klagenfurt waren die Orte, wo Madeleine und ihre Kommunität das Leben der Menschen, insbesondere ihre „spirituellen Wüsten" (Sr. Christine Francoise), geteilt haben.

Von Beginn an war es der Herzenswunsch von Sr. Madeleine, in den atheistischen Ländern Osteuropas leben zu dürfen: „Ein Leben ohne Glauben an Gott ist die größte Armut. Mein Wunsch war es, das Leben dieser Menschen zu teilen." Mit ihrem Einsatz in der damaligen Sowjetunion sollte ein lang gehegter Wunsch von „Madot" in Erfüllung gehen. Michael Graf vom Leitungsteam der Wiener Pfarre Machgasse sagte in seinem Nachruf auf die im Jahr 2017 verstorbene Sr. Madeleine: „Im atheistischen Staat hast du Gott eine Wohnung bereitet. In der Nachfolge Jesu hast

Ob als Putzfrau in Jerusalem, als Fabrikarbeiterin in Paris oder Wiener Neustadt, ob in Kiew oder Moskau – Sr. Madot (Bild) hat stets das Leben der Menschen und ihre „spirituellen Wüsten" geteilt.

Das Leben teilen: Eine der „Kleinen Schwester Jesu" in Ruanda inmitten anderer Mitarbeiter beim Glätten von Bettwäsche und Handtüchern.

du in Russland und in der Ukraine, in der scheinbaren atheistischen Wüste, den Menschen den Vater gezeigt. Mit über 50 Jahren hast du in Moskau als Sekretärin gearbeitet – ohne jemals eine Schreibmaschine betätigt zu haben. In der Ukraine hast du dich für die Leute im Heim engagiert und von Österreich aus Bettwäsche organisiert. Du hast zwölf Jahre lang in der damaligen Sowjetunion versteckt gelebt. Und wenn dein Leichnam jetzt in Regelsbrunn begraben wird, dann ist es ein besonders Zeichen: ganz knapp am früheren Eisernen Vorhang. Du wolltest Grenzen überwinden und den Eisernen Vorhang durchlöchern. Gastfreundschaft war in deinem Leben immer wichtig. Gastfreundschaft für die Menschen und für Gott. Keine Wohnung war zu klein, um sowohl Menschen wie auch das Allerheiligste zu beherbergen. 'Von der Welt zum Gebet und vom Gebet zu den Menschen', war einer deiner Leitsätze."

Sr. Madeleine holte sich in der Eucharistie jene Kraft, die sie benötigte, um das extrem fordernde Leben der armen und benachteiligten Menschen teilen zu können. Made-leine war eine resolute und entschiedene Frau, die sich – ganz im Sinn von Charles de Foucauld – unermüdlich für Gerechtigkeit und Wahrheit engagierte. Nach ihrem 12-jährigen Einsatz in Russland ist Sr. Madeleine mit 69 Jahren nach Österreich zurückgekommen. Hier unterstützte sie Sr. Jeanine und Sr. Daniele in der Betreuung von Strafgefangenen in Wiener Justizanstalten. Michael Graf: „Madeleine, du hast uns gezeigt, wie man ein kontemplatives Leben mitten in der Welt leben kann. Du hast die letzten Jahre deiner Krankheit ohne Groll und ohne Klage angenommen. Du, die immer tatkräftig und energisch war, musstest einen langen Weg der Abhängigkeit gehen. Auch darin bist du Jesus nachgefolgt: in der Hingabe deines Lebens. Gnade und Leistung, Aktion und Kontemplation, Geben und Nehmen haben dein Leben bestimmt. Merci, Madot, danke für dein Zeugnis! Danke für deine Liebe, deine Freundschaft und Treue! Du bist im Haus deines Vaters endgültig angekommen und in seiner Liebe geborgen. Schalom, kleine Schwester Madeleine – du große Frau."

Die Liebe war stärker: Islamist wird zum Brückenbauer

Yassir Eric war militanter Islamist. Er wurde von Kindesbeinen an darauf getrimmt, Juden und Christen zu verachten und zu hassen. Heute ist der gebürtige Sudanese evangelischer Theologe und ruft zu einem respektvollen Umgang mit Muslimen auf. Als Konvertit wurde er von seiner Familie enterbt und für tot erklärt. Er musste aus dem Sudan fliehen und begann in Deutschland ein neues Leben. Als Leiter des „Instituts für Migration, Integration und Islamthemen" hält er Vorträge, veranstaltet Seminare und bildet in verschiedenen europäischen Ländern Integrationsbegleiter aus.

Yassir Eric reist regelmäßig in den Nahen Osten, um sich für Menschenrechte und Glaubensfreiheit von Minderheiten einzusetzen. Yassir Eric setzt sich u.a. für die Freilassung des in Saudi-Arabien zu zehn Jahren Gefängnis und zu tausend Stockhieben verurteilten Bloggers und Menschenrechtsaktivisten Raif Badawi ein. Yassirs Überzeugung: Es braucht einen längst überfälligen, kritischen Dialog der Kulturen und Religionen. Konflikte muss man offen benennen und lösen. Nur so ist ein friedliches Miteinander möglich. Yassir Eric: „Wer den islamistischen Terrorismus bekämpfen will, muss herausfinden, wer oder was die Terroristen prägt. In der Koranschule, in der Moschee und zu Hause wurde ich dazu erzogen zu hassen. Ich schaute auf Andersgläubige herab und war bereit, sie zu töten. Sie haben uns den Hass gepredigt, doch am Ende war die Liebe stärker. Mir ist heute klar, dass nicht jedes muslimische Kind so geprägt wurde wie ich. Es braucht Begegnung, um zu erkennen, dass viele Vorurteile und Ängste unbegründet sind. In einer Atmosphäre der Wertschätzung und des Respekts ist es auch möglich, über die eigenen Überzeugungen ins Gespräch zu kommen und wo es nötig wird, auch die Überzeugung des Gegenübers zu hinterfragen."[38]

Bischof und Imam gemeinsam für den Frieden

Zentralafrikanische Republik: In den Medien wurde der Konflikt zwischen den muslimischen Seleka- und den christlichen Anti-Balaka-Milizen manchmal als Religionskrieg dargestellt. Imam Omar Layama entgegnet: „In diesem Konflikt spielt Religion keine Rolle. Sie wird nur missbraucht, um die wahren Hintergründe zu verbergen. Letztlich geht es um Geld und Macht. Zentralafrika ist reich an Diamanten, Gold und Edelholz." Erzbischof Dieudonne Nzapalainga in einem

Dieudonne Nzapalainga, Erzbischof von Bangui, und Imam Omar Layama, Präsident der Islamischen Gemeinschaft Zentralafrikas, treten gemeinsam gegen Gewalt und Krieg auf und sind durch ihr gemeinsames Engagement zu Freunden geworden.[39]

ORF-Interview (13.1.2019): „Am Ende jeder Nacht geht die Sonne wieder auf. Ich verliere nicht die Hoffnung. Gott wird das letzte Wort haben, weil er der Allmächtige ist." Der Bischof und der Imam wollen auch ein Beispiel für das friedliche Zusammenleben der Religionen sein. So hat der Bischof den

Moslem Layama und seine Familie bei sich aufgenommen, als der Imam Morddrohungen erhielt.

Helmut Buchegger, der 24 Jahre als Missionar und Entwicklungshelfer in der Zentralafrikanischen Republik tätig war: „Der Kampf der internationalen Konzerne um die Schürf- und Exportrechte ist der Hauptgrund, warum das Land seit seiner Unabhängigkeit im Jahr 1960 nicht zur Ruhe gekommen ist. Der Start in die Eigenständigkeit ist nie wirklich geglückt. Ein weiterer Grund für die instabile Situation besteht darin, dass Rebellen, die durch Saudi-Arabien finanziert werden, immer wieder – aus dem Tschad kommend – in Zentralafrika eindringen. Der Konflikt zwischen Seleka-Rebellen und der Anti-Balaka-Miliz ist kein Religionskrieg." (Tagung Weltkirche, Lambach 7/2017; Kirche bunt, St. Pöltner Kirchenzeitung v. 27.1.2017)

P. Philippe Grebalet, der während des Krieges bei der Not leidenden Bevölkerung Zentralafrikas ausharrte, meinte bei einem Besuch in Österreich: „Beide Seiten verübten massive Menschenrechtsverletzungen. Beide Seiten sind ganz gewöhnliche Kriminelle, die sich hinter der Religion verstecken. Kein Bischof und kein Imam hat je gesagt: Greift zu den Waffen. Im Gegenteil. Die Religionsführer haben stets zum Frieden aufgerufen. Wir brauchen einen Versöhnungsprozess in der Gesellschaft. Wir müssen die Rebellen im Herzen entwaffnen. Dazu gehören auch die 10.000 Kindersoldaten. Der Hass ist der Keim der Gewalt, des Todes. Dort müssen wir Leben pflanzen."

Die US-Zeitschrift Time hat Bischof Nzapalainga und Imam Layaman unter die „100 Pioneers" der Welt gereiht: „Aufgrund ihrer Bemühungen erfährt die Welt von dem Konflikt im Land. Mehr noch, man erfährt, wie die Politik die Religionen missbrauchen und gegeneinander aufhetzen will. Sie erfährt aber auch, dass Religion niemals der Grund für Hass oder Krieg sein darf."

Während seines Besuches in Zentralafrika fuhr Papst Franziskus durch ein zerstörtes Viertel der Hauptstadt Bangui und besuchte ein christliches Flüchtlingslager. Bei einem Moschee-Besuch sagte er: „Nein zu Hass, zu Rache, zu Gewalt, besonders zu jener, die im Namen der Religion oder im Namen Gottes verübt wird. Wir Christen und Muslime sind Geschwister. Wir müssen uns als solche betrachten und als solche verhalten."

FOTO: KNA

Dieudonne Nzapalainga (nicht im Bild), Erzbischof von Bangui, Zentralafrikanische Republik, feiert am 12.12.2019 mit Angehörigen der christlichen und der muslimischen Gemeinschaft einen Versöhnungsgottesdienst, bewacht von Soldaten der MINUSCA, einer UN-Friedensmission.

Krisenherd Zentralafrika: Vom Hass zur Vergebung – ein Dienst am Menschen, eine Diakonie des Friedens

Maria Biedrawa

Hassen oder vergeben, das ist eine Frage von Sein oder Nichtsein. Die Frage, ob ich erlittenem, aber auch zugefügtem Unrecht die Macht über mich lasse; ob ich erlaube, dass die Kränkung mich krank macht, fesselt, mein Selbstbild in Beschlag nimmt, den Elan meines Lebens zerstört und die Mut- und Hoffnungslosigkeit zum Grab meiner Talente werden; ob ich erlittene Urteile und Verurteilungen sozusagen in meinen Rucksack stecke, den ich nunmehr auflade, mit mir herumschleppe und der mir die Schultern und den aufrechten Gang eindrückt. Oder aber, ob ich irgendwann einmal den Rucksack abnehme, abstelle, weitergehe, und ohne die Last, aufrecht, frei, neu leben will.

Wie ich selbst in diese Spannung hineingeriet

Das sagt sich so leicht. Diese Zeilen schreibe ich in zwei Minuten. Im wirklichen Leben hat es für mich länger gedauert. Jahre. Jahre der Nachlese eines Konfliktes, der auf die Schiene der Gewalt geraten war; Jahre des Ausheilens von Vertrauensbrüchen und Verletzungen. Denen, die der Konflikt mit sich brachte, und jenen, die dem Konflikt vorausgingen und ihn auch mit möglich gemacht haben. Jahre, um meine vitalen Bezugspunkte neu zu begreifen und sie in die Landkarte meines nun veränderten Lebens einzuschreiben. Jahre, um mich, die Menschen um mich und Gott neu zu sehen. Jahre, um loszulassen, den Rucksack abzustellen und doch die Werte mit in ein neues Lebensengagement zu nehmen, die mir diese Konflikt- und Vergebungserfahrung anvertraut hat. Jahre auch voll der treuen Freundschaft einiger Wegbegleiter: FreundInnen, eine Therapeutin, einem geistlichen Begleiter und Menschen am Rand, die viel von Hassen und Vergeben wissen ...

Was ich daraus machen will

Heute weiß ich, dass Vergeben der freieste und befreiendste aller einem Menschen möglichen Akte ist. Langsam ist in mir der Wunsch gewachsen, Menschen, die von Verletzungen gefesselt sind, zu helfen, auch diese Freiheit zu finden. So bildete ich mich in gewaltfreier Konfliktlösung aus. Sie öffnete mir die Augen für die Vergebungsarbeit, sowohl für Opfer als auch für Täter. Für die, die Vergebung schenken und für die, die sie erbitten. Manchmal wird daraus Versöhnung. Die Verbindung zwischen gewaltfreier Konfliktlösung, Vergebung und Versöhnung? Nur freie, aufrecht stehende Menschen sind in der Lage, Unrecht zu benennen und gewaltfrei zu verändern. Nur Menschen, die vergeben oder geschenkte Vergebung angenommen haben, stehen aufrecht und sind frei.

Einzelschicksal – Menschheitsschicksal

Was aber, wenn es nicht um einzelne Menschen geht, sondern um Gruppen, um Ethnien, Religionen im Umfeld bewaffneter Konflikte, dicht an der Grenze zum Genozid? Was aber, wenn die Auseinandersetzungen Menschen in die Flucht geschlagen und Familien zerrissen haben? Wenn Massengräber und zerschossene Kirchen, Moscheen und Märkte stumm bezeugen, wofür auch den Menschen die Worte fehlen? Wenn die Täter bekannt sind und Nachbarn, gebrandmarkt aber immer noch Angst auslösend, mächtig und doch auch gefangen sind. Sie können das verrichtete Übel nicht rückgängig machen, und wollten sie auch umkehren, wohin?

Sie alle haben zwei Dinge gemeinsam: Sie stehen im Angesicht des Bösen, zu dem jedes Menschenherz fähig ist, an dem sie alle leiden, seien sie nun Täter oder Opfer. Wie können sie alle, individuell und kollektiv, heraustreten aus dieser Art von Hypnose, mit der das Böse alle Aufmerksamkeit ununterbrochen auf sich zieht und alle anderen vitalen Energien verschlingt? Und wie können sie in ihrem Herzen und als Gruppe, z.B. in ihrer Kultur, ihrer Religion, den Keim der Hoffnung wiederfinden, die allein die alte Pforte zur Zukunft zu entriegeln vermag?

Diakonie des Friedens

Seit Jahren führt mich nun mein Weg ins subsaharische Afrika, wo ich mit aus ihrem Glauben motivierten Gruppen diesen Wegabschnitt teile. Seit fünf Jahren ist die Zentralafrikanische Republik mein Schwerpunkt, genauer gesagt die Diözese von Berberati, im Westen nahe der kamerunesischen Grenze. Dort hat Bischof Kofi Dennis Agbenyadzi tausende Muslime geschützt, zum einen indem er über tausend von ihnen 18 Monate lang auf dem Grundstück des Bischofssitzes aufnahm, zum anderen, indem er für tausende andere die Evakuierung in den Kamerun organisierte. Einige katholische Pfarren folgten seinem Beispiel, andere nicht. Diese tiefe Verbindung mit den Muslimen ermöglicht heute interreligiöse Begegnungen. Um „Geschichte aufzuarbeiten", wie wir das sagen würden – nein, dazu ist es zu früh. Unser Anliegen ist es, Menschen aufzurichten, und das gemeinsam, in ihrer Verschiedenheit, um ihrer selbst willen, frei von allen Entwicklungs-, Geschichts- und anderen Projekten. Einmal aufgerichtet, werden sie alle diese Projekte selbst verwirklichen. Das ist der Unterschied zwischen NGOs und einer Pastoral, in der es um jeden Menschen als Einzelnen,

und das in seiner Ganzheit geht. Zur Ganzheit gehören auch unsere Beziehungen, die verletzten miteingeschlossen. Denn entfaltete Menschen in unserer Ganzheit sind wir nur gemeinsam. Menschen gemeinsam aufzurichten, das ist Diakonie des Friedens. Für uns als Christen hat sie ihre Quelle in Christus. In ihm findet sie ihre Kraft, Richtung und Vollendung. Die Muslime werden aus den ihnen eigenen Quellen schöpfen. Aber die Wege, die wir dann gehen, wenn wir erst einmal aus unseren Quellen geschöpft haben, die können wir gemeinsam gehen.

Frauenseminar in Carnot: Das gemeinsame Gebet, das sich an Gott, unser aller Schöpfer, richtet, hat einen ganz wichtigen Platz.

Die katholische Pfarre von Carnot hat viele Muslime als interne Flüchtlinge geschützt. Hier betet der Imam für P. Justin, den Pfarrer.

Was uns verbindet, sind nicht Schrift und Riten, sondern die Tatsache, dass wir als im Glauben verwurzelte Menschen wissen, dass wir unser Leben von Gott empfangen haben, dass unser Glaube eine Quelle ist, die ein zusätzliches Potenzial des Menschseins bedeutet[40A] und dass wir einmal in unsere Verantwortung gestellt sein werden: Was hast Du aus dieser Gabe Deines Glaubens gemacht, aus Deinem Glauben an Gott und aus Deinem Glauben an den Menschen, auch wenn unsere Erfahrungen uns manchmal mit der entstellten Menschlichkeit konfrontieren? Diese Erfahrungen stellen uns, schon allein auf menschlicher Ebene, vor die Spannung zwischen Hass und Vergebung. Die religiöse Verankerung fügt dem die Dimension der Verantwortung hinzu: unsere mikroskopisch kleine Wahl – und der kleine Funken Gottes darin oder das „Sich-Hypnotisieren-Lassen-vom-Bösen" – entscheidet letztlich über Krieg und Frieden in der Welt, über Zeit und Ewigkeit.

Ich will Euch mitnehmen nach Berberati, der Stadt und Diözese, von der ich eben schrieb und teilnehmen lassen an meinem Reisetagebuch.

November 2017: Vergebung entwaffnet

Der Bischof erweitert den „Raum seines Zeltes"[40B] und lädt zur Pastoraltagung nicht nur wie üblich die Priester und Ordensleute seiner Diözese ein, sondern auch die katholischen engagierten Laien, die evangelischen Pastoren und die Imame, die in dieser Diözese leben. Dazu kommen im letzten Augenblick auch einige Chefs der Anti-Balaka, eine der beiden großen Milizen, die seit Dezember 2013 um die politische und wirtschaftliche Macht kämpfen[40C]. Beide Milizen, Anti-Balaka und Seleka, sind für Massaker, Plünderungen und Verbrechen gegen die Menschlichkeit verantwortlich.

Hier sind also buchstäblich alle Lager versammelt! Am dritten Tag dieser „Pastoraltagung der an Gott Glaubenden" beginnen sich die Zungen zu lösen und sie beginnen, ihre Geschichte zu erzählen, die Gewalt, die sie erlitten haben. Wie sich diese Geschichten ähneln, ob es nun Christen oder Muslime sind, die sie vorbringen!

Pastoraltagung der an Gott Glaubenden, November 2017 in Berberati. Die gut sichtbaren Personen: hintere Reihe zwei Imame, vordere Reihe ein Pastor (blau) und ein Priester

Wir werden uns bald bewusst, dass hier im Saal auch direkte Opfer der ebenfalls anwesenden Anti-Balaka-Chefs präsent sind. Ihre Gesichter bekommen einen zunehmend nachdenklichen Ausdruck. Wir kommen ans Ende der Tagung. Wir erwarten eigentlich nur noch das Schlusswort des Bischofs. Doch da bitten uns zwei Personen, sich an die Teilnehmer wenden zu dürfen.

Und so hören wir dem Priester zu, der uns erzählt wie er von einem der anwesenden Anti-Balaka-Chefs zusammengeschlagen, ausgeraubt, für tot gehalten und liegen gelassen wurde. Er schließt mit einem Wort der Vergebung und fügt sogar hinzu: „Hab keine Angst vor mir, und wenn du etwas brauchst, komm und sag es mir, anstatt jemanden zu überfallen." Im Saal breitet sich eine unglaubliche Stille aus. Dieser Priester stellt uns alle vor unsere eigene Geschichte und den Kampf um diese existenzielle Vergebung, der sich hier in wohl allen Herzen abspielt. Viele der Anwesenden ringen mit der Frage, ob und wie auch sie eines Tages vergeben können und diese innere Freiheit wiederfinden, die dieser Priester als möglich vor sie hinstellt.

Die zweite Person, die das Wort ergreift, ist der Chef der Anti-Balaka. Er kommt auf das Podium und nimmt das Mikrophon in die Hand. Wir halten alle den Atem an. Er bittet uns zuerst, aufzustehen zu einer Gedenkminute für die Opfer dieses Krieges. Durch diese Geste gesteht er seine und die Schuld der Anti-Balaka ein. Er denkt sicherlich auch an die Opfer in ihren eigenen Reihen. Anschließend sagt er uns: „Wir hätten nie geglaubt, dass die Gewalt so weit gehen würde und niemand, wirklich niemand, in der Lage sein würde, sie zu stoppen. Wir haben erst jetzt bemerkt, wie sehr wir manipuliert wurden." Und er beginnt, um Vergebung zu bitten. Nicht „auf die Schnelle", sondern mit sehr persönlichen Worten für jede Gruppe von Menschen, denen sie Leid zugefügt hatten. In der Mittagspause hatte er mit den anderen Anti-Balaka-Chefs der Region telefoniert. Sie schließen sich ihm und seiner Vergebungsbitte an. Sie werden die Waffen niederlegen – ein Versprechen, das sie auch gehalten haben. Isaïe, der Generalvikar, geht spontan auf ihn zu und hält ihm seine offenen Hände hin. Die Imame, die ebenfalls zu seinen Opfern gehören, erwarten ihn am Fuß des Podiums und nehmen ihn, einer nach dem anderen, in ihre Arme. Die Versammlung kommt in Bewegung. Andere Teilnehmer gehen auch auf ihn und seine Gefährten zu und umarmen sie. Vergebung entwaffnet. Eine Frau

stimmt ein Lied auf Sango an, dessen Text lautet: „Wacht auf, der Geist weht."

Der Anti-Balaka-Chef kommt von der Tribüne herunter, wo ihn die Imame mit offenen Armen erwarten.

März 2018 und Mai 2019: Wenn aus geteiltem Schmerz gemeinsames Handeln wird

Da ist so viel Verletzung auf allen Seiten! Wir spüren, dass wir hier hinein gehen müssen, dass wir einen Raum schaffen müssen, in dem Menschen, noch mehr als das letzte Mal, ihren Schmerz ausdrücken können, gehört werden; erfahren, dass sie nicht alleine sind; sich selbst und ihr umgestülptes, zerrüttetes Leben wenigstens ansatzweise neu verstehen lernen; sich aufrichten können. Klassisch nennt man das Trauma-Begleitung. Wieder treffen sich Christen und Muslime in zwei Gruppen. Im Mai 2019 sind es zwei Gruppen von Frauen in Berberati, und 120 km weiter nördlich, in Carnot. Wird genug Vertrauen da sein, dass das Ganze nicht in Anschuldigungen ausartet und in neue Gewalt? In Carnot war erst vor drei Monaten ein Massaker in einer baptistischen Kirche. Das hat den Dämon der Rache wieder aufgeweckt. Werden sie sich überhaupt trauen zu reden? In den ländlichen Gebieten haben bewaffnete Gruppen die Macht, die vor allem eines wollen: Omerta (Anm.: Omerta bezeichnet die Schweigepflicht der Mitglieder der Mafia und ähnlicher krimineller Organisationen gegenüber Außenstehenden). Und dann natürlich auch die Diamanten, die dort unter der Erde liegen.

Die Frauen treffen sich in kleinen Gruppen: die Witwen, die Frauen, die nicht wissen, ob ihre Männer leben, und die Frauen, die wieder mit ihren Männern beisammen sind. Und sie haben sich viel zu sagen! Einige erzählen uns, wie es zu ihrer Trennung kam, wie ihr Leben oft von einer Minute auf die andere eine radikale Wende nahm:

Frauenseminar in Carnot zum Thema „Hassen oder vergeben?" Bild: Eine muslimische Teilnehmerin mit ihrer Tochter, Mai 2019

FOTO: BIDRAWA

„Mein Mann ging auf den Markt, um Malerfarbe zu kaufen. Er wollte im Haus ausmalen. Als er unterwegs war, brach die Krise los, Gewalttaten begannen. Er musste fliehen. Auch wir mit den Kindern, aber wir flohen nicht in die gleiche Richtung." Und dann genügt es, dass einer das Telefon verliert, dass es einem am Checkpoint abgenommen wird oder dass man es gegen ein bisschen Essen eintauscht – und alle sozialen Beziehungen gehen verloren und machen es später unmöglich, sie wiederzufinden. Und dann ist da das lange Warten. Lebt er noch? Wenn ja, wird er wiederkommen? Aber wie wird er uns finden, denn wir leben jetzt in einer anderen Stadt? Und wenn er uns findet, was ist wohl aus ihm geworden, wie hat er sich verändert? Mit welchen Narben des Leidens wird er wiederkommen oder auch mit welchen Merkmalen einer anderen Beziehung, z.B. Aids? Ob auch er getötet hat? Und wenn er tot ist, ob ich wohl wieder einen anderen Mann finden werde, der auch meine fünf Kinder annimmt?"

Eine Familienmutter erzählt, wie ihr Mann zurückgekommen ist. Aber es ist nicht viel einfacher! Während seiner Abwesenheit nahm sie das Steuer in die Hand, sie ist das Familienoberhaupt geworden, die Autorität – und das ist jetzt für ihren Mann unerträglich.

Sie sind sich einig: „Mich hat es getröstet, den Schmerz der anderen zu hören." „Es war hier im Saal die gleiche Trauer zu spüren, wir haben die gleichen Tränen." Die Begegnungen gewinnen an Tiefe, an Verbindlichkeit. Am Ende der vier Tage stellen wir die Frage: „Was hat diese Begegnung für euch verändert? Wie wollt ihr das, was ihr jetzt erlebt habt, lebendig halten?" Hören wir den Frauen zu:

„Wir kommen aus demselben Viertel unserer Stadt. Seit Jahren haben wir nicht mehr miteinander gesprochen. Heute haben wir unsere Telefonnummern ausgetauscht und wir werden uns gegenseitig einladen." „Wir sind Nachbarinnen, aber wir haben

Juba: Eine Gruppe von ChristInnen, die in den Gefängnissen des Südsudan Seminare zum Thema „Alternativen zur Gewalt" durchführen

uns nicht einmal gegrüßt. Heute möchte ich Dir sagen: Deine Kinder sind meine Kinder, und wenn Du was brauchst, komm." „Uns einfach zu grüßen[40D], das hat uns in diesen Tagen so gut getan. Und das werden wir jetzt systematisch mit den Frauen aus unserem Viertel machen." „Ich habe zwei Felder. Komm und baue auf dem zweiten Feld für dich und deine Familie Gemüse an." „Wir haben jetzt erst gemerkt wie anstrengend der Ramadan für euch ist. Nächste Woche machen wir (Christinnen) für euch das Abendessen!" „Können wir jetzt zu euren Festen kommen?" „Wir werden in unserem Dorf ein Frauenkomitee für den Frieden auf die Beine stellen." „Gemeinsam schaffen wir das jetzt, auf unsere Feinde zuzugehen."

Unsere Tränen haben die gleiche Farbe. Wir teilen die gleiche Empfindsamkeit für Schmerz und Freude, Trauer und Hoffnung. Über alle Unterschiede hinweg teilen wir unser gemeinsames Menschsein. Und zu wissen, dass wir es teilen, ist Empowerment, Ermächtigung zum Handeln.

Mai 2019:
Vergebung als Weg in eine gemeinsame Zukunft

Seit fünf Jahren bin ich der Pfarre „Unsere Liebe Frau von Fatima" in Bangui sehr verbunden. Sie befindet sich nur ein paar Gehminuten weg vom großen muslimischen Markt und der Moschee. In diesem Stadtviertel waren die Ausschreitungen 2013 besonders arg – für alle Seiten. Die Kirche und das sie umgebende Grundstück wurden regelmäßig Zufluchtsort für tausende interne Flüchtlinge, Christen wie Muslime. Aber in diesem Viertel halten sich auch immer wieder radikale Islamisten auf, denen diese Solidarität ein Dorn im Auge ist. Auf die Kirche wurden in den letzten Jahren schon drei Attentate verübt, das letzte am 1. Mai 2018 während einer Festmesse, wobei 24 Menschen ums Leben kamen und 170 andere schwer verletzt wurden. Es ist kurz nach diesem schrecklichen Jahrestag, dass ich P. Moses, den Pfarrer und Freund, wieder treffe und er mir erzählt. Die Bilanz des Anschlags, so sagt er, wäre an sich schon ein Wunder. Denn die Angreifer seien mit so vielen Granaten und anderem Material gekommen, dass man eigentlich glauben müsste, man hätte am Ende nicht die Toten, sondern die Überlebenden zählen wollen. Nach der Zeit der Trauer, einer Zeit der Denunzierung und der Forderung nach einer seriösen Untersuchung tritt die Gemeinde jetzt in eine drit-

Versöhnung befreit: Abschluss des Frauenseminars „Hassen oder vergeben?" in Carnot, Zentralafrikanische Republik

te Phase ein: die Verkündigung einer Friedensbotschaft. P. Moses zeigt mir den schon gut vorangeschrittenen Rohbau auf dem bisher noch freien Flecken des Grundstückes: Ein kulturelles Begegnungszentrum entsteht.

Es wird Räume geben für traditionellen Tanz, traditionelle Musik, Ausstellungen, die Aufführung von Erzählungen. Das alles, um wieder an die Kultur anzuknüpfen, die die Völker des Oubangui seit Menschengedenken verbunden hat und für die heute das Bewusstsein bröckelt. Es wird eine Bibliothek eingerichtet mit 10.000 Bänden, darunter auch vieles, das Muslime interessiert. Die muslimischen Jugendlichen kommen schon heute auf das Grundstück der Kirche, weil es dort abends elektrisches Licht gibt und sie studieren können. Und dann soll ein Filmstudio entstehen. Auch das hat im Leben mit den internen Flüchtlingen seinen Ursprung und es ist eine Art, das Wort zu ergreifen: Unverständliches zu verstehen suchen, Sinn finden, im Wort existieren und der Gewalt nicht das letzte Wort lassen.

Desmond Tutu fragte: „Wie bauen wir aus einer getrennten Vergangenheit eine gemeinsame Zukunft?" Kultur und Bildung sind eine wichtige Schiene. Wir können die Vergangenheit nicht ändern. Wir können nur in der Gegenwart auf den Hass verzichten. Vergebung ist wie ein Wegweiser in die Zukunft, der uns auffordert, Wege zu erfinden, die die gemeinsame Zukunft ermöglichen.

Vergebung – eine Hoffnung, ein Vorgeschmack auf die Vollendung

Ich habe in Zentralafrika einen Freund, der Imam ist. Wir haben von all diesen Vergebungserfahrungen gesprochen und von dieser Hoffnung auf ein Leben, wo „all unsere Tränen abgewischt sein werden, wo es Tod und Trauer, Schreien und Leiden nicht mehr gibt" (Offb 21,4) und wo wir uns so werden sehen können, wie der Schöpfer uns gemeint hat, in dieser Ur-Schönheit in uns selbst, in allen Menschen, in der ganzen Schöpfung. Wir waren uns einig, dass wir das hier nur im Kleinformat erleben. Aber selbst im Kleinformat schimmert das Original durch, das uns im Paradies erwartet. Ich sagte ihm „Dieses Paradies möchte ich einmal mit dir teilen können." – „Weißt du, was für uns ein anderer Name für Paradies ist?" – „Nein." – „Haus der Begegnung."

Es sind diese Begegnungen, die uns der Hoffnungslosigkeit, dem Schicksalsglauben, der Hypnose des Bösen entrei-

Maria Biedrawa (li) begleitet traumatisierte Opfer des Bürgerkriegs: „Wir wollen Raum schaffen, in dem die Menschen ihren Schmerz ausdrücken können, gehört werden und erfahren, dass sie nicht allein sind."

„Mein Mann wurde von Rebellen getötet. Werde ich wieder einen Mann finden, der auch meine fünf Kinder annimmt?"

Treffen von christlichen und muslimischen Frauen: „Mich hat in der Trauer getröstet, vom Schmerz der andern zu hören. Ich möchte dir sagen: Deine Kinder sind meine Kinder. Wenn du etwas brauchst, komm!"

ßen. Diese Hoffnung ist kein Hirngespinst, etwas, das ich mühsam aus irgendwelchen Theorien herausquetsche. Es sind die Begegnungen, die Hoffnung schaffen, Zukunft zum Leben bringen. Begegnung, das ist das „neue Jerusalem", hier und jetzt, selbst im Kleinformat, „die Bleibe Gottes unter den Menschen" (Offb 21,3), ein Vorgeschmack, der uns erahnen lässt, wofür wir geschaffen und wozu wir befreit sind. Ja, dann wird alles neu. (Offb 21,5)

Maria Biedrawa, geb. 1956 in Salzburg, lebt in Frankreich. Sozialpädagogin, Logotherapeutin. 26 Jahre Mitarbeit in der von Jean Vanier gegründeten „Arche" in England und Frankreich. 2013 Ausbildung zur Friedensfachkraft und Friedensdiakonin bei „gewaltfrei handeln e.V." in Deutschland. Seit 2003 regelmäßige Einsätze im subsaharischen Afrika in Zusammenarbeit mit aus dem Glauben motivierten Gruppen, die vor Ort für Gerechtigkeit, gewaltfreie Konfliktlösung, Versöhnung und Frieden engagiert sind. Mitglied des französischen Zweiges des Internationalen Versöhnungsbundes und Vorstandsmitglied des europäischen, ökumenischen Friedensnetzwerkes Church and Peace.

Emmaus Palästina:
Tun, was der Versöhnung dient

Sr. Hildegard Enzenhofer, Salvatorianerin aus Oberösterreich, leitet seit 2002 das „Haus Emmaus" (Beit Emmaus), ein Alten- und Pflegeheim für palästinensische Frauen christlichen und muslimischen Glaubens, die aufgrund ihres Alters oder einer Behinderung auf Hilfe angewiesen sind. Das „Haus Emmaus" (Israel/Palästina) befindet sich in Qubeibeh, einem kleinen arabischen Dorf, das 12 km von Jerusalem entfernt liegt und wie die übrige Westbank zunehmend unter den Folgen des israelischen Mauerbaues leidet.

Auf Initiative von Sr. Hildegard wurde 2008 – in Zusammenarbeit mit der Bethlehem-Universität und mit Unterstützung aus Deutschland und Österreich – eine Fachhochschule für Pflege- und Gesundheitswissenschaften errichtet. Ähnlich wie der Bau einer Zisterne – ein wichtiger Beitrag für eine gerechtere Welt und ein Stück

aktiver Friedenspolitik. Das Motto von Sr. Hildegard und ihrer Gemeinschaft: „Brücken bauen. Tun, was dem Frieden, der Versöhnung und der Hoffnung dient." Das „Haus Emmaus" ist aber auch ein wertvoller Lernort für Freiwillige aus Europa, die ihre Erfahrungen in der Heimat weitergeben können.

Verena Haselmann aus Gföhl in Niederösterreich lebte ein Jahr lang als Volontärin im „Haus Emmaus". Rückschauend meint Verena, dass sie „das gemeinsame Beten, Essen und Feiern sowie die gelebte Gastfreundschaft am meisten beeindruckt hat." In einem Interview mit der St. Pöltner Kirchenzeitung[41] gab sie Einblick in den sehr fordernden Alltag im „Haus Emmaus": „Morgengebet und Frühstück sind vorüber, und ich gehe auf die Pflegestation. 'Sabah alcher, Valena' (Guten Morgen Verena), ruft mir Shafika aus dem Salon auf Arabisch zu. Ein Strahlen leuchtet in ihrem Gesicht. Shafika ist eine sehr lustige und liebenswürdige Frau. Sie war eines von vielen Kindern und leidet an einer geistigen Beeinträchtigung. Da dies in ihrer Kultur als Strafe Gottes gilt, wurde sie weggesperrt. So erging es auch anderen Bewohnerinnen im Haus: Sie wurden in Zisternen, Hühnerställen oder Höhlen versteckt. Auf der Pflegestation kümmern sich Schwestern, Volontärinnen wie ich, arabische Mitarbeiterinnen und Studentinnen von Pflegeakademien um die Frauen. Ein ganz besonderes Erlebnis waren für mich die Festtage (Weihnachten, Ramadan, Ostern usw.). Es ist sehr berührend, wenn wir uns gemeinsam freuen, uns gegenseitig unterstützen und beglückwünschen. Wir sind hier die einzigen Christen im Dorf, aber wir leben in Emmaus sehr gut zusammen. Wir tauschen unsere Kulturen aus. Es wird jedoch nie gefragt, wer welche Religion hat. Es wird hier zusammen gelebt, geliebt und geglaubt. Sr. Hildegard Enzenhofer, die Leiterin des Hauses, sagte einmal: Wenn jemand stirbt, beten wir den Rosenkranz, die Muslime beten aus dem Koran, so ist es ein durchbetetes Haus."[41]

Bei der Messfeier einer Pilgergruppe in „Haus Emmaus" nahm der Pfarrer auf die unterschiedlichen Dörfer Bezug, die für sich beanspruchen, das biblische Emmaus zu sein: „Emmaus liegt nicht in diesem oder in jenem Ort, sondern dort, wo wir Menschen begleiten und ihnen Mut machen. Emmaus soll durch uns lebendig sein und weitergehen. Möge Gott uns allen – so wie damals den Emmausjüngern – ein brennendes Herz schenken."[42]

AMOUR:
Hilfswerk Sr. Emmanuelle in Ägypten und Südsudan

In Ägypten ist die Kluft zwischen Arm und Reich groß. Ein Viertel der Bevölkerung lebt unterhalb der Armutsgrenze. Bevölkerungswachstum und mangelnder Zugang zu Bildung und Gesundheitswesen verschärfen die soziale Lage zusätzlich. Im Jahr 1971 kam Sr. Emmanuelle, eine belgische Ordensfrau, in die Slums von Kairo. Hier lebte sie mit den „Müllmenschen" und versuchte ihre schwierige Situation – hohe Kindersterblichkeit, hohe Analphabetenrate, Kinderehen, häusliche Gewalt – zu verbessern. Nach und nach baute Sr. Emmanuelle fünf medizinische Sozialzentren mit Kindergärten, Volksschulen, Näh- und Berufsschulen auf. Sie förderte die Ausbildung in der Landwirtschaft und hat Alphabetisierungs-Kurse für Jugendliche und Erwachsene angeboten. 1979 bat Sr. Emmanuelle in einem „Notruf" die Grazer Pfarre Ragnitz um Spenden für den Bau eines Brunnens.

FOTO: SHUTTERSTOCK

FOTO: HÖLLERER

Die Menschen in Kairo-Mokattam leben vorwiegend vom Müllsammeln und Sortieren von Wiederverwertbarem.

FOTO: KNA

„Heute ein Kind aufrichten, heißt dem Mann oder der Frau von morgen helfen, aufrecht zu gehen, zuversichtlich, ohne eingeschränkt zu sein durch Defizite, Schwächen oder Unwissenheit." (Sr. Emmanuelle)[43]

Sr. Emmanuelle lebte mit den Müllsammlern in den Slums von Kairo und versuchte ihre schwierige Situation zu verbessern.

Sr. Emmanuelle gründete Sozialzentren mit Kindergärten und initiierte Alphabetisierungskurse für Jugendliche und Erwachsene. Bild: Schulzentrum in Kairo-Mokkatam

Es folgte die Gründung des „Österreichischen Hilfswerks Sr. Emmanuelle", das zahlreiche Sozialprojekte in Ägypten und im Südsudan förderte.

Ein Schweizer Architekt hat Planung und Innenausstattung der Schule von Mokattam gratis durchgeführt. Frage eines Journalisten: „Warum im Slum dieser Schulneubau mit kunstvollen Malereien?" Sr. Emmanuelle: „Es braucht viel Schönheit, damit verwundete Seelen heilen können!"

Diakon Kamal Tadros gründete mit Sr. Emmanuelle im Südsudan Kliniken, Schulen, ein Waisenhaus und Heime für Straßenkinder.

Im Stadtviertel Kairo-Mokattam leben rund 40.00 Menschen, davon 90% Kopten. Sie leben vom Müllsammeln und Sortieren von Wiederverwertbarem. Sr. Emmanuelle konnte hier mit ausländischer Hilfe – auch mit Spenden aus Österreich – eine Klinik, ein Haus für Frauen, einen Gemüsegarten, einen Jugendklub sowie ein Bildungszentrum errichten.

In Kairo-Meadi Tora, einem Müllsammlerviertel, wurde von Sr. Emmanuelle ein weiteres Zentrum errichtet; hier treffen sich Alt und Jung, Muslime und Christen, Menschen mit Behinderung und Gesunde, die miteinander respektvoll umgehen. Das Zentrum besteht aus Kinderkrippe, Kindergarten, Schule, Freizeitklub, einer Tagesstätte für ältere Menschen und einer Tagesklinik. Sr. Emmanuelle und ihr Team organisierten auch Erholungsaktionen für Kinder: Am Bittersee, in der Nähe von Suez, erlebten und erleben tausende Kinder aus den Müllsammlervierteln unbeschwerte Tage und machen Urlaub von Müll, Armut und ihren Sorgen.[44]

Sr. Emmanuelle baute in Ägypten und im Südsudan Tageskliniken, Volks- und Berufsschulen sowie Tagesstätten für ältere Menschen. Bild: Überlebenshilfe für Binnenflüchtlinge im Südsudan

In Ägypten führen Sr. Sara, Sr. Tekla und Sr. Nada, drei engagierte Ordensschwestern, mit viel Energie und Liebe das Werk von Sr. Emmanuelle fort.

Projekte im Südsudan

Mit Diakon Kamal Tadros, einem ehemaligen Manager bei Shell Oil, gründete Sr. Emmanuelle in den 1980er-Jahren im damals ungeteilten Sudan Kliniken, Schulen, ein Waisenhaus, Heime für Straßenkinder, Farmen, berufsbildende Einrichtungen und Ernährungszentren für Schul- und Kleinkinder. Im Südsudan ist die Vinzenzgemeinschaft des Landes für die Projekte verantwortlich. Bertram Kuol, geboren 1962 in Khartum, studierte in Bonn Agrarwissenschaften, arbeitet seit 2008 als Projektmanager bei der südsudanesischen Vinzenzgemeinschaft. Er glaubt daran, dass die Menschen seiner Heimat – trotz der derzeitigen Konflikte – eine Zukunft haben.

Neben Ernährungszentren für Schul- und Kleinkinder entstanden durch die Vinzenzgemeinschaft des Südsudan auch verschiedene berufsbildende Einrichtungen.

Durch das „Hilfswerk Schwester Emmanuelle" sind im Südsudan wichtige Sozialprojekte entstanden, z.B. ein Baby-Ernährungszentrum: 300 Babys und Kleinkinder bis zum 5. Lebensjahr kommen dreimal wöchentlich ins Baby-Ernährungszentrum Lologo, Juba. Grundschulbildung: 850 Kinder besuchen die achtstufige St. Vincent-Grundschule und den Kindergarten. Im Gesundheitskurs werden fast 100 TeilnehmerInnen in Erster Hilfe, Gesundheitsvorsorge und Krankenpflege ausgebildet.

Erwin Kräutler, bei der Amazonas-Synode 2019: „Durch die sozio-ökologischen Verwüstungen werden die indigenen Gemeinschaften Brasiliens stark dezimiert."

Die Sozialprojekte von Sr. Emmanuelle wurden auch von einem Freundeskreis der Diözese St. Pölten und ehrenamtlichen MitarbeiterInnen der Emmausgemeinschaft unterstützt. Nach einem Vortrag in Böhlerwerk bei Waidhofen/Ybbs dankte ich der damals 83-jährigen Sr. Emmanuelle für ihr großartiges Engagement, für ihren jugendlichen Elan und die Freude, die sie ausstrahlt. Ihre Antwort: „Die Erklärung ist einfach. Ich habe mich für Gott entschieden. Gott ist ewige Jugend, darum werde ich immer jünger."

Erwin Kräutler: Ein Leben für die Indigenen

Erwin Kräutler, gebürtiger Vorarlberger, ging 1965 als Priester in das brasilianische Amazonasgebiet. 1981 wurde er Bischof der Diözese Xingu. Kräutler setzte sich zeitlebens für die Ausgegrenzten und Indigenen ein, wofür er mit Mord bedroht wurde. Ein Attentat überlebte er, sein Pkw-Mitfahrer nicht. Erwin Kräutler erhebt schwere Vorwürfe gegen Präsident Bolsonaro und sein Krisenmanagement: „Er spielte die Pandemie von Anfang an herunter; Bolsonaro legt ein menschenverachtendes Verhalten an den Tag und nimmt zehntausende Tote in Kauf. Die Indigenen müssen sich immer mehr in die Regenwälder zurückziehen. Der illegale Bergbau ist besorgniserregend; die abgeholzten Gebiete in der Amazonasregion haben sich im Vorjahr verdoppelt." (Kurier, 31.5.2020)

Die indigenen Bewohner Amazoniens – oft von Großgrundbesitzern aus ihren Dörfern vertrieben – leben meist als landlose Bauern.

Frei Betto: Ein Hilferuf aus Brasilien

Das Indio-Projekt „Pataxos" in Brasilien wird seit 1990 von der Selbstbesteuerungsgruppe der Emmausgemeinschaft St. Pölten unterstützt.

Frei Betto ist Dominikaner, Befreiungstheologe, Freund der Fraternität Charles de Foucauld und Begründer der „Bolsa Família", einem Anti-Hunger-Programm der Regierung Lula. Er wandte sich an die Emmaus-Selbstbesteuerungsgruppe:

Liebe Freunde! Zu dem Zeitpunkt, als ich diesen Brief schrieb – 16. Juli 2020 – hat die Covid-19-Pandemie, bereits 76.000 Menschen getötet. Fast zwei Millionen Menschen sind infiziert (Anm.: mit Stichtag 11.10.2020 betrug die Zahl der Infizierten in Brasilien 5.057.190, die Zahl der Covid-Todesfälle 149.692).

Bolsonaro erklärte, dass es nicht das Wichtige sei, Leben zu retten, sondern die Wirtschaft. Deshalb seine Weigerung, einen Lockdown anzuordnen, die Richtlinien der WHO zu beachten und Atemschutzmasken und Schutzausrüstung zu importieren.

Dieser Genozid ist beabsichtigt. Die kriminelle Absicht der „Bolsonero"-Regierung ist offensichtlich: Lass die alten Menschen sterben, um Ausgaben für die soziale Sicherheit einzusparen. Lass die Menschen sterben, die an einer Vorerkrankung leiden, um Ausgaben für das nationale Gesundheitssystem einzusparen. Lass die armen Menschen sterben, um Ausgaben für das Anti-Hunger-Programm „Bolsa-Família" sowie für andere soziale Programme für die 52,5 Millionen Brasilianer, die in Armut leben, und für die 13,5 Millionen Brasilianer, die in extremer Armut leben, einzusparen.

Am 8. Juli hob Bolsonaro Teile eines vom Senat genehmigten Gesetzes auf, wonach die Regierung Trinkwasser, Hygiene- und Reinigungsmittel, Interneteinrichtungen sowie Nahrungsmittel, Saatgut und Werkzeuge für die Landwirtschaft an indigene Dörfer bereitzustellen hat. Er legte auch Vetos ein gegen einen Notfallfonds zugunsten der Gesundheit der Ureinwohner und gegen

FOTO: KNA

>> *Christsein heißt, die Armen von der Armut und die Reichen von ihrem Egoismus zu befreien."*

Bischof Helder Camara, Recife
(Brasilien)

einen erleichterten Zugang für Indigene und Quilombolas (afrikanisch-brasilianische Gemeinschaften) zu einer Nothilfe in Höhe von 600 Reals (100 Euro). Bitte verbreitet diese Botschaft über dieses Verbrechen gegen die Menschlichkeit.

Die Anklage gegen das, was in Brasilien geschieht, muss die Medien in Euren Ländern erreichen, die digitalen Netzwerke, den UN-Menschenrechtsrat in Genf, den Internationalen Strafgerichtshof in Den Haag genauso wie Banken und Konzerne, die so begehrten Investoren der Bolsonaro-Regierung.

Ich danke Euch für das mitfühlende Interesse. Nur Druck von außen wird in der Lage sein, den Genozid zu beenden, der unser geliebtes und wunderbares Brasilien heimsucht. Mit geschwisterlichen Grüßen, Frei Betto[44A]

FOTO: KNA

FOTO: KNA

Zerstörung der Regenwälder und Ausbeutung des Bodens: Für die indigenen Gemeinschaften der Amazonas-Region wird das Überleben immer schwieriger. Bilder: Ausgetrocknete Flussläufe – Folge des Klimawandels

FOTO: KNA

„Ich träume davon, alt zu werden, sehr alt. Und warum? Weil ich noch unsere Errungenschaften genießen möchte, für die wir gekämpft haben." Rigoberta Menchu, guatemaltekische Menschenrechtsaktivistin und Friedensnobelpreisträgerin

Emmaus St. Pölten errichtet Gebetswand in der arabischen Friedensmoschee

Am 23.12.2017 fand die Eröffnung der arabischen Friedensmoschee St. Pölten statt. Diese Gemeinde zählt ca. 2.000 Mitglieder, die überwiegend aus Algerien, Tunesien, Ägypten sowie aus Syrien und dem Irak kommen.

Zur Vorgeschichte: Mohammed, Mitglied der Moschee, war Mitte der 90er-Jahre in den Wirren des algerischen Bürgerkrieges (mehr als 100.000 Tote) nach Europa geflüchtet. In der Zeit von 1997 – 2000 fanden Mohammed und acht weitere algerische Flüchtlinge bei Emmaus Aufnahme. Sie wohnten in verschiedenen Emmaus-Wohnheimen und arbeiteten zum Teil in den Emmaus-Betrieben in Viehofen sowie in der CityFarm. Mohammed konnte auf diese Weise die ideellen Werte der Emmausgemeinschaft kennen und schätzen lernen: Gastfreundschaft, gewaltfreie Konfliktlösung, Toleranz, Respekt und Hochachtung vor Menschen anderer Nationen, Kulturkreise und Religionen.

Im Oktober 2017 traten Mohammed, Benissa und Chokri von der Friedensmoschee an Tischlermeister Johann Mayerhofer mit der Bitte heran, die Emmaus-Holzwerkstätte möge für die neue Moschee eine Gebetswand (Mihrab) und eine Kanzel (Minbar) bauen. Als Folge dieser Auftragsarbeit der arabischen Gemeinde kam es im Ringen um die Gestaltung der Gebetswand zu mehreren Begegnungen und einem tiefen interreligiösen Gedankenaustausch. Nach der Fertigstellung von Gebetswand und Kanzel lud der Obmann der arabischen Gemeinde, Benissa Kerouache, Johann und Sabine Mayerhofer sowie Karl Rottenschlager zur Einweihung der Mihrab und Minbar ein. Das Fest war geprägt von Freude, gegenseitiger Wertschätzung und Gastfreundschaft.

Emmaus hat in den 90er-Jahren algerische Flüchtlinge aufgenommen. Seither bestehen freundschaftliche Kontakte zwischen Emmaus und der arabischen Friedensmoschee St. Pölten. Bild: Gebetswand, die von der Emmaus-Tischlerei angefertigt wurde.

Tag der offenen Tür in der Friedensmoschee St. Pölten im November 2019. Im Anschluss an das Nachmittags-Gebet, zu dem auch die BesucherInnen eingeladen waren, wurde über das Leben der Islamischen Religionsgemeinschaft informiert.

Der Obmann der arabischen Gemeinde dankte in seiner Ansprache für die Gastfreundschaft und großzügige Hilfe, die die Flüchtlinge aus Nordafrika und dem Nahen Osten in den letzten Jahrzehnten in der Emmausgemeinschaft erfahren haben. Viele haben in Emmaus wieder ein Stück Heimat gefunden. Kerouache betonte, dass sich die arabische Gemeinde St. Pölten von jeder Form der Gewalt distanziert und daher den Namen Friedensmoschee gewählt habe.

Viele Flüchtlinge aus Algerien, Syrien und dem Irak waren Opfer des islamistischen Terrors. Er bedauerte zutiefst, „dass der Name Gottes immer wieder für Gewalt und Terror missbraucht wird." Johann Mayerhofer und Karl Rottenschlager dankten für die erwiesene Gastfreundschaft und sprachen die Hoffnung aus, dass die bestehenden Kontakte zwischen Emmaus und der arabischen Gemeinde in Zukunft vertieft würden und diese Zusammenarbeit dem Aufbau einer versöhnten und friedlichen Gesellschaft dienen möge.

Syrischer Flüchtling am Tag seiner Ankunft in einem Flüchtlingslager

Emmaus ist überall

Zum Abschluss kehren wir nach einer längeren Bergtour in einem beliebten Pielachtaler Gasthof ein. Bei unseren früheren Besuchen hatte die Wirtin oft über Personalmangel geklagt: „Ich will keine Ausländer in der Gastronomie. Doch ich muss Aushilfskräfte aus Tschechien und Ungarn nehmen, die aber nicht bleiben." Wir wurden auch diesmal freundlich bewirtet, u.a. von einem jungen, charmanten Kellner. Auf meine Frage, „ob sich die Personalsituation schon gebessert hat", antwortete die Chefin:

„Seit einem Jahr habe ich einen Lehrling aus Syrien. Ahmed ist 17 Jahre alt und für uns ein echter Glücksfall. Er spricht perfekt Deutsch, kann gut mit unseren Gästen umgehen, ist fleißig und beliebt. Er kommt aus einer guten Familie. Leider sind im Krieg einige seiner Verwandten umgekommen." Ich frage nach, ob Ahmed in Österreich bleiben darf. Die Wirtin: „Ich bin froh, dass er eine unbefristete Aufenthaltsgenehmigung hat. Ahmed hat großes Vertrauen zu mir und fragt mich oft um Details in Küche und Service, damit er nichts falsch macht." Die Angst der Wirtin vor Fremden ist durch das persönliche Kennenlernen eines Flüchtlings deutlich geringer geworden. Die Not bekam ein Gesicht, der Flüchtling einen Namen. Beim Weggehen meinte die Wirtin freudestrahlend: „Ich darf für Ahmed jetzt auch ein bisserl die Ersatzmutter sein."

FOTO: SHUTTERSTOCK

MARC CHAGALL – MALER UND MYSTIKER

Marc Chagall 1981 in Nizza im Alter von 94 Jahren

Marc Chagall steht mit seiner Heimatlosigkeit für den Menschen des 20. Jahrhunderts. Doch der „Malerpoet" ist auf der Odyssee seines Lebens nicht zerbrochen. Trotz Krieg und Exil vermitteln die meisten seiner Bilder eine Lebensfreude, die manch leidgeprüften Menschen aufzurichten vermag. Chagall blieb trotz Terror und Verfolgung seinen Wurzeln treu. So wurde er in seinem künstlerischen Schaffen zu einem Brückenbauer, der entscheidend zur Aussöhnung zwischen Völkern, Kulturen und Religionen beigetragen hat. Chagall – ein Prophet unserer Tage.

Marc Chagall (Moische Schagal), 1887 in Peskowatik/Witebsk (Weißrussland) geboren, wuchs als ältestes von neun Kindern in einer einfachen jüdischen Familie auf. Malunterricht beim jüdischen Maler Jehuda, später in St. Petersburg bei Leon Bakst. Von 1910 bis 1914 lebte Chagall in Paris, wo er ein eigenes Atelier errichtete. 1914 kehrte er in seine Heimat zurück, heiratete Bella Rosenfeld, 1916 wurde Tochter Ida geboren. Chagall leitete die Kunstschule Witebsk, wurde jedoch von den Vertretern der „Revolutionären Kunst" diskriminiert. Er und seine Familie gerieten in materielle Not. 1922 verließ Chagall mit seiner Familie Russland endgültig und kehrte nach Paris zurück. Mit Beginn des Zweiten Weltkriegs emigrierte er in die USA. In Deutschland wurden seine Bilder entweder verbrannt oder als „entartete Kunst" beschlagnahmt. Nach dem Tod seiner Frau Bella (1944) fiel Chagall in eine tiefe Depression. 1946 kehrte er endgültig nach Paris zurück. 1952 heiratete Chagall Walentina Brodsky („Vava"). Es folgte eine reiche Schaffensperiode als Maler, Bühnenbildner und Glasmaler (Kirchen- und Synagogenfenster). Chagall gilt als einer der bedeutendsten Maler des 20. Jahrhunderts. Im Alter von 97 Jahren starb Chagall 1985 in Saint-Paul-de-Vence, Frankreich.

Französische Briefmarke mit einem Motiv von Marc Chagall: Hochzeitspaar unter dem Eiffelturm (um 1963)

》 *In der Kunst wie im Leben ist alles möglich, wenn es auf Liebe gegründet ist."*

Marc Chagall

Liebe, Krieg und Exil:
The Falling Angel

Der Künstler malte 1923 zunächst an Motiven, die an die glückliche Phase in seiner russischen Heimat erinnern. Es wird aber auch die Dramatik des Krieges und der Enttäuschung über die russische Revolution nicht verschwiegen. Ursprünglich sollte das Bild nur die Figuren des Juden mit der Thorarolle und des gefallenen Engels, der alttestamentarischen Rechtfertigung für das Böse in der Welt, zeigen. Viele Jahre später fügte Chagall auch die Bilder der Madonna und der Kreuzigung Jesu hinzu. Für Chagall ist die Gestalt Jesu „das Urbild des jüdischen Märtyrers aller Zeiten." Jesus am Kreuz ist bei Chagall Symbol des jüdischen Volkes mit der ganzen Tragik seiner Geschichte. (vgl. Sabine Tischbein, Marc Chagall als Interpret und Vermittler biblischer Lebensdeutung. LIT) Schmerz und Hoffnung sind die dominierenden Motive des Bildes: der fliehende Jude mit der Thora, der vor Schmerz brüllende Ochse, der gekreuzigte Märtyrer, aber auch die brennende Kerze vor der Kulisse des nächtlichen Witebsk, die Madonna, die über der Stadt schwebt, und die Sonne, die am nächtlichen Himmel die Finsternis zu vertreiben versucht. „Chagalls jüdische Vision, sein persönlicher Lebensweg und die Motive der christlichen Erlösung fließen in eine programmatische Aussage ein, die Chagalls gesamtes Werk zusammenfasst." (www.marcchagall.net) Der „Engelsturz" steht für Chagalls Streben, eine „visuelle Weltformel" zu finden. Seine Entstehungsgeschichte, sein Weg durch die halbe Welt macht das Bild exemplarisch für die Kunst des 20. Jahrhunderts, für die Ortlosigkeit und Gefährdung, in die das Werk verstrickt ist. (vgl. Ingo F. Walther, Rainer Metzger, Marc Chagall. Malerei als Poesie. Taschen) Chagalls Odyssee kam 1948 mit der Rückkehr nach Frankreich zu einem glücklichen Ende.

FOTO: ALAMY STOCKFOTO

Marc Chagall, Die weiße Kreuzigung

❯❯ *Damals hatte ich erkannt, dass ich nach Paris gehen musste. Die Erde, die die Wurzeln meiner Kunst genährt hatte, war Witebsk; aber meine Kunst brauchte Paris so nötig wie ein Baum das Wasser. Ich hatte keinen anderen Grund, meine Heimat zu verlassen und ich glaube, ihr in meiner Malerei immer treu geblieben zu sein."*

Marc Chagall

Marc Chagall, The Falling Angel

Die weiße Kreuzigung

Die Antwort Chagalls auf Picassos Gemälde „Guernica" ist das Andachtsbild „Die weiße Kreuzigung" (1937). „In der Gestalt des gekreuzigten Christus, in der Passion des Propheten der Juden, des als Mensch gestorbenen Gottes der Christenheit, findet Chagall die allgemeingültige Chiffre für das Elend seiner eigenen Zeit." (Ingo F. Walther, Rainer Metzger) Um die Kreuzigungsdarstellung gruppieren sich revolutionäre Horden, die plündernd und sengend durch das Dorf ziehen, Flüchtlinge rufen von einem Boot aus um Hilfe, ein NS-Mann schändet die Synagoge. Ein Jude zieht schweigend vorbei, über eine brennende Thorarolle steigend. „Doch heller Lichtstrahl dringt von oben ein, beleuchtet die weiße, unversehrte Gestalt des Gekreuzigten. Die Spuren des Leids sind getilgt, die Verehrung seiner jahrhundertealten Autorität wird zum Hoffnungsträger inmitten aller traumatischen Erlebnisse der Gegenwart. Der Glaube an ihn, so Chagalls Angebot, versetzt die Berge der Hoffnungslosigkeit." (Ingo F. Walther, Rainer Metzger)

Marc Chagall, La Vie (1964)

Die Farben des verlorenen Paradieses

„La Vie" vermischt Ereignisse und Träume aus dem Leben Chagalls: den Großvater, der Rabbi war, die Heirat mit Bella, die Geburt der Tochter Ida, den Verlust der russischen Heimat, das bunte Leben in Paris, die Emigration nach Amerika, die faszinierende Welt der Musiker, Akrobaten und Tänzer. „Die Integration von religiösen, transzendenten Bildzeichen (vielfarbig gezackte Sonne, Halbmond als Reduktion des Gottesnamens JHWH auf den Buchstaben Jod), erinnerter kollektiver Geschichte (Judenverfolgungen, Mose am Sinai, Prophet Jeremia) und individuell gelebtem und erlebtem Leben (Malen, Liebe, Musik, Sabbat, Zirkus, Paris) machen es zu einem mystischen Gemälde, das Ganzheit und Universalität des Lebens imaginiert." (www.adolf.frahling.de)

» *Schönheit wird die Welt retten."*

Fjodor Dostojewski

Marc Chagall: Interpret und Vermittler biblischer Lebensdeutung

Der Auftrag zur Gestaltung des Buntglasfensters der St. Stephanskirche in Mainz an Marc Chagall kam durch die Vermittlung von Pfarrer Klaus Mayer zustande. Die Kirchenfenster in Mainz, wo es bereits im Mittelalter heftige Judenverfolgungen gegeben hatte, sollten ein dauerhaftes Zeichen jüdisch-christlicher Verbundenheit, der Völkerverständigung und französisch-deutscher Freundschaft darstellen. Im Zweiten Weltkrieg war die gotische St. Stephanskirche von Mainz fast völlig zerstört worden. Nur die Außenmauern, Säulen und Gebäudereste waren erhalten geblieben. Dennoch wurde der Wiederaufbau gewagt, der Originalbestand gewahrt und das Verlorene möglichst getreu ersetzt. Chagall konnte bis zu seinem Tod insgesamt neun Kirchenfenster fertigstellen. In bewusster Abhebung zum Surrealismus nennt Chagall, der „Meister der Farbe und der biblischen Botschaft", seine Kunst „supranatural": Die Welt weist in allen Schöpfungsbereichen über sich hinaus, auf ihren Schöpfer hin und lädt uns ein, in den Lobgesang des Alls einzustimmen: „Preist den Herrn, all ihr Werke des Herrn, Licht und Dunkel." (Daniel 3)

St. Stephanskirche Mainz: Das Mittelfenster bringt biblische Begebenheiten, Abraham und die drei Engel (Genesis 18,1-10a), die Fürsprache Abrahams für Sodom und Gomorra (Genesis 18,20-33), das Opfer des Isaak (Genesis 22,1-18). In den flankierenden Fenstern zeigt Chagall seine Vision der Heilsgeschichte, beginnend mit dem Schöpfungsbild, dem Bund Gottes mit Noah, der Brautwerbung für Isaak, David und Batseba, dem Propheten Elija, der Retterin Debora, und dem am Kreuz erhöhten Jesus, der aus dem Haus David stammt. Der Bibelzyklus der Chagall-Fenster schließt mit dem Bild der Vollendung alles Geschaffenen, dem himmlischen Jerusalem.

Der Prophet Marc Chagall

FOTO: KARL BERNHART

Ausschnitt aus dem mittleren Chagall-Fenster: Jakobs Traum (Genesis 28,10-17), Mose bringt dem Volk das Gesetz (Exodus 34,27-32). Die Botschaft von den zwei Wegen: Freude an Gott oder Tanz um das Goldene Kalb (Deuteronomium 30,15-20). Im Dreipass schwebt der siebenarmige Leuchter in die Kirche: Symbol für Licht, Leben, Frieden, Freude, Heil (Psalm 85,9-14). Über dem Engel sehen wir eine menschliche Gestalt, das Schofar blasend, Zeichen für Gottes Segen, Frieden und Heil.

>> *In der Kunst wie im Leben ist alles möglich, wenn es auf Liebe gegründet ist."*

Marc Chagall

Wertschätzendes Miteinander von Kulturen und Religionen

Aufgrund zahlreicher globaler Herausforderungen wird es für die Menschheitsfamilie immer wichtiger, ein gemeinsames Weltethos zu finden – als Basis einer enkeltauglichen, zukunftsfähigen und solidarischen Gesellschaft. Ziel der gemeinsamen Suche und vielfältiger Bemühungen von Christen, Muslimen, Juden, Hindus, Buddhisten, Agnostikern[47] und Menschen nichtreligiöser Weltanschauung ist es, miteinander eine Zivilisation der Liebe aufzubauen.[48]

Projekt Weltethos

Im Jahr 1989 wurde von der UNESCO in Paris ein Symposion veranstaltet zum Thema „Kein Weltfriede ohne Religionsfriede", bei der Hans Küng das Grundlagenreferat hielt. Eingeladen waren Vertreter aller Weltreligionen. Im Jahr 1990 lud Klaus Schwab, der Gründer und Präsident des World Economic Forum, den Philosophen Hans Jonas sowie die Professoren Karl-Otto Apel und Hans Küng zu einem öffentlichen Gespräch nach Davos ein. Das Thema lautete: „Warum brauchen wir globale ethische Standards, um zu überleben?" Seit Hans Küng das „Projekt Weltethos" vorgestellt hat, hat die Forderung nach einem alle Menschen – gleich welcher Religion, Ideologie oder Nation – umfassenden Ethos breite Unterstützung erfahren. Zahlreiche Kongresse und wissenschaftliche Publikationen bezeugen, dass in allen Kulturen und Religionen in Sachen Weltethos ein Bewusstseinsprozess in Gang gekommen ist.

Die „Goldene Regel" in den Weltreligionen

FOTO: SHUTTERSTOCK

> **»** *Wir brauchen nicht eine Einheitskultur in dem Sinn, dass alle Kulturen sich nivellieren. Aber wir brauchen eine Kultur der Einheit, in der wir unsere eigene Kultur so leben, dass sie Geschenk für die anderen und zugleich beschenkt von den anderen wird."*
>
> **Klaus Hemmerle**[46]

> **»** *Wer ein Leben rettet, rettet die ganze Welt."*
>
> **Babylonischer Talmud, Traktat Sanhedrin 37a**

Allen Weltreligionen gemeinsam ist die „Goldene Regel": „Alles, was ihr wollt, dass euch Menschen tun, das tut auch ihr ebenso." (Lk 6,31) Bild: Symbole der Weltreligionen

Friedenstreffen der Weltreligionen 2009 in Krakau. Mit einer gemeinsamen Abschlusszeremonie haben die Führer der Weltreligionen ein Zeichen für den Frieden gesetzt. Bild: Kinder winken, nachdem sie Schriftrollen mit dem Aufruf zum Frieden an die Religionsführer verteilt haben.

FOTO: KNA

In der „Erklärung zum Weltethos" des „Parlaments der Weltreligionen" (Chicago 1993) heißt es:

„Es gibt ein Prinzip, die Goldene Regel, die seit Jahrtausenden in vielen religiösen und ethischen Traditionen der Menschheit zu finden ist und sich bewährt hat:

Was du nicht willst, dass man dir tut, das füg auch keinem anderen zu. Oder positiv: Was du willst, das man dir tut, das tue auch den anderen! Dies sollte die unverrückbare, unbedingte Norm für alle Lebensbereiche sein, für Familien und Gemeinschaften, für Rassen, Nationen und Religionen."

Hans Küng, Initiator des Projektes Weltethos: „Es geht bei diesem Projekt um nichts Geringeres als um einen Grundkonsens über gemeinsame Werte, Haltungen und Maßstäbe, die alle Menschen in ihren eigenen Traditionen wiederfinden können, so die Verpflichtung auf eine Kultur der Gewaltlosigkeit, der Solidarität, der Toleranz und der Partnerschaft von Mann und Frau. Um des friedlichen Zusammenlebens der Menschheit willen, und zwar auf lokaler Ebene (in zahllosen multikulturellen und multireligiösen Städten) wie auf globaler Ebene (im Zeichen von Weltkommunikation, Weltwirtschaft, Weltökologie und Weltpolitik), ist die Besinnung auf das allen Menschen Gemeinsame im Ethos mehr denn je geboten."[49]

Hinduismus: Man sollte sich gegenüber anderen nicht in einer Weise benehmen, die für einen selbst unangenehm ist; das ist das Wesen der Moral. (Mahabharata XIII, 114,8)

Jainismus: Gleichgültig gegenüber weltlichen Dingen sollte der Mensch wandeln und alle Geschöpfe in der Welt behandeln, wie er selbst behandelt werden möchte. (Sutrakritanga I. 11,33)

Chinesische Religion: Was du selbst nicht wünschst, das tue auch anderen Menschen nicht an. (Konfuzius, Gespräche 15,23)

Buddhismus: Ein Zustand, der nicht angenehm oder erfreulich für mich ist, soll es auch nicht für ihn sein; und ein Zustand, der nicht angenehm oder erfreulich für mich ist, wie kann ich ihn einem anderen zumuten? (Samyutta Nikaya V. 353.35 / 354.2)

Judentum: Tue nicht anderen, was du nicht willst, dass sie dir tun.[49A] (Rabbi Hillel, Sabbat 31a)

Islam: Keiner von euch ist ein Gläubiger, solange er nicht seinem Bruder wünscht, was er sich selbst wünscht. (40 Hadithe von an-Nawawi, 13)

Christentum: Alles, was ihr wollt, das euch die Menschen tun, das tut auch ihr ihnen ebenso. (Matthäus 7,12 / Lukas 6,31)

Kein Überleben ohne Weltethos

Hans Küng: „Die Glaubwürdigkeit aller Religionen wird künftig davon abhängen, dass sie mehr betonen, was sie eint, und weniger, was sie voneinander trennt. Die Menschheit kann sich immer weniger leisten, dass die Religionen auf dieser Erde Kriege schüren und nicht Frieden stiften, Fanatisierung betreiben und nicht Versöhnung suchen, Überlegenheiten praktizieren und nicht den Dialog. Diese eine Welt braucht das eine Ethos; diese eine Weltgesellschaft braucht keine Einheitsreligion und Einheitsideologie, wohl aber einige verbindende und verbindliche Normen, Werte, Ideale und Ziele."[50]

> *Laut Küng braucht ein verbindliches Weltethos vier unverrückbare Weisungen (Hans Küng, Ja zum Weltethos. Perspektiven für die Suche nach Orientierung, Piper):*
> * *Verpflichtung auf eine Kultur der Gewaltlosigkeit und Ehrfurcht vor dem Leben*
> * *Verpflichtung auf eine Kultur der Solidarität und eine gerechte Wirtschaftsordnung*
> * *Verpflichtung auf eine Kultur der Toleranz und ein Leben in Wahrhaftigkeit*
> * *Verpflichtung auf eine Kultur der Gleichberechtigung und der Partnerschaft von Mann und Frau*

Die wichtigsten Erkenntnisse der zahlreichen Dialog-Veranstaltungen der letzten Jahrzehnte lauten: Kein Überleben ohne Weltethos; keine neue Weltordnung ohne ein umfassendes Weltethos. Notwendigkeit einer Koalition von Glaubenden und Nichtglaubenden: das Humanum als Grundkriterium für alle Religionen. Kein Weltfriede ohne Religionsfriede. Kein Religionsfriede ohne Religionsdialog. Der interreligiöse Dialog muss um des Weltfriedens willen auf allen Ebenen geführt werden.

Wir brauchen ein neues Assisi

„Wir brauchen ein neues Assisi". Mit diesem Aufruf reagierte Kardinal Kurt Koch auf den Terroranschlag von Nizza am 14.7.2016. In Assisi fand zu dieser Zeit eine Zusammenkunft aller christlichen Kirchen und anderer Religionen statt, „die gemeinsam bekannt haben, dass die Zwillingsschwester der Religion Friede heißt und nicht Gewalt. Dieses Zeugnis brauchen wir in der heutigen Welt. Es ist schrecklich in der Welt,

> **» *Menschen errichten Mauern. Christus sagt: Ich bin die Tür."***
>
> *Simone Weil*

FOTO: WIKIMEDIA

Simone Weil (+1943), französische Philosophin, Dozentin und Sozialrevolutionärin jüdischer Abstammung. Ihr starkes politisches und soziales Engagement, war von Aktion und Kontemplation geprägt.[51]

FOTO: KNA

Das erste Friedenstreffen mit Papst Johannes Paul II. und Vertretern der Weltreligionen fand 1986 in Assisi statt.

Interreligiöser Friedensgipfel mit Papst Benedikt XVI. im Jahr 2011 in Assisi. Zu diesem Treffen war erstmals eine Delegation von Menschen mit nichtreligiöser Weltanschauung eingeladen.

Hoffnung in der Hölle: Der Franziskaner P. Ibrahim Alsabagh kehrte 2014 nach seinem Studium in Rom nach Syrien zurück, um Christen und Muslimen in den Schrecken des Krieges beizustehen: „Das Leben in Aleppo ist absurd. Hier zu bleiben ist nach menschlichem Ermessen ein Wahnsinn. Doch jetzt ist die Zeit, um präsent zu sein, sich der Armen und aller, die leiden, anzunehmen."

der Terror, der überall geschieht. Es weiß eigentlich niemand mehr, wo er nicht geschieht. Das löst ungeheure Ängste aus. Und wenn solche Gewalt im Namen von Religion ausgeübt wird, ist das ein Missbrauch von Religion."[52]

Mehrmals haben in Assisi, der Stadt des heiligen Franziskus, auf Initiative der Gemeinschaft Sant'Egidio Gebetstreffen für den Frieden stattgefunden. Papst Johannes Paul II. lud dazu erstmals 1986 Vertreter aller großen Kirchen und Religionen ein. Das letzte große Assisi-Treffen fand 2011 auf Initiative von Papst Benedikt XVI. statt. Dazu war erstmals auch eine Delegation von Menschen mit nichtreligiöser Weltanschauung eingeladen.[53]

Dass der Geist von Assisi – weit über die offiziellen Dialogforen hinaus – in jeder Generation zahlreiche Menschen inspiriert und motiviert, zeigt das Beispiel des Österreichers Alois Gruber. Gruber meinte bei einer Begegnung in La Verna, Italien: „Ich bin Lehrer an einer Hauptschule und unterrichte Menschlichkeit, Mathematik und Geschichte. Ich gehe seit vielen Jahren in den Ferien zu Fuß von Eggenburg in Niederösterreich nach Assisi. Das franziskanische Ideal bringt mir selber sehr viel. Ich kann im Unterricht auch meinen Schülern von einer anderen Welt und einer anderen Weltsicht berichten, vor allem aber von vielen bereichernden Begegnungen. Im Vorjahr habe ich mit den Schülern die „Gruft" (Notschlafstelle für Obdachlose) in Wien besucht. Unser nächstes Projekt ist ein Besuch im Haus Kalvarienberg der Emmausgemeinschaft St. Pölten."

IST DEIN GLAUBE BEDROHT, ASSISI GIBT IHN DIR WIEDER

» *In Assisi wird das Herz weit und leicht. Hier füllt es sich wieder mit der lächelnden Utopie des Jesus von Nazareth, die im Vatikan unter der Last von Pomp und Ruhm erstickt war. Wer in Rom seinen Glauben verloren hat, findet ihn in Assisi wieder. So haben es zahllose Laien erfahren, aber auch nicht wenige Bischöfe und Theologen. Ist dein Glaube bedroht, Assisi gibt ihn dir wieder. In den Steinen und Bergen, in den Gassen und Stiegen, allesamt durchweht von der Aura der beiden Heiligen Franz und Clara, kristallisiert sich das Evangelium, in dem die Armen seliggepriesen werden, wie auch alle, die sich um Einfachheit und Transparenz bemühen."*

Leonardo Boff[54]

Brücken des Friedens

Das 32. Internationale Friedenstreffen im Geist von Assisi fand im Oktober 2018 in Bologna statt. Es stand unter dem Motto „Brücken des Friedens. Religionen und Kulturen im Dialog". Dreihundert Religionsführer und Persönlichkeiten des öffentlichen Lebens nahmen daran teil. Die Tochter Martin Luther Kings, Bernice, erzählte den Jugendlichen, dass sie viele Jahre die Weißen hasste, weil ein Weißer ihren Vater ermordet hatte. „Ich war 20 Jahre alt, ich hasste die weißen Menschen. Eines Tages nahm ich an einer christlichen Talk Show teil, die von einem Weißen moderiert wurde, und er fragte: 'Darf ich Dich umarmen?' Ich wollte nicht, aber es war eine der ehrlichsten Umarmungen, die ich je erhalten habe. Das hat mich innerlich verändert. Ich habe verstanden, dass wir die Personen nicht in Gruppen einteilen können; jeder von uns ist nach Gottes Abbild erschaffen. Hass bedeutet, Gift zu trinken und zu erwarten, dass der andere stirbt. Wer hasst, ist der erste, der leidet. Gewaltlosigkeit ist eine Waffe, die mit Gerechtigkeit und bedingungsloser Liebe geladen ist."[55]

Mounir: Mein Leben hat wieder Sinn

Mounir ist – nach dem Tod seines Vaters – als 15-Jähriger aus Afghanistan geflohen. Der Kontakt zur Mutter und zu den Geschwistern ist seit seiner Flucht abgebrochen; sie gelten als vermisst. Möglicherweise leben sie in einem iranischen Flüchtlingslager.

Mit 16 strandet Mounir – nach dramatischer Odyssee im Mittelmeerraum – im Flüchtlingslager Traiskirchen. Verstört und todtraurig kommt Mounir mit 16 1/2 nach Emmaus. Im Haus für unbegleitete minderjährige Flüchtlinge (UMF) findet er Schutz und Sicherheit, doch seine Depressionen werden unerträglich. Eines Tages – es war während des Ramadan – beschließt er zu sterben. Mounir verweigert nicht nur die Nahrungsaufnahme, er weigert sich auch zu trinken, weil sein „Leben keinen Sinn mehr

Bridges of Peace: Friedenstreffen der Weltreligionen 2018 in Bologna

hat." Nach fachärztlicher Intervention gelingt die Überstellung in das psychiatrische Krankenhaus Amstetten-Mauer. Nur langsam erholt sich Mounir. Er beginnt wieder zu trinken, die Suizidgedanken werden weniger; schließlich kehrt Mounir nach Emmaus zurück und er besucht wieder die Schule. Mit 17 1/2 beginnt Mounir eine Maurerlehre.

Mounir wohnt nun bei einer Familie in der Nähe von St. Pölten und arbeitet bei einer Baufirma. Mit 22 Jahren schafft er sogar den Lehrabschluss. Bei einer Begegnung in St. Pölten meint Mounir: „Ich habe nun das Schwerste hinter mir. Dank Emmaus und meiner Patenfamilie hab ich den Berufsabschluss geschafft. Ich bin oft noch traurig, weil ich nicht weiß, ob meine Mutter und meine Geschwister noch leben. Doch ich muss jetzt nach vorne schauen."[56]

》 *Richtet euch auf und erhebt eure Häupter; denn eure Erlösung ist nahe."*

Lukas 21,28

Beshans Perspektivenwechsel

Beshan (19) ist im Jahr 2007 mit seiner Familie aus einem Kriegsgebiet der Kaukasus-Region nach Österreich geflüchtet. Mit Stolz und Wehmut zeigt mir Beshan auf seinem Handy einen Kurzfilm über seine Heimat. Sein Kommentar: „Meine Stadt ist leider durch die Bombenangriffe dieser Mörderbande zerstört worden. Doch ich möchte, wenn irgendwie möglich, in mein schönes Heimatland zurück, um beim Wiederaufbau zu helfen."

Beshan hat sich in Österreich nie wirklich zurechtgefunden. Schwer traumatisiert wurde er – schon in der Schule – verhaltensauffällig. Als Jugendlicher wurde er wegen Körperverletzung und Eigentumsdelikten zu vier Monaten Haft verurteilt.

Danach folgte die Behandlung in einer psychiatrischen Klinik. Doch Beshan fühlte sich unverstanden, er war völlig verbittert, oft aggressiv und verzweifelt. Seine Eltern waren überfordert und gaben dem damals 17-Jährigen Hausverbot. Die Folge: Beshan wurde nicht nur obdachlos; er beging auch zahlreiche Betrügereien mit gestohlenen Daten von Bankomatkarten. Mehr als 100 Personen wurden Opfer seiner Betrügereien. Niemand entdeckte seine Delikte. Doch während seines Emmaus-Aufenthalts bekam Beshan Gewissensbisse, weil er durch seine früheren Betrügereien eine extrem hohe Summe ergaunert hatte. Diesen Geldbetrag hatte er in bar auf seinem Zimmer in Emmaus versteckt. Als gläubiger Muslim erkannte er nun, dass er schon während der Haft und in der Zeit danach voll Hass war: Er erkannte, dass er immer ein Getriebener gewesen war und ihn der Teufel mit dem Spruch „Hol dir, was dir in deinem Leben vorenthalten wurde" zu dieser Serie von Betrügereien verführt hatte. Beshan erzählte mir, dass er nicht mehr schlafen könne und nun ständig jene Personen vor Augen habe, die er betrogen hat. Extreme Gewissensbisse plagten ihn. Vor allem belastete ihn, dass er mit den Diebstählen von Bankomatkarten und illegalen Geldabhebungen auch 38 Freunde und Bekannte bestohlen hatte. Beshan erkannte während seiner Zeit in Emmaus sehr klar, dass ihn am Ende seines Lebens Allah nach seinen Taten beurteilen würde. Beshan erzählte, dass er „nun zwischen Himmel und Hölle entscheiden muss." Nach vielen schlaflosen Nächten und langem inneren Ringen ging Beshan von sich aus allein zur Polizei, legte ein Geständnis ab und übergab in einem Plastiksäckchen den gesamten ergaunerten Geldbetrag dem Polizeibeamten. Beshan wusste, dass er wegen schweren Betrugs zu einer hohen Freiheitsstrafe verurteilt würde. In einem Gespräch mit seinem Bewährungshelfer und dem Staatsanwalt wurde ihm jedoch in Aussicht gestellt, dass er aufgrund der „tätigen Reue" mit einer Reduktion des Strafausmaßes – wahrscheinlich zwei Jahre Freiheitsentzug – rechnen dürfe. Ein nicht unwichtiges Detail, das viel über Beshan aussagt: Nach dem gemeinsamen Frühstück in Emmaus fragte ich Beshan, ob er Interesse hat, zum Emmaus-Flohmarkt nach Viehofen mitzukommen. Er bejahte dies. Ich gab ihm 5.- €, damit er sich während des Flohmarkt-Besuchs Kaffee und Kuchen kaufen konnte. Bei der Rückfahrt in das Wohnheim Herzogenburger Straße erzählte mir Beshan, dass er auf Kaffee und Kuchen verzichtet hatte und die 5.- € noch besitze. Auf meine Frage, wofür er das Geld nun verwenden würde, antwortete Beshan: „Ich werde eine Rose kaufen und sie heute Nachmittag meiner Mama schenken."

» *Gott spricht: Seht her, ich will Neues schaffen. Schon kommt es zum Vorschein, merkt ihr es nicht?"*

Jesaja 43,19

Offen für alle Religionen und Weltanschauungen

Die Emmaus-Kapelle auf dem Friedhof der Stadt St. Pölten soll zum Verweilen und zur Besinnung einladen. Ein Ort, an den Trauernde gerne hinkommen, um inne zu halten. Die Gedenkstätte ist sichtbarer Ausdruck des Dankes und der Pietät unseren verstorbenen Emmaus-Gästen gegenüber.

Die Kapelle wurde vom Emmaus-Sanierungsbetrieb gemeinsam mit verschiedenen Firmen und Sponsoren errichtet. Die Innenausstattung hat die Arbeitstherapie der Holz- und Kunstwerkstätte durchgeführt – in Zusammenarbeit mit verschiedenen

In der Emmaus-Kapelle am St. Pöltner Stadtfriedhof sind neben dem Assisi-Kreuz auch die Symbole der Weltreligionen dargestellt.

Künstlern und Freunden von Emmaus. Über dem Eingang steht der Satz Jesu: „Kommet alle zu mir, die ihr mühselig und beladen seid." Auf der Innenseite links befindet sich das Verzeichnis der Namen aller verstorbenen Gäste, die in der Emmausgemeinschaft gewohnt und/oder gearbeitet haben. Es sind dies inzwischen mehr als 300 Gäste. Über der Gedenktafel steht der Satz: „Auferstehung ist unser Glaube, das Wiedersehen ist unsere Hoffnung." Doch woher kommt Hoffnung, die den Tod überdauert? Das Assisi-Kreuz – in der Mitte der Kapelle – ist Ausdruck dieser unzerstörbaren Hoffnung. Jesus kam zu uns, um uns die gute Nachricht zu bringen, dass Gott Liebe ist. Diese Liebe ist letztlich stärker als der Tod. In der Mitte der Kapelle sehen wir einen siebenarmigen Leuchter. Vor dem Leuchter steht ein Lebensbaum, dessen Botschaft lautet: Das Leben ist stärker als der Tod. Der Sockel symbolisiert das Grab. Die Grabplatte ist aufgebrochen: Das Leben – dargestellt durch das helle Lindenholz – überwindet das Dunkel. Neben dem Lebensbaum steht der Satz Jesu: „Ich bin die Auferstehung und das Leben." (Joh 11,25) Jesu Auferstehung – der Grund unserer Hoffnung.[57]

Nur große Ideale machen Geschichte

》*Ein Christ, der in diesen Zeiten kein Revolutionär ist, ist kein Christ."*

Papst Franziskus

In den christlichen Kirchen entstanden in den letzten Jahrzehnten neben den Pfarrgemeinden und Orden zahlreiche Initiativen, Gemeinschaften und Bewegungen, deren Ziel die Erneuerung von Kirche und Gesellschaft ist.

Zu diesen Aufbrüchen zählen u.a. die Gemeinschaft von Taizé, Foyers de Charité, Gemeinschaft Charles de Foucauld, Comunione e Liberazione, Bewegung für eine bessere Welt, Equipes Notre-Dame, Gemeinschaft Emmanuel, Gemeinschaft der Seligpreisungen, Vereinigung Glaube und Licht, Jugendbewegung der Salesianer, Fokolar-Bewegung, Jugend für eine geeinte Welt, Charismatische Erneuerung, Cursillo-Bewegung, Gemeinschaft Sant'Egidio, die Arche-Gemeinschaft, Gemeinschaft Brot des Lebens, Gemeinschaften christlichen Lebens, Der Runde Tisch für Österreich – Weg der Versöhnung, Gemeinschaft Schalom, Open Doors, Innere Mission, Teen Challenge Center. „Das Hinabsteigen zu den Quellen" (Frère Roger, Taizé), die spirituelle Erneuerung des Einzelnen und der Kommunitäten wird innerhalb der Kirchen und Religionsgemeinschaften, aber auch in den unterschiedlichen Bereichen der pluralistischen Gesellschaft einen tiefgreifenden Wandel herbeiführen. Jugendliche, die sich in den verschiedensten sozialen, kulturellen und humanitären Initiativen engagieren, machen die Erfahrung, dass die geeinte Welt keine Utopie ist.[58]

Chiara Lubich, Gründerin der Fokolar-Bewegung, wurde 1997 von Imam Warith Deen Mohammed, dem Präsidenten der „American Society of Muslims", als erste Frau und Christin eingeladen, in der Moschee Malcolm Shabazz in Harlem zu sprechen.

Dialog mit Muslimen, Juden, Buddhisten und Hindus

Viele Angehörige anderer Religionen engagieren sich z.B. in der Fokolar-Bewegung. Nach der Verleihung des Templeton-Preises für den Fortschritt der Religionen 1977 in London an Chiara Lubich wurden überall die Kontakte mit Muslimen, Juden, Buddhisten, Hindus, Sikhs und Animisten vertieft. In der Folge ergaben sich intensive Kontakte mit thailändischen Buddhisten ebenso wie mit den afroamerikanischen „Black Muslims". Seit 1994 war Chiara Lubich Ehrenpräsidentin der „Weltkonferenz der Religionen für den Frieden" (WCRP). 1997 wurde Chiara Lubich von Imam Warith Deen Mohammed, dem Präsidenten der „American Society of Muslims", als erste Frau und Christin eingeladen, in der Moschee Malcolm Shabazz in Harlem zu sprechen. In seiner Rede stellte Warith Deen fest: „Heute ist ein großer Tag für uns. Eine neue Seite in der Geschichte Harlems wird hier in der Moschee Malcolm Shabazz geschrieben. Chiara ist ein Geschenk Gottes nicht nur für uns, sondern für die Menschheit. Sie hat einen Auftrag über die katholische Kirche hinaus. Nur gemeinsam werden wir überleben können, getrennt schaffen wir nichts als Zerstörung." Muslime und Christen vertiefen seither den Dialog und intensivieren gemeinsame Aktivitäten. Nach den Attentaten vom 11. September 2001 berichteten Christen, die mit Imam Warith Deen freundschaftlich verbunden waren: „Spontan haben die Christen unter uns den Muslimen ihre Freundschaft und Solidarität bezeugt. In Dallas wurde auf eine Moschee geschossen. Sofort reagierten wir mit konkreten Hilfsmaßnahmen. Seit wir uns in der Malcolm Shabazz-Moschee kennen gelernt haben, kann uns nichts mehr trennen. Die Freude und Dankbarkeit für die gefundene Freundschaft ist stärker als alles andere."[59] 2001 wurde Chiara Lubich der Preis „Verteidigerin des Friedens" von Schülern Mahatma Gandhis überreicht.

Die Jugendlichen – Verantwortungsträger von morgen

Nach dem Weltjugend-Treffen in Rom (diese regelmäßigen Zusammenkünfte wurden von Johannes Paul II. initiiert) sagte eine Teilnehmerin im Jahr 2000: „Wir waren nicht nur Christen, sondern auch Muslime, Hindus und Angehörige anderer Religionen, zwei Millionen junger lebensfroher Leute, die bereit sind, in Offenheit, Toleranz und Nächstenliebe zu leben. Wir sind die Zukunft der Welt – an uns liegt es, die Welt zu gestalten!" Nach der Intention von Chiara Lubich soll am Beispiel der „GEN-Bewegung" und dem internationalen Netzwerk „Jugend für eine geeinte Welt" aufgezeigt werden, dass eine wirkliche Erneuerung der Gesellschaft nur möglich ist, wenn sich die Menschen vom Evangelium prägen und erneuern lassen, wenn „neue Menschen" heranwachsen. Die Jugendlichen werden dort, wo sie stehen, ihren Glauben leben und Verantwortung übernehmen. „Bereits bestehende Strukturen, die sinnvoll sind, werden einen neuen Wert erhalten, überflüssige Strukturen werden zusammenbrechen und fehlende entstehen."

>> *Die Schwachheit der menschlichen Möglichkeiten ist die Quelle der Kraft. Jesus ist der Meister des Unmöglichen".*

Charles de Foucauld

GEN-Bewegung

Eine Jugendbewegung, die sich – religionsübergreifend – weltweit für Gerechtigkeit, Frieden und die Bewahrung der Schöpfung einsetzt, ist die internationale GEN-Bewegung. „Jugendliche aller Welt, vereinigt euch!" Diesen Appell richtete Chiara Lubich 1967 an die Jugendlichen der Fokolar-Bewegung. Sie schlug ihnen vor, Jugendliche für eine Revolution der Liebe zu begeistern, um das Testament Jesu zu verwirklichen: „Alle sollen eins sein." Tausende von jungen Menschen aus aller Welt haben ihren Appell aufgegriffen und engagieren sich seither als GEN (Abkürzung für Generazione nuova) in ihrem Umfeld. Daraus entstand die GEN–Bewegung, die neue Generation der Fokolar-Bewegung.[60]

Jugend für eine geeinte Welt: Projekt Streetlight

Der Verein „Jugend für eine geeinte Welt", eine Initiative der Fokolar-Bewegung, will einen Beitrag für die Verwirklichung der universellen Geschwisterlichkeit und für eine Kultur des Miteinander leisten. Der Verein initiierte 2016 in Kooperation mit der internationalen Künstlergruppe Gen Rosso und dem BG/BRG Oeversee Graz das Musicalprojekt „Streetlight".[61]

FOTO: ELISABETH SCHABLER

SchülerInnen des Oeversee-Gymnasiums Graz – sie kommen aus 40 verschiedenen Nationalitäten – realisierten mit der Internationalen Künstlergruppe Gen Rosso das Musicalprojekt „Streetlight – act YOUnited"

„Wirtschaft in Gemeinschaft" (WIG), eine Initiative der Fokolar-Bewegung, entstand 1991 in Brasilien. Weltweit engagieren sich hier über 800 Unternehmen, um benachteiligte Menschen zu unterstützen. Die Unternehmen stellen Teile ihres Gewinns zur Verfügung, um Not zu lindern und Strukturen zu schaffen, die eine "Kultur des Gebens" fördern. Besonders sichtbar wird diese Dynamik der 800 WIG-Unternehmen in acht Gewerbeparks.

Ausgangspunkt für die Projektidee war das Thema „multikulturelle Gesellschaft". Kulturelle Vielfalt führt manchmal zu Verständnisschwierigkeiten und birgt Konfliktpotenzial. „Jugend für eine geeinte Welt" wollte mit der Projektwoche vom 29.2. – 4.3.2016 einen Perspektivenwechsel anregen. Kern dieser Woche war das Musical „Streetlight". Es handelt von der wahren Geschichte des Charles Moates, eines jungen Afroamerikaners, der in einem der Ghettos von Chicago Ende der 60er-Jahre zwischen die Fronten eines Bandenkrieges gerät. Charles entscheidet sich – unter Einsatz des Lebens – auf Gewalt zu verzichten und für das Miteinander zu leben. Sein Vorbild findet Fortsetzung im Lebensstil seiner Freunde. Die beiden Aufführungen in Graz mit insgesamt 1.800 ZuseherInnen wurden ein großer Erfolg (Projektleitung: Elisabeth Schabler, Künstlerische Leitung: Benedikt Enderle). In allen Medien wurde die hohe Aktualität des Projekts betont, weil im Oeversee-Gymnasium SchülerInnen aus vielen Kulturen und Religionen – mit mehr als 30 Muttersprachen – vertreten sind.[62]

Mauern überwinden: GEN-Fest in Manila

6.000 Jugendliche – aus über 100 Ländern – trafen sich 2018 zum GEN-Fest im World Trade Center Manila. Weltweit fanden 20 lokale GEN-Feste statt. Zehntausende folgten dem Life-Streaming, um Menschen der Einheit zu sein und der Welt Hoffnung zu geben. Zum Abschluss des 11. GEN-Festes 2018 wurde das Projekt „Pathways for a United World" gestartet. Es geht um Wege und Aktionen, die Menschen und Völker einander näherbringen, um geschwisterliche Beziehungen in Wirtschaft, Justiz, Politik, Umwelt, um interkulturellen und interreligiösen Dialog in der ganzen Welt. Die Jugendlichen erzählten hochaktuelle Geschichten, wie z.B. Egide und Jean Paul, der eine aus Ruanda, der andere aus Burundi. Sie haben sich in einer dramatischen Situation kennen gelernt. An einer Bushaltestelle wurde Jean Paul angegriffen und fast totgeschlagen. Egide hat ihn gerettet und monatelang gepflegt. Das war außergewöhnlich, wenn man bedenkt, dass der Konflikt zwischen ihren Ländern tiefe Wunden geschlagen hat, die nie geheilt sind.[63]

Verschiedene Betriebe von „Wirtschaft in Gemeinschaft" haben sich zu Gewerbeparks zusammengeschlossen. Hier wird sichtbar, wie sich der christlich geprägte Lebensstil auch auf den unternehmerischen Alltag auswirkt.

Modelle für eine neue Gesellschaft

Dass das Ziel einer geeinten Welt nicht nur zwischen zwei oder drei Gleichgesinnten möglich ist, sondern auch in größeren sozialen Strukturen umgesetzt werden kann, beweisen die Siedlungen der Fokolar-Bewegung. Sie wollen Modelle für eine Gesellschaft sein, in der die gegenseitige Liebe das „Grundgesetz" ist. Die erste dieser Siedlungen in Loppiano bei Florenz wurde 1964 gegründet. Zurzeit leben dort etwa 700 Menschen aus allen Kontinenten, u.a. die beiden Musikgruppen Gen Rosso und Gen Verde. Derzeit gibt es weltweit etwa 20 Modellsiedlungen. Je nach Entstehungsgeschichte und Einbettung in ihre Umgebung haben sie unterschiedliche Schwerpunkte.[64]

Weinproduktion: Modellsiedlung und Gewerbepark Incisa Loppiano (nahe Florenz)

Ayatollah Muhammad Khamenei, Bruder des iranischen Revolutionsführers Ayatollah Ali Khamenei und Leiter des Zentrums für islamische Philosophie im Iran, meinte nach einem Besuch in Loppiano: „Seit jeher sprachen Philosophen wie Platon oder Augustinus über eine hypothetische Stadt Gottes. Für mich ist Loppiano genau diese Stadt: Modell der Stadt, Modell des Lebens und Modell der Liebe, die auf den Ruf Gottes antwortet. In Loppiano habe ich den Frieden erfahren. Die Tatsache, dass es der Fokolar-Bewegung gelungen ist, eine derartige Stadt zu errichten, gibt Hoffnung, dass dies auch an anderen Orten möglich ist. Wäre Loppiano in der Nähe meines Wohnortes gelegen, würde ich so oft wie möglich unbemerkt durch die Straßen gehen, weil die Atmosphäre dort eine göttliche ist."[65]

Gewerbeparks gibt es u.a. auch in Sao Paulo (Brasilien) und in Buenos Aires (Argentinien).

Dialog-Plattformen für eine geeinte Welt

Die Fokolar-Bewegung entwickelt und fördert eigene Plattformen des Dialogs, u. a. im Bereich der Politik, der Wirtschaft, der Kunst, der Pädagogik, der Medien. Weltweit unterhält sie 63 Schulungszentren und 35 Modellsiedlungen. Im Jahr 2007 wurde in der Siedlung Loppiano in der Nähe von Florenz das Hochschulinstitut Sophia gegründet, das seit 2008 Masterstudien in „Grundlagen und Perspektiven einer Kultur der Einheit" anbietet. Mit ihrer Sektion „New Humanity Unito" arbeitet die Fokolar-Bewegung als NGO bei der UNO. Außerdem ist sie Mitglied in der World Conference of Religions for Peace.

FOTO: HR C CSC-AUDIOVISIVI

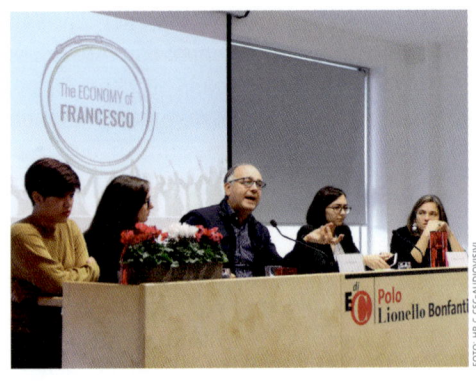

Über Parteigrenzen hinweg eine neue Gesellschaft aufbauen: Internationales Treffen von VertreterInnen aus der Welt der Wirtschaft und Politik in Loppiano bei Florenz

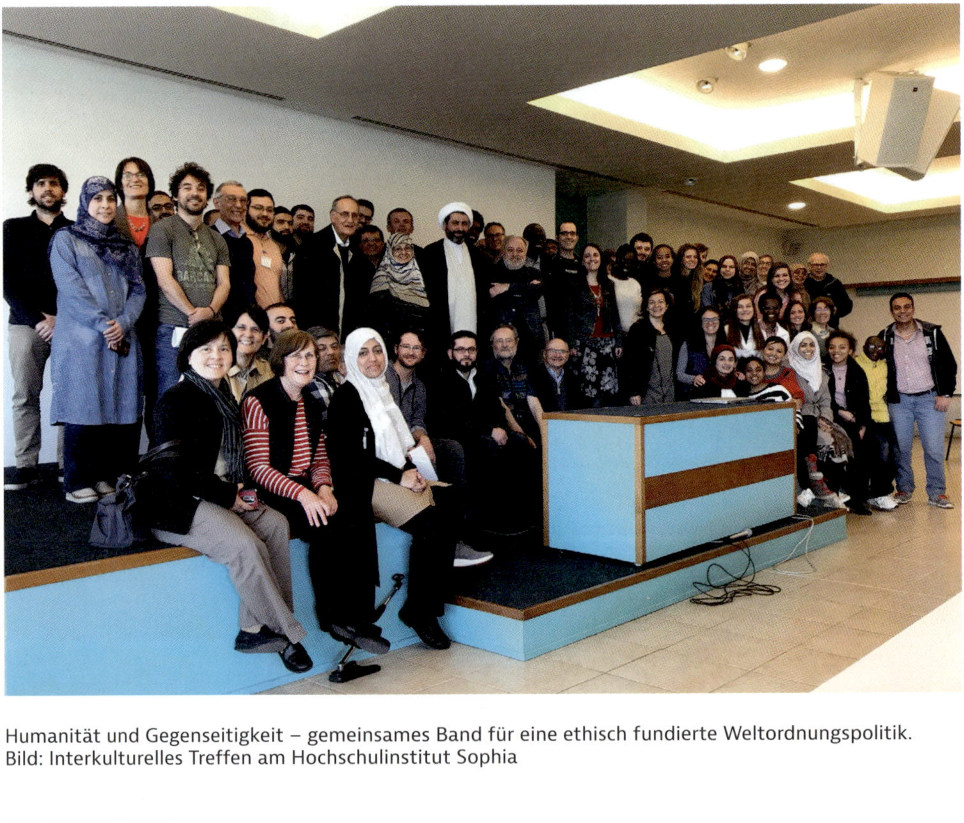

FOTO: HR C CSC-AUDIOVISIVI

Humanität und Gegenseitigkeit – gemeinsames Band für eine ethisch fundierte Weltordnungspolitik. Bild: Interkulturelles Treffen am Hochschulinstitut Sophia

„Der mancherorts aufkeimende Extremismus und Fundamentalismus bereiten große Sorgen. Doch der Dialog birgt vielfältige Möglichkeiten und Chancen. Das gegenseitige Verständnis und die aktive Zusammenarbeit sind gewachsen. In beiden Richtungen findet ein Austausch von Werten statt – zur Bereicherung aller... Die Waage schlägt zugunsten des interreligiösen Dialogs aus. Setzen wir ihn fort." (Kardinal Francis Arinze anlässlich eines Kongresses für muslimische Freunde der Fokolar-Bewegung 1998 in Castel Gandolfo)

Buddhistische Mönche besuchen das Hochschulinstituts Sophia.

Für die eine Menschheitsfamilie: Begegnung von Jugendlichen der GEN-Bewegung mit Buddhisten

Friedensgebet im Rahmen einer ökumenischen Begegnung in Loppiano

Collini Holding AG: Miteinander der Kulturen als Erfolgsmodell

Egbert Amann-Ölz

> *Die Firmengruppe Collini (Holding AG, Collini GmbH, Collini Dienstleistungen GmbH) beschäftigt im Stammwerk Hohenems rund 450 Mitarbeiter aus etwa 20 Nationen. Gegründet wurde das Unternehmen 1898 als Scherenschleiferei von Damian Collini, einem Einwanderer aus Mortaso im Trentino. Bald wurden Bestecke und Tafelgeräte hergestellt. 1928 nahm das Unternehmen Österreichs erstes Chrombad in Betrieb. 1962 wurde eine vollautomatische Galvanisierungsanlage errichtet. Die Firmen der Gruppe sind spezialisiert auf das Veredeln von Grundwerkstoffen durch Beschichten, insbesondere Galvanisieren, Eloxieren und Feuerverzinken. Gefertigt wird etwa für Küchenbeschläge, als Automobilzulieferer und im Bereich der Energieerzeugung, wo man etwa für Windkraftanlagen europaweiter Marktführer ist. Da Beschichten insgesamt ein umweltkritisches Feld ist, legt man besonderen Wert auf geschlossene Kreisläufe und minimale Emissionen. Dafür wurde das Unternehmen mehrfach mit Umweltpreisen ausgezeichnet.*

Die Gruppe Collini, bis heute ein Familienunternehmen, hat etwa 1.600 Beschäftigte an 13 Produktionsstandorten, u.a. in Italien, Deutschland, in der Schweiz, in Russland und Rumänien. Umsatz: 223 Mio. € (2018). Mitarbeitende aus 50 Nationen tragen zum Erfolg des Unternehmens bei.

Vom „Industriemagazin" wird die Collini-Gruppe im Ranking der Top 250 Industrieunternehmen Österreichs um Platz 200 geführt. Seit der Firmengründung sind Toleranz, gegenseitige Wertschätzung und ein „Miteinander der Kulturen" tief in der Firma verwurzelt. Von den derzeit 450 am Standort Hohenems beschäftigten Mitarbeitern sind mehr als 20 im Rahmen der Fluchtbewegungen der letzten Jahre nach Österreich gekommen.

Das Vorarlberger Unternehmen mit 120-jähriger Tradition und Erfahrung kann nicht nur zum Thema Oberflächenvergütung, sondern mittlerweile auch zum Thema „Arbeit & Integration" eine Erfolgsbilanz ziehen. Dass der Faktor Arbeit einen hohen Stellenwert bei der Integration von Flüchtlingen hat, zeigen die Aussagen von Mitarbeitern mit Migrationshintergrund:

Hazem Albasmaui – Syrien

Hazem Albasmaui war Buchhalter in Syrien und ist 2013 mit seiner Frau und zwei Kleinkindern nach Hohenems geflüchtet, wo er von einer Familie aufgenommen wurde. Seit 2016 arbeitet er als Schichtarbeiter in der Trommelgalvanik. Besonders stolz sind er und seine Frau Fardus auf den schulischen Erfolg der ältesten Tochter: Klassenbeste! Hazem gilt bei seinen Kollegen als extrem genau und ordentlich. Sorgen bereitet ihm die Situation seiner Mutter in einem syrischen Krankenhaus: „Immerhin konnte ich von hier aus mit einer Telefonaktion passende Blutkonserven für sie organisieren."

Rehanullah Tarakheil – Afghanistan

Rehanullah Tarakheil kam als minderjähriger Flüchtling mit 15 Jahren aus Afghanistan und hat im Jahr 2018 bei Collini seine Lehre als Oberflächentechniker

gestartet. Rehanullah schloss bereits die 1. Berufsschulklasse in Ferlach mit „Sehr gut" ab. Beim Lehrlingsworkshop „Körper-Stimme-Wirkung" überraschte er mit seinen Talenten: Ausdrucksstärke, sprachliche Formulierung, Körperbeherrschung, hohes Engagement in der Gruppe.

„Ich möchte gerne etwas von dem zurückgeben, was ich hier an Respekt und Unterstützung bekommen habe. Ich mache das mit guter Arbeit und versuche das auch mit Freundlichkeit. Auch wenn ich auf der Straße manchmal blöd angeredet werde – das kann passieren – hier kann man trotzdem immer Mensch sein. Und ein freundliches Lächeln mag eigentlich jeder!"

Hassan Adan – Somalia

Hassan Adan aus Somalia ist als Bootsflüchtling 2015 in Griechenland gelandet. Seit einem Jahr arbeitet er als Schichtarbeiter bei der Firma Collini. Im Herbst möchte er eine Lehre zum Elektrotechniker beginnen, derzeit macht er den Führerschein.

„Hier in Vorarlberg sind wirklich nette Menschen, besonders Konrad, der mit mir Deutsch lernt."

Abdullahi Mowlid Ibrahim – Somalia

Abdullahi Mowlid Ibrahim ist Arzt aus Somalia. Da die Nostrifizierung seines Medizinstudiums in der EU so gut wie unmöglich ist, arbeitet er seit heuer im Schichtbetrieb

bei der Trommelgalvanik. Er schätzt besonders die fixe Arbeit, zu der er jeden Tag mindestens eine halbe Stunde früher kommt. Sein langfristiges Ziel ist Österreicher zu werden.

Abdi Mohamed – Äthiopien

Abdi Mohamed hat in Äthiopien Betriebswirtschaft studiert, bevor er 2011 aus seiner Heimat fliehen musste. Er arbeitet seit 2015 bei Collini als Schichtarbeiter.

„Jeder Mensch braucht Arbeit. Was ich an Collini schätze, ist, dass verschiedenste Kulturen zusammenarbeiten und jeder seine Erfahrungen mit anderen teilt. Das läuft wirklich gut!"

Ariunbold Rina – Mongolei

Ariunbold Rina ist bekennender Buddhist aus der Mongolei, von der er 2009 mit seiner Frau nach Österreich gekommen ist. Seit 2018 arbeitet er Schicht in der Trommelgalvanik.

Seine Wünsche? Gesundheit, glücklich in der Arbeit, glücklich im Leben.

„Mit meiner Frau, meinen drei Kindern und meiner Arbeit bei Collini sind diese Wünsche bereits in Erfüllung gegangen."

Günther Reis,
Geschäftsführer Collini Hohenems

„Bei Collini in Hohenems gibt es ein gutes Miteinander der Kulturen. Damit haben wir durchwegs positive Erfahrungen gemacht. Das galt bei der Zuwanderung  türkischer Mitarbeiter gleichermaßen wie bei den Menschen aus dem früheren Jugoslawien und zuletzt bei den Flüchtlingen, die vorwiegend aus Syrien und Afghanistan zu uns gekommen sind. Alle sind auf der Suche nach einem sicheren Leben für sich selbst und ihre Familien. Man muss Menschen nicht nur aufnehmen, sondern ihnen die Möglichkeit geben, ihr Leben selbst zu gestalten und damit in unserer Gesellschaft anzukommen. Dazu ist ein vollwertiger Arbeitsplatz eine enorm wichtige Komponente." (Presseaussendung Collini 26.6.2019)

Im Zeichen der Wassermelone
Kurt Neumeyr

Als ehemalige Arzthelferin bin ich es gewohnt, kranken Menschen zuzuhören. Darum habe ich Ja gesagt, als mir angeboten wurde, ehrenamtlich im Besuchsdienst der Emmausgemeinschaft mitzuarbeiten, erzählte mir Christa, eine lebensfrohe Mitsechzigerin.

Wenn sich ein Gast oder ein Mitarbeiter unserer Gemeinschaft im nahe gelegenen Landesklinikum befindet und wir davon erfahren, kommt jemand von uns vorbei. Oft sind die Besuchten sehr dankbar für diese Form der Aufmerksamkeit und freuen sich, nicht vergessen worden zu sein.

Kürzlich wurde ich gebeten, Herrn Yahya Aeychouh im Krankenhaus zu besuchen. Der ehemalige Flüchtling, Angehöriger der christlichen Minderheit in Syrien, wohnt seit einiger Zeit als Gast in Emmaus. Ich kenne den Mann allerdings noch nicht. Auf der Station angekommen, erlebe ich das hektische Treiben des Pflegepersonals, doch ich muss niemanden bemühen, denn ich weiß ohnehin die Zimmernummer. Das Zweibettzimmer, das derzeit nur einfach belegt ist, vermittelt einen hellen und freundlichen Eindruck. Der Herr im Bett neben dem Fenster wirkt älter, als ich es erwartet habe. Sein grauer Schnurrbart und das schüttere Haupthaar, das wohl einst schwarz war, lassen die orientalische Herkunft allenfalls noch erahnen. Auf seinem Nachtkästchen steht eine Schale mit den Resten einer aufgeschnittenen Wassermelone. Die alte Heimat lässt grüßen, denke ich lächelnd. „Guten Tag, mein lieber Herr!", beginne ich, mir seinen unaussprechlichen Namen ersparend, unsere Konversation. Wie so oft bei mir unbekannten Menschen stelle ich mich zuerst vor und erkläre ihm meine Aufgabe.

„Dass Emmaus Sie extra wegen mir hergeschickt hat! Wo ich doch ..." Er unterbricht sich und schüttelt ungläubig den Kopf. „Aber setzen Sie sich doch!" Wie bescheiden er ist, schießt es mir durch den Kopf. Sagt man das nicht allgemein Menschen, die bittere Armut ertragen mussten, nach, dass sie dankbarer sind und selbst Kleinigkeiten zu schätzen wissen? Er spricht mit mir über seine Erkrankung – etwas Ernsteres, wie ich von Berufs wegen weiß. Worüber er nicht spricht, ist die Flucht, die nach Schilderung eines Mitarbeiters der Emmausgemeinschaft dramatisch verlaufen sein muss. Ich frage nicht nach, da ich weiß, dass solche Erfahrungen oft ein Trauma verursachen und die Betroffenen nicht gerne daran erinnert werden möchten. Was mir auffällt, ist, wie gut er bereits unsere Sprache beherrscht, obwohl er erst seit knapp zwei Jahren hier ist.

„Sie sprechen ein sehr schönes Deutsch", bemerke ich anerkennend. „Sie auch", quittiert er mein Lob und lächelt müde. Als ich auf seine Arbeit zu sprechen komme – ich wurde ja informiert, dass er im Tischlereibetrieb von Emmaus seinem erlernten Beruf nachgehen darf – winkt er ab und blickt ins Leere. Vielleicht ist er ganz froh, Abstand zu haben. Ich kann es nachvollziehen, dass es anstrengend sein muss, über seine Arbeit zu sprechen, wenn man krank im Spital liegt. So schweigen wir eine Weile miteinander, dann erzähle ich ihm von meiner Tätigkeit im Besuchsdienst, von den Herausforderungen, den unvergesslichen Momenten ... Er hört mir geduldig zu, lächelt manchmal und dankt mir am Ende meines Besuchs für mein Kommen.

Ishaq Al Jowari Ali kommt aus dem Irak, zuvor hat er in Russland Bauingenieurwesen studiert. Bei Collini arbeitet er seit 2018 in der Trommelgalvanik, im Zweitjob ist er Hausmeister im Pfarrheim von Hohenems. Ishaq Ali ist verheiratet und hat zwei Kinder. Bei Collini schätzt er, dass er mit Respekt behandelt wird. Ishaq Ali: „Das Wichtigste für mich ist, dass meine Familie glücklich ist!"

„Schauen Sie doch wieder vorbei, ich werde wohl noch eine Weile hier sein", sagt er, als ich ihm zum Abschied die Hand reiche und ich verspreche es ihm. Als Mitbringsel bekommt er das nächste Mal eine Wassermelone!

Sechs Tage später möchte ich mein Versprechen einlösen, finde aber bloß ein leeres Bett vor. „Da kommen Sie zu spät", höre ich plötzlich eine Krankenpflegerin hinter mir. „Herr Schaufler wurde gestern entlassen." „Herr Schaufler?" „Natürlich. Sie haben doch letztens selbst mit ihm gesprochen! Soweit ich es beobachtet habe, waren Sie überhaupt der einzige Besuch während seines Aufenthalts bei uns", bemerkt die Pflegerin und ihr Kollege nickt bestätigend.

Fassungslosigkeit macht sich in mir breit. Ich krame nach dem Zettel in meiner Geldbörse, auf dem ich Name, Stockwerk, Station und Zimmernummer notiert habe: „Yahya Aeychouh, 2. Stock, Station II, Zimmer 5", lese ich laut vor.

„II. Station der Inneren Medizin", klärt mich die Pflegerin auf. „Am Ende des Korridors befindet sich die II. Station der Orthopädie. Das wird häufig verwechselt." Benommen mache ich mich auf den Weg zur besagten Abteilung, wo ich allerdings erfahre, dass Herr Aeychouh bereits vor drei Tagen von einem Emmaus-Mitarbeiter abgeholt wurde. Auf dem Heimweg ärgere ich mich über meinen Irrtum und meine Naivität. Wie konnte ich den Mann bloß für einen Syrer halten? Weil er eine Melone konsumiert hat, wie ich sie jetzt, mit jedem Schritt schwerer werdend, nach Hause schleppe? Erst allmählich wird mir klar, dass ich genau die richtige Tür aufgestoßen habe.[66]

Fastenbrechen in Emmaus: Tiramisu für muslimische Gäste und MitarbeiterInnen

Amicelli

»*Jeder fragende und suchende Mensch ist von Gott gesandt.*«

Pastoraltheologe Bruno Dreher, in einem Kommentar zu Apostelgeschichte 10,1-48

Bahnhof St. Pölten: Zwei junge Ausländer fragen mich, ob der Intercity Richtung Salzburg auch in Linz hält. Ich bejahe dies, wünsche ihnen eine gute Fahrt und suche für mich ein Abteil, in dem ich – nach einem arbeitsreichen Tag – endlich abschalten kann. Wenige Minuten später nehmen die beiden Fremden mir gegenüber Platz. Ich verstehe, dass es nun darum geht, den gegenwärtigen Augenblick gut zu leben. Osman (18) und sein Bruder Hozan (24) sind der Hölle von Aleppo entronnen, seit vier Monaten sind sie zu Fuß unterwegs. Sie berichten in gebrochenem Englisch, dass sie über die Türkei, Bulgarien, Rumänien bis Traiskirchen marschiert sind. Hozan: „Hunger und Kälte taten weh: In den bulgarischen und rumänischen Gefängnissen wurden wir von Beamten so lange geschlagen, bis wir – jeweils 200 Dollar – bezahlt haben." Am Handy zeigen sie mir Fotos von ihrer Familie und ihrer wunderschönen Heimatstadt. Sie haben auch dokumentiert, wo sie nächtigten: in Hafträumen, in Stallungen und in Abbruchhäusern. Osman fragt, ob es in Linz eine Hilfsstelle gibt. Ich verweise die beiden an die Flüchtlingsberatung der Caritas, kann aber keine Adresse nennen. Inzwischen kommt ein Mitarbeiter vom Bord-Service. Ich lade Osman und Hozan auf einen Kaffee ein. Während die beiden Gäste bedient werden, sehe ich am Namensschild des Service-Mannes „Muhammad". Ich stelle ihm die beiden syrischen Flüchtlinge vor. Ich frage Muhammad, der aus Algerien kommt, ob er kurz als Arabisch-Dolmetscher fungieren kann. Spontan willigt er ein und bringt nach etwa fünf Minuten die im Internet erhobene Adresse und Telefonnummer der Caritas Linz. Wir sprechen von unserer Sehnsucht nach Frieden und einigen uns darauf, dass der Name „Gott" in Zukunft nie mehr für Terror oder Krieg missbraucht werden darf – egal ob Sunnit oder Schiit, ob Muslim oder Christ. Am Ende unserer Begegnung schenkt uns Muhammad – symbolträchtig – drei Amicelli-Waffelröllchen. An jenem Tag habe ich einen Satz von Leo Tolstoi neu verstanden:

»*Die wichtigste Stunde in unserem Leben ist der gegenwärtige Augenblick. Der bedeutsamste Mensch in unserem Leben ist immer der, der uns gerade gegenüber steht. Das notwendigste Werk in unserem Leben ist stets die Liebe.*«[67]

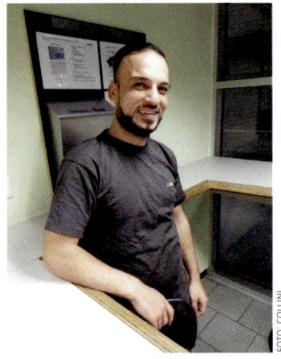

FOTO: COLLINI

Sufian Alagadi Majid Khalaf ist 2013 vor dem Bombenterror in Mossul, der seine Mutter das Leben gekostet hat, aus dem Irak über Italien nach Österreich gekommen. Seit 2019 arbeitet er bei Collini im Schichtbetrieb in der Trommelgalvanik. Zuvor hatte er so gut wie jede Arbeit angenommen: auf Baustellen, in einer Autowerkstätte und in einem Restaurant. Was er sich wünscht? „Irgendwann möchte ich meine Familie in Mossul wiedersehen!"

VISION STATT RESIGNATION
GLOBALISIERUNG ALS CHANCE

Diese Wirtschaft tötet:
Für eine Ökonomie mit ethischen
Grundlagen

❯❯ *Siehe, ich mache alles neu!"*

Offenbarung 21,5

Die weltweiten Ströme von Elendsflüchtlingen können weder durch hohe Mauern der Festung Europa noch durch die EU-Grenzschutztruppe Frontex gestoppt werden, sondern nur durch eine Ökonomie mit ethischen Grundlagen, die im neoliberalen Rausch verloren gegangen ist.[68] Was wir brauchen, ist eine neue Weltfriedensordnung und eine neue Weltwirtschaftsordnung, fairen Handel für alle Staaten und soziale Gerechtigkeit für alle Völker – z.B. einen globalen Marshallplan und eine weltweite ökosoziale Marktwirtschaft. Jeder und jede von uns kann und soll beitragen zum Aufbau einer neuen, gerechten, gewaltfreien und versöhnten Gesellschaft.[69]

In „Evangelii gaudium" kritisiert Papst Franziskus die „Globalisierung der Gleichgültigkeit" (Nr. 55) und unsere Unfähigkeit, Mitleid zu empfinden gegenüber dem Aufschrei derer, die ausgeschlossen und ausgegrenzt werden. Der Papst fordert ein klares „Nein zu einer Wirtschaft der Ausschließung und der Disparität der Einkommen. Diese Wirtschaft tötet. Es ist unglaublich, dass es keinen Aufschrei gibt, wenn ein alter Mann, der gezwungen ist, auf der Straße zu leben, erfriert, während eine Baisse um zwei Punkte in der Börse Schlagzeilen macht. Das ist Ausschließung. Es ist nicht mehr zu tolerieren, dass Nahrungsmittel weggeworfen werden, während es Menschen gibt, die Hunger leiden. Das ist soziale Ungleichheit." Franziskus kritisiert, dass der Mensch wie ein Konsumgut betrachtet wird, das man gebrauchen und dann wegwerfen kann. „Wir haben eine Wegwerfkultur eingeführt, in der die Ausgeschlossenen nicht nur ausgebeutet, sondern wie Müll und Abfall behandelt werden." (Nr. 54) Neben diesem

„Es ist nicht zu tolerieren, dass Nahrungsmittel weggeworfen werden, während es Menschen gibt, die Hunger leiden. Das ist soziale Ungleichheit." (Papst Franziskus) Bild: Mahnwache vor der Deutschen Bank in Frankfurt/Main gegen Nahrungsmittelspekulation

FOTO: KNA

Nein zur sozialen Ungleichheit, die Gewalt hervorbringt, fordert der Papst die Kirche auf, zu den anderen hinauszugehen, um an die menschlichen Randgebiete zu gelangen. „Mir ist eine verbeulte Kirche, die verletzt und beschmutzt ist, lieber als eine Kirche, die aufgrund ihrer Verschlossenheit und ihrer Bequemlichkeit, sich an ihre eigenen Sicherheiten zu klammern, krank ist." (Nr. 49) Unter dem großen Vorzeichen des Erbarmens soll die Kirche „ein Feldlazarett sein, um die Wunden der Menschen wie der Menschheit zu heilen." Nach Paul M. Zulehner verlagern sich die Akzente: von der Sünde zur Wunde, vom Gerichtssaal zum Hospiz, vom Moralisieren zum Heilen, vom Gesetz zum Gesicht, vom Ideologen zum Hirten.[70]

Jedem Menschen seine Würde

Als ChristInnen haben wir heute eine wichtige Botschaft zu verkünden: „Jedem Menschen seine Würde." Dies ist ein echtes Kontrastprogramm zum brutalen und gnadenlosen Sozial-Darwinismus, der keine Veranlassung sieht, sich um das Überleben der Schwachen und Kranken zu kümmern. Der biblische Befund ist eindeutig: Jeder Mensch ist Ebenbild und Abbild Gottes. Es gibt kein minderwertiges oder „lebensunwertes Leben". Jeder Mensch ist Tempel Gottes (vgl. Leitbild der Arche-Gemeinschaften).

Der Mensch ist mehr als eine medizinische Restgröße. Jeder einzelne Mensch ist unendlich kostbar und von Ewigkeit her geliebt – auch der behinderte, alte oder gebrechliche Mensch. Gottes Liebe grenzt niemanden aus.[71] Mehr noch: Christus solidarisiert sich und identifiziert sich mit den leidenden Menschen: „Was ihr den Geringsten meiner Geschwister getan oder verweigert habt, das habt ihr mir getan oder verweigert."

(Mt 25,40) Darum auch der Einsatz der Emmausgemeinschaft St. Pölten für ein Leben in Würde – bis zuletzt, bis zum natürlichen Ende. Extrem bedroht und deshalb besonders schutzwürdig ist das wehrlose, werdende Leben, aber auch der Mensch in der letzten Phase seines Lebens. Die Abtreibung bleibt eine ganz tiefe Wunde in unserer Gesellschaft. Dringend geboten sind daher die Schaffung von flankierenden Maßnahmen bei Konfliktschwangerschaften sowie der Ausbau der Hospizteams in Österreich und europaweit. Die Gefahr einer Legalisierung des assistierten Suizids innerhalb der EU ist keineswegs gebannt. Die Sterbehilfe-Gesetze in Belgien, in den Niederlanden und in der Schweiz sollten uns wachrütteln.

Balance the world:
Für eine Kultur der Genügsamkeit

„Die Welt hat genug für alle, aber zu wenig für die Gier einiger." (Mahatma Gandhi)

Nach Einschätzung des Theologen Markus Büker, Experte für Entwicklungszusammenarbeit beim Hilfswerk Misereor, ist der Weg zu einer als „globale Tischgemeinschaft" umschriebenen Ernährungsgerechtigkeit für alle noch ein weiter. Weltweit leiden auch heute noch rund 815 Millionen Menschen an Hunger und zwei Milliarden an Unterernährung.

Der Hunger gehe Hand in Hand mit Fragen des Ressourcenverbrauchs, des Klimawandels, aber auch des Demokratieverständnisses in westlichen Ländern. Den weltweit anhaltenden Hunger sieht Büker primär nicht in Produktionsengpässen begründet, sondern in einer fehlenden Verteilungsgerechtigkeit. Bis zu 12 Milliarden Menschen könnten laut dem Experten mit den zur Verfügung stehenden Ressourcen ernährt werden.[72]

FOTO: SHUTTERSTOCK

Global Marshall Plan-Initiative: Durch faire Wirtschaftsbeziehungen, Verbot von Steueroasen, Besteuerung globaler Wertschöpfung, Besteuerung von Flugbenzin und Schiffstreibstoff sowie der Schaffung gerechter Strukturen sollen die Lebensgrundlagen für die zukünftigen Generationen gesichert werden.

Ungerechte Ressourcenverteilung bedingt den Hunger

Der Soziologe Jean Ziegler bringt es auf den Punkt: „Jedes Kind, das heute an Hunger stirbt, wird ermordet, weil es eigentlich genug Nahrung gibt."[73] Antreiber des weltweiten Ungleichgewichts sind u.a. globale Handels- und Wirtschaftsstrukturen und das Konsumverhalten der Menschen in Industrie- und zunehmend auch in Schwellenländern.

Wie sich diese Faktoren negativ auf die Entwicklungsländer auswirken, erläutert Anja Appel, Expertin für Entwicklungszusammenarbeit, am Beispiel der Fleischproduktion und des Fleischkonsums: In Österreich werden pro Jahr und Kopf rund 60 Kilogramm Fleisch- und Wurstwaren verzehrt, 40 Kilogramm mehr als von Gesundheitsstellen empfohlen. Ernährt werden diese Tiere aber nicht mit Soja aus Österreich oder Europa, sondern mit in der Regel gentechnisch veränderten Importen, bevorzugt aus Argentinien und Brasilien. Pro Jahr importiere die Alpenrepublik etwa 500.000 Tonnen Soja und trage so indirekt in den Regionen zu Landvertreibung, Zerstörung der Biodiversität oder Vergiftung des Bodens durch Chemikalien bei.[74]

FOTO: SHUTTERSTOCK

Indien: Ein Bub sammelt Abfälle am Stadtrand von New Delhi. Weltweit müssen tausende Kinder auf diese Weise ihr Leben fristen.

FOTO: SHUTTERSTOCK

Essensausgabe für Kinder aus armen Familien in einem entlegenen Dorf Indiens. Indien liegt beim Global Hunger Index an 97. Stelle von 118 Ländern.

SCHÖPFUNG BEWAHREN
ÖKOSYSTEM ERDE SICHERN

Nachhaltigkeit (als Sicherung der ökologischen, sozialen und ökonomischen Stabilität menschlicher Lebensräume) kann nicht in der ständigen Steigerung von Gütermengen und Geschwindigkeiten bestehen. Dann leben die Reichen nämlich nur noch schamloser auf Kosten derer, die in diesem Rennen nicht mitkommen. Nur ein ressourcenleichter Wohlstand – ein Wohlstand also, der die endlichen Ressourcen der Erde nicht weiter auffrisst – ist ein Wohlstand, der vielen Menschen die Chance zur Teilhabe eröffnet. Nur ein solcher Wohlstand ist christlich vertretbar, weil er ein gerechter Wohlstand ist. (Bernhard Meuser, DOCAT. Was tun? Die Soziallehre der Kirche)

>> *Globalisierung ist kein Schicksal. Sie wird von Menschen gemacht und kann deshalb von ihnen auch nach moralischen Maßstäben gestaltet werden."*[74A]

Nachhaltigkeit kann nicht in der ständigen Steigerung von Gütermengen und Geschwindigkeiten bestehen. Nur ein ressourcenschonender Wohlstand eröffnet vielen Menschen die Chance der Teilhabe.

Neben den grundlegenden Sozialprinzipien Personalität, Solidarität und Subsidiarität muss unter den besonderen Herausforderungen der Gegenwart das Prinzip Nachhaltigkeit hinzugefügt werden. Wo von Nachhaltigkeit die Rede ist, geht es um die stabile Sicherung des Ökosystems Erde und um die natürliche Regenerationsfähigkeit ihrer Ressourcen. Papst Franziskus spricht von der Erde als „gemeinsamem Haus" aller Menschen und von der Herausforderung, die gesamte Menschheitsfamilie in der Suche nach einer nachhaltigen und ganzheitlichen Entwicklung zu vereinen. (Laudato si, Nr. 13) Die Wege zur Lösung der sozio-ökologischen Krise erfordern einen ganzheitlichen Zugang, um die Armut zu bekämpfen, Ausgeschlossenen ihre Würde zurückzugeben und sich zugleich um die Natur zu kümmern.

Christliche Ethik respektiert die Würde eines jeden Geschöpfes. Tiere werden als Mitgeschöpfe wahrgenommen, ein würdevolles Miteinander von Mensch und Tier ist anzustreben.[74A]

Das wichtigste Wort der Zukunft lautet:

GENUG

In einer Welt mit begrenzten Ressourcen kann es kein grenzenloses Wachstum geben. Daher brauchen wir eine neue Kultur der Genügsamkeit und die Reduktion auf das Wesentliche.

„Das wichtigste Wort der Zukunft wird lauten: GENUG. Ich habe genug, um meine Grundbedürfnisse zu befriedigen. Wir haben genug, um unsere Grundbedürfnisse zu stillen. Der reiche Norden wird sich schwer tun zu teilen. Die Menschen im überwiegend armen und ausgebeuteten Süden werden sich ungleich leichter tun, mit einem einfachen Lebensstil auszukommen.[75]

Nachhaltigkeit bedeutet „Verzicht neu": Verzichte auf das, was du anderen für immer wegnimmst!

>> *Zerstöre nichts, keinen Grashalm, keinen Baum. Lass die Sandkörner an ihrem Platz und die Berge. Alles hat seinen Geist. Was willst du verändern, was könntest du besser machen? Ganz von selbst erhebt sich Abendwind und schließt die Blüten. Bevor man die Welt verändert, wäre es vielleicht wichtiger, sie nicht zugrunde zu richten."*

Paul Claudel

Experten sind sich seit Jahrzehnten darüber einig, dass die soziale und ökologische Krise der Welt nur durch ein neues Zivilisationsmodell gelöst werden kann. Pedro Arrupe SJ und der Befreiungstheologe Ignacio Ellacuria (1989 ermordet) forderten eine „Gesellschaft der Genügsamkeit". Sie betonten, dass die Lösungen, die die reichen Länder anbieten, schon allein deswegen keine wirklichen Lösungen sein können, weil sie nicht universalisierbar sind. „Es ist schlicht unmöglich, dass die armen Länder des Südens nur annähernd so leben wie die reichen Länder des Nordens, weil dazu die natürlichen Ressourcen fehlen und weil es ökologisch zum Kollaps führen würde."[76] Nur ein universalisierbarer Entwurf einer Weltordnung kann als Modell einer Weltordnung dienen.

Papst Franziskus kritisiert immer wieder unsere momentane Art des Lebens und Wirtschaftens: „Dies führt dazu, dass die Erde, auf der wir leben, in Wirklichkeit weniger reich und schön wird, immer begrenzter und trüber." (Enzyklika Laudato Si, Nr. 34) Dies führt der Papst auf die „große Maßlosigkeit" und Unersättlichkeit des gegenwärtigen Lebensstils zurück: „Während das Herz des Menschen immer leerer wird, braucht er immer nötiger Dinge, die er kaufen, besitzen und konsumieren kann." (ebd. Nr. 201) Die christliche Spiritualität ermutigt zu einem Lebensstil, der fähig ist, sich zutiefst zu freuen, ohne auf Konsum versessen zu sein. Es handelt sich um die Überzeugung, dass „weniger mehr ist."[77]

> **» *Das Paradies pflegt sich erst dann als Paradies zu erkennen zu geben, wenn wir daraus vertrieben wurden."***
>
> *Hermann Hesse*

> **» *Die Kosten für eine Wiederherstellung beschädigter Ökosysteme sind zehnmal höher als für Naturschutz."***
>
> *Tim Kasten, stv. UNEP-Direktor*

> **» *Die Herausforderung besteht darin, eine Globalisierung in Solidarität, eine Globalisierung ohne Ausgrenzung zu sichern."***
>
> *Johannes Paul II.*[78]

Entwicklungszusammenarbeit und fairer Handel

FAIRTRADE kennzeichnet Waren, die aus fairem Handel stammen und bei deren Herstellung bestimmte soziale, ökologische und ökonomische Kriterien eingehalten wurden. Dies ermöglicht den Kleinbauern-Kooperativen stabilere Preise und langfristige Handelsbeziehungen.

Eine wichtige Option gegen die erbarmungslose Entsorgungs- und Wegwerfgesellschaft ist der Aufbau von Organisationen und grenzüberschreitenden Projekten, die die Entwicklungszusammenarbeit und den fairen Handel fördern und auf diese Weise zum Frieden beitragen. Im Folgenden die Namen einiger NGOs, die exemplarisch für viele andere Initiativen und Pilotprojekte stehen:

EZA Fairer Handel / FAIRTRADE: Förderung des fairen Handels mit Entwicklungsländern (Horizont 3000). Entwicklungszusammenarbeit-Unterstützung besonders benachteiligter Menschen im globalen Süden bei ihrer nachhaltigen und menschengerechten Entwicklung.

Oikocredit Austria: Genossenschaft, die Kooperativen sowie kleine und mittlere Unternehmen in den sogenannten Entwicklungsländern refinanzieren. Ethisches Investment zur realwirtschaftlichen Anschubfinanzierung.

Steyler Bank: Genossenschaften für Gemeinwohl, Mikrokredite.

Grameen-Bank: (Muhammad Yunus): vergibt Kleinkredite an Menschen ohne Einkommenssicherheiten.

Selbstbesteuerungs-Gruppen: Unterstützung von Sozialprojekten in benachteiligten Ländern.

Jesuit Refugee Service (JRS): setzt sich weltweit für die Bedürfnisse geflüchteter Menschen ein.

Jugend Eine Welt: Das katholische Hilfswerk ist durch Projektpartner in 132 Ländern gegen Not und Bildungsarmut engagiert. Unter dem Motto „Bildung überwindet Armut!" setzt sich „Jugend Eine Welt – Don Bosco Aktion Österreich" weltweit für die Verbesserung der Lebensperspektiven von Kindern und Jugendlichen am Rande der Gesellschaft ein.

Für eine Welt in Balance: Arcadio Daniel Galindo, Vorstand der Kaffee-Kooperative "Asociacion Chajulense" in Guatemala. Die Kooperation verkauft ihren Kaffee an Fairtrade-Partner in Europa und Nordamerika.

FOTO: KNA

Friedensnobelpreisträger Muhammad Yunus startete die Grameen Bank, die Mikrokredite vergibt. Seine Begründung, warum Frauen bei Kreditvergaben bevorzugt werden: „Sie zahlen Kredite zuverlässiger zurück und investieren in Gesundheit und Ausbildung der Kinder."

FOTO: SHUTTERSTOCK

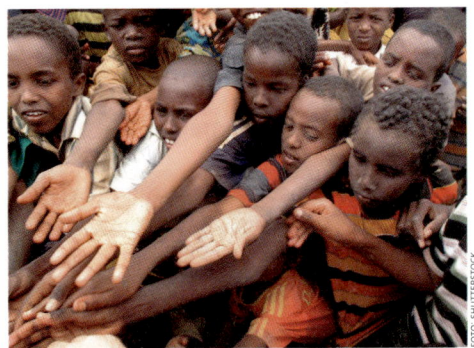

FOTO: SHUTTERSTOCK

❯❯ *Jedes Kind, das heute an Hunger stirbt, wird ermordet, weil es eigentlich genug Nahrung gibt."*

Jean Ziegler

Pandemie als Wink mit dem Zaunpfahl

„Auch im Mittelalter gab es tödliche Viren, auch in den vergangenen Jahrhunderten. Die Epidemien blieben lokal. Heute ist das anders. Ob eine Epidemie in China, Italien, Japan oder in Spanien ausbricht, ist völlig egal. Innerhalb einer Woche breitet sie sich auf der ganzen Welt aus. Mir kommt es so vor, als ob uns die Natur eine letzte Chance gibt, eine Art netten Schubser. Der wichtigste Faktor der Evolution ist nicht der Wettbewerb. Kooperation ist viel erfolgreicher als Konkurrenz. Wir müssen uns unseren Planeten mit allen Lebewesen als ein einziges großes Lebewesen vorstellen. Alles ist im Gleichgewicht, wie beim Menschen. Wenn nicht, greifen Mechanismen, die für den nötigen Ausgleich sorgen. Wir nennen das Homöostase. Wenn es einen Faktor gibt, der für Ungleichgewicht sorgt, trifft der Mega-Organismus Vorkehrungen, die die Homöostase wiederherstellen. So gesehen handelt es sich bei der gegenwärtigen Pandemie wirklich um einen Wink mit dem Zaunpfahl." (Stefano Mancuso, Prof. für Botanik, Neurobiologe, Universität Florenz. SN, 4.5.2020[80])

Zum Auftakt des achten Weltsozialforums haben im Jahr 2009 rund 70.000 Menschen in der brasilianischen Stadt Belem für eine gerechtere Wirtschaftsordnung und den Erhalt des Regenwaldes im Amazonas-Gebiet demonstriert.[79]

There ist no Planet B

Papst Franziskus: „Gerechte Wirtschaft – das sind keine Träume. Das ist der Weg!"

Papst Franziskus hat im November 2020 junge Wirtschaftsakteure zu einem radikalen Umdenken aufgerufen. Wachstumsprogramme dürfen keinen anderen Zweck haben als den Dienst am Menschen. Daran müssten Wirtschaft und Politik im Dialog arbeiten. Es gehe darum, Ungleichheiten zu reduzieren, Diskriminierung zu bekämpfen und den Menschen aus seinen Versklavungen zu befreien. Nachdrücklich forderte der Papst, Arme an den Entscheidungsprozessen zu beteiligen: „Das sind keine Träume: Das ist der Weg!" Kreditsysteme allein seien „nur ein Weg in die Armut und Abhängigkeit". Um die Lebensbedingungen auf dem Planeten zu verbessern, sei es unerlässlich, Lebensstile, Produktions- und Konsumweisen sowie Machtstrukturen zu verändern und sich neu auf das Gemeinwohl zu besinnen. (kathpress, 22.11.2020)

Brasilien

FOTO: CSC-AUDIOVISVI

Modellsiedlung Mariapoli Ginetta der Fokolar-Bewegung in der Nähe von Sao Paulo (Brasilien) mit ca. 400 BewohnerInnen aus allen sozialen Schichten

Kultur der Begegnung statt Kultur des Wegwerfens

Als Methode pochte Franziskus auf eine Kultur des Austausches und der Begegnung als Gegenteil der Kultur des Wegwerfens, des Nichtbeachtens und Aussortierens benachteiligter Menschen. Zentral in einer gerechten Gesellschaft der Zukunft sei ein systematisches Einbeziehen der Schwachen. Das herrschende globale System sei „nicht nachhaltig unter mehreren Gesichtspunkten: Es schädigt den Planeten und mit ihm die Armen und Ausgegrenzten. Du plünderst die Erde, und dann gibt es viele Arme und Ausgegrenzte. Sie sind die ersten, die geschädigt werden. Und die ersten, die vergessen werden." (kathpress, 22.11.2020)

FOTO: CSC-AUDIOVISVI

Gewerbepark Polo Spartaco bei Sao Paulo: Betriebe vernetzen ihre Tätigkeit im Sinn der „Wirtschaft in Gemeinschaft" und verbinden den unternehmerischen Gedanken mit Solidarität. Auch Personen, die schwer vermittelbar sind, erhalten in diesen Betrieben eine faire Chance.

Italien

Der erste Gewerbe-park ("Polo Lionello Bonfanti") entstand in Loppiano (Italien), wo auch verschiedene Kunstwerkstätten und Ateliers angesiedelt sind. Weitere Gewer-beparks gibt es in Brasilien, Argentinien (O'Higgins), Belgien, Deutschland, Portugal und Kroatien.

Philippinen

Ein zentrales Anliegen der Modellsiedlung Tagatay auf den Philippinen ist die Integration von sozial benachteiligten Menschen. Das Ziel ist der Auf-bau einer „Gemeinschaft von Menschen, in der niemand mehr Not leidet". (Chiara Lubich)

KAMPF GEGEN AUSBEUTUNG, SEXUELLEN MISSBRAUCH UND MENSCHENHANDEL

Globalisierung, Krieg, Drogenhandel als Wurzeln der Ausbeutung von Kindern

Laut einem Bericht von UNICEF Österreich v. 11.2.2019 werden weltweit Millionen von Kindern Opfer von Gewalt und Missbrauch. Obwohl der Einsatz von Kindersoldaten in den meisten Ländern verboten ist, sind nach wie vor zehntausende Mädchen und Buben in Konfliktregionen in den Reihen von Streitkräften und bewaffneten Gruppen. Sie werden dadurch auf brutalste Weise ihrer Kindheit beraubt.

Weltweit werden Millionen von Kindern Opfer von Missbrauch und Gewalt. Das Gebot der Stunde: Präventionsarbeit, um jegliche Form von Missbrauch zu verhindern

UNICEF bekämpft die Wurzeln von Kindesmissbrauch mit Bildungsprogrammen, Information und Lobbying für Kinderrechte. Die Organisation unterstützt weltweit Programme, die den Gemeinden helfen, ihre Kinder zu schützen. UNICEF setzt sich

Gewalt kennt viele Formen: Lt. Schätzungen der UNICEF berichten 25 % aller Frauen und 5 – 10 % aller Männer, dass sie als Kind sexuell missbraucht wurden. Etwa 68 – 70 % der Missbrauchsfälle finden im häuslichen und familiären Bereich statt; die übrigen in Vereinen, Sport- und Freizeitclubs, Heimen und Einrichtungen der Jugendwohlfahrt sowie bei NGOs und Religionsgemeinschaften. Laut WHO waren 2002 etwa 150 Millionen Mädchen und 73 Millionen Buben unter 18 Jahren Opfer von sexuellem Missbrauch und sexueller Ausbeutung. Eine sehr schlimme Form der Gewalt gegen Kinder ist Kinderarbeit. 215 Millionen Kinder müssen arbeiten, 115 Millionen schwer und unter gefährlichen Umständen. Etwa 15,5 Millionen Kinder arbeiten als Hausangestellte in privaten Haushalten, manchmal unter sklavereiähnlichen Bedingungen. Diese Kinder werden leicht zu Opfern von körperlicher, psychischer und sexueller Gewalt sowie – in Verbindung mit Drogenhändlern – Opfer von Prostitution, Pornographie und Menschenhandel.

für strenge Gesetze und deren Anwendung ein. „Millionen Kinder werden rund um die Welt wie Vieh gehandelt und als Sexsklaven missbraucht", erklärte die frühere UNICEF-Direktorin Carol Bellamy. „Dies ist eine Verletzung der Kinderrechte, die absolut nicht mehr toleriert werden darf."

Auch in Österreich finden Missbrauchsfälle überwiegend im familiären Bereich statt; die übrigen in Vereinen, Sport- und Freizeitclubs, in Heimen, in Einrichtungen der

FOTO: SHUTTERSTOCK

Jugendwohlfahrt und von Religionsgemeinschaften. Im folgenden Abschnitt wird die Situation in Österreich beleuchtet: Maßnahmen, die Bund und Länder ergriffen haben, um die Missbrauchsfälle aufzuarbeiten und den Opfern therapeutische Hilfen und Entschädigungszahlungen anzubieten sowie präventiv zu arbeiten.

Sexueller Missbrauch

Übergriffe und sexueller Missbrauch geschehen fast immer in Zusammenhang mit Machtmissbrauch und Missbrauch eines Autoritätsverhältnisses.

Untersuchungen in Österreich und Deutschland zeigen, dass sexueller Missbrauch von Minderjährigen fast immer in engem Zusammenhang mit Machtmissbrauch und Missbrauch eines Autoritätsverhältnisses geschieht.[81] Abhängigkeitsverhältnisse werden – in Verbindung mit Übergriffen und sexuellem Missbrauch – oft zu Ohnmachtserfahrungen. Eine zentrale Frage lautet daher: Wie kann das Unsichtbare sichtbar gemacht werden? Wie kann individuelle und strukturelle Ohnmacht überwunden, das oft lähmende Schweigen gebrochen und Missbrauch in Zukunft verhindert werden?

Viele Hilfesuchende, die in der Emmausgemeinschaft St. Pölten als Gäste aufgenommen wurden, haben eine Heim- und/oder Pflegestellenkarriere hinter sich. Burschen, die in Heimen aufgewachsen sind, wurden häufig straffällig und verbüßten nicht selten unbedingte Freiheitsstrafen. Mädchen, die häufige Heimaufenthalte hinter sich haben, gerieten oft ins Milieu, machten schlimme Gewalterfahrungen und wurden von Männern sexuell ausgebeutet. Allen, die diesen Leidensweg hinter sich haben, wurden in den Heimen bzw. in den Jugendgefängnissen pathologische Sozialformen als Lernmodelle aufgezwängt, die zu Fehlidentifikationen und Fehlhaltungen führten: Scheinanpassung, Hospitalismus, Opportunismus, Kapo-Gesinnung, Gruppenterror etc. Eine Folge dieses Lebens in der Subkultur der Heime und Gefängnisse ist der sexuelle Missbrauch von Jugendlichen durch ältere Heimbewohner – und in den Gefängnissen der Missbrauch von Gefangenen durch Mitgefangene. Aber auch der Autoritätsmissbrauch und sexueller Missbrauch von Zöglingen durch Heim-Erzieher ist ein Phänomen, dem sich die Gesellschaft, insbesondere die Verantwortlichen der Kinder- und Jugendwohlfahrt, der NGOs und Religionsgemeinschaften erst in den letzten Jahrzehnten ernsthaft gestellt haben.[82]

Kindheit wurde geraubt

Von Mitte 2017 bis Jänner 2019 haben sich in Österreich 1.039 Personen an die bei der Volksanwaltschaft angesiedelte Heimopferrenten-Kommission gewandt, um eine Pension von rund 300 Euro monatlich zu beantragen. Die Antragsteller sind oft hochbetagte Menschen, die als Kinder in staatlichen oder kirchlichen Heimen misshandelt wurden. Nach der Aktenrecherche erfolgte eine Empfehlung an die Pensionsversicherungsanstalt (PVA) oder der Fall wurde für eine Einmalentschädigung an eine Opferschutzstelle weitergesendet und dort positiv beurteilt. An rund 7.000 Opfer leisteten die „Klasnic-Kommission"[83], die Bundesländer, die Kirchen sowie SOS-Kinderdorf bereits einmalige Entschädigungen zwischen 5.000 und 25.000 Euro. Betroffene, die dort als Missbrauchsopfer anerkannt wurden, haben Anspruch auf die Zusatzrente, sobald sie das Pensionsalter erreicht haben.[84]

Opferschutz-Kommissionen

Seit 2010 hat die Opferschutzanwaltschaft („Klasnic-Kommission") 2.193 Fälle zugunsten von Betroffenen entschieden. 180 Fälle sind noch in Bearbeitung, in 171 Fällen wurden weder finanzielle Hilfe noch Therapie zuerkannt. Die Kirche hat alle Entscheidungen der „Klasnic-Kommission" akzeptiert und umgesetzt.

Den Opfern wurden bisher in Summe 27,8 Mio. Euro zuerkannt, davon 22,1 Mio. Euro als Finanzhilfen und 5,7 Mio. Euro für Therapien. Bei 31 % aller Vorfälle handelte es sich um sexuellen Missbrauch. Bei allen anderen Vorfällen ging es um Formen von körperlicher bzw. psychischer Gewalt. Die meisten Vorfälle sind rechtlich verjährt und haben sich hauptsächlich in den 1960er- und 1970er-Jahren ereignet (4 % der Fälle, die zumeist weit zurückliegen, konnten nicht zeitlich zugeordnet werden). 52 % der Fälle sind vor 1970 geschehen, 31,3 % in den 1970er-Jahren, 8,8 % in den 1980er-Jahren, 3,1 % in den 1990er-Jahren und 0,8% seit 2000. (Stand: 22.3.2019)[85]

Mit Stand Ende September 2016 haben sich bei der Opferschutzkommission des Landes Niederösterreich mehr als 500 Betroffene gemeldet. Insgesamt wurden in den letzten fünf Jahren Entschädigungszahlungen in der Höhe von rund 4,8 Millionen Euro für 367 Betroffene geleistet und therapeutische Hilfen im Gegenwert von mehr als 2,2 Millionen Euro zuerkannt.[86]

Weißer Ring: Opferzahl eklatant höher als vermutet

Im Zeitraum zwischen 1945 und 1999 wurden zahlreiche Kinder und Jugendliche im Rahmen ihrer Unterbringung in Einrichtungen der Wiener Jugendwohlfahrt Opfer von Gewalt.[87] Die Stadt Wien und die Opferschutzorganisation Weißer Ring starteten im Jahr 2010 mit der Aufarbeitung des Geschehen. Die Opferzahl war jedoch eklatant höher als ursprünglich vermutet. Das Budget wurde auf 52,53 Mio. Euro aufgestockt und die Meldefrist mehrfach verlängert. In 71 Sitzungen bearbeitete ein Gremium aus acht ExpertInnen insgesamt 3.139 Meldungen. 2.384 Betroffene erhielten finanzielle Hilfeleistung. Allen Betroffenen wurde auch Psychotherapie angeboten. Von den genehmigten 144.400 Einheiten wurde knapp die Hälfte auch tatsächlich in Anspruch genommen. (ORF 5.11.2019)

Die Wahrheit wird euch frei machen

Ausgelöst durch das Bekanntwerden von schwerwiegenden Missbrauchsfällen (Kardinal Hermann Groer, Causa Priesterseminar St. Pölten) hat sich die Österreichische Bischofskonferenz zu einer professionellen Aufarbeitung der Missbrauchsfälle durchgerungen. Im Jahr 2010 hat die Österreichische Bischofskonferenz eine verbindliche Rahmenordnung für den Umgang mit Missbrauch und Gewalt in der Kirche beschlossen. Mit dieser Rahmenordnung – unter dem Titel „Die Wahrheit wird euch frei machen" – wird klargestellt, dass die Kirche jegliche Form von Missbrauch und Gewalt verurteilt und entschieden bekämpft.

Erstanlaufstelle für alle Fragen und Vorkommnisse im Zusammenhang mit sexuellem Missbrauch und Gewalt im kirchlichen Raum sind die diözesanen Ombudsstellen. Sie stehen mit Rat und Hilfe mutmaßlichen Opfern und deren Angehörigen zur Verfügung. An die Ombudsstellen können und sollen alle Fälle bzw. Verdachtsmomente hinsichtlich Missbrauch und Gewalt herangetragen werden. Allen Hinweisen wird dort rasch, kompetent und weisungsfrei nachgegangen. Zusätzlich gibt es in den Diözesen Stabstellen für Kinder- und Jugendschutz. Durch gezielte Information, Sensibilisierung und Beratung wollen sie die Prävention gegen Missbrauch und Gewalt fördern.

Schluss mit dem Schweigen: Anzeigen statt Vertuschen und Versetzen

Ähnlich wie die österreichischen Bischöfe, haben in den letzten zehn Jahren weltweit zahlreiche Bischofskonferenzen und auch der Vatikan Richtlinien erlassen, die nicht nur die Aufarbeitung von Missbrauchsfäl-

FOTO: KNA

Die Initiative „Kirche von unten" und die Bewegung „Wir sind Kirche" demonstrieren zum Thema sexueller Missbrauch in der Kirche vor dem Diözesan-Exerzitienheim in Würzburg.

len, sondern auch Maßnahmen zur Qualitätssicherung der Prävention regeln.

Papst Franziskus hat beim Weltjugendtag 2019 in Panama das Leid junger Missbrauchsopfer beklagt. Er meinte, dass junge Leute „in die Netze von skrupellosen Menschen geraten", unter denen auch Kirchenleute seien. Er forderte, die Menschen zu unterstützen, „die nicht geschwiegen haben und nicht schweigen angesichts einer Kultur der Misshandlung und des Missbrauchs", und jenen zu helfen, die sich für den Schutz vor Missbrauch einsetzen.[88 – 91]

Kardinal Christoph Schönborn betonte, dass der Schutz der Opfer stets Vorrang haben muss vor dem Schutz der Institution. „Es dauerte viel zu lange, bis wir erkannten, dass die schonungslose Wahrheit der einzige Weg ist. Dabei ist Jesus in dieser Frage ganz klar: Die Wahrheit wird euch frei machen."[92]

Missbrauch konsequent weltlicher Justiz melden

Papst Franziskus betonte am 1.3.2019 bei einer Privataudienz für zwei Schweizer Betroffene von sexuellem Missbrauch, dass sexuelle Übergriffe (von Vertretern der Kirche) mit aller Konsequenz den weltlichen Gerichten gemeldet werden müssten. Wie Guido Fluri, der Begründer einer „Wiedergutmachungsinitiative", berichtet, habe der Papst dabei „aus tiefstem Herzen um Vergebung" gebeten. Der Papst habe bekräftigt, dass es notwendig sei, die Gesellschaft vor Tätern zu schützen. Die Kirche habe die Verantwortung, die Täter den weltlichen Gerichten zuzuführen.[93]

Kontrolle des Systems durch externe Fachleute

Nach Einschätzung des Leiters des römischen „Centre for Child Protection", Hans Zollner, brachte der Anti-Missbrauchsgipfel

2019 im Vatikan einen wichtigen Bewusstseinswandel: Opferschutz ist wichtiger als Kirchenimagepflege. Die Bischofskonferenzen sind nun beauftragt, die Leitlinien für alle kirchlichen Bereiche zu überarbeiten, einschließlich Schulen und Krankenhäuser. Zum anderen seien Schulungen für alle Mitarbeiter, vom Priesteranwärter über die Erzieherin bis zum Theologiestudenten, vorgesehen. Zollner verwies auf Äußerungen von Papst Franziskus, der eine Null-Toleranz-Grenze der Kirche bei Missbrauchsfällen verlange.

Weiters forderte der Jesuitenpater die Kirche zu noch mehr Transparenz im Umgang mit Missbrauchsfällen durch Geistliche auf. Es brauche dringend eine geregelte Rechenschaftspflicht für Bischöfe. Derzeit gebe es dafür in der Kirche keine wirklichen Strukturen. Die Kontrolle des Systems müsse an Personen übergeben werden, die nicht zum System gehören.[94]

Abschied von der Opferrolle

Viele Menschen fühlen sich anderen Menschen ausgeliefert. Sie empfinden sich als Opfer ihres Handelns, sehen keine Möglichkeit, an der Situation etwas zu verändern. Doch welche Rolle spielen „Opfer" und „Täter"? Wie lässt sich die Dynamik verändern? Verena Kast zeigt in ihrem Buch „Abschied von der Opferrolle. Das eigene Leben leben"[95] Wege auf, wie scheinbar ausweglose Situationen durchbrochen werden können, wie erstarrte Positionen aufgegeben und ein gesunder Selbstwert entwickelt werden kann. Doch gilt dies auch für Opfer von Gewalt und sexuellem Missbrauch? Der Psychotherapeut und Seelsorger Téo van der Weele hat aufgezeigt, wie Überlebende eines Missbrauchs innerlich gefangen sind in einer „Kultur des Missbrauchs" und wie sehr ihr Leben davon geprägt wird. Téo

van der Weele rät daher zu einer Änderung der Sichtweise. „Opfer eines Missbrauchs brauchen einen Paradigmenwechsel. Das Wort 'Opfer' deutet auf einen Missbrauch in der Gegenwart hin. 'Überlebender' hingegen weist darauf hin, dass man in der Vergangenheit etwas durchgemacht hat. 'Überlebender' statt 'Opfer' zu verwenden, entspricht einem mentalen Ortswechsel. Dieser Ortswechsel ist der erste lebensnotwendige Schritt, wenn man seine Vergangenheit hinter sich lassen will."[96] Van der Weeles seelsorglicher Ansatz besteht darin, Menschen aus ihrer inneren Not herauszuführen, damit sie zur Ruhe in Gottes Frieden finden. Gott berührt uns durch das Segnen in unserer tiefsten Zerbrechlichkeit und will uns – hinein in unsere persönliche Not – Gottes mächtigen Schalom (Powerful Peace) zusprechen. Gottes Frieden, der umfassend ist, berührt unsere tiefsten Verletzungen. Van der Weele zeigt Wege auf, wie Menschen mit Missbrauchserfahrung begleitet werden können, wie sich Überlebende mit der Realität des erfahrenen Missbrauchs auseinandersetzen, wie die Not eine Sprache findet und ein Prozess der Heilung an Geist, Seele und Körper beginnt. So mühsam der Prozess sein mag – auch für Überlebende eines sexuellen Missbrauchs ist innere Heilung möglich.

Vom Opfer zum fähigen Überlebenden

Weltweite Beachtung fand das Buch „Pater, ich vergebe euch! Missbraucht, aber nicht zerbrochen" von Daniel Pittet. Daniel, der von einem Ordenspriester vier Jahre lang missbraucht wurde, berichtet vom „Chaos" seiner Kindheit und von dem, was Missbrauchsopfer empfinden: „Ohnmacht, Wut, Traurigkeit, Hass, Verzweiflung, Einsamkeit, Feigheit." Die Folge war, dass Daniel lange Zeit unter Panikattacken, Depressionen und Suizidgedanken litt.

Doch nach der Änderung seines Wohnsitzes und durch die Unterstützung zuverlässiger Freunde und treuer Wegbegleiter gelang es Daniel, dem Peiniger zu entrinnen und ein neues Leben zu beginnen. Daniel, ein Überlebender von sexuellem Missbrauch, gründete sogar eine eigene Familie. Als Mitarbeiter der Bewegung „Prier Témoigner" lernte Daniel u.a. Sr. Emmanuelle kennen und unterstützte ihre Sozialprojekte in Ägypten. Als Chauffeur von Guy Gilbert begleitete er den französischen Rockerpriester zu seinen Vorträgen in Schweizer Gefängnisse. Nach einer Begegnung mit Jean Vanier entschieden sich Daniel und seine Frau Valerie, neben ihren eigenen vier Kindern ein fünftes Kind, die kleine behinderte Anna Lea, zu adoptieren. Guy Gilbert ermutigte Daniel, Joel Allaz, den Pater, der ihn 20 Jahre zuvor vergewaltigt hatte, „anzuzeigen und alles zu tun, damit die Unschuld, die er verhöhnt, respektiert wird. Du trägst eine Verantwortung. Du machst dich schuldig, wenn du den Kampf nicht bis zu Ende führst." Nach langem Ringen erstattete Daniel Anzeige. Joel Allaz wurde – trotz Verjährung der meisten seiner Delikte – verurteilt. Daniel, der sich 18 Jahre einer Therapie unterzog, erkannte, dass der Täter eine psychisch kranke Person und ein „perverser Pädophiler" ist, der schon vor Jahrzehnten „aller Ämter enthoben und in eine Spezialeinrichtung hätte eingewiesen werden müssen". Das Erstaunliche in Daniels Lebensweg: Er wurde missbraucht, ist aber nicht zerbrochen. Daniel bewahrte und vertiefte sogar seinen christlichen Glauben und engagiert sich in verschiedenen kirchlichen Vereinen. Nach 24 Jahren beschloss Daniel, seinen Peiniger aufzusuchen und ihm die Hand zu geben: „Lange Zeit empfand ich Ekel und Furcht, dass etwas in meiner Seele zerbersten könnte, wenn ich ihn wiedersehen würde. Mühsam schob er einen Rollator vor sich her. Heute steht ein Mann mit leerem Blick vor mir. Etwas verstört bei dem Gedanken, dass dieser kleine runzelige Typ mir

Nach Vorbild der Unabhängigen Opferschutzanwaltschaft der Katholischen Kirche (Klasnic-Kommission) wurde für Niederösterreich eine Opferschutzkommission eingerichtet. Diese befasst sich mit Fällen von Betroffenen, die als Minderjährige während ihrer Unterbringung bei Pflegefamilien, in stationären Einrichtungen oder Vertragsheimen des Landes NÖ Opfer von Gewalt, teilweise auch sexueller Art, wurden.

so viel Leid zugefügt haben konnte, hatte ich das Gefühl, dass zwischen der Wirklichkeit von einst und der Wirklichkeit von heute eine Kluft lag. Ich fühlte mich nicht mehr als sein Gefangener. Viele Menschen können nicht verstehen, dass ich keinen Hass gegen ihn hege. Ich habe ihm verziehen und mein Leben auf dem Fundament dieses Verzeihens aufgebaut."

Im Vorwort des Buches schreibt Papst Franziskus: „Ich bin froh, dass Daniels Zeugnis nun auch anderen Menschen zugänglich gemacht wird, damit wir alle begreifen, wie tief das Böse selbst in das Herz eines Dieners der Kirche eindringen kann. Ich möchte mich bei Daniel bedanken, denn Zeugnisse wie seines machen es möglich, das bleierne Schweigen angesichts der Skandale und Leiden zu überwinden, bringen sie doch Licht in ein schreckliches Dunkel, das sich im Leben der Kirche verbirgt. Sie öffnen den Weg für eine angemessene Wiedergutmachung, einen Weg zur Gnade der Versöhnung."[97]

FOTO: SHUTTERSTOCK

Nein heißt nein, sexuelle Belästigung, wer auch immer wir sind, wo wir sind, was auch immer wir tragen, das heißt nein.

Sara: Die neue Freiheit einer Überlebenden

Sara, um 1950 in Westösterreich geboren, wurde mit elf Jahren von einem 19-jährigen engen Verwandten, der später Priester wurde, sexuell missbraucht. Jahrzehnte lang litt Sara unter dieser tiefen seelischen Verletzung. Groll, Scham, Krankheit, Depressionen und Verzweiflung waren die Folge. „Du hast mein Frau-Sein zerstört!" war Saras geheimer Vorwurf an ihren Verwandten. Dramatische Erfahrungen mit Missbrauch musste Sara danach auch in kirchlicher Gemeinschaft machen. 45 Jahre später begann sie, anhand therapeutischer Gespräche und geistlicher Begleitung ihre Geschichte aufzuarbeiten. Als Téo van der Weele ihr als Kraftquelle den „wirkmächtigen Schalom Christi" erschloss, war sie 2019 stark genug für die Konfrontation mit dem Verwandten, der sie als Kind missbraucht hatte. Nach der Begegnung mit dem inzwischen pensionierten Pfarrer berichtete mir Sara, welch große Last von ihr abgefallen sei: „Es ist vollbracht. Nach mehr als 50 Jahren musste ausgesprochen werden, was Sache ist. Ich fühle mich befreit. Jetzt erst wird klar, wie sehr der Missbrauch mein Menschwerden eingeschränkt und mein Empfindungsvermögen als Frau zerstört hat, bevor es sich entfalten konnte. Tiefer noch hat er mich auf Dauer am Lieben-Können behindert ... Die Mauer des Schweigens, hinter der still ich litt, ist durchbrochen und nun bin ich frei."

Stummes Leid teilen heilt

Über die Sprache geben wir Menschen uns zu erkennen, indem wir nach außen bringen, was uns innerlich bewegt. Der andere ist frei, darauf einzugehen oder nicht. Wie das unser weiteres Verhalten bestimmen kann, zeigt meine Erfahrung im ersten Abschnitt. Dann geht es um die heilende Wirkung des Wortes im Ringen um die eigene Wahrheit, selbst wenn ein sichtbares Gegenüber fehlt. Am Ende wird deutlich, wie das Mitteilen seelische Nähe und Frieden ermöglicht.

Beim Antimissbrauchsgipfel 2019 in Rom

sprachen Überlebende unmissverständlich aus, wie das jeweilige Geschehen unter dem Mantel des Schweigens ihr Leben langfristig vergiftet hat und es nun nach Heilung schreit. Ihre Worte und Bilder rührten meine Leidensgeschichte auf. Der gemeinsame Schmerz über verletzte Würde und Grenzen verbindet mich seither mit Menschen, deren erlittenes Unrecht auch nicht wahrgenommen wurde.

„Was ich nicht weiß, macht mich nicht heiß", sagt der Volksmund. Verschweigen wir deshalb unliebsame Vorkommnisse, weil uns die Worte fehlen für das, was tief innen mit uns geschieht?

Mit dem Leidensdruck über Jahre wuchs meine Ungeduld, ein erfülltes Leben zu finden, was jedoch an den seelischen Blockaden scheiterte. Vorher müsste ich meine Erinnerungen an zerbrochene Träume und Verwundungen wie Altlasten irgendwo entsorgen können. Und wie? Es brauchte meine bewusste Entscheidung, alles Mit-

geschleppte und die Emotionen dazu fürs Erste einmal zuzulassen. So wurde es für mich und die anderen nachvollziehbar. Auch wenn ich auf Verständnis hoffe, es bleibt immer Geschenk. Schon die Empathie wirkt heilend, weil sie die Betroffenen aus dem Verschlag von Scham und Isolation herauslockt.

Mangelnde Erklärung verursacht neues Leid

Schwere Schicksalsschläge hatten meine Eltern traumatisiert. Der harte Existenzkampf auf der kleinen Landwirtschaft ließ nicht zu, Gefühle und Wünsche zu äußern. So lernte ich früh mit Sprachlosigkeit zu leben. Dass diese Menschen unsichtbare Lasten tragen, ahnte ich, wagte jedoch nicht, sie darauf anzusprechen. Mir blieb nur, das Unverständliche in ihrem Verhalten auf meine Weise zu deuten. Das konnte objektiv falsch sein und sich auf die spätere Entwicklung fatal auswirken. Die strenge, leibfeindliche Frömmigkeit stand dem Bedürfnis des Kindes nach Freude und Freiheit entgegen. Sorgen und Ängste machten glauben, dass das Leben als Auftrag nur schwer sein kann. Bei der materiellen Armut hätte es etwas mehr Liebe gebraucht, um mich gut zu fühlen.

Am Ende der Volksschule gelang es mir nicht, die Eltern von meiner Unschuld an einem Autounfall zu überzeugen. Mein Vertrauen ins Leben wurde brüchig und machte mich zu einem emotionalen Waisenkind. Bedrückt und überfordert, war die Mutter nicht in der Lage, Orientierung und menschliche Wärme zu schenken. Bis zum elften Lebensjahr war ich trotzdem gerne Mädchen und wollte Mutter von vielen Kindern werden. Daraus wurde nichts: Ein nahverwandter Maturant kam auf Besuch und setzte mich auf seinen Schoß. Sexuell noch nicht aufgeklärt, nahm ich mit Befremden Wärme

Geheilt kann nur werden, was ausgesprochen wird. Aufarbeitung von traumatisierenden Erfahrungen durch professionelle Begleitung und Gesprächstherapie.

Mit der Novelle zum Heimopferrentengesetz 2018 werden in Österreich auch Kinder und Jugendliche erfasst, die in Krankenhäusern, psychiatrischen Einrichtungen, städtischen Kinderheimen oder in Einrichtungen privater Träger Opfer von Misshandlungen wurden.

»*Meine Arche treibt auf dem Versprechen Gottes. Seine Treue trinkend kann ich die Tage tragen und die Nächte bestehen.*"

unter mir war. In diesem Moment schalt mich(!) die Mutter, etwas Ungehöriges zu tun. Verwirrt und betroffen ging ich weg. Ihr Tonfall ließ die Befürchtung zu, ich würde eine „schlechte Frau" werden, ohne zu wissen, was das bedeutet. Die gefühlte Abwertung stellte meine Selbsteinschätzung in Frage und überschattete unsere Beziehung zeitlebens.

Zum sexuellen Übergriff im Sommer kam es immer dann, wenn der Verwandte meine Eltern weit weg auf dem Feld wusste. Er hatte mir scharf eingebläut, niemand dürfe davon erfahren, vor allem nicht meine Mutter. Ich schwieg wie ein Grab. Der Ortspfarrer, bei dem ich beichtete, kannte den Täter. Das Beichtgeheimnis erlaubte ihm jedoch nicht, mich vor dessen weiteren Übergriffen zu schützen. Ich fühlte mich beschmutzt und schuldig, da ich das vom Schöpfer geschenkte Schöne habe zerbrechen lassen. Still und ratlos geworden, gab es für mich zu Hause kein Bleiben mehr. Wem hätte ich mich anvertrauen können? Ich wählte die Alternative, mit dreizehn Jahren in ein Kloster einzutreten. Dabei kam ich vom Regen in die Traufe: Es passte nicht, wie ich war, obwohl ich mich als Kandidatin redlich bemühte, die Erwartungen der Vorgesetzten zu erfüllen und die Regeln einzuhalten. Vor der Matura erwog ich, einsam, deprimiert und leer, erstmals einen Suizid mit Tabletten, den ich aber aus Rücksicht auf die gläubige Mutter nicht ausführte. Als Frau hatte ich mich nicht mehr. Was also sollte ich Jesus bei der Einkleidung anbieten? Als Überlebenshilfe erwiesen sich die Psalmen, denn darin fand ich einen Zugang zu meinen Gefühlen und lernte mit ihren Worten persönlich beten, zum Schöpfer schreien. Der Gott Jesu war mir noch fremd. Ins Elternhaus zurückzukehren war mir verwehrt, also hieß es weitermachen, bis der Körper streikte. Mich hatte die Spannung zerrissen, nach außen ernste Ordensfrau zu sein und mich im Inneren hohl zu erleben. Das Theologiestudium verhalf mir zu einer Spiritualität, die sich in großen Nöten später als Rettungsring bewähren sollte. Mit dem Bedürfnis, den Alltagsdruck wegzusagen, geriet ich mitunter in eine Falle. Warum sollten mir ein Neupriester wie auch ein Theologieprofessor die männliche Sexualität erklären müssen, indem sie ihr Geschlechtsteil her zeigten? An mehr als die Aufforderung am Ende, mich waschen zu gehen, kann ich mich nicht erinnern; ich muss mich gleichsam tot gestellt haben. Angeblich fühlten Priester sich befugt, Kinder und unsichere Frauen in die „Schönheit der Liebe" einzuführen und hatten anderes dabei im Sinn. Mit Bitterkeit stellte ich fest, wie sorgfältig Täter ihre sexuellen Übergriffe planen, mit Gefälligkeit und wachem Gespür ihre willfährigen Opfer ködern und dabei so gezielt vorgehen, dass sie sich selbst nicht in Gefahr bringen.

Nimmt Leid in der Seele überhand, schreit der Körper

Für meine Krankheit 1974 fanden die Ärzte keine schlüssige Erklärung. Ich war ja noch nicht imstande, über mein Trauma zu sprechen. Um gesund zu werden, sollte ich die Gemeinschaft verlassen. Da lud mich in Frankreich ein Priester in sein Pfarrhaus zum Abendessen ein. Er setzte es so spät an, dass ich den Bus zurück ins Zentrum versäumte. Er richtete mir das Nachtlager mit dem Zusatz: „Ich komme noch einmal!" Alarmiert flehte ich: „Bitte, nicht!" Am Abend kam

er nicht, aber um fünf Uhr früh spritzte er mir seinen Samen auf den Bauch. Entsetzt besah ich meine roten Flecken. Mit einem Lappen aus dem Nachtkästchen wischte er mich ab. Mich ekelte. „Ich bin sicher nicht die einzige!" schoss es mir durch den Kopf. Von da an kam ich mir selbst vor wie ein wertloser Fetzen, wie ein Wesen ohne Rückgrat, mit dem jeder tun konnte, was ihm beliebte. Trotz neuer Ängste trat ich aus dem Orden aus.

Vierzehn Jahre Leben im Kloster haben mich geprägt, nicht aber auf die „Welt draußen" vorbereitet, sodass ich notgedrungen an meinen Idealen scheitern musste. Aus Furcht, dem Ansehen der Kirche, die mein Lebensraum war, zu schaden, blieb

FOTO: ROTTENSCHLAGER

Hans Zollner SJ (2. v. re), Leiter des Kinderschutzzentrums an der päpstlichen Universität Gregoriana, und Joanna Shields während der Eröffnung eines Kongresses über „Kindeswürde in der digitalen Welt", im Oktober 2017 in Rom.

>> *Die katholische Kirche hat in der Frage des Missbrauchs noch viel Arbeit vor sich. Es braucht noch mehr entsprechendes Bewusstsein bei den Verantwortungsträgern und strukturelle Reformen. Es gibt Strukturen und Systeme in der Kirche, die Missbrauch begünstigten. Dabei geht es vor allem um ein Machtungleichgewicht, eine Dynamik des Schweigens und nicht selten ein übersteigertes Priesterbild, welches die Gefahr des Autoritarismus birgt."* (Kardinal Christoph Schönborn, 6.2.2019)

der Missbrauch tabu. Kontaktarm und voller Scham über das Erlebte geriet ich in eine seelische Heimatlosigkeit. Im Beichtgespräch suchte ich Hilfe, weil mir wichtig war, dass nicht nach außen dringt, was da gesprochen wird. Insgeheim hoffte ich, die negativen Erfahrungen mit Priestern durch positive ersetzen zu können! Manch einer nahm jedoch lieber seine Amtsbrüder in Schutz, als dass er mir glaubte und unterstellte mir aufreizendes Verhalten, was ich guten Gewissens von mir weisen kann. Es lag mir fern, ihnen Berechnung zuzutrauen! Neue Enttäuschung war die Folge, wenn sie die Begegnung für ihre Bedürfnisse ausnützten. Hinter Strukturen und Funktionen können unreife Menschen leichter übergriffig werden - überall.

In Frankreich hatte mir der Pfarrer ein Quartier besorgt. Der Preis dafür war hoch: Er versperrte die Tür, zog mich aus, warf mich aufs Bett und begaffte mich: eine Demütigung sondergleichen! Ein Ordensmann erfuhr von meinem Austritt aus der Gemeinschaft. Er bat mich, ihn anzurufen im Fall, dass ich entjungfert werden möchte. Er würde sich freuen, es zu tun! Wäre ich nicht so schockiert gewesen, hätte ich ihm eine Ohrfeige verpassen wollen! Ein befreundeter Priester aus Portugal wiederum war zu einem Seminar nach Wien gekommen. Er bestellte mich ins Hotel und zwischen zwei Einheiten warf er mich aufs Bett und befriedigte sich. Ein Tag der Freundschaft sollte es sein, verstört fuhr ich heim. Was war los mit mir? Mein Beruf als Lehrerin erfüllte mich, wurde aber wegen depressiver Episoden immer schwieriger, sodass der Ortspfarrer mir mit achtundvierzig Jahren die Frühpension nahelegte. Zunächst begleitete ich meinen Bruder und einen alten Herrn bis zu ihrem Tod, dann folgten harte Wüstenjahre voll Selbstzweifel und Sinnsuche. Als mein Verwandter 2005 sein vierzigstes Priesterjubiläum beging, brach mein seelisches Geschwür mit den Erinnerungen an seine Übergriffe auf. Erstmals und kurz kam Wut auf: War ich das Opfer, dass er Priester wurde? Am Tag darauf wurde bei mir eine Nierenschädigung durch die unzutreffende Medikation von 1974 diagnostiziert. Der Körper reagierte mit diffusen Schmerzen und alle Tabletten wurden abgesetzt. Zutage trat eine Stoffwechselstörung, die nur mit der Akupunktur erträglich ist. Das war mein Glück: Ich wurde geistig wacher und körperlich aktiver. Ausgiebiges Wandern, Tanzen, Langlaufen und Wärmeauflagen lösten Verspannungen. Wie Filmstreifen traten in der Nacht darauf Erlebnisse vor mein inneres Auge, die am Tag zu bearbeiten waren. Sie negieren war keine Option, weil der Körper daran beteiligt war. Schicht für Schicht sollte in einem intensiven Trauerprozess durchlitten werden. Es brauchte noch Jahre, bis ich darüber sprechen konnte. Mich quälte die Frage, warum mein Leben so verworren gelaufen war.

Objektives Wissen entlastet

In Selbsterfahrungsseminaren zu seelischen Verletzungen, Trauma und seinen Folgen lernte ich mich besser verstehen. Mit dem Schlüsselbegriff „dysfunktionale Familie" erhielt ich einen neuen Zugang zum Erlebten: Die Beziehungs- und Sprachlosigkeit zu Hause hatte mich gutgläubig jenen in die Arme getrieben, die mir freundlich begegneten und Zuwendung versprachen als Ersatz für die mangelnde Liebe der Eltern.

Zunehmend litt ich darunter, als Opfer seelisch an die Täter geleimt zu sein. Wie den inneren Abstand schaffen und mich vom Groll befreien? Ich war der festen Meinung, das leidige Thema abschließen zu können, sobald der Verwandte als Ersttäter sich bei mir und stellvertretend für die

FOTO: KOGLER

anderen entschuldigt. Das war ein Irrtum. Kirchliche Personen meinen oft, dass allein schon der Wille zur Vergebung inneren Frieden bringt. Doch der stellt sich ein, wenn ich im Täter auch den Menschen wahrnehme, der nicht wusste, was er tat und die Folgen außer Acht ließ. Vergebung mit dem Herzen erst macht frei, wenn ich mich einfühle in die Situation, die zum Übergriff geführt hat. Solange mir seine Not, aus der heraus er mich verletzt hatte, verborgen blieb, musste ich für meinen Teil mit dem Geschehen klarkommen. Mein Dasein war eine einsame Gratwanderung zwischen Hoffen und Verzweifeln, darin einen Sinn zu entdecken. Ob es ihn überhaupt gibt? Nur Gott und ich wissen, wie oft ich in Suizidbedrängnis geraten bin und alle Kraft aufwenden musste, weiterzuleben. Mein Umfeld nahm mich mehr tot als lebendig wahr: Ich war traumatisiert, niemand wusste es. Ich bin in der Sprachlosigkeit des Kindes stecken geblieben; mich wehren war somit unmöglich und alle weiteren Übergriffe vertieften nur die Spur vom ersten Missbrauch. Das jahrelange Verschweigen der Erlebnisse wie auch deren Aufarbeitung hat mir viel Energie gekostet, die für die helleren Seiten im Leben fehlte.

Die innere Stimme führt uns gut

Obwohl der Verstand wusste, dass ich mehr bin als meine Verletzungen, hinderte mich das emotionale Chaos, dieser Wahrheit zu trauen. Mein Inneres glich einem unwirtlichen Abstellraum. Wut und Trauer füllten die Tage, was einem regelrechten Entrümpeln der Seele gleichkam. Um mir das Atmen zu erleichtern, folgte ich dem Impuls, auf einsamen Spaziergängen laut zu beten, Gott meine Not zu erklären, auch hin zu weinen. Fröhlich und leichtfüßig kehrte ich dann zu meinen Aufgaben zurück. Ich lernte, bei aller Enttäuschung meine Geschichte vor Gott und vor mir selber stehen zu lassen. Vorerst gelang die Mitteilung nur im geschützten Raum, ohne jedes Mal in Tränen auszubrechen. Jedoch verunsicherte mich das Schweigen der Zuhörer, wenn ich nicht erkennen konnte, ob sie die Sache mit dem Verstand oder mit dem liebenden Herzen aufgenommen hatten. Unvermittelt auftauchende Szenen aus der Vergangenheit ließen sich besser schriftlich bearbeiten, bevor ich sie laut in einem Ritual der Barmherzigkeit Gottes übergab. Mit dem Aussprechen wurde ich gleichzeitig meine

FOTO: BERNHART

Emotionen los. Kindliche Freude, Staunen und Leichtigkeit brachen auf, nachdem ein verheddertes Knäuel wie von selbst auseinander gefallen war. Erinnerungen an zeitlich weit zurückliegende Erlebnisse musste ich wie festgezurrte Pakete förmlich aus mir herauspressen und den emotionalen Druck wegatmen oder abschütteln. Freies Tanzen war das untrügliche Zeichen dafür, dass der Brocken „draußen" ist.

Bei aller Mühe, die Puzzleteile meiner Geschichte zu ordnen, habe ich auch neue Einblicke in die familiären Hintergründe gewonnen. Die Frage, warum ich so geworden bin, wie ich bin, führte mich zur Archivarbeit. Ich bekam eine Ahnung, wie schwer es die Frauen in meinem Stammbaum hatten. Für Kost und Logis mussten sie alles mit sich geschehen lassen: Überleben war die Devi-

se, Freude über Frau- und Muttersein nur in beschränktem Maß möglich. Ihre Denk- und Verhaltensmuster sowie ungelöste Traumata gingen auf die nächste Generation über. So wurde auch mir das Frauenbild der Zwischenkriegszeit vermittelt, was erklärt, dass von Würde und Selbstwert nicht sprechen konnte, wer das nicht selbst hatte oder kannte. Dennoch bin ich dankbar, um die Tapferkeit dieser Mütter zu wissen, die trotz widrigen Umständen mit aller Kraft dem Leben dienten. Sie haben ihre Verzweiflung wie später auch ich letztlich im Gehorsam des Glaubens besiegt, weil Gott der Herr der Geschichte ist, der ihren wie der meinen.

Das Geschenk der neuen Freiheit

Das objektive Wissen gab mir Sicherheit im Austausch mit den anderen. Dabei geschah eine Umkehrung: Mir ging es nun weniger um ihr Verständnis für meinen verschlungenen Weg als vielmehr um die eigene Anerkennung dessen, was ist: mein Leben. Nachdem ich 2019 vor guten Freunden in Frankreich die Geschichte meiner Kinderlosigkeit aufgerollt hatte, kamen sie wortlos auf mich zu und umarmten mich herzlich. Das war ein heilender Vorgang, denn mit meinen Erlebnissen war ich bei ihrem liebenden Du angekommen. Mein Rucksack fühlte sich leichter an und in mir kam etwas zum Schlusspunkt: Ich war nicht

FOTO: KOGLER

mehr allein damit. Auch mein Blick veränderte sich: „Du bist nicht so schwach, wie du immer geglaubt hast. Es muss eine Kraft in dir gewesen sein, die dich getragen hat. Und die stammt nicht von dir. Gott ist es, der dieses dein Leben trotz allem gewollt, geführt und in der Not erhalten hat." Er hat mir Menschen geschickt, von denen ich mich so angenommen wusste, dass ich mich öffnen und innerlich aufrichten konnte. Die neue Lebendigkeit gereicht Gott zur Ehre, mir zum Heil und anderen zur Ermutigung. In meinem Fall hat sich die Verheißung von Jesaja 42,3 erfüllt: „Das geknickte Rohr zerbricht er nicht und den glimmenden Docht löscht er nicht aus!" Wie der Baum mit seinem Knick emporwächst, so will ich, vom Geschehen geprägt, in Dankbarkeit und Freude, überlebt zu haben, an den Möglichkeiten reifen, die die Zukunft für mich noch bereithält.

Reise von Prior Roger Schutz (Taizé) und einer internationalen Gruppe von Jugendlichen im Jahr 2005 nach Ostasien. Bild: Frère Roger in Hongkong bei einem Besuch von chinesischen Familien auf ihren Dschunken. „Kleine Schwestern Jesu", die auf einem Hausboot unter den Armen dort leben, begleiten ihn.

» *Das geknickte Rohr zerbricht er nicht und den glimmenden Docht löscht er nicht aus!"*

Jesaja 42,3

Taizé:
„Wir sind keine besseren Menschen"

Im Jahr 2019 veröffentlichte die ökumenische Gemeinschaft von Taizé (Frankreich) Hinweise von fünf Betroffenen über Vorfälle aus den 1950er bis in die 1980er-Jahre.

Drei Mitglieder sollen Jugendliche sexuell missbraucht haben. Hinweise auf Vergewaltigung bestünden nicht, sagte ein Sprecher. Zwei der beschuldigten Männer sind seit 15 Jahren tot, der dritte lebt weiterhin in Taizé, ist aber seit längerem nicht mehr an der Organisation der Jugendtreffen beteiligt. In Rücksprache mit den Betroffenen wurde die Staatsanwaltschaft informiert. Wie der Leiter der Gemeinschaft, Frère Alois Löser, mitteilte, ist „diese Offenlegung Teil unserer Suche nach Wahrhaftigkeit, die damit begonnen hatte, dass wir den Betroffenen zuhören." Die Sorge um die Opfer stehe im Mittelpunkt, zugleich wolle er möglichen weiteren Opfern Mut machen, sich zu melden. Die Gemeinschaft kündigte an, ihre Präventionsarbeit auszuweiten. Es geht darum, alle „wirksam zu schützen, die uns dadurch, dass sie nach Taizé kommen, ihr Vertrauen schenken." Unter anderem sei es bereits seit längerem die Regel, dass Einzelgespräche nur an den dafür vorgesehenen, einsehbaren Orten geführt werden.[98]

Die Präsidentin der Konferenz der Ordensmänner und -frauen in Frankreich, Veronique Margron, hat den offenen Umgang der Taizé-Gemeinschaft mit den Missbrauchsfällen begrüßt. Margron war während des Aufarbeitungsprozesses von der Gemeinschaft konsultiert worden. „Sie haben entschieden, nun darüber zu reden, um zu zeigen, dass sie die Zeugenaussagen der Opfer immer sehr ernst genommen haben", sagt sie. Laut Margron ist es die erste Gemeinschaft, die sich „proaktiv" für einen offenen Umgang mit den Missbrauchsfällen entscheidet. Dies auch aus Respekt und Verantwortungsbewusstsein für die tausenden jungen Menschen, die jedes Jahr nach Taizé kommen.[99]

„Taizé ist die erste Gemeinschaft, die sich proaktiv für einen offenen Umgang mit den Missbrauchsfällen entschieden hat. Dies auch aus Verantwortungsbewusstsein für die tausenden jungen Menschen, die jedes Jahr nach Taize kommen." (Veronique Margron) Bild: Jugendliche beim Abendgebet in der Versöhnungskirche von Taizé

FOTO: KNA

FOTO: KNA

Manfred Lütz, Psychotherapeut, Theologe und Autor

Missbrauch durch Psychotherapeuten

Manfred Lütz erwähnt in seinem Buch „Was hilft Psychotherapie, Herr Kernberg? Erfahrungen eines berühmten Psychotherapeuten" (Herder 2020), dass der Psychoanalytiker Christian Reimer bereits vor 20 Jahren bei einer Psychotherapeutentagung über den sexuellen Missbrauch in der Psychotherapie berichtete: „Die Leidtragenden sind zumeist Frauen, die schwerste Traumatisierungen davontragen können." Reimer meinte, dass etwa zehn Prozent der Psychotherapeuten sexuellen Missbrauch betreiben.

Otto Kernberg, Präsident der Internationalen Psychoanalytischen Vereinigung, bestätigte in dem Interview mit Lütz diese Statistik: „Ich kenne aus Studien die Zahl 13 Prozent, und zwar bei allen psychotherapeutischen Schulen gleichermaßen, obwohl wahrscheinlich niedriger bei den Psychoanalytikern." Kernberg betonte, dass sich missbrauchte Patientinnen und Patienten beim Ethikkomitee der Psychoanalytischen Gesellschaft melden können. „Dies funktioniert ganz gut. Man kann natürlich auch vor Gericht gehen."[100]

Die bekannte John-Jay-Studie kam 2004 in Amerika auf 4,4 Prozent beschuldigter Kleriker. Diese Zahlen seien laut Lütz auch mit Deutschland vergleichbar, allerdings geht es in diesen Fällen „insbesondere um den Missbrauch von Kindern und vor allem älteren Jugendlichen". Auf die Frage „13 Prozent missbrauchende Psychotherapeuten, vier Prozent beschuldigte katholische Priester, das sind Zahlen, hinter denen viele Tragödien stecken. Überraschen Sie diese Zahlen bei der katholischen Kirche?", antwortete Otto Kernberg: „Nein, ich halte es für genauso möglich und wahrscheinlich wie bei Psychotherapeuten. Aber es ist in beiden Fällen dann doch erstaunlich, weil es ja gegen alles verstößt, was man in der Ausbildung gelernt hat und ebenso gegen fundamentale moralische Prinzipien, beim Priester noch dazu gegen Gottes Gebot. Ein solches Verhalten widerspricht eklatant dem jeweiligen Berufsethos."[101]

Ware Mensch: Kampf gegen Menschenhandel und Zwangsprostitution

Weltweit werden jährlich mehr als 2,4 Millionen Menschen (vorwiegend Frauen und Kinder, aber auch Knaben) wie Güter gehandelt. Die Gewinne aus dem Menschenhandel werden laut Europol und der Internationalen Arbeitsorganisation (ILO) auf 32 Milliarden US-Dollar jährlich geschätzt.

Das Geschäft mit der Handelsware Mensch (Menschenhandel, Zwangsprostitution, Organhandel) gilt als drittwichtigste kriminelle Einkommensquelle nach dem Drogen- und Waffenhandel.[102]

In Italien gründete Sr. Eugenia Bonetti ein Netzwerk von 100 Beratungsstellen und 80 Schutzzentren, um vor allem Frauen aus Nigeria, die als Sex-Sklavinnen nach Europa verkauft wurden, zu betreuen. Bisher gelang es Sr. Eugenia und ihren 250 freiwilligen Mitarbeiterinnen – in Kooperation mit der italienischen Polizei –, mehr als 6.000 Frauen aus den Händen von Menschenhändlern zu befreien.

Schwester Lea Ackermann gründete 1985 SOLWODI Kenia mit mehreren Beratungsstellen. 1987 erfolgte die Gründung von SOLWODI-Kontaktstellen mit angegliederten Schutzwohnungen in Deutschland. SOLWODI geht gegen Menschenhandel vor und unterstützt in Not geratene, bedrohte und misshandelte Frauen.

SOLOWODI - Solidarität mit Frauen in Not

SOLWODI ist die Abkürzung von „SOLidarity with WOmen in DIstress" – Solidarität mit Frauen in Not. Den Grundstein für diese Hilfsorganisation legte Sr. Lea Ackermann 1985 in Mombasa (Kenia), wo sich Frauen aufgrund ihrer Armut prostituierten. Heute hat SOLWODI 34 Beratungsstellen in ganz Kenia und unterstützt ein Witwen- und Waisenprojekt in Ruanda.[103]

Seit 1987 engagiert sich SOLWODI in Deutschland mit inzwischen 18 Beratungsstellen, einer Kontaktstelle und sieben Schutzwohnungen. SOLWODI bietet ganzheitliche psychosoziale Betreuung und Beratung, sichere Unterbringung, Vermittlung juristischer und medizinischer Hilfe sowie Unterstützung bei der Rückkehr in die Heimatländer. SOLWODI unterstützt Frauen und Mädchen, die Opfer von Menschenhandel, Zwangsprostitution, Gewalt und Ausbeutung geworden sind.

FOTO: KNA

Lea Ackermann (m.) mit den kenianischen SOLWO-DI-Mitarbeiterinnen Susan (l.) und Ruth vor dem Hauptsitz der Organisation in Boppard. Ruth und Susan arbeiten in Eldoret in Kenia für ein Fußballprojekt von SOLWODI und nahmen drei Wochen lang an einem internationalen DFB-Trainerlehrgang teil.

SOLWODI Österreich

SOLWODI Österreich besteht seit 2012. In Wien und Innsbruck gibt es Schutzwohnungen für Frauen und ihre Kinder sowie Beratungsstellen. Sr. Anna Mayrhofer, Dipl.

Sozialarbeiterin/Sozialpädagogin, übernahm 2012 die Leitung der SOLWODI-Schutzwohnung in Wien. Seit 2017 ist sie Teil des Leitungsteams von SOLWODI Österreich. Am Beispiel von Ilona schildert Sr. Anna Mayerhofer die vielfältigen und komplexen Ursachen von Zwangsprostitution. Der Weg von Ilona zeigt aber, dass für Menschen, die ausgebeutet und versklavt werden, Veränderung möglich ist, wenn den Betroffenen professionelle Ausstiegshilfen geboten werden.

Ilona ist 24 Jahre alt und stammt aus Rumänien. Der Vater war arbeitslos und Alkoholiker. Wenn er betrunken war, gab es zu Hause oft Streit. Niemand konnte es ihm recht machen, und in seinem Ärger schlug er die Mutter und die Kinder. Die älteren Geschwister verließen das Haus sehr früh. Die Mutter versuchte die Familie zusammenzuhalten und durch Gelegenheitsarbeit Geld zu verdienen. Ilona schwänzte oft die Schule, es kümmerte sich sowieso niemand um sie. Nach der Schule arbeitete sie kurze Zeit in einer Fabrik. Im Dorf gab es nur wenige Arbeitsplätze. Ein Cousin, der in Österreich lebte, versprach Ilona Arbeit in Österreich und ihrer Mutter, dass er auf sie aufpassen würde. Ilona fuhr. Ihr Cousin brachte sie direkt in ein Bordell und erklärte ihr ihre zukünftige „Arbeit". Andere Frauen erklärten ihr, was sie tun müsse. Ilona wollte weg, aber ihr Cousin schlug ihr ins Gesicht und drohte ihr, er würde ihrer Familie und im ganzen Dorf erzählen, dass sie eine Hure sei. Als sie sich weiterhin weigerte, schickte er ein paar „Freunde" zu ihr ins Zimmer, die Ilona vergewaltigten. Dann tat sie, was man ihr sagte.

Einmal im Monat durfte sie 500 Euro nach Hause schicken. Ihre Mutter freute sich, sie konnte das Dach des kleinen Hauses reparieren und auch den Arztbesuch bezahlen, den sie schon seit Monaten hinausgeschoben hatte. Wenn Ilona zwei- oder dreimal im Jahr ihre Eltern besuchte und deren Elend sah, wusste sie, warum sie sich in Österreich prostituierte, auch wenn ihr Cousin das meiste Geld daran verdiente. Aber das wusste niemand. Sie erfand Geschichten von ihrer angeblichen Arbeit als Kellnerin. Endlich war der Vater zufrieden mit ihr. Mittlerweile hatte sie gelernt, wie das alles auszuhalten war: mit Alkohol und Schmerztabletten.

Falsche Versprechungen

Frauen wie Ilona haben neben materieller Armut, mangelnder Schul- und Berufsausbildung, Arbeitslosigkeit, Hoffnungs- und Perspektivenlosigkeit oft schon in ihrer Herkunftsfamilie Gewalt bis hin zum sexuellen Missbrauch erlebt. Sie werden mit falschen Versprechungen auf eine gut bezahlte Arbeit ins Ausland gelockt. Durch finanzielle Abhängigkeit, Ausnutzen ihrer Hilflosigkeit sowie Androhen und Ausüben psychischer und physischer Gewalt werden die Frauen in ausbeuterische Beziehungen, Arbeitsverhältnisse oder in die Prostitution gezwungen.

Österreich ist Transit- und Zielland zugleich. Frauen aus Osteuropa, Nigeria, China und Mittelamerika werden nach Österreich gebracht und landen in der Prostitution. Viele sind Opfer von Menschenhandel. Ihre Identität herauszufinden ist schwierig, weil die Frauen aus Angst meist nichts sagen. Die Täter bleiben unbekannt. Die Nachfrage der Männer in Österreich nach „gekauftem Sex" fördert den Markt. Der oft verwendete Begriff „Sexarbeit" suggeriert dabei den freiwilligen und selbstbestimmten „Verkauf sexueller Dienstleistungen". Doch er verharmlost Hintergründe und Auswirkungen von Prostitution. Die Grenzen zwischen Prostitution, Zwangsprostitution und Menschenhandel sind fließend.

Leben ohne Angst

Durch eine Streetworkerin kam Ilona zu SOLWODI. Zusammen mit anderen Frauen und deren Kindern lebt sie in der anonymen Schutzwohnung. Die Sozialarbeiterinnen bieten Beratung und Begleitung bei medizinischen, rechtlichen, sozialen und psychischen Problemen an und helfen bei Behördengängen sowie der Wohnungs- und Arbeitssuche. Ebenso wichtig sind Hilfe zur psychischen Stabilisierung, Stärkung des Selbstwertgefühls sowie Unterstützung bei der Entwicklung neuer Lebensperspektiven.

Ilona hat einen Deutschkurs begonnen und geht regelmäßig zu einer Psychotherapeutin. Sie möchte lernen, ohne Angst zu leben und die Bilder der letzten Jahre aus ihrem Kopf zu bekommen. Wenn es ihr psychisch wieder besser geht, hofft sie, eine Arbeitsstelle und eine eigene kleine Wohnung zu finden.

In die Notschlafstelle des Emmaus-Frauenwohnheimes kommen immer wieder Frauen, die aus einer unerträglichen Notsituation ausbrechen wollen. Nicht wenige haben Gewalterfahrung hinter sich, sind Opfer von Ausbeutung durch so genannte männliche Beschützer oder Zuhälter. Manche der versklavten Frauen waren gezwungen, als Geheimprostituierte oder als Sexarbeiterinnen in Bordellen oder Laufhäusern zu arbeiten.

Da das Frauenwohnheim der Emmausgemeinschaft St. Pölten (noch) keine eigenen Schutzwohnungen für Opfer von Menschenhandel hat, wird in akuten Notfällen eng mit der Opferschutzeinrichtung LEFÖ-IBF (Beratung und Schutzwohnungen für Frauen und Mädchen ab 15), Herzwerk Wien und SOLWODI Österreich, zusammengearbeitet. Das Schicksal der überlebenden Ilona zeigt, wie dringend zusätzliche Ausstiegshilfen, insbesondere Beratungsstellen

FOTO: CONSOLATA MISSIONARY SISTERS

Sr. Eugenia Bonetti, Turin, Vorsitzende der Organisation „Slaves no more" und Koordinatorin des Büros zur Bekämpfung des Menschenhandels für Frauen und Kinder, einer Initiative italienischer Frauenkongregationen: „Ich schäme mich für unsere sogenannte zivilisierte Gesellschaft, die diese moderne Sklaverei des Menschenhandels zulässt."

und anonyme Schutzwohnungen für Opfer von Menschenhandel benötigt werden.

FOTO: SHUTTERSTOCK

London: Start einer Kampagne gegen den weltweiten Menschenhandel und moderne Sklaverei

FOTO: CONSOLATA MISSIONARY SISTERS

Weltweit gibt es 27 Millionen Opfer des globalen Menschenhandels mit einem Umsatz von rund 32 Milliarden Dollar pro Jahr. Das Netzwerk „Slaves no more" erstreckt sich auf 30 verschiedene Länder und befasst sich mit Prävention, Rehabilitation und dem Schutz der Opfer und ihrer Familien sowie der Rückführung und Wiedereingliederung der Opfer in ihre Heimat.

Nordisches Modell: Sexkaufverbot

Das System der sexuellen Ausbeutung wirkt zerstörerisch in einer Gesellschaft. Im April 2019 veranstaltete SOLWODI Deutschland in Mainz den 3. Weltkongress gegen sexuelle Ausbeutung von Frauen und Mädchen. Der Kongress stellte international erfolgreiche Lösungsansätze im Kampf gegen Prostitution und Menschenhandel vor.

In den vergangenen 20 Jahren haben Schweden, Island, Norwegen, Kanada, Nordirland, Frankreich und die Republik Irland den Kauf von Sex verboten – mit positiven Ergebnissen: Die Nachfrage nach Prostitution ist gesunken, der Menschenhandel zurückgegangen. Auch das Frauenbild in diesen Gesellschaften hat sich gewandelt, denn die Gesetzgebung stellt klar: Frauen sind keine Ware! Deutschland hingegen wurde nach einer Aussage von Lea Ackermann mit seiner liberalen Gesetzgebung zum „Bordell Europas". Der Weltkongress wollte zur Aufklärung beitragen und Handlungsschritte für eine Gesellschaft ohne Prostitution entwickeln. Ziel ist die Einführung des „Nordischen Modells für Prostitution"

(Sexkaufverbot) auch in Deutschland und in anderen Ländern Europas.[104] Insgesamt haben bisher acht Länder – Israel im Jahr 2020 – das „Nordische Modell" eingeführt.

Herzwerk Wien

Diese Initiative bietet Ausstiegshilfen für Mädchen und Frauen, die Opfer von Menschenhandel und Zwangsprostitution wurden. Ein eigener Verein (Hope for the Future) bietet Frauen, denen der Ausstieg gelungen ist, Arbeitsmöglichkeiten, insbesondere durch die Produktion von Taschen und Modeschmuck.

In den 300 Bordellen und Laufhäusern Wiens arbeiten tausende Frauen als so genannte Sexarbeiterinnen. Sie kommen überwiegend aus Osteuropa, China, Nigeria und Lateinamerika. Viele der Frauen wurden – in der illusorischen Hoffnung auf eine bessere Zukunft – von Menschenhändlern nach Europa gelockt. Die meisten Mädchen und Frauen, die auf diesem Weg nach Europa vermittelt wurden, werden als Zwangsprostituierte versklavt, ihrer Würde und ihrer Freiheit beraubt. Die MitarbeiterInnen von Herzwerk besuchen diese Frauen im Umfeld ihres Arbeitsplatzes, bieten individuelle Beratung an und vermitteln medizinische Hilfe. Der diakonische Auftrag von Herzwerk beruht auf dem christlichen Menschenbild. Jeder Mensch, egal welcher Herkunft, Tätigkeit, sexueller Ausrichtung oder Religion, ist eine von Gott geliebte und geachtete Person, deren Würde unantastbar ist.

Sr. Eugenia Bonetti initiierte in Italien die Aktion „Frauen helfen Frauen". In 110 Beratungsstellen und Schutzwohnungen werden Frauen, die Opfer von Menschhandel und Zwangsprostitution wurden, Ausstiegshilfen angeboten. Durch dieses Betreuungsnetz gelang in Italien bisher mehr als 7.000 Frauen der Ausstieg aus dem Milieu.

Verein KAVOD

Das Wort KAVOD kommt aus dem Hebräischen und bedeutet Würde. Der Verein KAVOD, mit Sitz in Österreich, möchte Menschen in der Prostitution ganzheitlich und wertschätzend begegnen. Das Ziel ist es, die Würde der Person, die bei vielen durch die Ausübung der Prostitution zerstört worden ist, wiederherzustellen und der betroffenen Person Hoffnung für einen Ausstieg in ein Leben mit Perspektiven zu vermitteln.

Die MitarbeiterInnen von KAVOD machen aufsuchende Sozialarbeit, sind rund um die Uhr erreichbar und bieten Soforthilfe für den Ausstieg aus der Prostitution an. Neben dem Angebot von Langzeitbetreuung ist KAVOD politisch auf verschiedenen Plattformen aktiv, darüber hinaus werden Schulungen und Seminare durchgeführt. Weiters wurden von Sabine Kallauch, der Leiterin des Vereins KAVOD, in 18 europäischen Ländern ExpertInnen von 63 Organisatio-

FOTO: SHUTTERSTOCK

Sr. Eugenia Bonetti: „Armut, Korruption und die Ignoranz jedes Einzelnen sind die Ursachen der modernen Sklaverei. Die ungesättigte Nachfrage nach sexuellen Dienstleistungen ist Ausdruck dieser Ignoranz. Erst das Desinteresse unserer Gesellschaft schafft einen Raum, in dem die Würde des Menschen auf brutalste Weise verachtet wird." Bild: Stopp dem Menschenhandel!

nen interviewt, die mit Menschen in der Prostitution und Betroffenen von Menschenhandel arbeiten. Neben der Tätigkeit in Österreich, gibt es auch Angebote in Nigeria. Die Zielgruppe von KAVOD wurde erweitert, vor allem auf Binnenflüchtlinge. Es werden Seminare angeboten für Waisen, die ihre Eltern verloren haben, und für Witwen, deren Männer durch Angriffe von Boko Haram oder Stammesangehörige der Fulani getötet wurden. Neben diesen Seminaren unterstützen Andreas und Sabine Kallauch in Zusammenarbeit mit der Organisation „MeCAHT" in Abuja den Aufbau eines neuen Schutzhauses, um Opfern von Zwangsprostitution und Überlebenden von Menschenhandel, die aus Europa abgeschoben wurden, einen Neubeginn zu ermöglichen.

FOTO: KALLAUCH

FOTO: KALLAUCH

Nigeria: Junge Mädchen aus einem Schutzhaus für Opfer von sexueller Gewalt. Die Armbänder mit ihren Namen waren ein Geschenk

FOTO: KALLAUCH

Konferenz in Yola mit 350 Witwen, die ihre Männer durch Boko Haram verloren haben. Die Seminare mit KAVOD-MitarbeiterInnen und Psychologinnen dienen primär der Aufarbeitung von traumatischen Erlebnissen.

Kongo:
Hilfe für traumatisierte Frauen

In Kivu, der Ostprovinz des Kongo, tobt ein grausamer Kampf um Rohstoffe. Rebellen, aber auch Regierungstruppen erobern Gebiete, in denen wertvolle Roherze unter der Erde lagern, wie z.B. Coltan, das für Smartphones, Tablets und Fotoapparate unverzichtbar ist. Die Kämpfer entführen häufig Männer, Frauen und Kinder aus ihren Dörfern. Sie müssen dann Sklavenarbeit leisten und werden sexuell missbraucht. Körperliche und seelische Verstümmelung sind die Folgen. Regierung und UNO-Truppen scheinen machtlos. Doch die Sozialarbeiterin und Traumatherapeutin Thérèse Mema Mapenzi startete mit Unterstützung von missio Aachen das Projekt „Justice et Paix". In den „Centres d'Écoute" (Zentren des Zuhörens) können die an Körper und Seele verletzten Menschen reden. Durch Gesprächs- und Arbeitstherapie sollen Traumata aufgearbeitet und ein Heilungsprozess eingeleitet werden.

2015 erhielt Thérèse Mapenzi in Eichstätt den renommierten Shalompreis. Dr. Klaus Krämer, missio Aachen, der Thérèse Mapenzi als eine der mutigsten Frauen Afrikas bezeichnet, hatte ein besonderes Geschenk mitgebracht: ein aus Granaten hergestelltes Kreuz aus Liberia, das 2008 von Papst Benedikt XVI. in Rom geweiht worden war. Eine Kindersoldatin, die Opfer und Täterin war, hatte es zum Papst gebracht. Das Kreuz, das von Aachen nach Eichstätt kam, wird nun im Kongo stehen. Die vierfache Mutter Thérèse Mapenzi sagte in ihrer Dankesrede, dass Frieden in Afrika auch Frieden für Europa bedeutet. Die Menschen würden nicht ohne Grund aus ihrer Heimat fliehen. Es sei eine internationale Konferenz nötig, um friedensbildende Maßnahmen im Kongo zu initiieren, andernfalls drohe ein Genozid wie in Ruanda oder Burundi.

Klaus Krämer, Leiter von missio Aachen, überreichte der kongolesischen Menschenrechtlerin Thérèse Mapenzi am 20.6.2015 in Eichstätt ein Granaten-Kreuz bei der Verleihung des Shalom-Friedenspreises. Thérèse Mapenzi kümmert sich in der Region Bukavu um vergewaltigte Frauen und leitet dort mehrere Trauma-Zentren.

Thérèse Mapenzi (r.), Koordinatorin der Trauma-Zentren in der Diözese Bukavu, spricht in der Kirchengemeinde Kabare mit einer Frau.

Zentralafrikanische Republik:
Der Prozess der Versöhnung oder
Die Macht des freien Willens

Maria Biedrawa

Bei einem starken, plötzlichen Lärm oder großem Stress wird Stéphanie ohnmächtig. Das passiert ihr z. B. in der Schule und hat zur Folge, dass sie mehrere Prüfungen nicht bestanden hat. Lina, eine 65jährige Witwe, unterrichtet noch, aber sie ist am Ende ihrer Kräfte. Würde sie zu arbeiten aufhören, hätte sie kein Einkommen mehr, und da sie in den gewaltsamen Ausschreitungen ihren Mann und Sohn verloren hat, ist da niemand mehr, der sie unterstützt. Thomas, ein ehemaliger Händler, schafft es aufgrund seiner posttraumatischen Depression nicht mehr, in der Früh aufzustehen. Im ganzen Land, das 4,5 Millionen Einwohner zählt, gibt es einen einzigen Psychiater. Aber es

Bangui: Die Pfarrgemeinde „Notre Dame de Fatima" war in sieben Jahren Zielscheibe von drei bewaffneten Attacken.

Am 1.5.2018 haben Dschihadisten die Kirche „Notre Dame de Fatima" während des Festgottesdienstes angegriffen. 24 Menschen kamen ums Leben, 170 wurden schwer verletzt. P. Moses, der Pfarrer, der in Innsbruck studiert hat, steht an der Stelle hinter dem Altar, an der ein Konzelebrant und drei andere erschossen wurden.

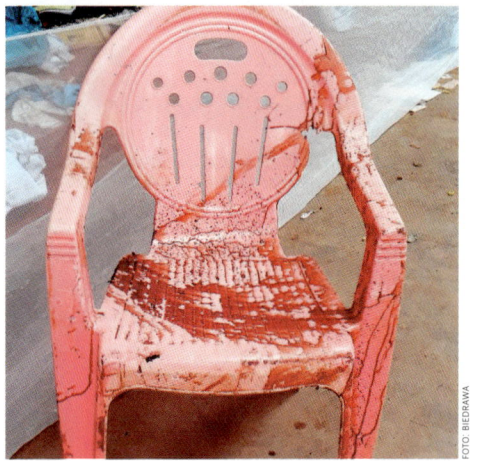

Bei einem Überfall auf die Kirche versteckten sich viele Menschen in der Sakristei. Die Angreifer schossen nur die Tür ein, und der Kelch fing die Kugel auf. Da alle in der Sakristei still blieben, gingen die Angreifer weiter. Jemand kommentierte danach: „Jesus hat den Schuss für uns auf sich genommen."

nützt nicht viel ihn aufzusuchen, denn die verschriebenen Medikamente sind viel zu teuer. Er versucht, seine Depression im Alkohol zu ertränken.

Wenn wir die Frage stellen „Seit wann?", fällt die Antwort immer gleich aus. Die Menschen nennen die Daten der Anschläge auf ihre Wohnviertel, die an diesen Tag in Flammen aufgingen und Männer, Frauen und Kinder dem Leben entrissen. Die Daten, verweisen auf hunderte, manchmal tausende, die vertrieben und von einer Stunde auf die andere zu Flüchtlingen, Witwen und Waisen wurden. Manchmal erkranken sie in der Spätfolge auch psychisch.

Der weite Weg zum neuen Selbst

Den Menschen aufmerksam zuzuhören, mit Mitgefühl, von Mensch zu Mensch, das sind die ersten Schritte auf dem Weg, der sie erleben lässt, dass sie immer noch Menschen mit Menschenwürde sind. Ich denke in diesen Tagen oft an die Worte des 2. Vatikanischen Konzils: „Freude und Hoffnung, Trauer und Angst der Menschen von heute, besonders der Armen und Bedrängten aller Art, sind auch Freude und Hoffnung, Trauer und Angst der JüngerInnen Christi. Und es gibt nichts wahrhaft Menschliches, das nicht in ihren Herzen seinen Widerhall fände."

Wenn wir Gewalt an uns erfahren, ist das, als würden wie ein Gegenstand ohne Wert behandelt. Deshalb ist es wichtig, dass wir uns dafür interessieren, was diese Menschen erlebt haben, wie sie es erlebt haben und wie Gewalt ihr Leben verändert hat. So muss Loic beispielsweise mit den Schreckensbildern leben, den Schreien der Menschen, die von Kugeln getroffen wurden, und er muss diese tiefe Ohnmacht ertragen, die er in jenem Augenblick empfunden hat. Da er sich aber seitdem nicht mehr konzentrie-

ren kann, wird sein Berufswunsch, Rechtsanwalt zu werden, nicht in Erfüllung gehen, was ebenso schmerzhaft ist. Zuhören kann den Opfern von Gewalt vermitteln, dass sie nicht allein sind. Es bedeutet ein Stück Befreiung: die Befreiung von der Idee, dass sie diese Gewalt irgendwie verdient haben oder dass die ganze Welt Quelle von Gefahren und tiefen Ängsten ist. Zuhören öffnet einen Spalt in diesem Selbst- und Weltbild, wo diese Brise der Hoffnung herein wehen kann und Opfer sich sagen können „Mein Leben ist mehr – ich bin mehr – als die Summe der erlittenen Gewalttaten". Es bedeutet, ein Stück Freiheit wiederzuentdecken: die Freiheit sein Leben wahrzunehmen, seinen Willen zu spüren. Das macht Handeln möglich und sinnvoll und stellt uns vor unsere eigene Verantwortung. Was jetzt zählt, ist nicht mehr nur das, was mir widerfahren ist, sondern auch und vor allem das, was ich daraus mache.

Heilung erfahren und Heilung wirken

Um einen Prozess der Versöhnung einzuleiten, der das Zusammenleben von Menschen und Gruppen, die die Gesellschaft bilden, ändert, müssen wir Menschen helfen, die Folgen der Gewalttaten zu lindern. Das heißt z. B., dass Stéphanie wieder lernt, Lärm zu ertragen, ohne das Bewusstsein zu verlieren. Dass sie genügend Selbstwertgefühl entwickelt, um „Gegenwind" auszuhalten. Dass die Witwe einen Mikrokredit bekommt, um ein Feld zu kaufen, damit sie von den Früchten dieses Landes leben und zwei Waisen anstellen kann, die das Feld bebauen. Der Weg zum inneren Frieden ist keine metaphysische Akrobatik.

Innerer Frieden kommt, wenn Wunden verheilen, wenn wir uns wieder trauen Beziehungen zu knüpfen, wenn neue Lebensbedingungen den Hunger überwinden und

Zentralafrikanische Republik: Durch Vermittlung von christlichen und muslimischen Religionsvertretern ist am 12.12.2019 in Kouki ein Treffen zwischen den verfeindeten Milizen Seleka und Anti-Balaka zustande gekommen.

Wider Erwarten hat auch Stanislas Badjima, Anführer der Miliz Anti-Balaka, im Dezember 2019 in Kouki an den Verhandlungen über einen Waffenstillstand teilgenommen.

wenn das Leben wieder Sinn hat. Dieser Sinn ist vielleicht nicht der gleiche wie vorher. Wir machen Erfahrungen, aber die Erfahrungen machen auch etwas mit uns – und verändern uns.

Parallel zum Angebot im Zentrum haben sich ungefähr 100 Pfarrmitglieder in Trauma-Begleitung ausgebildet. Jede in der Pfarre vertretenen Gruppe und Bewegung schickte vier oder fünf Mitglieder. Uns beschäftigte die Frage: Wie kann man traumatisierten Menschen Gutes tun, auch wenn wir nicht Psychologen sind, sondern einfach NachbarInnen, FreundInnen oder Glaubensgeschwister. Sie haben ja dieselben Erfahrungen geteilt und gelten daher als glaubwürdig. Sie haben schon viel Erfahrung, denn sie besuchen regelmäßig diejenigen, die sich in ihrem Schmerz einigeln und für die der Weg ins Zentrum noch zu weit ist. Und doch sind sie schon einen Schritt voraus. Sie sind nicht mehr darauf konzentriert, was sie von ihrem Leben erwarten (und wie es sie enttäuscht hat), sondern darauf, was das Leben von ihnen erwartet, jetzt, in dieser konkreten Situation.

Erinnern und loslassen

Auf die Frage was in diesem Prozess am schwierigsten ist, antworten alle einhellig: Zum einen die eigene emotionale Zerbrechlichkeit und die der anderen auszuhalten, die wie ein unkontrollierbares Karussell ist. Die zweite Schwierigkeit besteht darin, zu verzeihen und selbst im Täter einen Menschen zu sehen. Ein Grund, warum Verzeihen so schwierig scheint, beruht zum einen auf der Tatsache, dass es mit Vergessen verwechselt wird. Viele Menschen denken, dass Vergessen das Zeichen dafür ist, dass sie verziehen haben, und sie fühlen sich wesentlich erleichtert, wenn sie entdecken, dass diese „Gleichung" gar nicht stimmt. Es ist richtig, dass es angenehmer wäre, vergessen zu können und nicht mehr von der erlittenen oder begangenen Gewalt bedrückt zu sein. Aber verzeihen heißt, sich der Taten und Konsequenzen voll bewusst zu sein … und dann seinen Weg weiterzugehen.

Das schmerzhafte Ereignis bekommt einen Platz im Lebenslauf zugeschrieben und irgendwann geben wir ihm keine Macht mehr über alles und über uns. Dies ist ein Akt unseres freien Willens, eine Entscheidung. Wir erneuern diese Entscheidung, dieses Verzeihen-Wollen dann so oft, wie uns die Verletzung wieder bewusst wird – bis zu dem Tag, an dem etwas in uns ausreichend ausgeheilt ist, um eine Geschichte, eine Person oder eine Gruppe von Menschen, die uns verletzt haben, loszulassen… und befreit unseren Weg weiterzugehen.

Gerechtigkeit und Schutz

Bei bewaffneten Konflikten kommen aber zwei Hindernisse hinzu. Wie ist das mit der Gerechtigkeit, die die Schuldigen bestraft und sich um die Opfer und um Wiedergutmachung kümmert?

Wie in vielen anderen bewaffneten Konflikten ist auch hier sexuelle Gewalt gegen Frauen eine Kriegswaffe gewesen. Allerdings trifft das auf ein großes Tabu, verstärkt durch die Tatsache, dass Frauen hierzulande sowieso sehr diskret sind. Inzwischen hat sich im muslimischen Nachbarviertel eine Fraueninitiative, „I Londo Awé" (wörtlich:

Fischer am Ubangi-Fluss

FOTO: BIEDRAWA

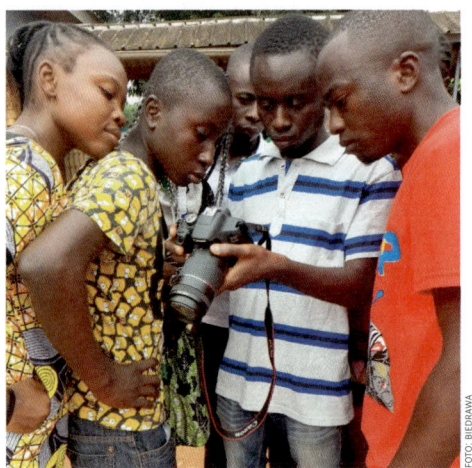

FOTO: BIEDRAWA

Bangui, Oktober 2020: Zwei Wochen lang bilden sich junge Menschen im kulturellen Zentrum von Notre Dame de Fatima aus, um selbst zu lernen, wie ein Dokumentarfilm entsteht. Junge Menschen lernen so hinschauen, nachdenken, andere nach ihrer Meinung oder Lebensrealität zu fragen und über Handlungsspielräume zu informieren, die zum Frieden beitragen.

einem Land, in dem der Staat nicht einmal 20 % seines Staatsgebietes kontrolliert und in dem das Rechtssystem daniederliegt, ein praktisch unerfüllbarer Wunsch.

Das zweite Hindernis, das sich aus dem ersten ergibt, ist die fehlende Garantie, dass sich diese Verbrechen nicht wiederholen. Anders gesagt, die Befürchtung, dass diese Gewaltakte jederzeit wieder aufflammen können, ist berechtigt. Diese Schutzlosigkeit hat oft eine tiefe Resignation und Hoffnungslosigkeit zur Folge.

Glaube als Horizont

Was hier Menschen abverlangt wird, ist schier übermenschlich. Ich siedle hier den tiefen Glauben von Menschen an, denen

Wir sind schon aufrecht oder aufgestanden), gebildet. Diese bringt über Trauma-Begleitung hinaus auch die politische Forderung ein, dass in der zukünftigen Wahrheits- und Versöhnungskommission nach südafrikanischem Modell 50 % der Mitglieder Frauen sein müssen. So kann diese Dimension von Gewalt endlich ans Licht kommen. Gerechtigkeit ist eine große Herausforderung in

nur eine Quelle bleibt: der Glaube an die Gerechtigkeit Gottes. Nur so erklärt sich in meinen Augen ihr Verzicht auf Gegengewalt und die Fähigkeit, Grenzen zu überschreiten, Menschen im anderen Lager die Hand zu reichen und an der Zukunft zu bauen, lösend, und manchmal auch erlösend, zu handeln.

Zur Liebe befreit

Die Pfarre hat auf die dritte Attacke in diesem Sinn reagiert. Im kulturellen Zentrum hat auch eine Gruppe junger Menschen ein Filmstudio. Sie produzieren Dokumentarfilme zu sozial brennenden Fragen unter dem Gesichtspunkt der Friedensarbeit. Sie haben genug davon, dass internationale Medien fixiert sind auf Katastrophen, als ginge es darum die humanitären und militärischen Einsätze zu rechtfertigen. Die jungen Menschen leugnen die Probleme nicht, aber sie berichten leidenschaftlich von Friedensinitiativen, die von der Bevölkerung getragen sind. Und davon gibt es sehr viele. Sie wollen zur Liebe befreien – zur Liebe zu ihrem Land und zum aktiv errungenen Frieden.

Hier treffen wir auf Julio, Mika, Muhammad, Fatoumata. Junge Erwachsene aus Notre Dame von Fatima und, wie die Namen es verraten, ihre FreundInnen aus dem muslimischen Nachbarviertel.

Sie besitzen eine ansteckende Lebensfreude und haben ihre Willensfreiheit wiedergefunden. Mit Kamera und Mikrofon in der Hand machen sie Kurzfilme über Gesellschaftsfragen aus einer Perspektive des Friedens und der Gewaltfreiheit, und das so gut, dass auch das nationale Fernsehen ihre Filme übernimmt. Es ist ihre Art, sich gegen Manipulation zu wehren, das Wort zu ergreifen und Sinn zu vermitteln. Sie tun dies, weil sie sich entschieden haben, es zu machen. Für sie hat die Zukunft schon begonnen. Und sie bringen diese Zukunft heute schon unter die Leute.

Zurzeit dokumentiert ein Filmteam die Auswirkungen der Corona-Pandemie auf junge Mädchen. Während des Lockdown hat die Zahl der Vergewaltigungen durch andere Familienmitglieder alarmierend zugenommen, und damit auch die Zahl der ungewollten Schwangerschaften und Abtreibungen.

FOTO: BIEDRAWA

STIRB NICHT IM WARTERAUM DER ZUKUNFT BAUSTEINE FÜR EINE GEEINTE WELT

Brücken bauen statt Abschottung

Papst Franziskus warnte wiederholt vor Populismus und Abschottungspolitik. Die Gesellschaft komme nur voran, wenn man Brücken baue, doch immer mehr Staaten setzen heute auf Mauern. Der Papst hat die Pläne von US-Präsident Trump zur Errichtung einer Grenzmauer kritisiert: „Wer eine Mauer baut, wird zu einem Gefangenen der von ihm errichteten Mauer." Die Tatsache, dass in den letzten Jahren mehr als 35.000 Migranten im Mittelmeer gestorben sind, bereite seinem „Herzen viel Schmerz", betonte der Sohn eines italienischen Migranten, der per Boot nach Argentinien gelangte. Er habe kein Verständnis für „die Ungerechtigkeit desjenigen, der die Tür schließt", und ebenso wenig für die Gefühllosigkeit angesichts der Tragödien. Wer sich als Katholik bezeichne und jegliche Migration ablehne, solle besser die Bibel lesen, die die gute Behandlung von Fremden vorschreibe, und entsprechend handeln. Der Papst erneuerte seine Forderung an die Europäische Union, Migranten gut zu empfangen, zu begleiten, zu fördern und zu integrieren. „Es ist schrecklich, sie nur zu empfangen und auf der Straße zu lassen, es ist ein großer Mangel an Respekt." Dass viele Zuwanderer vor Armut in ihren Ländern fliehen, sei auch eine Folge des Kapitalismus. (vaticannews 1.4.2019)

Ehemalige Straßenkinder im Sozialzentrum Haus Eden in Tirana

Weil Menschlichkeit keine Grenzen kennt

Weltweit leben unzählige Menschen in Armut und Elend. Notsituationen und ungerechte, ausbeuterische Strukturen sind an der Tagesordnung. Die Caritas steuert durch direkte Hilfe für Menschen in Not dieser Entwicklung entgegen. Im Netz der Caritas Österreich setzt die Auslandshilfe der Caritas St. Pölten ihre Schwerpunkte auf nachhaltige Entwicklungsprojekte in drei Ländern: Albanien, Senegal und Pakistan.

Albanien:

Trotz erzielter Fortschritte lebt die Hälfte der Bevölkerung an der Armutsgrenze. Die Gesundheitsversorgung ist unzureichend, Menschen können sich Medikamente oft nicht leisten. Die Caritas St. Pölten setzte durch den Aufbau eines Zentrums für Straßenkinder sowie einer Behinderten-Werkstätte ein Zeichen, dass auch in Notzeiten auf die Schwächsten der Gesellschaft nicht vergessen werden darf.

Pakistan: Hilfe für Leprakranke

In Pakistan unterstützt die Caritas St. Pölten seit vielen Jahren das von Dr. Ruth Pfau in Karachi gegründete Marie-Adelaide-Leprosy-Centre (MALC). Am Stadtrand von Karachi wurde von MALC die Hindu-Siedlung Adam Goth aufgebaut, nachdem diese Menschen aus einem Slum an einem Flusslauf in Karachi vertrieben wurden, weil eine Autobahn gebaut wurde. Die Gemeinde Adam Goth wächst immer weiter und hat das Leben dieser Menschen von Grund auf verändert. Mittlerweile vertritt sich die Gemeinschaft selbst, wenn es um Stromanschlüsse, Kanalisation, Wasser und andere Infrastrukturprojekte der Stadt geht. In Karachi wird auch eine Schule für Kinder, deren Eltern aufgrund der Landflucht in Armut geraten sind, unterstützt. In Lahore wird ein Schulprojekt für afghanische Flüchtlingskinder gefördert.

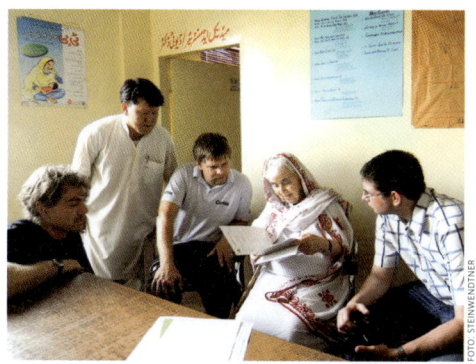

Lepraassistent Mohammed Mohsin (2. v. li)

Der heute 48-jährige Mohammed Mohsin aus Afghanistan kam als Flüchtling in seiner Kindheit nach Quetta in Pakistan. Im Alter von 12 Jahren wurde bei ihm Lepra diagnostiziert, und als er schwere Reaktionen auf das Arzneimittel entwickelte, wurde er zur Behandlung ins MALC-Krankenhaus in Ka-

rachi geschickt. Mohammed erinnert sich noch immer an die Kinder aus der Madrasa (Koranschule) in Quetta, mit denen er regelmäßig spielte und die sich distanzierten. Als sein Gesicht geschwollen war, fühlte sich Mohsin niedergeschlagen, als er die anderen Kinder über ihn sprechen hörte: „Was er war und wie er geworden ist!"

Mervyn Lobo (1. v. li), Geschäftsführer von MALC, Dr. Ruth Pfau und Mohammad Moshin, ein Lepraassistent, im Gespräch mit Lukas Steinwendtner, Caritas St. Pölten

Während seiner Zeit in Karachi absolvierte Mohammad Moshin seine Schulbildung an der „Tatarko Yagangat Schule" in Manghopir-Karachi. Anschließend wechselte er zu LEPCO, einer NGO in Afghanistan, wo er als Feldassistent für von Lepra betroffene Menschen arbeitet. In Afghanistan lernte er Dr. Ruth Pfau kennen und erhielt Gelegenheit zur Ausbildung zum Lepraassistenten in Karachi, um die Menschen in seiner Gemeinde besser vor den Missbildungen zu bewahren, die durch die verspätete Diagnose von Lepra verursacht werden. Nach seiner Ausbildung arbeitet er weiterhin und ist derzeit in der Einrichtung für Menschen mit Behinderung, „Ittehad Manzil", beschäftigt.

Senegal: Ernährungssicherung durch verbesserte Landwirtschaft

Die Kleinbauern des Landes leiden sehr unter den verheerenden Folgen der klimatischen Veränderungen und unter den subventionierten Lebensmittelimporten aus den Industriestaaten. In 35 Dörfern unterstützt die Caritas 950 Familien beim Aufbau einer Landwirtschaft. Gleichzeitig wird auch die Ernährungssituation von mehr als 2.300 mangelernährten Kleinkindern verbessert.

„Ein Haus – ein Baum": Diese Aktion begleitet im Senegal jedes Projekt und sensibilisiert Familien für die notwendige Aufforstung. Gerade Kinder haben daran Freude, Bäume zu pflanzen.

In den Schulgärten lernen die Kinder, wie man Gemüse anbaut und pflegt. Andererseits liefert der Garten zusätzliche Vitamine und Nährstoffe zum normalen Essen und versorgt die Schulkantine.

Frauen in Oulampane (Diözese Ziguinchor) bei der Pflege von Reisefeldern

Frauen in Missirah (Diözese Tambacounda) bei der Arbeit im gemeinsamen Gemüsegarten

Ernährungsworkshop für Babys und Kleinkinder

FOTO: STEINWENDTNER

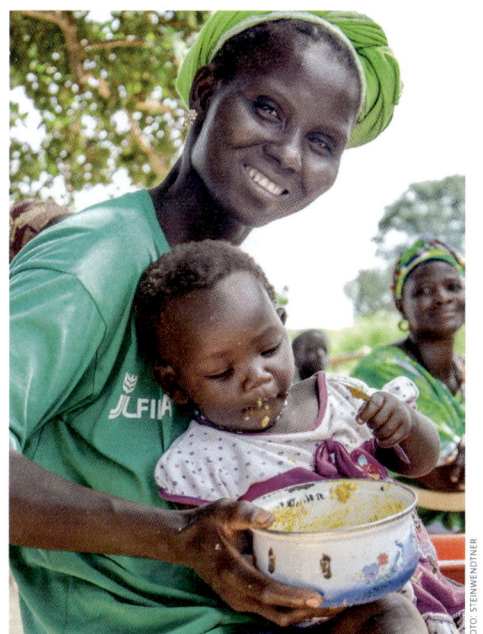

In den Ernährungsworkshops erklären die ExpertInnen der Caritas, wie man aus einfachen Zutaten Kraftnahrung kochen kann und worauf man achten muss, um die Gesundheit nicht noch mehr zu gefährden. Dabei wird besonders auf gute Lebensmittel, Hygiene und saubere Verarbeitung geachtet. Außerdem werden die Kinder untersucht, gewogen und mit der Oberarmmessung wird ihr Ernährungszustand dokumentiert.

FOTO: STEINWENDTNER

FOTO: STEINWENDTNER

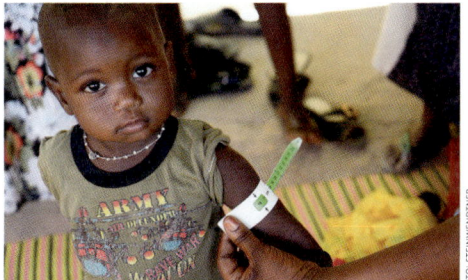

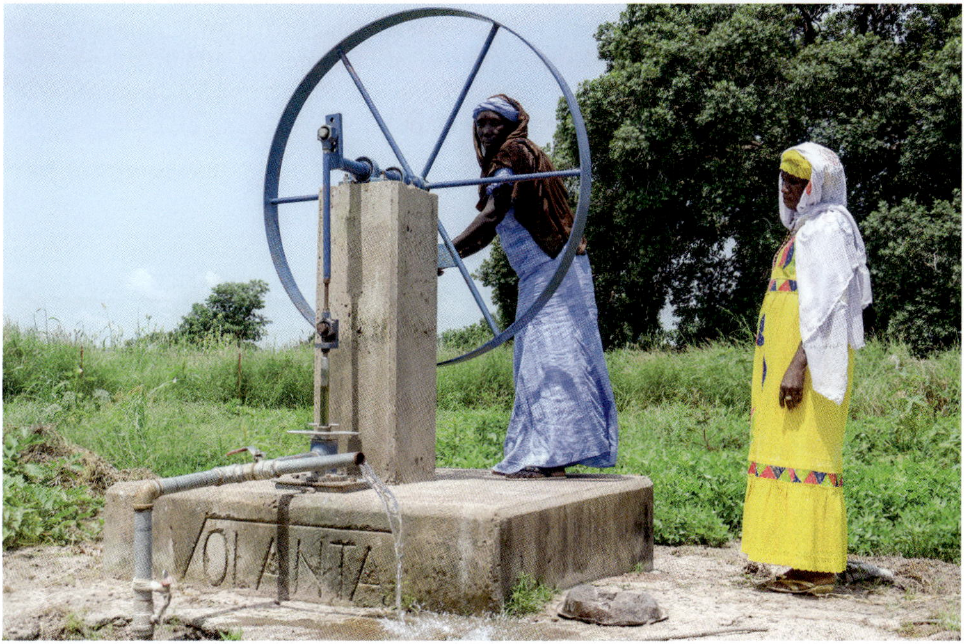

Missirah (Diözese Tambacounda): Eine Volanta Pumpe versorgt einen Gemeinschaftsgarten mit dem nötigen Wasser. Die Pumpe stammt aus einer kirchlichen Produktionsstätte im Senegal.

EMMAUS INTERNATIONAL WELTWEITES NETZWERK GEGEN ARMUT UND AUSBEUTUNG

Emmaus International, 1971 von Emmaus Frankreich Gründer Abbé Pierre ins Leben gerufen, dient als Dachorganisation verschiedener Emmaus-Einrichtungen weltweit. Emmaus International vereint 350 Organisationen in 37 Ländern auf vier Kontinenten.

Die 350 Emmausgemeinschaften bilden heute – in Kooperation mit anderen NGOs – ein weltweites Netzwerk gegen Armut und Ausgrenzung. „Die Emmausgemeinschaften sind eine Goldmine, wenn es darum geht, ein Wirtschaftsmodell zu entwickeln, wie es sein sollte: einfach in Gemeinschaft leben und miteinander teilen." (Bruno Amoroso, Emmaus Italien) Auf die Emmausgemeinschaften (Emmaus-Verbände) wird angesichts fortschreitender Armut und dem Verschwinden von Werten wie Familie und Solidarität ein wahrer Tsunami zukommen.

FOTO: SHUTTERSTOCK

Emmaus International, eine Dachorganisation verschiedener Emmaus-Einrichtungen, vereint weltweit 350 Organisationen in 37 Ländern. Bild: Logo der Solidargemeinschaft Emmaus Bordeaux mit einem Bild von Abbé Pierre

FOTO: SHUTTERSTOCK

Emmaus International hat sich zu sechs vorrangigen Bereichen verpflichtet: Recht auf Wasser, Gesundheit, Bildung, ethische Finanzen, Kampf gegen Menschenhandel, internationale Migration. Viele Solidaritätsprojekte werden von lokalen Emmaus-Verbänden durchgeführt. Darüber hinaus werden durch die Verschiffung von Containern mit recycelten Materialien Emmausgemeinschaften in Afrika und Amerika unterstützt, damit sie selbst Flohmärkte („bric à brac") eröffnen können, was ihnen ein bescheidenes finanzielles Einkommen ermöglicht. Auch zwischen den Emmaus-Gemeinschaften gibt es gegenseitige finanzielle Unterstützung und einen Austausch von Fachwissen. Auf internationaler Ebene gibt es einen gemeinsamen Fonds, der für jeden der 350 Emmaus-Verbände mit einem Beitrag gespeist wird und der zum Teil an Projekte von Unterstützungsbedürftigen umverteilt wird. Ein Teil ist reserviert, um auf Notfallsituationen (Unfall, Naturkatastrophe usw.) reagieren zu können, wenn eine der Emmausgemeinschaften betroffen ist.[105]

Globalisierungskritiker Jean Ziegler war Genfer Abgeordneter im Nationalrat und UN-Sonderberichterstatter für das Recht auf Nahrung – im Auftrag der UN-Menschenrechtskommission. Seit 2008 gehört Ziegler dem Beratenden Ausschuss des UN-Menschenrechtsrates an. Im Interview spricht er über die Bedeutung von Emmaus International:

Du bist Politiker, Soziologe, Schriftsteller und Kritiker der Globalisierung. Wann bist du Emmaus begegnet?

Zum ersten Mal traf ich Abbé Pierre in den 60er-Jahren auf einer Baustelle. Es war in Nanterre. Emmaus brauchte Freiwillige, um Wohnungen zu bauen; ich war dort. Ich kehrte dann in die Schweiz zurück, wo ich der erste Präsident der Emmaus-Gemeinschaft in Genf wurde. Anschließend pflegte ich tiefe Beziehungen zu Abbé Pierre und seinem Freund Georges Chevieux, der bis heute die Seele von Emmaus Schweiz ist. Abbé Pierres Person, seine Lehre und seine enorme Fähigkeit zur Empathie sind für mich ein leuchtendes Beispiel, das mich gegen Enttäuschung schützt.

Was repräsentiert die Emmaus-Bewegung für dich?

Unter allen sozialen Bewegungen ist Emmaus meiner Meinung nach eine der interessantesten und überzeugendsten. Emmaus verkörpert Werte, die universell sind, dank seiner großartigen Strategie, die Würde durch die Arbeit in der

„Die Stimme von Emmaus ist heute wichtiger denn je. Es ist die Stimme von Gemeinschaft, sozialer Gerechtigkeit und Solidarität." (Jean Ziegler)

» *Grenzüberschreitende Solidarität ist Herz der Emmaus-Bewegung."*

Jean Ziegler im Interview mit Jean-Marc Ferre, Emmaus International[106]

Arbeit statt Almosen: Mitarbeiter eines Emmaus-Ladens in Paris entladen einen Kleinbus, mit dem Gebrauchtwaren angekommen sind.

Gemeinschaft wiederherzustellen. Emmaus bietet den Benachteiligten die notwendigen Werkzeuge, um sich selbst aus Armut und Demütigung zu befreien.

Angesichts eines Wirtschaftssystems, das Ungleichheiten und Diskriminierung weiter verstärkt, wie kann Emmaus eine alternative Stimme hören lassen?

Wir leben in sehr gefährlichen Zeiten: Der Neoliberalismus betoniert das Gewissen und setzt die Vorstellung in die Welt, dass die Marktkräfte die einzigen sind, die die Geschichte bestimmen und über das Schicksal der Menschen entscheiden. Dies nannte Abbé Pierre „zeitgenössischen Obskurantismus". (Anm.: Obskurantismus ist das Bestreben, die Menschen bewusst in Unwissenheit zu halten und ihr selbstständiges Denken zu verhindern) Der globalisierte Finanzkapitalismus ist so mächtig, dass er eine tiefe Entfremdung hervorruft

„Emmaus verkörpert Werte, die universell sind, dank seiner Strategie, die Würde durch die Arbeit in der Gemeinschaft wiederherzustellen." (Jean Ziegler) Bild: Emmaus Padua

und es schafft, dass Menschen glauben, dass sie machtlos sind und sie nichts gegen diese kannibalische Ordnung tun können. Aber es gibt keine Ohnmacht in der Demokratie. Emmaus ist der lebende Beweis, dass es keine Hilflosigkeit gibt. Emmaus besteht aus Männern und Frauen, die von „ganz unten" kommen, die zu den Ärmsten gehören, zu denen, die am meisten gedemütigt und ausgebeutet werden und die vom Leben „angeschlagen" sind. Emmaus besteht aus Männern und Frauen, die kollektiv entscheiden. Mit der Stärke ihres Willens setzen sie der Ohnmacht ein Ende, um ihre Würde wiederzuerlangen. Emmaus ist die Verweigerung des Schicksals.

Welche Rolle kann Emmaus International im aktuellen internationalen Kontext des zunehmenden Rassismus und des weltweiten demokratischen Rückzugs spielen?

Die Emmaus-Bewegung ist ein Licht mitten in der Nacht, in einer schrecklichen Nacht! Zu einem Zeitpunkt, wo die Grundprinzipien des Völkerrechts erschüttert werden, wo rassistische, fremdenfeindliche und antisemitische Bewegungen auch in unseren demokratischen Gesellschaften zunehmen, weigert sich Emmaus, sich zurückzuziehen und zeigt, dass es möglich ist, auf internationale Solidarität zu setzen. Zum Beispiel helfen europäische Gemeinschaften den Gemeinschaften in Ländern der Dritten Welt. Diese Beziehungen der grenzüberschreitenden Solidarität sind das Herz der Bewegung. Gerade deshalb ist die Stimme von Emmaus heute wichtiger denn je. Es ist die Stimme von Gemeinschaft, sozialer Gerechtigkeit und Solidarität.

Emmaus International startete als „Stimme der Stimmlosen" das erste Weltforum der Alternativen mit den am meisten Ausgeschlos-

senen, um ihnen bei der UNO Gehör zu verschaffen. Was denkst du über diese Initiative?

Ich unterstütze es total, die Idee dieses Forums ist großartig. Es ist dringend notwendig, dass Emmaus vor dem Menschenrechtsrat interveniert, dem höchsten Gremium der Vereinten Nationen in Bezug auf Menschenrechte. Es ist sehr positiv, dass dieses Forum der Alternativen in Genf, in der Hauptstadt der Menschenrechte, organisiert wird, denn auf diese Weise sendet Emmaus eine grundlegende Botschaft: den Triumph der Werte der Solidarität, der Autonomie durch zurückeroberte Arbeit und der Hoffnung vor einer Welt der Arbeitslosigkeit, der Verachtung, der Einmischung der Finanzwelt in menschliche Beziehungen. Emmaus steht für Hoffnung, für eine andere Welt – und das ist der Weg!

Solidarität mit Emmaus Rumänien

Emmaus Forbach im französischen Lothringen[106A], unterstützt seit Jahren den Aufbau von Emmaus Rumänien. Bei Emmaus Targu Jiu werden Kinder aus tristen familiären Verhältnissen – im Alter von zwei bis vierzehn Jahren – aufgenommen. Um die Integrationschancen zu erhöhen, sollen die Kinder bzw. Jugendlichen in Zukunft bis zum 18. Lebensjahr im Emmaus-Wohnheim bleiben dürfen. Durch verschiedene Solidaritätsaktionen (Sommerlager, Verkauf von Altwaren, Musik- und Tanzfestivals, EU-geförderte Städtepartnerschaft) wurde die Finanzierung der Investitionskosten für das rumänische Emmausprojekt möglich. Auch Emmaus-Freunde in Saarbrücken und in der Diözese Trier unterstützen dieses Projekt.[107]

Neben Targu Jiu gibt es in Rumänien auch in Jasi und Satu Mare Emmausgemeinschaften. Im Juni 2019 haben die Compagnons von Emmaus Jasi auf dem Weg nach Paris Emmaus St. Pölten besucht. Der Sozialarbeiter Gelu Nichitel, Leiter von Emmaus Rumänien, berichtete, dass sich die Gemeinschaft in Jasi seit ihrer Gründung im Jahr 2002 gut entwickelt hat. Auch dank der großzügigen Starthilfe von Emmaus International.

In der Gemeinschaft von Jasi leben 30 Compagnons. Sie betreiben eine Landwirtschaft, eine Gärtnerei, einen florierenden Altwarenhandel und eine Weberei. Durch

FOTO: ROTTENSCHLAGER

Emmaus Frankreich unterstützt seit Jahren den Aufbau einer Emmausgemeinschaft in Rumänien. Jean Luc Ferstler (3. v. re), Leiter von Emmaus Forbach (Frankreich), fährt regelmäßig mit Hilfsgütern nach Rumänien. Bild: Zwischenstopp bei Emmaus St. Pölten.

Compagnons von Emmaus Jasi (Rumänien) besuchten – auf ihrem Weg zur 70-Jahr-Feier von Emmaus Paris – Emmaus St. Pölten. Bild: Gelu Nichitel (1. v. li), Leiter von Emmaus Rumänien, und sein Team mit Gästen und MitarbeiterInnen von Emmaus St. Pölten

Anlässlich der Flüchtlingskrise hat die Gemeinschaft Sant' Egidio 2016 mit verschiedenen europäischen Regierungen das Projekt der „humanitären Korridore" ins Leben gerufen. Bild: Andrea Riccardi, Gründer der Gemeinschaft Sant'Egidio.

>> Selbst in reichen Gesellschaften kann morgen schon jeder von uns überflüssig werden. Wohin mit ihm?"

Hans Magnus Enzensberger

>> Die Schattenseite der Überflussgesellschaft ist der überflüssige Mensch."[109]

Ilija Trojanow

guten Teamgeist, gelebte Solidarität und stabile Eigenerwirtschaftung wurde es möglich, dass heute jeder Compagnon Kost und Quartier erhält, monatlich 100.- € verdient und auch kranken-, unfall- und pensionsversichert ist. Zuschüsse vom Staat gibt es keine. Gelu Nichitel wohnt mit seiner Familie in der Nähe von Emmaus Jasi. Das monatliche Einkommen von Gelu Nichitel beträgt ca. 500,- € (vgl. Benzinpreis in Rumänien 1,60 €). In der Emmausgemeinschaft in Satu Mare leben durchschnittlich 20 Compagnons. In naher Zukunft ist die Errichtung einer Emmausgemeinschaft in Bukarest geplant.

Eine Frage, die sich mir, einem privilegierten Österreicher, bei den Begegnungen mit den französischen und rumänischen Freunden oft stellt: Tue ich das Mögliche? Bin ich wirklich bereit, mit den Notleidenden im In- und Ausland zu teilen?

Solidargemeinschaften statt Entsorgungsgesellschaft

Nach Aussagen des Zukunftsforschers Matthias Horx[108] werden am Arbeitsmarkt in Zukunft nur mehr 25- bis 35-Jährige gebraucht, Bestqualifizierte mit hoher Flexibilität. In einer extrem leistungs- und profitorientierten Gesellschaft scheint für Kranke, Behinderte und ältere Menschen sowie für psychisch beeinträchtigte Personen und für AsylwerberInnen kein Platz mehr zu sein. Ilija Trojanow bringt dieses Phänomen der Entsolidarisierung auf die Kurzformel: „Die Schattenseite der Überflussgesellschaft ist der überflüssige Mensch."

Doch zukünftige Generationen werden uns danach beurteilen, „wie wir mit den Schwächsten der Gesellschaft umgegangen sind". (Leo Tolstoi) Wir stehen heute an einer Weggabelung: Der eine Weg führt in die solidarische Kultur mit Gerechtigkeit und daher Frieden und Freiheit, der andere Weg in die Entsorgungs-Unkultur, wo so genannte „Unproduktive" als überflüssig entsorgt werden.[110] Zivilisation der Liebe oder Kultur des Todes? Universelle Geschwisterlichkeit, die niemanden ausgrenzt, oder Sozialdarwinismus pur? Daher haben die Religionsgemeinschaften und NGOs – auch Emmaus – eine wichtige Botschaft zu verkünden: Jedem Menschen seine Würde!

Lass mich das denkende Herz dieser Baracke sein

Etty Hillesum, eine junge holländische Jüdin, meldete sich 1942 freiwillig ins Lager Westerbork, um dort zu helfen und das Schicksal ihres Volkes zu teilen. Sie wurde 1943 im Vernichtungslager Auschwitz vergast. Sie schreibt in ihren Tagebüchern: „Ich habe den Vorrat eines ganzen Lebens in wenigen Monaten verbraucht... Wenn ich nachts auf meiner Pritsche lag, mitten zwischen leise schnarchenden, laut träumenden, still vor sich hin weinenden und sich wälzenden Frauen und Mädchen, dann war ich oft unendlich bewegt, ich lag wach und ließ die Ereignisse... eines viel zu langen Tages im Geist an mir vorbeiziehen und dachte: Lass mich dann das denkende Herz dieser Baracke sein. Komme was kommen mag, wie es kommt, wird es gut sein... Es sind schlimme Zeiten, mein Gott. Nur dies eine wird mir immer deutlicher: dass du uns nicht helfen kannst, sondern dass wir dir helfen müssen, und dadurch helfen wir uns letzten Endes selbst. Es ist das einzige, auf das es ankommt: ein Stück von dir in uns selbst zu retten, Gott. Und vielleicht können wir mithelfen, dich in den gequälten Herzen der anderen Menschen auferstehen zu lassen."[111]

Etty Hillesum, 1943 in Auschwitz ermordet: „Es sind schlimme Zeiten, mein Gott. Mit jedem Herzschlag wird mir klarer, dass du uns nicht helfen kannst, sondern dass wir dir helfen müssen."

Partnerprojekte der Selbstbesteuerungsgruppe Emmaus St. Pölten

Jede Emmausgemeinschaft soll teilen, insbesondere mit Sozialprojekten in benachteiligten Ländern. Seit 1987 gibt es bei Emmaus St. Pölten die Selbstbesteuerungsgruppe. Spenden und Subventionen, die für die Emmausgemeinschaft St. Pölten bestimmt sind, werden – ihrer Widmung entsprechend – zu 100 % für die Emmausgemeinschaft verwendet. Doch alle hauptberuflichen und freiwilligen MitarbeiterInnen sowie die Emmaus-Gäste können – nach eigenem Ermessen – vom persönlichen Einkommen die Solidaritätsaktionen für Notleidende unterstützen. Es soll person- und projektbezogen, rasch und unbürokratisch geholfen werden.

Insgesamt konnten bisher 32 kleine Sozialprojekte in der Ukraine, in Brasilien, Mexiko, Ecuador, Liberia, Ghana, Nigeria, Kongo, Indien, Sri Lanka und auf den Philippinen unterstützt werden; u.a. wurden Projekte für Leprakranke, für Straßenkinder, für landlose Bauern, sowie Ausstiegshilfen für Frauen, die durch Zwangsprostitution versklavt werden, unterstützt. Mehr als 240 Lkw-Ladungen mit Hilfsgütern konnten an Partnergemeinschaften in Rumänien und Ex-Jugoslawien übermittelt werden.[112]

Hilfe im Krisengebiet Haiti: Geburtsklinik von „Ärzte ohne Grenzen"

SPENDENKONTO DER SELBSTBESTEUERUNGS-GRUPPE:
Sparkasse Herzogenburg – Neulengbach
IBAN: AT20 2021 9000 2104 9622
Kontowortlaut:
AK Dr. Markus Distelberger – Emmaus Selbstbesteuerungsgruppe

Im Jahr 2003 gründete der Niederösterreicher Martin Römer am Stadtrand von Mexiko-Stadt die „Comunidad Emaus", in der 25 – 30 hilfesuchende Menschen leben.

Emmaus Mexiko: Oase der Menschlichkeit

Im Jahr 1995 übernahm der Waldviertler Kaplan Martin Römer die Leitung der Pfarre San Martin de Porres, die in Chimalhuacan am Stadtrand von Mexiko-Stadt liegt. Dort errichtete er mit Spendengeldern ein modernes Pfarr- und Sozialzentrum sowie Werkstätten und eine Bäckerei. 2003 gründete Römer in einem anderen Stadtteil die Emmausgemeinschaft Mexiko, in der vorwiegend behinderte und ältere sowie obdachlose Menschen Aufnahme finden. Darüber hinaus werden in der „Comunidad Emaus" kranke Menschen aufgenommen, die nicht krankenversichert sind und von ihrer Familie im Stich gelassen wurden.

Martin Römer begründet seinen Einsatz unter den Ärmsten damit, dass wir uns als Christen stets am Wort Jesu „Barmherzigkeit will ich, nicht Opfer!" ausrichten müssen. „Barmherzigkeit", so Römer, „muss das Markenzeichen der Kirche Christi bleiben." 2004 erwarb die Gemeinschaft für die Betreuung der 25-30 Hilfe suchenden Menschen ein größeres Haus in der Pfarre San Miguel Topilejo. Neben seiner Verantwortung für Emmaus widmet sich Martin Römer dem Aufbau der Caritas im „Vikariat Süd/8" von Mexiko-Stadt – mit neun Millionen Einwohnern die bevölkerungsreichste Diözese der Welt. Beruflich sind die meisten Menschen auf Basis prekärer Arbeitsverhältnisse beschäftigt und wissen oft nicht, ob sie morgen noch Arbeit haben. Die Gesundheits- und Wasserversorgung ist miserabel, ebenso die Müll-

Abt Petrus vom Stift Seitenstetten und Weihbischof Anton Leichtfried besuchten im Feber 2020 Martin Römer (3. v. li) in der Comunidad Emaus Mexico.

In der Comunidad Emaus Mexico werden vorwiegend behinderte, ältere und obdachlose Menschen aufgenommen, die nicht krankenversichert sind, von der Familie im Stich gelassen wurden und kaum staatliche Unterstützung erhalten.

Durch Förderer der Diözese St. Pölten wurde es möglich, dass die Comunidad Emaus Mexico 35 Menschen mit Behinderung ein Zuhause geben kann. Bild: Martin Römer, MitarbeiterInnen von Emmaus Mexiko, Freunde aus Österreich mit Diakon Peter Zidar (stehend 4. v. li).

abfuhr. Die meisten Bewohner sind von Wassertankwagen abhängig. Im Emmaus-Zentrum wurde daher mit Spendengeldern eine Wiederaufbereitungsanlage installiert, damit auch das Nutzwasser verwendet werden kann.

Dank der Hilfe aus Österreich konnte für Rollstuhlfahrer ein Lift gebaut werden. Eine Zisterne für Nutzwasser sowie eine Biokläranlage wurden errichtet, Trinkwasser muss jedoch in Flaschen gekauft werden. Bild: Weihbischof Anton Leichtfried (re) und Chaime, Mitarbeiter von Emmaus Mexiko

Wallfahrtsort Guadalupe (Mexiko): Das Bild Marias trägt die Gesichtszüge einer dunkelhäutigen Mestizin. Die Madonna von Guadalupe gilt als „Brücke" zwischen der aztekischen Kultur, dem iberischen Christentum und der Mestizen-Mischkultur.

Liberia: Integration ehemaliger Kindersoldaten

Sr. Johanna Datzreiter aus Obergrafendorf, NÖ, Mitglied des Franziskanerinnen-Missionsordens, ist nach 42 Jahren Einsatz in Liberia 2018 in ihre österreichische Heimat zurückgekehrt. Sie und ihr Team haben während und nach den vier Bürgerkriegen Unvorstellbares geleistet: Neben der Betreuung der Binnenflüchtlinge ist es gelungen, etwa 2.000 Kindersoldaten in Familien zu integrieren.

Nahrung – Bildung – Hoffnung

Im Einsatzgebiet von Sr. Johanna entstand auch eine Kooperation von Missions-Schulen mit der internationalen Hilfsorganisation Mary's Meals. Die Ernährungsinitiative Mary's Meals hilft einfach und effektiv, indem sie in den 18 ärmsten Ländern der Welt tägliche Schulmahlzeiten bereitstellt. Durch die Unterstützung vieler freiwilliger Helfer, allen voran der Mütter der Kinder, gelingt es, mit nur geringem finanziellen Aufwand einem Kind tägliche Mahlzeiten für ein ganzes Schuljahr bereit zu stellen.

Sr. Johanna Datzreiter verbrachte 42 Jahre als Missionarin in Liberia. Während der vier Bürgerkriege setzte sie sich vor allem für Binnenflüchtlinge ein. Die Integration von ehemaligen Kindersoldaten und die Betreuung der Ebola-Patienten waren ihr ein besonders Anliegen.

Nahrung und Bildung geben Hoffnung. Dank einer Kooperation mit der Hilfsorganisation Mary's Meals erhalten auch Schulkinder von Missionsschulen täglich eine Mahlzeit.

Mary's Meals: Hilfe zur Selbsthilfe

Eine Schale Getreide verändert die Welt. Sr. Johanna: „Mary's Meals ist Hilfe zur Selbsthilfe. Die tägliche Schulmahlzeit spornt viele Kinder an, die Schule zu besuchen. Vor allem verwaiste und gefährdete Kinder finden in der Schule Zuflucht und Schutz. Nahrung und Bildung sind für sie der Schlüssel, um aus der Spirale von Armut und Ausbeutung auszusteigen. Mary's Meals hat vielen Kindern geholfen, dass sie den Schulabschluss geschafft haben. Einige haben sogar ein Universitätsstudium abgeschlossen. Untersuchungen bestätigen, dass Schulmahlzeiten sehr positive Auswirkungen auf die Kinder haben. Kinder können sich nur dann konzentrieren und lernen, wenn sie genug gegessen haben und nicht hungern müssen."[113]

Neben der Absicherung der Schulprojekte durch Mary's Meals gehörten die Pflege und Betreuung von Ebola- und Typhus-PatientInnen zu den Aufgaben von Sr. Johanna. Vier Männer einer Ordensgemeinschaft, die bei der Betreuung von Ebola-PatientInnen halfen, sind leider verstorben. Zuletzt war auch Sr. Johanna selber an Typhus erkrankt.

Mary's Meals stellt weltweit 1,2 Millionen Kindern an jedem Schultag eine nahrhafte Mahlzeit bereit. Bild: Liberia: Mary's Meals-Gründer Magnus MacFarlane-Barrow (li.) mit Schulkindern. Auch Emmaus St. Pölten unterstützt dieses Projekt.

Seit 2018 lebt Sr. Johanna in ihrer franziskanischen Gemeinschaft in Wien. Sie ist Mitarbeiterin bei Missio Austria und setzt sich besonders für afrikanische Flüchtlinge ein. Sr. Johanna: „Die Bevölkerung von Liberia hat in vier Bürgerkriegen Unsagbares durchlitten. Die Gier einiger Machthaber ließ tausende Arme leiden. Es ist nicht leicht, für Monate in einem Flüchtlingscamp auf beschränktem Platz mit Kindern zu leben. Die Kinder sind unterernährt, auch die

UNICEF hat Begrenzungen. Doch die Liberianer sind sehr freundlich und teilen den letzten Reis. Christen und Muslime waren in unserem Flüchtlingslager gleichermaßen willkommen. Man kann vieles beitragen zur Völkerverbindung, zur Toleranz gegenüber allen Menschen. Für die Spenden der Selbstbesteuerungsgruppe Emmaus St. Pölten danke ich sehr. Wir haben dieses Geld in Kindernahrung, besonders in Milch, umgesetzt. Vergelt's Gott für alles!"[114]

Brasilien: Indioprojekt „Pataxos"

Initiatorin des Pataxos-Projekts war die Entwicklungshelferin Veronika Lind aus Pyhra, NÖ. Sie lebte fast drei Jahrzehnte in Bahia, wo sie auch starb. Veronika Lind setzte sich vor allem für benachteiligte indigene Frauen und für landlose Bauern ein.

Die Emmaus-Selbstbesteuerungsgruppe unterstützt seit 30 Jahren das Projekt „Pataxos" finanziell.[114A]

Ghana:

Neben der Förderung von Pastoralprojekten der Diözese Koforidua wird das Sozialprojekt „City of God" in einem Slumviertel von Accra unterstützt.

Kongo:

Bruder Victor Lotola ist assoziiertes Mitglied der Franziskusgemeinschaft Pinkafeld (Burgenland). Er ist seit vielen Jahren in entlegenen Gebieten in seiner Heimat als Pfarrer und Entwicklungshelfer im Einsatz, wo er u.a. für die Errichtung eines kleinen Krankenhauses und eine Apotheke sowie für eine Schule und ein kleines Sägewerk verantwortlich ist.[114B]

Indien:

Father Andrew, Tamil Nadu: Solidaritätsaktionen für Notleidende.[114C]

Puna: Emmaus unterstützt Schulungskurse für die BegleiterInnen von Missbrauchsopfern.

Orissa: Viele Jahre wurde das von Eliazar Rose 1985 im Bundesstaat Orissa gegründete Lepra-Projekt „New Hope" durch die Emmaus-Selbstbesteuerungsgruppe unterstützt.[114D]

Mumbai: P. Jolly Kuriakose Mudakkampurathu arbeitete nach einem Missionseinsatz in Ghana einige Jahre als Seelsorger in Kottayam, Kerala. Dort half er beim Aufbau eines Gebets- und Sozialzentrums, wo Frauen mit Gewalterfahrung und alkoholabhängige Männer Beratung und fachliche Unterstützung erhalten. Seit drei Jahren arbeitet P. Jolly in Mumbai. Hier kümmert er sich seit Ausbruch der Coronapandemie besonders um arbeitslose Wanderarbeiter und deren Familien. Das Projekt wird von Emmaus St. Pölten unterstützt.

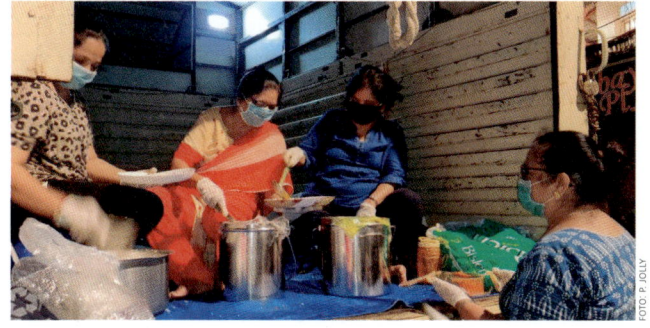

„Food Kitchenteam" der St. Teresa-Pfarre in Mumbai. P. Jolly Kuriakose hilft notleidenden Familien von indischen Wanderarbeitern, die durch die Corona-Krise arbeitslos wurden. Auch Emmaus St. Pölten unterstützt dieses Projekt.

FOTO: P. JOLLY

Philippinen:

Rechtsberatung für landlose Bauern. Hilfe für benachteiligte Landbevölkerung (Schulgeld, Gewährung von Mikrokrediten). Die Pastoralassistentin Lisa Gonzales ist auch mitverantwortlich für die Betreuung von älteren und pflegebedürftigen Menschen.

Herzwerk Wien:

Ausstiegshilfen für Mädchen und Frauen, die Opfer von Menschenhandel und Zwangsprostitution wurden. Ein eigener Verein bietet Frauen, denen der Ausstieg gelungen ist, Arbeitsmöglichkeiten.

GOTT, WARUM GREIFST DU NICHT EIN?
Veronica, Mitarbeiterin einer internationalen Hilfsorganisation, wird in Ostpakistan mit dem unvorstellbaren Elend von hunderttausenden afghanischen und pakistanischen Flüchtlingen konfrontiert. Geschockt und verzweifelt schreit sie: „Gott, wo bist Du? Warum greifst Du in dieser Hölle des Krieges nicht ein?" Die Antwort, die die Helferin in ihrem Gebet erhält, lautet: „Genau deshalb habe ich dich hierher gerufen, damit ich durch dich die Not meines Volkes lindere. Ich brauche dich."

Ukraine:

Schul- und Landwirtschaftsprojekte des Vereins „Marika Freunde".[114E]

Nigeria:

Dorfentwicklungsprojekt beim Izzi-Stamm: Landwirtschafts- und Brunnenprojekt, Aufbau einer Kfz-Werkstätte und einer Schneiderei – jeweils mit Lehrlingsausbildung. Verantwortlicher: Bruno Gerstendorfer.[114F]

Ecuador:

Unterstützung von kirchlichen Jugend- und Schulprojekten. Verantwortlich: Heribert Leutner (ED Wien).

Rumänien:

Dank der Initiative von Hedi Großmann (Emmaus St. Pölten) sowie durch die Unterstützung der Emmausgemeinschaft Lilienfeld konnten – in Zusammenarbeit mit der Organisation ORA – in den letzten Jahrzehnten mehr als 300 Lkws mit Hilfsgütern nach Ex-Jugoslawien, Rumänien und Bulgarien transportiert werden.

KONTAKTPERSONEN DER EMMAUS-
SELBSTBESTEUERUNGSGRUPPE ST. PÖLTEN:
Maria und Toni Kreimel, Monika Gererstorfer, Gerti Wallenböck (Flohmarkt-Café, Emmaus Viehofen), Karl Rottenschlager.

KONTAKT FÜR HILFSTRANSPORTE
NACH OSTEUROPA:
Siegfried Tischhart, Emmaus Lilienfeld.

Eine Welt, in der Wolf und Lamm beieinander wohnen

„Wir sind eingeladen, den Herrn zu preisen für das, was er vollbringt – im anderen... und in mir. Seine geheime Freude ist es, Gemeinschaft zu schaffen, indem er mit den Unterschieden spielt. Mit Christus bricht eine neue Welt an, in der sich die Unterschiedlichkeit nicht mehr als Ursache für Krieg und Zwietracht nach vorne drängt. Es ist die prophetische Vision einer Welt, in der Wolf und Lamm beieinander wohnen, keineswegs aber eine Welt ohne Unterschiede. Wir brauchen ein armes, entwaffnetes Herz, das bereit ist, jedem Wort zu lauschen, das aus dem Mund des Allerhöchsten kommt." (Christian de Chergé, + 1996, Prior der Trappisten von Tibhirine, Algerien)[115]

Indien:
The Upper Room - Interkulturelles Förderprojekt für Jugendliche in schwierigen Lebenssituationen

„The Upper Room" ist ein gemeinnütziger Verein, dessen Anliegen es ist, in Dialog mit Menschen aus verschiedenen Kulturen und Religionen zu treten und die Bildung von Jugendlichen, vor allem in Gebieten Nordostindiens, zu unterstützen. Vom biblischen Wort „Obergemach" beim Letzten Abendmahl abgeleitet, möchte „The Upper Room" auch heute genau so ein Ort sein, an dem interreligiöser und interkultureller Dialog und Begegnung ermöglicht werden. Die beiden Initiatoren, Georg Schaberger aus Niederösterreich und der Inder Anson Samuel, der in Wien studiert, reisen jährlich nach Indien, um gemeinsam mit engagierten Vortragenden aus aller Welt mehrtägige Camps zu Lebens- und Glaubensthemen zu veranstalten.[116]

>> *Wir haben zu viel gesprochen. Jetzt müssen wir endlich das tun, worüber wir schon seit 20 Jahren reden."*

P. Francis D'Sa, Puna/Innsbruck

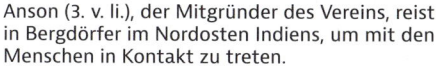

Anson (3. v. li.), der Mitgründer des Vereins, reist in Bergdörfer im Nordosten Indiens, um mit den Menschen in Kontakt zu treten.

Bei einem mehrtägigen Camp in Nordostindien wurden die Türen besonders für SchulabbrecherInnen geöffnet. „The Upper Room" lernt dadurch Jugendliche kennen, die man bei ihrer Schullaufbahn finanziell unterstützen möchte. Die jungen Menschen erwerben durch ihre Aktivitäten, Workshops und Gespräche neuen Mut und neue Hoffnung.

Die Jugendlichen studierten gemeinsam ein eigens für dieses Camp geschriebenes Musical, „Hiob – Where are you Father", ein. Die Bibelgeschichte eignete sich ideal als Leitmotiv für diese Zeit, da Hiob wie viele junge Menschen in dieser Gegend mit Leid konfrontiert wird. Dennoch kann er Heilung finden, indem er in Beziehung zu Gott und anderen Menschen tritt und seinem Schmerz Raum geben kann.

FOTO: KNA

Das vom indonesischen Künstler Suryo Indratno gemalte Bild trägt den Titel „Ein Jahr, das Gott gefällt - Neubeginn und Befreiung". Die Szenen zeigen, wie Gefesselte befreit, Kinder- und Frauenrechte gestärkt werden, wie die Schöpfung bewahrt wird und die Erziehung zu Gerechtigkeit und Frieden gelingen kann. Die spiralförmige Bewegung mündet ein in das Symbol des javanischen „Berg-Baumes", einem Symbol für die Harmonie zwischen allem, was lebt. Das gemeinsame Mahl von Menschen unterschiedlicher Kulturen und Religionen ist das zentrale Bild der „Reich Gottes-Vision". (Misereor-Hungertuch 2000)

"The Upper Room" – ein Ort des interkulturellen und interreligiösen Dialogs. Bild: Jugendliche spielen das Musical „Hiob – Where are you Father"

Ein jährlicher Höhepunkt der Einkehrtage von „The Upper Room" als Raum des interkulturellen und interreligiösen Dialogs ist das „letzte Abendmahl", das gemeinsam gefeiert wird. Es ist ein Bild dafür, wie Menschen mit unterschiedlichen religiösen Vorstellungen an einem Tisch zusammenkommen und miteinander Gemeinschaft haben.

FOTO: SCHABERGER

FOTO: SCHABERGER

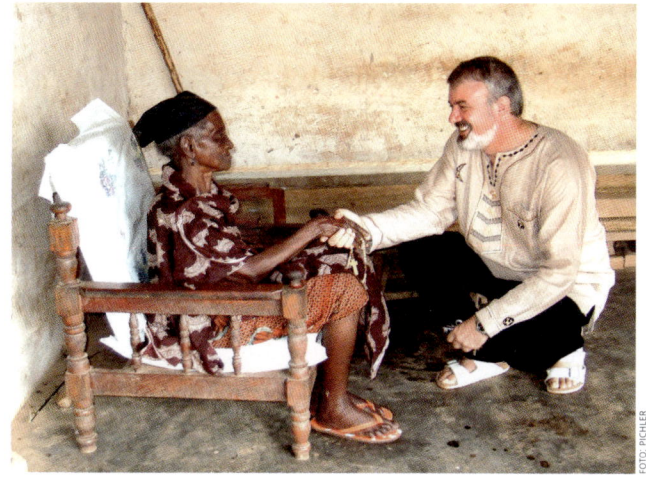
FOTO: PICHLER

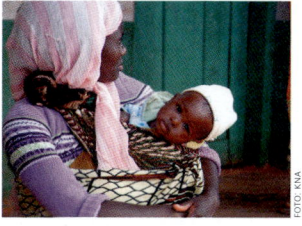
FOTO: KNA

Sepp Pichler: „Dieses Foto, wo ich Nana Abena, einer afrikanischen Frau, auf Augenhöhe begegne, drückt am besten aus, was unsere Mission ist: den Menschen nicht von oben herab, sondern auf Augenhöhe als Geschwistern zu begegnen. Was sollte es sonst bedeuten, wenn es von Jesus im Philipperbrief heißt: Er erniedrigte sich... was sonst?"

Ghana: Begegnungen auf Augenhöhe

Der gebürtige Waldviertler Sepp Pichler war 14 Jahre in Ghana als Missionar und Entwicklungshelfer tätig. Er setzte sich besonders für den Aufbau von Gesundheits- und Sozialprojekten sowie für die Partnerschaft zwischen den Diözesen Koforidua und St. Pölten ein. Sepp Pichler: „In dem Gebiet, wo ich gearbeitet habe, gibt es in vielen Dörfern noch keinen elektrischen Strom. Ein anderer Notstand: Die 100.000 Menschen dieses Bezirkes haben keinen einzigen Arzt."

In der Subsahara leben 25 Millionen Menschen, die mit dem HIV-Virus (AIDS) infiziert sind, von denen lt. WHO jährlich etwa 750.000 sterben. Bild: Afrikanische Mutter mit ihrem Kind in der Missionsstation einer Region, wo hunderte Aids-Waisen leben, die einen oder beide Elternteile durch die Immunschwächekrankheit verloren haben.

FOTO: PICHLER

Reis ist für Familien ein besonderes Festessen, jedenfalls nicht alltäglich. Bild: Father Bobby Benson bei der Übergabe einiger Säcke Reis für Schulkinder.

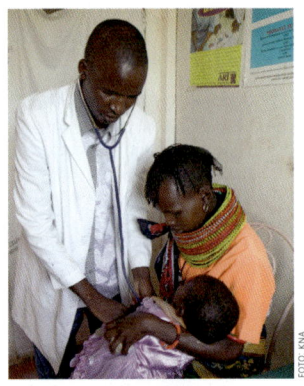

FOTO: KNA

Das Zentrum „Matthäus 25" versorgt die Bewohner mit medizinischen Vorsorgeuntersuchungen, psychosozialer Beratung, Pflege, Essen und Nahrungsergänzungsmitteln. Die HIV / AIDS-PatientInnen werden ermutigt, trotz mancher Diskriminierung durch Teile der Öffentlichkeit ihr eigenständiges Leben zu führen. Das Projekt „Matthäus 25" finanziert sich durch eine kleine Farm sowie durch Spenden aus Europa. 2017 bekam Bobby Banson von einer Stiftung des Landes in der Gesundheitskategorie MTN die Auszeichnung „Heroes of Change".

FOTO: PICHLER

Sr. Hyazintha arbeitete 35 Jahre in Ghana als Hebamme und Krankenschwester - bis sie selber HIV-positiv getestet wurde.

Sr. Hyazintha Frick kam 1971 nach Ghana, wo sie als Dipl. Krankenschwester und Hebamme arbeitete. Ihr Einsatzgebiet war in den Afram Plains, einem verkehrstechnisch unerschlossenen Gebiet mit etwa 100.000 Einwohnern, wo sie die einzige medizinische Fachkraft war. Neben der medizinischen Versorgung - auch in Dörfern mit stundenlangem Anmarsch - war ihr die Hygiene-Aufklärung sehr wichtig. 2004 wurde sie HIV-positiv getestet. Sr. Hyazintha: „Wahrscheinlich habe ich mich bei einer Geburt angesteckt. Manchmal hatten wir nicht einmal Wasser, um das Neugeborene zu waschen, Handschuhe gab es nicht, auch nicht auf den AIDS-Stationen. Aber irgendwer musste diesen armen Frauen ja helfen." Nach einem längeren Spitalsaufenthalt in Deutschland kam für Sr. Hyazintha 2006 der Abschied aus Ghana. Wieder genesen, arbeitet sie seither in Laupheim, in einem Senioren- und Pflegeheim der Steyler Missionsschwestern, im Nachtdienst.

FOTO: PICHLER

Warten auf das kostbare Wasser: Durch eine solarbetriebene Brunnenpumpe wird das Wasser zwei Kilometer aus dem Tal in das 80 m höher gelegene Dorf Adeemra gepumpt. Die Pumpe wurde durch Förderer aus Österreich finanziert.

FOTO: PICHLER

Durch die Partnerschaft zwischen den Diözesen Koforidua und St. Pölten wurden Kindergärten und Schulen sowie Sozial- und Pastoralprojekte gefördert. Bild: Die Pfarre Loosdorf, NÖ, finanzierte einen Bus, der zum Besuch von Aids-PatientInnen sowie als Krankenwagen genutzt wird.

Eine andere Welt ist möglich –
Universales Pfingsten der Liebe

Im Fürbitten-Buch, das in einer österreichischen Pfarrkirche aufliegt, findet sich folgende Eintragung: „Ich bitte Gott, dass die Ausländer endlich verschwinden und wir wieder unsere Kultur leben können." Am Ende des Gottesdienstes kommentiert der Pfarrer diese Eintragung folgendermaßen: „So geht's nicht. Das widerspricht allem, was im Evangelium steht und wir eben gefeiert haben. Ich bete für denjenigen Menschen, der diese Bitte formuliert hat, dass ihm Herz und Augen aufgehen für die Nöte unserer Zeit."

Der Traum, den Gott mit uns träumt, ist ein neues, weltweites Pfingsten der Liebe für alle Völker dieser Erde. Gott will, dass die Welt eins wird, dass jeder Mensch angstfrei und in Würde leben kann. Dieser Traum von einer versöhnten Menschheitsfamilie und einer Zivilisation der Liebe kann Realität werden, wenn wir aus unserer Lethargie erwachen.[117]

Gott will, dass wir diesen Traum mit Ihm – als seine MitarbeiterInnen – verwirklichen.

Wir alle sind eingeladen, die Versöhnung dorthin zu tragen, wo die Wunden des Hasses brennen. Der südafrikanische Bischof Desmond Tutu hat sich leidenschaftlich dafür eingesetzt, dass wir als Partner Gottes in dieser Welt Verantwortung übernehmen, niemanden ausgrenzen und unsere Rolle in Gottes Traum erfüllen: „In Gottes Familie gibt es keine Außenseiter. Alle gehören dazu: Schwarz und Weiß, Reich und Arm, Homo und Hetero, Jude und Araber, Palästinenser und Israeli, Hutu und Tutsi, Moslem und Christ, Buddhist und Hindu, Pakistani und Inder – alle. Jesus sagte: 'Wenn ich von der Erde erhöht bin, werde ich alle an mich ziehen'. Alle, nicht manche."[118]

Globalisierung der Solidarität
statt globaler Gleichgültigkeit

„Mystik, Geschwisterlichkeit und Politik" sind nach Paul M. Zulehner die wichtigsten Bausteine für eine zukunftsfähige Kirche.[119] Sie sind aber auch Grundlage für den Aufbau einer gerechten und solidarischen Gesellschaft. „Wer in Gott eintaucht, wird bei den Armen auftauchen." Dieser Ausspruch eines Schriftstellers aus der frühen Christenheit besagt, dass eine solide spirituelle Basis letztlich immer auch zur Solidarität mit den notleidenden Menschen führt. Geschwisterlichkeit und sozialpolitisches Engagement sind eine logische

>> *Alle sollen eins sein."*

Joh 17,21

FOTO: KNA

„In Gottes Familie gibt es keine Außenseiter. Alle gehören dazu: Schwarz und Weiß, Reich und Arm, Jude und Araber, Hutu und Tutsi, Moslem und Christ, Buddhist und Hindu, Pakistani und Inder – alle." (Desmond Tutu, ehemaliger anglikanischer Erzbischof von Kapstadt, Friedensnobelpreisträger)

Desmond Tutu wurde bei der Überwindung der Rassentrennung als Symbolfigur der Schwarzen und auch als Verhandlungspartner von Seiten der Regierung akzeptiert. Sein Ziel der Beendigung der Apartheid wurde schließlich Wirklichkeit. Ab 1995 war Tutu Vorsitzender der Wahrheits- und Versöhnungskommission in Südafrika, die nach den Prinzipien des Satyagraha von Mahatma Gandhi arbeitete. Desmond Tutu prägte 1994 den Begriff „Regenbogennation" für das südafrikanische Volk.

Konsequenz unserer Verankerung in Gott, dessen Liebe niemanden ausschließt.[120]

Der indische Religionsphilosoph P. Francis D'Sa, Puna/Innsbruck,[121] sagte während einer Begegnung in Wien, wo wir im Freundeskreis über die weltweite Ungerechtigkeit und die himmelschreiende Not von Millionen Menschen diskutierten: „Wir haben zu viel gesprochen. Jetzt müssen wir endlich das tun, worüber wir schon seit 20 Jahren reden."

P. Francis SJ gründete deshalb – mit Unterstützung europäischer Freunde – die „Aktion Fachkräfte für Indien". Ziel der Aktion ist es, Inder in Indien für Indien auszubilden. Primär geht es darum, qualifizierte Kräfte auszubilden und für die Sozialarbeit zu befähigen. Es sind dies Projekte für die Allerärmsten, um Hilfe zur Selbsthilfe zu ermöglichen. Prof. Francis D'Sa bringt auf den Punkt, wie sehr interreligiöser Dialog unsere Weltsicht verändert:

》 *Es gibt nur eine Religion –*
und das ist die Religion der Liebe.
Es gibt nur eine Kaste –
und das ist die Kaste der Menschheit.
Es gibt nur einen Gott –
und er wirkt durch uns."[122]

P. Francis D'Sa, Puna/Innsbruck

Friedensprojekt Europa

Johann B. Metz meint, dass „Entsolidarisierung eine Folge der Gottvergessenheit" ist.[123] Aktueller denn je ist daher die Wertevermittlung durch Religionsgemeinschaften. In der „Charta Oecumenica" der europäischen Kirchen heißt es: „Die Kirchen fördern eine Einigung des europäischen Kontinents. Ohne gemeinsame Werte ist die Einheit dauerhaft nicht zu erreichen." Die Kirchen setzen sich für ein humanes und soziales Europa ein und verpflichten sich, Inhalte und Ziele ihrer sozialen Verantwortung gegenüber den säkularen europäischen Institutionen gemeinsam zu vertreten.[124]

Ein wichtiger Schritt in Richtung geeintes Europa war 2007 in Stuttgart der Kongress „Miteinander für Europa". VertreterInnen von 250 christlichen Gemeinschaften haben um jene unverzichtbaren Werte gerungen, die für den Aufbau einer versöhnten und solidarischen Gesellschaft notwendig sind. Die 8.000 TeilnehmerInnen kamen aus vielen Ländern Europas und gehören evangelischen, anglikanischen, katholischen, orthodoxen und freikirchlichen Gemeinschaften an. In der Abschlusserklärung „Miteinander für Europa" heißt es: „Wir wollen mithelfen, dass Europa, das in der Vergangenheit durch Kolonialismus, Weltkriege und Shoa die Menschheit tief verwundet hat, heute seinen Beitrag zum Aufbau einer geschwisterlichen Welt leistet. Unsere Geschwisterlichkeit geht aus der Liebe des Evangeliums hervor, die niemanden ausschließt. Deshalb haben wir heute das Bündnis der gegenseitigen Liebe erneuert, die uns in Jesus in seinem Evangelium aufgetragen ist."

In den enormen globalen Herausforderungen liegt auch eine große Chance für die NGOs. Amnesty International, Ärzte ohne Grenzen, Attac, Global Marshall Plan-Initia-

Die zentralen Punkte der Stuttgarter Erklärung sind der Schutz des Lebens („unverletzliche Würde der menschlichen Person von der Empfängnis bis zum natürlichen Ende"), Ehe und Familie als „Grundlage für eine solidarische und zukunftsfähige Gesellschaft", Schöpfungsverantwortung, faire Weltwirtschaftsordnung („Ja zu einer Wirtschaft, die sich an den Bedürfnissen des Einzelnen und der Menschheit als Ganzes ausrichtet"), Solidarität mit den Armen und Benachteiligten – in der Nähe und in der Ferne.

tive, Ökosoziales Forum, EZA, Caritas International, Diakonie, Emmaus International, Arche Paris-Trosly, Green Peace, Diakonische Initiative Herzwerk, SOLWODI (Hilfe für Opfer von Zwangsprostitution und Menschenhandel) vereint dasselbe Anliegen.

Eine europäische Plattform gegen Armut und Ausgrenzung kann zeigen, dass in einer extrem leistungs- und profitorientierten Gesellschaft auch mit sozial benachteiligten Personen Lebens- und Arbeitsgemeinschaften möglich sind, wo der Mensch in seiner Würde respektiert wird. Die Welt braucht Solidar-Modelle, wo auch der schwächere, langsamere oder behinderte Mensch respektiert und bestmöglich integriert wird. Der Mensch ist mehr als ein Kostenfaktor auf zwei Beinen. Darum auch unser Einsatz für ein Leben in Würde – von Beginn des Lebens bis zu seinem natürlichen Ende (Aktion Leben, Hospiz-Bewegung).

Respekt vor der Würde jedes Menschen

Mary, schwarze Rechtsanwältin aus Südafrika, berichtete im Jahr 2017 in Assisi bei einer Begegnung mit Emmaus-MitarbeiterInnen: „Ich hatte eine streng religiöse Groß-

mutter, die mich sehr prägte. Nach ihrem Tod ist unsere Familie zerfallen. Mein Herz ist zerbrochen. Meine Eltern wurden Zeugen Jehovas. Wir haben uns nicht mehr verstanden. Ich blieb katholisch. Die Freikirchen haben zwar mehr Entertainment, aber die katholische Kirche ist meine spirituelle Heimat. Jetzt mache ich ein Sabbatjahr, um mein Herz zu reinigen. Wir müssen in Südafrika die Probleme an der Wurzel lösen, sonst gibt es keine Veränderung zum Guten. Es braucht eine Reinigung der Herzen. Ich bin in der Ära von Nelson Mandela aufgewachsen. Doch nach seinem Tod kam so viel Hass, Gewalt und Korruption.

Das Klima im Land ist heute vergiftet. Früher dachten wir, dass die Weißen unsere Feinde und wir die Guten und nur die Opfer sind. Doch dann, besonders auch in der Ära von Präsident Zuma, sahen wir, dass die Schwarzen dieselben Fehler machen wie die Weißen. Auch wir sind extrem anfällig für Korruption, Hass, Gier und Gewalt. Wenn es keine persönliche Bekehrung, keine Veränderung in den Herzen gibt, wird sich nichts ändern. Darum mache ich eine Sabbatzeit, um in Europa auf Pilgerwegen meinen Weg und meine Berufung zu fin-

FOTO: SHUTTERSTOCK

Junge Afrikanerin, die nach einem Protest eine weiße Frau umarmt

FOTO: KNA

Wir brauchen eine Gesellschaft ohne Euthanasie, wo das bedrohte Leben – von Beginn an bis zum natürlichen Ende – geschützt wird und als unantastbar und heilig gilt.

» *Vergiss es nie: Dass du lebst, war keine eigene Idee, und dass du atmest, kein Entschluss von dir. Vergiss es nie: Dass du lebst, war eines anderen Idee, und dass du atmest, sein Geschenk an dich. Du bist gewollt, kein Kind des Zufalls, keine Laune der Natur, ganz egal, ob du dein Lebenslied in Moll singst oder in Dur. Du bist ein Gedanke Gottes, ein genialer noch dazu!"*

Paul Janz/Jürgen Werth

den. Nach dem Jakobsweg möchte ich nach Tschenstochau pilgern; kommende Woche gehe ich nach Loretto. Auch in Medjugorje war ich bereits. Das ist ein sehr spiritueller Ort, wo viel gebetet wird, viele Priester sind und viele Menschen kommen, um die Beichte abzulegen. Wenn es keine Veränderung der Herzen gibt, wenn wir keine Reinigung an der Wurzel vornehmen, wird es kein neues Südafrika geben. Derzeit herrscht in Südafrika viel Unsicherheit und Chaos. Südafrika steht symbolisch für die ganze Welt. Sicher, wir brauchen auch strukturelle Veränderung. Doch wenn wir nur die politisch Verantwortlichen auswechseln, wird sich nichts ändern, weil die neuen Personen, die an die Macht kommen, dieselben Fehler machen werden. Wir brauchen Menschen, die Fairness leben, die ohne Gewalt und ohne Korruption agieren, mit Respekt vor der Würde jedes Menschen leben. Wir brauchen Menschen, die bereit sind, sich mit einem bekehrten und gereinigten Herzen zu engagieren. Wir brauchen Menschen der Versöhnung, nur sie können in einer von Hass vergifteten Gesellschaft Versöhnung stiften und den Frieden bringen. Wir brauchen eine Gesellschaft ohne Euthanasie, wo das bedrohte Leben – von Beginn an bis zum natürlichen Ende – geschützt wird, wo das Leben als unantastbar und heilig gilt."

Arche:
Mit behinderten Menschen in Gemeinschaft leben

1964 begann Jean Vanier in Trosly, nördlich von Paris, ein gemeinsames Leben mit Raphael und Philippe, zwei Männern mit geistiger Beeinträchtigung, die vorher in einer Anstalt lebten. Jean Vanier wollte ihnen eine Familie geben, eine Gemeinschaft, in der sie glücklich leben konnten und die Möglichkeit hatten, sich in allen Bereichen ihres Lebens zu entfalten, wo sie in die Umgebung und Nachbarschaft integriert waren. Dieses Zusammenleben war die Basis für die Gemeinschaft der Arche. Allmählich entstanden neue Gemeinschaften und Arbeitsstätten in anderen Teilen Frankreichs, in Indien, Kanada, England u.a. Ländern. In Österreich gibt es seit 1992 an den Standorten Stainach und St. Jodok die Arche Tirol mit zwei Wohnhäusern und angeschlossenen Therapiewerkstätten. Die Arche Tirol ist eine Gemeinschaft von Menschen mit kognitiven und mehrfachen Behinderungen (BewohnerInnen) und denen, die sie begleiten. Begleitet werden die BewohnerInnen von angestellten MitarbeiterInnen sowie von Freiwilligen und FreundInnen der Arche. Finanziert wird die Arche Tirol durch Subventionen des Landes Tirol. Zahlreiche SpenderInnen helfen der Arche, anfallende Reparaturen und Investitionen tätigen zu können. Trotz der finanziellen Förderung der Arche und anderer Behindertenprojekte durch die Öffentliche Hand bleiben die Themen Inklusion bzw. Integration auch in Zukunft für die gesamte Gesellschaft eine permanente Herausforderung.[125]

In den Arche-Gemeinschaften leben und arbeiten behinderte und nichtbehinderte Menschen stets gleichberechtigt miteinander. Heute gibt es in 34 Ländern rund 200 Arche-Gemeinschaften. Die Arche wird mitgetragen von einer spirituellen Gemeinschaft, die sich „Glaube und Licht" nennt und weltweit vernetzt ist. Es sind dies Gemeinschaften von Familien mit geistig und mehrfach behinderten Angehörigen und ihren Freunden. „Glaube und Licht" umfasst heute 1500 Gemeinschaften in 82 Ländern.

Am 21.2.2020 hat die Arche-Gemeinschaft in einer Presse-Aussendung mitgeteilt, dass in eine Untersuchung (für den Zeitraum 1975 – 2005) übereinstimmende Zeugenaussagen von sechs nichtbehinderten erwachsenen Frauen eingegangen sind, die auf einen sexuellen Missbrauch hindeuten. Demnach soll Jean Vanier das seelsorgliche Verhältnis zu den sechs Frauen ausgenutzt haben, die von ihm geistlichen Beistand erhofft hätten. Die Leiter von Arche International schrieben in einem Brief an alle Mitglieder, dass sie die Taten vorbehaltlos verurteilen, da sie „in völligem Widerspruch zu den Werten stehen, die Jean Vanier behauptete. Wir sind uns des Aufruhrs und des Schmerzes bewusst, die diese Informationen für viele von uns innerhalb und außerhalb der Arche verursachen." Man sei entschlossen, die 154 Arche-Gemeinschaften auf der ganzen Welt zu Orten der Sicherheit und des Wachstums für alle Mitglieder – mit oder ohne Behinderungen – zu machen. Die französische Bischofskonferenz dankte den weiblichen Opfern von Jean Vanier für den „Mut, über das, was sie erlitten haben, zu sprechen." Die Bischöfe bekräftigten zugleich „ihr Vertrauen in die Gemeinschaften der Arche, in denen behinderte Menschen und Helfer in authentischen Beziehungen des gegenseitigen Respekts und der gegenseitigen Hilfe" leben.[126]

Jeder Mensch ist wertvoll: Martin und sein Betreuer Jörg in der Behindertenwerkstatt „Kracks" in Bielefeld.

„In den Arche-Gemeinschaften stehen die Armen, die Kleinen, die durch unsere Gesellschaft an den Rand Gedrängten in der Mitte. Sie sind es, die uns die Wege der Liebe lehren."
(Henri Nouwen)

Eine koptische Ordensgemeinschaft betreibt im Müllgebiet von Ezbet el Nakhl mit dem Salam-Zentrum ein Hilfsprojekt vor allem für die Frauen und Kinder der ärmsten Menschen Kairos. Bild: Behinderte Kinder singen und spielen in einem Therapiezimmer.

ASCO Äthiopien: Hoffnung für kranke und behinderte Menschen

Die Kongregation der „Missionaries of Charity" unterhält weltweit 710 Häuser. Darunter sind Heime für Sterbende, Lepra- oder Aidskranke, Obdachlose und Kinder. Mehr als 4500 „Schwestern der Nächstenliebe" arbeiten in 133 Ländern. Das Sozialzentrum ASCO-Addis Abeba steht exemplarisch für zahlreiche Gemeinschaften und Projekte, die weltweit kranke, behinderte oder ausgegrenzte Menschen betreuen. Die PatientInnen werden von qualifiziertem Personal in großer Liebe und Geduld begleitet, um möglichst vielen Betroffenen Rehabilitation und Integration zu ermöglichen.

Neben einem Heim für Buben und Mädchen gibt es eine Klinik mit 500 Betten, wo in den 90er-Jahren sterbende Kinder (meist HIV / Aids-Patienten) aufgenommen wurden. Mit Beginn der ART-Therapie 1998 wandelte sich das Bild. ASCO war ein Referenzzentrum für die Betreuung von Kindern und Jugendlichen, die an HIV erkrankt waren. Heute werden ca. 160 Buben und Mädchen betreut, die ein weitgehend normales Leben führen. Ab dem 18. Lebensjahr verlassen sie das Heim und werden bis zum 25. Lebensjahr außerhalb der Institution finanziell begleitet, um ihnen eine abgeschlossene Berufsausbildung (Handwerk, Universitätsstudium) zu ermöglichen. Die frei werdenden Plätze werden mit Kindern und Jugendlichen mit schwersten Behinderungen aufgefüllt. Derzeit sind dort 80 Mädchen und Buben untergebracht, die von ihren Eltern oder Verwandten verlassen oder ausgesetzt wurden. ASCO ist diesbezüglich die größte Einrichtung im Land, die sich um diesen Personenkreis kümmert. Die Betreuung erfolgt durch die Schwestern, lokale Angestellte sowie Volontäre aus der ganzen Welt.

Dr. Thomas Weggemann, Kinderarzt in Vorarlberg, unterstützt seit Jahren die Schwestern der „Missionaries of Charity",

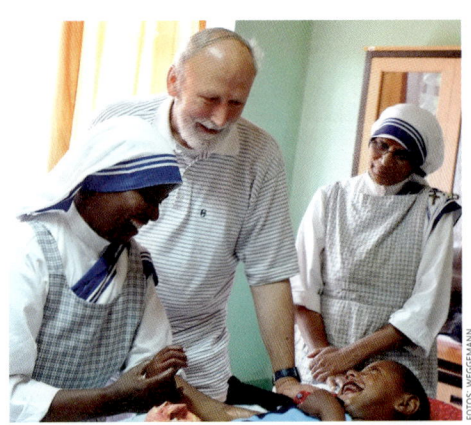

Addis Abeba: Dr. Thomas Weggemann (Bild) wurde gebeten, für alle Schwestern der Kongregation, die in 18 verschiedenen Orten in Äthiopien tätig sind, Grundlagen der Betreuung von schwerstbehinderten Menschen zu vermitteln.

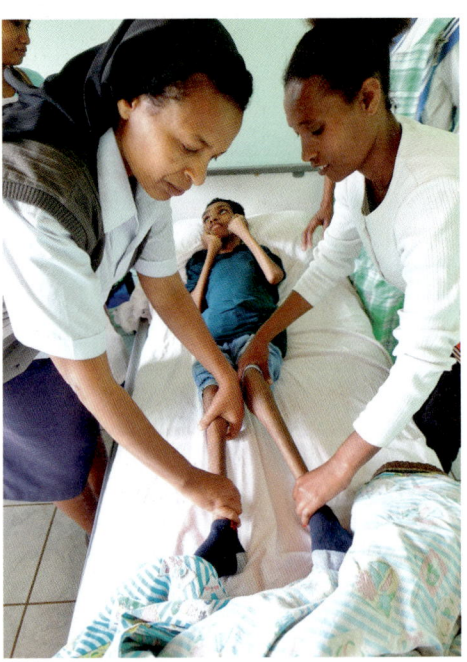

FOTOS: WEGGEMANN

die in 18 Orten Äthiopiens tätig sind, bei der Aus- und Weiterbildung, insbesondere in der Betreuung von schwerstbehinderten Menschen.

Die Kursteilnehmerinnen kamen u.a. aus Indien, Äthiopien, Kenia, Tansania und Ruanda. Es wurden drei einwöchige Kurse durchgeführt: Untersuchung – Handling (Bobath) – Lagerung – Vermeidung von Kontrakturen und Dekubitus – medizinische Vorsorge – Wundbehandlung – Ernährung usw. Der Kursinhalt wurde in theoretischen und praktischen Lektionen am Patienten auf den Abteilungen durchgeführt.

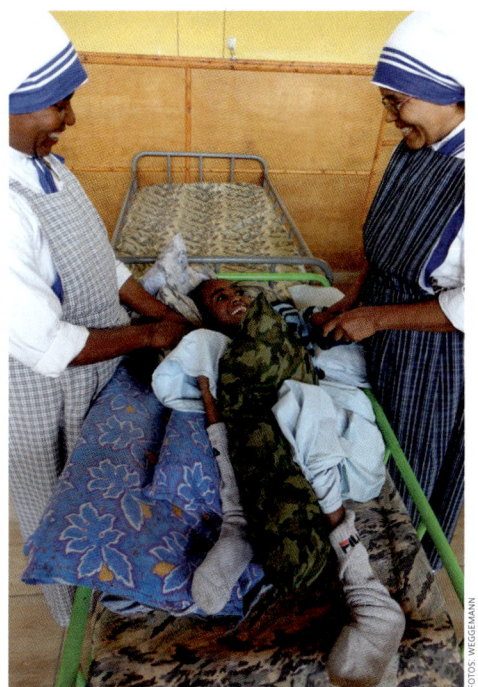

In ASCO-Addis Abeba, dem größten Zentrum zur Betreuung von schwerstbehinderten Menschen, finden sich die unterschiedlichsten Krankheitsbilder, angefangen von cerebralen Bewegungsstörungen, multiplen Syndromen, mentalen Behinderungen, degenerativen Erkrankungen, Unfällen, Verbrennungen etc.

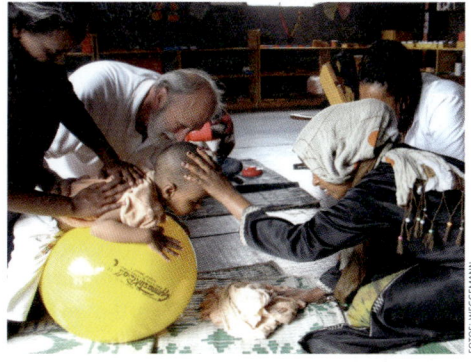

Dr. Weggemann: „Alle nahmen mit großer Freude am Kurs teil und wendeten das Gelernte direkt am Patienten auf den Stationen an. Viele der Patienten weisen derart schwere Kontrakturen auf, dass eine Mobilisierung außerhalb des Bettes kaum mehr möglich ist."

Im Klinikbereich werden akute Krankheitsfälle wie Gastroenteritiden, Mangelernährung, Spina bifida- und Hydrocephaluskinder prä- und postoperativ, TBC, Bissverletzungen, schlecht heilende Wunden, Kinder, die eine vorübergehende Trennung von der Mutter wegen Ansteckungsgefahr notwendig machen, HIV-Einstellungen etc., behandelt. Sieben Sozialarbeiterinnen aus dem „medhen center" arbeiten nahe dem ALERT Hospital (All African Leprosy, Tuberculosis and Rehabilitation Treatment Center) und betreuen den Slum-Bereich nahe der Müllhalde von Addis. Die Kinder und Jugendlichen dort werden in einem eigenen Kindergarten bzw. bei Hausbesuchen betreut. Thomas Weggemann unterstützt auch in Kirgistan (gemeinsam mit Jesuiten), in Turkmenistan, Armenien, Weißrussland und in der Ukraine die Aufbauarbeit im Behindertenbereich, insbesondere die Rehabilitation und Integration von Kindern und Jugendlichen mit Down Syndrom und cerebralen Bewegungsstörungen.[127]

Einsatzgebiet Äthiopien: im
Hintergrund ein Flüchtlingslager
mit 42.000 Menschen. Mitten
im Camp errichtete „Ärzte ohne
Grenzen" ein Feldspital.

Die Zentralafrikanische Republik leidet seit Jahren unter
kriegerischen Auseinandersetzungen von rivalisierenden
Rebellengruppen. Bild: Reinhard
Lassner und ein Arzt aus dem
Krankenhaus Bangui

Ärzte ohne Grenzen

Die 1971 in Paris gegründete private Hilfsorganisation
„Médecins Sans Frontières" (MSF) leistet medizinische Nothilfe in Krisen- und Kriegsgebieten. Der Tätigkeitsbereich
von „Ärzte ohne Grenzen" umfasst u.a. die Errichtung und
Leitung von Spitälern, Impfkampagnen, Bereitstellung von
Trinkwasser und die psychologische Behandlung von Missbrauchsopfern. Die Arbeit von MSF basiert auf der Überzeugung, dass jeder Mensch in Not ein Recht auf Hilfe hat,
unabhängig von seiner Herkunft, Weltanschauung oder Religion.

Der Niederösterreicher Reinhard Lassner war 25 Jahre im
Finanz- und Versicherungsbereich tätig. Seit 2013 arbeitet er
bei „Ärzte ohne Grenzen" als Administrator und Finanzkoor-
dinator, aber auch als Finanzcoach, um Menschen vor Ort in
organisatorischen Angelegenheiten zu trainieren.

In den letzten sechs Jahren war Reinhard Lassner in acht
Ländern auf Einsatz: Äthiopien, Haiti, Bangladesh, Pakistan,
Demokratische Republik Kongo, Libyen sowie in Gaza und in
der Zentralafrikanischen Republik.

In Äthiopien arbeitete Lassner in einem Flüchtlingslager
für Menschen, die vor dem Bürgerkrieg im Südsudan flüchteten. „Mitten im Camp aus Lehmhütten waren der Arbeitsplatz und das Feldspital", beschreibt Lassner seinen Einsatz.
„Trotz einfacher Unterkunft, Duschen und Toiletten im Frei-
en war die Begegnung mit den Menschen, vor allem mit den
Kindern, sehr bereichernd. Jede Rückkehr nach Hause macht
mir den Luxus in Österreich bewusst."[128]

Medizinische Hilfe in Kriegs- und Krisengebieten

Lassner rückblickend: „Während der Mission war es relativ
ruhig und sicher in der Hauptstadt Bangui, dennoch durfte
man sich nur mit dem Auto fortbewegen. Ich war u.a. als
Administrator in einem Spital tätig. Dort gab es jedoch keine Spitalsküche, die Patienten werden von den Angehörigen
versorgt, die im Hof oder auf der Straße wohnen." Den 26.
September 2015 wird Reinhard Lassner wohl nie vergessen:
„Schon frühmorgens wurden die ersten Verletzten in unsere
Notaufnahme gebracht. Der Zustrom wollte einfach nicht
abreißen. Grund dafür war, dass ein Muslim geköpft in
einem Haus aufgefunden wurde. Es folgte ein Rachefeld-
zug der Muslime in einem christlichen Stadtviertel. Nach
einem Tag verzeichneten wir 21 Tote und 100 Verletzte." Es

wurde eine Ausgangssperre verhängt. Auch der nächste Tag war von Anspannung und der Aufnahme neuer Verletzter geprägt. „Die entsetzliche Gewalt war unvorstellbar. Wir hatten Verletzte mit Hieb- und Stichverletzungen durch Messer und Macheten, Bauchschüsse und einen Patienten mit verbranntem Leib. Die Verletzten wurden schon auf dem Gang auf Matten versorgt, überall war Blut."[129] Tags darauf wurde die Evakuierung der Mitarbeiter beschlossen. Nach einer Autofahrt durch die fast leere Stadt erfolgte die Übersetzung mittels Holzboot in den Kongo. Über Kinshasa und Paris flog Lassner in seine Heimat zurück. Doch bereits elf Tage, nachdem der Melker in Österreich war, brach bei ihm die lebensgefährliche Malaria Tropica aus.[130]

Haiti: Armut unter Palmen

Das schwere Erdbeben nahe von Port-au-Prince hat 2010 die Weltöffentlichkeit aufgeweckt. Die katastrophalen Folgen mit mehr als 200.000 Toten haben eine gigantische Welle von Hilfe mobilisiert. Die „Reali-

tät: Es ist wenig Geld in nachhaltige Investitionen geflossen. Die USA brachten – aus Furcht vor Unruhen – mehr Militär ins Land als wirkliche Hilfe. Der Flughafen war unter Kontrolle der USA, einem Flugzeug von MSF wurde die Landung verweigert – Machtspiel auf dem Rücken der Armen. Viele NGOs waren in Haiti vor Ort, um am Spendenkuchen mitzunaschen. Das wird von der Bevölkerung noch immer sehr negativ gesehen. Außerdem wurde nach dem Erdbeben von den UNO-Soldaten die Cholera eingeschleppt. Neben den Missbrauchsvorwürfen rückt dies die UNO auch in Haiti in ein schlechtes Licht."[131]

Kinder bekommen die Chance, gesund ins Leben zu starten

„Meine Erfahrungen mit dem holländischen MSF-Team auf Haiti waren mehr als positiv. Ein Beispiel: Wenn eine Kollegin von der Kinderstation mit einem Waisenkind am Arm ins Büro kommt, dann hab' ich meine Bestätigung vor Augen, warum sich der ganze Aufwand lohnt. Ein Kind bekommt

FOTO: LASSNER

Neben seinem Job als Administrator von MSF engagierte sich Reinhard Lassner in einem Waisenhaus. Lassners Bilanz: „Haiti, das hört sich wie Urlaub an. Doch ich arbeitete im ärmsten Staat der westlichen Hemisphäre."

FOTOS: LASSNER

Ärzte ohne Grenzen ist in Haiti mit drei Sektionen vertreten: Geburtsklinik mit Vor- und Nachbetreuung der Mütter, Frühchen-Station, OP-Trakt. Zusätzlich gibt es ein Programm für Opfer von sexueller Gewalt. MSF Belgien betreibt zwei Spitäler, eines davon mit Schwerpunkt Chirurgie, MSF France ein allgemeines Krankenhaus.

die Chance, gesund ins Leben zu starten. Mütter lassen immer wieder ihre Kinder im Spital zurück. Es dauert oft lange Zeit bis eine Weitergabe oder Adoption des Kindes abgewickelt ist. Bis zu dem Zeitpunkt bleiben die Kinder im Spital und werden vom Team gepflegt. Durchschnittlich leben vier Waisenkinder im Spital. Pro Monat haben wir etwa 150 Geburten, davon 60 mit Kaiserschnitt."

Reinhard Lassner: „Wir haben 2.600 Haushalte mit Wasserfiltern ausgestattet, öffentliche Wasserstellen mit Sandfiltern errichtet, Brunnen repariert und die Bevölkerung im Umgang mit Trinkwasser sensibilisiert. Der Fokus liegt in Afrika noch auf Leben und Überleben. Außerdem waren wir für ein Gesundheitsprojekt zuständig: Es wurden 51.000 Menschen gegen Cholera geimpft und Studien über die Effektivität der Impfung durchgeführt."

Im Kongo war Reinhard Lassner für den Bau einer Wasserleitung (samt Reservoir) zur Versorgung der Stadt Kalemie mit sauberem Trinkwasser zuständig.

Reinhard Lassner: „Meine Einsätze in den Krisengebieten Gaza, Israel/Palästina (Bild) und in Pakistan waren eine große Herausforderung, aber menschlich extrem bereichernd."

Ruth Pfau: Wir tun, was wir können

Die deutsche Ordensfrau und Ärztin hat im muslimisch geprägten Pakistan Unglaubliches geleistet. Sie gründete 1960 in Karachi das Marie-Adelaide-Leprosy-Centre und bildete landesweit Leprahelfer aus. 1996 war die Zahl der Neuerkrankungen auf einem historischen Tiefstand; erstmals war die Lepra in Pakistan unter Kontrolle. Mehrere Male reiste Ruth Pfau geheim nach Afghanistan, um auch dort – trotz kriegerischer Auseinandersetzungen – die Leprahilfe auf-

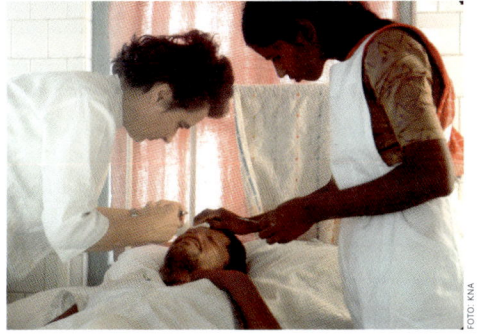

„Weitermachen ist unsinnig. Aufhören ist noch unsinniger. Also machen wir weiter", lautete ein Motto von Ruth Pfau.[132] Bild: Ruth Pfau, Ordensfrau und Lepra-Ärztin, behandelt im November 1964 einen Patienten im „Marie-Adelaide-Leprosy-Centre", eine Lepra-Klinik in Karachi (Pakistan).

zubauen. Ruth Pfau engagierte sich in der Folge in Pakistan in der Betreuung afghanischer Flüchtlinge, entwickelte und leitete Programme gegen Tuberkulose und Augenerkrankungen. Während eines Besuches von St. Pöltner Caritas-Mitarbeitern in Pakistan, meinte Ruth Pfau: „Wenn ich durch Karachi fahre, wundere ich mich immer wieder, wie es möglich war, die Lepra unter Kontrolle zu bringen."[133] Auf die Frage, warum sie in dem Ozean von Leid nicht resigniert hat, antwortete Ruth Pfau: „Ich glaube nun einmal, dass das Prinzip des Lebens Liebe ist. Wir

tun, was wir können, mehr können wir nicht tun. Ich habe einmal im Leben eine Grundentscheidung getroffen: Ich bin nicht bereit zu verzweifeln."[134]

Hoffnungsträger:
Lorenz, Stefan und Thomas

Allen fatalistischen Tendenzen zum Trotz – junge Menschen, die in einer Wertegemeinschaft verankert sind, können durch Begeisterung und Engagement, durch Kompetenz und professionelles Networking sehr wohl gesellschaftliche Veränderungen bewirken. Der berufliche Werdegang von drei ehemaligen Zivildienern der Emmausgemeinschaft zeigt, dass erfolgreiches sozialpolitisches Engagement – auch ohne unlautere Mittel – möglich ist.

Lorenz gründete – nach seinem Zivildienst in Emmaus – eine eigene Installationsfirma, in der heute 20 MitarbeiterInnen, davon drei Lehrlinge, beschäftigt sind. Bei der Gemeinderatswahl 2015 kandidierte Lorenz, bekam auf Anhieb 220 Vorzugsstimmen und wurde für den Ausschuss nominiert, der für die wirtschaftlichen Belange der Kommune zuständig ist. Auf meine Frage, warum er mit einer so hohen Zustimmung als Gemeinderat gewählt wurde, antwortete Lorenz: „Erstens, weil ich direkt und ehrlich bin und keine Tricksereien mag. Zweitens, weil ich immer hilfsbereit und freundlich bin." Auch Thomas und Stefan, die bei Emmaus ihren Zivildienst absolviert haben, wurden jeweils mit 20 Jahren als Vertreter der jungen Generation in den örtlichen Gemeinderat gewählt. Darüber hinaus haben sie bereits nach wenigen Jahren politische Verantwortung auf Landesebene übernommen. Stefan wurde als 24-Jähriger von der Mehrheitsfraktion des Gemeinderates als Kandidat für das Amt des Bürgermeisters seiner Heimatgemeinde vorgeschlagen.

(NÖN 11/2019) Bereits ein halbes Jahr später wurde Stefan zum jüngsten Bürgermeister Niederösterreichs gewählt.

Stefan, Thomas und Lorenz waren zunächst selbst überrascht vom großen Vertrauensvorschuss, der ihnen in ihren Gemeinden entgegengebracht wurde. Alle drei Jungpolitiker „wollen frischen Wind in die Politik bringen und über Parteigrenzen hinweg an sachorientierten Lösungen mitarbeiten." Sie verabscheuen „Freunderlwirtschaft und verlogene Machtspiele" und möchten sich mit „Ehrlichkeit und Kompetenz" für das Wohl aller, insbesondere für Benachteiligte, einsetzen. Vor Jahren noch als „Drückeberger" diffamiert, sind heute Zivildiener und MitarbeiterInnen des „Freiwilligen Sozialjahres" aus den Sozialeinrichtungen Österreichs nicht mehr wegzudenken. Mit ihrem jugendlichen Elan und ihrem unermüdlichen Engagement sind die Zivildiener für die Emmausgemeinschaft in menschlicher wie in fachlicher Hinsicht ein großer Gewinn. Das Lebensmotto von Lorenz ist die „Goldene Regel" in den Weltreligionen: „Behandle jeden Menschen so, wie du auch behandelt werden möchtest." Die ideale Basis für eine gerechte, solidarische und versöhnte Gesellschaft, für eine Politik zum Wohle aller.[135]

Emmaus – Oase in einer Gesellschaft mit beschränkter Hoffnung

In unserer Überflussgesellschaft werden paradoxerweise immer mehr Menschen überflüssig. Die Emmausgemeinschaften sind weltweit ein unbeugsamer Anwalt derer, die an den Rand gedrängt werden. Johann B. Metz vermutet, dass „die Gottvergessenheit des Menschen der Grund für die Entsolidarisierung der Gesellschaft ist". In einer neoliberalen Welt haben wir daher eine wichtige Botschaft zu vermitteln: Jedem Menschen seine Würde! Der Mensch ist mehr als ein Kostenfaktor auf zwei Beinen. Jeder Mensch ist Tempel Gottes, heiliger Boden. Eine Option zur Überwindung der Entsorgungsgesellschaft ist der Aufbau von heilenden und solidarischen Gemeinschaften.[136] Der folgende Brief an die ehrenamtlichen und hauptberuflichen MitarbeiterInnen sowie an die Zivildiener der Emmausgemeinschaft ist ein leidenschaftlicher Appell, sich stets für die Schwächsten der Gesellschaft einzusetzen:

Danke für eure treue Weggemeinschaft in den letzten 37 Jahren! Am 1. August 1982 habe ich mit einem Freundeskreis das Haus Herzogenburger Straße 48-50 angemietet. Was seither entstanden und gewachsen ist, übertrifft meine kühnsten Träume. Um die Großzügigkeit Gottes zu beschreiben, reichen meine Worte nicht aus. David Wilkerson, der ein weltweites Netzwerk von mehr als tausend „Teen Challenge Center" für Drogenabhängige gründete, formulierte es rückschauend einmal so: „Gott hat uns personell und materiell stets das geschenkt, was wir nötig hatten, doch immer nur so viel, dass wir noch von Gott abhängig blieben." Ähnlich faszinierend erleb(t)e ich das Wachstum und die Früchte der Emmausgemeinschaft St. Pölten sowie ihrer Tochterfirmen Antlas und NÖ soogut (SOMA).

Neue Antworten auf die „Neue Armut"

Totgesagte wurden lebendig. Viele Aussätzige unserer Tage fanden dank der Emmaus-Gastfreundschaft vom Rand zur Mitte. Seelisch verwundete Menschen – oftmals die Ungeliebten unserer Gesellschaft – durften die Erfahrung machen: Ich bin wirklich willkommen. Ich werde geliebt und radikal angenommen.

Jugendliche, Frauen und Männer haben

nach schweren Lebenskrisen neue Hoffnung geschöpft. Sie konnten neu durchstarten und – allen Rückschlägen zum Trotz – ein neues Leben beginnen. Die wahren Wunder machen wenig Lärm.

Danke für euer vielfältiges Mittragen der Emmaus-Anliegen, danke für euer treues Beten und großzügiges Teilen; danke für eure Solidarität mit den Emmaus-Gästen, aber auch mit den Notleidenden im Ausland. Durch die Emmaus-Selbstbesteuerungsgruppe konnten insgesamt 32 kleine Auslandsprojekte unterstützt werden. Danke für unser gemeinsames Ringen um neue, professionelle Antworten auf die „Neue Armut"!

Lobbying für jene, die keine Lobby haben

Emmaus wurde für viele verzweifelte, lebensmüde, „überflüssige" und an den Rand gedrängte Menschen zu einer Oase der Hoffnung. Für nicht wenige war und ist Emmaus lebensrettend.

Möge Emmaus – dank eurer Mitverantwortung – auch in Zukunft mutig prophetische Zeichen setzen und gesellschaftspolitische Signale aussenden, damit wir unserer Verantwortung als „Stimme der Stimmlosen" gerecht werden und unser Motto „Lobbying für jene, die keine Lobby haben", nicht zu einer leeren Worthülse verkümmert.

In allem Scheitern und Gelingen – auch in allem Faszinierenden und Abgründigen von Emmaus – gibt es das verborgene und wirkmächtige Geheimnis von Passion und Auferstehung. Meine Überlebensformel in den neun Jahren als Sozialarbeiter der Justizanstalt Stein hat auch heute unverändert Gültigkeit: „Alles in meinem Leben ist Teil der Passion Jesu. Doch alles in meinem Leben ist auch Teil der Auferstehung Jesu." (Sr. Emmanuelle, Kairo)

Wenn wir als Emmaus-Weggemeinschaft zutiefst in der Liebe Christi geeint sind, in einer Liebe, die auch den Feind mit einschließt, dann wird tatsächlich Unmögliches möglich. Unversöhntes wird versöhnt. Die „versöhnte Vielfalt von Kulturen und Religionen" ist dann kein Schlagwort mehr: Muslime und Christen, Agnostiker und Hindus, Juden und Buddhisten leben und arbeiten in den Emmaus-Wohnheimen und Betrieben, in der Verwaltung, Beratung und Nachbetreuung in gegenseitiger Wertschätzung und Hochachtung. Durch dieses manchmal mühsame, aber täglich gelebte Miteinander, tragen wir ganz wesentlich bei zum Aufbau einer „Zivilisation der Liebe". Emmaus als kleiner Baustein für eine geeinte Welt.

FOTO: FOSCHUM

Sukhdeep Singh, ein ehemaliger Asylwerber, kaufte im Jahr 2020 „sein" Flüchtlingsheim in Hirtenberg, NÖ. Wohnungen für sozial Benachteiligte sollen entstehen.

Sukhdeep Singh, der nach seiner Flucht aus Indien 2003 nach Österreich kam: „Ich habe das ehemalige Flüchtlingsheim, das Laura-Gatner-Haus, von der Diakonie gekauft. Es sollen 15 Wohnungen entstehen - vier davon sollen als Sozialwohnungen vermietet werden. Ich habe als Asylwerber im Haus sechs Jahre gelebt. Es bedeutet mir sehr viel. Otto Tausig habe ich es zu verdanken, dass ich es bisher geschafft habe. Er hat mich bei meiner Ausbildung finanziell unterstützt und stets ermutigt." Jetzt möchte Sukhdeep etwas zurückgeben: „Eigentlich möchte ich viel mehr Wohnungen an sozial Benachteiligte vermieten, doch es muss ein Kredit zurückbezahlt werden. Außerdem möchte ich in Indien Kindern eine Ausbildung finanzieren, damit sie gar nicht erst flüchten müssen." (Marlene Penz, Markus Foschum, Kurier 20.11.2020)

Todeskultur oder Kultur des Lebens

Wir müssen uns täglich neu entscheiden: Todeslinie oder Lebenslinie! Der jüngste Euthanasie-Bericht hat mich unsagbar traurig gemacht. Im Vorjahr wurden in den Niederlanden mehr als 7.000 ältere und kranke Menschen, darunter viele Demenzkranke, getötet. Dennoch gibt es begründete Hoffnung: Wir können mit unseren Freunden in Europa und in unseren Partnerprojekten in Afrika, Asien, Lateinamerika, mit befreundeten Christen, Muslimen, Juden, Hindus und Menschen nichtreligiöser Weltanschauung um ein neues „universales Pfingsten der Liebe" beten. Wir können ausbrechen aus unserer lähmenden Lethargie, uns vernetzen, um uns für Frieden, soziale Gerechtigkeit und die Bewahrung der Schöpfung einzusetzen.

Die Spiritualität des Alltags

Das Mögliche tun und Gott das Unmögliche zutrauen.[137] Die Emmaus-Spielregeln ernst nehmen: Allen gegenüber stets in der Liebe bleiben, nicht urteilen, auch in unseren Worten gewaltfrei sein. Täglich neu bereit sein, Vergebung anzunehmen oder zu erbitten. So können wir in allem Tun und Erleiden ein Widerschein der Liebe Christi werden.

Doch um „Liebe und Kompetenz" auch im fordernden Emmaus-Alltag mit leidenschaftlicher Gelassenheit leben zu können, brauche ich (als Christ, als Muslim, als Agnostiker) eine solide spirituelle Basis – ein Netz, das mich trägt. Getragen von diesem „Netz der Liebe" werden wir trotz aller leidvollen Grenzerfahrungen nicht verbittern und die Freude am Menschen nicht verlieren. Neben den MitarbeiterInnen-Teams, Supervision, Weiterbildung, Vernetzungstreffen etc., trägt uns ChristInnen ein Netz der Freunde, deren spirituelle Basis die Eucharistie ist. Als Motto für euer/unser künftiges Engagement in Emmaus, bei Antlas und bei den NÖ soogut-Märkten (früher SOMA) möchte ich dir/euch ein Zitat von Sr. Emmanuelle mitgeben: „Wer schenkt, teilt und liebt, das Leben fördert, verherrlicht Gott, ob er es weiß oder nicht. Er lebt als Abbild Gottes, der vor ihm geschenkt, geteilt und geliebt hat."

Menschen mit nichtreligiöser Weltanschauung miteinbeziehen

Danke! Toll, was durch dein/euer Engagement entstanden ist! Ganz persönlich freut mich vor allem, dass du neben den verschiedenen Religionen auch Agnostiker und Menschen mit nichtreligiöser Weltanschauung erwähnst und miteinbeziehst, denn dazu zähle ich mich. Und trotzdem kann ich mich sehr gut mit dem Emmaus-Leitbild identifizieren. Diese Offenheit von Emmaus anderen Religionen und Weltanschauungen gegenüber finde ich so besonders und schätze ich sehr! Alles Liebe und „Happy Birthday Emmaus!" N., eine Emmaus-Mitarbeiterin

Dankesfeier für die freiwilligen MitarbeiterInnen der Emmausgemeinschaft St. Pölten mit den „Liunzi Brothers"

❯❯ *Ein Leben ohne Feste
ist wie ein langer Weg ohne Einkehr."*

Demokrit, griechischer Philosoph, 460 – 371 v. Chr.

Unmögliches wird möglich

Unsere Gesellschaft steht heute an einem Scheideweg: Ein Weg führt in den Sozialdarwinismus. Der braucht nur Leistungsfähige und zielt auf die Entsorgung der Unproduktiven. Der andere zeigt in Richtung solidarische Kultur, in der die Würde jedes Einzelnen, auch des behinderten, kranken oder alten Menschen respektiert wird.

Baustellen der Solidarität: Ob Wohnheim, Betrieb und Verkaufsshop, Küche, Verwaltung oder Beratung – jede/r Einzelne bringt sich ein, um dem Aufbau der Gemeinschaft zu dienen. Bild: Emmaus CityFarm

Ein Wandel, der entschleunigt.

Weltweit arbeiten zwei Milliarden Menschen ohne Kranken- und Unfallversicherung, ohne Anspruch auf Arbeitslosengeld oder Pension. Straßenhändler, Müllsammler, Ernte- und Bauarbeiter, Kleinbauern und Pflegepersonal beziehen oft kein fixes Gehalt, sind häufig „unsichtbar", aber für das Gemeinwohl unverzichtbar, um schwierige Zeiten wie die Corona-Krise zu überbrücken. Daher schlägt Papst Franziskus für arbeitende Menschen, die an der Armutsgrenze leben („working poor"), ein Grundeinkommen vor. „Staatliche Lenkung oder das rein wirtschaftliche Modell reichen nicht aus", um die Pandemie u.a. Probleme der Menschheit anzugehen. „Statt Wettbewerb, schnellem Konsum und Profit für wenige", sei ein Wandel nötig, „der entschleunigt, zum Umdenken bringt und zur Regeneration führt."

Emmaus, Antlas und die soogut-Sozialmärkte beweisen, dass auch in Krisenzeiten gelebte Solidarität möglich ist. Während der Pandemie halfen Freiwillige in den Sozialmärkten oder besuchten (mit Mundschutz) ältere Menschen, übergaben ihnen an der Wohnungstür Blumen und Nahrungsmittel. Bild: Freiwillige im Sozialmarkt

„Armendienst ist Gottesdienst" (Vinzenz von Paul)

Die von Pfarrer Wolfgang Pucher gegründete Vinzenzgemeinschaft Graz-Eggenberg kümmert sich um Menschen, die an den Rand der Gesellschaft geraten sind – Drogen- und Alkoholabhängige, Obdachlose, Haftentlassene, BettlerInnen und viele andere. Aus der Vinzenzgemeinschaft Graz sind mehr als 40 Vinzi-Werke entstanden: Vinzi-Dorf, Vinzi-Bus, Vinzi-Markt u.v.a. In den Einrichtungen der Vinzi-Werke Österreich finden täglich bis zu 450 Personen Unterkunft und 1.400 Personen werden mit Essen bzw. Lebensmitteln versorgt. Motto von Pfarrer Pucher: „Des geht net, des gibt's net!"

„Denen helfen, denen niemand helfen will!" Pfarrer Wolfgang Pucher, Gründer der Vinzi-Gemeinschaften

> *Der Aufruf, auf den Schrei der Armen zu hören, nimmt in uns menschliche Gestalt an, wenn uns das Leiden anderer zutiefst erschüttert."*

Papst Franziskus

Hilfsaktion einer Vorarlberger Initiativgruppe für notleidende Menschen in der Bukowina (Rumänien)

FOTO: PRIVAT

Denkwürdige Begegnung in Armenien: „Trage Sorge, Du trägst Jesus."

Th. Weggemann

Hilfseinsatz in Armenien: „Papst Franziskus sagt häufig, dass wir wachsam sein müssen, wenn Christus an uns vorbeigeht. Ich habe das in einer Begegnung mit Schwestern der Mutter Teresa in Armenien erfahren. Dies hat mein Leben in der Begegnung mit Behinderten radikal verändert. In einem kalten, zugigen Eingangsbereich des Patriarchen in Eriwan fand eine Begegnung von österreichischen Caritasmitarbeitern mit zwei Mutter Teresa-Schwestern statt. Es ging um den Transfer eines Autos von Österreich nach Armenien. Die kleinere Schwester hatte ein ca. 6-8 Monate altes Kind mit Hydrocephalus am Arm, das vor Schmerzen wimmerte. Sie waren auf dem Weg ins Spital. Ein Caritas-Mitarbeiter sagte zu der Schwester: „Gib mir das Bündel, dann könnt ihr besser reden." Die Schwester antwortete: „Trage Sorge, Du trägst Jesus." In diesem Moment entstand das Bild.

» *Dorthin gehen, wo die Not am größten ist."*

Ignatius von Loyola

FOTO: P. SPORSCHILL

FOTO: P. SPORSCHILL

P. Georg Sporschill (oben) und Ruth Zenkert (unten, li.) inmitten der Gemeinschaft ELIJAH in Rumänien

P. Georg Sporschill SJ begann 1982 mit dem Aufbau mehrerer Caritas-Einrichtungen für Obdachlose, er initiierte das Inigo-Restaurant (Projekt für Langzeitarbeitslose) und den Canisibus (Versorgung von Obdachlosen an Wiener Bahnhöfen). 1991 begann P. Sporschill mit Ruth Zenkert den Aufbau des CONCORDIA-Sozialprojekts in Rumänien. (Kinderhäuser für Straßenkinder, Sozialzentren mit mobilen Suppenkü-

Weltweit gibt es etwa 110
Millionen Straßenkinder. Wer
hört den Schrei der Armen und
Ausgegrenzten dieser Erde?

chen für ältere Menschen). Ab 2004 folgten die Gründung von CONCORDIA Moldawien und Bulgarien. 2012 begann P. Sporschill mit dem Aufbau des Vereins ELIJAH in Siebenbürgen, Rumänien (Projekte für notleidende Roma-Familien).

Kenia: Kinder mit Zukunft

Nairobi: Aus einem Projekt für Straßenkinder wurde ein Schulzentrum für Kinder und Jugendliche, die vorwiegend aus ärmeren Familien kommen.

Johannes Distelberger war 42 Jahre als Missionar und Entwicklungshelfer in Afrika tätig. Nach seinem Einsatz in Burundi und Kamerun startete er am Stadtrand von Nairobi (Kenia) mit Unterstützung von FreundInnen aus der Diözese St. Pölten ein Projekt für Straßenkinder. Kindergarten und Volksschule waren zunächst in Baracken untergebracht. Im Lauf der Jahre entstand ein Schulzentrum (Volks- und Mittelschule), das heute von mehr als 1.000 Kindern und Jugendlichen, die vorwiegend aus ärmeren Familien kommen, besucht wird.

Licht in Krisenzeiten: El Sistema Venezuela

El Sistema ist ein Musikausbildungsprogramm, das 1975 von dem Musiker Jose Antonio Abreu in Venezuela gegründet wurde. Die Vision des Gründers bestand darin, dass Kinder aus allen sozialen Schichten durch Musikunterricht zu toleranten und pflichtbewussten Menschen heranreifen. Das erste Orchester bestand aus 11 jungen venezolanischen

El Sistema ist ein Netzwerk von Musikschulen, Orchestern und Chören mit dem Ziel, Kindern aus allen sozialen Schichten schulische Bildung und berufliche Chancen zu eröffnen. Bild: Gustavo Dudamel mit dem Jugendorchester Venezuela

Gustavo Dudamel mit dem Kinder- und Jugendorchester von Venezuela auf Tournee. Bild: 2018, während einer Probe in Santiago, Chile

Musikern, die in einer Tiefgarage übten. Daraus entstand „El Sistema", ein staatlich gefördertes Netzwerk von Musikschulen, Orchestern und Chören, mit dem Ziel, Gewalt, Drogenmissbrauch und Kinderverwahrlosung entgegenzuwirken. Heute musizieren mehr als 800.000 junge Musiker in über 400 Musikschulen des Landes. Insgesamt gibt es 1.340 Orchester in Venezuela, von den Anfängerorchestern bis hinauf zum „Simon Bolivar Symphony Orchestra of Venezuela", dem wichtigsten Botschafter des Projekts. Dieses Orchester trägt die Idee von „Musik als Lebenschance" auf seinen Tourneen in die Welt hinaus und hat mehr als 300 Projekte weltweit inspiriert, dem Vorbild „El Sistema" zu folgen.

Der Chefdirigent des „Simon Bolivar Orchestra", Gustavo Dudamel, ist selbst im Projekt groß geworden. Bereits mit zwölf Jahren übernahm er in seinem Jugendorchester die Leitung einer Probe. Es folgten Jahre der Ausbildung bei Abreu, Simon Rattle, Daniel Barenboim und Claudio Abbado. Heute ist Dudamel auch Chefdirigent des Los Angeles Philharmonic. Dudamel gelang es, bei seinen zahlreichen Konzerttourneen

auch die junge Generation für die klassische Musik zu begeistern. Abreus Bilanz bei den Salzburger Festspielen 2013: „Die hohe Kunst der Musik ist kein Luxus mehr." Unter dem Motto „Musik für alle" ist Dudamel mit dem Kinder- und Jugendorchester von Venezuela häufig auf Tournee. Ziel sind nicht die berühmten Konzerthäuser der Welt, sondern Freilichtbühnen und Stadien, um vielen Menschen − ungeachtet ihrer sozialen Herkunft − die Chance zu geben, diese Konzerte zu erleben. (El Sistema Venezuela − Hilti-foundation)

NIE WIEDER WIRD EIN POLITIKER SAGEN KÖNNEN, DASS ETWAS NICHT GEHT

Für den Juristen und Schriftsteller Ferdinand von Schirach zeigt die Corona-Krise, dass es für die Politik nun keine Ausreden mehr geben kann. „Wenn Gefahr droht, können wir offenbar alles", so Schirach in Anspielung auf die Lockdown-Maßnahmen. „Nie wieder kann deshalb ein Politiker einer jungen Frau sagen, Klimaschutzmaßnahmen seien nicht zu verwirklichen, weil sie zu teuer sind, zu kompliziert oder die Gesellschaft zu sehr einschränken."

Kurier, 22.5.2020

Globalisierung als Chance

„Der Prozess der Globalisierung birgt die Chance in sich, die Menschheit zu einem bisher unerreichten Ziel zu führen. Dieser Umbruch braucht eine Seele: die Liebe. Die Liebe – und das stelle ich im Kontakt mit Einzelnen und in Gruppen aus verschiedenen Religionen, Rassen und Kulturen immer mehr fest – ist in der DNA jedes Menschen 'einprogrammiert'. Sie ist die stärkste, fruchtbarste und sicherste Kraft, um die ganze Menschheit zu verbinden. Aber sie verlangt eine totale Umkehr des Herzens, eine neue Mentalität und Ausrichtung.

Beginnen Völker, die Heimat des anderen so zu lieben wie die eigene, entsteht ein Klima der Gegenseitigkeit: Armut betrifft nicht mehr nur die Armen. Das Teilen des Reichtums wird zum Alltag. Diese Gegenseitigkeit zwischen den Völkern führt zur Überwindung alter Vorbehalte und eingefahrener Strukturen. Es entstehen Beziehungen, die frei von Bedingungen und Eigeninteressen sind, in denen der 'andere' als ein anderes 'Ich-Selbst' betrachtet wird, als Teil derselben, einen Menschheit... Jedes Volk, auch das ärmste, wird zum gleichwertigen Partner im internationalen Leben.

Wenn wir als Einzelne und als Regierende entsprechende Schritte setzen, können wir von einer einzigen, weltweiten Gemeinschaft träumen. Eine Utopie? Der Erste, der die Idee der Globalisierung aufgebracht hat, war Jesus, als er sagte: 'Alle sollen eins sein.' (Joh 17,21) Er hat uns zudem zu jener Liebe befähigt, die die Kraft hat, die Menschheitsfamilie in Einheit und Vielfalt wieder zusammenzuführen." (Chiara Lubich)[139]

Die Initiatoren des „House of One" in Berlin: Pfarrer Gregor Hohberg (v. li), Rabbiner Andreas Nachama und Iman Kadir Sanci

FOTO: KLEMENS RENNER

Israel/Palästina: Gemeinsame Zukunft gestalten

„Große Musik ist das Ergebnis intensiven Hörens. Jedes Orchestermitglied muss sehr genau der Stimme des Komponisten wie auch seinen Mitspielern zuhören. Persönliche und internationale Harmonie kann es nur geben, wenn wir uns zuhören. Jede Seite, jede Partei muss die Ohren öffnen, um die Geschichten und Meinungen des anderen zu verstehen. Vor mehr als zehn Jahren haben Edward Said und ich das West-Eastern Divan Orchester gegründet, und ich glaube, dass es sich unser aller Aufmerksamkeit erworben hat. Was nur beweist, dass Menschen, die sich zuhören – nicht nur beim Musizieren, sondern auch sonst –, große Dinge schaffen können." (Daniel Barenboim)

FOTO: FUNDACIÓN BARENBOIM-SAID

Die beiden Freunde, der jüdische Dirigent Daniel Barenboim und der palästinensische Literaturprofessor Edward Said, gründeten 1999 bei einem Workshop in der Europäischen Kulturhauptstadt Weimar das West-Eastern Divan Orchestra, um das Zusammenleben und den interkulturellen Dialog zwischen jungen arabischen und israelischen MusikerInnen zu fördern. Aus dem Jugendorchester wurde im Lauf der Jahre ein Ensemble, das heute in den berühmtesten Konzerthallen der Welt gastiert.[140]

FOTO: ADAMIK

Barenboim und Said – er starb 2003 – waren überzeugt, dass der Friede im Nahen Osten nicht durch Trennung und militärische Maßnahmen, sondern nur durch intensives Zuhören, durch Zusammenarbeit und Koexistenz, herbeizuführen ist.

„Humanismus ist die einzige, genauer, die letzte Verteidigungslinie, die wir haben, um uns gegen die unmenschlichen Exzesse und Ungerechtigkeiten zu wehren, die unsere Menschheitsgeschichte verunstalten. Wir gehen davon aus, dass die Trennung von Menschen und Völkern keine Lösung der Probleme ist, die zwischen ihnen liegen. Und gegenseitige Ignoranz ist das größte Übel. Zusammenarbeit und Koexistenz hingegen, so, wie wir sie in der Musik gemeinsam erleben, erspielen und lieben – das ist unser Ziel." (Edward W. Said)

FOTO: SHUTTERSTOCK

Daniel Barenboim dirigierte im Jahr 2017 das „Orchestra of the Change" bei einem Konzert für Klimaschutzmaßnahmen bei der Internationalen Gartenausstellung in Berlin.

Eröffnung 2021: Das „Haus der abrahamitischen Familie" wird ein Ort des Lernens, des Dialogs und der Anbetung sein. Das Haus soll aus vier Räumen bestehen: Kirche, Synagoge und Moschee. Ein vierter Raum – nicht mit einer bestimmten Religion verbunden – soll als gemeinsames Zentrum zum Dialog genutzt werden. In diesem Raum werden auch Bildungsprogramme und Veranstaltungen angeboten. 2021 soll das Haus eröffnet werden. Es soll jedoch nur eines von vielen Projekten des Hohen Komitees der Geschwisterlichkeit sein.

CAMPUS DER RELIGIONEN

In Wien entsteht ein sakrales Gebäude von acht Religionsgemeinschaften, die architektonisch über ein gemeinsames Dach und einen gemeinsamen öffentlichen Bereich verbunden sind. „Die neuen zuziehenden Bewohner des Stadtentwicklungsgebietes der Wiener Seestadt sollen dort ihre kulturelle Heimat wiederfinden und sich austauschen können. (kathpress, 26.11.2020)

Abu Dhabi: „Abrahamic Family House"

Der Anstoß für das Projekt „Abrahamic Family House" kam vom „Hohen Komitee der menschlichen Geschwisterlichkeit" (Higher Committee of Human Fraternity). Dem in Abu Dhabi ansässigen Gremium gehören Religionsführer, Bildungsfachleute und kulturelle Persönlichkeiten aus der ganzen Welt an. Das Komitee kümmert sich um die Umsetzung des Dokuments über die Geschwisterlichkeit unter den Menschen, das der Papst 2019 in Abu Dhabi mit dem Großimam von Al-Azhar, el-Tayeb, unterzeichnet hat. Der Entwurf des „Abrahamic Family House" wurde in New York vorgestellt. Das von Stararchitekt Sir David Adjaye entworfene Haus soll in Abu Dhabi stehen und eine Kirche, eine Synagoge und eine Moschee umfassen.

Geschwisterlichkeit, Frieden und Ko-existenz sind das Abc unserer Zukunft

Abrahamic Family House: „Diese historische Initiative ist ein zutiefst bewegender Moment für die Menschheit. Obwohl traurigerweise Böses, Hass und Spaltung oft die Nachrichten bestimmen, gibt es ein verborgenes Meer der Güte, das wächst und uns hoffen lässt auf Dialog, gegenseitiges Wissen und die Möglichkeit, eine Welt der Geschwisterlichkeit und des Friedens zu bauen – zusammen mit den Anhängern von anderen Religionen und allen Männern und Frauen guten Willens. Geschwisterlichkeit, Frieden und Koexistenz sind das Abc unserer Zukunft. Die Pandemie bietet uns die Chance, den Wert der Geschwisterlichkeit und des friedlichen Zusammenlebens fest in unserer Zukunft zu verankern." (Kardinal Miguel Ayuso Guixot, Präsident des Päpstlichen Rates für den interreligiösen Dialog und Mitglied des Hohen Komitees)

Eine Welt – eine Menschheit

Es gibt keine Erste oder Dritte Welt, sondern nur EINE Menschheitsfamilie. Ob Jude oder Muslim, ob Christ oder Buddhist, ob Hindu oder Vertreter einer nichtreligiösen Weltanschauung, jeder und jede Einzelne von uns ist Baustein für eine geeinte Welt. Jede Familie, jede Gemeinschaft, jeder Kindergarten, jede Schule ist ein wichtiger Baustein. Jede Religionsgemeinschaft, ob Kultusgemeinde, Moscheeverein oder Pfarre, auch jede politische Gemeinde, ist eingeladen, Baustein zu sein für eine geeinte Welt, für eine Zivilisation der Liebe. Alles kann sich ändern.[141]

Der Schlüssel für den Aufbau der Neuen Gesellschaft ist die gewaltfreie Konfliktlösung und die universelle Geschwisterlichkeit. Eine Liebe, die niemanden mehr ausgrenzt. Bauen wir gemeinsam an einer Welt, in der Platz ist für alle, auch für die Ungeliebten der Gesellschaft.

„Hassen oder vergeben, das ist eine Frage von Sein oder Nichtsein. Heute weiß ich, dass Vergeben der freieste und befreiendste aller einem Menschen möglichen Akte ist." (Maria Biedrawa)
„Wer vergibt, ist Gott ähnlich." (Henri Boulad)

Segens- und Friedensgebet

Und so sollen im Namen des Friedens, der aus Gott ist,
gesegnet sein alle Völker der Erde, die Menschen aller Länder.

Es sollen gesegnet sein Himmel und Erde,
Wolf und Lamm, Falke und Taube.
Es sollen gesegnet sein Freund und Feind,
damit sie Brüder werden und Schwestern.

Es sollen gesegnet sein Schwarze und Weiße,
Menschen aus Ost und West,
damit sie Frieden schließen und Freundschaft – ein für allemal.

Es sollen gesegnet sein Juden und Christen, Moslems und Hindus,
Heiden und Sektierer, damit sie eins werden in Gott.

Es sollen gesegnet sein die Unwissenden und die Weisen und die,
die Gottes Weisheit rühmen.

Gott segne euch,
und ihr sollt ein Segen sein für die bedrohte Welt und die Menschen dieser Erde.

Der Friede Gottes sei mit euch und mit allen Menschen. Amen.[142]

Danksagung

Danke für Ihre / Deine Weggemeinschaft mit der Emmausgemeinschaft St. Pölten und den Tochterfirmen Antlas und NÖ soogut. Danke für das Mittragen unserer Anliegen – sei es ideell oder materiell, durch Beten und Teilen, durch ehrenamtliche oder hauptberufliche Mitarbeit. Ich danke allen, die uneigennützig mitgeholfen haben, dass das Buchprojekt verwirklicht werden konnte.

Mein besonderer Dank gilt Mag. Karl Vogd, der als Lektor das Buch entscheidend mitgestaltet hat. Ich danke ihm für das gemeinsame Ringen bei der Erstellung, Überarbeitung und Umsetzung des Buchkonzepts. Das profunde Fachwissen Karl Vogds, sein kritisches Hinterfragen aller Beiträge sowie seine Korrekturvorschläge haben wesentlich dazu beigetragen, dass das Buch – weit über die ursprünglich geplante Emmaus-Dokumentation hinausgehend – zu einem „Kompendium von Stimmen der Hoffnung" (K. Vogd) werden konnte.

Ich danke Dr. Rudolf Walter, Lektor bei Herder/Freiburg, der mich bei der Umsetzung des Buchprojekts sehr bestärkt und für das Buch auch ein Vorwort verfasst hat. Walters Analyse „Glaubensmemoir – Lehrbuch christlichen Lebens – Dokument eines sozialen Leuchtturmprojektes – prophetische Streitschrift für soziales Engagement" bringt das Grundanliegen des Buches auf den Punkt. Möge der von Rudolf Walter zitierte Satz „Das Christentum hat nicht versagt, es ist nur nie versucht worden" (David Steindl-Rast), viele LeserInnen wachrütteln und ermutigen: „Auf eine – hier und jetzt – vom Evangelium inspirierte Praxis kommt es an. Wenn diese immer neu versucht wird, hat das Christentum seine Zukunft nicht hinter sich, sondern vor sich." (R. Walter)

Ich danke Heidi Hammer, Michaela Lugmaier, Gertrud Wallenböck und meinen Geschwistern Gertrude und Alois für die gründliche Korrektur der umfangreichen Texte. Ohne diese professionelle und zeitintensive Arbeit im Hintergrund wäre die Verwirklichung des Buchprojektes nicht möglich gewesen.

Mein Neffe Jakob Rottenschlager war für die Eruierung und den oft mühsamen Erwerb der Abdruckrechte für Fotos von Auslandsprojekten verantwortlich. Ich danke ihm für seine Geduld und Ausdauer sowie für sein Verhandlungsgeschick. Mag. Christian Veith und Matthias Böswart sei für die Bereitstellung der Emmaus-Fotos aufrichtig gedankt.

Ich danke allen Personen und Einrichtungen, die uns Abdruckgenehmigungen für die Fotos erteilt und durch den Verzicht auf ein Honorar oder durch die Ermäßigung der Gebühr das Buchprojekt unterstützt haben.

Ich danke Peter Hirsch und Mag. Karl Langer von der Emmaus-Geschäftsführung für die vielfältige Unterstützung des Buchprojekts.

Mein Dank gilt allen Mitarbeiterinnen und Mitarbeitern dieses Kompendiums für die engagierten Beiträge. Danke, dass sämtliche Artikel kostenlos zur Verfügung gestellt wurden.

Das Buch „Hassen oder vergeben?" verdankt seine Entstehung primär jenen Hilfe suchenden Jugendlichen, Frauen und Männern, die bereit waren, ihre oft dramatischen Lebenserfahrungen mitzuteilen und einem größeren Kreis zugänglich zu machen. Ihnen allen sei für die Mitarbeit herzlich gedankt.

Ich danke Christian Baumgartner und Martin Bauer, die für Konzeption, Layout, Grafik und Buchgestaltung zuständig waren, sowie Herrn Bernhard Dockner jun. und seinem Team für die exzellente Zusammenarbeit.

Autor:

Mag. Karl Rottenschlager

FOTO: BÖSWART

Geboren 1946 in Steyr, OÖ., Stiftsgymnasium Seitenstetten. Theologiestudium in St. Pölten und Wien. Sozialakademie Wien. 1971 – 1973 Sozialarbeiter am Jugendamt Wien. 1973 – 1982 Leiter des Sozialen Dienstes der Justizanstalt Stein. 1982 Gründung der „Emmausgemeinschaft St. Pölten. Verein zur Integration sozial benachteiligter Personen", bis 2014 deren Geschäftsführer. 2004 Gründung des ersten NÖ Sozialmarktes SOMA in St. Pölten (NÖ soogut). 2004 – 2018 Mitarbeit in der diözesanen Ombudsstelle für Opfer von Gewalt und sexuellem Missbrauch.

Anmerkungen und Quellenhinweise:

Kapitel 1

1   www.einfachlebenbrief.de

2   Desmond Tutu, Gott hat einen Traum. Neue Hoffnung für unsere Zeit. Heinrich Hugendubel Verlag

3   Leonardo Boff, Geerdeter Glaube. Ein Lesebuch. Topos
Leonardo Boff, Franz von Assisi und die Liebe Gottes zu den Armen. Topos

4   Hildegard Goss-Mayr, Der Mensch vor dem Unrecht.
Spiritualität und Praxis gewaltloser Befreiung.
Europaverlag Richard Rohr, Hiobs Botschaft. Das Geheimnis des Leidens. Claudius Verlag

5   Dietrich Bonhoeffer, Widerstand und Ergebung. Briefe und Aufzeichnungen
aus der Haft. Siebenstern
Manfred Scheuer, Kraft zum Widerstand. Glaubenszeugen im Nationalsozialismus. Tyrolia
Erna Putz, Franz Jägerstätter... besser die Hände als der Wille gefesselt. Franz Steinmaßl Verlag

6   Charles de Foucauld, Auf den Spuren des Jesus von Nazareth. Von Annie de Jesus. Verlag Neue Stadt

7   Herwig Büchele, Gewaltfrei leben: Die Herausforderung der Bergpredigt – Utopie oder Chance? Verlag Friedrich Pustet
David Wilkerson, Das Kreuz und die Messerhelden. Leuchter Verlag
Frère Emmanuel, Taize, Gottes Liebe – größer als gedacht. Patmos

8   Der Große Sonntags-Schott für die Lesejahre A-B-C. Verlag Herder

9   Abbé Pierre, Memoiren eines unbeugsamen Christen. Tyrolia Verlag

10   Josef Fuchshuber, Behamberg und seine Geschichte. 1082-1982. Druckerei St. Gabriel

11   Quelle: Stift Herzogenburg

12   Chiara Lubich, Alle sollen eins sein. Geistliche Schriften. Verlag Neue Stadt. „Pakt der Einheit: Jesus, du bist in der Eucharistie gegenwärtig. Als Einzelne und alle gemeinsam versprechen wir dir, unter uns dein neues Gebot zu leben: Wir wollen einander lieben, wie du uns geliebt hast – bis zum Verlassensein vom Vater. Wir bitten dich: Schließe du den Pakt der Einheit auf dem Nichts eines jeden von uns, das ein Nichts aus Liebe ist. Lass uns so eins, eine einzige Seele, werden. Tag für Tag wirst du uns zur Nahrung und befähigst uns zur beständigen, gegenseitigen Liebe. Schenke uns die Gnade, dass du selbst immer wieder neu unter uns und in uns geboren wirst, so dass nicht mehr wir an deinem Werk arbeiten, sondern du in uns. Amen."

13   Dag Hammarskjöld, Nicht ich, sondern Gott in mir. Butzon & Bercker

14   Chiara Lubich, Ein Weg in Gemeinschaft. Vorträge über die Fokolar-Spiritualität. Verlag Neue Stadt
Madeleine Delbrel, Wir Nachbarn der Kommunisten. Johannes Verlag

15   Milan Machovec: Im Jahr 1967 wurde der Autor mit drei Studienkollegen an der tschechoslowakisch – österreichischen Grenze von Geheimpolizisten, die aus Prag angereist waren, 13 Stunden lang verhört, weil wir die Protokolle der „Marienbader Gespräche. Dialog zwischen Christen und Marxisten" in den Westen schmuggeln wollten. Bereits ein Jahr später – im August 1968 – erfolgte der Einmarsch der Truppen des Warschauer Pakts in die Tschechoslowakei. Nach der Niederschlagung der Reformbewegung wurde Machovec (als Unterzeichner der „Charta 77") vom Staat massiv verfolgt, gedemütigt und mit Berufsverbot belegt. Nach der „Samtenen Revolution" im Jahr 1989 und dem Ende des Kommunismus erfuhr Machovec vollständige Rehabilitierung und wurde zu einer bedeutenden Integrationsfigur in der zerrissenen, postkommunistischen Gesellschaft. Machovec genoss in Tschechien bis zuletzt höchste Wertschätzung, vor allem in der jungen Generation. Auf seiner Beerdigung 2003 sprach der ehemalige Dissident und Unterzeichner der „Charta 77", Vaclav Maly, inzwischen Weihbischof von Prag – auf ausdrücklichen Wunsch von Milan Machovec – das Vaterunser.

16   Sebastian Painadath, Der Geist reißt Mauern nieder. Die Erneuerung unseres Glaubens durch interreligiösen Dialog. Kösel
Roger Garaudy, Die Alternative. Ein neues Modell der Gesellschaft jenseits von Kapitalismus und Kommunismus. Rowohlt Taschenbuch Verlag
In Österreich fanden auf Initiative der Fokolar-Bewegung zahlreiche Treffen mit Muslimen statt. Begegnungen, die mich geprägt und befähigt haben, später auch in der Emmausgemeinschaft

mit muslimischen MitarbeiterInnen und zahlreichen muslimischen Flüchtlingen einen Dialog auf Augenhöhe zu führen. In Tlemcen (Algerien), der internationalen Hauptstadt für islamische Kultur im Jahr 2012, ist eines der Zentren der Fokolar-Bewegung in Nordafrika, wo die Mehrheit der Angehörigen der Bewegung muslimischen Glaubens ist. In Wien entstanden durch die Paulus-Gesellschaft, die Katholische und Evangelische Studentengemeinde und die Fokolar-Bewegung Dialog-Foren „Christentum und Marxismus", u. a. mit Jiri Nemec, Milan Machovec, Roger Garaudy, Ernesto Cardinal, Ivan Illich, Günther Nenning, Franz Muhri, Walter Baier, Franz Kronreif.

17   Jose Luis Gonzalez-Balado, Taize – Frère Roger. Suche nach Gemeinschaft. Herder

18   Alfred Delp, Zur Erde entschlossen. Verlag Josef Knecht

19   Willi Weinert, Mich könnt ihr löschen, aber nicht das Feuer. Biografien der im Wiener Landesgericht hingerichteten WiderstandskämpferInnen. Wiener Stern-Verlag

20   Anton Brunner, In der Todeszelle. In: Sepp Bauer, Sie erzählen, was sie erlebten 1945-1955. Eine Dokumentation. Verlag Niederösterreichisches Pressehaus.

21   Madeleine Delbrêl, Frei für Gott. Über Laien-Gemeinschaften in der Welt. Johannes Verlag Der kleine Mönch im Alltag. Für uns neu entdeckt von Anselm Grün. Herder

22   Gebete für Mitgefangene, In: Dietrich Bonhoeffer (interpretiert von Johann Christoph Hampe), Von guten Mächten. Gebete und Gedichte. Gütersloher Verlagshaus

23   Das Delikt des Werner K. zeigte in erschreckendem Ausmaß die Ineffizienz des traditionellen Verwahrungsvollzugs und enthüllte gleichzeitig die widersprüchliche Einstellung der Bevölkerung den Rechtsbrechern gegenüber. Einerseits wird dem Strafvollzug vorgeworfen, dass er versagt habe und man ist empört über die Taten von unbehandelten, gettoisierten und psychisch kranken Menschen, ist jedoch andererseits nicht bereit, personell und materiell etwas für die Reform des Strafvollzugs zu investieren. In den Stellungnahmen zum Fall Werner K. wurde deutlich, dass die Gesellschaft nach wie vor geneigt ist, für die Ausgliederung von Sündenböcken einen sehr hohen Preis zu zahlen, um sich gleichzeitig von der individuellen und kollektiven Verantwortung den Randgruppen gegenüber zu dispensieren. Insbesondere die Verantwortung gegenüber psychisch kranken PatientInnen, Rechtsbrechern und Obdachlosen wird häufig geleugnet oder verschwiegen.

24   Als Sprecher der „Arbeitsgemeinschaft der Sozialarbeiter an Justizanstalten Österreichs" durfte ich dazu beitragen, dass die Sonderdienste in den Justizanstalten ausgebaut wurden. In der Amtszeit von Justizminister Dr. Christian Broda, wurden 100 neue Dienstposten für SozialarbeiterInnen an Justizanstalten geschaffen. Die erfolgreiche Zusammenarbeit mit FreundInnen im sozialdemokratischen und christlich-sozialen Lager hat in mir die Leidenschaft für das Mögliche neu entfacht. Ermutigend für mich persönlich war, dass auch zahlreiche JustizwachebeamtInnen einer Humanisierung des Strafvollzugs durchaus positiv gegenüberstanden sind. Nicht wenige von den BeamtInnen haben durch Zusatzausbildung persönliche Verantwortung übernommen und sich nicht mit der Rolle des Sicherheitsorgans begnügt (Facharbeiter-Ausbildung für Gefangene, themenzentrierte Gruppenarbeit, sinnvolle Freizeitangebote).

25   Boris Simon, Die Last der Anderen. Abbé Pierres Kampf für die Liebe. F. H. Kerle Verlag

26   Hans Marsam, Heimat Emmaus. Landesverlag

27   Der verschwundene Mantel: Eine kleine Begebenheit, die bezeichnend ist für die Anfangszeit von Emmaus St. Pölten: Mein neuer Mantel war verschwunden. Auf meine Frage „Wo könnte der Mantel sein?", wusste keiner der Gäste eine Antwort. Sechs Wochen später: Der Mantel hing wieder im Eingangsbereich des Wohnheimes, genau an jenem Platz, wo er vorher war. Ich war angenehm überrascht und fragte nach einer Erklärung. Ein Gast meinte: „Ich habe jemanden in der Stadt getroffen, der deinen Mantel anhatte. Ich habe ihm gesagt, dass er das dem Charly nicht antun kann, zog ihm den Mantel aus und brachte ihn zurück." Schön, dass es unter den Straffälligen noch immer den Ehrenkodex gibt.

28   Frère Roger, Blühen wird deine Wüste. Tagebuchaufzeichnungen (1977 – 1979) vom Hügel von Taizé. Herder Verlag

29   Teilhard de Chardin, Das göttliche Milieu. Ein Entwurf des Innern Lebens. Walter Verlag

30   Martin Schleske, Herztöne. Lauschen auf den Klang des Lebens. adeo Verlag
     Martin Schleske beschreibt dieses Spannungsfeld von Liebe und Schmerz am Beispiel von Jakob, der eine Nacht lang mit Gott ringt: „Es ist Gott selbst, den du durchleben sollst. Er greift dich an, da du ihn anders nicht begreifst. Du lässt ihn nicht, auch wenn das heißt, dass du durchleidest,

was du liebst. Wie sollte es auch anders sein? Du singst das Lied, das Leid und Liebe dir verliehen. Ein anderes Lied wird nie dein Segen sein."

31 Eberhard Bethge (Hrsg.), Dietrich Bonhoeffer: Widerstand und Ergebung. Briefe und Aufzeichnungen aus der Haft. Gütersloher Verlagshaus

32 Martin Maier, Pedro Arrupe – Zeuge und Prophet. Echter Verlag

33 Niklaus Kuster, Franz von Assisi – Freiheit und Geschwisterlichkeit in der Kirche. Echter Verlag

34 Bauer Gerhard, Leben heißt Lieben. Drei-Minuten-Impulse. Verlag Neue Stadt

35 Im Winter 1982/83 fand eine Mitarbeiterin im Schutt der Emmaus-Baustelle folgenden Spruch: „Seele, hast du es je bedacht? Es wächst viel Brot in der Winternacht, wächst lind und leis unter Schnee und Eis, wenn in Sturm und Dunkel die Erde harrt, dass ein heimlich verborgenes Keimen – und leis und lind ward unterm Frühlingswind – viel Hälmlein sich heben sonnenwärts. Und zweifelndes, zagendes Menschenherz, du siehst nur das Dunkel, das Leid und die Qual, und nicht den verborgenen Segen zumal. So lern dich gedulden und harre still bis der Herrgott sein Werk vollenden will. Er weiß um dein Hoffen, vertrau seiner Macht, es wächst viel Brot in der Winternacht." Quelle: Mater Benedicta OSB

36 Charles de Foucauld, Der letzte Platz. Aufzeichnungen und Briefe. Johannes Verlag

37 Mariano Delgado, Auch wenn es Nacht ist. Schweizer Kirchenzeitung / kath.net 28.5.2015

38 Reinhard Körner, Dunkle Nacht. Mystische Glaubenserfahrung nach Johannes vom Kreuz. Vier-Türme-Verlag

39 André E. Bejas (Hrsg.), Edith Stein. Im verschlossenen Garten der Seele. Topos Verlag
Edith Steins Kommentar zur „Dunklen Nacht" des Johannes v. Kreuz: „Wenn ich meiner tiefsten Sehnsucht folge, werde ich frei, weil ich einem Du begegne, das mich ganz und gar bejaht und liebt, so wie ich bin. Von dieser Quelle gespeist, wird mein Blick rein und lauter. Es erfüllt sich die Verheißung des Herrn: 'Aus seinem Inneren werden Ströme lebendigen Wassers fließen'. (Joh 7,37) Mein Blick wird klar, und ich entdecke in unserer Nacht viele Zeichen der Hoffnung: Ich darf Wachstum erkennen überall dort, wo Zeichen der Vergebung geschehen, Zeichen, die dem anderen das Leben ermöglichen."

40 Karl Rottenschlager, Es gibt keinen hoffnungslosen Fall. Das sozialpädagogische Konzept der Emmausgemeinschaft St. Pölten. NP Buchverlag

41 Nikolaus Nonn, Willkommen! Vom Segen der Gastfreundschaft. Vier-Türme-Verlag
Andreas Knapp, Vom Segen der Zerbrechlichkeit. Grundworte der Eucharistie. Echter Verlag
Johann Baptist Metz, Lothar Kuld, Adolf Weisbrod, Compassion. Weltprogramm des Christentums. Soziale Verantwortung lernen. Herder

42 Die frohe Botschaft Jesu. Aufbruch zu einer neuen Kirche. Das apostolische Schreiben „Evangelii gaudium – Freude am Evangelium" von Papst Franziskus. St. Benno Verlag

Kapitel 2

1 Nach einem Bericht des Europarats befanden sich mit Jänner 2018 insgesamt fast 1,3 Millionen Menschen in 44 europäischen Staaten hinter Gittern. Damit kommen auf 100.000 Einwohner 102,5 Gefängnisinsassen. Österreich liegt mit 101,5 nahe am Durchschnitt. Allerdings zeigt der Bericht mehrere Auffälligkeiten in österreichischen Justizanstalten. So sind dem Bericht zufolge die Suizidraten hoch: Im europäischen Mittel gibt es 5,5 Suizide auf 10.000 Insassen. In Österreich waren es 12,3 – nur in Frankreich waren es mit 12,5 mehr.
Dass weltweit mehr als 70 % der Haftentlassenen wieder rückfällig werden, gründet nicht nur in der Sozialisation der Delinquenten (Früh- oder Wohlstandsverwahrlosung) oder in der ungelösten Suchtproblematik, sondern auch in den spezifischen Lebensumständen, in die sie nach der Haft entlassen werden. Die Mehrzahl der Straffälligen ist am Tag der Entlassung ohne Arbeit, viele sind verschuldet, nur wenige haben eine leistbare Wohnung. Erschwerend ist, dass während der Haft nicht selten die letzten Sozialkontakte verloren gehen. Die Einsamkeit während und nach der Haft ist für viele unerträglich. Die Vorurteile in der Bevölkerung erschweren den Start zusätzlich („Die eigentliche Strafe kommt erst nachher.").

2 Das Bundesministerium für Inneres (BMI) und das Bundesministerium für Verfassung, Reformen, Deregulierung und Justiz (BMVRDJ), vormals Bundesministerium für Justiz, veröffentlichten am 10. Jänner 2018 den Sicherheitsbericht 2016.

Die Angebote des Vereins Neustart: Bewährungshilfe und Haftentlassenenhilfe: Entlassungsvorbereitung in der Haft, Krisenbewältigung, Unterstützung bei der Suche nach Unterkunftsmöglichkeiten (Notquartiere, betreutes Wohnen, eigene Wohnung), Unterstützung bei der Arbeitssuche (Abklärung der Arbeitsfähigkeit, Stufenplan zur Erlangung eines Arbeitsplatzes, Arbeitstraining, Arbeitsvermittlung), Unterstützung bei der Schuldenregulierung, Abklärung von Ansprüchen (Mindestsicherung, Sozialhilfe, Arbeitslosenunterstützung).

Jeder Haftentlassene – auch jene, die nicht vom Verein Neustart betreut werden – braucht ein Netz, das ihn auffängt. Notquartiere oder Obdachlosenasyle reichen nicht. Der Haftentlassene braucht einen Ort, wo er willkommen ist, wo er gut ankommt, wo er erwartet und ohne Vorurteil aufgenommen wird, wo zumutbare Arbeit und eine leistbare Wohnmöglichkeit angeboten oder vermittelt werden. Emmaus ist einer dieser „sozialen Empfangsräume".

3   Dr. Josef Grünberger, Jeder Mensch hat ein Gewissen und kann sich zum Positiven verändern. Interview in: Zeitschrift Pax Christi, 1/2018

4   Liebe ist nicht börsennotiert und trägt dennoch Zinsen. Werner Ertel, Fernseh-Journalist und Mitglied der Franziskusgemeinschaft Pinkafeld, in einem Brief an die Emmausgemeinschaft: „Liebe Emmäuse! Ausdauer, Beharrlichkeit, die Treue zu deiner/eurer Berufung, das alles hat sich ausgezahlt, sich bezahlt gemacht im Sinn des Reiches Gottes auf Erden. Die Münze, mit der in Emmaus gezahlt wird, heißt „Liebe" – Liebe auf der Vorderseite, Liebe auf der Rückseite. Liebe ist nicht börsennotiert – und trägt dennoch Zinsen. Man kann sie nicht kaufen. Sie unterliegt keinen Weltmarkt-Schwankungen, sie behält ihren Wert bei. Geld kann sich in einem Crash, einem Bankenkrach, in nichts auflösen. Liebe ist jene Währung, mit der sogar ein Obdachloser, ein Heruntergekommener, Abgehauster noch immer zahlen kann. Geld bekommen diese Menschen aus dem Steuertopf, von der öffentlichen Hand. Liebe bekommen sie in Emmaus, von weit geöffneten Händen, die einen Bruder und eine Schwester auch in die Arme schließen. Pace e bene, dir und euch ein Bruder, Werner"

5   Abbildung und Text stammen aus: Glaubensspuren. Nachfolge konkret, Gedichte und Texte von Heidrun Bauer. Echter Verlag

6   Stefan Frühwald, Patrick Frottier, Warnsignale sollten beachtet werden. In: Kommunal 1/2004, S. 12-14

7   Henri Boulad, Mystische Erfahrung und soziales Engagement. Otto Müller Verlag

8   Michaela-Elena Seyringer, Fabian Friedrich, Thomas Stompe (u. a.): Die „Gretchenfrage" für die Psychiatrie – Der Stellenwert von Religion und Spiritualität in der Behandlung psychisch Kranker. In: Neuropsychiatrie 21, 2007, S 239-247.
Teresa Matschnig, Stefan Frühwald, Patrick Frottier: Suizide hinter Gittern im internationalen Vergleich. In: Psychiatrische Praxis 33, 2006, S. 6-13.
Stefan Frühwald, Patrick Frottier, Reinhard Eher (u. a.): Gefangenensuizide: Hinweise zur Abschätzung der Suizidgefahr. In: Psychiatrische Praxis 27, 2000, S. 195-200.
Stefan Frühwald, Reinhard Eher, Patrick Frottier (u. a.): Häftlingsselbstmorde in Österreich 1967-1996: Was bewirkten Gesetzesreformen? In: Recht & Psychiatrie 16/3, 1998, S. 123-129.

9   Karl Rottenschlager, Gewalt endet, wo Liebe beginnt. Ausgestoßene in heilender Gemeinschaft. NP 1994

Kapitel 3

1   Hans Marsam, Karl Rottenschlager, Emmaus. Oase in einer Gesellschaft mit beschränkter Hoffnung. Verlag NÖ Pressehaus

2   Anselm Grün, Wunibald Müller, Was macht Menschen krank, was macht sie gesund? Vier-Türme-Verlag
Anselm Grün, Jesus als Therapeut. Die heilende Kraft der Gleichnisse. Vier-Türme-Verlag

3   Michaela Amering, Michael Krausz, Heinz Katschnig (Hrsg.), Hoffnung Macht Sinn. Schizophrene Psychosen in neuem Licht. Facultas
Heinz Katschnig, Peter König (Hrsg.), Schizophrenie und Lebensqualität. Facultas

4   Richard Rohr, Zwölf Schritte der Heilung. Gesundheit und Spiritualität. Herder
Stefan Frühwald, Barbara Bühler, Renate Grasl (u. a.), Irr-Wege in die Arbeitswelt – Langzeitergebnisse arbeitsrehabilitativer Einrichtungen für psychisch Kranke der Caritas St. Pölten. In: Neuropsychiatrie 20/4, 2006

5   Karl Rottenschlager (Hrsg.), Gewalt endet, wo Liebe beginnt. Ausgestoßene in heilender Gemeinschaft. NP Verlag

6   Harry Merl, Systemische Familientherapie. Logik der Interventionen. Verlag Solution Press

7   Reinhard Haller, Das Wunder der Wertschätzung. Wie wir andere stark machen und dabei selbst stärker werden. GU Verlag
       Anselm Grün, Die Fesseln lösen. Wege aus der Opferrolle. Vier-Türme-Verlag

7A   Manfred erzählt seine Lebensgeschichte in Gedichtform:

Ein Mensch – oder doch des Teufels Knecht

Ein Mensch war träg', das Leben satt.
Der Geist war müd', der Körper matt,
und er beschließt etwas zu tun.
Der ewig Friede, nur noch zu ruh'n.

Getrieben von dem Wahn, etwas zu ändern
begann er dann zu schlendern
durch Wiesen, Felder, Wald, verlassne Wege.
Der Geist verwirrt, der Körper träge.

Im Kopfe kocht es, dröhnt und hämmerts wild,
im geistig Aug' entsteht verzerrt ein Bild!
Er kämpft mit den verwirrt Gedanken,
der Schritt wird müd', beginnt zu schwanken.

So läuft er Stund um Stund verwirrt umher,
der Tag vergeht, er kann nicht mehr.
Erschöpft von all des Tages Lasten,
legt er sich hin, um auszurasten.

Bedeckt nur von Natur und Sträuchern, Pflanzen,
vergeht die Nacht. Im Kopf nur wildes Tanzen.
Stund um Stund Gedanken quälen,
er hätt so viel noch zu erzählen.

Ein Mensch, der niemand hat in dieser Not,
kein Freund, kein Feind, der ist fast tot.
Und er beschließt jetzt doch mit Trotz:
„Auf dieses Leben ich jetz' kotz !"

Der Morgen graut, der Tag erwacht,
er denkt nur eins; „Heut wird's vollbracht."
Voll Tatendrang, doch etwas matt,
fährt er verträumt in eine andre Stadt.

Hier soll's geschehen, der Platz ist gut.
Er fasst verwirrt jetzt neuen Mut.
Der Tag ist schön, die Sonn' vom Himmel brennt,
es gibt jetzt nichts mehr, was ihn hemmt.

Er geht gezielt, doch voller Schweiß,
in eine Richtung, Richtung Bahngeleis.
Der Pulsschlag rast! Jetzt ist's so weit!
Doch plötzlich meldet sich – die Lebensfreud.

Er ist verwirrt, was ist gescheh'n?
Kann er dem Tod nicht mehr ins Auge seh'n?
Es wankt der Körper, der Geist verwirrt.
„Mein Gott, was nun, hast dich geirrt."

Ein Mensch war wohl dem Teufel jetzt verfallen,
hört nur mehr noch die Teufelsgeige schallen.
Komplett verwirrt er mit dem Satan spricht.
Der ist erfreut, das Fratzengesicht.

Er lässt sich nur noch leiten von dem Bösen,
kann nicht zurück, kann sich nicht lösen.
Den Fratzen er verfallen ist.
Er hört nur mehr auf deren Mist.

Der Wille scheint gebrochen jetzt.
Es wird getan, und das steht fest.
Nichts kann ihn daran hindern mehr,
das Ziel im Aug', der Geist ist leer.

Die Fratzen, sie ermuntern ihn,
sie wollen übers Gleis ihn zieh'n.
Er ist jetzt willig alles zu tun,
wenn's sein muss, auch in der Hölle zu ruh'n.

Der Standort wird noch mal getauscht.
Verwirrt der Sinn, fast wie berauscht
fasst er jetzt Mut. „Mach diesen Schritt!"
Weiß er, was er tut, bekommt er's mit?

Ein Mensch, der geht am falschen Pfad,
das Leben nicht im Griff.
Was immer er im Leben tat,
auf alles er jetzt pfiff.

„Es gibt kein' Sinn mehr noch zu leben.
Ich will nur mehr nach oben streben."
Gesagt, getan, er schritt zur Tat,
der Teufel dazu beigetragen hat.
Getrieben von des Teufels Schergen
sprang er dann blind in sein Verderben.
Die Meute johlte, lacht' und schrie.
Sie war'n entsetzt, er täuschte sie.

Es gibt auf Erden, Gott sei Dank,
nicht nur des Teufels Mief, Gestank.
Auch Engel gibt es hier zuhauf,
die fangen dich behutsam auf.

Die Engel gibt's in vielen Formen.
Es gibt dafür auch keine Normen.
Sie gibt's als Himmelsgeschöpfe, Freunde, Ärzte, Pfleger.
Gott sei's bedankt, sein Leben lief vielleicht – viel schräger.

8   Klaus Dörner, Ursula Plog, Christine Teller, Frank Wendt, Irren ist menschlich. Lehrbuch der Psychiatrie und Psychotherapie. Psychiatrie Verlag
    Stefan Frühwald, Angelika Karner, Michaela-Elena Seyringer, Patrick Frottier, Anna Entenfellner, Zum Schnittstellenmanagement zwischen einem psychiatrischen Krankenhaus und einem gemeindepsychiatrischen Dienst. In: Neuropsychiatrie 24, 2010

9   Monika Renz, Versöhnung und Vergebung. Wie Prozesse der Befreiung im Leben und im Sterben möglich werden. Herder

10 Stefan Frühwald, Arbeitstherapie und psychische Stabilisierung. In: Walter Feninger, Ernst Punz, Karl Rottenschlager, Jedem Menschen seine Würde. 20 Jahre Emmaus. Landesverlag
    Teresa Matschnig, Patrick Frottier, Michaela-Elena Seyringer, Stefan Frühwald: Arbeitsrehabilitation psychisch kranker Menschen – ein Überblick über Erfolgsprädiktoren. In: Psychiatrische Praxis 35, 2008

11 Helen Keller, Geschichte meines Lebens. Scherz Verlag
    Helen Keller, Mein Weg aus dem Dunkel. Blind und gehörlos – das Leben einer mutigen Frau, die ihre Behinderung besiegte. Scherz Verlag

Kapitel 4

1 Lorenz Gallmetzer, Süchtig. Von Alkohol bis Glücksspiel. Abhängige erzählen. Kremayr & Scheriau

2 Arno Pilgram, Heinz Steinert (Hrsg.), Sozialer Ausschluss – Begriffe, Praktiken und Gegenwehr. Nomos Verlagsgesellschaft

3 Hans Marsam, Karl Rottenschlager, Emmaus. Oase in einer Gesellschaft mit beschränkter Hoffnung. Verlag Niederösterreichisches Pressehaus

4 Hans Marsam, Obdachlos. Hoffnungslos. Verlag Niederösterreichisches Pressehaus
Karl Rottenschlager, Es gibt keinen hoffnungslosen Fall. Das sozialpädagogische Konzept der Emmausgemeinschaft St. Pölten. NP Buchverlag

5 Anselm Grün, Konflikte bewältigen. Schwierige Situationen aushalten und lösen. Kreuz Verlag

6 NÖN, 16.4.2019: „Mit der Sucht nicht alleine. Selbsthilfe. Weil das Zocken fast sein Leben ruinierte". Bericht über die Selbsthilfegruppe St. Pölten

6A Antlas Ges.m.b.H: Vormodul AusbildungsFit:
Bei AusbildungsFit hat sich gezeigt, dass es immer wieder Jugendliche gibt, für die der Einstieg in AusbildungsFit zu hochschwellig ist. Manche Jugendliche schaffen es nicht, zumindest 16 Wochenstunden in einem strukturierten Projekt zu verbringen und regelmäßig anwesend zu sein. Dies kann unterschiedliche Gründe haben, die zum Teil in psychischen Beeinträchtigungen, multiplen Problemlagen, Krisensituationen, Ängsten, etc. begründet sein können. Um diese Jugendlichen zu erreichen und ein möglichst niederschwelliges Angebot zur Heranführung an den Besuch von AusbildungsFit oder eine weiterführende Ausbildung zu setzen, wurde das Angebot von AusbildungsFit um ein Vormodul ergänzt.

6B Antlas Ges.m.b.H: MASALA – zwei sozialpädagogische Inklusionswohngemeinschaften:
Geschichte:
Mit der Bewilligung der sozialpädagogischen Wohngemeinschaft mit multiethnischem Spezialzugang Anfang 2016 wurde der Grundstein von MASALA in heutiger Form gelegt. Hat die Ausbegleitung unbegleiteter, minderjähriger Flüchtlinge noch bis in den Herbst 2018 angehalten, so ist Anfang des Jahres 2016 der Wechsel einer UMF-Einrichtung zur sozialpädagogischen Wohngemeinschaft mit multiethnischem Spezialzugang vollzogen worden. Diese Entstehung und Weiterentwicklung haben die Entwicklung des Angebots entscheidend geprägt. Die Auseinandersetzung und Einflechtung transkultureller Inhalte in den sozialpädagogischen Kontext sowie fachkundige Fortbildungen lassen nur einen Schluss zu: Masala wird zukünftig weiterhin Kinder und Jugendliche mit multiethnischer Herkunft betreuen. Um den jungen Menschen kulturelle Anknüpfungspunkte bieten zu können, hat die Praxis gezeigt, dass eine Ausgewogenheit zwischen österreichischen und fremden Kulturaspekten von Vorteil ist. Im Zuge des Neubaus in der Austinstraße und der damit einhergehenden Erweiterung von Masala auf zwei Wohngruppen, bot sich eine ausgezeichnete Gelegenheit das Angebot nachzuschärfen, um den aktuellen Herausforderungen des pädagogischen Alltags standhalten zu können. Das Betreuungskonzept wurde überarbeitet und angepasst und um ein Sexualpädagogisches Konzept erweitert.

Angebote:
Seit Ende 2019 können in der sozialpädagogischen Inklusionswohngemeinschaft MASALA 18 sozialpädagogische Plätze, davon maximal acht Individualbetreuungsplätze und weitere vier teilstationäre Plätze in zwei Wohngruppen nach dem Normkostenmodell des Landes NÖ angeboten werden. Die Zielgruppe der Inklusionswohngemeinschaft umfasst österreichische und ihnen gleichgestellte Kinder und Jugendliche im Aufnahmealter von 6 – 14 Jahren. In Ausnahmefällen kann eine Aufnahme bis zur Vollendung des 16. Lebensjahres angedacht werden. Die Betreuung der jungen Menschen in MASALA ist bis zur Volljährigkeit vorgesehen und kann, nach den Vorgaben der Vorschrift Volle Erziehung, bis zum 21. Lebensjahr verlängert werden. Die Sicherung des Kindeswohles durch die Versorgung in einer stationären Kinder- und Jugendhilfeeinrichtung sowie die Schaffung von Rahmenbedingungen einer ehestmöglichen Rückkehr des jungen Menschen in die Familie oder in ein anderes familienähnliches und tragfähiges System ist als generelles Ziel der vollstationären Plätze zu fokussieren. Kann eine Rückführung nicht angestrebt werden, so liegt der sozialpädagogische Schwerpunkt in der Begleitung des jungen Menschen in die Verselbständigung.

Durch die Implementierung des individualbetreuten und teilstationären Angebots rücken zugleich eine große Aufgabe und ein Ziel in den Mittelpunkt der sozialpädagogischen Herausforderungen.

Es gilt fortan, im Spannungsfeld der unterschiedlichsten Welten und Realitäten der jungen Menschen Momente des Kindseins kreativ herzustellen und Sequenzen des Spiels, des verantwortungsvollen Miteinanders und der damit einhergehenden Entwicklung sowie Integration und Inklusion zu ermöglichen.

MASALA bietet verstärkte Elternarbeit bei anbahnenden Rückführungen und bei teilstationären Plätzen an. Das teilstationäre Angebot stellt eine Erziehungshilfe im Rahmen der Vollen Erziehung dar und wird tagsüber bis maximal 18:00 Uhr, an schulfreien Tagen und bei Bedarf auch in den Ferien angeboten. In enger Zusammenarbeit mit den Erziehungsberechtigten wird möglichen Betreuungs- und Versorgungsdefiziten entgegengewirkt.

Neben einer partizipativen Familien-, Lebenswelt- und Sozialraum-orientierten Grundhaltung beeinflusst und prägt das Konzept der neuen Autorität nach Haim Omer die pädagogische Haltung in MASALA nachhaltig.

Sieben Säulen der Neuen Autorität:
· Präsenz und wachsame Sorge
· Selbstkontrolle und Eskalationsvorbeugung
· Unterstützungsnetzwerke und Bündnisse
· Protest und Gewaltloser Widerstand
· Gesten der Wertschätzung und Versöhnung
· Transparenz und partielle Öffentlichkeit
· Wiedergutmachungsprozesse

Ziele:
Im Rahmen der Ressourcenorientierung werden Stärken gefördert und es wird Schwächen Raum gegeben. Ziel ist der Aufbau von Selbstwertgefühl und Vertrauen in die eigene Leistungsfähigkeit.
·   Bedingungsloses Annehmen der Persönlichkeit und der Lebensgeschichte des Kindes.
·   Halt, Sicherheit und Orientierung durch klare Regeln, Grenzen und Strukturen sowie die konsequente Einforderung.
·   Fördern und stärken, dem Kind das Gefühl vermitteln, dass es wichtig und wertvoll ist.
·   Nach beendeter Schulausbildung wird ein Weg in die Selbstständigkeit angeleitet und begleitet

7   Rundbrief der Emmausgemeinschaft Lilienfeld 2018

8   Karl Rottenschlager, Liebe schafft ein Zuhause. Emmausgemeinschaft St. Pölten. In: Walter Krieger, Balthasar Sieberer (Hrsg.), Der Geist macht lebendig. Pastorale Spiritualität in Zeiten des Umbruchs. Lahn Verlag

9   Am 1. August 1982 wurde das Haus Herzogenburger Straße 48-50 angemietet. 1983 erfolgte die Gründung der „Emmausgemeinschaft St. Pölten, Verein zur Eingliederung von Nichtsesshaften im Gebiet der Diözese St. Pölten." In den Jahren 1982 – 1986 entstanden am Emmaus-Standort Herzogenburger Straße 48 neben dem Männer-Wohnheim eine Tischlerei und ein Sanierungsbetrieb (Bautrupp). Da bei den Wohn- und Arbeitsplätzen rege Nachfrage bestand, wurde immer deutlicher, dass eine Differenzierung nach Zielgruppen notwendig wird. Am 25. November 1986 wurde die Hauskapelle der Emmausgemeinschaft in der Herzogenburger Straße eingeweiht. Im selben Jahr wurde mit dem Neubau des Wohnheimes Herzogenburger Straße begonnen. Das neue Wohnheim wurde im Herbst 1987 fertiggestellt.

10   Im Jahr 1999 wurde der Vereinsname auf „Emmausgemeinschaft St. Pölten. Verein zur Integration von sozial benachteiligten Personen" abgeändert.

Vorstandsmitglieder der Emmausgemeinschaft (Stand 1.12.2020): DI Franz Angerer (Obmann), DI Benno Scheiblauer (1. Obmann Stv.), Ilse Baier (2. Obmann Stv.), Gertrud Wallenböck (Schriftführerin), Mag. Stefan Mayerhofer (Schriftführerin-Stv.), DI Dr. Walter Feninger (Kassier), Mag. Heinrich Adl (Kassier-Stv.) Beiräte: Karl Rottenschlager, Otto Allinger, Karl Höllerer, Dipl. SA Johanna Pfaffenbichler, P. Christian Gimbel, Mag. Hans Pflügl, Mag. Harald Joichl, Dipl. SA. Michaela Dorn, Mag. Christian Eder, Mag. Christoph Tanzer, Gerda Schmied, Mag. Bettina Rausch, Michael Unfried, Dr. Alfred Brader, Mag. Matthias Weichhart
Geschäftsführung: Peter Hirsch, Mag. Karl Langer
Stabstelle Struktur und Entwicklung: Mag. Johannes Simetsberger
Stabstelle Verwaltung: Silvia Koppensteiner
Stabstelle Projektkoordination: Christa Hubmayer MA
Stabstelle Öffentlichkeitsarbeit: Mag. Ditha Rosa Götzl-Guthrie

11   Karl Rottenschlager, Jedem Menschen seine Würde. In: Peter Pantucek, Tom Schmid, Monika Vyslouzil (Hrsg.), Recht. SO – Menschenrechte und Probleme der Sozialarbeit. Festschrift für Karl Dvorak. Mandelbaum Verlag

12   Die Erfahrung zeigt, dass Kinder und Jugendliche mit psychischen Auffälligkeiten längere Zeit auf einen Psychotherapieplatz warten müssen. Es wird daher angestrebt, jungen Menschen innerhalb von Antlas vorübergehend Therapie anzubieten; der Übergang in eine externe Therapie wird angestrebt. Aufgabe des Psychotherapeuten ist auch die Vernetzungsarbeit in Richtung Kinder- und Jugendpsychiatrie, niedergelassene Kinder- und Jugendpsychiater, PsychologInnen, heil- und sonderpädagogische Angebote oder körperorientierte Therapieangebote, damit bei Bedarf schnell und fokussiert das passende Angebot für die Kinder und Jugendlichen außerhalb des Hauses zur Verfügung steht.

13   Karl Langer, Christian Veith (Hrsg.), Ich geh' mit dir. Warum soziale Arbeit uns alle angeht. Eigenverlag 2019

Kapitel 5

1   Jakob Damkani, Mitten ins Herz. Hännsler

2   Waltraud Herbstrith, Edith Stein. Jüdin und Christin. Verlag Neue Stadt

2A   Tagebuch-Eintrag vom 29. Januar 1942, In: Die Tagebücher von Joseph Goebbels, Teil 2, Band 3, Saur

2B   Joseph Goebbels, Rede im Berliner Sportpalast, 18.3.1943

3   (kathpress 5.5.2019)
Bischof Scheuer betonte in seiner Predigt bei der Gedenkfeier im ehemaligen KZ Mauthausen (5.5.2019): Um der Opfer des Nationalsozialismus in rechter Weise zu gedenken und Solidarität zu zeigen, seien der bloße Vergleich der Zahlen der Ermordeten in den einzelnen KZ und Regimes der falsche Weg, denn: „Es können nur die Leichen gezählt werden, nicht aber die Personen." Wichtig sei vielmehr das Bemühen um ein „aufrichtiges Erkennen der Fakten" durch eine „Aufmerksamkeit, die kein Opfer auslässt" und das Erzählen der Leidensgeschichte auch der vielen namenlosen Patienten, die Hitlers Tötungsbefehl zum Opfer fielen. Scheuer forderte dafür eine „Sprache, die alle Opfer direkt im Hauptsatz nennt und keines in die Erwähnung der Nebensätze verbannt", konkret: „Jene, die zur Nummer, zum Kalkül, zur Funktion degradiert wurden, sollen beim Namen genannt werden." Bei Gott, der jeden Menschen beim Namen ruft und ihm einen Namen gibt, gibt es kein Vergessen, sind doch für ihn „die Opfer nicht für immer besiegt und die Toten nicht tot", betonte der Bischof. Für diese Unverwechselbarkeit spricht auch jener Evangelien-Text, bei dem die Apostel nicht wagen, dem Auferstandenen die Frage „Wer bist du?" zu stellen. Scheuer: „Sie wussten es bereits. Es waren nicht sein Aussehen, sein biometrisch vermessener Körper, seine Fingerabdrücke, seine DNA, die die Jünger zweifelsfrei erkennen ließ. Jesus tat Zeichen und Handlungen, die ihn eindeutig als den auswiesen, der er war."

3A   Hartmut Idzko, Laogai – Zwangsarbeit in China. Dokumentation ARTE, 27.8.2015,

3B   Erich Fromm, Die Kraft der Liebe. Über Haben und Sein, Liebe und Gewalt, Leben und Tod. Diogenes

4   Erna Putz, Franz Jägerstätter …besser die Hände als der Wille gefesselt. Verlag Franz Steinmaßl
Stephane Bruchfeld, Paul A. Levine, Erzählt es euren Kindern. Der Holocaust in Europa. C. Bertelsmann
Hans Geißlhofer, Der Kältesee. Die Vermessung der Mischlinge im Banne der Alpenfestung, Brioni und Mussolini & mehr. united p.c. Verlag

5   kathpress 5.5.2019, www.kirchenzeitung.at/weltkirche 21.10.2019

5A   Vgl. Jan Hus, Brief aus dem Gefängnis (zitiert nach: Melchior Vischer, Jan Hus – Sein Leben und seine Zeit, Band 2, Societäts-Verlag: „Unsere grausamsten Feinde haben uns ausgeliefert und in den Kerker gebracht. Gleichwohl betet zu Gott auch für sie! Und nun bitte ich euch noch, dass ihr einander liebt, die Rechtschaffenen durch keine Gewalt unterdrücken lasset und einem jeglichen die Wahrheit gönnt."

6   Hans Innerlohinger. Unendlich frei. Die zehn Gebote. Veritas

7   Hans Werner Dannowski, Im Angesicht der Madonna: Kurt Reuber und sein Stalingrad. Evangelische Verlagsanstalt

8   Alexander Solschenizyn, Der Archipel GULAG, Folgeband. Arbeit und Ausrottung. Seele und Stacheldraht. Scherz Verlag

9   Frère Emmanuel, Taizé, Gottes Liebe – größer als gedacht. Warum es notwendig ist, unsere Vorstellungen von Gott zu hinterfragen. Patmos

10   Hildegard Goss-Mayr, Wie Feinde Freunde werden. Mein Leben mit Jean Goss für Gewaltlosigkeit, Gerechtigkeit und Versöhnung. LIT Verlag

11   Michael Blume, Islam in der Krise. Eine Weltreligion zwischen Radikalisierung und stillem Rückzug. Patmos

12   Simone Weil, Schwerkraft und Gnade. Kösel

13   Sr. Emmanuelle, Der Himmel – das sind die anderen. Ein Gespräch mit Marlène Tuininga. Aus dem Französischen von Anna Handler. Edition Sonntagsblatt. Graz

14   Süddeutsche Zeitung, 17.11.2015: „Worte eines Witwers: Ihr bekommt meinen Hass nicht."

15   Frankreichs Bischöfe: Jacques Hamel – Vorbild für alle. Erzdiözese Wien, Weltkirche 24.7.2017

16   Die Presse, 27.7.2018, Pfarrer Hamel vor Seligsprechung Jan De Volder, Martyrium eines Priesters. Leben und Sterben von Jaques Hamel. Echter Verlag

17   Friedensgebet des Papstes beim Weltjugendtreffen 2016 in Krakau: Allmächtiger und barmherziger Gott, Herr des Universums und der Geschichte. Alles von Dir Geschaffene ist gut, und dein Mitleid für die Fehler der Menschheit kennt keine Grenzen. Wir kommen heute vor Dich um dich zu bitten, den Frieden in der Welt und unter den Völkern zu erhalten, die zerstörerische Welle des Terrorismus fern zu halten, Freundschaft wieder aufzubauen und in den Herzen deiner Schöpfung das Geschenk von Vertrauen und Bereitschaft zu Vergebung zu erwecken. Geber allen Lebens, wir beten zu Dir für alle, die als Opfer brutaler terroristischer Angriffe gestorben sind. Schenke Ihnen ihren ewigen Lohn. Mögen sie für die von Konflikten und Uneinigkeit zerrissenen Welt bei Dir Fürsprache halten. Jesus, Friedensfürst, wir beten zu dir für alle, die in diesen inhumanen Gewaltakten verletzt wurden: Kinder und junge Menschen, alte Menschen und Unschuldige, die zufällig vom Bösen erfasst wurden. Heile ihre Körper und ihre Herzen; tröste sie mit Deiner Stärke und nehme gleichzeitig allen Hass und alles Verlangen nach Rache hinweg. Heiliger Tröstergeist, sei bei den Familien der Opfer des Terrorismus, Familien, die ohne eigene Schuld leiden müssen. Hülle sie ein in den Mantel Deiner göttlichen Barmherzigkeit. Lass sie in Dir und in sich selbst die Stärke und den Mut finden, Brüder und Schwestern für andere zu sein, vor allem für Einwanderer, und dadurch in ihrem Leben Zeugnis abzulegen für Deine Liebe. Berühre die Herzen der Terroristen, so dass die das Böse ihres Handelns erkennen und auf den Weg des Friedens und der Güte und des Respekts für das Leben und die Würde jedes Menschen zurückkehren, ungeachtet von Religion, Herkommen, Wohlstand oder Armut. Gott, ewiger Vater, in deiner Gnade höre auf unser Gebet, das wir zu dir inmitten von betäubendem Lärm und Verzweiflung in der Welt richten. Wir wenden uns zu Dir mit großer Hoffnung, voller Vertrauen in Deine unendliche Güte. Gestärkt durch die Beispiele der seligen Märtyrer von Perú, Zbigniew und Michael, die ihr mutiges Zeugnis für die Frohe Botschaft abgelegt haben bis zur Hingabe ihres Blutes, vertrauen wir uns der Fürsprache unserer Heiligsten Mutter an. Wir bitten um die Gabe des Friedens und um die Beseitigung der Wunde des Terrorismus aus unserer Mitte, durch Christus unseren Herrn. Amen.

18   Salzburger Nachrichten, 16.11.2015, „Wir sind die Agentur Gottes. Warum kann Religion immer wieder als Brandbeschleuniger für terroristische Gewalt missbraucht werden?" (Interview mit Paul M. Zulehner): „Ich bin aber entschieden der Meinung, dass das erste Wort in allen Weltkonflikten die Diplomatie haben muss – und nicht die Cruise Missiles. Für Syrien hat die Diplomatie viel zu spät eingesetzt. Damit hätte man viel früher beginnen müssen, anstatt Waffen zu liefern und auf Krieg zu setzen. Europa zahlt jetzt eine Rechnung nicht nur für die jüngste Vergangenheit, sondern für eine unglaublich lange Geschichte. Das reiche und hoch entwickelte Europa hat sich im Zuge der Kolonialisierung in Afrika und anderen Regionen die Rohstoffe geholt und die Länder dort in ihrer Armut belassen. Wir haben gemeint, wir könnten auf dem Rücken der armen Länder unseren Reichtum genießen. Wir haben nicht geahnt, dass wir eines Tages über Fernsehen, Internet und Handy bis in die letzte Hütte die Bilder unseres Reichtums liefern würden. Jetzt machen sie sich auf den Weg und präsentieren uns die Rechnung für eine jahrhundertelange Missachtung ihrer Lebensrechte."

19 Jürgen Todenhöfer, Du sollst nicht töten. Mein Traum vom Frieden. C. Bertelsmann
Jürgen Todenhöfer, Feindbild Islam. Zehn Thesen gegen den Hass. C. Bertelsmann

20 Mouhanad Khorchide, Islam ist Barmherzigkeit. Grundzüge einer modernen Religion. Herder

21 Mouhanad Khorchide, Scharia – der missverstandene Gott. Der Weg zu einer islamischen Ethik. Herder

22 Hamed Abdel-Samad, Mouhanad Khorchide, Ist der Islam noch zu retten? Eine Streitschrift in 95 Thesen. Droemer

23 Mouhanad Khorchide, Gott glaubt an den Menschen. Mit dem Islam zu einem neuen Humanismus. Herder

24 Raif Badawi, Constantin Schreiber (Hrsg.), 1000 Peitschenhiebe. Weil ich sage, was ich denke. Ullstein

25 www.amnesty.at, 10.1.2019
Mouhanad Khorchide, Walter Kasper, Gottes erster Name. Ein islamisch-christliches Gespräch über Barmherzigkeit. Patmos

26 kathpress, 8.4.2019

27 Gudrun Harrer (Hrsg.), Ein Appell von Shirin Ebadi an die Welt. Das hat der Prophet nicht gemeint. Benevento Publishing

27A Johann Baptist Metz, Glaube in Geschichte und Gesellschaft. Studien zu einer praktischen Fundamentaltheologie. Matthias-Grünewald-Verlag

28 Christian Rutishauser, Aufmerksamkeit, Gehorsam und Freiheit. Für eine spirituelle Leitungskultur in der Kirche. In: Geist und Leben 3/2007: „Erst durch Gottes Einwirken, durch seine Offenbarung, wird der sich in sich verschließende Mensch wie auch jede Wirklichkeitskonstruktion aufgesprengt. Vom nicht benennbaren und radikal transzendenten Gott her wird der Mensch in eine Freiheit gesetzt, die ihn fähig macht zur wahren Begegnung. Sie eröffnet ihm neuen Lebensraum. Dieses Prinzip der „Unterbrechung" gilt es, in einer geistlichen Lebensgestaltung erfahrbar zu machen. Gerade im Durchstoßen der menschlichen Gedanken-, Ideen- und Tatenwelt, und sei sie noch so gut und vollkommen, zeigt sich das Wirken Gottes, auf das hin sich der Mensch in der Haltung geistlicher Aufmerksamkeit öffnet."

29 Ruth Pfau, Liebe und tu, was du willst. Wege meines Lebens. Hrsg. von Michael Albus. Herder

30 Martin Bauschke, Walter Homolka, Rabeya Müller (Hrsg.), Gemeinsam vor Gott. Gebete aus Judentum, Christentum und Islam. Gütersloher Verlagshaus

31 Coretta Scott King, Mein Leben mit Martin Luther King. GTB Siebenstern

32 Der Spiegel, 13.9.1964

33 Adrien Mamadou Sawadogo, Gott hat mich ergriffen. Vom Islam zum Christentum. Weder Sieg noch Niederlage. Media Maria Verlag

34 Brian Kolodiejchuk (Hrsg.), Mutter Teresa. Komm, sei mein Licht. Die geheimen Aufzeichnungen der Heiligen von Kalkutta. Pattloch Verlag

35 Christoph Wrembek, Judas, der Freund. Du, der du Judas trägst nach Hause, trage auch mich. Verlag Neue Stadt

36 Viktor E. Frankl, … trotzdem Ja zum Leben sagen. Ein Psychologe erlebt das Konzentrationslager. Kösel

37 Liu Xiaobo, Ich habe keine Feinde, ich kenne keinen Hass. Ausgewählte Schriften und Gedichte. Fischer

38 Johann Distelberger, 42 Jahre als Missionar in Afrika. Erfahrung der Liebe Gottes. Eigenverlag

39 Worte des Friedens. Texte von Mahatma Gandhi. Herder

40 Christus in China. Der Bischof von Shanghai Aloysius Jin im Gespräch mit Dominik Wanner und Alexa von Künsberg. Herder

41 Liao Yiwu, Gott ist rot. Geschichten aus dem Untergrund – Verfolgte Christen in China. S. Fischer

42 Christian Solidarity International – CSI Österreich, 16.11.2018: Asia Bibi ist endlich frei!

43 Dries van Coillie, Der begeisterte Selbstmord. Im Gefängnis unter Mao-Tse-Tung. Auer Verlag

44 Alexander Men, Der Menschensohn. Herder

45 Glasnost im Namen Gottes. Alexander Men, In: Christian Feldmann, Träume werden wahr. Menschen im Gegenwind unserer Zeit. Herder

46 Wolfgang Schmidinger (Hrsg.), Alexander Men – Gespräche über Glaube und Kirche. LIT

47 Harry Wu, Laogai – The Chinese Gulag.
Harry Wu, Wer schweigt, macht sich schuldig. In Chinas Arbeitslagern leiden acht Millionen Menschen. Lübbe.
Harry Wu, Nur der Wind ist frei. Meine Jahre in Chinas Gulag. Ullstein Verlag.
Harry Wu, Donner der Nacht. Mein Leben in chinesischen Straflagern. Sankt Ulrich Verlag

48 Alyn Beßmann, Insa Eschebach (Hrsg.), Das Frauen-Konzentrationslager Ravensbrück. Geschichte und Erinnerung. Ausstellungskatalog. (Schriftenreihe der Stiftung Brandenburgische Gedenkstätten). Gebet aus dem Frauen-Konzentrationslager Ravensbrück:
„Friede den Menschen, die bösen Willens sind, und ein Ende aller Rache und allen Reden über Strafe und Züchtigung. Die Grausamkeiten spotten allem je Dagewesenen, sie überschreiten die Grenzen menschlichen Begreifens, und zahlreich sind die Märtyrer. Daher, o Gott, wäge nicht ihre Leiden auf den Schalen Deiner Gerechtigkeit, fordre nicht grausame Abrechnung, sondern schlage sie anders zu Buche: Lass sie zugutekommen allen Henkern, Verrätern und Spionen und allen schlechten Menschen, und vergib ihnen um des Mutes und der Seelenkraft der andern willen. All das Gute sollte zählen, nicht das Böse. Und in der Erinnerung unserer Feinde sollten wir nicht als ihre Opfer weiterleben, nicht als ihr Alptraum und grässliche Gespenster, vielmehr ihnen zu Hilfe kommen, damit sie abstehen mögen von ihrem Wahn. Nur dies allein wird ihnen abgefordert, und dass wir, wenn alles vorbei sein wird, leben dürfen als Menschen unter Menschen, und dass wieder Friede sein möge auf dieser armen Erde den Menschen, die guten Willens sind, und dass dieser Friede auch zu den andern komme. Amen."

49 Michael Lapsley, (mit Stephen Karakashian), Mit den Narben der Apartheid. Vom Kampf für die Freiheit zum Heilen traumatischer Erinnerungen. Verlag Barbara Budrich
„Das Leben Michael Lapsleys zeigt zwei – auch für uns – existentielle Herausforderungen: Erstens die „Sünde der Gleichgültigkeit und Passivität" (Karl Jaspers), zweitens die dramatische Automatik, mit der Opfer zu Tätern werden können oder wie Täter zuvor selber in einer Opferrolle gefangen geblieben waren. Wir sind verantwortlich für das, was wir tun und für das, was wir nicht tun". Mit einem überraschenden Bekenntnis ihrer Mitschuld beantragte eine Gruppe schwarzer Jugendlicher vor der Wahrheits- und Gerechtigkeitskommission Amnestie für ihre Untätigkeit. Lapsley: „Anstatt selbst das System zu verändern, verließen sie sich darauf, dass andere die Veränderungen durchsetzen würden, die sie sich herbeiwünschten. Für den Durchschnittsbürger in Südafrika und anderswo auf der Welt dient Apathie als Abwehrmechanismus gegen Unterdrückung." Johnny Issel, ein inzwischen verstorbenes Folteropfer: „Ich hatte Traurigkeit empfunden über diesen Mann (Polizist, der ihn gefoltert hatte) und die Leere in seinem Leben." Michael Lapsley spürt den gleichen Schmerz und macht aus ihm eine lebensfördernde Kraft. Ein Psychiater-Ehepaar in New York berichtet, als es Lapsley befragte, „wie diese Prothesen – diese beiden Haken – funktionieren", antwortete er: „Glaube und Hoffnung". Und bestätigt weiters: „Michael Lapsey arbeitet wirklich so: mit einem starken Glauben an die Menschen und großer Hoffnung auf die Zukunft. Er strahlt diese Einstellung aus."
Papst Franziskus hat am 15.6.2019 den anglikanischen Ordensmann und Anti-Apartheid-Kämpfer M. Lapsley in Privataudienz empfangen. In einem Interview betonte Lapsley, dass er mit dem Papst vor allem über die „Heilung von Erinnerungen" gesprochen hat, „und wie sie weltweit gelingt". Im Zuge der Missbrauchskrise sei dies auch für die katholische Kirche selbst ein Thema, so Lapsley. (kathpress 16.6.2019)

50 www.pro-oriente.at, 12.10.2015: Syrien: Entführter katholischer Priester Jacques Mourad wieder frei

51 Chiara Lubich, Alles besiegt die Liebe. Betrachtungen und Reflexionen. Verlag Neue Stadt
Martin Mosebach, DIE 21. Eine Reise ins Land der koptischen Martyrer. Rowohlt

52 Jean-Francois Six, Charles de Foucauld. Mit Leidenschaft und Entschlossenheit. Don Bosco Verlag

53 Alan Ames, Gott erfahren – ein Weg zur Liebe. Miriam Verlag

54 Elie Wiesel, Die Nacht zu begraben, Elischa. Ullstein
Elie Wiesel, Worte wie Licht in der Nacht. Herder
Elie Wiesel, Die Nacht. Erinnerung und Zeugnis. Herder

55   Quelle: DSA Mirsada Zupani, St Pölten

56   Martin Bauschke, Walter Homolka, Rabeya Müller (Hrsg.), Gemeinsam vor Gott. Gebete aus Judentum, Christentum und Islam. Gütersloher Verlagshaus

57   Winfried Baetz-Braunias, Klaus Hemmerle – Himmel zwischen uns. Philosophie der Nähe und globale Verunsicherung. Dokumentarfilm. Verlag Neue Stadt

58   Viktor Frankl, ...trotzdem Ja zum Leben sagen. Ein Psychologe erlebt das Konzentrationslager. Penguin Verlag
Viktor Frankl (geb. 1905 in Wien, gestorben 1977 in Wien) war ein österreichischer Neurologe und Psychiater. Er begründete die Logotherapie bzw. Existenzanalyse („Dritte Wiener Schule der Psychotherapie") Nach dem „Anschluss" wurde ihm aufgrund seiner jüdischen Herkunft untersagt, arische Patienten zu behandeln. 1941 bot sich ihm die Möglichkeit, im US-Konsulat in Wien das beantragte Ausreisevisum zu erhalten. Frankl zog es aber vor, seine Eltern nicht allein zu lassen, verzichtete auf das Visum und blieb in Wien. Im Dezember 1941 heiratete er Tilly Grosser. Als Juden wurden er, seine Frau und seine Eltern am 25. September 1942 ins Ghetto Theresienstadt deportiert. Sein Vater starb dort 1943, seine Mutter wurde in der Gaskammer von Auschwitz ermordet, ebenso sein Bruder Georg. Seine Frau starb im KZ Bergen-Belsen. Frankl wurde am 19.10.1944 von Theresienstadt nach Auschwitz gebracht. Einige Tage später wurde er in das KZ Kaufering und am 5.3.1945 in das Lager Türkheim, ein Außenlager des KZ Dachau, transportiert. Am 27. April 1945 wurde er von der US-Armee befreit.

59   Tiroler Tageszeitung, 24.3.2015

60   Johannes Neuhauser, Harry Merl. Vater der Familientherapie. Eine Biografie. Verlag Bibliothek der Provinz

60A   Beim Theaterprojekt „Harry Merl – eine Lebensgeschichte / Szenische Lesung. Vom verfolgten jüdischen Kind zum Vater der Familientherapie in Österreich" las und spielte Bettina Buchholz mit ihrer zehnjährigen Tochter. Für die Bühnenfassung und Inszenierung war Johannes Neuhauser verantwortlich. Nach 15 ausverkauften Vorstellungen in Linz und ausverkauften Gastspielen im Nestroyhof Wien gab es im Juni 2019 zwei Zusatztermine in der Tribüne Linz.

61   Eva Mozes Kor, (mit Guido Eckert), Die Macht des Vergebens. Benevento Verlag
Eva Mozes Kor, Lisa Rojany Buccieri, Ich habe den Todesengel überlebt. Ein Mengele-Opfer erzählt. cbj Verlag
Kurier, 28.11.2016: „Holocaust-Überlebende: Ich konnte den Nazis vergeben"
Bob Hercules, Cheri Pugh, Forgiving Dr. Mengele. (Dokumentarfilm)
Peter Huth: Die letzten Zeugen. Der Auschwitz-Prozess von Lüneburg 2015. Eine Dokumentation. Reclam
Radio Stephansdom, 25.1.2017, www.erzdioezese-wien.at: „Auschwitz-Überlebende: Ich habe den Tätern vergeben."
Gemeinsam mit ihrer Schwester Miriam gründete Eva Mozes Kor die Selbsthilfe-Organisation „Kinder von Auschwitz, Überlebende tödlicher NS-Laborexperimente". Laut Aussage von Eva M. Kor hat von den etwa 1500 Zwillingen in Auschwitz der Großteil die Experimente Mengeles nicht überlebt. Es gelang, 122 Überlebende der Zwillingsexperimente ausfindig zu machen und ihnen Unterstützung und medizinische Hilfe zukommen zu lassen. Nach dem Tod ihrer Schwester Miriam im Jahr 1993 gründete Eva M. Kor das „CANDLES Holocaust Museum and Education Center" in Terre Haute, USA. Eva M. Kor hat über 3.000 Vorträge gehalten, insbesondere vor Schulklassen, und führte jährlich Studienreisen nach Auschwitz durch. Eva Mozes Kor starb am 4. Juli 2019 in Krakau während ihrer jährlichen CANDLES-Reise nach Polen.

62   Die Überlebende Eva Pusztai-Fahidi machte im Auschwitz-Prozess gegen Gröning eine ähnliche Aussage: „Ich kann nicht im Namen aller Ermordeten verzeihen, unter denen 49 meiner Familienangehörigen waren; aber wenn man weiter hasst, bleibt man Opfer."

63   Jehuda Bacon, Manfred Lütz, Solange wir leben, müssen wir uns entscheiden. Leben nach Auschwitz. Gütersloher Verlagshaus

64   Pressburger Gertrude, GELEBT, ERLEBT, ÜBERLEBT. Aufgezeichnet von Marlene Groihofer. btb Verlag

65   LebensZeichen. Mitteilungen der Salvatorianerinnen Österreichs, 2/2019

66   Chiara Lubich, Der Schrei der Gottverlassenheit. Der gekreuzigte und verlassene Jesus in der Geschichte und Erfahrung der Fokolar-Bewegung. Verlag Neue Stadt

67   Brian Kolodiejchuk (Hrsg.), Mutter Teresa: Wo die Liebe ist, da ist Gott. Die Aufzeichnungen der Heiligen von Kalkutta. Pattloch Verlag

68   Alexa Gaspari, Zeitschrift VISION 2000, Nr.1/2019

69   kathpress, 24.1.2019

70   Shane Paul O'Doherty, The Volunteer. Erinnerungen eines ehemaligen IRA-Terroristen. Eire Verlag

71   Besondere Schwierigkeiten bereitete Shane Paul O'Doherty die Position der katholischen Kirche zum Thema Krieg. „Die Haltung der katholischen Kirche schien mir widersprüchlich, was ihre Achtung der Worte Christ betraf. 'Das ist mein Leib' und 'Das ist mein Blut' wurden als wörtlich und absolut gesehen, während 'Liebt eure Feinde und tut Gutes denen, die euch bedrängen' zu einer 'Doktrin des Gerechten Krieges' umgedeutet wurde, die es tatsächlich gestattete, seine Feinde zu verstümmeln oder zu töten." (Zu diesem Zeitpunkt kannte Shane noch nicht die Dokumente des 2. Vatikanischen Konzils, bei dem u. a. die „absolute Ächtung des Krieges" und das „Recht auf Wehrdienst-Verweigerung aus Gewissensgründen" beschlossen wurden).

Eine ähnliche Wandlung wie sie Shane Paul O'Doherty persönlich durchlebt hat, haben auch die IRA und Sinn Fein („der politische Arm der IRA") durchgemacht: Die Verantwortlichen beider Gruppierungen entschuldigten sich öffentlich für das von ihnen verursachte Leid, sie haben ihren Waffenbestand untauglich gemacht und widmen sich seither der demokratischen Politik des Landes. Die IRA verkündete 1994 eine unbefristete Waffenruhe unter der Bedingung, dass Sinn Fein in die politischen Gespräche für eine Lösung mit einbezogen würde. Die protestantischen Paramilitärs folgten diesem Schritt wenig später. Als Sinn Fein nicht wie gefordert einbezogen wurde, kündigte die IRA ihre Waffenruhe vom Februar 1996 bis Juli 1997 auf. In dieser Zeit unternahm sie mehrere Bombenattentate und Schießereien. Nach einer erneuten Waffenruhe wurde Sinn Fein wieder in den „Friedensprozess" mit einbezogen, der schließlich in das Karfreitagsabkommen von 1998 mündete. Der Nordirlandkonflikt wurde zwar 1998 offiziell beendet, doch sind schwer wiegende Differenzen zwischen den Konfliktparteien noch immer nicht beseitigt, wie die Ausschreitungen der letzten Jahre zeigen. Shane hatte dies vorhergesehen: „Ich kam zu dem Schluss, dass das Töten von Menschen keine Gerechtigkeit herstellt. Wir wurden selbst Teil des Problems. Man muss sich nur den heutigen Zustand von Nordirland ansehen, um zu erkennen, dass die Früchte von 20 Jahren Terror genau die Ideale, denen wir dienen wollten, immer weiter in die Ferne gerückt haben, und das noch für sehr lange Zeit." (Dokumentation für die BBC, Interview mit Peter Taylor, April 1989)

72   Peter Bubenik, Peter Haberfehlner, Karl Heinz Huber, Josef Penzendorfer, Dr. Stefan Matzenberger, Festschrift zum 100. Geburtstag

73   Stefan Matzenberger, Von der Friedensethik zur Friedenspolitik. Hundert Fragen an den Pazifismus. Eurasia-Verlag
Stefan Matzenberger, Pazifismus im Atomzeitalter. Kriegsverhinderung durch Friedensaktivität. Sensen-Verlag

74   kathpress, 2.8.2018, vaticannews, 08, 2018

75   Iso Baumer, Die Mönche von Tibhirine. Die algerischen Glaubenszeugen – Hintergründe und Hoffnungen. Verlag Neue Stadt

76   Das Testament des Christian de Chergé. Quelle: Deutsche Bischofskonferenz

77   Klaus Hemmerle, Gottes Zeit – unsere Zeit. Jahreslesebuch. Verlag Neue Stadt

78   Richard Deats, Aktive Gewaltfreiheit auf der ganzen Welt. Internationaler Versöhnungsbund, österreichischer Zweig

79   Herwig Büchele, Spiritualität und politischer Kampf aus dem Geist der Bergpredigt. Mahatma Gandhi und Martin Luther King. innsbruck university press
Günter Virt, Damit Menschsein Zukunft hat. Theologische Ethik im Einsatz für eine humane Gesellschaft. Herausgegeben von Gerhard Marschütz und Gunter M. Prüller-Jagenteufel. Echter Verlag

80   Erwin Kräutler, Kämpfen, glauben, hoffen. Mein Leben als Bischof am Amazonas. Vier-Türme-Verlag

81   Abbé Pierre, Memoiren eines unbeugsamen Christen. Tyrolia

82   Gene Sharp, Von der Diktatur zur Demokratie. Ein Leitfaden für die Befreiung. C.H. Beck

83   www.erzdioezese-wien.at, 26.7.2016: Predigten und Vorträge des Papstes beim Weltjugendtag

83A Vgl. Sr. Emmanuelle, Kairo: „Das Gebet ist eine der stärksten Waffen, die es auf Erden gibt. Eine Waffe insofern, als sie etwas Starkes hervorbringt. Die Waffe löst eine Explosion aus. Auf gleiche Weise löst das Gebet eine Explosion aus von Güte und Schönheit in der Welt unserer Brüder und Schwestern. Das Gebet ist die Waffe der Liebe. Anstatt zu zerstören, baut sie auf. Sie tötet nicht, sondern schenkt Leben. Es gibt auch die Waffen zum Leben, und das Gebet ist eine sehr mächtige."

84   vaticannews, 10.2.2019

85   Cristobal Lopez Romero, der Erzbischof von Rabat, zog eine ausgesprochen positive Bilanz der Visite: „Die Zeit der Koexistenz und der Toleranz ist vorüber, jetzt müssen wir zur Freundschaft mit den Muslimen übergehen und gemeinsam, von hier ausgehend, eine universelle Geschwisterlichkeit aufbauen." (vaticannews, 30.3.2019 und 1.4.2019)

86   KURIER, 23.3.2019

87   DIE FURCHE, 21.3.2019

88   vaticannews, 13.4.2019 und 22.4.2019

89   fides, ap, radiovatican 26.3.2019

89A Der Attentäter Franz Fuchs, der stets beteuerte, nur Handlanger der „Bajuwarischen Befreiungsarmee" gewesen zu sein, verletzte 1993 durch eine Briefbombe den Flüchtlingspfarrer August Janisch schwer. Eine Briefbombe verstümmelte im selben Jahr die linke Hand des Wiener Bürgermeistgers Helmut Zilk; 1994 werden beim Klagenfurter Bombenanschlag dem Polizisten Theo Kelz beide Unterarme weggesprengt. Franz Fuchs wird am 1.10.1997 in der Nähe seines Elternhauses in der Steiermark von der Polizei kontrolliert. Fuchs vermutet, dass er nun überführt ist, zündet eine Bombe und wird dabei selber schwer verletzt. Franz Fuchs wird 1999 zu lebenslanger Haft verurteilt. Im Jahr 2000 beging er in seiner Zelle Suizid.

89B Kleine Zeitung, 4.2.2020, Bernd Melichar: „25 Jahre Attentat in Oberwart: Hass tötet die Seele eines Menschen"

90   Bernhard Herzberger, Karl Rottenschlager, Gastfreundschaft, die niemanden ausgrenzt. Emmausgemeinschaft St. Pölten. Eigenverlag

91   Boris Simon, Abbé Pierre und die Lumpensammler von Emmaus. Herder

92   Hanspeter Oschwald, Abbé Pierre. Herausforderung für die Etablierten. Herder

93   Tim Guenard, Boxerkind. Überleben in einer Welt ohne Liebe. Pattloch Verlag

Kapitel 6

1   Andrea Riccardi, Die gewaltlose Kraft des Friedens. Echter Verlag

2   Abbé Pierre, Was ist der Tod? Ein Gespräch über den Sinn des Lebens. Tyrolia

3   Christoph Wrembek, Judas, der Freund. Du, der du Judas trägst nach Hause, trage auch mich. Neue Stadt

4   Hildegard Goss-Mayr, Welches Antlitz Gottes ist unser Leitbild? In: Spinnrad (Sondernummer) Internationaler Versöhnungsbund – Österreichischer Zweig. (IVB)

5   Erwin Kräutler, Als Gott einer von uns wurde. Gedanken zur Weihnachtsbotschaft. Tyrolia

6   Urs Eigenmann, Dom Hélder Câmara: Sein Weg zum prophetischen Anwalt der Armen. Topos

7   Martin Maier, Oscar Romero: Prophet einer Kirche der Armen. Herder
     Oscar Romero, Jesus Delgado (Hrsg.), Nicht schweigen: Vom Handlanger der Macht zum Anwalt der Armen. Texte in deutscher Erstausgabe. Camino

8   Nelson Mandela, Der lange Weg zur Freiheit. Fischer (S. 833)

9   Nelson Mandela, Der lange Weg zur Freiheit, ebd. (S. 835)

10   Hildegard Goss-Mayr, Wie Feinde Freunde werden. Mein Leben mit Jean Goss für Gewaltlosigkeit, Gerechtigkeit und Versöhnung. LIT Verlag

11   Rhein-Neckar-Zeitung, 11.12.2013

12   Ruth Pfau, Das Herz hat seine Gründe. Mein Weg. Herder

13   Marianne Spiller-Hadorn (Hrsg.), Adolfo Perez Esquivel. Der gewaltfreie Rebell. Orell Füssli

13A   Hildegard Goss-Mayr, Weihnachtsbrief 2016

14   Bei Ling, Der Freiheit geopfert. Die Biografie des Friedensnobelpreisträgers Liu Xiaobo. riva Verlag

15   Heide Warkentin (Hrsg.), Liebe und tu, was du willst. Augustinus für jeden Tag. Claudius Verlag

16   Richard Deats, Mahatma Gandhi. Ein Lebensbild. Verlag Neue Stadt.

17   Klaus Dieter Härtel, Martin Luther King: Ich habe einen Traum. Brunnen

18   Vgl. Abbe Pierré, Mein Testament. Pattloch Verlag

19   René Girard, Das Heilige und die Gewalt. Patmos Verlag

20   Raymund Schwager, Brauchen wir einen Sündenbock? Gewalt und Erlösung in den biblischen Schriften. Herder

20A   Jozef Niewiadomski, ehemaliger Assistent von Prof. Raymund Schwager an der Kath. Fakultät der Universität Innsbruck: „Heute weiß ich, Pater Schwager hat mich vor dem theologischen Zynismus gerettet... Nach und nach verstand ich auch die Tiefe des Dictums von René Girard: 'Christsein heißt zu erkennen, dass nicht nur die anderen ihre Sündenböcke haben, während ich nur legitime Gegner und Feinde habe.' ...Es war dies die Aussage von R. Schwager: Der Vater ermächtigt Jesus Christus, das gewaltsame Geschick des Todes in die Tat der Hingabe zu verwandeln... Hier wird victima zum sacrificium verwandelt, aus der Opferung wird eine Tat der Hingabe. All das geschieht aufgrund des Transzendenzbezugs, es geschieht kraft des himmlischen Vaters, der durch sein 'Eingreifen' die Transformation ermöglicht: Die brutale Viktimisierung wird auf einer tieferen Ebene zur Liebestat. In diesem Bekenntnis verdichtet sich jener christliche Fokus für die vielen Geschichten des Scheiterns, der Katastrophen, der ethisch nicht einholbar ist. Er stellt die göttliche Antwort auf die Erfahrung des ethischen Scheiterns dar!" (Abschiedsvorlesung von Univ. Prof. Jozef Niewiadomski, 25.6.2019)

21   Malala Yousafzai (mit Christina Lamb), Ich bin Malala. Das Mädchen, das die Taliban erschießen wollten, weil es für das Recht auf Bildung kämpft. Knaur

22   Wiener Zeitung, 7.3.2019, Petra Paterno: „Starke Mädchen"

23   Salzburger Nachrichten, 8.3.2019

24   Salzburger Nachrichten, 16.3.2019

25   kathpress, 15.3.2019; vatican news, 23.3.2019

26   Andre Nguyen Van Chau, Francois Xavier Nguyen Van Thuan, Ein Lebensbild. Neue Stadt

27   Franz X. Nguyen van Thuan, Hoffnungswege. Botschaft der Freude aus dem Gefängnis. Patris Verlag (S. 339 f.)

28   Mimmo Muolo, Ernest Kardinal Simoni. Leben und Leiden im kommunistischen Albanien. Karolinger Verlag

29   Anton Srholec, Licht aus der Tiefe der Lager von Jachymov. Verlag Michal Vasko
      Anton Srholec, Ako Cerstvy Chlieb. Verlag Michal Vasko

30   Lenard Ödön, Racsosztotta Eg. Kiadja Hettorony Könyvkiado

31   P. Lenard arbeitete bis zu seinem Tod im Jahr 2003 an der Aufarbeitung der ungarischen Nachkriegsgeschichte. Sein 524 Seiten umfassendes Hauptwerk trägt den Titel: „Wege und Irrwege der katholischen Kirche Ungarns in der Zeit der Verfolgung durch die Kommunisten". Hrsg. von Agnes Timar. Ein weiteres Werk Lenard Ödöns trägt – in Anspielung an ein Paulus-Zitat (2 Kor 12,9) – den bezeichnenden Titel „Stärke in Unzulänglichkeit. Erfahrungen und Dokumente aus dem Bereich des ungarischen Katholizismus unter der kommunistischen Diktatur". P. Lenard litt sehr darunter, dass – wie er sagte – „die Tragödie der stalinistischen Diktatur" sowohl in der Gesellschaft als auch in der Kirche viele Jahre weitgehend verschwiegen wurde. Darum versuchte er in Zusammenarbeit mit Agnes Timar und anderen Opfern der kommunistischen Verfolgung durch eine umfangreiche Dokumentation ein möglichst objektives Bild der Geschichte zu zeichnen. Auch „die Wege und Irrwege der Katholischen Kirche in der KP-Zeit" werden aufgezeigt. Pater Lenard blieb nicht bei der in Ungarn gängigen Einstellung „Henker bleibt Henker!" stehen. Er wollte mit seiner Dokumentation das „Gewissen der ungarischen Bevölkerung wachrütteln und sie aus dem künstlichen Schlaf aufwecken".

32   Lenard Ödön, Timar Agnes, Szabo Gyula (u. a.), Wege und Irrwege der katholischen Kirche Ungarns in der Zeit der Verfolgung durch die Kommunisten. Pro Business, Berlin 2009

33 Werenfried van Straaten, Sie nennen mich Speckpater. Paulus Verlag
Das katholische Hilfswerk KIRCHE IN NOT wurde 1947 gegründet. Damals organisierte der Prämonstratenser Werenfried van Straaten in Belgien und Holland Hilfe für die deutschen Nachbarn. Vierzehn Millionen Heimatvertriebene aus den deutschen Ostgebieten strömten in die vier Besatzungszonen, in denen es zu wenige Unterkünfte, zu wenig Nahrung und Kleidung gab. Pater Werenfried rief zur Versöhnung mit den ehemaligen deutschen Kriegsgegnern auf. Er bat um Nahrungsmittel und Kleidung, um den Deutschen in ihrer Not zu helfen. Da er anfangs bei den flämischen Bauern vor allem Speck sammelte, trug ihm das den Namen „Speckpater" ein. (35) Im Jahr 1952 begann die Hilfe für die verfolgte Kirche in Osteuropa, Mitte der 60er-Jahre kamen Asien, Afrika und Lateinamerika dazu. Heute hilft das Werk in mehr als 140 Ländern, in denen die Kirche verfolgt wird oder nicht genügend Mittel für ihre seelsorgerischen Aufgaben hat.

34 Die Geistlichen Gemeinschaften der Katholischen Kirche. Kompendium. St. Benno Verlag

34A Im Jahr 1981 ging Prof. Blachnicki nach Rom, um an einem Kongress der Erneuerungsbewegungen teilzunehmen, konnte jedoch wegen der Ausrufung des Kriegsrechts in Polen nicht mehr in seine Heimat zurückkehren. 1982 ließ sich Blachnicki im polnischen Zentrum „Marianum" in Carlsberg bei Köln nieder, wo er das Internationale Zentrum der Bewegung „Licht-Leben" aufbaute und leitete. Blachnicki setzte sich zeitlebens für die Versöhnung zwischen den Deutschen und Polen ein. Er starb 1987 in Carlsberg. 1995 wurde der Seligsprechungsprozess für Franciszek Blachnicki eröffnet.

35 ORF, 31.3.2019, „Orientierung" (Interview)

36 Tatjana Goritschewa, Die Kraft der Ohnmächtigen. Weisheit aus dem Leiden. R. Brockhaus
Tatjana Goritschewa, Nur Gott kann Rußland retten. Aufzeichnungen in bewegter Zeit. Herder
Tatjana Goritschewa (Hrsg.), Nadjeschda heißt Hoffnung. Russische Glaubenszeugen unseres Jahrhunderts. Herder
Tatjana Goritschewa, Von Gott zu reden ist gefährlich. Meine Erfahrungen im Osten und im Westen. Herder

37 Aufklärung gegen Widerstand: Jurij Dmitriev und der Stalinistische Terror in Sandormoch. Wikipedia, abgerufen am 14.6.2017

38 Yassir Eric, Hass gelernt. Liebe erfahren. Vom Islamisten zum Brückenbauer. adeo Verlag

39 Seit 2009 wird die Zentralafrikanische Republik durch den Konflikt verfeindeter Milizen verwüstet. UNO-Truppen stehen der Gewalt hilflos gegenüber. Erzbischof Dieudonne Nzapalainga und Imam Omar Layama treten gemeinsam gegen Gewalt und Krieg auf und sind durch ihr gemeinsames Engagement zu Freunden geworden. Dies ist keineswegs selbstverständlich. Omar Layama ist der oberste Imam der Zentralafrikanischen Republik und Dieudonne Nzapalainga ist katholischer Erzbischof. „Gemeinsam haben sie sich entschlossen, gegen alle Widerstände, Einschüchterungsversuche und Morddrohungen, für den Frieden zu streiten. Sie versuchen mit den meist noch jugendlichen Kämpfern Kontakt aufzunehmen. Mit einem Geländewagen touren sie gemeinsam durch das Land. Hunderte haben sie bewogen, ihre Waffen abzugeben und in ihre Dörfer zurückzukehren." (Oliver Tanzer, Furche 19.3.2015)

40 A „Wir Gläubige haben ein zusätzliches Potential. Wir haben eine tief in unserem Inneren liegende Identität, die uns niemand rauben kann. Ich bin ein Geschöpf Gottes. Meine Identität als Muslim sagt mir, dass ich nie alleine bin. Diese Überzeugung hat mir geholfen, mit Serben zusammen zu sein und mit ihnen zu reden. Sie konnten mich weder angreifen noch zerstören. Ich kann ihnen gegenüber sogar ein Mitgefühl empfinden. Jede andere Identität ist zweitrangig. Religion öffnet mein Herz für andere, selbst wenn sie böse sind." Adnan Hasanbegovic, „Gedächtnisarbeit von bosnischen Kriegsveteranen" In: MIR-France, L'espérance insoumise. Nouvelle Cité 2009. Übersetzung Maria Biedrawa

40 B Jes 54,2

40 C Die Anti-Balaka, oft beschrieben als Miliz, die sich aus Christen und Animisten zusammensetzt, standen den Seleka, beschrieben als eine muslimische Miliz, gegenüber. Heute wirken im Land ihre Nachfolgeorganisationen und noch mindestens 14 andere bewaffnete Gruppen.

40 D Grüßen, dieses Wort kam immer wieder. Wenn man das in Afrika sagt, geht es aber nicht um einen schnellen, unverbindlichen Gruß wie bei uns in einem Aufzug in Europa. Da geht es darum, sich auszutauschen, eine Beziehung zu stiften und zu nähren.

41 Kirche bunt. St. Pöltner Kirchenzeitung, 37/2018
Hans Hollerweger, Bei den Christen im Orient. Begegnungen, Erfahrungen, Hilfen. Wagner Verlag

42 Elias Chakour, Auch uns gehört das Land. Ein israelischer Palästinenser kämpft für Frieden und Gerechtigkeit. Verlag Josef Knecht

43 Rette ich ein Kind, so rette ich eine ganze Generation – Sr. Emmanuelle. 40 Jahre Hilfswerk Schwester Emmanuelle in Österreich. Caritas Diözese Graz-Seckau

44 Schwester Emmanuelle, Der Himmel, das sind die anderen. Ein Gespräch mit Marlene Tuininga. Aus dem Französischen von Anna Handler. Sonntagsblatt Graz

44A Frei Betto: „Bolsonaro erfreut sich am Tod anderer Menschen. Als er Abgeordneter war, erklärte Bolsonaro 1999 in einem Fernsehinterview: 'Wahlen verändern in diesem Land nichts, absolut nichts. Die Dinge verändern sich unglücklicherweise nur, wenn wir eines Tages in einen Bürgerkrieg gehen und wir die Arbeit erledigen, die das Militärregime nicht tat: ungefähr 30.000 Menschen töten.' Beim Amtsenthebungsverfahren gegen Präsidentin Dilma widmete er seine Stimme dem Gedenken an den berüchtigtsten Folterer in der brasilianischen Armee während der Militärdiktatur, Oberst Brilhante Ustra. Bolsonaro ist so vom Tod besessen, dass auf seiner politischen Agenda die Freigabe von Waffen- und Munitionsverkäufen ganz oben steht. Fragt man ihn außerhalb des Präsidentenpalastes, ob er sich keine Sorgen mache wegen der Opfer der Pandemie, so antwortet er: 'Ich glaube nicht an diese Zahl' (27. März, 92 Tote); 'Wir werden alle eines Tages sterben' (29. März, 136 Tote); 'Na und! Was wollen Sie, dass ich tue' (28. April, 2017 Tote)."
„Bolsonaro lehnte auch die Verpflichtung der Regierung ab, für die Indigenen und die Quilombola Krankenhausbetten, Beatmungs- und Sauerstoffgeräte zur Verfügung zu stellen."
„Bevor es der Economist (englischsprachige Wochenzeitschrift für Wirtschaft und Politik) tat, gab ich in meinem digitalen Netzwerk dem brasilianischen Präsidenten den Spitznamen BolsoNero: während Rom brennt, spielt er die Lyra und bewirbt Chloroquin, ein Medikament ohne wissenschaftlich belegte Wirkung gegen das neuartige Coronavirus (seine Hersteller sind seine politischen Verbündeten)."

45 Blaise Pascal, Gedanken über die Religion und einige andere Themen. Reclam

46 Wolfgang Bader, Wilfried Hagemann, Klaus Hemmerle. Grundlinien eines Lebens. Verlag Neue Stadt

47 Anselm Grün, Tomas Halik, Winfried Nonhoff (Hrsg.), Gott los werden? Wenn Glaube und Unglaube sich umarmen. Vier-Türme-Verlag

48 Martin Jäggle, Thomas Krobath, Ich bin Jude, Moslem, Christ... Junge Menschen und ihre Religion. Tyrolia

49 Hans Küng, Projekt Weltethos. Piper

49A Die Goldene Regel in den abrahamitischen Religionen: Im Christentum ist die Goldene Regel in der Bergpredigt Jesu zu finden: „Alles was ihr wollt, das euch die Menschen tun, das tut auch ihnen! Darin besteht das Gesetz und die Propheten." (Mt 7,12) Die Goldene Regel wird aber schon viel früher verwendet, z.B. vom vorsokratischen Philosophen Thales von Milet, der als das tugendhafteste Lebensprinzip beschreibt, niemals das zu tun, was wir an anderen verurteilen. Essentiell für die Goldene Regel ist die Aufforderung zum Perspektivenwechsel. Die Aufforderung, in den Schuhen eines anderen zu gehen, sich in ihn/sie hinein zu versetzen und ihn/sie so besser zu verstehen und Konflikte zu vermeiden. (Quelle: Hannah Pernthaner, Die Goldene Regel in den abrahamitischen Religionen)

In der Thora, den heiligen Schriften des Judentums, bestehend aus den fünf Büchern Moses, gibt es kein direktes Zitat zur Goldenen Regel. Doch das Gebot der Nächstenliebe gleicht dem Prinzip der Goldenen Regel. Im dritten Buch Moses befindet sich das „Heiligkeitsgesetz": „An den Kindern deines Volkes sollst du dich nicht rächen und ihnen nichts nachtragen. Du sollst deinen Nächsten lieben wie dich selbst. Ich bin der Herr." Der Talmud handelt davon, wie die Gesetze im Alltag von Rabbinern angewendet und interpretiert werden können. Rabbi Hillel wird im Talmud (Mo'ed, Kapitel Shabbat 31a) herausgefordert, einen, der kein Jude ist, die gesamte Thora zu lehren, während er auf einem Fuß steht. Seine Antwort lautete: „Das, was dir verhasst ist, das tu keinem anderen an; das ist die ganze Thora, der Rest ist ihre Interpretation. Geh und lerne."

Der Koran, die heilige Schrift der Muslime, enthält Anweisungen, den Eltern, Verwandten, den Nachbarn, die man kennt, den Nachbarn, die man fremd sind, den Reisenden und den Bedürftigen Gutes zu tun. In den Versen 2:274 ff. des Korans geht es um die Zakat, eine verbindliche Abgabe an karitative Zwecke, die eine der fünf Säulen des Islams darstellt. Sollte man das Verbot, Zinsen anzunehmen oder die Verpflichtung, einen Teil seines Besitzes abzugeben, missachten, erkläre man Allah den Krieg. Halte man sich jedoch daran, so soll es einem gut ergehen, denn man tue kein Unrecht, also wird einem auch kein Unrecht zugefügt werden. Das kann dem Prinzip der Goldenen Regel gleichgesetzt werden. Im Hadith 72 aus der Sammlung Sahih Muslim heißt es, dass niemand nach dem Glauben lebt, wenn er nicht das, was er für sich selbst wünscht, auch seinem Bruder oder Nachbarn wünscht.

50   Hans Küng (Hrsg.), Ja zum Weltethos. Perspektiven für die Suche nach Orientierung. Piper

51   Simone Weil, Über die Ursachen von Freiheit und gesellschaftlicher Unterdrückung. Diaphanes

52   kathpress, 22.4.201: Kardinal Kurt Koch: „Schwester der Religion ist der Friede"

53   Andrea Riccardi, Die Peripherie. Orte der Krise und des Aufbruchs für die Kirche. Echter Verlag

54   Leonardo Boff, Erzähl mir vom Himmel! Wo mir Gott begegnet ist. Topos premium
      Gilbert K. Chesterton, Hl. Franziskus von Assisi. Verlag Media Maria

55   Brief aus Sant'Egidio, 12/2018

56   Michael Gmelch, Refugees welcome. Eine Herausforderung für Christen. Echter Verlag

57   Hubert Pilgram, Leiter der Emmaus-Holzwerkstätte, zur Symbolik der Friedhofskapelle: „Auf einem Nussholz-Sockel erhebt sich eine Skulptur mit drei Spiralen, die aus Lindenholz geschnitzt ist. Dahinter steht ein handgeschmiedeter Leuchter mit sieben Aufnahmen für Kerzen. Die Kerzen sind handgefertigt und zeigen die Farben des Regenbogens. Die rechte Seite zeigt ein Ölbild, das die Symbole der großen Weltreligionen und das Logo von Emmaus International, rund um die Erde kreisend, abbildet. Die Gedenkstätte zeigt eine Szene des Überganges und der Auferstehung. Im Lebensschwung der ewigen Schöpfung vollzieht sich die Einkehr in das Absolute, in das Eine, in das Nichts, das die Weisheit ist, aus dem das alles, das die Liebe ist, hervorgeht." Die Emmaus-gemeinschaft St. Pölten zeigt seit 1982, dass ein respektvolles, wertschätzendes und friedliches Miteinander von Nationen, Kulturen und Religionen möglich ist.

58   Frère Roger, Die Quellen von Taizé. Gott will, dass wir glücklich sind. Herder.
      Johannes Fichtenbauer, Lars Heinrich, Wolf Paul (Hrsg), Meilensteine auf dem Weg der Versöhnung. 20 Jahre „Ökumene der Herzen" am Runden Tisch für Österreich. Selbstverlag Weg der Versöhnung, Wien

59   Chiara Lubich, Alle sollen eins sein. Geistliche Schriften. Verlag Neue Stadt
      David Steindl-Rast, Credo. Ein Glaube, der alle verbindet. Mit einem Vorwort des Dalai Lama. Herder

60   Die Jugendlichen der GEN-Bewegung gehören zu unterschiedlichen Kulturen, Religionen und sozialen Schichten, darunter auch Jugendliche, die sich zu keiner Religion bekennen. Ihnen gemeinsam ist der Traum von einer versöhnten Menschheit. Sie haben die Erfahrung gemacht, dass das Leben nach dem Evangelium eine Revolution auslöst, die in der Lage ist, die Welt zu verändern. Die Jugendlichen versuchen das Wort Gottes mit Mut und Entschiedenheit zu leben und engagieren sich für die geeinte Menschheitsfamilie, für gewaltfreie Konfliktlösungen und den Frieden. Seit Ende der 60er-Jahre gibt es weltweit regelmäßig internationale GEN-Feste. Bei den interkulturellen und interreligiösen Veranstaltungen der GEN-Feste geht es primär darum – in einer Atmosphäre gegenseitiger Wertschätzung – Erfahrungen und Projektideen auszutauschen: Durch konkrete Beispiele von gelebter Geschwisterlichkeit (Solidaritätsaktionen etc.) sollen die jugendlichen TeilnehmerInnen ermutigt und in ihrem Traum von einer gerechten und friedlichen Welt bestärkt werden.

61   Die Künstler der Band GEN ROSSO kommen aus verschiedenen Nationen. Sie kennen die Herausforderungen, aber auch die Synergieeffekte des Miteinander-Arbeitens und -Lebens aus ihrem Alltag. Aufgrund der jahrelangen Durchführung ähnlicher Projekte (u. a. in Brasilien, China, Philippinen, Kuba, Tschechien) haben die Bandmitglieder reiche pädagogische Erfahrung in der Arbeit mit SchülerInnen, wissen um deren Bedürfnisse und verborgenen Ressourcen. Gerade dadurch gelingt es ihnen, einen wertschätzenden, fordernden und fördernden Rahmen zu schaffen, der die Jugendlichen Ängste, Konflikte und Hürden überwinden und über sich selbst hinaus wachsen lässt. Zielgruppe waren alle SchülerInnen der vierten, fünften und sechsten Klassen des BG/BRG Oeversee – ca. 200 SchülerInnen waren aktive TeilnehmerInnen an der Projektwoche. Im Sinne des Titels „act YOUnited" war es das Ziel, auch Menschen aus gesellschaftlichen Randgruppen (z.B. AsylwerberInnen, Menschen mit Behinderung) an diesem Projekt als ZuseherInnen teilhaben zu lassen.

62   Elisabeth Schabler, BG/BRG Oeversee Graz, Musicalprojekt 2016 Streetlight

63   Newsletter der Fokolar-Bewegung Österreich 9/2018

64   Modell-Siedlungen der Fokolar-Bewegung: Krizevci in Kroatien ist zu einem Ort der Begegnung für Menschen unterschiedlicher Volksgruppen geworden. Schon im Kindergarten lernen die Kinder, ohne Vorurteile aufeinander zuzugehen. In der Modellsiedlung von Brasilien in der Nähe von Sao Paulo ist 1991 das Konzept für die „Wirtschaft in Gemeinschaft" entstanden. In Hyde Park, 150 km von New York entfernt, befindet sich die größte Modellsiedlung Nordamerikas. In Kamerun (Fontem) ist Mitte der 60er-Jahre eine Siedlung entstanden: Das Versprechen, den Stamm des anderen zu lieben wie den eigenen, hat die Bangwa und die Mundani zu einem Modell des Zusammenlebens verschiedener Ethnien werden lassen. Für die Modellsiedlung Tagaytay auf den Philippinen ist der interreligiöse Dialog charakteristisch. Ottmaring in der Nähe von Augsburg hat sich zu einem wichtigen ökumenischen Begegnungszentrum entwickelt.

65   Fokolar-Bewegung Wien (Hrsg.), Streiflichter einer geeinten Welt.
Maria Voce, Für eine Kultur des Vertrauens. Im Gespräch mit der Präsidentin der Fokolar-Bewegung. Verlag Neue Stadt
Chiara Lubich, Einheit als Lebensstil. Aus der Geschichte und Spiritualität der Fokolar-Bewegung. Verlag Neue Stadt

66   Kurt Neumeyr, Im Zeichen der Wassermelone. Forum Land, Arbeitskreis Kultur in den Dörfern (Hrsg.), Fremd – Literatur aus Österreich, Wien 2016

67   Leo Tolstoi, Tagebücher 1847 – 1910. Winkler Verlag

68   Papst Franziskus, Für eine Wirtschaft, die nicht tötet. Wir brauchen und wir wollen Veränderung. camino
DOCAT, Was tun? Die Sozialllehre der Kirche. YOUCAT Foundation

69   Hans Küng, Anständig wirtschaften. Warum Ökonomie Moral braucht. Piper

70   Paul M. Zulehner, Ich träume von einer Kirche als Mutter und Hirtin. Die neue Pastoralkultur von Papst Franziskus. Patmos Verlag

71   Michael Landau, Solidarität. Anstiftung zur Menschlichkeit. Brandstätter

72   kathpress, 22.7.2018

73   Jean Ziegler, Ändere die Welt. Warum wir die kannibalische Weltordnung stürzen müssen. Penguin Verlag

74   kathpress, 22.7.2018: „Ethisch korrekt" ist laut Appel Fleischkonsum übrigens nur dann, wenn es sich um Produkte handelt, die nach den strengen Regeln eines Bio-Gütesiegels produziert wurden. Wie „absurd" das globale Wirtschaftssystem ist, wird nach Einschätzung von Appel am Beispiel österreichischer Fleischexporte nach China sichtbar: Mit dem Land gebe es einen neuen Vertrag, der den Export von hierzulande über Subventionen ermöglichtes Billig-Schweinefleisch fördere, so den lokalen Markt im bevölkerungsreichsten Land Asiens zerstöre und den chinesischen Bauern die Lebensgrundlage nehme. Negativ wirkt sich dieses System aber nicht nur auf die Bauern in China, sondern auch auf heimische Kleinbauern aus, „denn diese können mit den Preisen der Großbetriebe nicht mithalten".

74A   Bernhard Meuser, DOCAT. Was tun? Die Sozialllehre der Kirche. YOUCAT Foundation

75   Michael Rosenberger, Der Traum vom Frieden zwischen Mensch und Tier. Eine christliche Tierethik. Kösel-Verlag
Michael Rosenberger, Im Brot der Erde den Himmel schmecken. Ethik und Spiritualität der Ernährung. oekom verlag
Dolores Bauer, Strom des Elends, Fluss der Hoffnung. Unterwegs mit Dom Kräutler, Bischof vom Xingu. Otto Müller Verlag.

76   Martin Maier, Pedro Arrupe – Zeuge und Prophet. Echter Verlag

77   Die Enzyklika „Laudato si" regt zu einem Wachstum mit Maß an und zu einer Fähigkeit, mit dem Wenigen froh zu sein. „Es ist eine Rückkehr zu der Einfachheit, die uns erlaubt innezuhalten, um das Kleine zu würdigen, dankbar zu sein für die Möglichkeiten, die das Leben bietet." (Nr. 222) „Die Genügsamkeit, die unbefangen und bewusst gelebt wird, ist befreiend. Sie bedeutet nicht weniger Leben, sie bedeutet nicht geringere Intensität, sondern ganz das Gegenteil. Man kann wenig benötigen und erfüllt leben." (Nr. 223)

78   DOCAT? Was tun? Die Sozialllehre der Kirche. Youcat Foundation

79 Al Gore, Eine unbequeme Wahrheit: Die drohende Klimakatastrophe und was wir dagegen tun können. Riemann
Elisabeth Köstinger & Stephan Pernkopf, Wer sich bewegt, verliert nicht. Warum wir nur mit Mut die Welt verändern können. Leykam
Christian Felber, Kooperation statt Konkurrenz. 10 Schritte aus der Krise. Deuticke
Franz Josef Radermacher, Josef Riegler, Hubert Weiger, Ökosoziale Marktwirtschaft. Historie, Programm und Perspektive eines zukunftsfähigen globalen Wirtschaftssystems. oekom Verlag
Franz Josef Radermacher, Der Milliarden-Joker. Wie Deutschland und Europa den globalen Klimaschutz revolutionieren können. Murmann Verlag

80 Salzburger Nachrichten, 4.5.2020: „Der Übergang von epidemischen Krankheiten vom Tier auf den Menschen hat sich in den letzten 40 Jahren verdreifacht. Der Hauptgrund ist, dass wir die natürlichen Rückzugsräume der Tiere zerstören. Wir zerstören etwa die Lebensräume der Fledermäuse, die Coronaviren in sich tragen, wir zerstören die Urwälder. Unser Überleben als Spezies ist nur garantiert, wenn das Überleben der anderen Arten sicher ist. Eine Pflanze würde niemals mehr Ressourcen verbrauchen als ihr zur Verfügung stehen. Eine der Folgen der Erderwärmung ist, dass sich die Tiere in Richtung Norden bewegen. Es ist bereits eine Wanderung des Lebens von Süden nach Norden im Gange, weil es im Süden zu heiß ist. Das bedeutet wiederum, dass wir in Kontakt mit Tierarten kommen werden, mit denen wir nie etwas zu tun hatten." (Stefano Mancuso, Professor für Botanik, Universität Florenz.)

81 Ursula Enders (Hrsg.), Zart war ich, bitter war's. Handbuch gegen sexuelle Gewalt an Mädchen und Jungen. Kiepenheuer & Witsch

82 Max H. Friedrich, Tatort Kinderseele. Sexueller Missbrauch und die Folgen. Ueberreuter

83 Waltraud Klasnic (Hrsg.), Missbrauch und Gewalt. Erschütternde Erfahrungen und notwendige Konsequenzen. Leykam
Doris Wagner, Nicht mehr ich. Die wahre Geschichte einer jungen Ordensfrau. Droemer Knaur
Doris Wagner, Spiritueller Missbrauch in der katholischen Kirche. Herder
Doris Wagner, Christoph Schönborn, Schuld und Verantwortung. Ein Gespräch über Macht und Missbrauch in der Kirche. Herder

84 Salzburger Nachrichten, 8.1.2019: Fritz Pessl: „Kindheit wurde geraubt. Viele neue Opfer melden sich"
Volksanwalt Günther Kräuter: „Es ist erschütternd, was sich in diesen Einrichtungen, aber auch bei Pflegeeltern zugetragen hat. Bis in die 1970er-Jahre wurden Strafen verhängt, die folterähnlichen Charakter hatten. Rohe Gewalt, sexueller Missbrauch und psychische Drangsalierungen von Kindern und Jugendlichen standen an der Tagesordnung. Die Misshandlungen waren an Perversion und Brutalität nicht zu überbieten und übersteigen jede Vorstellung." Kräuter begrüßt, dass mit der Novelle zum Heimopferrentengesetz 2018 auch Kinder und Jugendliche erfasst werden, die in Krankenhäusern, psychiatrischen Einrichtungen, städtischen Kinderheimen oder in Einrichtungen privater Träger misshandelt wurden.

85 Pressedienst des Landes NÖ, 20.10.2016

86 Nach Vorbild der Unabhängigen Opferschutzanwaltschaft der Katholischen Kirche (Klasnic-Kommission) waren für Niederösterreich im Jahr 2010 ein Opferschutzbeirat, unter Vorsitz des Kinder- und Jugendpsychiaters Prim. Dr. Paulus Hochgatterer, und eine Opferschutzkommission unter der Leitung des ehemaligen Präsidenten des Landesgerichtes St. Pölten, Dr. Kurt Leitzenberger, eingerichtet worden. Die NÖ Opferschutzkommission befasst sich mit Fällen von Betroffenen, die als Minderjährige während ihrer Unterbringung Opfer von Gewalt (teilweise auch sexueller Art) bei Pflegefamilien oder in stationären Einrichtungen bzw. Vertragsheimen des Landes Niederösterreich wurden. So wurde bei der NÖ Kinder- und Jugendanwaltschaft (NÖ kija) eine zentrale, anonyme, vertrauliche und kostenlose Erstanlaufstelle für die Betroffenen eingerichtet und im Konzept „Opferschutz NÖ" die Voraussetzungen und Rahmenbedingungen allfälliger Entschädigungen und Hilfeleistungen definiert. Bei den Entschädigungszahlungen orientierte man sich an den Kriterien der Klasnic-Kommission. Entschädigungszahlungen gab es bis 25.000 Euro im Einzelfall, in extremen Härtefällen auch höhere.

87 Bürgermeister Michael Ludwig: „Die Opfer haben Unfassbares erlebt; es ist unsere Pflicht als Stadt, unsere Verantwortung wahrzunehmen, geschehenes Unrecht ohne Relativierung anzuerkennen und uns dafür aufrichtig und zutiefst zu entschuldigen." Ein zentraler Baustein dieser

Aufarbeitung bestand darin, Unterstützungsmaßnahmen für die betroffenen Menschen vorzubereiten und durchzuführen. Die Opferschutzorganisation Weißer Ring agierte im Rahmen des Projekts als Anlaufstelle für Betroffene.

Von der Stadt Wien hieß es dazu, man habe aus den Fehlern der Vergangenheit gelernt. Heute werden Kinder und Jugendliche, die nicht bei ihren Eltern leben können, nicht mehr in den geschlossenen Systemen großer Heime untergebracht. Sie leben in Krisenzentren und familienähnlichen sozialpädagogischen Wohngemeinschaften sowie bei gut ausgewählten und ausgebildeten Pflegeeltern. Dabei würden „die Stärkung der Kinderrechte, eine gute Ausbildung der MitarbeiterInnen, moderne Standards, funktionierende Kontrollinstrumente und vor allem die Schaffung einer Aufmerksamkeitskultur im Vordergrund stehen, um Fehlentwicklungen frühzeitig erkennen zu können." (Johannes Köhler, Leiter der Wiener Kinder- und Jugendhilfe, ORF 5.11.2019)

88 vatican news, 23.1.2019: Pater Hans Zollner, Leiter des Vatikanischen Kinderschutzzentrums, zum Thema Missbrauch: „Sofortmaßnahmen sind unerlässlich, wie zum Beispiel Entfernung von Tätern aus Ämtern, Entlassungen aus dem Klerikerstand, Erlassen von Richtlinien. Dennoch braucht es noch etwas anderes, etwas, das tiefer geht, etwas, das zu veränderten Haltungen und Einstellungen führt und die Sensibilität für von sexuellem Missbrauch Betroffenen und deren Anliegen stärkt. Es braucht die Bereitschaft zu wirklichen Bildungsprozessen, die die Menschen, in unserem Fall hauptsächlich die kirchlich Verantwortlichen, wirklich verändern. Transparenz braucht es eben nicht nur bei der Aufarbeitung einzelner Missbrauchsfälle, sondern genauso hinsichtlich der Maßnahmen zur Qualitätssicherung der Prävention und Aufarbeitung als solcher. So hart dies jetzt klingen mag, aber es ist gut, wenn Missbrauchsfälle bekannt werden. Dies bedeutet, es wird nichts vertuscht, man stellt sich den Vorkommnissen im eigenen Verantwortungsbereich, Betroffene finden Gehör und haben eine Stimme."

89 vatican news, 22.2.1019: Beim Anti-Missbrauchsgipfel im Vatikan im Februar 2019 berichtete eine Frau, dass sich ein Priester ihrer Pfarrei immer wieder an ihr vergangen habe. Jede Vergewaltigung: ein Schock, der sich in die Augen, Ohren, in die Nase, den Körper und in die Seele einbrannte. Die Überlebende berichtete davon, wie sie dachte, es sei ihre Schuld, oder sie habe diese Übel verdient. „Diese Gedanken sind die größten Wunden, die der Missbrauch und der Täter in deinem Herzen zurücklassen." Sie selbst habe erst nach 40 Jahren die Kraft gefunden, den Missbrauch anzuzeigen. Wunden verjähren nie, sagte die Missbrauchsüberlebende. Das Opfer sei niemals schuldig an seinem Schweigen. Mehr noch, das Trauma und die erlittenen Schäden nähmen zu, je länger die Zeit des Schweigens andauere. Sie stehe aber nun hier und rede auch im Namen vieler Opfer, die es versucht, aber nie geschafft haben, über den Missbrauch zu reden, den sie von der Kirche erfahren haben. „Von hier aus und mit ihnen im Herzen müssen wir gemeinsam von vorne anfangen."

90 kathpress, 31.1.2019

91 vatican news, 28.2.2019 Als Reaktion auf den Anti-Missbrauchsgipfel im Vatikan haben weltweit zahlreiche Bischofskonferenzen „die vollständige Zusammenarbeit mit zivilen Behörden" beschlossen. Die Bischöfe wollen „jegliche Formen des Verschweigens, sei es von Seiten der Opfer oder ihrer Familien, sei es von Seiten kirchlicher Autoritäten" bannen. Alles Handeln müsse bestimmt sein vom „Respekt vor der Wahrheit, der Justiz und dem Kindeswohl sowie schutzbefohlenen Menschen." (93) Viele Bischofskonferenzen verschärften auch die bestehende Anzeigenpflicht bei Missbrauchsverdachtsfällen. Kirchliche Amtsträger sind seit März 2019 verpflichtet, bei Verdacht auf ein Offizialdelikt den Fall der staatlichen Justiz zu melden.

92 kath.ch, 1.3.2019

93 kathpress, 31.1.2019

94 kathpress, 24.10.2019,

95 Verena Kast, Abschied von der Opferrolle. Das eigene Leben leben. Herder

96 Teo van der Weele, Schluss mit dem Schweigen. Sexueller Missbrauch: Begleitung auf dem Weg zur inneren Heilung. Edition Trobisch

97 Daniel Pittet, Pater, ich vergebe Euch! Missbraucht, aber nicht zerbrochen. Mit einem Vorwort von Papst Franziskus. Herder

98 kathpress, 5.6.2019; vatican news, 5.6.2019

99 Taize: „Wir sind nicht näher an Gott". Frére Timothée von der Ökumenischen Gemeinschaft von Taizé sagte 2019 in einer Ansprache auf dem Dortmunder Evangelischen Kirchentag, die Betroffenen seien von sich aus auf die Brüder von Taizé zugegangen, um über die damaligen Vorfälle zu sprechen, und man habe ihnen „ohne Zögern geglaubt". „Zunächst war es nicht ihr Anliegen, das Geschehene öffentlich zu machen. Aber mit der Zeit haben wir gemeinsam mit ihnen verstanden, wie notwendig es ist, auch öffentlich darüber zu sprechen. Wir Brüder denken, dass wir die Offenlegung den betroffenen Personen schuldig sind. Wie auch all denen, die einen Ort der Wahrheit und des Vertrauens suchen. Wir sind uns unter uns Brüdern bewusst, dass auch für Menschen, die nicht selbst oder im eigenen Umfeld Erfahrungen mit sexualisierter Gewalt gemacht haben, die Vorfälle erschütternd sind – wie auch für uns selbst. Für viele ist Taizé ein Ort des Vertrauens. Dieses Vertrauen verpflichtet uns, und wir wollen alles tun, dieses Vertrauen zu wahren und ihm gerecht zu werden." Frère Timothée machte klar, dass er Missbrauch verurteile, auch wenn er von einem „Bruder" begangen werde. „Gleichzeitig möchte ich heute Abend auch sagen: Wir Brüder sind keine besseren Menschen als irgendjemand sonst. Wir haben eine Wahl getroffen, unser Leben in einem bestimmten Rahmen zu leben. Dieser Rahmen ist geprägt vom Gemeinschaftsleben und vom gemeinsamen Gebet. Wir sind aber deswegen nicht näher an Gott und schon gar nicht moralisch oder geistlich höherstehender als jemand anderer. Wir sind genauso auf dem Weg wie alle anderen auch." Taizé sei „keine heile Welt", so Frère Timothée. „Das haben wir nie behauptet und wollen wir auch nicht vorspiegeln. Die schmerzvollen Ereignisse führen uns das vor Augen. Auch wenn viele mit unserem kleinen Dorf auf einem Hügel in Burgund viele positive Erinnerungen verbinden. Wir sind nicht eine Stadt auf einem Berg. Und schon gar nicht die Stadt, die vom Himmel herabkommt." So hilfreich „kirchliche und christliche Kontexte" manchmal sein könnten, so klar sei doch auch, dass „diese Neuschöpfungen und Hoffnungsvisionen" noch nicht verwirklicht seien. „Nach ihnen können wir uns nur ausstrecken inmitten der Gebrochenheit unserer Welt. Diese Gebrochenheit können wir manchmal nur leidend aushalten. In Stille. Im Gebet. Im Blick aufs Kreuz miteinander."

100 Manfred Lütz, Was hilft Psychotherapie, Herr Kernberg? Erfahrungen eines berühmten Psychotherapeuten. Herder 2020. Otto Kernberg erwähnt in dem Interview, dass die „Zahl 13 Prozent missbrauchender Psychotherapeuten aus der Forschung kommt. Therapeuten wurden anonymisiert befragt und es kam heraus, dass 13 Prozent der befragten Therapeuten bekannten, missbraucht zu haben."

101 Otto Kernberg, In: Manfred Lütz, Was hilft Psychotherapie, Herr Kernberg? Erfahrungen eines berühmten Psychotherapeuten. S. 61: „Wenn Rechtsanwälte mit ihren Kunden Sex haben, ist das menschlich verständlicher, als wenn ausgerechnet Psychotherapeuten oder auch Priester das machen. Scheidungsanwälte haben oft Sex mit dem Scheidungsopfer."

102 Clemens Behr, Sklaverei heute; Gabi Ballweg, Ein unglaublicher Skandal. In: Zeitschrift Neue Stadt 1/2019
Thomas Schirrmacher, Menschenhandel. Die Rückkehr der Sklaverei. Hänssler
Manfred Nowak, Folter. Die Alltäglichkeit des Unfassbaren. Kremayr & Scheriau

103 Lea Ackermann, Verkauft, versklavt, zum Sex gezwungen. Das große Geschäft mit der Ware Frau. Kösel
Iris Berben, Nicole Maibaum, Frauen bewegen die Welt. Droemer
Sr. Lea Ackermann, In: SOLWODI-Rundbrief Nr. 119, 3/2019

104 Lea Ackermann, Michael Albus, Der Kampf geht weiter. Damit Frauen in Würde leben können. Patmos Verlag
Harvey Cox, Stirb nicht im Warteraum der Zukunft. Aufforderung zur Weltverantwortung. Kreuz Verlag

105 www.emmaus.international.org

106 Jean Ziegler und Jean-Marc Ferre, Gekürzte Wiedergabe des Interviews. In: Emmaus International (6/2018)

106A Der Erfolg der langjährigen Partnerschaft zwischen Emmaus Forbach und Emmaus Targu Jiu ist doppelt erfreulich, weil die örtliche „Front National" eine beispiellose Hetz- und Lügenkampagne gegen Emmaus Forbach startete. Emmaus wurde von Florian Philippot, dem Vizepräsidenten der französischen Partei Front National und engem Vertrauten von Marine le Pen, beim lokalen Gericht angezeigt. Der Vorwurf: Die Emmausgemeinschaft bezieht für ihre Compagnons unberechtigt Sozialhilfegelder, Emmaus beschäftigt Schwarzarbeiter (personnes sans papiers, d.h. illegale Einwanderer) und schleust dutzende Roma von Rumänien nach Frankreich. Es drohten empfindliche Strafen auf Bezirksebene. Florian Philippot, 2014 Bürgermeisterkandidat in Forbach, Abgeordneter im Europäischen Parlament, kam mit seinen Anzeigen nicht durch. Alle Anzeigen wurden auf der zweiten Ebene – Department Metz – abgewiesen. Doch das Beispiel ist symptomatisch für das aufgeheizte Klima und die angespannte sozialpolitische Situation Frankreichs. Jean Luc's Kommentar: „Es ist ein permanenter Kampf, dem sich Emmaus verstärkt stellen muss, um die Grundrechte auch der ins Out der Gesellschaft abgedrängten Menschen sicherzustellen."

107 www.emmaus-forbach.fr; www.emmaus.ro

108 Matthias Horx, Zukunft wagen – Über den Umgang mit dem Unvorhersehbaren. DVA

109 Ilija Trojanow, Der überflüssige Mensch. Unruhe bewahren. dtv

110 Paul M. Zulehner, Hermann Denz, Anton Pelinka (u. a.), Solidarität. Option für die Modernisierungsverlierer. Tyrolia
Paul M. Zulehner, Anton Pelinka, Hermann Denz (u. a.), Wege zu einer solidarischen Politik. Tyrolia

111 Etty Hillesum, Das denkende Herz der Baracke. Die Tagebücher 1941-1943. Herder
Etty Hillesum: „Und mit fast jedem Herzschlag wird mir klarer, dass du uns nicht helfen kannst, sondern dass wir dir helfen müssen und deinen Wohnsitz in unserem Inneren bis zum Letzten verteidigen müssen."
Am 3. Juli 1943 hatte Etty Hillesum in einem ihrer Briefe aus dem Auffanglager Westerbork ihr Credo der Versöhnung für die Freunde festgehalten: „Das Elend ist wirklich groß, und dennoch laufe ich oft am späten Abend, wenn der Tag hinter mir in die Tiefe versunken ist, mit federnden Schritten am Stacheldraht entlang, und dann quillt es mir immer wieder aus dem Herz herauf: Das Leben ist etwas Herrliches und Großes, wir müssen später eine ganz neue Welt aufbauen – und jedem weiteren Verbrechen, jeder weiteren Grausamkeit müssen wir ein weiteres Stückchen Liebe und Güte gegenüberstellen, das wir in uns selbst erobern müssen... Und wenn wir diese Zeit unversehrt überleben, körperlich und seelisch unversehrt, aber vor allem seelisch, ohne Verbitterung, ohne Haß, dann haben wir auch das Recht, nach dem Krieg ein Wort mitzureden. Vielleicht bin ich eine ehrgeizige Frau: Ich möchte ein sehr kleines Wörtchen mitreden..."

112 Rechenschaftsbericht der Selbstbesteuerungsgruppe der Emmausgemeinschaft St. Pölten 11/2018

113 Magnus MacFarlane-Barrow, Eine Schale Getreide verändert die Welt. Die hoffnungsvolle Geschichte von Mary's Meals. Tyrolia
Mary's Meals entstand durch eine Hilfsaktion für Bosnien. Nach einem Besuch im Wallfahrtsort Medjugorje starteten 1992 – während des Bosnienkrieges – die Schotten Magnus und Fergus MacFarlane-Barrow eine Hilfsaktion für die leidgeprüfte Bevölkerung in Ex-Jugoslawien. Da die Resonanz unerwartet positiv ausfiel und über viele Jahre zahlreiche Hilfsgüter (Nahrungsmittel, Decken etc.) gespendet wurden, wurde der gemeinnützige Verein „Scottish International Relief" (SIR) gegründet. Während der folgenden zehn Jahre wuchs die Hilfsorganisation SIR beständig. Neben Hilfslieferungen für Kriegsopfer wurden jetzt auch Häuser für Waisenkinder in Rumänien und mobile Krankenstationen in Liberia gespendet.
2002 wurde Malawi von einer Hungersnot heimgesucht. Magnus MacFarlane-Barrow begegnete in Malawi einer Mutter von sechs Kindern. Sie hieß Emma, war aidskrank und lag auf dem Boden ihrer Hütte im Sterben. Emma erklärte Magnus, dass ihr nur noch eines zu tun übrig bliebe: dafür zu beten, dass sich jemand nach ihrem Tod um ihre Kinder kümmert. Magnus fragte ihren ältesten Sohn Edward, was er sich vom Leben erhofft. Der Vierzehnjährige antwortete: „Ich möchte genug zu essen haben und in die Schule gehen können."
Dieses Erlebnis berührte Magnus derart, dass sich SIR in die heutige Form von Mary's Meals wandelte und den Schwerpunkt auf die Schulspeisung legte, um hungernden Kindern täglich eine warme Mahlzeit und damit den Schulbesuch zu ermöglichen. 2011 erhielten in Malawi, Somalia und anderen Ländern – in Zusammenarbeit mit der südafrikanischen NGO „Gift oft the givers" – 500.000 hungernde Menschen täglich eine Mahlzeit.
Dank großzügiger Unterstützer und vieler Helfer bekamen im Jahr 2014 weltweit täglich 900.000 Kinder eine warme Mahlzeit. Im Jahr 2019 erhielten ca. 1,425.000 Mio. Kinder in den 18 ärmsten Ländern der Welt an Schultagen eine nahrhafte Mahlzeit.
Die weltweite Bewegung von Mary's Meals verbindet Wohlhabende und Mittellose, Gebende und Empfangende. Das gilt für die Geldspenden, mit denen die nötigen Lebensmittel gekauft werden, genauso wie für die Zeit, die tausende Freiwillige dafür verwenden, um vor Ort für die

Kinder zu kochen und die Mahlzeiten auszuteilen. Den Großteil der Arbeit leisten die Ehrenamtlichen. Sie sind das Rückgrat der Mary's Meals-Bewegung. Allein in Malawi gibt es mehr als 80.000 freiwillige Helfer. Sie kümmern sich beispielsweise um die Zubereitung des Breis aus Mais und Soja, den die Kinder dort essen.

Dank des Engagements vieler ehrenamtlicher Mitarbeiter wurde die Mary's Meals-Bewegung weltweit bekannt. Freunde und Partner in den USA, in Europa, Australien und in den Vereinigten Arabischen Emiraten treiben Spenden für die Ärmsten der Armen auf. Die Freunde und Förderer von Mary's Meals gehören verschiedenen Nationalitäten und Religionen an, sprechen die unterschiedlichsten Sprachen und bilden doch eine große Familie, die auf ein gemeinsames Ziel hinarbeitet: Hungrigen Kindern in den ärmsten Ländern der Welt durch Ernährung und Schulbildung eine Zukunft zu ermöglichen.

114   Schwester Johanna Datzreiter, Das Land, wo der Pfeffer wächst. Missionarin zwischen Bürgerkrieg und Ebola. Be&Be-Verlag

Sr. Johanna lebt seit 2018 in ihrer Franziskanischen Gemeinschaft in Wien. Sie ist Mitarbeiterin bei Missio Austria und setzt sich besonders für afrikanische Flüchtlinge ein. Sr. Johanna: „Die Bevölkerung von Liberia hat in vier Bürgerkriegen Unsagbares durchlitten. Die Gier einiger Machthaber ließ tausende von Armen leiden. Es ist nicht leicht, für Monate in einem Flüchtlings-Camp, auf beschränktem Platz mit Kindern zu leben. Die Kinder sind unterernährt, auch die UNICEF hat Begrenzungen. Doch die Liberianer sind sehr freundlich und teilen den letzten Reis. Christen und Muslime waren in unserem Flüchtlingslager gleichermaßen willkommen. Man kann vieles beitragen zur Völkerverbindung, zur Toleranz gegenüber allen Menschen. Für die Spenden der Selbstbesteuerungsgruppe Emmaus St. Pölten danke ich sehr. Wir haben dieses Geld in Kindernahrung, besonders Milch, umgesetzt. Vergelt's Gott für alles!"

114A   Projekt Pataxos, Brasilien: Im jüngsten Rechenschaftsbericht des Vereins Orikana, der für das Indioprojekt zuständig ist, heißt es: „Große finanzielle Einbußen durch katastrophale Inflation. Im Dorf Pequi wurde eine neue Wasserpumpe finanziert; jetzt fließt wieder sauberes Trinkwasser! Das Dorf Renascer bekam von einem Großbetrieb wieder Land zurück. In der Folge wurden ein Traktor samt Fahrer angemietet sowie Samen, Pflanzen und Jungbäume gekauft. Das Projekt Plantagenanlage mit Königspfeffer läuft gut. Neue Kurse zu Gesundheit und Erziehung sind in den Dörfern angelaufen (Lehr- und Lernmaterialien gekauft). Unterstützung im Pastoralbereich (Bibeln für Jugend etc.). Das ehemalige Wohnhaus der verstorbenen Projektinitiatorin Veronika Lind dient dem Verein Orikana als Versammlungshaus. Das Vereinsauto wurde ebenfalls aus Spendengeldern gewartet". Die Pataxos sind Indigene, die durch den Klimawandel, vor allem durch das Ausbleiben von Regenzeiten sehr leiden.

114B   Bruder Victor Lotola (69), gebürtiger Kongolese, Studium in der Schweiz, ging nach seiner Ausbildung wieder in seine Heimat zurück. Er „wollte nicht Karriere machen, sondern Pfarrer sein." Br. Victor wurde Pfarrer in Ndjeka, ca. 700 Kilometer von Kinshasa entfernt. In Ndjeka war seit fast 70 Jahren kein Priester mehr; die Leute meinten, „die Kirche habe uns vergessen". Dank der Hilfe aus Europa und den USA konnten in Ndjeka und Ifuta, das 300 km entfernt von Ndjeka im Urwald liegt, zwei Kirchen gebaut werden. Durch die Unterstützung von missio austria, der Emmaus-Selbstbesteuerungsgruppe und vieler anderer Spender wurden in Ifuta der Bau einer Grund- und Mittelschule sowie die Finanzierung einer Bandsäge ermöglicht. Mit Spendengeldern werden auch die Schulung von Katechisten, Medikamente und Apotheken, Projekte für Straßenkinder sowie Reis und Fischernetze finanziert. Die Lehrer bekommen vom Staat kein Geld; sie leben von Spenden und sind meist Kleinbauern. Der Schuldirektor der Grundschule hat seit 13 Jahren kein Gehalt bekommen; er sollte 50 Dollar monatlich bekommen. Bruder Victor, in der Diözese für Bau und Finanzen mitverantwortlich, wird immer wieder auch als Krisenmanager gerufen: Zwei benachbarte Dörfer gerieten in Streit, weil einige ihrer Männer überregional politisch tätig waren. In der Folge wurden Menschen ermordet und ein Dorf niedergebrannt. Br. Victor wurde beauftragt, Frieden zu stiften. Es war ein langwieriger Prozess: Die Aussöhnung gelang, das Dorf wurde neu aufgebaut, auch die Schule steht wieder.

114C   Father Andrew, Tamil Nadu, in einem Schreiben an den Freundeskreis von Emmaus St. Pölten: „In unserer Pfarre leben ca. 400 katholische Familien, umgeben von Moslems und Hindus. Die meisten Leute sind Taglöhner, hauptsächlich Bauarbeiter. Wir waren sehr erfreut über den Besuch von Otto Allinger. Ich danke euch allen, die ihr unsere armen Schüler und Studenten, die armen Familien und die Kranken unterstützt. Eine kleine Hilfe bewirkt Großes. Die Leute sind sehr glücklich und dankbar für eure Unterstützung. Fr. Andrew"

114D Indien: Projekt „New Hope": Die Eltern von Eliazar Rose waren leprakrank und litten sehr unter der Ächtung und gesellschaftlichen Ausgrenzung. Sie waren gezwungen, in Leprakolonien zu leben. Eliazar war sich schmerzlich der Scham und der Ablehnung bewusst, die seine Eltern durchlitten. So beschloss er, nach seiner Ausbildung am Institut für Indische Technologie etwas für seine Eltern und andere leprakranke Patienten zu tun. Durch die Begegnung mit einem christlichen Missionar verstand Eliazar plötzlich, dass er nicht für seine Eltern, sondern mit ihnen etwas für die Aussätzigen unserer Tage unternehmen soll. Gemeinsam mit seiner Frau Ruth, deren Eltern ebenfalls unter den Schrecken der Lepra litten, initiierte er zahlreiche Sozialprojekte. Neben einem Behandlungszentrum für Leprapatienten gehören auch mehrere Waisenhäuser und Integrations-Projekte für Straßenkinder zu „New Hope". Die Mutter von Eliazar wurde nach ihrer erfolgreichen Behandlung und Heilung selbst Leiterin eines Waisenhauses. Neben Gemeinschaftshäusern für Leprakranke entstanden Hospize für HIV-AIDS-Patienten sowie ein chirurgisches Krankenhaus, das sich auf Katarakt-Operationen für besonders benachteiligte Menschen in entlegenen Stammesgebieten spezialisiert hat. Im Jahr 2000 wurde Eliazar Rose von der Gandhi Memorial Lepra Foundation in Neu-Delhi mit dem renommierten indischen Prabhakarji-Preis ausgezeichnet.

114E Verein Marika Freunde / Hilfe für Ukraine: Derzeit fehlt es in der Ukraine an allem, vor allem an Nahrungsmitteln, Heizmaterial und Medikamenten. Eine Kindergärtnerin verdient monatlich 85 €, ein Lehrer 140 €. Es gibt kaum eine Familie, wo nicht eine Person im Ausland arbeitet, um überleben zu können. Es gibt keine Krankenversicherung, Krankenhausaufenthalte sind kaum leistbar, größere Operationen sind unerschwinglich. Erich Steiner, Obmann des Vereins, beschreibt in einem Rundbrief z.B. die aktuelle Situation von zwei Kindern, deren schwere Krankheiten heilbar sind. Aber ohne finanzielle Hilfe vom Ausland werden die Kinder sterben müssen.

114F Nigeria: Bruno Gerstendorfer initiierte beim Izzi-Stamm verschiedene Werkstätten- und Landwirtschafts-Projekte: Gemüseanbau, Integration von Schafzucht, Aufbau einer kleinen Hühnerfarm. Das Experiment mit Mais im Kompost ist geglückt. Der Zugang zu sauberem Trinkwasser wurde durch die Finanzierung von Pumpenprojekten ermöglicht. Bisher war das Wasser mit gesundheitsschädlichen Parasiten und tödlichen Krankheitserregern verseucht. Auch die Fertigstellung des Gästehauses ist gelungen.

115 Dem Leben auf der Spur. Meditationsgedanken der Mönche von Tibhirine.
Hrsg. von Stefan Liesenfeld. Verlag Neue Stadt
Christian Salenson, Den Brunnen tiefer graben. Meditieren mit Christian de Chergé, Prior der Mönche von Tibhirine. Verlag Neue Stadt

116 Projekt „Upper Room", Indien: Neben tiefgehenden Inputs und Zeiten der Stille werden aktiv Möglichkeiten zur Diskussion und eigenen Umsetzung der Inhalte angeboten. Bewegende Themen und interaktive Spiele sowie „verrückte" Aktivitäten tragen dazu bei, dass die TeilnehmerInnen echte Gemeinschaft miteinander erleben können. Ashley, ein junger Teilnehmer eines dieser Camps, findet Worte für seine Eindrücke: „The Upper Room schafft einen Raum, der Individuen zusammenführt, die miteinander wachsen und zu Menschen heranreifen, die über sich selbst hinauswachsen. Man mag von verschiedenen Regionen kommen, an unterschiedliche Dinge glauben und unterschiedliche Glaubensgeschichten haben und vielleicht fährt man damit auch wieder nach Hause. Dieses Mal jedoch noch klarer und mit einer deutlicheren Überzeugung. Es ist ein Ort, an dem Vertrauen und Glaube nicht als Religionssystem, sondern als Gemeinschaft gefeiert wird." Da „The Upper Room" die Bildungsförderung von Jugendlichen ein besonderes Anliegen ist, werden weitere Camps vor allem in Nordostindien veranstaltet. Dabei werden die Türen besonders für SchulabgängerInnen geöffnet, die aus schwierigen Verhältnissen kommen, um deren konkrete Bedürfnisse besser zu verstehen und Wege zu finden, sie emotional und finanziell zu unterstützen. Jährliche Besuche in Bergdörfern dienen zusätzlich dazu, auch mit Menschen aus entlegenen Gegenden in Kontakt zu treten und sie beispielsweise mit Medikamenten zu versorgen. Das Projekt „The Upper Room" wird seit 2019 von der Selbstbesteuerungsgruppe der Emmausgemeinschaft unterstützt.

117 Ruth Pfau, Leben heißt anfangen. Worauf es letztlich ankommt. Herder

118 Desmond Tutu, Gott hat einen Traum. Neue Hoffnung für unsere Zeit. Diederichs Gelbe Reihe
Winfried Baetz-Braunias, Klaus Hemmerle - Himmel zwischen uns. Philosophie der Nähe und globale Verunsicherung. Dokumentarfilm. Verlag Neue Stadt

119 Paul M. Zulehner, Das Gottesgerücht. Bausteine für eine Kirche der Zukunft. Patmos Verlag

120 Paul M. Zulehner, Tomas Halik (Hrsg.), Wir teilen diesen Traum. Theologinnen und Theologen aus aller Welt argumentieren Pro Pope Francis. Kindle Edition

121 Francis D'Sa, Ein „christlich-hinduistischer" Theologe aus Indien. Forum Weltkirche. Missio/Herder

122 Francis D'Sa, Gott, der Dreieine und der All-Ganze. Vorwort zur Begegnung zwischen Christentum und Hinduismus. Patmos Verlag

123 Johann Baptist Metz, Lothar Kuld, Adolf Weisbord, Compassion. Weltprogramm des Christentums. Soziale Verantwortung lernen. Herder

124 Die Lissabon-Strategie (Europa 2020) formulierte als Vision, dass die Europäische Union im Rahmen des globalen Ziels der nachhaltigen Entwicklung als Vorbild wirken könne für den wirtschaftlichen, sozialen und ökologischen Fortschritt in der Welt. Wir wissen, dass Ideal und Wirklichkeit nach wie vor beträchtlich auseinanderklaffen. Doch die EU als Sozial-Union ist kein utopisches Ziel, wenn der politische Wille der nationalstaatlichen Regierungen und der EU-Abgeordneten vorhanden ist. Die EU als Friedensprojekt könnte in vielen Bereichen beispielgebend werden: z.B. gewaltfreie Konfliktlösung durch Einsätze von EU- und UN-Friedenskontingenten in Krisengebieten. Bei der Durchsetzung sozialer Mindeststandards könnte die EU eine Vorreiterrolle übernehmen – als Motor für eine gerechte Weltwirtschafts- und Weltfriedensordnung. 2012 wurde der EU der Friedensnobelpreis für „sechs Jahrzehnte Beitrag zur Förderung von Frieden und Versöhnung, Demokratie und Menschenrechten in Europa" zuerkannt. Das Engagement der NGOs, der Religionsgemeinschaften sowie zahlreicher EU- und UNO-Integrationsprojekte zeigt, dass die versöhnte Vielfalt von Kulturen, Nationen und Religionen keine Utopie ist. Wenn gegenseitiger Respekt und Toleranz täglich neu eingeübt werden, wird Erstaunliches möglich: Aus Misstrauen und einem angstbesetzten Nebeneinander wird im Lauf der Zeit ein konstruktives Miteinander.

125 Symptomatisch für die Vorbehalte, die gegenüber behinderten Menschen in der Gesellschaft noch immer existieren, ist folgende Begebenheit in einer österreichischen Gemeinde: „Vor kurzem hat mich in der Pfarre eine Frau angesprochen, dass es nicht gut ist, wenn ein 'behindertes Kind' (mit Down Syndrom) ministriert. Das schaut nicht gut aus! Ich versuchte behutsam und überzeugend zu sagen, dass Jesus gerade für die Kinder und für die Kranken da war und ist, und dass Gott kein Theater am Altar braucht von sogenannten Gesunden und Kostümierten. Besonders überzeugen konnte ich die Frau nicht. Erst als ich zum Schluss sagte: 'Wenn ich einmal sehr alt und gebrechlich bin, manches nicht mehr so kann, dann wünsche ich mir, auch noch als vollwertiges Mitglied meiner Gemeinschaft angenommen zu sein'. – 'Vielleicht ham's recht', sagte sie. Wir gingen beide fragend auseinander. Mein Gebet: Gott, leite ihr Herz an, gut zu sein." Ulrike N., 5.5.2019

126 Am 21. Februar 2020 hat die Arche-Gemeinschaft in einer Presse-Aussendung mitgeteilt, dass in einer Untersuchung (für den Zeitraum 1970 – 2005) übereinstimmende Zeugenaussagen von sechs nicht behinderten erwachsenen Frauen eingegangen sind, die auf einen sexuellen Missbrauch hindeuten. Demnach soll Jean Vanier das seelsorgliche Verhältnis zu den sechs Frauen ausgenutzt haben, die von ihm geistlichen Beistand erhofft hätten. Laut Pressemitteilung spiegelt Vaniers eigenes Verhalten sexuelle Nötigungen von Frauen, wie sie auch seinem 1993 verstorbenen geistlichen Mentor P. Thomas Philippe vorgeworfen werden. Stephan Posner und Stacy Cates Carney von der Leitung Arche International schrieben in einem Brief an alle Mitglieder, dass sie die Taten vorbehaltlos verurteilen, da sie „in völligem Widerspruch zu den Werten stehen, die Jean Vanier behauptete. Wir sind uns des Aufruhrs und des Schmerzes bewusst, den diese Informationen für viele von uns innerhalb und außerhalb der Arche verursachen." Man sei entschlossen, die 154 Arche-Gemeinschaften auf der ganzen Welt zu Orten der Sicherheit und des Wachstums für alle Mitglieder – mit oder ohne Behinderungen – zu machen. Die französische Bischofskonferenz dankte den weiblichen Opfern von Jean Vanier für den „Mut, über das, was sie erlitten haben, zu sprechen." Die Bischöfe bekräftigten zugleich „ihr Vertrauen in die Gemeinschaften der Arche, in denen behinderte Menschen und Helfer in authentischen Beziehungen des gegenseitigen Respekts und der gegenseitigen Hilfe" leben. Seit 2014 hatten mehrere Zeugenaussagen von Frauen, die von Thomas Philippe geistlich und sexuell missbraucht wurden, die Leitung der Arche erreicht, was die Untersuchung auslöste. Die langjährige Aufklärungsarbeit brachte auch die offenbar von Jean Vanier begangenen Misshandlungen ans Licht. (radio vatican 22.2.2020)

127 Dr. Thomas Weggemann, Turkmenistan: Therapeutisch-diagnostisches Zentrum „S.A. Nijasow" Ashgabat, Workshop über „cerebrale Bewegungsstörungen – Diagnostik und Therapie" (Einführung in die entwicklungsneurologische Behandlung nach Bobath – Hippotherapie)

128 NÖN, 5/2019: Michael Bouda „Für Hilfe in die Welt hinaus"

129 Tips, Bettina Kirchberger, Reinhard Lassner: Dieser Einsatz kostete mich beinahe das Leben

130 Reinhard Lassner wurde nach seiner Rückkehr aus Zentralafrika vom Klinikum St. Pölten in die Intensivstation des Tropeninstituts im Wiener Kaiser Franz Josef Spital überstellt. Der Zustand war äußerst kritisch, da Reinhard Lassner bereits unter Nierenversagen litt. Es dauerte mehrere Wochen, bis es gesundheitlich wieder aufwärts ging. Nach seiner Genesung schrieb Lassner an seinen Freundeskreis: „Das Leben hängt oft an einem dünnen Faden. Ich hatte jede Menge Schutzengel, dass es noch gut ausgegangen ist. Danke an alle für die guten Wünsche, Gebete, Besuche und Gespräche. Die Erfahrungen bei MSF möchte ich nicht missen, trotz Malaria und schwierigen Lebensbedingungen."
Trotz seiner lebensbedrohlichen Erkrankung sieht Lassner seine bisherigen Einsätze durchaus positiv: „Auch in Zentralafrika wird eines Tages die Normalität einziehen. Ich konnte mich in Afrika an die einfachen Lebensbedingungen sehr gut anpassen und fühlte mich dort wesentlich glücklicher als mit all dem Überfluss zu Hause. Es ist für mich befremdend, in der U-Bahn zu sitzen und zu beobachten, wie sich die Menschen mit ihren Laptops, Smartphones und Ohrstöpseln total abschotten und in der Realität nicht mehr präsent sind. Daher ist ein Satz des Schriftstellers Henning Mankell für mich sehr stimmig: 'In Afrika finden wir Europäer noch das, was wir bei uns längst verloren haben.'"

131 Reinhard Lassner zu seinem Einsatz in Haiti: „Der Kontrast zur Dominikanischen Republik, die auf der gleichen Insel liegt, ist eklatant. Die Errungenschaften der ehemaligen Sklaven von Haiti, sich als erste Nation von der Kolonialmacht zu befreien, haben leider auch nach mehr als 200 Jahren nicht die gewünschte Stabilität gebracht. Ein Historiker beschrieb die Situation in Haiti vor dem Erdbeben 2010 folgendermaßen: Sklaverei, Revolution, flächendeckende Abholzung, Korruption, Ausbeutung und Gewalt. Nach dem Erdbeben hat das Land Armut, Analphabetentum, Überbevölkerung, keine Infrastruktur, ein Umwelt-Desaster und große Regionen ohne Recht und Ordnung."

132 Ruth Pfau, Das Herz hat seine Gründe. Mein Weg. Herder

133 Angela Lahmer-Hackl, Ruth Pfau – tun, was wir können. In: St. Pöltner Kirchenzeitung 13/2019

134 Heinz Werner Wessler, Eine Nationalheilige für Pakistan? Ruth Pfau (1929 – 2017) und das Elend der Welt. In: Stimmen der Zeit 6/2018
Ruth Pfau erhielt mehrere hohe Staatspreise. 1997 nahm sie die pakistanische Staatsbürgerschaft an. Nach ihrem Tod am 10. August 2017 wurde sie am 19. August 2017 mit einem Staatsbegräbnis geehrt, was in Pakistan sehr selten ist. Bei der Trauerfreier war unter den zahlreichen Vertretern von Staat, Gesellschaft und Kirche auch Pakistans Staatspräsident Mamnoon Hussain. Eine Ehrengarde der Armee trug den Sarg, auf dem die pakistanische Flagge ausgebreitet war, in die Kathedrale und auf den Friedhof; in ganz Pakistan standen die Fahnen auf Halbmast. Wenn man in Pakistan Ruth Pfau fragte, welcher Religion sie angehörte, antwortete sie gerne: „Khuda ki bandi hun – Ich gehöre zu Gott." „Engel von Karachi" wurde sie gelegentlich genannt – von Muslimen, Hindus und Christen.

135 Erich Kitzmüller, Herwig Büchele, Das Geld als Zauberstab und die Macht der internationalen Finanzmärkte. LIT Verlag
Magdalena Holztrattner, Innovation Armut. Wohin führt Papst Franziskus die Kirche? Tyrolia

136 Walter Feninger, Karl Rottenschlager, Bernhard Herzberger, Orte der Hoffnung. 25 Jahre Emmausgemeinschaft St. Pölten. Eigenverlag

137 Ignatius von Loyola, In allem – Gott. Echter Verlag

138 Martin Gutl, In vielen Herzen verankert. Seine schönsten Texte. Styria

139 Chiara Lubich, Citta Nuova, 25.7.2001

140 Der Name des Orchesters ist vom West-östlichen Divan abgeleitet, einer Gedichtsammlung, zu der Johann Wolfgang von Goethe von dem persischen Dichter Hafis und dessen Diwan (Gedichtsammlung) inspiriert wurde. Die Barenboim-Said Akademie wurde 2016 in Berlin eröffnet und hat sich der Ausbildung einer neuen Generation von MusikerInnen verschrieben.

141 Andrea Riccardi, Alles kann sich ändern. Gespräche mit Massimo Naro. Sant`Egidio Bücher. Echter Verlag
Desmond Tutu, Keine Zukunft ohne Versöhnung. Patmos Verlag
Papst Franziskus, Wage zu träumen. Mit Zuversicht aus der Krise. Kösel

142 nach Jörg Zink und Hans-Jürgen Hufeisen. Quelle: Du mit uns. Haus der Stille

DOCKNER
d r u c k @ m e d i e n

DESIGN

DRUCK

WEB

IDEE

CONTENT

FOTOGRAFIE

« MEHR(leistung)
als Sie GLAUBEN »

DOCKNER druck@medien
3125 Kuffern | Untere Ortsstr. 17
Tel +43(0)2786/2194-0
office@dockner.com
www.dockner.com